금피셋 최신개정판

JN382315

금융 NCS를 위한 피셋 PSAT 300제

배현우, 혼JOB취업연구소

언어논리
자료해석
상황판단

취준생이
모여 만든
스터디리뷰
회차별 수록

300문항으로 끝내는
금융공기업 · 은행 NCS!

- 기출 유형 및 소재 완벽 반영
- 영역별 특징을 반영한 맞춤형 해설
- 기관별 출제 특징, 금융권 이슈 수록
- 스터디리뷰를 통한 셀프 강·약점 체크

혼JOB

INTRO

저자의 글

피셋PSAT, 취업 성공을 위해
반드시 정복해야 하는 '필수 관문'!!

왜 피셋PSAT을 풀어야 하는가?

NCS직업기초능력(이하 'NCS')이 금융권 필기시험에 도입된 이후 수년을 거듭하면서 이제는 취업을 위한 주요 관문으로 자리 잡았습니다. 도입 초기에는 적성시험과 PSAT시험의 형태를 그대로 차용하거나 모듈이론을 지식형으로 출제하는 경우가 많았습니다. 하지만 NCS가 주요 필기 전형으로 안착되면서 금융기관별, 채용시기별로 차별화를 시도하고 있습니다. PSAT의 출제원리에 금융업 이슈, 금융정책 및 제도를 소재로 결합하여 출제하거나, 산업인력공단에서 정의한 의사소통능력, 수리능력, 문제해결능력 등의 하위능력에 맞추어 실제 업무 상황을 이해하고 적용하는 형태를 선택적으로 출제하는 추세입니다.

이러한 추세에 따라 지원자들 또한 이전 채용시기의 필기 유형에 촉각을 곤두세우곤 합니다. 하지만 이 또한 매 시험마다 출제를 대행하는 기관이 바뀌어 출제 경향이 달라지는 탓에 참고는 될 수 있지만 절대적 기준으로 삼는 것은 준비에 부족한 면이 많습니다. 또한 7급 국가직 필기시험에 PSAT을 도입하며 민간 호환성을 천명한 인사혁신처의 의지도 간과할 수 없는 부분입니다. 이렇듯 다양한 시도로 인한 변화에 대해 가장 안전하게 대비하기 위한 수단으로 인재 선발방법으로 이미 검증된 PSAT으로 훈련하는 것이 최선이라고 말씀드립니다. NCS와 PSAT과 같이 Aptitude 계열에 속한 시험들은 사고(思考)와 조건의 정리와 처리를 측정하는 시험이라는 점과, 외형상 차이가 있을 뿐 출제 원리와 접근방법은 대부분 일치한다는 점을 생각하면 출제 유형에 대한 훈련과 사고력 배양의 목적을 동시에 충족할 수 있는 PSAT은 가장 좋은 문제일 것입니다.

왜 금융 NCS를 위한 PSAT인가?

NCS 대비를 위한 PSAT 학습은 이미 공인된 수단이며 이러한 수요에 따라 이미 서점에는 일반 기출문제집을 비롯하여 NCS에 맞게 재해석된 PSAT 문제집이 수십 종 출간되어 있습니다. 하지만 다른 기업군과는 출제범위와 구조, 소재상에서 차이를 보이는 금융권에 걸맞은 PSAT은 찾아보기 어려운 실정인지라 전형 단계별로 준비할 것이 많은 지원자들에게는 또 하나의 난관이 되고 있습니다.

이에 본 교재는 금융권 NCS를 준비하는 지원자들의 효율적인 NCS 학습에 중점을 두고 다음과 같이 구성했습니다.

첫째, 최근 금융권 NCS에 출제된 유형, 구조, 소재와 유사한 PSAT문제를 선별하였습니다. 각 문항별로 유사 출제된 금융기관을 표기하였으며, 해설의 Tip을 통해 구체적인 출제 형태와 금융권 취준생이 알아두면 좋은 각종 금융제도, 이슈를 소개했습니다.
둘째, 실제로 문제를 풀어본 취준생들의 회차별 풀이결과를 정량적으로 분석하여 실전 풀이전략 수립을 위한 길라잡이로 제시했습니다.
셋째, 한 회차 30문항을 60분 안에 풀어내는 훈련을 위해 난이도와 유형을 배치했습니다. 이 부분은 특히 스터디를 진행하는 취준생들로부터 활용도가 높다는 평을 받고 있습니다.

공부할 것과 챙길 것 많은 바쁜 지원자에게 효율적인 실력향상을 위한 길잡이가 되길 바라며, 그 성실한 걸음의 끝에 좋은 성과가 놓여있기를 간절히 기원하는 마음으로 준비했습니다. 감사합니다.

민쌤 배현우 드림

추천글

『금피셋』+ 혼JOB 강의를 통해 취업에 성공한 선배들의 이야기

취업의 마지막, 그 순간까지
믿고 의지하며 함께 할 수 있어 좋았습니다.

금융 NCS 핵심완성반 수강후기! (ID: khsXXXX)

저는 NCS 필기시험을 위해 타사 NCS 강의를 듣고 있었습니다. 그러나 실전에서 금융 NCS와 조금 다른 부분이 있다는 것을 느꼈고 이를 위해 금융 NCS를 추가로 준비해야겠다는 생각이 들었습니다. 그러던 중 혼JOB에서 강의가 개설된 소식을 접하게 되었습니다. 거리가 멀어 오프라인 대신 온라인으로 수강하였는데, 민쌤께서 세세하게 잘 가르쳐 주셔서 큰 도움이 된 것 같습니다.

의사소통, 수리, 문제해결능력을 중점으로 가르쳐주셨고 이외에도 자원관리, 조직이해, 정보능력까지 모든 영역을 어떤 식으로 접근해야 하는지, 빠른 문제풀이를 위해 먼저 풀어야 할 문제들이 무엇인지 선별하는 방법들을 알려주셔서 시간 단축에 큰 도움이 되었습니다. 또한, 은행별로 출제 스타일(주로 내는 유형)들을 말씀해주셔서 급하게 필기시험을 준비하는 상황 속에서 확실하게 숙지해야 할 유형과 과감하게 버려야 할 유형들을 알 수 있었습니다. 아 그리고! 문제집에 은행과 관련 지문들을 활용한 문제들이 많이 실려 있어서 은행 필기시험을 볼 때 당황하지 않았습니다. ㅎㅎ (예전에 통합 책으로 공부하다가 은행 필기시험을 쳤는데 금융 지문들이 나와서 많이 당황했었거든요) 좋은 책 만들어 주신 혼JOB취업연구소와 20강 동안 열심히 가르쳐주신 민쌤 감사합니다 :)

은행 NCS 스파르타반 후기 (ID: kjeXXXX)

NCS에 대한 기초지식도 없었고, NCS가 어떤 시험인지도 모르는 상태였습니다. 시중에 문제집은 많지만 은행에 최적화된 문제집은 없다고 생각해서 본 강의를 수강하게 되었습니다. 장점이 너무나도 많지만 제1의 장점으로 '은행에 최적화된 강의'라는 점을 꼽고 싶습니다. 일단 문제집 자체도 은행 맞춤형으로 구성되어있고, 강의 역시 은행에 최적화된 강의로 진행이 됩니다. NCS때문에 고민하신 분들이라면 아시겠지만, 시중에 NCS 강의는 물론 NCS 교재조차 은행에 특화된 것을 찾기 힘듭니다. 의사소통부터 문제해결은 물론이고 자원관리, 조직이해까지 은행에 최적화된 '은행 맞춤형' 교재와 강의였기 때문에 은행 NCS의 기틀을 잡을 수 있었습니다!

앞서 언급한 것처럼 은행 NCS는 자료가 풍부하지 않습니다. 아직 쌓여온 데이터와 기출문제 등이 없기 때문이라고 생각하는데 각종 PSAT 기출, 공기업 기출문제 등에서 민쌤이 직접 발췌한 문제들로 자료를 계속해서 제공해주십니다! 개인적으로 질 좋은 문제를 풀면서 사고력을 올리는게 중요한 시험이라는 생각이 들었는데, 그에 안성맞춤인 자료였습니다. 인쇄물을 비롯해서 책도 배송해주셔서 실전감각을 끌어올리는데 너무나 유용했던 것 같습니다!

장점이 너무나도 많은데, 저도 필기 합격, 최종합격까지 하고 더 자세한 후기를 작성하도록 하겠습니다! NCS를 처음 시작하는 분을 비롯해 은행 NCS에 최적화된 강의를 원하시는 분들께 정말 추천드립니다!

농협은행 6급 최종합격 후기 (ID: sb6XXXX)

취업 준비 초반에는 NCS기본서나 시중의 봉투 모의고사로 필기 준비를 많이 해보았지만, 어느 시점이 되니 흔히들 말하는 양치기보다는 질이 좋은 문제를 꼼꼼하게 풀어보는 것이 중요하다는 생각을 했습니다. 이에 민쌤의 스파르타반 강의를 수강했고, 고난이도의 문제들을 풀어보면서 문제에 대한 익숙함과 접근법을 익히고자 했습니다. 처음에는 반타작도 못맞고 처참한 성적이긴 하지만 계속해서 풀다보면 고난이도 문제에 면역이 생긴다고 생각합니다. 중간중간 너무 고민이 되는 문제는 민쌤께 질문드리면 친절하게 설명해주시고, 앞으로 공부할 때는 어떤 방향으로 개선하면 좋을지까지도 조언해주셔서 도움이 많이 되었습니다. 이런 방식으로 꾸준히 했을 때, IBK기업은행이나 농협은행의 필기들을 통과할 수 있을 정도로 감을 배울 수 있었습니다.

혼잡에서 나오는 책들도 알찼고 면접반도 너무 좋았지만, 제가 매번 탈락하고 취업준비에서 길을 잃을 때마다 방향성을 잡아주신 점이 가장 감사합니다. 작년 하반기에는 은행을 정말 포기하고 싶었던 순간들이 많았는데, 그럴 때마다 격려해주시고 진심어린 조언과 방향성을 상담해주셔서 큰 힘을 얻으며 은행 준비를 계속할 수 있었고, 코로나 시국에 취업을 했습니다.ㅠ.ㅠ 수업 단 한번으로 끝나는 것이 아니라 인연이 계속 이어지고, 서포터의 역할을 해주신다는 점이 민쌤 강의의 가장 큰 장점이자 경쟁력이라고 생각합니다. 다른 시중에 나와 있는 은행강의에 비해서도 이 부분이 가장 큰 강점일 것입니다.

2019년 신한은행 하반기 최종 합격후기 (ID: khsXXXX)

민쌤에게 정말 강의 이후로도 많은 도움 받아서 꼭 후기 겸, TIP 등등 남기고 싶었습니다! 우선 저는 상반기 기업은행만 응시했고, 필기에 합격했었습니다. 하반기에는 민쌤의 '은행NCS 스파르타반'을 수강했습니다. 기업은행, 우리은행, 신한은행, 수협은행, 새마을금고 지점(성남xx) 필기에 합격했습니다. 국민, 하나은행은 다른 시험과 겹쳐서 서류 합격했지만 응시하지 못했습니다. 큰 팁은 결국 열심히 하라는 소리일 수 있겠지만, 감히 약간의 후기를 남기겠습니당.

민쌤 강의 중에서 특히 주로 낚이는 부분이 뭔지, 그래서 그런 문제들은 어떻게 접근해야하는지를 훈련하는게 정말 중요한거 같아요. 실제로 민쌤이 항상 말씀하시듯이 PSAT형태로 오답선지를 만드는게 생각보다 정형화된 느낌이 강했거든요! 그래서 그 2쪽인가(?) 짜리로 된 자료해석 개념 + 추후에 교재의 문제를 풀면서 알려주시는 선지를 어떻게 해결해나갈것인지 팁들을 명확하게 숙지하는게 좋은거 같습니다. 그리고 제껴야할 문제들에 대해서 얘기해주시는게 정말 좋았어요.

STUDY MAP

금피셋 학습 진도표

학습일		학습내용	회독 체크	맞힌 문항	풀이 시간
1DAY	월 일	01회	1회독	/30	분 초
			2회독	/30	분 초
			3회독	/30	분 초
2DAY	월 일	02회	1회독	/30	분 초
			2회독	/30	분 초
			3회독	/30	분 초
3DAY	월 일	03회	1회독	/30	분 초
			2회독	/30	분 초
			3회독	/30	분 초
4DAY	월 일	04회	1회독	/30	분 초
			2회독	/30	분 초
			3회독	/30	분 초
5DAY	월 일	05회	1회독	/30	분 초
			2회독	/30	분 초
			3회독	/30	분 초
6DAY	월 일	06회	1회독	/30	분 초
			2회독	/30	분 초
			3회독	/30	분 초
7DAY	월 일	07회	1회독	/30	분 초
			2회독	/30	분 초
			3회독	/30	분 초
8DAY	월 일	08회	1회독	/30	분 초
			2회독	/30	분 초
			3회독	/30	분 초
9DAY	월 일	09회	1회독	/30	분 초
			2회독	/30	분 초
			3회독	/30	분 초
10DAY	월 일	10회	1회독	/30	분 초
			2회독	/30	분 초
			3회독	/30	분 초

CONTENTS

이 책의 구성

정오 사항 안내 시중 어느 수험서보다 짜임새 있게 구성하고 상세한 해설을 제공했다고 자부하나, 미처 발견하지 못한 정오 사항이 있을 수 있습니다. 이 점에 대해서는 독자분들의 너그러운 양해를 구하며, 정오표는 **[혼JOB 홈페이지(www.honjob.co.kr) → 고객센터 → 정오표]**를 참고해 주시기 바랍니다.

금융 NCS를 위한 피셋PSAT 300제

● NCS/PSAT 학습방법 하나.

조직은 상황을 정확히 파악해 시의적절한 판단을 내리는 사람을 원한다. NCS/PSAT은 이런 사람을 선발하기 위한 시험이며, 각 문항은 업무의 축소판과 같다. 일을 잘하는 사람이 우선 처리해야 할 업무를 선별하여 해결하는 것과 같이 NCS/PSAT도 어떤 문항을 시간 내에 풀 것인지 판단하는 훈련이 필요하다.

제01회
연습문제

제한시간: 60분

언어논리영역 07문항

자료해석영역 09문항

상황판단영역 14문항

언어논리영역

01 다음 글에서 알 수 있는 것을 〈보기〉에서 모두 고르면? 신한은행

원격진료는 산간이나 농어촌의 오지, 낙도 같은 의료취약지역에 손쉽게 양질의 의료혜택을 주고 있으며, 의사의 접근이 어려운 격전지나 오염지역의 환자 진료에도 도움을 주고 있다. 호흡, 체온, 맥박, 혈압, 혈당, 뇌파 등의 생체 신호를 병원으로 전송하여 환자의 상태를 평가하는 재택 모니터링이 가능하기 때문에 가정진료도 대신할 수 있게 되었다. 국제보건기구도 그 가치를 인정하여 각 나라에 원격진료시스템을 추천하고 있으며, 우리나라도 1995년부터 정부 주도로 원격진료시스템을 구축하게 되었다.

환자와 의사의 관계는 의료의 질을 결정하는 가장 중요한 요소이며, 환자와 의사 사이의 의사소통은 가장 기본적인 진료수단이 된다. 진단이나 치료결정의 절반 이상이 면담에서 얻은 정보로 결정된다는 사실은 의사소통의 중요성을 단적으로 말해 준다. 그러나 통신 매체를 이용한 의사소통은 얼굴을 마주한 의사소통보다 상대방의 실재감을 느끼기 어렵다. 이는 전통적인 진료실의 대면 접촉보다 제한이 많아 원격진료의 단점으로 지적되었다. 하지만 최근 상대방의 얼굴을 보면서 대화하는 화상통화가 개발되어 이러한 문제점이 많은 부분 해결되고 있다.

20세기 후반부터 급성질환이 현저하게 감소하고 만성질환이나 정신 질환이 많아져 치료의 목표를 질병의 완치보다 질병의 관리에 두어야 하는 경우가 많아졌다. 질병 관리가 성과를 얻으려면 환자를 교육하여 치료에 적극 참여하도록 유도해야 한다. 한편 의료정보가 개방되고 유통되면서 정보수집도 쉬워져 환자들이 자신의 질병에 대하여 상당한 지식을 갖춘 경우가 흔하게 되었다. 과거 의료정보를 독점하면서 누렸던 의사의 권위가 약해지고 최근에는 의사와 환자의 관계가 능동 - 수동 관계에서 상호협력관계로 바뀌고 있다. 더욱이 원격진료에 의한 상호교류는 그 관계의 변화를 더욱 가속화할 것으로 보인다. 결국 원격진료는 의료의 중심이 의료 제공자인 의사에서 의료 수혜자인 환자로 바뀌는 변화를 촉진하고 있다. 환자중심의 의료는 진료에 관련된 정보를 환자에게 충분히 제공하여 진료 과정에 환자의 적극적 참여를 유도함으로써 보다 효과적인 질병 치료를 도모한다. 원격진료는 결국 의료의 중심을 병원에서 집으로, 그리고 의사에서 환자로 옮기는 '의료의 탈중심화'에 중요한 역할을 하고 있으며, 앞으로도 그 역할이 강화되리라 여겨진다.

〈보기〉

ㄱ. 통신과 매체의 발전이 가져온 원격진료는 아직 문제를 안고 있지만 기존 의료관계의 전환을 촉진할 것이다.

ㄴ. 원격진료의 본격적인 시행으로 인해, 치료의 목표가 급성질환의 완치에서 만성질환의 관리로 바뀌게 되었다.

ㄷ. 원격진료시스템의 구축과 더불어 의료의 탈중심화가 시작되었다.

① ㄱ ② ㄴ ③ ㄱ, ㄷ ④ ㄴ, ㄷ ⑤ ㄱ, ㄴ, ㄷ

02 다음 글의 ㉠에 해당하는 것은?

우리은행

> 시각도란 대상물의 크기가 관찰자의 눈에 파악되는 상대적인 각도이다. 대상의 윤곽선으로부터 관찰자 눈의 수정체로 선을 확장시킴으로써 시각도를 측정할 수 있는데, 대상의 위아래 또는 좌우의 최외각 윤곽선과 수정체가 이루는 두 선 사이의 예각이 시각도가 된다. 시각도는 대상의 크기와 대상에서 관찰자까지의 거리 두 가지 모두에 의존하며, 대상이 가까울수록 그 시각도가 커진다. 따라서 ㉠ 다른 크기의 대상들이 동일한 시각도를 만들어 내는 사례들이 생길 수 있다.
>
> 작은 원이 관찰자에게 가까이 위치하도록 하고, 큰 원이 멀리 위치하도록 해서 두 원이 1도의 시각도를 유지하도록 하는 실험을 한다고 가정해보자. 이 실험에서 눈과 원의 거리를 가늠할 수 있게 하는 모든 정보를 제거하면 두 원의 크기가 같다고 판단된다. 즉 두 원은 관찰자의 망막에 동일한 크기의 영상을 낳기 때문에 다른 정보가 없는 한 동일한 크기의 원으로 인식된다. 왜냐하면 관찰자의 크기 지각이 대상의 실제 크기에 의해 결정되지 않고 관찰자의 망막에 맺힌 영상의 크기에 의해 결정되기 때문이다.

① 어떤 물체의 크기가 옆에 같이 놓인 연필의 크기를 통해 지각된다.
② 고공을 날고 있는 비행기에서 지상에 있는 사물은 매우 작게 보인다.
③ 가까운 화분의 크기가 멀리 떨어진 고층 빌딩과 같은 크기로 지각된다.
④ 차창 밖으로 보이는 집의 크기를 이용해 차와 집과의 거리를 지각한다.
⑤ 빠르게 달리는 차 안에서 보면 가까이 있는 물체는 멀리 있는 물체에 비해 빠르게 지나간다.

03 **다음 글에 나타난 배분원칙이 적용된 것을 〈보기〉에서 모두 고르면?** 우리은행

> 신장이식의 경우, 지금까지는 기증된 신장이 대기 순번에 따라 배분되었다. 하지만 이것은 각 수요자의 개별적 특성을 고려하지 못한 비효율적인 배분이다. 환자의 수술 성공 확률, 수술 성공 후 기대 수명, 병의 위중 정도 등을 고려할 필요가 있다.

〈보기〉

ㄱ. 시립 유치원에 취학을 신청한 아동들은 그 시 주민들의 자녀이고 각자 취학의 권리를 가지고 있으므로 취학 연령 아동들은 모두 동등한 기회를 가져야 한다. 유치원에 다니는 기간을 한정해서라도 모든 아이들에게 같은 기간 동안 유치원에 다닐 수 있는 기회를 제공해야 한다는 것이다. 그러기 위해서는 추첨으로 선발하는 방법이 유용하다.

ㄴ. 국고는 국민들의 세금으로 충당되고 모든 국민은 동등한 주권을 가지며 모든 유권자는 동등한 선거권을 가지므로 선거자금 지원의 대상은 후보가 아니라 유권자다. 유권자는 이 자금을 사용해 자신의 이해관계를 대변할 대리인으로서 후보를 선택하는 것이다. 따라서 유권자 한 명당 동일한 지원액을 산정해 유권자 개인에게 분배하고 유권자들이 후보에게 이 지원금을 직접 기부하게 해야 한다. 그 결과 특정 후보들에게 더 많은 자금 지원이 이루어질 수는 있다.

ㄷ. 이해 당사자들이 한정되어 있고 그 이해관계의 연관성과 민감도가 이해 당사자마다 다른 사회문제에 있어서는 결정권을 달리할 필요가 있다. 예를 들어 혐오시설 유치를 결정하는 투표에서 그 유치 지역 주민들이 각자 한 표씩 행사하는 것이 아니라, 혐오시설 유치 장소와 거주지의 거리 및 생업의 피해 정도를 기준으로 이해관계가 클수록 더 많은 표를 행사할 수 있어야 한다.

① ㄱ ② ㄴ ③ ㄷ
④ ㄱ, ㄴ ⑤ ㄴ, ㄷ

04 **다음 글의 ㉠에 들어갈 말로 가장 적절한 것은?** 신한은행

> 최근 미국 국립보건원은 벤젠 노출과 혈액암 사이에 연관이 있다고 보고했다. 직업안전보건국은 작업장에서 공기 중 벤젠 노출 농도가 1ppm을 넘지 말아야 한다는 한시적 긴급 기준을 발표했다. 당시 법규에 따른 기준은 10ppm이었는데, 직업안전보건국은 이 엄격한 새 기준이 영구적으로 정착되길 바랐다. 그런데 벤젠 노출 농도가 10ppm 이상인 작업장에서 인명피해가 보고된 적은 있지만, 그보다 낮은 노출 농도에서 인명피해가 있었다는 검증된 데이터는 없었다. 그럼에도 불구하고 직업안전보건국은 벤젠이 발암물질이라는 이유를 들어, 당시 통용되는 기기로 쉽게 측정할 수 있는 최소치인 1ppm을 기준으로 삼아야 한다고 주장했다. 직업안전보건국은 직업안전보건법의 구체적 실행에 관여하는 핵심 기관인데, 이 법은 "직장생활을 하는 동안 위험물질에 업무상 주기적으로 노출되더라도 그로 인해 어떤 피고용인도 육체적 손상이나 작업 능력의 손상을 입어서는 안 된다."고 규정하고 있다.
>
> 이후 대법원은 직업안전보건국이 제시한 1ppm의 기준이 지나치게 엄격하다고 판결하였다. 대법원은 "직업안전보건법이 비용 등 다른 조건은 무시한 채 전혀 위험이 없는 작업장을 만들기 위한 표준을 채택하도록 직업안전보건국에게 무제한의 재량권을 준 것은 아니다."라고 밝혔다. (　　　　　　㉠　　　　　　) 직업안전보건국은 과학적 불확실성에도 불구하고 사람의 생명이 위험에 처할 수 있는 경우에는 더욱 엄격한 기준을 시행하는 것이 옳다면서, 자신들에게 책임을 전가하는 것에 반대했다. 직업안전보건국은 노동자를 생명의 위협이 될 수 있는 화학물질에 노출시키는 사람들이 그 안전성을 입증해야 한다고 보았다.

① 여러 가지 과학적 불확실성으로 인해, 직업안전보건국의 기준이 합당하다는 것을 대법원이 입증할 수 없으므로 이를 수용할 수 없다는 것이다.

② 대법원은 벤젠의 노출 수준이 1ppm을 초과할 경우 노동자의 건강에 실질적으로 위험하다는 것을 직업안전보건국이 입증해야 한다고 주장했다.

③ 대법원은 재량권의 범위가 클수록 그만큼 더 신중하게 사용해야 한다는 점을 환기시키면서, 10ppm 수준의 벤젠 농도가 노동자의 건강에 정확히 어떤 손상을 가져오는지를 직업안전보건국이 입증해야 한다고 주장했다.

④ 직업안전보건국은 발암물질이 함유된 공기가 있는 작업장들 가운데서 전혀 위험이 없는 환경과 미미한 위험이 있는 환경을 구별해야 한다고 주장했는데, 대법원은 이것이 무익하고 무책임한 일이라고 지적했다.

⑤ 국립보건원의 최근 보고를 바탕으로, 직업안전보건국은 벤젠이 인체에 미치는 위해 범위가 엄밀한 의미에서 과학적으로 불확실하다는 점을 강조하면서, 자신들이 비용에 대한 고려를 간과하고 있다는 대법원의 언급은 근거 없는 비방이라고 맞섰다.

05 **(가)~(라)에 대한 판단으로 가장 적절하지 않은 것은?** 우리은행

(가) 예술적 창조성과 과학적 창조성 사이에는 근본적인 차이가 있다. 예술가들은 작품 속에서 자신들의 마음과 영혼을 드러내지만, 과학자들은 그들의 희망, 꿈, 열정, 불안 등을 사적인 서신과 미간행 원고 속으로 숨겨야 한다. 작품을 공적인 영역에 내놓을 때마다 명성을 더해 간다는 점에서 과학자와 예술가는 같다. 그러나 우리는 아인슈타인이 쓴 1905년의 논문에서 그의 가정 문제나 정신 상태에 관해서 아무 것도 알 수 없다. 반면에 빈센트 반 고흐의 『별이 빛나는 밤』은 거의 자서전적이다. 화가는 감상자에게 그림을 마치 과학 논문처럼 해석하기를 요구한다. 하지만 과학 논문의 해석은 제한적이지만, 예술 작품은 다양한 해석이 가능하다.

(나) 기존의 표현 방식에 충실한 묘사가 반드시 자연 세계를 더 이해하기 쉽게 해 준다고 볼 수 없다. 자연 세계에 대한 기존의 표현은 관찰자가 주관적으로 바라본 대상의 이미지를 그대로 복제한 것에 지나지 않는다. 좋은 모델, 이론 또는 그림은 대상에 대한 단순한 복사에 그치지 않고 묘사하려는 대상을 좀 더 흥미롭고 멋지게 그리고 보편적으로 만들어 주는 구조적 특질을 지니고 있어야 한다. 만일 이론이나 그림이 이러한 특질을 성공적으로 구현할 수 있다면 그것들은 궁극적으로 실재를 구현해 내는 셈이다. 겉으로 보기에 거북스러운 것도 사물을 다른 측면에서 인식하는 데 적합하면 그 이론이나 그림은 신뢰할 수 있다. 좋은 표상은 진실해야 하나, 진리는 사람이 알아차릴 수 있는 방식으로만 표현될 수 있다.

(다) 과학에는 경험뿐만이 아니라 중요한 개념과 연구 대상의 특징에 관한 실질적인 이해도 필요하다. 그와 같은 작업에서 기계는 경험이 많은 사람을 도저히 당해 낼 수 없기 때문에 과학과 예술은 유사한 점이 있다. 하지만 과학과 예술에는 서로 다른 점도 있다. 미술의 새로운 사조는 수많은 탐구와 비평을 통해 다듬어져 성공적으로 정착된다. 정립된 미술사조는 수년간 지속되기도 한다. 그러나 적어도 최근의 화가들과 대중은 그 이전의 많은 미술 전통과 달리 새로움을 훨씬 높이 평가하는 반면 과학에서는 훨씬 낮게 평가한다. 따라서 미술 사조는 짧은 기간에 극적으로 바뀌기 쉽다. 회화, 조각, 무용 또는 음악에서는 예술가란 컴퓨터와 같은 정확성으로 작업하는 사람이라는 편견이 생길 수 없다. 왜냐하면 현대 예술가들은 오랫동안 지속될 확고부동한 전통을 발전시킬 여지가 없기 때문이다. 기계적으로 창작되는 것처럼 보이는 예술은 실패로 간주된다. 반면에 과학적 추론은 오랜 시간에 걸쳐 확립되었다.

(라) 예술에서는 천재가 없이는 가치 있는 아무것도 이루어질 수 없다. 반면에 과학에서는 범재라도 최상의 성취를 이룰 수 있다. 예술가들은 정서를 자극하려고 노력하지만, 과학자들은 납득시켜야 한다. 과학은 집단적으로 인정된 정확한 목적을 향해 나아가면서 모호성을 제

거하려고 한다. 그러나 예술은 모호성을 주관적 경험의 영역에서 불가피한 것으로 보고 오히려 강조한다. 예술은 누구나 감상할 수 있지만, 과학은 소수만이 접근할 수 있다. 일반적으로 과학자와 예술가는 서로 다르다. 과학자들은 그들의 과학이 논리적·분석적이기 때문에 뇌의 왼쪽을 주로 사용하고, 직관과 상상력의 자리인 오른쪽은 예술가가 더욱 발달한다.

① (가)는 예술작품에 대한 해석을 통해 예술가에 대한 해석을 할 수 있다고 본다.
② (나)는 예술적 진실과 과학적 진리 사이에서 유사점보다는 차이점을 강조하고 있다.
③ (다)는 예술 사조는 빨리 바뀌지만 과학적 추론은 오랜 시간에 걸쳐 확립되었다는 것을 강조하고 있다.
④ (라)는 과학과 예술을 극단적인 형태로 대비하고 있다.
⑤ (가)와 (다)는 과학과 예술의 차이점을 강조하고 있지만 공통적인 요소에 대한 탐구도 동시에 고려하고 있다.

06 **A, B, C, D 네 개의 국책 사업 추진 여부를 두고, 정부가 다음과 같은 기본 방침을 정했다고 하자. 이를 따를 때 반드시 참이라고는 할 수 없는 것은?**

기업은행 · 우리은행

○ A를 추진한다면, B도 추진한다. ○ C를 추진한다면, D도 추진한다. ○ A나 C 가운데 적어도 한 사업은 추진한다.

① 적어도 두 사업은 추진한다.
② A를 추진하지 않기로 결정한다면, 추진하는 사업은 정확히 두 개이다.
③ B를 추진하지 않기로 결정한다면, C는 추진한다.
④ C를 추진하지 않기로 결정한다면, B는 추진한다.
⑤ D를 추진하지 않기로 결정한다면, 다른 세 사업의 추진 여부도 모두 정해진다.

07 **어느 학교의 학생회에서 다섯 명의 3학년생 (가), (나), (다), (라), (마) 및 네 명의 4학년생 (바), (사), (아), (자)를 운영부, 기획부, 오락부 등 세 개의 부서에 배치하려고 한다. 이 때, 다음의 조건들이 반드시 지켜져야 한다. 다음 중 기획부에 반드시 배치되어야 할 사람은?** 기업은행 · 우리은행

- ○ 각 부서에는 반드시 세 명의 학생이 있어야 한다.
- ○ 한 학생은 반드시 한 부서에만 배치되어야 한다.
- ○ 각 부서에는 적어도 한 명의 4학년생이 반드시 배치되어야 한다.
- ○ (가)와 (바)는 반드시 운영부에 배치되어야 한다.
- ○ (나)가 오락부에 배치되기 위해서는 (자)도 오락부에 반드시 배치되어야 한다.
- ○ (라)는 (마) 또는 (바)와 함께 배치될 수 없다.
- ○ (다)와 (사)는 반드시 오락부에 배치되어야 한다.
- ○ (아)는 (자)와 같은 부서에 배치될 수 없다.

① (나) ② (라) ③ (마)
④ (아) ⑤ (자)

제 01 회
제 02 회
제 03 회
제 04 회
제 05 회
제 06 회
제 07 회
제 08 회
제 09 회
제 10 회

자료해석영역

08 **다음 〈표〉는 '갑'기업의 사채발행차금 상각 과정을 나타낸 것이다. 이에 대한 설명으로 옳지 않은 것은?**

국민은행

<표> 사채발행차금 상각 과정

(단위: 백만 원)

구분 \ 연도		1차년도	2차년도	3차년도	4차년도
이자비용(A) [=(전년도 E)×0.1]		—	900	(　)	(　)
액면이자(B)		—	600	600	600
사채발행차금	상각액(C) [=(당해년도 A)−(당해년도 B)]	—	300	(　)	(　)
사채발행차금	미상각잔액(D) [=(전년도 D)−(당해년도 C)]	3,000	2,700	(　)	(　)
사채장부가액(E) [=(전년도 E)+(당해년도 C)]		9,000	9,300	(　)	9,993

※ 1차년도의 미상각잔액(3,000백만 원)과 사채장부가액(9,000백만 원)은 주어진 값임

① 3차년도의 사채장부가액은 96억 원 이하이다.
② 3차년도, 4차년도의 상각액은 전년도 대비 매년 증가한다.
③ 3차년도, 4차년도의 이자비용은 전년도 대비 매년 증가한다.
④ 3차년도, 4차년도의 미상각잔액은 전년도 대비 매년 감소한다.
⑤ 3차년도 대비 4차년도의 사채장부가액 증가액은 4차년도의 상각액과 일치한다.

09 다음 〈그림〉과 〈표〉는 A은행의 영업수익 추이와 2008년 주요은행의 영업수익 현황에 대한 자료이다. 이에 대한 〈보기〉의 설명 중 옳은 것을 모두 고르면? 국민은행 · 기업은행 · 신한은행 · 우리은행

<그림> A은행의 영업수익 추이

(단위: 천억 원)

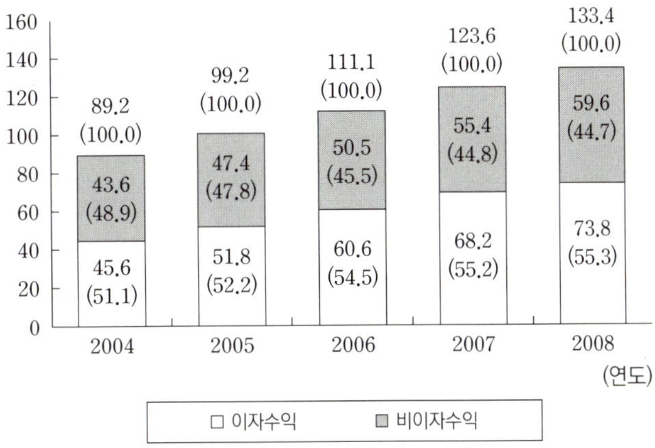

※ 1) 영업수익=이자수익+비이자수익
2) 괄호 안은 연도별 영업수익에서 차지하는 구성비(%)임

<표> 2008년 주요 은행의 영업수익 현황

(단위: %)

은행 구분	A	B	C	D	E	시중은행 평균
총자산 대비 영업수익 비율	5.2	12.8	8.6	4.7	5.6	7.2
총자산 대비 이자수익 비율	2.9	6.1	5.0	2.2	4.1	5.2

〈보기〉

ㄱ. 2008년 총자산 대비 이자수익 비율은 A은행이 B은행의 절반에 미치지 못한다.
ㄴ. 2008년 총자산 대비 비이자수익 비율은 A은행이 시중은행 평균에 미치지 못한다.
ㄷ. 2005년부터 2008년까지 A은행 영업수익의 전년대비 증가율은 매년 10%를 상회하였다.
ㄹ. A은행은 영업수익에서 이자수익이 차지하는 비중이 2004년에 비해 2008년에 3.0%p 이상 증가하였다.

① ㄱ, ㄷ　② ㄱ, ㄹ　③ ㄴ, ㄷ
④ ㄴ, ㄹ　⑤ ㄷ, ㄹ

10 **다음 〈표〉는 A회사의 2010년 월별 상품 판매고에 대한 자료이다. 2010년 7월부터 12월까지의 단순이동평균을 나타낸 그래프로 옳은 것은?** 농협은행 · 신한은행

<표> A회사의 2010년 월별 상품 판매고

(단위: 백만 원)

월	판매고	단순이동평균
1월	330	—
2월	410	—
3월	408	—
4월	514	—
5월	402	—
6월	343	—
7월	438	401.2
8월	419	(　　)
9월	374	(　　)
10월	415	(　　)
11월	451	(　　)
12월	333	(　　)

※ 단순이동평균은 해당 월 직전 6개월간 판매고의 평균을 말함. 예를 들어, 2010년 7월의 단순이동평균(401.2)은 2010년 1월부터 6월까지 판매고의 평균임

①
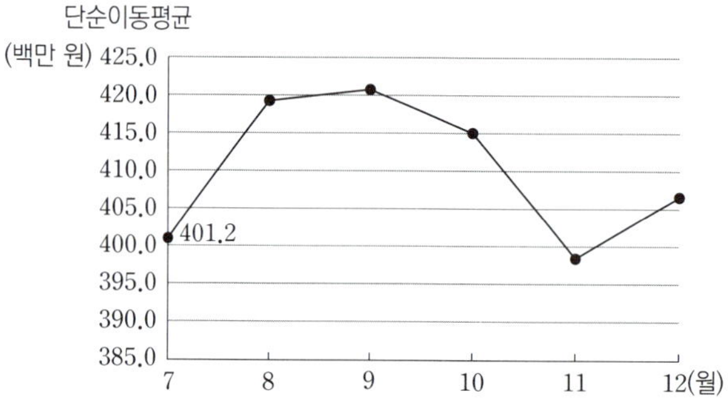

② 단순이동평균

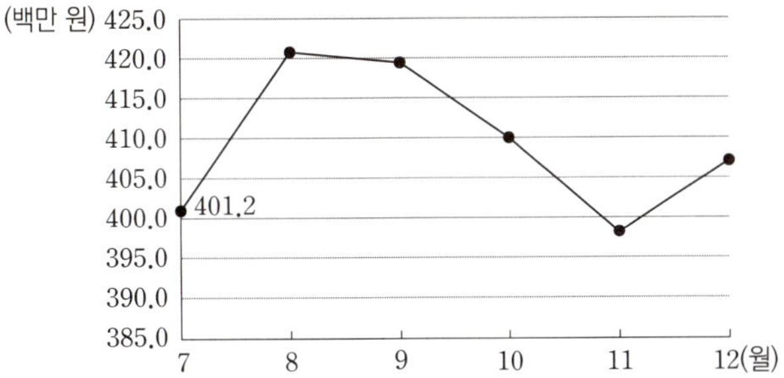

③ 단순이동평균

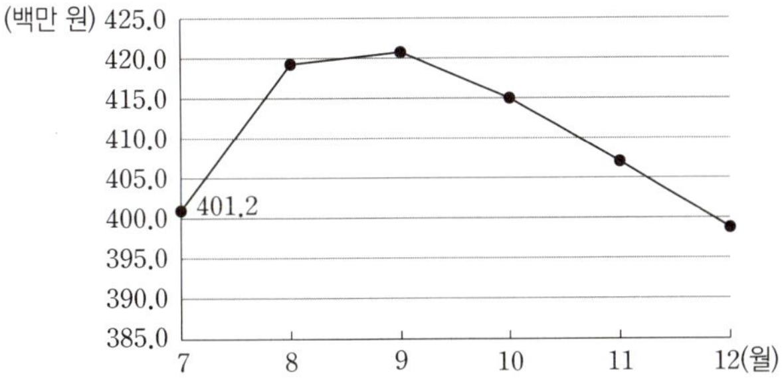

④ 단순이동평균

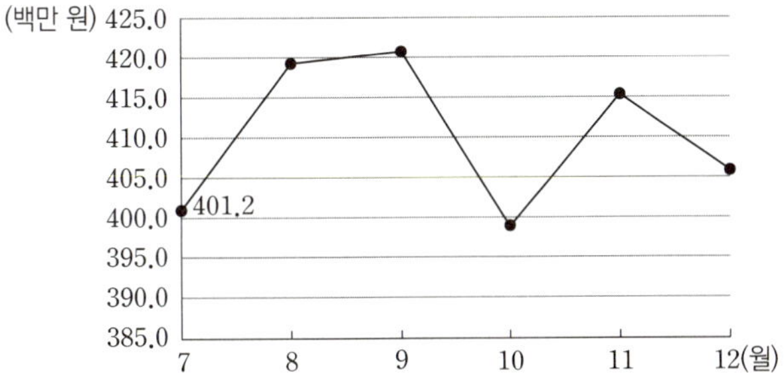

⑤ 단순이동평균

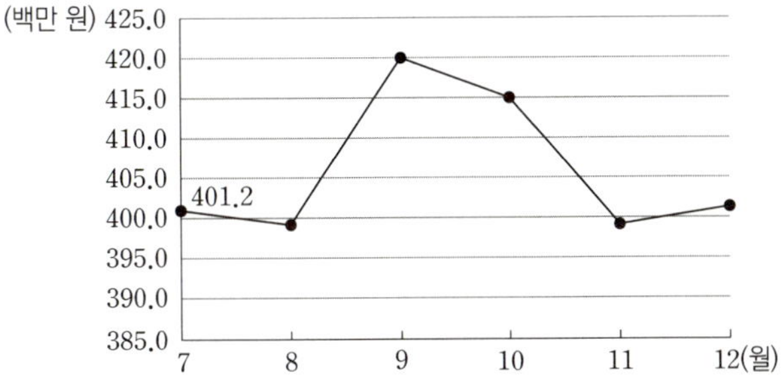

11 다음 〈표〉와 〈그림〉은 볼거리 발병 환자 수에 관한 자료이다. 이에 대한 〈보기〉의 설명 중 옳은 것을 모두 고르면? 국민은행

<표> 지역별 볼거리 발병 환자 수 추이

(단위: 명)

지역	2001년	2002년	2003년	2004년	2005년	2006년	2007년	2008년 (1~2월)
서울	345	175	348	384	224	239	299	33
부산	72	22	25	23	42	221	191	5
대구	34	31	79	73	43	205	2,128	119
인천	222	41	137	262	194	182	225	23
광주	103	20	18	6	10	35	128	3
대전	54	9	6	45	66	9	65	1
울산	33	49	57	121	114	114	137	9
경기	344	175	272	389	701	569	702	36
강원	53	44	53	107	94	126	130	3
충북	36	27	118	110	217	94	152	12
충남	27	24	38	33	16	33	92	3
전북	127	22	23	34	18	47	36	0
전남	85	42	11	6	7	23	66	2
경북	33	38	227	63	33	45	111	4
경남	34	7	29	61	31	35	57	7
제주	20	40	80	26	38	29	23	1
계	1,622	766	1,521	1,743	1,848	2,006	4,542	261

※ 2008년의 자료는 2월말까지 집계된 환자 수임

<그림> 2007년 전국 볼거리 발병 환자 수의 월별 분포

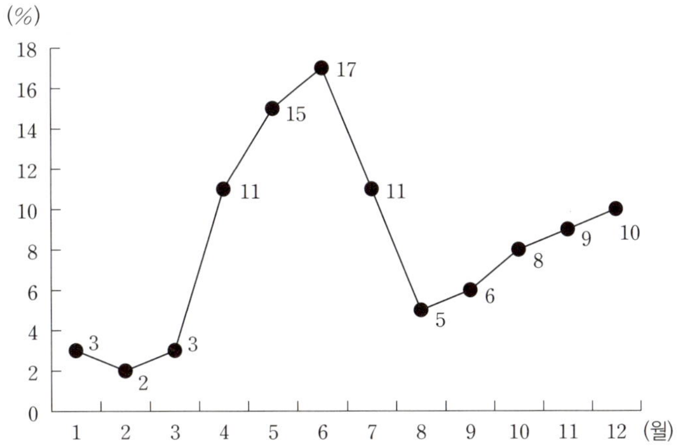

※ 소수점 아래 첫째자리에서 반올림한 값임

〈보기〉

ㄱ. 2007년 대구지역의 볼거리 발병 환자 수는 전년의 10배 이상이다.
ㄴ. 2007년에 볼거리 발병 환자 수가 전년대비 3배 이상인 지역은 대구, 광주, 대전이다.
ㄷ. 2008년 대구지역 볼거리 발병 환자 수의 월별 분포가 2007년 전국 볼거리 발병 환자 수의 월별 분포와 같다면, 대구지역에서는 2007년보다 2008년에 볼거리 발병 환자 수가 더 많다.
ㄹ. 2001년에 지역 인구당 볼거리 발병 환자 비율이 가장 낮은 지역은 제주이다.

① ㄱ, ㄴ
② ㄱ, ㄹ
③ ㄷ, ㄹ
④ ㄱ, ㄴ, ㄷ
⑤ ㄴ, ㄷ, ㄹ

12 **다음의 〈표〉는 A, B 두 회사 전체 신입사원의 성별 교육년수 분포에 대한 자료이다. 이에 대해 〈신입사원 초임결정공식〉을 적용했을 때, 아래 설명 중 옳지 않은 것은?** 국민은행

<표> 회사별 성별 전체 신입사원의 교육년수 분포

(단위: %)

회사 \ 성별 \ 교육년수		12년 (고졸)	14년 (초대졸)	16년 (대졸)	18년 (대학원졸)	합
A	남	30	20	40	10	100
	여	40	20	30	10	100
B	남	40	10	30	20	100
	여	50	30	10	10	100

〈신입사원 초임결정공식〉

○ A사
- 남자: 초임(만 원)=1,000+180×(교육년수)
- 여자: 초임(만 원)=1,840+120×(교육년수)

○ B사
- 남자: 초임(만 원)=750+220×(교육년수)
- 여자: 초임(만 원)=2,200+120×(교육년수)

① B사 여자신입사원은 교육년수가 동일한 A사 남자신입사원보다 초임이 높다.

② 교육년수가 14년 이하인 B사 여자신입사원은 교육년수가 동일한 B사 남자신입사원보다 초임이 높다.

③ A사 여자신입사원 중, 교육년수가 동일한 A사 남자신입사원보다 초임이 낮은 A사 여자신입사원의 비율은 40% 이다.

④ 교육년수가 16년 이상인 A사 남자신입사원은 교육년수가 동일한 B사 남자신입사원보다 초임이 높다.

⑤ B사 남자신입사원 중, 교육년수가 동일한 B사 여자신입사원보다 초임이 높은 B사 남자신입사원의 비율은 50% 이다.

13 다음 〈그림〉과 〈표〉는 2007년 국내 암 발생률에 대한 자료이다. 이에 대한 〈보기〉의 설명 중 옳은 것을 모두 고르면?

신한은행

<그림> 2007년 성별 10대암 발생률

(단위: 명)

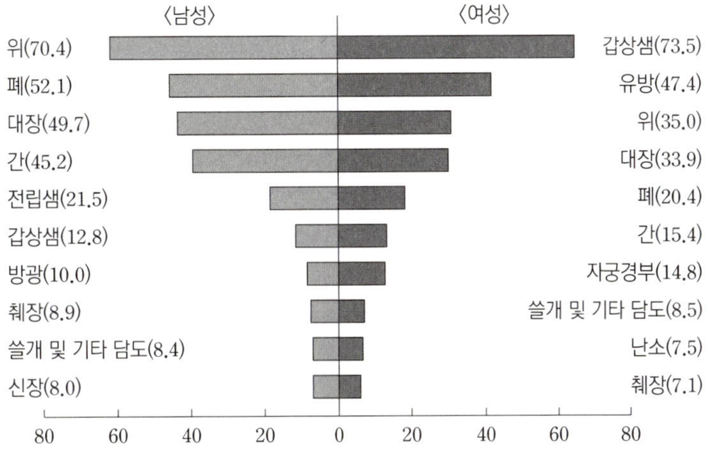

<표> 2007년 성별 암 발생률

(단위: 명)

구분	남성	여성
암 발생률	346.2	312.8

※ 1) 암 발생률: 특정 기간 동안 해당 집단의 인구 10만 명당 새롭게 발생한 암 환자 수
2) 10대암은 암 발생률이 높은 상위 10개를 의미함

〈보기〉

ㄱ. 2007년 남성에게서 발생률이 가장 높은 암은 위암이고, 그 다음으로 폐암, 대장암, 간암의 순이며, 이들 네 개 암 발생률의 합은 그 해 남성 암 발생률의 50% 이상이다.

ㄴ. 2007년 남성의 위암, 폐암, 대장암, 간암의 발생률은 각각 여성의 해당 암 발생률의 두 배 이상이다.

ㄷ. 2007년 여성의 갑상샘암 발생률은 남성의 5배 이상이다.

ㄹ. 2007년 여성 암 환자 중 갑상샘암 환자의 비율은 20% 이상이다.

① ㄱ, ㄷ　② ㄴ, ㄷ　③ ㄴ, ㄹ
④ ㄱ, ㄴ, ㄹ　⑤ ㄱ, ㄷ, ㄹ

14 〈표〉는 A기업과 B기업의 영업지표와 월별 제품 판매량 증가율에 관한 자료이며, 〈정보〉는 영업지표 및 증가율 산출방식을 나타내고 있다. 이에 대한 설명으로 옳은 것을 〈보기〉에서 모두 고르면?

국민은행

<표 1> 영업지표

기업	A	B
제품 단위당 판매가격(원/개)	10,000	15,000
제품 단위당 변동비(원/개)	6,000	7,000
제품 단위당 재료비	3,000	4,000
제품 단위당 노무비	2,000	1,500
제품 단위당 간접비	1,000	1,500
고정비 (원/월)	400,000	150,000
감가상각비	300,000	120,000
임차료	70,000	20,000
보험료	30,000	10,000

※ 두 기업의 연간 가격 및 제반비용의 변화는 없다고 가정함

<표 2> 월별 제품 판매량 증가율

(단위: %)

월	1	2	3	4	5	6
A	11.3	5.7	7.3	15.9	2.9	8.2
B	9.5	8.7	20.6	12.2	6.2	6.5

※ t월 판매량 증가율(%)$=\frac{t\text{월 판매량}-(t-1)\text{월 판매량}}{(t-1)\text{월 판매량}}\times 100$

〈정보〉

○ t월 매출액=제품 단위당 판매가격×t월 판매량

○ t월 총변동비=제품 단위당 변동비×t월 판매량

○ t월 총비용=t월 총변동비+t월 고정비

○ t월 영업지표 증가율(%)$=\frac{t\text{월 영업지표}-(t-1)\text{월 영업지표}}{(t-1)\text{월 영업지표}}\times 100$

〈보기〉

ㄱ. A기업의 2월 총비용 대비 고정비 비율은 1월보다 증가한 반면, 3월 총비용 대비 고정비 비율은 2월보다 감소하였다.
ㄴ. 1월부터 6월까지 A기업과 B기업의 월별 매출액 대비 총 변동비 비율을 비교해 볼 때, A기업이 B기업보다 높은 월은 2월, 3월, 5월이다.
ㄷ. A기업의 3월 총비용 증가율은 7.3% 미만이며, B기업의 4월 총비용 증가율은 12.2% 미만이다.
ㄹ. 1월부터 6월까지 A기업의 매출액 증가율이 가장 낮은 월의 B기업의 총변동비 증가율은 A기업의 총변동비 증가율의 2배 이상이다.

① ㄱ, ㄴ ② ㄱ, ㄷ ③ ㄴ, ㄷ
④ ㄴ, ㄹ ⑤ ㄷ, ㄹ

15 **〈표〉는 2010년 국내 인터넷뱅킹(모바일뱅킹 포함) 이용 현황을 조사한 자료이고, 〈보기〉는 이를 토대로 작성한 보고서이다. 〈보기〉의 내용 중 옳은 것을 모두 고르면?** 국민은행

<표 1> 인터넷뱅킹 등록고객 수

(단위: 천 명, 천 개)

구분	2007년	2008년	2009년	2010년
개인	42,396	49,912	56,047	62,952
법인	2,302	2,683	3,159	3,711
합계	44,698	52,595	59,206	66,663

<표 2> 인터넷뱅킹 이용실적

(단위: 천 건, 십억 원)

구분		2007년	2008년	2009년	2010년
총이용건수		17,919	22,600	26,538	33,696
	조회서비스	15,177	19,666	23,111	29,533
	자금이체	2,742	2,934	3,427	4,163
이용금액		18,570	21,365	25,454	29,688

<표 3> 모바일뱅킹 이용실적

(단위: 천 건, 십억 원)

구분		2007년	2008년	2009년	2010년
총이용건수		716	1,058	1,720	2,847
	조회서비스	598	899	1,461	2,381
	자금이체	118	159	259	466
이용금액		106	150	265	408

※ 조회서비스 이용률(%)=(조회서비스 이용건수/총이용건수)×100

〈보기〉

(가) 2010년 국내 금융기관에 등록된 인터넷뱅킹 고객 수는 6,666만 3천 명으로 전년 대비 약 12.6%가 증가하여 2008년 이후 매년 전년 대비 증가율이 커지는 추세를 보이고 있다. 2010년 인터넷뱅킹 이용건수 및 금액을 보면 3,369만 6천 건, 29조 6,880억 원으로 전년 대비 각각 27.0%와 16.6%가 증가하였다. 한편, 모바일뱅킹 서비스의 확대에 따라 2007~2010년 사이에 인터넷뱅킹 중 모바일뱅킹이 차지하는 비중이 커졌다. 이에 따라 (나) 2010년 모바일뱅킹 이용건수 및 금액의 전년 대비 증가율은 인터넷뱅킹 이용건수 및 금액의 전년 대비 증가율보다 각각 2배 이상 컸고, (다) 모바일뱅킹 이용건수 및 금액이 인터넷뱅킹 전체에서 차지하는 비중도 2007년에 비해 각각 2배 이상 증가하였다. 2007~2010년 사이 인터넷뱅킹 이용서비스별 현황을 살펴보면 조회서비스를 자금이체보다 더 많이 이용하고 있는데, (라) 2010년에는 인터넷뱅킹 전체보다 모바일뱅킹에서 조회서비스 이용률이 더 높게 나타났다.

① (가), (나)
② (나), (다)
③ (나), (라)
④ (다), (라)
⑤ (가), (나), (다)

16 **<표>는 각국의 환율을 표시한 자료이다. A은행을 통해 환전 및 송금거래를 한다고 가정할 때 이에 대한 설명으로 옳은 것을 <보기>에서 모두 고르면?**

기업은행 · 농협은행 · 우리은행

<표 1> 2010년 11월 30일 기준 A은행의 환율

(단위: 원)

통화명	현찰		전신환 송금	
	사실 때	파실 때	보내실 때	받으실 때
미국 USD	1,177.55	1,137.05	1,168.60	1,146.00
일본 JPY (100엔 기준)	1,397.44	1,349.38	1,386.86	1,359.96
유럽연합 EUR	1,548.47	1,488.05	1,533.44	1,503.08
영국 GBP	1,836.76	1,765.10	1,818.93	1,782.93
스위스 CHF	1,182.75	1,136.61	1,171.27	1,148.09

<표 2> 2010년 12월 31일 기준 A은행의 환율

(단위: 원)

통화명	현찰		전신환 송금	
	사실 때	파실 때	보내실 때	받으실 때
미국 USD	1,158.83	1,118.97	1,150.00	1,127.80
일본 JPY (100엔 기준)	1,421.52	1,372.64	1,410.77	1,383.39
유럽연합 EUR	1,543.72	1,483.48	1,528.73	1,498.47
영국 GBP	1,792.69	1,722.75	1,775.29	1,740.15
스위스 CHF	1,242.24	1,193.78	1,230.19	1,205.83

※ 환전 및 송금 수수료는 통화 및 금액에 상관없이 2010년 내내 동일하다고 가정함

〈보기〉

ㄱ. 한국기업 B는 미국에 물품대금 2천 달러를 전신환으로 송금할 때 2010년 11월 30일보다 2010년 12월 31일에 함으로써 원화를 절약할 수 있다.
ㄴ. 한국기업 B는 영국에 20억 원의 투자자금을 전신환으로 송금할 때 2010년 11월 30일보다 2010년 12월 31일에 하는 것이 이익이다.
ㄷ. 한국기업 B는 일본으로부터 납품대금 2백만 엔을 전신환으로 송금받을 때 2010년 12월 31일보다 2010년 11월 30일에 받음으로써 보다 많은 원화를 벌 수 있다.
ㄹ. 한국기업 B에 근무하는 C과장은 일본 출장 후 남은 5만 엔의 현찰을 원화로 환전할 때 2010년 12월 31일보다 2010년 11월 30일에 하는 것이 이익이다.
ㅁ. 외국 통화의 현찰 매입기준으로 판단할 때 2010년 11월 30일보다 2010년 12월 31일에 원화강세를 보이는 화폐는 일본 엔, 스위스 프랑이며 원화약세를 보이는 화폐는 미국 달러, 유럽연합 유로, 영국 파운드이다.

① ㄱ, ㄴ ② ㄱ, ㄹ ③ ㄱ, ㄴ, ㅁ
④ ㄴ, ㄷ, ㅁ ⑤ ㄷ, ㄹ, ㅁ

상황판단영역

17 **甲은 어제 A, B 휴게실을 갖춘 도서관에 갔다. 다음을 근거로 판단할 때 거짓말을 한 사람은?**

기업은행

〈조건〉

1. 甲은 오전 10시부터 같은 날 오후 5시까지 도서관을 이용하였다.
2. 각 휴게실은 오전 10시부터 음악리스트의 첫 번째 곡부터 순서대로 틀기 시작한다.
3. 음악리스트의 마지막 곡이 끝나면 첫 번째 곡부터 다시 시작되며 이 과정은 도서관 운영 종료 시까지 계속 반복된다.
4. 도서관 이용자는 A, B 휴게실을 둘 다 갈 수 있으며 드나드는 횟수에 제한은 없다.
5. 甲은 음악리스트의 곡들 중 베토벤의 곡만 들으며 휴게실과 열람실 사이를 이동하는 데 소요되는 시간은 고려하지 않는다.
6. 甲은 베토벤의 곡이 나올 때는 반드시 휴게실에서 음악을 들으며, 베토벤의 곡이 나오지 않을 때는 반드시 열람실에서 공부한다.
7. 甲은 음악리스트를 사전에 파악하고 있으며 원하는 곡이 언제 나오는지 정확히 파악하고 있다.
8. 모든 곡은 길이가 2분이며 곡과 곡 사이의 시간은 고려하지 않는다.
9. 甲은 도서관을 이용하는 시간 동안 A, B 휴게실 혹은 열람실에 반드시 머문다.

〈A휴게실의 음악리스트〉
○ 전체 곡의 수는 22곡
○ 베토벤의 곡은 1곡이며 음악리스트의 12번째에 위치해 있다.

〈B휴게실의 음악리스트〉
○ 전체 곡의 수는 31곡
○ 베토벤의 곡은 4곡이며 음악리스트의 1번째, 10번째, 12번째, 24번째에 위치해 있다.

① 수민: 전 어제 오전 11시 7분에 甲이 A휴게실에서 음악을 듣는 것을 보았습니다.
② 태연: 전 어제 오전 11시 30분에 甲이 열람실에 있는 것을 보았습니다.
③ 지영: 전 어제 오전 11시 21분에 B휴게실에서 甲과 함께 음악을 들었습니다.
④ 성환: 전 어제 낮 12시 30분에 甲이 열람실에 있는 것을 보았습니다.
⑤ 정혁: 전 어제 낮 12시 27분에 甲이 열람실에 있는 것을 보았습니다.

18 **다음 글을 근거로 판단할 때, 〈비행기 좌석표〉의 주어진 5개 좌석 중 생존가능성이 가장 높은 좌석은?**

기업은행

〈조건〉

A국 항공담당 부처는 비행기 화재사고 시 좌석에 따른 생존가능성을 조사하였다. 그 결과 다음과 같이 좌석의 조건에 따라 생존가능성이 다르게 나타났다.

○ 각 비상구에서 앞뒤로 두 번째 열 이내에 앉은 승객은 그렇지 않은 승객에 비해 생존할 가능성이 높다.

○ 복도(통로) 측 좌석 승객이 창 측 승객보다 생존할 가능성이 높다.

○ 기내의 가운데 열을 기준으로 앞쪽과 뒤쪽으로 나누어 볼 때 앞쪽 승객이 뒤쪽 승객보다 생존할 가능성이 높다.

<비행기 좌석표>

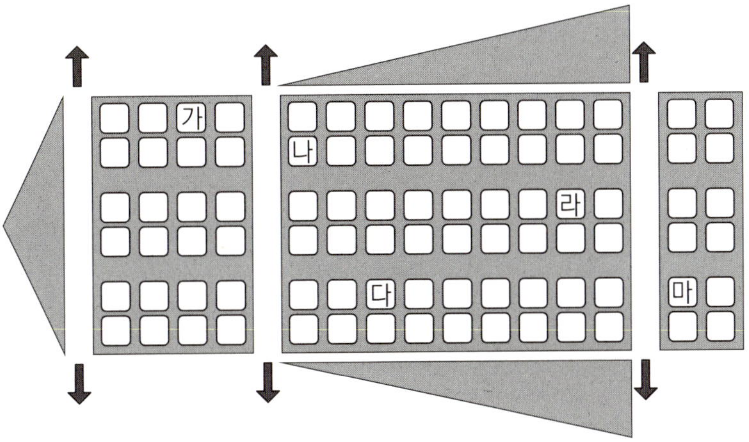

※ 화살표는 비상구를 나타내며, 그림의 왼쪽이 비행기의 앞쪽 방향이다. 또한 비행기 좌석은 총 15열이다.

① 가 ② 나 ③ 다
④ 라 ⑤ 마

19 **A국에서는 부동산을 매매·상속 등의 방법으로 취득하는 사람은 취득세, 농어촌특별세, 등록세, 지방교육세를 납부하여야 한다. 다음 글을 근거로 할 때, 자경농민인 甲이 공시지가 3억 5천만 원의 농지를 상속받아 주변농지의 시가 5억 원으로 신고한 경우, 甲이 납부하여야 할 세금액은? (단, 신고불성실가산세, 상속세, 증여세 등은 고려하지 않는다)** 신한은행 · 우리은행

〈부동산 취득시 납부하여야 할 세금의 산출방법〉

○ 취득세는 부동산 취득 당시 가액에 2%의 세율을 곱하여 산정한다. 다만 자경농민이 농지를 상속으로 취득하는 경우에는 취득세가 비과세된다. 그리고 농어촌특별세는 결정된 취득세액에 10%의 세율을 곱하여 산정한다.
○ 등록세는 부동산 취득 당시 가액에 0.8%의 세율을 곱하여 산정한다. 다만 자경농민이 농지를 취득하는 때 등록세의 세율은 상속의 경우 취득가액의 0.3%, 매매의 경우 1%이다. 그리고 지방교육세는 결정된 등록세액에 20%의 세율을 곱하여 산정한다.
○ 부동산 취득 당시 가액은 취득자가 신고한 가액과 공시지가(시가표준액) 중 큰 금액으로 하며, 신고 또는 신고가액의 표시가 없는 때에는 공시지가를 과세표준으로 한다.

① 75만 원　② 126만 원　③ 180만 원
④ 280만 원　⑤ 1,280만 원

20 다음 〈관세 관련 규정〉에 따를 때, 甲이 전자기기의 구입으로 지출한 총 금액은? 신한은행 · 우리은행

〈관세 관련 규정〉

○ 물품을 수입할 경우 과세표준에 품목별 관세율을 곱한 금액을 관세로 납부해야 한다. 단, 과세표준이 15만 원 미만이고, 개인이 사용할 목적으로 수입하는 물건에 대해서는 관세를 면제한다.

○ 과세표준은 판매자에게 지급한 물품가격, 미국에 납부한 세금, 미국 내 운송료, 미국에서 한국까지의 운송료를 합한 금액을 원화로 환산한 금액으로 한다. 단, 미국에서 한국까지의 운송료는 실제 지불한 운송료가 아닌 다음의 〈국제선편요금〉을 적용한다.

<국제선편요금>

중량	0.5kg~1kg미만	1kg~1.5kg미만
금액(원)	10,000	15,000

○ 과세표준 환산 시 환율은 관세청장이 정한 '고시환율'에 따른다. (현재 고시환율: ₩1,100/$)

〈甲의 구매 내역〉

한국에서 甲은 개인이 사용할 목적으로 미국 소재 인터넷 쇼핑몰에서 물품가격과 운송료를 지불하고 전자기기를 구입했다.

- 전자기기 가격: $120
- 미국에서 한국까지의 운송료: $30
- 지불시 적용된 환율: ₩1,200/$
- 전자기기 중량: 0.9kg
- 전자기기에 적용되는 관세율: 10%
- 미국 내 세금 및 미국 내 운송료는 없다.

① 142,000원　② 156,200원　③ 180,000원
④ 181,500원　⑤ 198,000원

21 **다음 규정과 서울에서 대전으로 출장을 다녀온 〈甲의 지출내역〉에 근거하였을 때, 甲이 정산 받는 여비의 총액은?**

기업은행 · 농협은행

제00조(여비의 종류) 여비는 운임·숙박비·식비·일비 등으로 구분한다.
1. 운임: 여행 목적지로 이동하기 위해 교통수단을 이용함에 있어 소요되는 비용을 충당하기 위한 여비
2. 숙박비: 여행 중 숙박에 소요되는 비용을 충당하기 위한 여비
3. 식비: 여행 중 식사에 소요되는 비용을 충당하기 위한 여비
4. 일비: 여행 중 출장지에서 소요되는 교통비 등 각종 비용을 충당하기 위한 여비

제00조(운임의 지급) ① 운임은 철도운임·선박운임·항공운임으로 구분한다.
② 국내 철도운임은 [별표 1]에 따라 지급한다.

제00조(일비·숙박비·식비의 지급) ① 국내 여행자의 일비·숙박비·식비는 [별표 1]에 따라 지급한다.
② 일비는 여행일수에 따라 지급한다.
③ 숙박비는 숙박하는 밤의 수에 따라 지급한다. 다만, 출장기간이 2일 이상인 경우에 지급액은 출장기간 전체의 총액한도 내 실비로 계산한다.
④ 식비는 여행일수에 따라 지급한다.

[별표 1] 국내 여비 지급표

(단위: 원)

철도운임	선박운임	항공운임	일비(1일당)	숙박비(1박당)	식비(1일당)
실비 (일반실)	실비 (2등급)	실비	20,000	실비 (상한액: 40,000)	20,000

<甲의 지출내역>

(단위: 원)

항목	1일차	2일차	3일차
KTX 운임(일반실)	20,000		20,000
대전 시내 버스요금	5,000	10,000	2,000
대전 시내 택시요금			10,000
식비	10,000	30,000	10,000
숙박비	45,000	30,000	

① 182,000원 ② 187,000원 ③ 192,000원
④ 230,000원 ⑤ 235,000원

22 **다음을 근거로 판단할 때 A국 사람들이 나눈 대화 중 옳은 것은? (단, 여권은 모두 유효하며, 아래 대화의 시점은 2011년 2월 26일이다)** 기업은행

<표> A국의 비자면제협정 체결 현황

(2009. 4. 기준)

대상여권	국가(체류기간)
외교관	우크라이나(90일), 우즈베키스탄(60일)
외교관 · 관용	이집트(90일), 일본(3개월), 에콰도르(외교관: 업무수행기간, 관용: 3개월), 캄보디아(60일)
외교관 · 관용 · 일반	포르투갈(60일), 베네수엘라(외교관 · 관용: 30일, 일반: 90일), 영국(90일), 터키(90일), 이탈리아(90일), 파키스탄(3개월, 2008.10.1부터 일반 여권 소지자에 대한 비자면제협정 일시정지)

※ 2009년 4월 이후 변동사항은 고려하지 않는다.
※ 상대국에 파견하는 행정원의 경우에는 관용 여권을 발급한다.
※ 면제기간은 입국한 날부터 기산(起算)한다.
※ 상기 협정들은 상호적인 규정이다.

① 희선: 포르투갈인이 일반 여권을 가지고 2010년 2월 2일부터 같은 해 4월 6일까지 A국을 방문했을 때 비자를 발급받을 필요가 없었겠군.

② 현웅: A국이 작년에 4개월 동안 우즈베키스탄에 행정원을 파견한 경우 비자를 취득해야 했지만, 같은 기간 동안 에콰도르에 행정원을 파견한 경우 비자를 취득할 필요가 없었겠군.

③ 유리: 나는 일반 여권으로 2009년 5월 1일부터 같은 해 8월 15일까지 이탈리아에 비자 없이 체류했었고, 2010년 1월 2일부터 같은 해 3월 31일까지 영국에도 체류했었어.

④ 용훈: 외교관 여권을 가지고 같은 기간을 A국에서 체류하더라도 이집트 외교관은 비자를 발급받아야 하지만, 파키스탄 외교관은 비자를 발급받지 않아도 되는 경우가 있겠군.

⑤ 예리: 관용 여권을 가지고 2010년 5월 5일부터 같은 해 5월 10일까지 파키스탄을 방문했던 A국 국회의원은 비자를 취득해야 했었겠군.

23 **甲사무관은 청사이전 공사를 위해 조달청 입찰시스템에 등록하고자 하는 A~E업체 중 하나를 선택하여 계약을 맺으려 한다. 다음을 근거로 판단할 때 옳지 않은 것을 〈보기〉에서 모두 고르면?**

기업은행 · 국민은행 · 농협은행

〈조건〉

○ 甲사무관은 조달청 입찰시스템에 등록되지 않은 업체와는 계약할 수 없다.

○ 甲사무관은 조달청 입찰시스템에 등록하려는 각 업체의 정보(〈표 1〉)는 알 수 있지만 각 업체별 사전평가점수(〈표 2〉)는 모른다.

○ 甲사무관은 순편익이 가장 높은 업체를 선택하며, 이때 순편익은 청사이전 편익에서 공사비용을 뺀 값이다.

○ 조달청은 사전평가점수 총점이 60점 이상인 업체만을 입찰시스템에 등록시키고, 평가항목 중 하나에서라도 분류배점의 40% 미만이 나올 경우에는 등록 자체를 허용하지 않는다.

○ 공사 착공일은 3월 1일이며, 어떠한 일이 있어도 같은 해 7월 10일까지 공사가 완공되어야 한다.

<표 1> 업체의 정보

구분	A업체	B업체	C업체	D업체	E업체
공사소요기간(일)	120	100	140	125	130
공사비용(억 원)	16	10	18	13	11
청사이전 편익(억 원)	18	12	25	17	16
안전성	上	中	上	中	下

<표 2> 입찰시스템에 등록하려는 업체별 사전평가점수

평가 항목	분류 배점	A업체	B업체	C업체	D업체	E업체
가격	30	18	26	17	18	25
품질	20	17	16	15	13	12
수요기관 만족도	20	14	7	15	13	11
서비스	30	22	27	18	15	27
총점	100	71	76	65	59	75

〈보기〉

ㄱ. 甲사무관은 E업체와 계약을 맺을 것이다.
ㄴ. 만약 D업체가 친환경인증으로 품질부문에서 가산점 2점을 얻는다면 甲사무관은 D업체와 계약을 맺을 것이다.
ㄷ. 만약 甲사무관이 순편익은 고려하지 않고 공사완공이 빨리 되는 것만 고려한다면 B업체와 계약을 맺을 것이다.
ㄹ. 만약 안전성이 下인 업체를 제외시킨다면 甲사무관은 A업체와 계약을 맺을 것이다.
ㅁ. 안전성이 上일 경우 2억 원의 청사이전 편익이 추가로 발생한다면 甲사무관은 A업체와 계약을 맺을 것이다.

① ㄱ, ㄴ, ㄷ
② ㄱ, ㄹ, ㅁ
③ ㄴ, ㄷ, ㄹ
④ ㄴ, ㄷ, ㅁ
⑤ ㄷ, ㄹ, ㅁ

24 **다음 ○○금융회사의 금(金) 관련 금융상품만을 고려할 때 옳지 않은 것은?** 기업은행 · 국민은행 · 농협은행

- A상품: 2011년 12월 30일에 금 1g 가격(P)이 50,000원 이상이면 ○○금융회사는 (P−50,000)원을 A상품 가입자에게 지급하고, 반대의 경우는 A상품 가입자가 (50,000−P)원을 ○○금융회사에 납부하는 상품
- B상품: 2011년 12월 30일에 금 1g 가격(P)이 50,000원 이하이면 ○○금융회사는 (50,000−P)원을 B상품 가입자에게 지급하고, 반대의 경우는 B상품 가입자가 (P−50,000)원을 ○○금융회사에 납부하는 상품
- C상품: 2011년 12월 30일에 금 1g 가격(P)이 50,000원 이상일 경우, 1,000원을 내고 C상품에 가입한 가입자에게 ○○금융회사가 (P−50,000)원을 지급하는 상품
- D상품: 2011년 12월 30일에 금 1g 가격(P)이 50,000원 이하일 경우, 1,000원을 내고 D상품에 가입한 가입자에게 ○○금융회사가 (50,000−P)원을 지급하는 상품

※ 1) 오늘(2011.2.25.) 금 1g의 가격은 50,000원(변동 없음)이고 모든 금융상품은 오늘부터 2011년 12월 29일까지만 가입이 허용됨
2) 금 가격은 ○○금융회사의 영업시작시간 이전에 하루 한 번 변동됨
3) 이 외의 다른 비용은 고려하지 않음

① A상품에 가입하는 것은 오늘 금 1g을 샀다가 2011년 12월 30일에 파는 것과 수익이 동일하다.

② 2011년 12월 30일에 금 가격이 50,000원 이상일 것이라고 확신한다면, C상품보다는 A상품에 가입할 것이다.

③ 오늘 B상품에 가입하면서 금 1g을 사고 2011년 12월 30일에 이를 판매한다면, 금 시세와 무관하게 50,000원을 받을 수 있다.

④ C상품과 D상품에 동시에 가입한다면, 2011년 12월 30일에 금 가격과 무관하게 손해를 보지 않는다.

⑤ 오늘 금 1g을 구매하고 D상품에 가입한다면, 2011년 12월 30일에 손해는 최대 1,000원을 넘지 않는다.

25 **甲은 2010.10.10. 인근 농업진흥지역 내의 A농지 2,000m²를 주말영농을 하기 위하여 구입하였고, 2010.11.11. B농지 15,000m²를 상속받았다. 다음 〈조건〉을 근거로 판단할 때 옳지 않은 것을 〈보기〉에서 모두 고르면?**

국민은행 · 농협은행

〈조건〉

○ 농업인이란 1,000m² 이상의 농지에서 농작물을 경작하는 자 또는 1년 중 90일 이상 농업에 종사하는 자를 말한다.

○ 자기의 농업경영에 이용하거나 이용할 자가 아니면 농지를 소유하지 못한다. 예외적으로 ① 자기의 농업경영에 이용하지 않더라도 주말·체험영농을 하려는 자는 총 1,000m² 미만의 농지를 소유할 수 있다. ② 상속으로 농지를 취득한 자로서 농업경영을 하지 않는 자는 그 상속 농지 중에서 총 10,000m²까지는 자기의 농업경영에 이용하지 않더라도 농지를 소유 및 제3자에게 임대할 수 있지만, 한국농촌공사에 위탁하여 임대하는 경우에는 20,000m²까지 소유할 수 있다.

○ 농지소유자가 정당한 사유 없이 그 농지를 주말·체험영농에 이용하지 않는 경우, 그때부터 1년 이내에 그 농지를 처분하여야 한다. 또한 농지 소유 상한을 초과하여 농지를 소유한 것이 판명된 경우, 농지소유자는 그 때부터 1년 이내에 초과된 농지를 처분하여야 한다.

※ 농업경영이란 농업인이나 농업법인이 자기의 계산과 책임으로 농업을 영위하는 것을 말함

※ 주말·체험영농이란 개인이 주말 등을 이용하여 취미생활이나 여가활동으로 농작물을 경작하는 것을 말함

〈보기〉

ㄱ. 甲이 직장을 다니면서 A농지에 농작물을 직접 경작하는 경우, 농업인으로 볼 수 있다.

ㄴ. 甲이 정당한 사유 없이 A농지를 경작하지 않는 경우, 그때부터 1년 이내에 A농지 전부를 처분하여야 한다.

ㄷ. 甲이 농업인 乙에게 B농지를 임대한 경우, B농지 전부를 처분하여야 한다.

ㄹ. 직장을 그만두고 귀농한 甲이 A농지에 농작물을 스스로 경작하고 B농지는 한국농촌공사에 임대한 경우, A·B 농지 모두를 계속 소유할 수 있다.

① ㄷ ② ㄹ ③ ㄱ, ㄴ
④ ㄷ, ㄹ ⑤ ㄱ, ㄴ, ㄹ

26 **가로 3,000mm, 세로 3,400mm인 직사각형 방에 가구를 배치하려고 한다. 다음 중 가능한 가구 배치는?**

기업은행

○ 방문을 여닫는 데 1,000mm의 간격이 필요함
○ 서랍장의 서랍(●로 표시하며 가로면 전체에 위치)을 열려면 400mm의 간격이 필요(침대, 테이블, 화장대는 서랍 없음)하며 반드시 여닫을 수 있어야 함
○ 붙박이 장롱 문을 열려면 앞면 전체에 550mm의 간격이 필요하며 반드시 여닫을 수 있어야 함
○ 가구들은 쌓을 수 없음
○ 각각의 가구는 방에 넣을 수 있는 것으로 가정함
- 침대 (가로) 1,500mm×(세로) 2,110mm
- 테이블 (가로) 450mm ×(세로) 450mm
- 서랍장 (가로) 1,100mm×(세로) 500mm
- 화장대 (가로) 1,000mm×(세로) 300mm
- 붙박이 장롱은 벽 한 면 전체를 남김없이 차지한다. 깊이 650mm

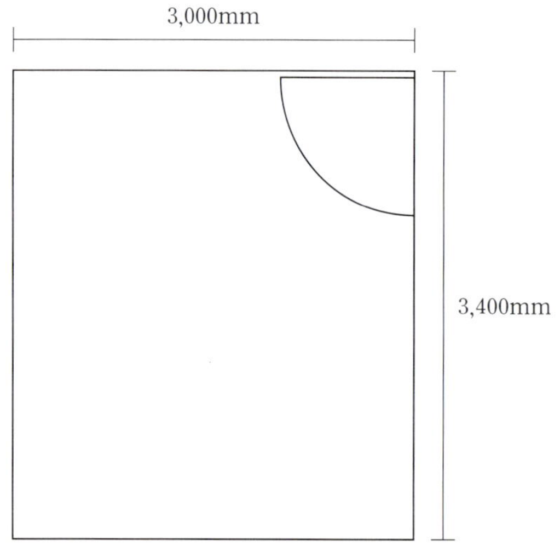

①

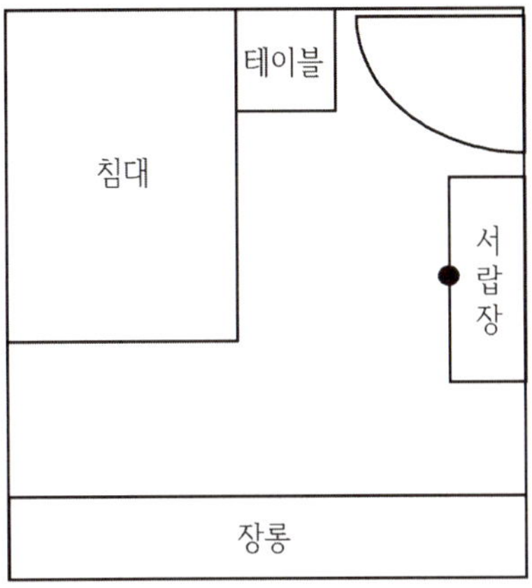
테이블
침대
서랍장
장롱

②

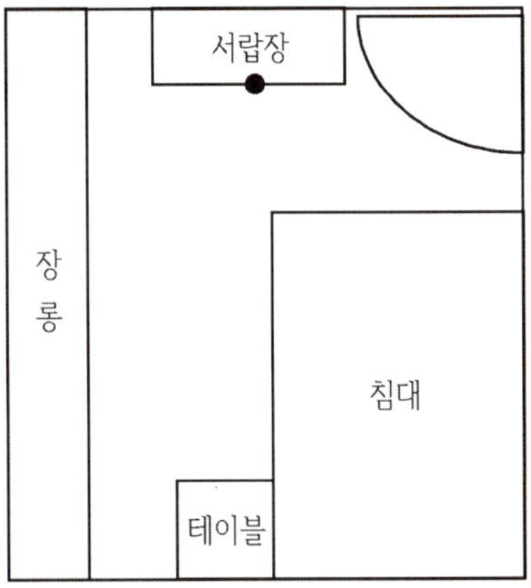
서랍장
장롱
침대
테이블

③

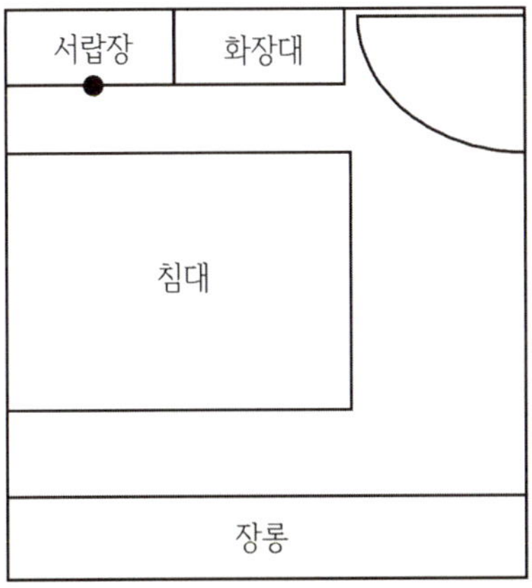
서랍장
화장대
침대
장롱

④

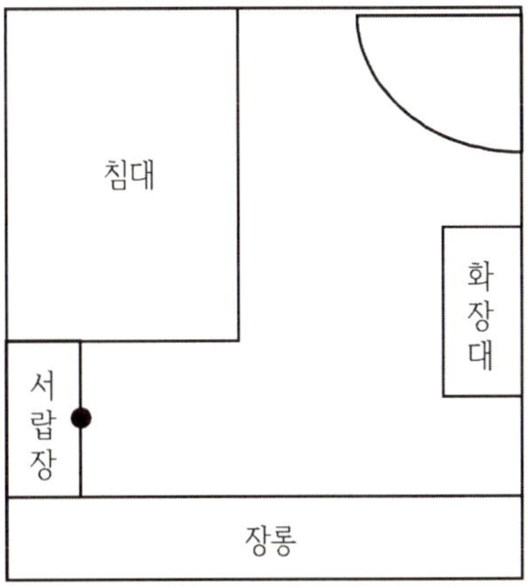
침대
화장대
서랍장
장롱

⑤

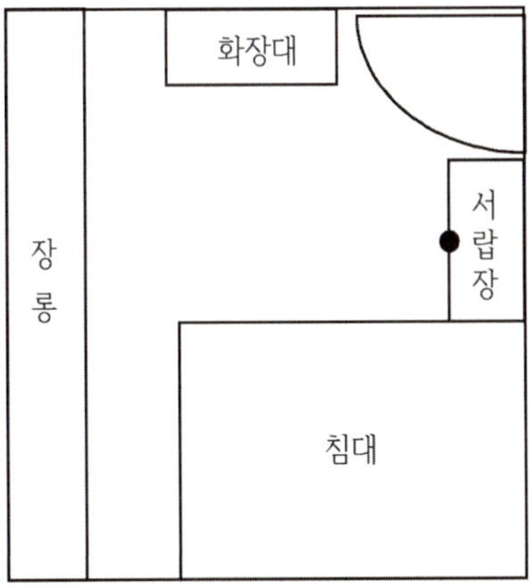
화장대
장롱
서랍장
침대

27 **〈정보〉는 펀드의 수익률과 관련된 자료이다. 〈보기〉 중 올바르지 않은 것을 모두 고르면?**

기업은행 · 국민은행 · 농협은행

〈정보〉

현재 달러화 채권의 수익률은 연 5%인 반면, 원화 채권의 수익률은 연 10%이다. 또한, 현재 환율은 1,000원/달러이다. A펀드는 1년 동안 1,000만 달러를 달러화 채권 또는 원화 채권에 투자하고 그 수익을 펀드 가입자에게 달러화로 지급한다. 반면, B펀드는 1년 동안 100억 원을 달러화 채권 또는 원화 채권에 투자하고 그 수익을 펀드 가입자에게 원화로 지급한다.

A펀드와 B펀드는 펀드 가입자에게 더 높은 수익을 돌려주기 위해 노력하고 있다.

단, 달러화 채권과 원화 채권의 수익률은 투자기간 동안 변하지 않고, 거래비용은 없으며, 분산투자는 하지 않고, 투자기간은 1년으로 한다.

〈보기〉

ㄱ. 1년 후 환율을 950원/달러로 예상할 경우, A펀드는 1,000만 달러 전액을 원화 채권에 투자할 것이다.

ㄴ. 1년 후 환율을 1,050원/달러로 예상할 경우, B펀드는 100억 원 전액을 원화 채권에 투자할 것이다.

ㄷ. B펀드에서 달러화 채권과 원화 채권 중 어느 채권에 투자하더라도 동일한 수익을 가져다주는 1년 후 환율은 1,050원/달러 미만이다.

ㄹ. 만일 현재 환율이 950원/달러이고, 1년 후 환율이 1,000원/달러로 예상될 경우, A펀드는 1,000만 달러 전액을 원화 채권에 투자할 것이다.

ㅁ. 1년 후 환율이 현재와 동일하다면 A펀드와 B펀드의 투자 대상은 다를 것이다.

① ㄱ, ㄴ, ㄷ　② ㄱ, ㄹ, ㅁ　③ ㄴ, ㄷ, ㅁ
④ ㄴ, ㄹ, ㅁ　⑤ ㄷ, ㄹ, ㅁ

28 **다음 글을 읽고 수가 큰 순서대로 〈보기〉의 바코드를 나열한 것은?** 기업은행 · 농협은행

바코드는 1948년 미국 필라델피아 드렉셀 공과대학의 대학원생인 버나드 실버(Bernard Silver)에 의해 시작되었다. 그는 우연히 식품체인점 업계에서 자동으로 상품정보를 읽을 수 있는 시스템을 필요로 한다는 소식을 들었다. 실버는 이 소식을 친구 우드랜드(Norman Joseph Woodland)에게 이야기하면서 결국 현재의 바코드를 발명하고, 1952년 '분류 장치와 방법'이란 특허를 냈다. 그들이 생각해 낸 바코드 체계의 핵심은 일종의 이진법 표시체계였다. 아래 '네 줄로 된 바코드' 그림은 검은 바탕에 4개의 흰 줄이 그어져 있다. 이 중 1번 줄은 기준선이 되고 나머지 2, 3, 4번 줄은 위치가 고정되어 있어 흰 줄이 있는 경우 1, 그렇지 않은 것은 0을 나타낸다.

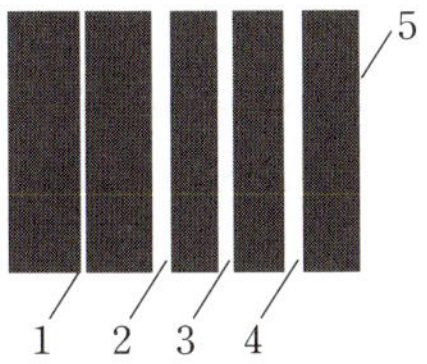

1번선 - 기준, 5번선 - 검정바탕의 띠를 의미
2번선이 나타내는 값은 이진수 세 번째 자리(2^2)임
3번선이 나타내는 값은 이진수 두 번째 자리(2^1)임
4번선이 나타내는 값은 이진수 첫 번째 자리(2^0)임

〈보기〉

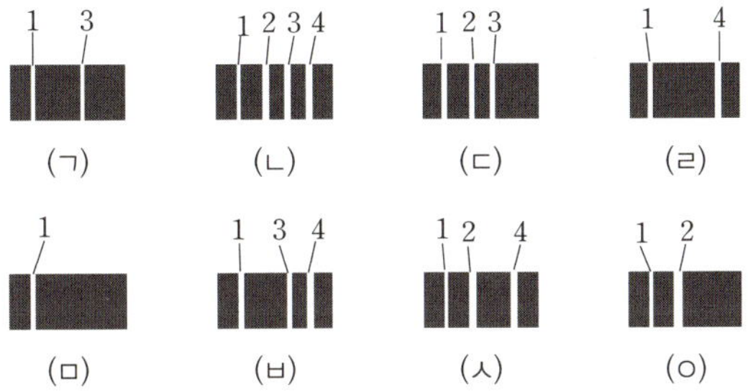

① (ㄴ) > (ㄷ) > (ㅅ) > (ㅂ) > (ㅇ)
② (ㄴ) > (ㅅ) > (ㄷ) > (ㄱ) > (ㄹ)
③ (ㄷ) > (ㅅ) > (ㅇ) > (ㅂ) > (ㄱ)
④ (ㄷ) > (ㅇ) > (ㅂ) > (ㄹ) > (ㄱ)
⑤ (ㅂ) > (ㅇ) > (ㄱ) > (ㄹ) > (ㅁ)

29 다음 〈표〉는 주거취약계층에 대해 시장가격보다 저렴한 임대료로 임대주택을 제공하는 주거지원 사업에서 그 대상자를 선정하기 위해 활용할 수 있는 점수 배점표에 대한 두 가지의 안이다. 〈보기〉 중 옳은 것을 모두 고르면?

기업은행 · 국민은행

<표> 주거지원사업 대상자 선정 배점 기준

평가항목	A기준안		B기준안	
	평가요소	배점	평가요소	배점
당해지역 연속 거주 기간	3년 이상	20점	1년 이상	10점
	1년 이상 3년 미만	15점	6개월 이상 1년 미만	5점
	6개월 이상 1년 미만	10점		
동일건물 거주 가구원수 (세대주 포함)	3인 이상	20점	3인 이상	30점
	2인	15점	2인	20점
	1인	10점	1인	10점
소득	배점 없음		기준 소득 80% 이하	60점
			기준 소득 80% 초과 100% 이하	30점
세대주 연령	60세 이상	20점	60세 이상	30점
	40세 이상	15점	40세 이상	20점
	30세 이상	10점	30세 이상	10점
근로활동	최근 1년 내 6개월 이상 근속	20점	최근 1년 내 6개월 이상 근속	10점
	최근 1년 내 3개월 이상 근속	15점	최근 1년 내 3개월 이상 근속	5점
	최근 1년 내 1개월 이상 근속	10점		
사회복지 고려요소	중증장애인 가구원이 1인 이상 포함된 가구	10점	중증장애인 가구원이 1인 이상 포함된 가구	10점
	65세 이상 가구원이 1인 이상인 가구	10점	65세 이상 가구원이 1인 이상인 가구	10점
	미성년 가구원 1인 이상인 가구 (민법상 미성년인 자녀만 해당)	10점	미성년 가구원 1인 이상인 가구 (민법상 미성년인 자녀만 해당)	10점
최저주거 기준 미달 여부	전용 부엌, 화장실 모두 결여	20점	배점 없음	
	전용 부엌, 화장실 중 1개 결여	10점		

주거지원 필요성	주거지원이 필요한 사유	10점 범위 내에서 판정자 정성적 평가	불안정 주거기간	각 10점 범위 내에서 판정자 정성적 평가
			알콜중독, 정신질환 기타 반사회성 등 정착가능성	
			소득을 통한 임대료 부담가능성	
			자활계획서의 현실성과 최대 10년 거주 이후 주거독립가능성	

※ 기준소득은 도시근로자 평균소득의 50%임

〈보기〉

ㄱ. 혼자 사는 단독가구의 거주인은 주거지원사업 대상자로 선정되기가 상대적으로 어렵다.
ㄴ. 주거비 부담 능력이 높은 대상자가 주거지원사업 대상자로 선정될 가능성이 상대적으로 높다는 비판의 소지는 A안에서 더 크게 나타난다.
ㄷ. A안은 B안에 비해 지원 신청자 간 점수의 차이가 더 많이 나타날 수 있다.
ㄹ. 다른 조건을 고려하지 않는다면, 처와 단둘이 전용 화장실이 없는 주택에서 5년간 거주하는 42세 남성인 세대주 甲의 경우, 두 안에 따른 점수 차이는 15점이다.
ㅁ. 쪽방에 단신으로 거주하는 59세 남성이 만성적 질환으로 근로능력이 취약하여 소득이 없다면, A안에 따를 경우보다 B안에 따를 경우가 주거지원사업 대상자로 선정될 가능성이 더 높다.

① ㄱ, ㄴ, ㄷ
② ㄱ, ㄴ, ㄹ
③ ㄱ, ㄴ, ㅁ
④ ㄴ, ㄷ, ㄹ
⑤ ㄷ, ㄹ, ㅁ

30 **다음 글에 부합하지 않는 것은?** 우리은행

> 역량기대격차는 계층별로 스스로 중요하다고 생각하는 역량과 타 계층이 당해 계층에게 요구하는 역량과의 차이를 의미한다. 계층 상호간의 역량기대격차는 각 계층의 역량을 진단·평가하는데 있어서 중요한 요소이다. 중앙부처 관료를 정책관리계층(중앙부처 4급 과장급 이상), 정책실무계층(중앙부처 5급 사무관), 실무집행계층(중앙부처 6급 주무관 이하) 등의 3계층으로 구분할 때, 이들 계층 상호간의 역량기대격차는 다음과 같다.
>
> 우선 정책관리계층은 자신에게 가장 필요한 역량으로 전략적 사고와 전문가 의식을 매우 중요하게 생각한다. 하지만 정책실무계층은 정책관리계층에게 가장 필요한 역량으로 합리적 의사결정능력을 들고 있으며, 실무집행계층은 조정통합능력을 들고 있다.
>
> 정책실무계층은 문제해결 능력과 전문가 의식을 자신에게 가장 필요한 역량으로 인식하고 있다. 그렇지만 정책관리계층은 조직헌신도를, 실무집행계층은 문제인식·이해 능력을 정책실무계층에게 필요한 역량으로 본다.
>
> 실무집행계층은 정보수집처리 능력과 세밀한 일처리 능력을 자신에게 가장 필요한 역량으로 생각한다. 그러나 정책관리계층은 실무집행계층에게 창의성을, 정책실무계층은 고객 지향성을 기대하는 것으로 나타난다.

① "우리 과장님은 의사결정을 할 때 이성적 판단을 하기 보다는 기존의 관행을 따르는 경향이 있습니다." (중앙부처 A 사무관)

② "이번에 새로 온 우리 부처의 ○○○사무관은 어려운 이야기는 많이 합니다만, 제가 보기에는 사안의 본질을 잘 파악하지 못하는 것 같습니다." (중앙부처 B 주무관)

③ "우리 부처의 8급 공무원이 민원인의 입장에서 일을 처리한다면 행정서비스의 만족도를 더 높일 수 있을 것 같습니다." (중앙부처 C 사무관)

④ "사실 관리자에게 중요한 것은 정치적 능력입니다. 일을 추진하다가 발생하는 부서 간의 갈등이나 오해 같은 것을 풀어주는 일이 그 분들의 업무죠." (중앙부처 D 주무관)

⑤ "요즘 들어온 7, 9급 공무원들은 6시만 되면 퇴근을 하려고 하더군요. 조직을 위해 희생하고자 하는 마음이 없어 매우 안타깝습니다." (중앙부처 E 과장)

MEMO

제01회 스터디리뷰

구분	스터디원 A	스터디원 B	스터디원 C	스터디원 D
프로필	한국교통대/인문계열	한국외대/인문계열	영남대/경상계열	이화여대/자연과학계열
특징	최빈값 득점자	응시자 평균 득점자	상위 30% 컷 득점자	최고 득점자

번호	나의 풀이결과	스터디원 풀이결과			
01		○	×	×	×
02		○	○	○	○
03		○	×	○	○
04		×	×	×	×
05		○	○	○	○
06		×	○	○	○
07		×	×	○	○
08		○	○	○	○
09		○	○	○	○
10		×	○	×	○
11		○	○	×	○
12		×	○	○	×
13		×	×	×	×
14		×	×	×	○
15		×	○	○	×
16		×	○	×	○
17		×	×	×	○
18		○	○	○	○
19		○	×	○	○
20		×	×	○	○
21		×	×	○	○
22		×	×	○	○
23		×	×	×	○
24		×	○	×	○
25		○	○	○	○
26		×	○	○	○
27		×	×	○	×
28		×	×	×	○
29		○	○	○	○
30		×	○	○	×
계	/ 30	11 / 30	16 / 30	19 / 30	23 / 30

[풀이결과 요약]

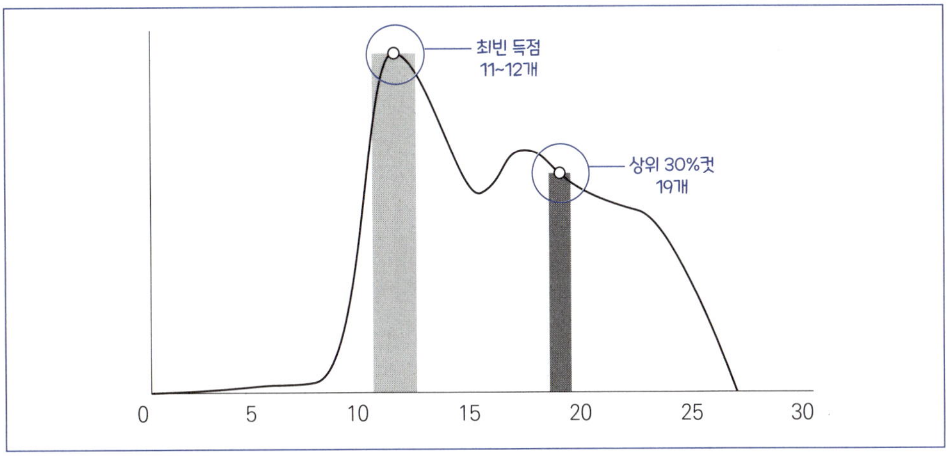

[문항별 정답률]

번호	01	02	03	04	05	06	07	08	09	10
상위 30% 득점자 평균 (A)	56%	100%	76%	67%	89%	78%	84%	84%	78%	72%
응시자 평균 (B)	38%	97%	83%	57%	59%	74%	40%	78%	77%	53%
(A−B)	18%p	3%p	−7%p	10%p	30%p	4%p	44%	6%p	1%p	19%p
번호	11	12	13	14	15	16	17	18	19	20
상위 30% 득점자 평균 (A)	78%	67%	56%	33%	33%	56%	33%	78%	60%	78%
응시자 평균 (B)	60%	41%	29%	24%	28%	55%	21%	76%	60%	33%
(A−B)	18%p	26%p	27%p	9%p	5%p	1%p	12%p	2%p	0%p	45%
번호	21	22	23	24	25	26	27	28	29	30
상위 30% 득점자 평균 (A)	56%	67%	72%	44%	95%	84%	51%	89%	100%	78%
응시자 평균 (B)	43%	36%	28%	38%	55%	53%	29%	45%	74%	55%
(A−B)	13%p	31%p	44%	6%p	40%	31%p	22%p	44%	26%p	23%p

표기 문항: 상위 30% 득점자 평균과 응시자 평균 정답률 차이가 40%p 이상 발생한 문항으로, 해당 문제를 틀렸다면 필히 리뷰를 하도록 하자.

금융 NCS
를 위한
피셋PSAT
300제

● NCS/PSAT 학습방법 둘.

많은 수험생이 양치기를 통해 속도 향상과 실수 최소화를 기대한다. 일정 부분 효과를 거둘 수도 있으나 이는 지식형 시험에 적합한 방식이다. 순간적으로 얼마나 깊게 집중할 수 있는지가 관건인 NCS/PSAT은 '오늘은 어제보다 더 많은 문제를 맞힌다.'는 정성적인 목표로 훈련을 해야 한다.

제02회
연습문제

제한시간: 60분

언어논리영역 07문항

자료해석영역 09문항

상황판단영역 14문항

언어논리영역

01 다음 글의 내용과 가장 부합하는 것은?

기업은행

경제인류학이 좀 더 응용적 성격을 띠게 되고, 많은 경제인류학자들이 개발 기관에 취업함에 따라 경제인류학은 1970~1980년대에 개발 문제에 더 깊숙이 관여하기 시작했다. 많은 학자들이 개발도상국들이 직면한 경제 문제, 특히 농업 문제에 관심을 기울이기 시작했다. 냉전의 긴장 또한 이러한 연구에 자극을 주어 경제 철학의 문제들이 중심 무대에 등장하게 되었다. 소비에트의 지배와 세계 공산주의에 맞서기 위한 케네디 시대의 철학 중 하나는 빈곤국들에서의 공평한 발전을 장려하여 그들이 사회주의로 전환하는 대신 서구와의 동맹을 유지하도록 하는 것이었다. '평화봉사단', '평화를 위한 식량' 그리고 녹색 혁명의 활동 초기에는 낙관론이 지배적이었고, 일부 인류학자들은 인류학적 지식이 이러한 프로그램들을 좀 더 매끄럽게 진행하는 데 큰 도움이 될 것이라고 생각했다.

베트남 전쟁은 이 같은 생각이 인류학자들의 환상임을 일깨워 주었다. 인류학자들은 인류학적 지식이 오용되면 가난한 사람들과 힘없는 사람들에게 해악을 끼칠 수도 있으며, 사람들에게 도움을 주기 위해 만든 정부 정책이 때로는 그들을 파멸시키는 결과를 낳았다는 것을 깨닫기 시작했다. 1970년대에는 경제인류학자들 다수가 개발 이론의 가정에 의문을 갖기 시작했다. 그들은 여러 가지 계획과 프로그램이 실제로는 어떻게 돌아가고 있으며 또 사람들의 삶에는 어떤 영향을 미치는지를 보기 위해 직접 현장에 뛰어들었다. 그 결과 정치적 이해관계가 종종 가난한 사람들보다는 부자들에게 이익이 돌아가도록 개발 정책을 심각하게 왜곡시킬 수 있음이 밝혀졌다. 예컨대 녹색 혁명은 식량 증산이라는 장밋빛 청사진을 내놓았지만 대개의 경우 가난한 농부들을 땅에서 몰아내어 도시 빈민가에 우글거리게 만들었다.

경제인류학자들은 현장 경험에 입각한 연구 성과를 통해 빈곤의 문제가 가난한 사람들 측의 '비논리적', '비합리적' 나아가 문화적 편견에 의한 행위에 기인하지 않는다는 것을 보여 주었다. 오히려 가난한 사람들은 거의 없다시피 한 자원을 가지고서도 종종 깜짝 놀랄 정도로 창조적인 일들을 해내며 또 오랫동안 열심히 일한다. 경제인류학은 열대 우림의 파괴, 마약 거래, 도시의 불결함, 대량 이주, 암시장과 지하 경제의 성장이라는 좋지 않은 결과를 야기하는 정부 기관들, 세금 체계, 불공정한 정책, 부패 등에 관심을 기울였다.

20세기의 마지막 수십 년 동안 세계은행과 기타 주요 국제기관들이 각국 경제를 개방시켜 경쟁하도록 하는 전략을 추구하면서 세계 경제는 급속히 변화하기 시작했다. 각국 정부는 국가 소유의 공공사업 및 공기업을 매각하고, 공무원을 대량 감원하며, 빈곤층 대상의 여러 사회보장 프로그램과 식량 보조금제도를 폐지하라는 압력을 받았다. 동시에 각국은 금융 시장을 개방하여 다국적 기업들이 여러 토착 기업들을 매수할 수 있도록 하고 수입 관세를 낮춰야만 했다. 이러한 조치들을 통틀어 이른바 '구조 조정'이라고 했는데 이를 진두지휘한 철학이 '신자유주의'이다. 이 모든 조치들이 빈국들의 전통적 수출품들인 면·커피·땅콩 등의 가격 하락과 에이즈의 창궐과 맞물리자 생활수준의 급속한 저하, 가난으로 인한 영양실조와 사망의 증가, 폭력과 사회적 소요의 만연 등이 나타났다. 경제인류학자들은 수많은 연구를 통해 최근의 '개발' 정책들의 실패 사례들을 연구하고 증언해 왔으며 이 모든 실패들을 알면서도 계속해서 구조 조정을 권고하는 경제학자들의 논리에 도전해 왔다.

① 경제인류학자들은 각국의 경제회복을 위한 구조조정이 불가피함을 인정했다.
② 경제인류학은 개발도상국의 개발 정책이 정치적 이해관계에 따라 영향을 받는다는 점을 밝혔다.
③ 최근의 경제인류학은 신자유주의적 개발 프로그램에 소극적이나마 협조적인 태도를 취하고 있다.
④ 개발에 관한 경제인류학의 관심은 정부 정책보다는 상대적으로 취약한 사회 집단에게 미치는 영향에 맞추어져 있다.
⑤ 개발도상국의 개발 문제에 대한 경제인류학자들의 연구 성과 중 하나는 빈민들이 가난한 이유가 정부 정책뿐만 아니라 빈민들 자신들의 행위에도 기인한다는 점을 밝힌 것이다.

02 **다음 글의 내용과 부합하는 것은?** 국민은행 · 농협은행

> 대체재와 대안재의 구별은 소비자뿐만 아니라 판매자에게도 중요하다. 형태는 달라도 동일한 핵심 기능을 제공하는 제품이나 서비스는 각각 서로의 대체재가 될 수 있다. 대안재는 기능과 형태는 다르나 동일한 목적을 충족하는 제품이나 서비스를 의미한다.
>
> 사람들은 회계 작업을 위해 재무 소프트웨어를 구매하여 활용하거나 회계사를 고용해 처리하기도 한다. 회계 작업을 수행한다는 측면에서, 형태는 다르지만 동일한 기능을 갖고 있는 두 방법 중 하나를 선택할 수 있다.
>
> 이와는 달리 형태와 기능이 다르지만 같은 목적을 충족시켜 주는 제품이나 서비스가 있다. 여가 시간을 즐기고자 영화관 또는 카페를 선택해야 하는 상황을 보자. 카페는 물리적으로 영화관과 유사하지도 않고 기능도 다르다. 하지만 이런 차이에도 불구하고 사람들은 여가 시간을 보내기 위한 목적으로 영화관 또는 카페를 선택한다.
>
> 소비자들은 구매를 결정하기 전에 대안적인 상품들을 놓고 저울질한다. 일반 소비자나 기업 구매자 모두 그러한 의사결정 과정을 갖는다. 그러나 어떤 이유에서인지 우리가 파는 사람의 입장이 됐을 때는 그런 과정을 생각하지 못한다. 판매자들은 고객들이 대안 산업군 전체에서 하나를 선택하게 되는 과정을 주목하지 못한다. 반면에 대체재의 가격 변동, 상품 모델의 변화, 광고 캠페인 등에 대한 새로운 정보는 판매자들에게 매우 큰 관심거리이므로 그들의 의사결정에 중요한 역할을 한다.

① 판매자들은 대안재보다 대체재 관련 정보에 민감하게 반응한다.
② 판매자들은 소비자들의 대안재 선택 과정을 잘 이해한다.
③ 재무 소프트웨어와 회계사는 서로 대안재의 관계에 있다.
④ 소비자들은 대안재보다 대체재를 선호하는 경향이 있다.
⑤ 영화관과 카페는 서로 대체재의 관계에 있다.

03 다음 글의 제목으로 가장 적절한 것은? 국민은행 · 신한은행 · 우리은행

『꿈의 해석』에서 프로이트는 두 개의 상이한 기능을 꿈의 형성과정에서 목격할 수 있는데 꿈의 사고의 생산과 이것을 꿈의 내용으로 변형하는 과정이 그것이라고 말하고 있다. 그리고 이 말의 바로 밑에 1925년에 덧붙인 각주에서 "꿈의 근본은 사고의 특별한 형태에 다름 아니다. (…) 그 형태를 창조하는 것이 바로 '꿈의 작업'이다."라고 말해 앞의 말을 더욱 강조하고 있다. 이 두 진술에서 부각되는 단어는 꿈의 사고와 꿈의 작업이다. 앞에서 지적했듯이 꿈의 사고는 본능의 관념적 표상체와 관련된다. 꿈의 형성과정에서 중요한 것은 바로 이 잠재적 꿈의 사고, 관념적 표상체가 어떤 과정을 거쳐 상징적 이미지로 변형되어 명시적 꿈으로 드러나는가 하는 점이다. 이 재현 과정이 꿈의 작업이고, 이 과정이야말로 꿈꾸기의 본질이라고 프로이트는 힘주어 말하고 있는 것이다.

여기서 프로이트가 이처럼 꿈의 작업을 통해 무의식의 상징적 재현성을 강조한 대목을 라깡이 바로 이 꿈의 작업 속에서 언어적 무의식을 읽어 내고 있는 대목과 병치시켜 놓아 보자. 라깡은 우선 "증상, 꿈, 언어의 실착, 조크에는 동질적 구조가 존재한다."고 말해 우리가 앞에서 보았던 프로이트의 관점을 그대로 따른다. 이어서 꿈의 작품의 대표적 메커니즘이 압축과 치환이란 점을 고려하면서 압축과 치환이라는 동일한 구조적 법칙이 이 네 현상에 작동한다고 본다. 그것이 무의식의 법칙이다. 그는 이 법칙이 언어에서 의미를 창조하는 법칙과 동일하다고 말해 압축과 치환이라는 꿈의 작업 과정이 다름 아닌 언어 과정임을 분명히 하고 있다. 같은 맥락에서 『에크리』의 「무의식에서 글자의 기능」에서는 "꿈의 작업에서 그처럼 특권적 역할을 하는 이 두 메커니즘과 담론 속에서 나타나는 그것의 상동적 기능을 구분하는 것은 무엇인가?"라고 수사적 질문을 던졌다가 "그런 것은 아무것도 없다."라고 잘라 말한다. 이어서 "꿈의 작업은 시니피앙의 법칙을 따른다."는 직설적 표현도 잊지 않는다. 그런 점에서 프로이트의 압축과 치환의 개념이 구조주의 언어학자 야콥슨이 언어의 두 축이라고 설명한 은유와 환유의 개념과 정확하게 일치하고 있다는 것이다.

① 꿈의 사고와 작업
② 은유와 환유의 구조
③ 꿈의 작업과 무의식
④ 압축과 치환의 메커니즘
⑤ 무의식과 언어 구조의 상동성

04 다음 글의 내용 전개상 문단 배열이 가장 적절한 것은? 기업은행 · 우리은행

(가) 지금까지 논의된 전통에 대한 태도는 크게 나누어 두 가지로 볼 수 있다. 부정적 태도가 다른 하나요, 긍정적 태도가 다른 하나이다. 그러나 자세히 분석해 보면 그 부정이나 긍정은 모두 다 논거가 지극히 피상적일 뿐 아니라, 대개의 경우 전통이란 용어의 일면만 추출 확대하는 오류에서 비롯된 것임을 알 수 있다. 지나치거나 공소(空疎)한 부정 또는 긍정은 전통의 진의 파악에는 다 함께 장애가 된다.

(나) 애초에 전통을 부정하는 논자(論者)는 전통이란 말 자체를 못쓰거나 버려야 할 것의 대명사로 삼고 있다. 낙후된 전통사회를 하루 바삐 탈각하고 운운하는 사람들은 전통이란 개념을 한갓 완만(緩慢)한 답보(踏步)와 인습(因襲)의 질곡(桎梏)에 사로잡힌 것으로 오인(誤認)하기 때문에 이런 생각을 가진 사람은 전통을 탐구하느니 어쩌느니 하는 것을 잠꼬대 아니면 기겁초풍할 궤변이요, 넌센스로밖에 받아들이지 않을 것이다. 이와 같이 전통을 부정 대상으로 지칭하는 것은 그들이 전통을 인습이란 개념과 혼동하여 인습이란 말의 동의어로 사용하기 때문이다. 물론 전통은 역사적으로 형성되는 것이므로 그 역사적 경과에 있어 자연히 인습과는 피와 살의 관계에 있는 것이 사실이어서 쉽사리 떼어 놓기는 힘들다. 그러나 전통은 인습과는 엄격히 구별되어야 한다. 인습은 역사의 대사기능(代謝機能)에 있어 부패한 것으로 버려질 운명에 있고 또 버려야 할 것이지만 전통은 새로운 생명의 원천으로서 좋은 뜻으로 살려서 이어야 할 풍습이다.

(다) 전통을 긍정하는 또 다른 태도는 순수 한국적인 것의 모색이다. 한국문화란 한국의 성격이요, 그 내용은 인류 공동의 세계문화다. 한국문화는 세계문화 안의 한국적 양식의 발견과 형성 속에 있는 것이지 한국 특유의 것만으로 이루어질 수는 없는 것이다. 한국문화의 주체가 희미해지는 때에 그러한 순수 한국적인 것을 찾는 것이 의미 있다 할 수가 있겠지만 앞으로의 한국문화에 하등의 의의도 없는, 아무 새로움도 없는 것을 굉장한 것으로 착각하고 그것을 새로운 문화적 원형으로 제시하는 맹목적 전통긍정론은 비판을 받아야 한다.

(라) 전통은 역사적 개념이다. 비록 표면상으로는 전통이 단절된 듯이 보여도 역사는 단절될 수가 없는 것이다. 한 시대의 전범(典範)으로서의 전통이 무너지고 새로운 전범으로서의 전통이 들어서지 못한 모색의 시기만 보고 전통을 부정한다면 그러한 논리는 새로운 전통의 수립이 불가능하다는 결론으로 귀결될 수밖에 없을 것이다. 새로운 전통이 종래의 전통과 이질적이어서 전통이 단절된 듯이 보여도 우리 아닌 남의 눈에는 그 이질문화 속에 우리 전통의 작용이 보일 것이다. 이것이 전통으로 하여금 집단적 개념이 되게 하는 소이연(所以然)이다.

(마) 전통을 부정하는 또 다른 논거는 우리에겐 의지할 전통이란 것이 없다는 견해다. 조선시대까지는 전통이랄 것이 있었지만 우리의 신문화운동은 그 전통을 부정하는 데서 출발하였고 따라서 현대의 우리는 단절된 전통, 곧 전통이 없는 상황에 처해 있다는 견해가 그것이다. 이러한 주장은 일견 현실을 직시한 논리같지만 전통의 본질을 오인했을 뿐 아니라 이론으로도 중대한 결함이 있다.

(바) 전통을 긍정하는 논자(論者)들은 전통이란 말에서 복고의 향수와 나태의 우상 같은 것을 느끼고 있다. 언필칭(言必稱) 4천 년 문화민족이니, 활자와 거북선 등이 세계 최초임을 자랑하고 있다. 이러한 전통론은 외적의 지배 아래 우리의 문화적 전통이 말살되고 문화적 긍지가 교육에서 아주 사라질 시기, 한 마디만 들어도 눈물겹게 감격하던 그런 시절의 공소(空疎)한 내용에서 한 걸음도 진전된 것이 없다.

(사) 무엇보다도 전통은 문화적 개념이다. 문화는 복합생성을 그 본질로 한다. 질적으로 유사한 것끼리는 짧은 기간에 무리 없이 융합되지만, 이질적인 것일수록 그 혼융(混融)의 역사적 기간이 길고 길항(拮抗)이 오래 걸린다. 그러나 전통의 교체가 더디다 해서 전통을 단절된 것으로 볼 수는 없다. 오늘날 이미 하나의 문화적 전통이 된 서구의 전통도, 희랍·로마 이래의 장구한 역사를 가진 헬레니즘과 히브리즘의 이질적 전통이 융합된 것임은 이미 다 아는 상식이 아닌가. 지금은 끊어졌다는 우리 고대 이래의 전통도 알고 보면 샤머니즘에, 선교(仙敎)에, 불교에, 도교에, 유교에, 실학파를 통해 받아들인 천주교적 전통까지 혼합된 것이고, 그것들 사이의 상당히 이질적인 것이 교착(交錯)하여 결고튼 끝에 이루어진 것이며, 그것들을 '우리'화시켜 받아들임으로써 우리의 전통이 되었던 것이다.

① (가) → (나) → (다) → (마) → (라) → (바) → (사)
② (가) → (나) → (마) → (라) → (사) → (바) → (다)
③ (가) → (라) → (사) → (나) → (마) → (바) → (다)
④ (가) → (마) → (나) → (라) → (다) → (바) → (사)
⑤ (가) → (마) → (라) → (사) → (바) → (다) → (나)

05 **사무관 A, B, C, D, E는 다음 조건에 따라 회의에 참석할 예정이다. 반드시 참이라고는 할 수 없는 것은?**

기업은행 · 농협은행 · 우리은행

○ A가 회의에 참석하면, B도 참석한다. ○ A가 참석하면 E도 참석하고, C가 참석하면 E도 참석한다. ○ D가 참석하면, B도 참석한다. ○ C가 참석하지 않으면, B도 참석하지 않는다.

① A가 참석하면, C도 참석한다.
② A가 참석하면, D도 참석한다.
③ C가 참석하지 않으면, D도 참석하지 않는다.
④ D가 참석하면, C도 참석한다.
⑤ E가 참석하지 않으면, B도 참석하지 않는다.

06 **정희, 철수, 순이, 영희는 다음 조건에 따라 영어, 불어, 독어, 일어를 배운다. 반드시 참인 것은?**

기업은행

○ 네 사람은 각각 최소한 한 가지 언어를 그리고 많아야 세 가지 언어를 배운다. ○ 한 사람만 영어를 배운다. ○ 두 사람만 불어를 배운다. ○ 독어를 배우는 사람은 최소 두 명이다. ○ 일어를 배우는 사람은 모두 세 명이다. ○ 정희나 철수가 배우는 어떤 언어도 순이는 배우지 않는다. ○ 순이가 배우는 어떤 언어도 영희는 배우지 않는다. ○ 정희가 배우는 언어는 모두 영희도 배운다. ○ 영희가 배우는 언어 중에 정희가 배우지만 철수는 배우지 않는 언어가 있다.

① 순이는 일어를 배운다.
② 순이는 영어, 불어를 배운다.
③ 철수는 독어, 일어를 배운다.
④ 영희는 불어, 독어, 일어를 배운다.
⑤ 정희는 영어, 불어, 독어를 배운다.

07 **기술평가회의를 개최하기 위해 A, B, C, D, E 중에서 평가위원을 위촉하려고 한다. 다음 제약조건에서 위촉할 수 있는 위원의 최소 인원과 최대 인원은?** 기업은행

○ A, B 중 최소 한 명은 회의에 참석해야 한다. ○ A가 참석하면, C도 참석해야 한다. ○ B가 불참하면, D도 불참해야 한다. ○ C가 참석하면, D, E 중 최소 한 명은 참석해야 한다. ○ E가 불참하면, C는 참석해야 한다. ○ D, E가 모두 참석하면, B는 불참해야 한다.

① 최소 1명, 최대 3명
② 최소 2명, 최대 3명
③ 최소 2명, 최대 4명
④ 최소 3명, 최대 4명
⑤ 최소 3명, 최대 5명

자료해석영역

08 **다음 〈그림〉과 〈표〉는 어느 도시의 엥겔계수 및 슈바베계수 추이와 소비지출 현황을 나타낸 것이다. 빈 칸 A~E에 들어갈 값으로 잘못 짝지어진 것은?** 국민은행 · 농협은행

<그림> 엥겔계수 및 슈바베계수 추이(2005~2011년)

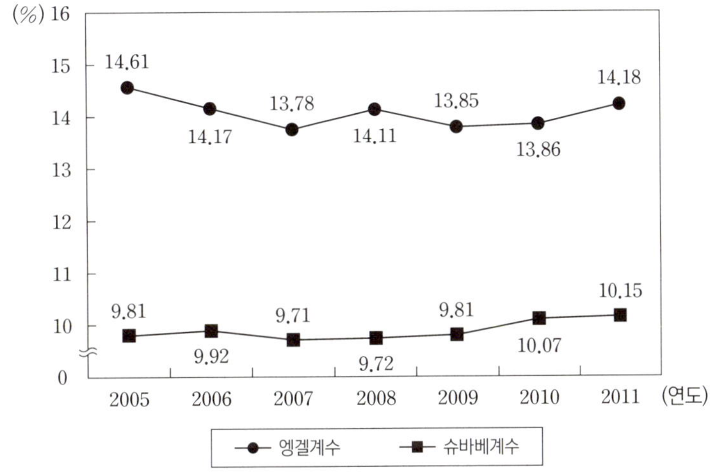

<표> 연도별 소비지출 현황(2008~2011년)

(단위:억 원, %p)

구분 / 연도	총소비지출	식료품·비주류음료 소비지출	주거·수도·광열 소비지출	계수 차이
2008	100,000	(A)	9,720	4.39
2009	120,000	16,620	(B)	4.04
2010	150,000	20,790	15,105	(C)
2011	(D)	(E)	20,300	4.03

※ 1) 엥겔계수(%) $= \frac{\text{식료품 · 비주류음료 소비지출}}{\text{총소비지출}} \times 100$

2) 슈바베계수(%) $= \frac{\text{주거 · 수도 · 광열 소비지출}}{\text{총소비지출}} \times 100$

3) 계수 차이 $=$ |엥겔계수 $-$ 슈바베계수|

① A: 14,110　② B: 11,772　③ C: 3.79
④ D: 200,000　⑤ E: 27,720

09 **다음 〈표〉는 어느 해 주식 거래일 8일 동안 A사의 일별 주가와 〈산식〉을 활용한 5일이동평균을 나타낸 것이다. 이에 대한 〈보기〉의 설명 중 옳은 것을 모두 고르면?** 농협은행 · 신한은행

<표> 주식 거래일 8일 동안 A사의 일별 주가 추이

(단위: 원)

거래일	일별 주가	5일이동평균
1	7,550	—
2	7,590	—
3	7,620	—
4	7,720	—
5	7,780	7,652
6	7,820	7,706
7	7,830	( )
8	( )	7,790

〈산식〉

○ 5일이동평균 $= \dfrac{\text{해당거래일 포함 최근 거래일 5일 동안의 일별 주가의합}}{5}$

[예] 6거래일의 5일이동평균 $= \dfrac{7,590+7,620+7,720+7,780+7,820}{5} = 7,706$

〈보기〉

ㄱ. 일별 주가는 거래일마다 상승하였다.
ㄴ. 5거래일 이후 5일이동평균은 거래일마다 상승하였다.
ㄷ. 2거래일 이후 일별 주가가 직전거래일 대비 가장 많이 상승한 날은 4거래일이다.
ㄹ. 5거래일 이후 해당거래일의 일별 주가와 5일이동평균 간의 차이는 거래일마다 감소하였다.

① ㄱ, ㄴ　② ㄴ, ㄷ　③ ㄷ, ㄹ
④ ㄱ, ㄴ, ㄷ　⑤ ㄴ, ㄷ, ㄹ

10 다음 〈그림〉은 2008~2011년 외국기업의 국내 투자 현황에 대한 자료이다. 이에 대한 설명 중 옳은 것은?

국민은행

<그림 1> 외국기업 국내 투자건수의 산업별 비율

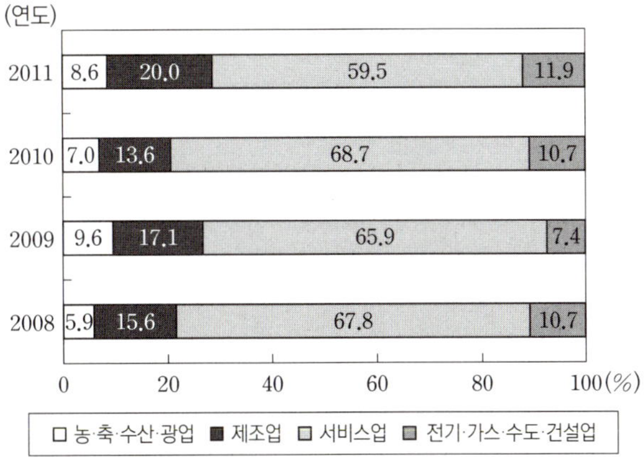

※ 비율은 소수점 아래 둘째자리에서 반올림한 값임

<그림 2> 외국기업의 국내 서비스업 투자건수 및 총투자금액

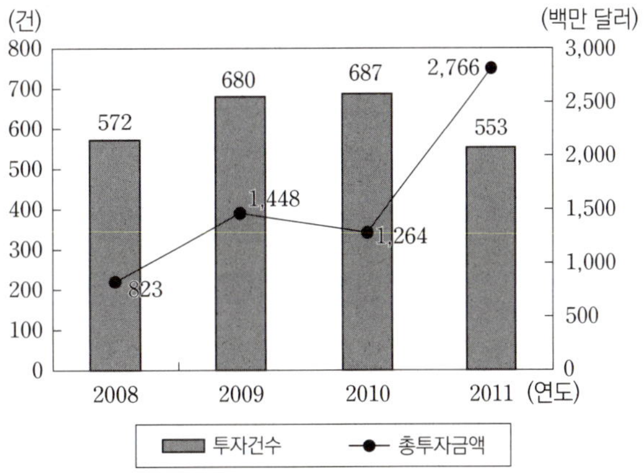

① 외국기업 국내 투자건수는 2010년이 2009년보다 적다.

② 2008년 외국기업의 국내 농·축·수산·광업에 대한 투자건수는 60건 이상이다.

③ 외국기업 국내 투자건수 중 제조업이 차지하는 비율은 매년 증가하였다.

④ 외국기업 국내 투자건수 중 각 산업이 차지하는 비율의 순위는 매년 동일하다.

⑤ 외국기업의 국내 서비스업 투자건당 투자금액은 매년 증가하였다.

[11~12] 다음 〈그림〉과 〈표〉는 A~E국의 건설시장에 관한 자료이다. 〈그림〉과 〈표〉를 보고 물음에 답하시오.

<그림 1> 건설시장의 부문별 시장규모 구성비(2010년)

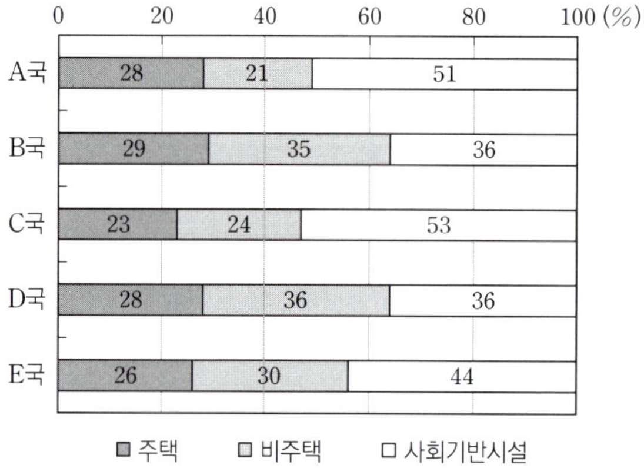

<그림 2> 건설시장의 주택부문에서 층수별 시장규모 구성비(2010년)

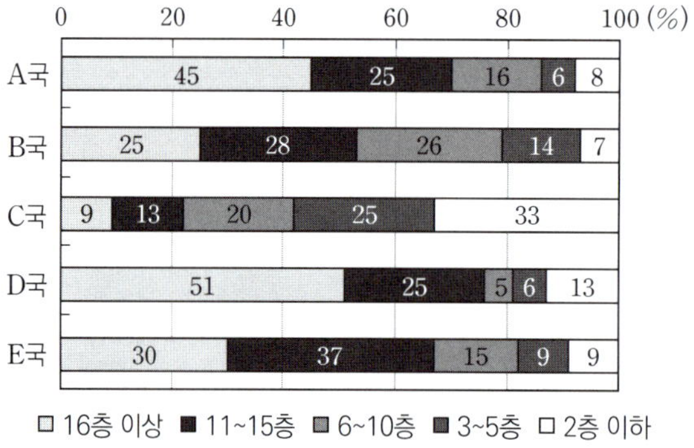

<표 1> 건설시장의 주택부문에서 16층 이상 시장규모 비율(2006~2010년)

(단위: %)

연도 \ 국가	A	B	C	D	E
2006	20	20	8	15	37
2007	27	22	10	23	35
2008	33	27	11	33	32
2009	37	28	10	45	31
2010	45	25	9	51	30

<표 2> 건설시장의 시장규모(2010년)

(단위: 조 원)

국가	A	B	C	D	E
시장 규모	50	150	100	200	250

11 **다음 중 2010년 A~E국의 건설시장의 주택부문 시장규모를 순서대로 나열할 때 가장 큰 국가인 (가)국과 A~E국의 건설시장 주택부문 중 16층 이상 시장규모를 순서대로 나열할 때 두 번째로 작은 국가인 (나)국을 바르게 연결한 것은?** 농협은행

	(가)국	(나)국
①	B	C
②	D	A
③	D	C
④	E	A
⑤	E	C

12 **위의 자료에 대한 〈보기〉의 설명 중 옳은 것을 모두 고르면?** 농협은행

〈보기〉

ㄱ. 2010년 A~E 각국의 건설시장에서 주택부문 시장규모 비율이 각각 가장 낮다.

ㄴ. 2010년 C국의 건설시장 시장규모에서 주택부문이 차지하는 비율은 23%이고, D국의 건설시장의 주택부문 층수별 시장규모에서 16층 이상이 차지하는 비율은 51%이다.

ㄷ. 2006~2010년 동안 건설시장의 주택부문에서 16층 이상 시장규모 비율이 매년 증가한 국가 수는 2개이다.

ㄹ. 2010년 A~E국 중, 건설시장의 주택부문에서 3~10층 시장규모를 순서대로 나열할 때 시장규모가 가장 큰 국가는 B국이다.

① ㄱ, ㄴ ② ㄴ, ㄷ ③ ㄷ, ㄹ
④ ㄱ, ㄴ, ㄷ ⑤ ㄴ, ㄷ, ㄹ

13 **다음 <표>는 미국의 942개 기업의 임원 9,950명에 대해 조사한 자료이다. 이에 대한 설명으로 옳지 않은 것은?**

기업은행 · 신한은행

<표 1> 기업 내 여성임원 수에 따른 기업 수 분포

기업 내 여성임원 수(명)	기업 수(개)	비율(%)
0	450	(　　)
1	276	29.30
2	148	15.71
3	44	4.67
4	12	1.27
5	6	0.64
6	4	0.42
7	1	0.11
8	1	0.11
계	942	100.00

<표 2> 기업의 성별 임원 근무 현황

구분		평균	최솟값	최댓값
남성	연령(세)	51.07	26	91
	회사근속기간(년)	10.70	0	72
	현직위 근무기간(년)	3.45	0	53
	기업당 임원 수(명)	9.69	2	50
여성	연령(세)	46.70	29	78
	회사근속기간(년)	8.08	0	46
	현직위 근무기간(년)	2.62	0	17
	기업당 임원 수(명)	0.87	0	8

<표 3> 임원직급별 인원수 현황

임원직급	직급별 인원수(명)			임원의 직급별 비중(%)	
	전체	남성	여성	남성	여성
1	1,119	1,112	7	12.18	0.85
2	424	417	7	4.57	0.85
3	2,955	2,766	189	30.30	23.02
4	3,385	3,032	353	33.21	43.00
5	1,719	1,499	220	16.42	26.80
6	326	287	39	3.14	4.75
7	22	16	6	0.18	0.73
계	9,950	9,129	821	100.00	100.00

※ 임원직급은 '1'이 최상위직급이며, '7'이 최하위직급임

① 여성임원이 없는 기업 수는 조사대상 기업 수의 절반 이하이다.

② 조사대상 기업 중 임원 수가 가장 적은 기업은 임원이 2명이다.

③ 조사대상 임원 중에서 가장 연령이 낮은 임원은 남성이지만, 평균 연령은 남성임원이 여성임원보다 높다.

④ 각 직급에서 직급별 전체임원 수 대비 여성임원 수 비율이 가장 높은 직급은 7급이며, 가장 낮은 직급은 1급이다.

⑤ 임원의 직급별 비중은 남녀 모두 4급이 가장 크다.

14 〈그림〉과 〈표〉는 우리나라 성인의 예방행동 및 의료이용률에 관한 자료이고, 〈보기〉는 이를 토대로 작성한 보고서이다. 이에 대한 설명으로 옳은 것을 〈보기〉에서 모두 고르면? 국민은행 · 농협은행

<표> 우리나라 성인의 예방행동 및 의료이용률

(단위: %)

구분 \ 연도			1998	2001	2005	2007	2009
예방행동	건강검진 수진율	전체	48.9	47.1	47.4	47.9	50.1
		남자	55.7	53.4	53.0	52.2	53.6
		여자	42.8	42.2	41.9	43.7	46.7
	인플루엔자 예방접종률	전체	—	—	35.0	28.3	26.3
		남자	—	—	30.1	25.1	24.3
		여자	—	—	40.1	31.5	28.3
의료 이용률	연간 미치료율	전체	—	—	16.4	22.4	24.1
		남자	—	—	15.3	18.5	20.2
		여자	—	—	17.4	25.9	27.7
	2주간 외래이용률	전체	29.3	20.6	26.3	27.4	27.9
		남자	25.0	17.1	22.1	24.3	23.7
		여자	33.3	23.7	30.5	30.4	32.1
	연간입원율	전체	6.5	3.8	9.5	9.4	10.1
		남자	5.0	4.3	8.6	8.7	8.8
		여자	7.8	3.4	10.3	10.2	11.5

※ 1) 건강검진수진율: 최근 2년 동안 건강검진을 받은 사람의 비율
2) 인플루엔자 예방접종률: 최근 1년 동안 인플루엔자 예방접종을 받은 사람의 비율
3) 연간미치료율: 최근 1년 동안 본인이 병의원에 가고 싶을 때 가지 못한 사람의 비율
4) 2주간 외래이용률: 최근 2주간 외래를 이용한 적이 있는 사람의 비율
5) 연간입원율: 최근 1년간 입원한 적이 있는 사람의 비율

<그림 1> 도시에 거주하는 성인의 예방행동 및 의료이용률

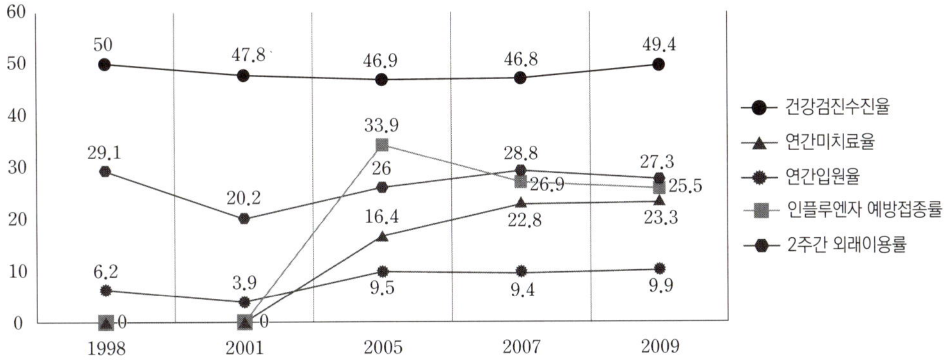

<그림 2> 농어촌에 거주하는 성인의 예방행동 및 의료이용률

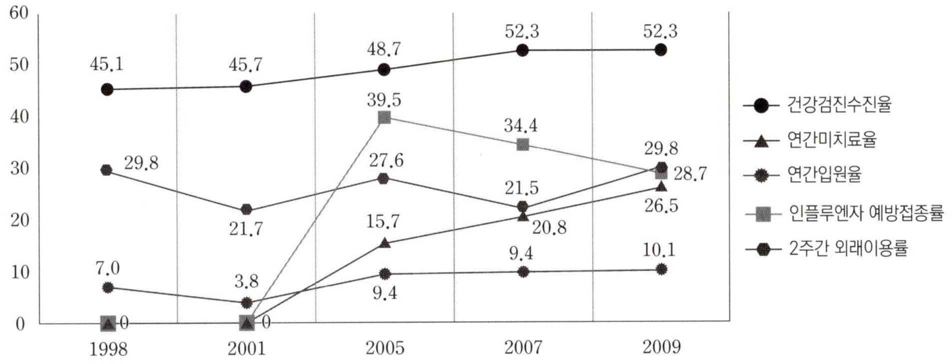

〈보기〉

(ㄱ) 성인의 건강검진수진율은 2001년 이후 조사년도마다 지속적으로 증가하였고, 여성의 경우 1998년보다 2009년에 건강검진수진율이 3.9%p 증가한 반면, 남성은 2.1%p 감소하였다. (ㄴ) 2009년 도시지역 성인거주자의 건강검진수진율은 2007년보다 7.2%p 증가하였으나, 1998년보다 낮은 수치였고, 농어촌 성인거주자의 건강검진수진율은 2007년보다 증가하지 못했으나, 1998년보다 1.6%p 증가하였다. (ㄷ) 2005년 대비 2007년의 인플루엔자 예방접종률은 성인 남성과 성인 여성 모두 감소하였고, 조사기간 동안 연간미치료율은 모두 증가하였다. (ㄹ) 성인의 최근 2주간 외래이용률은 2001년 이후 매년 증가하였고, 연간입원율도 증가하는 추세를 보였다. (ㅁ) 조사기간 동안 2주간 외래이용률은 도시지역 거주자의 경우 증가하는 경향을 보인 반면, 농어촌지역 거주자는 감소하는 경향을 보였다.

① (ㄱ), (ㄴ) ② (ㄱ), (ㄷ) ③ (ㄷ), (ㅁ)
④ (ㄱ), (ㄷ), (ㄹ) ⑤ (ㄴ), (ㄹ), (ㅁ)

15 〈표〉는 연말정산을 위한 A와 B의 소득공제자료이고 A의 연간 총급여는 1,600만 원, B의 연간 총급여는 4,000만 원이다. 〈정보〉를 참고하여, 〈보기〉에서 옳은 것을 모두 고르면? (단, 〈표〉 이외의 소득공제항목은 고려하지 않는다)

우리은행

<표> A와 B의 소득공제자료

각종 소득공제 항목		소득공제 한도액	지출액	
			A	B
보험료		전액	40만 원	70만 원
의료비	㉠ 본인, 65세 이상자, 장애인의료비	의료비 지출액 전액	55만 원	100만 원
	㉡ 일반 의료비	700만 원	0	160만 원
	계(㉠+㉡)		55만 원	260만 원
교육비	ⓐ 소득자 본인	전액	300만 원	70만 원
	ⓑ 취학 전 아동	1인당 300만 원	0	0
	ⓒ 초, 중, 고등학생	1인당 300만 원	0	260만 원
	ⓓ 대학생	1인당 900만 원	0	1,160만 원
	계(ⓐ+ⓑ+ⓒ+ⓓ)		300만 원	1,490만 원
신용카드 등	① 신용카드	근로자 총급여의 20%와 300만 원 중 적은 금액	350만 원	620만 원
	② 현금영수증		30만 원	190만 원
	③ 학원비지로납부		20만 원	150만 원
	④ 직불카드		100만 원	240만 원
	계(①+②+③+④)		500만 원	1,200만 원

〈정보〉

○ 소득공제금액＝보험료 소득공제금액＋교육비 소득공제금액＋의료비 소득공제금액＋신용카드 등 소득공제금액

○ 보험료 소득공제금액: 보험료 지출액 전액

○ 교육비 소득공제금액: 각 교육비 지출액의 합

○ 의료비 소득공제금액:

ⓛ < 총급여의 3%: ㉠－(총급여의 3%－ⓛ)

ⓛ≥총급여의 3%: ㉠＋[(ⓛ－총급여의 3%)와 700만 원 중 작은 금액]

(㉠: 본인, 65세 이상자, 장애인의료비, ⓛ: 일반의료비)

○ 신용카드 등 소득공제 금액＝㉮＋㉯

㉮＝총급여의 25% 초과 사용액×[(①＋②＋③)/(①＋②＋③＋④)]×20%

㉯＝총급여의 25% 초과 사용액×[④/(①＋②＋③＋④)]×25%

(① 신용카드 사용액, ② 현금영수증 사용액, ③ 학원비 지로납부액, ④ 직불카드 사용액)

단, 총급여의 25% 초과 사용액이란 0과 [(①＋②＋③＋④)－(근로자의 총급여×25%)] 중 큰 금액을 의미함

〈보기〉

ㄱ. A의 의료비 소득공제금액은 7만 원이다.

ㄴ. B의 의료비 소득공제금액은 150만 원 이상이다.

ㄷ. 중학생 자녀 1명, 대학생 자녀 1명이 있는 B의 교육비 소득공제금액은 1,230만 원이다.

ㄹ. A의 신용카드 등 소득공제 한도액은 320만 원이다.

ㅁ. B의 총 소득공제금액은 1,482만 원이다.

① ㄱ, ㄷ
② ㄱ, ㄴ, ㄹ
③ ㄱ, ㄷ, ㅁ
④ ㄱ, ㄷ, ㄹ, ㅁ
⑤ ㄴ, ㄷ, ㄹ, ㅁ

16 〈표〉는 국내 학술단체가 발간하는 학술지를 대상으로 2001~2010년 동안 발간한 논문의 정보를 분석한 통계자료이다. 〈정보〉에서 언급하고 있는 주제 분야를 모두 고르면? 기업은행

<표> 국내 학술지 분야별 발간 현황

주제분야	학술지수(권)	총 논문수(편)	총 저자수(명)	총 참고문헌수(권)
인문학	513	108,973	115,703	1,251,003
사회과학	676	139,277	216,282	1,942,674
자연과학	126	74,457	241,436	668,564
공학	256	145,311	450,782	916,807
의약학	241	102,952	489,842	1,133,622
농수해양	76	35,491	145,127	351,794
예술체육	112	39,001	69,446	450,126
복합학	100	16,986	30,608	213,072
합계	2,100	662,448	1,759,226	6,927,662

〈정보〉

○ 이 분야는 논문당 평균 저자수가 가장 많다.
○ 이 분야는 학술지당 평균 저자수가 인문학, 복합학 다음으로 적다.
○ 이 분야는 논문당 평균 저자수가 4명보다 많으며, 논문당 평균 참고문헌 수는 10권을 넘지 않는다.
○ 이 분야는 논문당 평균 저자 수가 2명보다 적으며, 논문당 평균 참고문헌 수가 12권 이상으로 사회과학 다음으로 많다.

① 사회과학, 의약학, 농수해양, 복합학
② 인문학, 사회과학, 의약학, 농수해양
③ 인문학, 사회과학, 의약학, 복합학
④ 사회과학, 의약학, 농수해양, 예술체육
⑤ 인문학, 의약학, 농수해양, 예술체육

상황판단영역

17 다음 〈약관〉의 규정에 근거할 때, 신용카드 사용이 일시정지 또는 해지될 수 없는 경우는? 국민은행

〈약관〉

제00조(회원의 종류) ① 회원은 본인회원과 가족회원으로 구분합니다.
② 본인회원이란 이 약관을 승인하고 당해 신용카드 회사(이하 '카드사'로 약칭함)에 신용카드(이하 '카드'로 약칭함)의 발급을 신청하여 카드사로부터 카드를 발급받은 분을 말합니다.
③ 가족회원이란 본인회원이 지정하고 대금의 지급 및 기타 카드사용에 관한 책임을 본인회원이 부담할 것을 승낙한 분으로서, 이 약관을 승인하고 카드사로부터 카드를 발급받은 분을 말합니다.

제00조(카드사용의 일시정지 또는 해지) ① 카드사는 다음 각 호의 1에 해당되는 회원에게 그 사유와 그로 인한 카드사용의 일시정지 또는 카드사와 회원 사이의 카드이용계약(이하 '계약'으로 약칭함)의 해지를 통보할 수 있습니다.
1. 입회신청서의 기재사항을 허위로 작성한 경우
2. 카드사용 대금을 3회 연속하여 연체한 경우
3. 이민, 구속, 사망 등으로 회원의 채무변제가 불가능하거나 현저히 곤란하다고 판단되는 경우

② 회원은 카드사에 언제든지 카드사용의 일시정지 또는 해지를 통보할 수 있습니다.
③ 본인회원은 가족회원의 동의 없이 가족회원의 카드사용의 일시정지 또는 해지를 통보할 수 있습니다.
④ 제1항부터 제3항의 일시정지 또는 해지는 상대방에게 통보한 때 그 효력이 발생합니다.

제00조(카드사의 의무 등) ① 회원이 최종 사용일로부터 1년 이상 카드를 사용하지 않은 경우 카드사는 전화, 서면, 전자우편(e-mail), 단문메시지서비스(SMS), 자동응답시스템(ARS) 등으로 회원의 계약 해지의사를 확인하여야 합니다.
② 제1항에 의해 회원이 전화, 서면, 전자우편, 단문메시지서비스, 자동응답시스템 등으로 해지의사를 밝히면 그 시점에 계약이 해지됩니다.

① 본인회원인 A가 가족회원인 딸 B의 동의 없이 B의 카드사용 해지를 카드사에 통보한 경우
② 가족회원인 C가 자신의 카드사용의 일시정지를 카드사에 통보한 경우
③ 카드사가 최근 1년간 카드사용 실적이 없는 회원 D에게 전화로 계약 해지의사를 묻자, D가 해지의사를 밝힌 경우
④ 카드사가 회원 E에게 2회의 카드사용 대금 연체 사실을 통보한 경우
⑤ 입회신청서를 허위로 기재한 회원 F에게 카드사가 그 사실과 카드사용의 일시정지를 통보한 경우

18 **다음 글에 근거할 때, 옳지 않은 것을 〈보기〉에서 모두 고르면? (단, 〈보기〉에 제시된 업종의 사업자는 현금영수증 발급 의무자이다)** 기업은행

○ 사업자는 30만 원 이상 거래금액에 대하여 그 대금을 현금(대금 일부를 현금으로 지급한 경우도 포함)으로 받은 경우, 세금계산서를 발급하는 경우를 제외하고는 소비자가 요청하지 않아도 현금영수증을 발급하여야 한다. 물론 30만 원 미만의 거래금액도 소비자의 요청이 있으면 현금영수증을 발급하여야 한다.
○ 사업자가 현금영수증 발급 의무를 위반하였을 경우에는 미발급금액의 50%를 과태료로 부과한다. 사업자가 현금영수증을 발급하지 않은 경우, 소비자가 거래사실과 거래금액이 확인되는 계약서 등 증빙서류를 첨부하여 현금 지급일로부터 1개월 이내에 신고하면, 미발급금액에 대한 과태료의 20%를 포상금으로 지급한다.
○ 소비자가 현금영수증 발급을 원하지 않는 경우에 사업자는 국세청에서 지정한 코드로 발급할 수 있으며, 이 경우 현금영수증 발급으로 인정한다.

〈보기〉

ㄱ. 법무서비스를 받은 A는 대금 30만 원에 대해 20만 원은 신용카드로, 10만 원은 현금으로 결제하였다. 현금 10만 원에 대해서는 A의 요청이 있는 경우에 한하여 현금영수증이 발급된다.
ㄴ. 부동산중개인을 통해 2011년 4월 1일 집을 산 B는 중개료 70만 원에 대해 30만 원은 신용카드로, 40만 원은 현금으로 결제하였으나 부동산중개인은 현금영수증을 발급하지 않았다. B는 같은 해 4월 29일 부동산중개인이 현금영수증 발급 의무를 위반했다며 신고하였다. 부동산중개인에게 과태료가 부과되었고, B는 포상금으로 8만 원을 받았다.
ㄷ. C는 2011년 6월 5일 장례비용 대금 100만 원을 현금으로 지불하면서 현금영수증 발급을 원하지 않는다고 말하자 업주는 국세청의 지정코드로 자진 발급하였다. 마음이 변한 C는 업주가 현금영수증 당연 발급 의무를 위반했다며 2011년 6월 12일 관련 증빙서류를 첨부하여 신고했지만 신고 포상금 10만 원은 받을 수 없었다.
ㄹ. D는 2011년 7월 12일 사업자에게 전답 측량 대금으로 현금 50만 원을 지불하였고, 이에 대해 사업자는 현금영수증 대신 세금계산서를 발행하였다. D는 같은 해 8월 19일 현금영수증이 발급되지 않았다고 신고하여 사업자에게 과태료 25만 원이 부과되었다.

① ㄱ, ㄴ　② ㄱ, ㄹ　③ ㄷ, ㄹ
④ ㄱ, ㄴ, ㄹ　⑤ ㄴ, ㄷ, ㄹ

19 **다음 규정에 근거할 때, 수수료 총액이 가장 많은 것은?** 신한은행 · 우리은행

제00조 특허출원 관련 수수료는 다음 각 호와 같다.
1. 특허출원료
   가. 출원서를 서면으로 제출하는 경우: 매건 5만 8천 원 (단, 출원서의 첨부서류 중 명세서, 도면 및 요약서의 합이 20면을 초과하는 경우 초과하는 1면마다 1천 원을 가산한다)
   나. 출원서를 전자문서로 제출하는 경우: 매건 3만 8천 원
2. 출원인변경신고료
   가. 상속에 의한 경우: 매건 6천 5백 원
   나. 법인의 분할·합병에 의한 경우: 매건 6천 5백 원
   다. 「기업구조조정 촉진법」 제15조 제1항의 규정에 따른 약정을 체결한 기업이 경영정상화계획의 이행을 위하여 행하는 영업양도의 경우: 매건 6천 5백 원
   라. 가목 내지 다목 외의 사유에 의한 경우: 매건 1만 3천 원

제00조 특허권 관련 수수료는 다음 각 호와 같다.
1. 특허권의 실시권 설정 또는 그 보존등록료
   가. 전용실시권: 매건 7만 2천 원
   나. 통상실시권: 매건 4만 3천 원
2. 특허권의 이전등록료
   가. 상속에 의한 경우: 매건 1만 4천 원
   나. 법인의 분할·합병에 의한 경우: 매건 1만 4천 원
   다. 「기업구조조정 촉진법」 제15조 제1항의 규정에 따른 약정을 체결한 기업이 경영정상화계획의 이행을 위하여 행하는 영업양도의 경우: 매건 1만 4천 원
   라. 가목 내지 다목 외의 사유에 의한 경우: 매건 5만 3천 원
3. 등록사항의 경정·변경(행정구역 또는 지번의 변경으로 인한 경우 및 등록명의인의 표시변경 또는 경정으로 인한 경우는 제외한다)·취소·말소 또는 회복등록료: 매건 5천 원

① 특허출원 5건을 신청한 A가 사망한 후, A의 단독 상속인 B가 출원인을 변경하고자 할 때의 출원인변경신고료
② C가 자기 소유의 특허권 9건을 말소하는 경우의 등록료
③ D가 특허출원 1건에 대한 40면 분량의 특허출원서를 전자문서로 제출하는 경우의 특허출원료
④ E소유의 특허권 1건의 통상실시권에 대한 보존등록료
⑤ F주식회사가 G주식회사를 합병하면서 획득한 G주식회사 소유의 특허권 4건에 대한 이전등록료

제 01 회 제 02 회 제 03 회 제 04 회 제 05 회 제 06 회 제 07 회 제 08 회 제 09 회 제 10 회

20 **다음 규정과 〈상황〉에 근거할 때 가장 옳은 것은?** 국민은행

제00조(상속의 순위) 상속에 있어서는 다음 순위로 상속인이 된다.
1. 피상속인의 직계비속
2. 피상속인의 직계존속
3. 피상속인의 형제자매
4. 피상속인의 4촌 이내의 방계혈족

제00조(배우자의 상속순위) 상속인의 배우자는 전조 제1호와 제2호의 규정에 의한 상속인이 있는 경우에는 그 상속인과 동순위로 공동상속인이 되고 그 상속인이 없는 때에는 단독상속인이 된다.

제00조(상속과 포괄적 권리의무의 승계) 상속인은 상속개시된 때로부터 피상속인의 재산에 관한 포괄적 권리의무를 승계한다. 그러나 피상속인의 일신에 전속한 것은 그러하지 아니하다.

제00조(공동상속인의 권리의무승계) 공동상속인은 각자의 상속분에 응하여 피상속인의 권리의무를 승계한다.

제00조(법정상속분)

① 동순위의 상속인이 수인인 때에는 그 상속분은 균분으로 한다.

② 피상속인의 배우자의 상속분은 직계비속과 공동으로 상속하는 때에는 직계비속의 상속분의 5할을 가산하고 직계존속과 공동으로 상속하는 때에는 직계존속의 상속분의 5할을 가산한다.

제00조(승인, 포기의 기간) 상속인은 상속개시 있음을 안 날로부터 3월내에 단순승인이나 한정승인 또는 포기를 할 수 있다.

제00조(단순승인의 효과) 상속인이 단순승인을 한 때에는 제한 없이 피상속인의 권리의무를 승계한다.

제00조(법정단순승인) 다음 각호의 사유가 있는 경우에는 상속인이 단순승인을 한 것으로 본다.
1. 상속인이 상속재산에 대한 처분행위를 한 때
2. 상속인이 상속개시 있음을 안 날로부터 3월 내에 한정승인 또는 포기를 하지 아니한 때
3. 상속인이 한정승인 또는 포기를 한 후에 상속재산을 은닉하거나 부정소비하거나 고의로 재산목록에 기입하지 아니한 때

제00조(공동불법행위자의 책임)

① 수인이 공동의 불법행위로 타인에게 손해를 가한 때에는 연대하여 그 손해를 배상할 책임이 있다.

② 공동 아닌 수인의 행위 중 어느 자의 행위가 그 손해를 가한 것인지를 알 수 없는 때에도 전항과 같다.

③ 교사자나 방조자는 공동행위자로 본다.

〈상황〉

2011. 7. 1. 평소 丙에게 감정이 좋지 않았던 甲은 丙의 주택에 불을 지르기로 하고 친구 乙에게 불을 지르는 동안 망을 봐 달라고 부탁하였다. 甲의 부탁에 응한 乙이 망을 보는 사이 甲이 丙의 주택에 불을 질러 丙에게 2억 원의 재산상 손해를 발생케 하였다. 그로부터 5개월 후인 2011. 12. 1. 甲이 사망하였고 甲에게는 배우자 丁과 아들 戊가 있다. 甲이 사망한 후 2012. 1. 5. 丁과 戊는 가정법원에 상속포기의 신고를 하였다. 그런데 戊가 상속재산의 일부를 2012. 1. 20. 은닉한 사실이 이후 발견되었다.

① 丙은 乙 또는 戊에게 2억 원을 청구할 수 있다.
② 丙은 乙에게 2억 원을, 戊에게 1억 원을 청구할 수 있다.
③ 丙은 乙에게만 2억 원을 청구할 수 있다.
④ 丙은 乙, 丁 또는 戊에게 2억 원을 청구할 수 있다.
⑤ 丙은 乙에게 1억 원을, 戊에게 1억 원을 청구할 수 있다.

21 **다음 〈조건〉에 근거할 때 〈보기〉의 논문들 중 같은 호(號)에 동시 게재되는 것이 확정된 논문들을 고르면? (단, 수정 사항은 편집위원회에서 모두 확인되었음을 전제로 한다)**

국민은행 · 기업은행 · 신한은행 · 우리은행

〈조건〉

○ 학술지는 1년에 4회 발행되고, 발행일은 3, 6, 9, 12월 말일이며, 발행일의 바로 앞 달 15일까지 접수된 논문만을 심사 대상으로 한다.

○ 심사위원은 3인이며, 총 100점을 만점으로 하여 90점 이상인 경우 (게재 가), 80점 이상 90점 미만인 경우 (수정 후 게재), 70점 이상 80점 미만인 경우 (수정 후 다음 호 게재), 70점 미만인 경우 (게재 불가)로 판정한다.

<논문 게재 기준>

심사 내용	결과	비고
① 3인 모두 (게재 가) 판정 ② 2인 (게재 가) 판정, 1인 (수정 후 게재) 판정 ③ 1인 (게재 가) 판정, 2인 (수정 후 게재) 판정 ④ 2인 (게재 가) 판정, 1인 (수정 후 다음 호 게재) 판정 ⑤ 2인 (게재 가) 판정, 1인 (게재 불가) 판정	게재 가능	수정사항 확인 후 게재
① 1인 (게재 가) 판정, 1인 (수정 후 게재) 판정, 1인 (수정 후 다음 호 게재) 판정 ② 3인 (수정 후 게재) 판정	다음 호 게재	수정사항 확인 후 다음 호 게재
① 1인 (게재 가) 판정, 1인 (수정 후 게재) 판정, 1인 (게재 불가) 판정 ② 2인 (수정 후 게재) 판정, 1인 (수정 후 다음 호 게재) 판정 ③ 2인 (수정 후 게재) 판정, 1인 (게재 불가) 판정 ④ 1인 (수정 후 게재) 판정, 2인 (수정 후 다음 호 게재) 판정	다음 호 재심사	재심 후 게재 여부 결정
① 1인 (게재 가) 판정, 1인 (수정 후 다음 호 게재) 판정, 1인 (게재 불가) 판정 ② 1인 (수정 후 게재) 판정, 2인 (게재 불가) 판정 ③ 3인 (수정 후 다음 호 게재) 판정 ④ 2인 (수정 후 다음 호 게재) 판정, 1인 (게재 불가) 판정 ⑤ 1인 (수정 후 다음 호 게재), 2인 (게재 불가) 판정 ⑥ 3인 모두 (게재 불가) 판정	게재 불가	

〈보기〉

ㄱ. 논문명: 칸트 도덕 철학에서 자유와 책임의 관계
접수일: 2011년 7월 20일
심사일: 2011년 8월 15일

ㄴ. 논문명: 정의란 무엇인가? – 사회학적 논의를 중심으로
접수일: 2011년 8월 19일
심사일: 2011년 9월 10일

ㄷ. 논문명: 예술 비평의 미학적 기초 – 아도르노의 부정 미학을 중심으로
접수일: 2011년 8월 14일
심사일: 2011년 9월 14일

ㄹ. 논문명: 조선 유학의 천인관계론
접수일: 2011년 8월 20일
심사일: 2011년 9월 18일

ㅁ. 논문명: 플라톤의 이데아론
접수일: 2011년 8월 10일
심사일: 2011년 9월 15일

<논문심사 점수>

(단위: 점)

구분	심사위원 A	심사위원 B	심사위원 C
논문 ㄱ	81	77	83
논문 ㄴ	68	90	91
논문 ㄷ	87	89	93
논문 ㄹ	85	83	85
논문 ㅁ	80	91	73

① ㄱ, ㄴ　② ㄱ, ㄹ　③ ㄴ, ㄷ
④ ㄴ, ㅁ　⑤ ㄹ, ㅁ

22 다음 〈정보〉에 근거할 때 〈보기〉의 A~E와 나의 관계를 나타낸 것으로 가장 옳은 것은? 신한은행

〈정보〉

○ 고조부(고조할아버지)
○ 증조부(증조할아버지)
○ 조부(할아버지)
○ 종조부(할아버지의 형제)
○ 손(손자)
○ 증손(손자의 아들)
○ 현손(증손자의 아들)
○ 질(조카, 형제의 아들)
○ 종손(조카의 아들)
○ 종증손(조카의 손자)
○ 백부(큰아버지)
○ 숙부(작은아버지)
○ 재종손(종질의 아들)
○ 종질(사촌형제의 아들)
○ 종형제(사촌형제, 작은/큰아버지의 아들)

〈보기〉

○ A는 나와 5촌 간이며, 나의 숙부와는 2촌 간이다. 나이는 D보다 어리다.
○ B는 나와 3촌 간이며, A와는 4촌 간이다. 나이는 D보다 많다.
○ C는 나와 3촌 간이며, A와는 6촌 간이다. 나이는 A와 비슷하다.
○ D는 나와 4촌 간이며, 나의 백부와 1촌 간이다. 나이는 B보다 어리지만, C보다 많다.
○ E는 나와 2촌 간이며, C와는 5촌 간이다. 나이는 C보다 어리다.

	A	B	C	D	E
①	종질	증조부	질	종형제	손
②	종증손	증조부	질	종형제	형제
③	종증손	백부	증손	조부	손
④	종질	백부	증손	종조부	손
⑤	종질	백부	질	종형제	형제

23 **다음 규칙에 근거할 때 옳은 것을 〈보기〉에서 모두 고르면?** 국민은행

> 제1규칙: 기간을 시, 분, 초로 정한 때에는 즉시로부터 기산한다.
> 제2규칙: 기간을 일, 주, 월 또는 년으로 정한 때에는 기간의 초일은 산입하지 아니한다. 그러나 그 기간이 오전 0시로부터 시작하는 때에는 그러하지 아니하다.
> 제3규칙: 연령계산에는 출생일을 산입한다.
> 제4규칙: ① 기간을 일, 주, 월 또는 년으로 정한 때에는 기간말일의 종료로 기간이 만료한다. ② 주, 월 또는 년의 처음으로부터 기간을 기산하지 아니하는 때에는 최후의 주, 월 또는 년에서 그 기산일에 해당한 날의 전일로 기간이 만료한다. ③ 월 또는 년으로 정한 경우에 최종의 월에 해당일이 없는 때에는 그 월의 말일로 기간이 만료한다.

〈보기〉

ㄱ. 甲이 乙에게 2012. 1. 10. 14:00에 돈을 빌리면서 5일 이내에 갚기로 한 경우 돈을 2012. 1. 15. 14:00까지 갚아야 한다.
ㄴ. 甲이 1989. 10. 4. 14:00에 태어났다면 그가 만 20세가 되는 시점은 2009. 10. 3. 24:00이다.
ㄷ. 물건을 구매한 날로부터 1달 이내에 반품할 수 있는 것으로 규정되어 있는 경우, 甲이 2012. 1. 30. 14:00에 물품을 구매하였다면 2012. 2. 29. 24:00까지 반품할 수 있다.
ㄹ. 甲이 2012. 1. 10. 14:00에 乙에게 "2012. 1. 17. 오전 0시부터 3일간 내 아파트를 마음대로 사용해도 좋다."고 했다면 乙은 2012. 1. 20. 24:00에 아파트를 반환하여야 한다.

① ㄱ, ㄴ
② ㄱ, ㄹ
③ ㄴ, ㄷ
④ ㄴ, ㄹ
⑤ ㄷ, ㄹ

24 다음 〈지도〉와 〈조건〉에 근거할 때, 옳은 것은? 기업은행 · 우리은행

<지도>

※ 괄호 안의 수치는 해발고도를 나타낸다.

〈조건 1〉

〈구간별 트래킹 소요시간(h: 시간)〉

○ 올라가는 경우
- 나야풀 → 사울리바자르: 3h
- 사울리바자르 → 김체: 2h
- 김체 → 간드룩: 2h
- 간드룩 → 콤롱: 2h
- 콤롱 → 촘롱: 3h
- 촘롱 → 시누와: 2h
- 시누와 → 뱀부: 1h
- 뱀부 → 도반: 3h
- 도반 → 히말라야: 2h
- 히말라야 → 데우랄리: 2h
- 데우랄리 → 마차푸체르 베이스캠프: 2h
- 마차푸체르 베이스캠프 → 안나푸르나 베이스캠프: 2h

○ 내려오는 경우, 구간별 트래킹 소요시간은 50% 단축된다.

〈조건 2〉

○ 트래킹은 도보로만 이루어지며, 트래킹 코스는 나야풀에서 시작하여 안나푸르나 베이스캠프에 도달한 다음 나야풀로 돌아오는 것이다.
○ 하루에 가능한 트래킹의 최대시간은 6시간이며, 모든 트래킹 일정을 최대한 빨리 완료해야 한다.
○ 하루 트래킹이 끝나면 반드시 숙박을 해야 하고, 숙박은 지도에 ○표시가 된 지역에서만 가능하다.
○ 해발 2,500m 이상에서는 고산병의 위험 때문에 당일 수면고도를 전날 수면고도에 비해 600m 이상 높일 수 없다.

※ 수면고도는 취침하는 지역의 해발고도를 의미한다.

① 1일차에는 간드룩에서 숙박을 한다.
② 반드시 마차푸체르 베이스캠프에서 숙박을 해야 한다.
③ 5일차에는 안나푸르나 베이스캠프에서 숙박 가능하다.
④ 하루 6시간을 걷는 경우는 총 이틀이다.
⑤ 트래킹은 8일차에 완료된다.

25 **다음 글을 근거로 판단할 때, 〈보기〉에서 옳은 것을 모두 고르면?** 국민은행 · 기업은행 · 신한은행

○ 첫차는 06:00에 출발하며, 24:00 이내에 모든 버스가 운행을 마치고 종착지에 들어온다.
○ 버스의 출발지와 종착지는 같고 한 방향으로만 운행되며, 한 대의 버스가 1회 운행하는 데 소요되는 총 시간은 2시간이다. 이 때 교통체증 등의 도로사정은 고려하지 않는다.
○ 출발지를 기준으로 시간대별 배차 간격은 아래와 같다. 예를 들면 평일의 경우 버스 출발지를 기준으로 한 버스 출발 시간은 …, 11:40, 12:00, 12:30, … 순이다.

구분	A시간대 (06:00~12:00)	B시간대 (12:00~14:00)	C시간대 (14:00~24:00)
평일	20분	30분	40분
토요일	30분	40분	60분
일요일(공휴일)	40분	60분	75분

〈보기〉

ㄱ. 공휴일인 어린이날에는 출발지에서 13:00에 버스가 출발한다.
ㄴ. 막차는 출발지에서 반드시 22:00 이전에 출발한다.
ㄷ. 일요일에 막차가 종착지에 도착하는 시간은 23:20이다.
ㄹ. 출발지에서 09:30에 버스가 출발한다면, 이 날은 토요일이다.

① ㄱ, ㄴ ② ㄱ, ㄷ ③ ㄷ, ㄹ
④ ㄱ, ㄴ, ㄹ ⑤ ㄴ, ㄷ, ㄹ

26 **甲은 6층 회사건물을 각 층마다 모두 순찰한 후에 퇴근한다. 다음 〈조건〉에 따라 1층에서 출발하여 순찰을 완료하고 1층으로 돌아오기까지 소요되는 최소 시간은? (단, 〈조건〉 외의 다른 요인은 고려하지 않는다)**

기업은행

〈조건〉

○ 층간 이동은 엘리베이터로만 해야 하며 엘리베이터가 한 개 층을 이동하는 데는 3분이 소요된다.
○ 엘리베이터는 한 번에 최대 세 개 층(예: 1층 → 4층)을 이동할 수 있다.
○ 엘리베이터는 한 번 위로 올라갔으면, 그다음에는 아래 방향으로 내려오고, 그다음에는 다시 위 방향으로 올라가야 한다.
○ 하나의 층을 순찰하는 데는 5분이 소요된다.

① 1시간 ② 1시간 12분 ③ 1시간 18분
④ 1시간 24분 ⑤ 1시간 30분

제01회
제02회
제03회
제04회
제05회
제06회
제07회
제08회
제09회
제10회

27 **다음 글에 근거할 때, 옳게 추론한 것을 〈보기〉에서 모두 고르면?** 기업은행

클래식 음악에는 보통 'Op.'로 시작하는 작품번호가 붙는다. 이는 '작품'을 의미하는 라틴어 Opus의 약자에서 비롯되었다. 한편 몇몇 작곡가들의 작품에는 다른 약자로 시작하는 작품번호가 붙기도 한다. 예를 들면 하이든의 작품에는 통상적으로 'Hob.'로 시작하는 작품번호가 붙는다. 이는 네덜란드의 안토니 판 호보켄이 1957년과 1971년 하이든의 음악을 정리하여 낸 두 권의 카탈로그에서 유래한 것이다.

'RV.'는 Ryom-Verzeichnis(리옹번호를 뜻하는 독일어)의 약자이다. 이는 1977년 프랑스의 피터 리옹이 비발디의 방대한 작품들을 번호순으로 정리하여 출판한 목록에서 비롯되었다. 비발디의 작품에 대해서는 그 전에도 마르크 핀케를(P.)이나 안토니오 파나(F.)에 의한 번호목록이 출판되었으나, 리옹의 작품번호가 가장 포괄적이며 많이 쓰인다.

바흐 역시 작품마다 고유의 작품번호가 붙어 있는데 이것은 바흐의 작품을 구분하여 정리한 볼프강 슈미더에 의한 것이다. 'BWV'는 Bach-Werke-Verzeichnis(바흐의 작품번호를 뜻하는 독일어)의 첫 글자를 따온 것으로, 정리한 순서대로 아라비아 숫자가 붙어서 바흐의 작품번호가 되었다. 'BWV'는 총 1,080개의 바흐의 작품에 붙어 있다.

모차르트의 작품에 가장 빈번히 사용되는 'K.'는 오스트리아의 모차르트 연구가 루드비히 폰 쾨헬의 이니셜을 딴 것이다. 그는 총 626곡의 모차르트 작품에 번호를 매겼다. 'K.'는 종종 '쾨헬번호'라는 의미의 Köchel-Verzeichnis의 약자인 'KV.'로 표기되기도 한다.

'D.'로 시작하는 작품번호는 슈베르트에 관한 권위자인 오토 에리히 도이치의 이름을 따서 붙여진 것이다. 오스트리아의 음악 문헌학자이며 전기작가인 도이치는 연대순으로 총 998개의 슈베르트 작품에 번호를 매겼다.

〈보기〉

ㄱ. 작품번호만 보아도 누구의 곡인지 알 수 있는 경우가 있다.
ㄴ. 비발디의 작품번호를 최초로 정리하여 출판한 사람은 피터 리옹이다.
ㄷ. 몇몇 작곡가들의 작품번호는 작품들을 정리한 사람 이름의 이니셜을 사용하기도 한다.
ㄹ. BWV293과 D.759라는 작품이 있다면 그것은 각각 바흐와 슈베르트의 작품일 것이다.

① ㄱ, ㄴ
② ㄱ, ㄹ
③ ㄴ, ㄷ
④ ㄱ, ㄷ, ㄹ
⑤ ㄴ, ㄷ, ㄹ

28 **다음 〈화장품의 사용가능기한〉과 〈화장품의 제조번호 표기방식〉에 근거할 때, 사용가능기한이 지난 화장품은? (단, 2012년 2월 1일 현재를 기준으로 한다)** 기업은행 · 농협은행

<화장품의 사용가능기한>

제품 유형	사용가능기한	
	개봉 전(제조일로부터)	개봉 후(개봉일로부터)
스킨	3년	6개월
에센스	3년	6개월
로션	3년	1년
아이크림	3년	1년
클렌저	3년	1년
립스틱	5년	1년

※ 두 가지 사용가능기한 중 어느 한 기한이 만료되면 사용가능기한이 지난 것으로 본다.

〈화장품의 제조번호 표기방식〉

M0703520이라는 표기에서 07은 2007년을 뜻하고, 035는 2007년의 35번째 날, 즉 2월 4일 제조된 것을 뜻한다. 맨 마지막의 20은 생산라인 번호를 나타낸다.

① M1103530이라고 쓰여 있고 개봉된 립스틱
② M0903530이라고 쓰여 있고 개봉되지 않은 클렌저
③ M0902140이라고 쓰여 있고 개봉된 날짜를 알 수 없는 아이크림
④ M0904030이라고 쓰여 있고 2011년 100번째 되는 날 개봉된 로션
⑤ M0930750이라고 쓰여 있고 2011년의 325번째 되는 날 개봉된 스킨

29 **김갑돌 2등서기관은 다음과 같이 기안문을 작성하였다. 담당과장 이을순이 이 기안문에 대해 언급한 내용 중 <공문서 작성 및 처리지침>에 어긋나는 것을 <보기>에서 모두 고르면?** 국민은행

외교통상부

수신 주○○국 대사
경유
제목 초청장 발송 협조

기획재정부가 「경제개발 경험공유 사업」의 일환으로 2012년 2월 1일-2012년 2월 4일 개발도상국 공무원을 초청하여 특별 연수프로그램을 실시할 예정이라고 알려 오면서 협조를 요청한바, 첨부된 초청서한 및 참가신청서(원본 외교행낭편 송부)를 ○○국 재무부에 전달 바랍니다.

첨부: 상기 초청서한 및 참가신청서 각 1부.

기안 전결
2등서기관 김갑돌

〈공문서 작성 및 처리지침〉

○ 숫자는 아라비아 숫자로 쓴다.
○ 날짜는 숫자로 표기하되 연·월·일의 글자는 생략하고 그 자리에 온점을 찍어 표시한다.
○ 본문이 끝나면 1자(2타) 띄우고 '끝.' 표시를 한다. 단, 첨부물이 있는 경우, 첨부 표시문 끝에 1자(2타) 띄우고 '끝.' 표시를 한다.
○ 기안문 및 시행문에는 행정기관의 로고·상징·마크 또는 홍보문구 등을 표시하여 행정기관의 이미지를 높일 수 있도록 하여야 한다.
○ 행정기관의 장은 문서의 기안·검토·협조·결재·등록·시행·분류·편철·보관·이관·접수·배부·공람·검색·활용 등 문서의 모든 처리절차가 전자문서시스템 또는 업무관리시스템상에서 전자적으로 처리되도록 하여야 한다.

※ 온점: 가로쓰기에 쓰는 마침표

〈보기〉

ㄱ. '끝.' 표시도 중요합니다. 본문 뒤에 '끝.'을 붙이세요.
ㄴ. 공문서에서 날짜 표기는 이렇게 하지 않아요. '2012년 2월 1일－2012년 2월 4일'을 '2012. 2. 1.－2012. 2. 4.'로 고치세요.
ㄷ. 오류를 수정하여 기안문을 출력해 오면 그 문서에 서명하여 결재하겠습니다.
ㄹ. 어! 로고가 빠졌네. 우리 부의 로고를 넣어 주세요.

① ㄱ, ㄷ
② ㄱ, ㄹ
③ ㄴ, ㄹ
④ ㄱ, ㄴ, ㄷ
⑤ ㄴ, ㄷ, ㄹ

30 **다음 글에 근거할 때, 〈보기〉의 암호문을 해석하여 찾아낸 원문으로 옳은 것은?** 기업은행

아래의 〈암호표〉를 이용하여 암호문을 만드는 방법은 다음과 같다. 암호문은 암호화하고자 하는 원문의 알파벳과 암호 변환키의 알파벳을 조합하여 만든다. 먼저 원문 알파벳을 표의 맨 왼쪽 줄에서 찾고, 암호 변환키의 알파벳을 표의 맨 위쪽 줄에서 찾아 그 교차점에 있는 알파벳을 암호문으로 한다.

<암호표>

→ 암호 변환키

↓ 원문

	A	B	C	D	E	F	G	H	I	J	K	L	M	N
A	A	B	C	D	E	F	G	H	I	J	K	L	M	N
B	B	C	D	E	F	G	H	I	J	K	L	M	N	A
C	C	D	E	F	G	H	I	J	K	L	M	N	A	B
D	D	E	F	G	H	I	J	K	L	M	N	A	B	C
E	E	F	G	H	I	J	K	L	M	N	A	B	C	D
F	F	G	H	I	J	K	L	M	N	A	B	C	D	E
G	G	H	I	J	K	L	M	N	A	B	C	D	E	F
H	H	I	J	K	L	M	N	A	B	C	D	E	F	G
I	I	J	K	L	M	N	A	B	C	D	E	F	G	H
J	J	K	L	M	N	A	B	C	D	E	F	G	H	I
K	K	L	M	N	A	B	C	D	E	F	G	H	I	J
L	L	M	N	A	B	C	D	E	F	G	H	I	J	K
M	M	N	A	B	C	D	E	F	G	H	I	J	K	L
N	N	A	B	C	D	E	F	G	H	I	J	K	L	M

<예시>

원문	F	A	C	E
암호 변환키	C	E	G	I
암호문	H	E	I	M

〈보기〉

암호 변환키 BHEMGI

암호문 IBNMIE

① HIJACK ② HIDDEN ③ HANDLE ④ JINGLE ⑤ JACKIE

MEMO

제02회 스터디리뷰

구분	스터디원 A	스터디원 B	스터디원 C	스터디원 D
프로필	명지대/경상계열	경북대/경상계열	조선대/경상계열	고려대/공학계열
특징	최빈값 득점자	응시자 평균 득점자	상위 30% 컷 득점자	최고 득점자

번호	나의 풀이결과	스터디원 풀이결과			
01		×	×	○	○
02		○	○	○	○
03		×	×	○	○
04		○	○	×	○
05		×	○	○	○
06		○	×	○	○
07		×	○	×	○
08		○	○	○	○
09		×	×	○	○
10		×	×	○	○
11		○	○	○	○
12		×	×	×	○
13		○	×	○	○
14		×	○	○	○
15		○	○	×	○
16		×	×	○	×
17		○	○	○	○
18		×	○	○	○
19		×	○	×	○
20		×	×	×	×
21		×	×	×	○
22		○	×	×	×
23		×	○	×	×
24		×	×	×	○
25		×	×	○	×
26		×	×	×	×
27		○	○	×	○
28		○	○	○	○
29		○	○	○	○
30		○	○	○	○
계	/ 30	13 / 30	16 / 30	18 / 30	24 / 30

[풀이결과 요약]

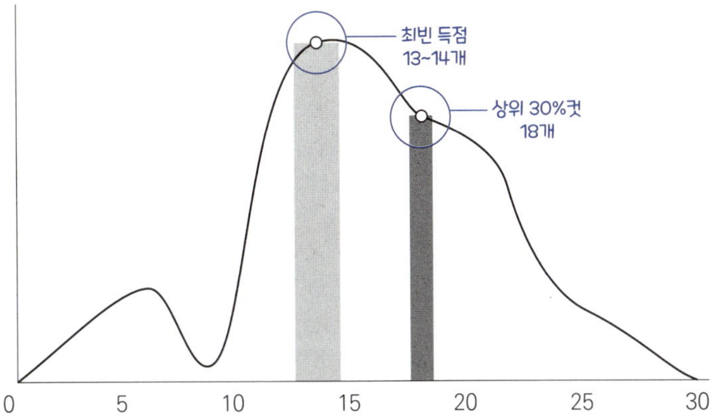

[문항별 정답률]

번호	01	02	03	04	05	06	07	08	09	10
상위 30% 득점자 평균 (A)	83%	100%	67%	67%	92%	67%	75%	92%	92%	83%
응시자 평균 (B)	53%	86%	41%	59%	79%	52%	57%	67%	50%	41%
(A－B)	30%p	14%p	26%p	8%p	13%p	15%p	18%p	25%p	42%p	42%p
번호	11	12	13	14	15	16	17	18	19	20
상위 30% 득점자 평균 (A)	92%	50%	92%	50%	58%	33%	83%	42%	58%	33%
응시자 평균 (B)	60%	36%	52%	59%	50%	36%	86%	29%	52%	28%
(A－B)	32%p	14%p	40%p	－9%p	8%p	－3%p	－3%p	13%p	6%p	5%p
번호	21	22	23	24	25	26	27	28	29	30
상위 30% 득점자 평균 (A)	50%	25%	50%	25%	67%	58%	83%	75%	67%	92%
응시자 평균 (B)	36%	17%	40%	12%	53%	38%	78%	69%	66%	67%
(A－B)	14%p	8%p	10%p	13%p	14%p	20%p	5%p	6%p	1%p	25%p

▭ 표기 문항: 상위 30% 득점자 평균과 응시자 평균 정답률 차이가 40%p 이상 발생한 문항으로, 해당 문제를 틀렸다면 필히 리뷰를 하도록 하자.

금융 NCS 를 위한 피셋PSAT 300제

● NCS/PSAT 학습방법 셋.

많은 수험생이 NCS/PSAT 문제를 푼 후 해설지를 읽으며 틀린 문제를 이해하고 넘어간다. 그러나 동일한 내용의 문제가 다시 시험에 출제되지 않기 때문에 이러한 접근으로는 성적이 오르지 않는다. 문제의 정오를 확인하며 파악해야 할 것은 자신이 '반복적으로 저지르는 실수'이다. 자신의 실수를 정리하며 보완을 하도록 하자.

제03회 연습문제

제한시간: 60분

언어논리영역 07문항

자료해석영역 09문항

상황판단영역 14문항

언어논리영역

01 **다음 글에서 추론할 수 있는 것은?** 기업은행

> 나균은 1,600개의 제 기능을 하는 정상 유전자와 1,100개의 제 기능을 하지 못하는 화석화된 유전자를 가지고 있다. 이에 반해 분류학적으로 나균과 가까운 종인 결핵균은 4,000개의 정상 유전자와 단 6개의 화석화된 유전자를 가지고 있다. 이는 화석화된 유전자의 비율이 결핵균보다 나균에서 매우 높다는 것을 보여준다. 왜 이런 차이가 날까?
>
> 결핵균과 달리 나균은 오로지 숙주세포 안에서만 살 수 있기 때문에 수많은 대사과정을 숙주에 의존한다. 숙주세포의 유전자들이 나균의 유전자가 수행해야 하는 온갖 일을 도맡아 해주다 보니, 나균이 가지고 있던 많은 유전자의 기능이 필요 없게 되었다. 이에 따라 세포 내에 기생하는 기생충과 병균처럼 나균에서도 유전자 기능의 대량 상실이 일어나게 되었다.
>
> 유전자의 화석화는 후손의 진화 방향에 중요한 영향을 미친다. 기능을 상실하기 시작한 유전자는 복합적인 결함을 일으키기 때문에, 한번 잃은 기능은 돌이킬 수 없게 된다. 즉 유전자 기능의 상실은 일방통행이다. 유전자의 화석화와 기능 상실은 특정 계통의 진화 방향에 제약을 가하는 것이다. 이는 아주 오랜 시간이 흘러 새로운 환경에 적응하기 위해 화석화된 유전자의 기능이 필요하다고 하더라도 이 유전자의 기능을 잃어버린 종은 그 기능을 다시 회복할 수 없다는 것을 의미한다.

① 결핵균은 과거에 숙주세포 없이는 살 수 없었을 것이다.
② 현재의 나균과 달리 기생충에서는 유전자의 화석화가 일어나지 않았을 것이다.
③ 숙주세포 유전자의 화석화는 나균 유전자의 소멸과 밀접한 관련이 있을 것이다.
④ 어떤 균의 화석화된 유전자는 이 균이 새로운 환경에 적응하는 데 기능할 것이다.
⑤ 화석화된 나균 유전자의 대부분은 나균이 숙주세포에 의존하는 대사과정과 관련된 유전자일 것이다.

02 **다음 밑줄 친 결론을 이끌어 내기 위해 추가해야 할 전제는?** 신한은행

> A국은 현실적으로 실행 가능한 대안만을 채택하는 합리적인 국가이다. A국의 외교는 B원칙의 실현을 목표로 하고 있으며 앞으로도 이 목표는 변하지 않는다. 그러나 문제는 B원칙을 실현하는 방안이다. B원칙을 실현하기 위해서는 적어도 하나의 전략이 실행되어야 한다. 최근 외교전문가들 간에 뜨거운 토론의 대상이 되었던 C전략은 B원칙을 실현하기에 충분한 방안으로 평가된다. 그러나 C전략의 실행을 위해서는 과다한 비용이 소요되기 때문에, A국이 C전략을 실행하는 것은 현실적으로 불가능하다. 한편 일부 전문가가 제시했던 D전략은 그 자체로는 B원칙을 실현하기에 충분하지 않다. 하지만 금년부터 A국 외교정책의 기조로서 일관성 있게 실행될 E정책과 더불어 D전략이 실행될 경우, B원칙은 실현될 것이다. 뿐만 아니라 E정책하에서 D전략의 실행 가능성도 충분하다. 그러므로 A국의 외교정책에서 D전략이 채택될 것은 확실하다.

① D전략은 C전략과 목표가 같다.
② A국의 외교정책상 C전략은 B원칙에 부합한다.
③ C전략과 D전략 이외에 B원칙을 실현할 다른 전략은 없다.
④ B원칙의 실현을 위해 C전략과 D전략은 함께 실행될 수 없다.
⑤ B원칙의 실현을 위해 C전략과 E정책은 함께 실행될 수 없다.

03 다음 빈칸에 들어갈 말로 가장 적절한 것은? 우리은행

> 어느 시대든 사람들은 원인이 무엇인지 알고 있다고 믿었다. 사람들은 그런 앎을 어디서 얻는가? 원인을 안다고 믿는 사람들의 믿음은 어디서 생기는 것일까?
>
> 새로운 것, 체험되지 않은 것, 낯선 것은 원인이 될 수 없다. 알려지지 않은 것에서는 위험, 불안정, 걱정, 공포감이 뒤따라 나오기 때문이다. 우리 마음의 불안한 상태를 없애고자 한다면, 우리는 알려지지 않은 것을 알려진 것으로 환원해야 한다. 이러한 환원은 우리 마음을 편하게 해 주고 안심시키며 만족하게 하고 힘을 느끼게 한다. 이 때문에 우리는 이미 알려진 것, 체험된 것, 기억에 각인된 것을 원인으로 설정하게 된다. '왜?'라는 물음의 답으로 나온 것은 그것이 진짜 원인이기 때문에 우리에게 떠오른 것이 아니다. 그것이 우리에게 떠오른 것은 그것이 우리를 안정시켜 주고 성가신 것을 없애 주며 무겁고 불편한 마음을 가볍게 해 주기 때문이다. 따라서 원인을 찾으려는 우리의 본능은 위험, 불안정, 걱정, 공포감 등에 의해 촉발되고 자극받는다.
>
> 우리는 '설명이 없는 것보다 설명이 있는 것이 언제나 더 낫다'고 믿는다. 우리는 특별한 유형의 원인만을 써서 설명을 만들어 낸다. (   ) 그래서 특정 유형의 설명만이 점점 더 우세해지고, 그러한 설명들이 하나의 체계로 모아져 결국 그런 설명이 우리의 사고방식을 지배하게 된다. 기업인은 즉시 이윤을 생각하고, 기독교인은 즉시 원죄를 생각하며, 소녀는 즉시 사랑을 생각한다.

① 이것은 우리의 호기심과 모험심을 자극한다.
② 이것은 인과관계에 대한 우리의 지식을 확장시킨다.
③ 이것은 우리가 왜 불안한 심리 상태에 있는지를 설명해 준다.
④ 이것은 낯설고 체험하지 않았다는 느낌을 가장 빠르고 가장 쉽게 제거해 버린다.
⑤ 이것은 새롭고 낯선 것에서 원인을 발견하려는 우리의 본래 태도를 점차 약화시키고 오히려 그 반대의 태도를 우리의 습관으로 굳어지게 한다.

04 **다음 글의 ㉠에 해당하지 않는 것은?** 우리은행

> 키르케의 섬에 표류한 오디세우스의 부하들은 키르케의 마법에 걸려 변신의 형벌을 받았다. 변신의 형벌이란 몸은 돼지로 바뀌었지만 정신은 인간의 것으로 남아 자신이 돼지가 아니라 인간이라는 기억을 유지해야 하는 형벌이다. 그 기억은, 돼지의 몸과 인간의 정신이라는 기묘한 결합의 내부에 견딜 수 없는 비동일성과 분열이 담겨 있기 때문에 고통스럽다. "나는 돼지이지만 돼지가 아니다, 나는 인간이지만 인간이 아니다."라고 말해야만 하는 것이 비동일성의 고통이다.
>
> 바로 이 대목이 현대 사회의 인간을 '물화(物化)'라는 개념으로 파악하고자 했던 루카치를 전율케 했다. 물화된 현대 사회에서 인간 존재의 모습은 두 가지로 갈린다. 먼저 인간은 상품이 되었으면서도 인간이라는 것을 기억하는, 따라서 현실에서 소외당한 자신을 회복하려는 가혹한 노력을 경주해야 하는 존재이다. 자신이 인간이라는 점을 기억하고 있지 않다면 그에게 구원은 구원이 아닐 것이므로, 인간이라는 본질을 계속 기억하는 일은 그에게 구원의 첫째 조건이 된다. 키르케의 마법으로 변신의 계절을 살고 있지만, 자신이 기억을 계속 유지하면 그 계절은 영원하지 않을 것이라는 희망을 가질 수 있다. 그는 소외 없는 저편의 세계, 구원과 해방의 순간을 기다린다.
>
> 반면 ㉠ 망각의 전략을 선택하는 자는 자신이 인간이었다는 기억 자체를 포기하는 인간이다. 그는 구원을 위해 기억에 매달리지 않는다. 그는 그에게 발생한 변화를 받아들이고 그것을 새로운 현실로 인정하며 그 현실에 맞는 새로운 언어를 얻기 위해 망각의 정치학을 개발한다. 망각의 정치학에서는 인간이 고유의 본질을 갖고 있다고 믿는 것 자체가 현실적인 변화를 포기하는 것이 된다. 일단 키르케의 돼지가 된 자는 인간 본질을 붙들고 있는 한 새로운 변화를 꾀할 수 없다.
>
> 키르케의 돼지는 자신이 인간이었다는 기억을 망각하고 포기할 때 새로운 존재로 탄생할 수 있겠지만, 바로 그 때문에 그는 소외된 현실이 가져다주는 비참함으로부터 눈을 돌리게 된다. 대중소비를 신성화하는 대신 왜곡된 현실에는 관심을 두지 않는다고 비판받았던 1960년대 팝아트 예술은 망각의 전략을 구사하는 키르케의 돼지들이다.

① 물화된 세계를 비판 없이 받아들인다.
② 고유의 본질을 버리고 변화를 선택한다.
③ 왜곡된 현실을 자기합리화하여 수용한다.
④ 자신의 정체성이 분열되었음을 직시한다.
⑤ 소외된 상황에 적응할 수 있는 언어를 찾는다.

05 **다음 글의 내용 전개상 문단 배열이 가장 적절한 것은?** 기업은행 · 우리은행

(가) 논리성을 갖추기 위해 우리가 명심해야 할 것은 무엇인가? 첫째, 표현된 것이 현실 세계에서 참이 되어야 한다는 점이다. 둘째, 표현된 것의 전후 문맥에서 추론의 오류를 범하지 않도록 이성적으로 생각하며 표현해야 한다는 점이다.

(나) 표현된 것의 전후 문맥에서 추론의 오류를 범하지 않기 위해 알아 두어야 할 오류의 종류는 매우 많다. 추론이란 미루어 생각하여 논하는 일을 말하는데, 논리학적으로 표현하면 어떠한 판단을 근거로 삼아 다른 판단을 이끌어 내는 것을 말한다. 이때 근거로 삼는 명제를 전제라고 하고 그 명제를 근거로 도출되는 판단을 결론이라 한다. 추론의 오류는 전제와 결론 사이에 정당한 타당성이 없을 때 생겨난다.

(다) '논리(論理)'란 말이나 글이 성립함을 보여 주는 근거나 이치이다. 생각을 표현하는 말이나 글에서, 내용을 이치에 맞게 이끌어 가는 과정이나 원리가 논리이다. '논리성'이란 논리에 맞는 성질을 말한다. 그런데 가만히 보면, 말도 안 되는 말들도 우리 사회에 참 많다. 사실 여부를 확인하기 어려운 소문도 많고, 옳다고 우기는 주장이 다른 편에서 보면 전혀 그렇지 않으며 공정성과 이성을 결여한 아집도 많다. 즉, '논리성'을 갖추지 못한 말과 글이 우리 사회에 너무도 많이 떠돌고 있다.

(라) 표현된 것이 현실 세계에서 참인가 거짓인가 하는 요건을 우리는 '진리조건'이라 한다. 표현된 말이나 글이 논리성을 갖추기 위한 가장 중요한 제1조건은 그것이 현실 세계에 부합하는 '참'의 조건을 가져야 한다는 점이다. 어떤 표현이 있을 때, 그 내용이 이치에 맞는가를 따지기 위해서는 그 내용이 현실 세계에서 참인가에 대해 치밀하게 따져야 한다. 예를 들어 "어머니가 지금 집에 계신다."라는 문장의 참, 거짓 여부는 사실 확인에 의해 쉽게 이루어질 수 있다. 그런데 "이번에 출마하는 아무개가 지난번 선거에서 돈을 그렇게 해 먹었대."라는 문장의 참, 거짓 여부는 개인적 능력으로는 확인하기 어렵다. 따라서 확실한 증거가 없으면 그것을 참이니 거짓이니 판단하면 안 된다. 그러나 사람들은 대개 "나쁜 놈이잖아? 또 뽑아 주면 안 되겠네."라고 단정해 버린다. 그러나 진위가 판명되지 않은 상황에서 다음 판단으로 발전하는 것은 명백히 추론의 오류를 범한 것이 되므로, 논리성에 위배되는 것이다.

(마) 예를 들어, "너에게 모처럼 하는 부탁을 거절하다니, 넌 나를 싫어하는구나."라는 문장에는 부탁을 들어주면 자기를 좋아하는 것이고 안 들어주면 자기를 싫어하는 것이라는 사고방식이 들어 있다. 이것은 좋거나 싫거나 둘 중 하나로 판단해 버리려는 것으로 상당히 빈약한 근거가 된다. 이는 논리성이 결여되어 있는 것으로 간주된다. 논리학에서는 이를 흑백논리의 오류라고 한다. 흑백논리란 모든 문제를 양극단으로만 구분하고 중립을 인정하지 않으려는 편중된 사고방식을 말한다.

① (가) → (다) → (마) → (라) → (나)
② (다) → (가) → (나) → (마) → (라)
③ (다) → (가) → (라) → (나) → (마)
④ (가) → (다) → (라) → (마) → (나)
⑤ (다) → (가) → (마) → (나) → (라)

06 **사무관 A~E는 각기 다른 행정구역을 담당하고 있다. 이들이 담당하는 구역의 민원과 관련된 정책안이 제시되었다. 이에 대하여 A~E는 찬성과 반대 둘 중 하나의 의견을 제시했다고 알려졌다. 다음 정보가 모두 참일 때, 옳은 것은?** 기업은행 · 농협은행 · 우리은행

○ A 또는 D 둘 중 적어도 하나가 반대하면, C는 찬성하고 E는 반대한다.
○ B가 반대하면, A는 찬성하고 D는 반대한다.
○ D가 반대하면 C도 반대한다.
○ E가 반대하면 B도 반대한다.
○ 적어도 한 사람이 반대한다.

① A는 찬성하고 B는 반대한다.
② A는 찬성하고 E는 반대한다.
③ B와 D는 반대한다.
④ C는 반대하고 D는 찬성한다.
⑤ C와 E는 찬성한다.

07 다음 글의 내용에 부합하지 않는 것을 〈보기〉에서 모두 고르면? 국민은행 · 농협은행

「친환경농업육성법」에서는 친환경농산물을 분류하고, 그 인증기준과 신청, 보고 및 점검 사항 등을 정하고 있다. 친환경농산물 인증제도는 친환경농업의 육성과 소비자 보호를 위하여 친환경농산물을 전문인증기관이 검사하여 그 안정성을 인증해 주는 제도이다.

친환경농산물은 생산방법과 사용자재 등에 따라 유기농산물·무농약농산물 및 저농약농산물로 분류한다. 유기농산물은 유기합성농약과 화학비료를 사용하지 않고 재배하고, 무농약농산물은 유기합성농약은 사용하지 않지만 화학비료를 권장 시비량의 1/3 이내로 사용하여 재배한 농산물이다. 저농약농산물은 화학비료를 권장 시비량의 1/2 이내로 사용하며 유기합성농약 살포횟수는 정해진 농약안전사용기준의 1/2 이하로, 사용 시기는 안전사용기준 시기의 2배수를 적용한다.

친환경농산물을 생산하거나 수입하는 자 또는 친환경농산물의 인증을 받은 친환경농산물을 재포장하여 유통하는 자가 친환경농산물 인증을 받으려는 경우에는 국립농산물품질관리원장 또는 친환경농산물 인증기관으로 지정받은 자에게 신청하여야 한다. 국립농산물품질관리원장 또는 인증기관은 인증신청을 받거나 유효기간 연장신청을 받은 때에는 10일 이내에 인증심사계획을 세워 신청인에게 인증심사 일정과 인증심사원 명단을 알리고, 그 계획에 따라 인증심사 또는 유효기간 연장심사를 하여야 한다. 심사 결과가 나온 후 인증심사 결과에 대하여 이의가 있는 자는 해당 인증심사를 실시한 국립농산물품질관리원장 또는 인증기관에게 재심사를 신청할 수 있다.

인증을 받은 후에도 사후 관리가 이루어진다. 국립농산물품질관리원장은 「친환경농업육성법」의 시행을 위하여 필요하다고 인정할 때에는 인증기관 또는 친환경농산물인증을 받은 자에 대하여 그 업무에 관한 사항을 보고하게 하거나 자료를 제출하게 할 수 있으며, 관계공무원으로 하여금 사무소 등을 출입하여 관계서류나 시설·장비 등을 점검하게 할 수 있다. 인증기관은 매분기 다음 달 10일까지 인증 및 사후관리실적을 국립농산물품질관리원장에게 보고하여야 하며, 친환경농산물 인증을 받은 자는 국립농산물품질관리원장 또는 인증기관으로부터 친환경농산물의 인증을 받은 친환경농산물 출하실적 등 인증과 관련한 자료의 제출요구가 있는 경우 이에 따라야 한다.

〈보기〉

ㄱ. 친환경농산물 인증을 받은 자는 인증기관으로부터 인증에 관련된 자료 제출을 요구받으면 이에 따라야 한다.

ㄴ. 유기합성농약을 사용한 농산물은 친환경농산물이 될 수 없다.

ㄷ. 국립농산물품질관리원장과 인증기관은 친환경농산물 인증을 받은 자에 대하여 관계공무원으로 하여금 사무소 등을 출입하여 관계서류를 점검하게 할 수 있다.

ㄹ. 유기합성농약을 사용하지 아니하고 화학비료를 권장 시비량 이내로 사용한 농산물은 무농약농산물로 인증 받을 수 있다.

ㅁ. 인증신청을 받은 인증기관은 인증심사계획을 세워 그 계획에 따라 인증심사를 하여야 한다.

① ㄴ, ㄹ
② ㄷ, ㄹ
③ ㄱ, ㄴ, ㅁ
④ ㄴ, ㄷ, ㄹ
⑤ ㄷ, ㄹ, ㅁ

자료해석영역

08 **다음 〈표〉는 '갑'국의 2012년 지급유형별·아동월령별 양육수당 월 지급금액과 신청가구별 아동 현황에 대한 자료이다. 이 〈표〉와 〈2012년 양육수당 지급조건〉에 근거하여 2012년 5월분의 양육수당이 많은 가구부터 순서대로 바르게 나열한 것은?** 기업은행

〈2012년 양육수당 지급조건〉

○ 만 5세 이하 아동을 양육하고 있는 가구를 대상으로 함
○ 양육수당 신청시점의 지급유형 및 아동월령에 따라 양육수당 지급함
○ 양육수당 신청일 현재 90일 이상 해외에 체류하고 있는 아동은 지급대상에서 제외함
○ 가구별 양육수당은 수급가능한 모든 자녀의 양육수당을 합한 금액임
○ 양육수당은 매월 15일에 신청받아 해당 월 말일에 지급함

<표 1> 지급유형별 · 아동월령별 양육수당 월 지급금액

(단위: 만 원)

아동월령 / 지급유형	12개월 이하	12개월 초과 24개월 이하	24개월 초과 36개월 이하	36개월 초과 48개월 이하	48개월 초과 60개월 이하
일반	20.0	15.0	10.0	10.0	10.0
농어촌	20.0	17.7	15.6	12.9	10.0
장애아동	22.0	20.5	18.0	16.5	15.0

<표 2> 신청가구별 아동 현황(2012년 5월 15일 현재)

신청가구	자녀		지급유형	비고
	구분	아동월령(개월)		
가	A	22	일반	
나	B	16	농어촌	
	C	2	농어촌	
다	D	23	장애아동	
라	E	40	일반	
	F	26	일반	
마	G	58	일반	2011년 1월부터 해외 체류 중
	H	35	일반	
	I	5	일반	

① 나 – 마 – 다 – 라 – 가　② 나 – 마 – 라 – 다 – 가　③ 다 – 라 – 나 – 마 – 가
④ 마 – 나 – 라 – 가 – 다　⑤ 마 – 나 – 다 – 라 – 가

09 **다음 〈표〉는 '갑'국 개인 A~D의 연소득에 대한 자료이고, 개인별 소득세산출액은 〈소득세 결정기준〉에 따라 계산한다. 이를 근거로 A~D 중 소득세산출액이 가장 많은 사람과 가장 적은 사람을 바르게 나열한 것은?**

신한은행 · 우리은행

<표> 개인별 연소득 현황

(단위: 만 원)

개인	근로소득	금융소득
A	15,000	5,000
B	25,000	0
C	20,000	0
D	0	30,000

※ 1) 근로소득과 금융소득 이외의 소득은 존재하지 않음
2) 모든 소득은 과세대상이고, 어떤 종류의 공제 · 감면도 존재하지 않음

〈소득세 결정기준〉

○ 5천만 원 이하의 금융소득에 대해서는 15%의 '금융소득세'를 부과함
○ 과세표준은 금융소득 중 5천만 원을 초과하는 부분과 근로소득의 합이고, 〈과세표준에 따른 근로소득세율〉에 따라 '근로소득세'를 부과함
○ 소득세산출액은 '금융소득세'와 '근로소득세'의 합임

<과세표준에 따른 근로소득세율>

(단위: %)

과세표준	세율
1,000만 원 이하분	5
1,000만 원 초과 5,000만 원 이하분	10
5,000만 원 초과 1억 원 이하분	15
1억 원 초과 2억 원 이하분	20
2억 원 초과분	25

※ 예를 들어, 과세표준이 2,500만 원인 사람의 '근로소득세'는 다음과 같음
1,000만 원×5%+(2,500만 원−1,000만 원)×10%=200만 원

	가장 많은 사람	가장 적은 사람
①	A	B
②	A	D
③	B	A
④	D	A
⑤	D	C

10 다음 〈그림〉은 2010년과 2011년의 갑 회사 5개 품목(A~E)별 매출액, 시장점유율 및 이익률을 나타내는 그래프이다. 이에 대한 〈보기〉의 설명 중 옳은 것을 모두 고르면? 기업은행

<그림 1> 2010년 A~E의 매출액, 시장점유율, 이익률

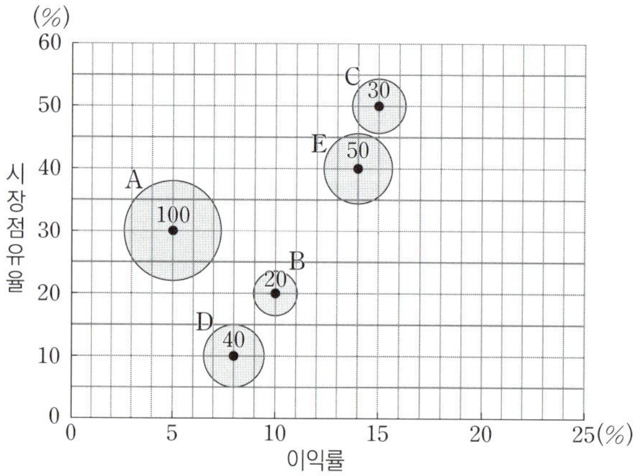

<그림 2> 2011년 A~E의 매출액, 시장점유율, 이익률

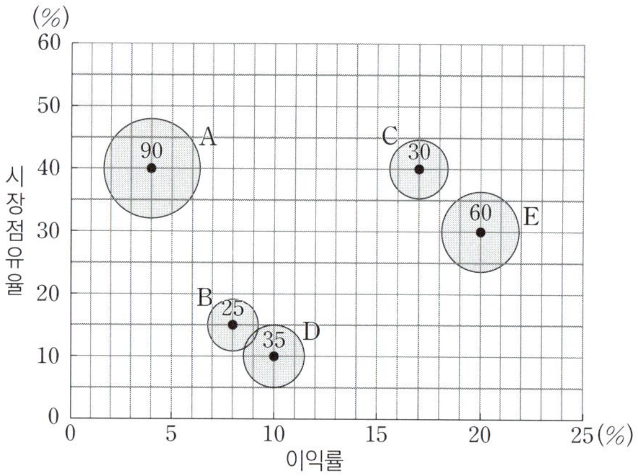

※ 1) 원의 중심좌표는 각각 이익률과 시장점유율을 나타내고, 원 내부값은 매출액(억 원)을 의미하며, 원의 면적은 매출액에 비례함

2) 이익률(%)$=\frac{\text{이익}}{\text{매출액}}\times 100$ 3) 시장점유율(%)$=\frac{\text{매출액}}{\text{시장규모}}\times 100$

〈보기〉

ㄱ. 2010년보다 2011년 매출액, 이익률, 시장점유율 3개 항목이 모두 큰 품목은 없다.
ㄴ. 2010년보다 2011년 이익이 큰 품목은 3개이다.
ㄷ. 2011년 A품목의 시장규모는 2010년보다 크다.
ㄹ. 2011년 시장규모가 가장 큰 품목은 전년보다 이익이 작다.

① ㄱ, ㄴ ② ㄱ, ㄷ ③ ㄴ, ㄹ ④ ㄷ, ㄹ ⑤ ㄱ, ㄴ, ㄷ

11 **다음 〈표〉와 〈조건〉은 주식매매 수수료율과 증권거래세율에 대한 자료이다. 이에 대한 〈보기〉의 설명 중 옳은 것을 모두 고르면?**

농협은행

<표 1> 주식매매 수수료율과 증권거래세율

(단위: %)

구분 \ 연도	2001	2003	2005	2008	2011
주식매매 수수료율	0.1949	0.1805	0.1655	0.1206	0.0993
유관기관 수수료율	0.0109	0.0109	0.0093	0.0075	0.0054
증권사 수수료율	0.1840	0.1696	0.1562	0.1131	0.0939
증권거래세율	0.3	0.3	0.3	0.3	0.3

<표 2> 유관기관별 주식매매 수수료율

(단위: %)

유관기관 \ 연도	2001	2003	2005	2008	2011
한국거래소	0.0065	0.0065	0.0058	0.0045	0.0032
예탁결제원	0.0032	0.0032	0.0024	0.0022	0.0014
금융투자협회	0.0012	0.0012	0.0011	0.0008	0.0008
합계	0.0109	0.0109	0.0093	0.0075	0.0054

〈조건〉

○ 주식매매 수수료는 주식 매도 시 매도자에게, 매수 시 매수자에게 부과됨
○ 증권거래세는 주식 매도 시에만 매도자에게 부과됨

※ 1) 주식거래 비용＝주식매매 수수료＋증권거래세
2) 주식매매 수수료＝주식매매 대금×주식매매 수수료율
3) 증권거래세＝주식매매 대금×증권거래세율

〈보기〉

ㄱ. 2001년에 '갑'이 주식을 매수한 뒤 같은 해에 동일한 가격으로 전량 매도했을 경우, 매수 시 주식거래 비용과 매도 시 주식거래 비용의 합에서 증권사 수수료가 차지하는 비중은 50%를 넘지 않는다.
ㄴ. 2005년에 '갑'이 1,000만 원 어치의 주식을 매수할 때 '갑'에게 부과되는 주식매매 수수료는 16,550원이다.
ㄷ. 모든 유관기관은 2011년 수수료율을 2008년보다 10% 이상 인하하였다.
ㄹ. 2011년에 '갑'이 주식을 매도할 때 '갑'에게 부과되는 주식거래 비용에서 유관기관 수수료가 차지하는 비중은 2% 이하이다.

① ㄱ, ㄴ　② ㄱ, ㄷ　③ ㄴ, ㄷ　④ ㄴ, ㄹ　⑤ ㄷ, ㄹ

12 다음은 A시의 〈부동산 중개수수료 결정기준〉이다. 이를 참고하여 부동산 중개수수료를 많이 지불하는 사람을 〈보기〉에서 골라 순서대로 바르게 나열한 것은? 신한은행 · 우리은행

〈부동산 중개수수료 결정기준〉

○ 주택 거래에 따른 중개수수료 기준율은 〈부동산 중개수수료 결정기준〉에서 제시한 바와 같다.

○ 부동산 중개수수료=기본수수료+부가수수료

○ 중개수수료는 계약시점에 지불한다.

<매매 거래 시 기본수수료>

거래금액	기준요율	한도액
5천만 원 미만	0.006	25만 원
5천만 원 이상 2억 원 미만	0.005	80만 원
2억 원 이상 6억 원 미만	0.004	없음
6억 원 이상	0.009	없음

※ 기본수수료는 거래금액에 기준요율을 곱하여 계산하되 한도액을 초과할 수 없다.

<임대차 거래 시 기본수수료>

거래금액	기준요율	한도액
5천만 원 미만	0.005	20만 원
5천만 원 이상 1억 원 미만	0.004	30만 원
1억 원 이상 3억 원 미만	0.003	없음
3억 원 이상	0.008	없음

※ 기본수수료는 거래금액에 기준요율을 곱하여 계산하되 한도액을 초과할 수 없다.
※ 월세계약의 거래금액은 보증금+월세×100으로 산정한다.

<건물형태별 부가수수료>

건물형태	2013년 3월 이전 기준요율	2013년 3월 이후 기준요율	한도액
사무실	0.005	0.004	없음
상가	0.002	0.003	없음
아파트	0.003	0.005	200만 원
오피스텔	0.012	0.003	100만 원

※ 부가수수료는 거래금액에 거래기준요율을 곱하여 계산하되 거래금액별 한도액을 초과할 수 없다.

〈보기〉

○ 혜정: 2013년 2월에 보증금 2억 원에 월세 150만 원 사무실 계약
○ 성준: 2013년 4월에 보증금 1억 5천만 원에 월세 50만 원 상가 계약
○ 가현: 2013년 6월에 아파트를 5억 원에 매매계약
○ 아련: 2013년 1월에 아파트를 3억 원에 전세계약
○ 근석: 2013년 1월에 보증금 1억 원에 월세 150만 원 오피스텔 계약

① 혜정, 가현, 근석, 아련, 성준
② 아련, 혜정, 가현, 성준, 근석
③ 혜정, 가현, 아련, 근석, 성준
④ 혜정, 아련, 근석, 가현, 성준
⑤ 혜정, 아련, 가현, 근석, 성준

13 다음 〈표〉는 A회사 보안요원 5명의 개인암호 및 암호 입력횟수이다. 5개 알파벳 문자(a, c, e, f, s) 중, 보안요원이 암호를 입력할 때 두 번째로 많이 입력한 알파벳 문자는? 기업은행 · 우리은행

<표> A회사 보안요원 5명의 개인암호 및 암호 입력횟수

보안요원	개인암호	암호 입력횟수
김○태	character÷1	83
전○훈	design#2	363
박○영	form%3	503
윤○희	function@4	430
성○진	history#5	165

※ 각 보안요원은 자신의 개인암호만을 입력하고, 입력 시 오류는 없음

① a ② c ③ e
④ f ⑤ s

14 다음 〈표〉와 〈그림〉은 한국거래소(KRX)의 코스피200선물 정규시장과 코스피200선물 야간시장에 관한 자료이다. 이에 대한 설명으로 옳은 것을 〈보기〉에서 모두 고르면? 국민은행

〈정보〉

시장의 과열을 막기 위해 2012년 6월 14일 옵션거래승수를 10만에서 50만으로 인상하였다. 옵션프리미엄은 시장의 안정화 성향이 강할수록 높아지고 투기적 성향이 강할수록 낮아진다.

<표> 야간시장과 정규시장의 옵션평균프리미엄 비교

(단위: %p)

주체	승수인상 이전		승수인상 이후[3]
	총기간[1]	2012년[2]	
야간시장	1.48	1.32	1.15
정규시장	1.12	1.14	1.00

※ 1) '11.09.01. ~'12.06.13.
2) '12.01.02. ~'12.06.13.
3) '12.06.14. ~'12.08.14.

<그림> 월별 옵션평균프리미엄 추세

(단위: %p)

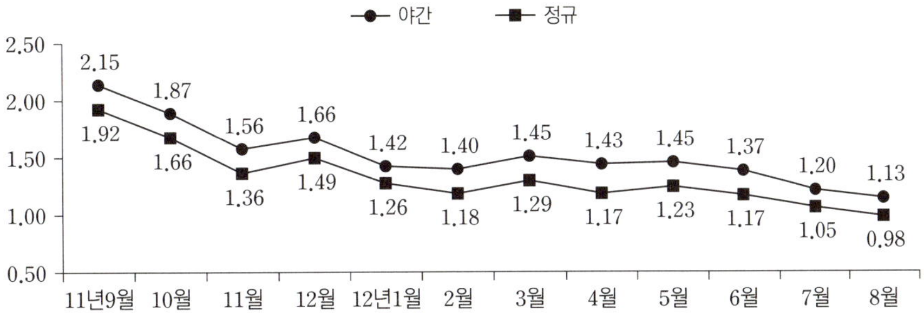

〈보기〉

ㄱ. 야간시장의 옵션평균프리미엄은 승수인상 이전 총기간 동안 평균 1.48%p로 동일기간 정규시장의 옵션평균프리미엄보다 36% 이상 높았다.

ㄴ. 2011년 9월부터 2012년 8월까지 야간시장은 정규시장과 비교해서 투기적 성향의 매매행태를 보였다고 추정할 수 있다.

ㄷ. 다른 조건이 동일하다면 옵션거래승수 인상은 정규시장과 야간시장의 옵션평균프리미엄을 모두 하락시켰다.

ㄹ. 야간시장의 옵션거래승수 인상 이전 총기간의 옵션평균프리미엄과 인상 이후 옵션평균프리미엄을 비교할 경우 동일기간 정규시장에 비해 크게 하락하였다.

① ㄱ, ㄴ ② ㄱ, ㄷ ③ ㄱ, ㄹ
④ ㄴ, ㄹ ⑤ ㄷ, ㄹ

15 〈표 1〉은 근로자의 고용형태에 따른 훈련 인원이고, 〈표 2〉는 개인 지원방식의 훈련방법별 훈련 인원이다. 이에 대한 설명으로 옳지 않은 것은? 국민은행

<표 1> 근로자의 고용 형태에 따른 훈련 인원

(단위: 명)

구분			훈련 인원		
			총계	남성	여성
사업주 지원방식		총계	512,723	335,316	177,407
	A유형	계	480,671	308,748	171,923
		정규직	470,124	304,376	165,748
		비정규직	10,547	4,372	6,175
	B유형	계	32,052	26,568	5,484
		정규직	32,052	26,568	5,484
개인 지원방식		총계	56,273	20,776	35,497
	C유형	계	37,768	15,938	21,830
		정규직	35,075	15,205	19,870
		비정규직	2,693	733	1,960
	D유형	계	18,505	4,838	13,667
		비정규직	18,505	4,838	13,667

<표 2> 개인 지원방식의 훈련방법별 훈련 인원

(단위: 명)

구분				훈련 인원		
				총계	남성	여성
개인 지원방식	총계			56,273	20,776	35,497
	C유형	집체 훈련	일반과정	29,138	12,487	16,651
			외국어과정	8,216	3,234	4,982
		원격 훈련	인터넷	414	217	197
	D유형	집체 훈련	일반과정	16,118	4,308	11,810
			외국어과정	1,754	334	1,420
		원격 훈련	인터넷	633	196	437

① 근로자 훈련 인원 중 남성의 비율은 사업주 지원방식이 개인 지원방식보다 높다.
② A유형으로 훈련을 받는 근로자 중 정규직 남성의 비율은 B유형으로 훈련을 받는 근로자 중 정규직 남성의 비율보다 낮다.
③ 집체훈련 인원의 비중은 C유형이 D유형보다 높다.
④ C유형으로 훈련을 받는 근로자 중 원격훈련을 받는 여성의 비중은 D유형의 그것보다 낮다.
⑤ C유형으로 훈련을 받는 정규직 근로자 중 80% 이상은 집체훈련 일반과정으로 훈련을 받는다.

16 다음 〈표〉는 A 통신사의 휴대전화 요금제에 관한 자료이다. 〈정보〉를 참고하여 옳은 것을 고르면?

신한은행

<표> 요금제별 기본 제공량 및 할인액

요금제	기본료	기본 제공량			요금할인
		음성/영상	메시지	데이터	
34 요금제	34,000원	160분	200건	750MB	7,700원
42 요금제	42,000원	200분	200건	1.5GB	11,550원
52 요금제	52,000원	250분	250건	2.5GB	14,850원
62 요금제	62,000원	350분	350건	6GB	19,800원
72 요금제	72,000원	500분	450건	10GB	22,000원
85 요금제	85,000원	750분	650건	14GB	24,200원
100 요금제	100,000원	1,200분	1,000건	20GB	26,400원
120 요금제	120,000원	1,500분	1,000건	24GB	28,600원

※ 청구요금=기본료+추가사용료+부가세[총사용액(기본료+추가사용료)의 10%]−요금 할인액
※ 1GB=1,024MB

〈정보〉

1) 음성/영상/HD영상
- 기본 제공량 차감기준: 음성 1초 이용 시 1초 차감
  영상 1초 이용 시 1.6초 차감
  HD영상 1초 이용 시 2초 차감
- 추가사용료: 음성 1.8원/초, 영상 3원/초, HD영상 5원/초

2) 메시지
- 기본 제공량 차감기준: SMS와 MMS는 구분 없이 개당 1건씩 제공량 내에서 차감
- 추가사용료: SMS는 건당 20원이며 MMS는 건당 40원

3) 데이터 추가사용료
- 1.9GB 미만: 12.8원/MB
- 1.9GB 이상 6GB 이하: 25,000원
- 6GB 초과: 25,000원+12.8원/MB(6GB 초과사용량)

① 34 요금제 이용 시 기본 제공량에서 SMS만 20건 초과 사용하였다면 동일 요금제에서 기본 제공량을 초과하지 않은 경우에 비하여 400원을 더 내야 한다.
② 62 요금제 이용 시 기본 제공량을 초과하지 않았다면 청구요금은 42,200원이다.
③ 72 요금제 이용 시 음성 470분, SMS 390건, MMS 60건, 데이터 7GB를 사용했다면 추가사용료가 발생할 것이다.
④ 100 요금제 이용 시 기본 제공량에서 데이터만 3GB 초과 사용했다면 120 요금제의 기본 제공량만 사용했을 때의 요금보다 더 많은 요금을 내야 한다.
⑤ 120 요금제 이용 시 기본 제공량에서 데이터만 2GB 초과 사용했다면 동일 요금제에서 기본 제공량을 초과하지 않은 경우에 비하여 25,000원을 더 내야 한다.

상황판단영역

17 **다음 글을 근거로 판단할 때, 〈보기〉의 甲~丁이 권장 시기에 맞춰 정기검진을 받는다면 첫 정기검진까지의 기간이 가장 적게 남은 사람부터 순서대로 나열한 것은? (단, 甲~丁은 지금까지 건강검진을 받은 적이 없다)**

국민은행

> 암 검진은 암을 조기 발견하여 생존률을 높일 수 있기 때문에 매우 중요하다. 일반적으로 권장하는 정기검진의 시작 시기와 주기는 위암은 만 40세부터 2년 주기, 대장암은 만 50세부터 1년 주기, 유방암은 만 40세부터 2년 주기 등이다. 폐암은 흡연자인 경우 만 40세부터 1년 주기로, 비흡연 여성도 만 60세부터 검진을 받아야 한다. 간경변증을 앓고 있는 사람이거나 B형 또는 C형 간염 바이러스 보균자는 만 30세부터 6개월 간격으로 간암 정기검진을 받아야 한다.
>
> 그런데 많은 암환자들이 가족력을 가지고 있는 것으로 알려져 있다. 우리나라 암 사망 원인 1위인 폐암은 부모나 형제자매 가운데 해당 질병을 앓은 사람이 있으면 발병 확률이 일반인의 1.95배나 된다. 대장암 환자의 30%도 가족력이 있다. 부모나 형제자매 중에 한 명의 대장암 환자가 있으면 발병 확률은 일반인의 2~3배가 되고, 두 명이 있으면 그 확률은 4~6배로 높아진다. 우리나라 여성들이 많이 걸리는 유방암도 가족력이 큰 영향을 미친다. 따라서 가족력이 있으면 대장암은 검진 시기를 10년 앞당겨야 하며, 유방암도 검진 시기를 15년 앞당기고 검사 주기도 1년으로 줄여야 한다.

〈보기〉

ㄱ. 매운 음식을 자주 먹는 만 38세 남성 甲의 위암 검진
ㄴ. 대장암 가족력이 있는 만 33세 남성 乙의 대장암 검진
ㄷ. 유방암 가족력이 있는 만 25세 여성 丙의 유방암 검진
ㄹ. 흡연자인 만 36세 여성 丁의 폐암 검진

① 甲, 乙, 丙, 丁　② 甲, 丙, 丁, 乙　③ 丙, 甲, 丁, 乙
④ 丙, 丁, 乙, 甲　⑤ 丁, 乙, 丙, 甲

18 **다음 글을 근거로 판단할 때 옳은 것은?** 국민은행

'스마트 엔트리 서비스(Smart Entry Service)'는 대한민국 자동출입국심사시스템의 명칭으로, 사전에 여권정보와 바이오정보(지문, 안면)를 등록한 후 스마트 엔트리 서비스 게이트에서 이를 활용하여 출입국심사를 진행하는 첨단 시스템이다. 이 서비스 이용자는 출입국심사관의 대면심사를 대신하여 자동출입국심사대를 이용해 약 12초 이내에 출입국심사를 마칠 수 있다.

17세 이상의 주민등록증을 발급받은 대한민국 국민 및 국내체류 중인 등록외국인은 스마트 엔트리 서비스에 가입할 수 있다. 단, 복수국적자인 대한민국 국민은 외국여권으로는 가입할 수 없다. 미국인의 경우 한·미 자동출입국심사서비스 상호이용 프로그램에 따라 국내체류 중인 등록외국인이 아니어도 가입이 가능하다.

스마트 엔트리 서비스 가입 희망자는 자동판독이 가능한 전자여권을 소지하여야 한다. 그리고 바이오정보로 본인 여부를 확인할 수 있도록 지문정보 취득 및 얼굴사진 촬영이 가능해야 한다. 따라서 지문의 상태가 좋지 않아 본인확인이 어려운 경우에는 가입이 제한된다. 대한민국 국민과 국내체류 중인 등록외국인은 스마트 엔트리 서비스 가입을 위한 수수료가 면제되고, 한·미 자동출입국심사서비스 상호이용 프로그램을 통해 스마트 엔트리 서비스에 가입하려는 미국인은 100달러의 수수료를 지불해야 한다.

가입 후, 스마트 엔트리 서비스 이용 중에 여권 또는 개인정보가 변경된 경우에는 등록센터를 방문하여 변경사항을 수정하여야 하며, 심사대에서 지문 인식이 불가능한 경우에는 등록센터를 방문하여 지문을 재등록 하여야 한다. 스마트 엔트리 서비스에 가입한 사람은 출입국시 스마트 엔트리 서비스 게이트 또는 일반심사대에서 심사를 받을 수 있고, 스마트 엔트리 서비스 게이트를 이용하는 경우에는 출입국심사인 날인이 생략된다.

① 복수국적자인 대한민국 국민은 스마트 엔트리 서비스에 가입할 수 없다.
② 외국인의 경우 국내체류 중인 등록외국인 외에는 스마트 엔트리 서비스 가입이 불가능하다.
③ 스마트 엔트리 서비스에 가입한 자는 출입국시 항상 스마트 엔트리 서비스 게이트에서 심사를 받아야 한다.
④ 한·미 자동출입국심사서비스 상호이용 프로그램을 통해 스마트 엔트리 서비스에 가입하려는 대한민국 국민은 100달러를 수수료로 지불해야 한다.
⑤ 스마트 엔트리 서비스 가입 후 여권을 재발급 받아 여권정보가 변경된 경우, 이 서비스를 계속 이용하기 위해서는 등록센터를 방문하여 여권정보를 수정하여야 한다.

19 **다음 글과 〈상황〉을 근거로 추론할 때 옳지 않은 것은? (단, 월·일은 양력 기준이다)** 기업은행

절기(節氣)는 태양의 주기에 기초해서 1개월에 2개씩 지정되는 것으로 1년에 총 24개의 절기가 있다. 24절기는 12절기와 12중기로 이루어져 있는데, 각 달의 첫 번째는 절기, 두 번째는 중기라 한다. 절기를 정하는 방법으로 정기법이 있다. 정기법은 황도상의 해당 지점인 태양황경을 기준으로 태양이 동쪽으로 15도 간격으로 이동할 때마다, 즉 15도씩 증가할 때마다 절기와 중기를 매겨 나가는 방법이다. 황경은 지구에서 태양을 보았을 때, 태양이 1년 동안 하늘을 한 바퀴 도는 길인 황도를 지나가는 각도이다. 춘분은 황경의 기점이 되며, 황경이 0도일 때이다.

양력	절기	중기	양력	절기	중기
1월	소한	대한	7월	소서	대서
2월	입춘	우수	8월	입추	처서
3월	경칩	춘분	9월	백로	추분
4월	청명	곡우	10월	한로	상강
5월	입하	소만	11월	입동	소설
6월	망종	하지	12월	대설	동지

계절은 3개월마다 바뀌고, 각 계절마다 6개의 절기가 있다. 입춘, 입하, 입추, 입동은 봄, 여름, 가을, 겨울이 시작되는 첫날이다. 절기 사이에는 15일의 간격이 있다. 그런데 일부 절기 사이의 간격은 하루가 늘거나 줄기도 한다.

〈상황〉

○ 올해는 입하, 망종, 하지, 대서, 입추, 백로, 한로가 앞 절기와 16일 간격이고, 대한과 대설은 앞 절기와 14일 간격이다.
○ 올해 춘분은 3월 21일이다.
○ 올해 2월은 28일까지 있다.

① 올해 여름의 첫날은 5월 5일이다.
② 절기의 양력 날짜는 매년 고정적인 것은 아니다.
③ 올해 태양황경이 60도가 되는 날은 5월 중기인 소만이다.
④ 올해 7월 24일은 태양황경이 120도에서 135도 사이에 있는 날이다.
⑤ 올해 입춘부터 곡우까지의 날짜 간격은 한로부터 동지까지의 날짜 간격보다 길다.

20 **甲은 가격이 1,000만 원인 자동차 구매를 위해 A, B, C 세 은행에서 상담을 받았다. 다음 상담 내용에 따를 때, 〈보기〉에서 옳은 것을 모두 고르면? (단, 총비용으로는 은행에 내야 하는 금액과 수리비만을 고려하고, 등록비용 등 기타 비용은 고려하지 않는다)** 국민은행 · 농협은행

> ○ A은행: 고객님이 자동차를 구입하여 소유권을 취득하실 때, 저희 은행이 자동차 판매자에게 즉시 구입금액 1,000만 원을 지불해 드립니다. 그리고 그날부터 매월 1,000만 원의 1%를 이자로 내시고, 1년이 되는 시점에 1,000만 원을 상환하시면 됩니다.
>
> ○ B은행: 저희는 고객님이 원하시는 자동차를 구매하여 고객님께 전달해 드리고, 고객님께서는 1년 후에 자동차 가격에 이자를 추가하여 총 1,200만 원을 상환하시면 됩니다. 자동차의 소유권은 고객님께서 1,200만 원을 상환하시는 시점에 고객님께 이전되며, 그때까지 발생하는 모든 수리비는 저희가 부담합니다.
>
> ○ C은행: 저희는 고객님이 원하시는 자동차를 구매하여 고객님께 임대해 드립니다. 1년 동안 매월 90만 원의 임대료를 내시면 1년 후에 그 자동차는 고객님의 소유가 되며, 임대기간 중에 발생하는 모든 수리비는 저희가 부담합니다.

〈보기〉

ㄱ. 자동차 소유권을 얻기까지 은행에 내야 하는 총금액은 A은행의 경우가 가장 적다.

ㄴ. 1년 내에 사고가 발생해 50만 원의 수리비가 소요될 것으로 예상한다면 총비용 측면에서 A은행보다 B, C은행을 선택하는 것이 유리하다.

ㄷ. 최대한 빨리 자동차 소유권을 얻고 싶다면 A은행을 선택하는 것이 가장 유리하다.

ㄹ. 사고 여부와 관계없이 자동차 소유권 취득 시까지의 총비용 측면에서 B은행보다 C은행을 선택하는 것이 유리하다.

① ㄱ, ㄴ ② ㄴ, ㄷ ③ ㄷ, ㄹ
④ ㄱ, ㄴ, ㄹ ⑤ ㄱ, ㄷ, ㄹ

21 **다음 글과 〈조건〉에 따를 때, ○○부가 채택하기에 적합하지 않은 정책 대안은?**

기업은행 · 국민은행 · 농협은행

○ 올해의 전력수급현황은 다음과 같다.

- 총공급전력량: 7,200만kW
- 최대전력수요: 6,000만kW

이에 따라 ○○부는 내년도 전력수급기본계획을 마련하고, 정책목표를 다음과 같이 설정하였다.

- 정책목표: 내년도 전력예비율을 30% 이상으로 유지한다.

$$\text{전력예비율}(\%)=\frac{\text{총공급전력량}-\text{최대전력수요}}{\text{최대전력수요}}\times 100$$

〈조건〉

조건1: 발전소를 하나 더 건설하면 총공급전력량이 100만 kW 증가한다.

조건2: 전기요금을 α% 인상하면 최대전력수요는 α% 감소한다.

※ 발전소는 즉시 건설·운영되는 것으로 가정하고 이외의 다른 변수는 고려하지 않는다.

① 발전소를 1개 더 건설하고, 전기요금을 10% 인상한다.
② 발전소를 3개 더 건설하고, 전기요금을 3% 인상한다.
③ 발전소를 6개 더 건설하고, 전기요금을 1% 인상한다.
④ 발전소를 8개 더 건설하고, 전기요금을 동결한다.
⑤ 발전소를 더 이상 건설하지 않고, 전기요금을 12% 인상한다.

22 다음 〈상황〉에 근거할 때, 약사 甲이 4명의 환자에게 조제한 약을 옳게 짝지은 것은? 기업은행

〈상황〉

오늘 아침 甲의 약국에 희경, 은정, 소미, 정선 4명의 손님이 방문하였다. 甲은 이들로부터 처방전을 받아 A~D 네 봉지의 약을 조제하였는데, 약을 조제한 후 처방전을 분실하여 누구의 약인지 알지 못한다. 다만 甲은 다음과 같은 몇 개의 정보만 기억하고 있다.

○ 오늘 아침 방문한 환자들의 병명은 몸살, 배탈, 치통, 피부병이었다.
○ 은정의 처방전은 B에 해당하는 것이었고, 그녀는 몸살이나 배탈 환자가 아니었다.
○ A는 배탈 환자에 사용되는 약이 아니다.
○ D는 연고를 포함하고 있는데, 이 연고는 피부병에만 사용된다.
○ 희경은 임산부이고, A와 D에는 임산부가 먹어서는 안 되는 약품이 사용되었다.
○ 소미는 몸살 환자가 아니었다.

	A	B	C	D
①	정선	은정	희경	소미
②	정선	은정	소미	희경
③	소미	은정	희경	정선
④	희경	은정	소미	정선
⑤	희경	은정	정선	소미

23 다음 글과 〈상황〉에 근거할 때, 〈보기〉에서 옳은 것을 모두 고르면?

국민은행 · 농협은행

공공도서관이 갖추어야 하는 시설과 도서관 자료의 구비 기준은 다음과 같다.

<공공도서관 시설 및 도서관 자료 구비 기준>

봉사대상인구(명)	시설		도서관 자료	
	건물면적(m^2)	열람석(석)	기본장서(권)	연간증서(권)
⋮	⋮	⋮	⋮	⋮
10만 이상~30만 미만	1,650 이상	350 이상	30,000 이상	3,000 이상
30만 이상~50만 미만	3,300 이상	800 이상	90,000 이상	9,000 이상
50만 이상	4,950 이상	1,200 이상	150,000 이상	15,000 이상

1. 봉사대상인구란 도서관이 설치되는 해당 시의 인구를 말한다. 연간증서(年間增書)는 설립 다음 해부터 매년 추가로 늘려야 하는 장서로서 기본장서에 포함된다.
2. 전체 열람석의 10% 이상을 노인과 장애인 열람석으로 할당하여야 한다.
3. 공공도서관은 기본장서 외에 다음 각 목에서 정하는 자료를 갖추어야 한다.
   가. 봉사대상인구 1천 명당 1종 이상의 연속간행물
   나. 봉사대상인구 1천 명당 10종 이상의 시청각자료

〈상황〉

○○부는 신도시인 A시에 2014년 상반기 개관을 목표로 공공도서관 건설을 추진 중이다. A시의 예상 인구 추계는 다음과 같다.

구분	2012년	2015년	2020년	2030년
예상 인구(명)	13만	15만	30만	50만

※ A시 도서관은 예정대로 개관한다.

※ 2012년 인구는 실제 인구이며, 인구는 해마다 증가한다고 가정한다.

〈보기〉

ㄱ. A시 도서관 개관 시 확보해야 할 최소 기본장서는 30,000권이다.
ㄴ. A시의 예상 인구 추계자료와 같이 인구가 증가한다면, 2015년에는 노인 및 장애인 열람석을 2014년에 비해 35석 추가로 더 확보해야 한다.
ㄷ. A시의 예상 인구 추계자료와 같이 인구가 증가하고, 2015년~2020년에 매년 같은 수로 인구가 늘어난다면, 2018년에는 최소 240종 이상의 연속간행물과 2,400종 이상의 시청각자료를 보유해야 한다.
ㄹ. 2020년 실제 인구가 예상 인구의 80% 수준에 불과하다면, 개관 이후 2020년 말까지 추가로 보유해야 하는 총 연간증서는 최소 18,000권이다.

① ㄱ, ㄴ ② ㄱ, ㄷ ③ ㄴ, ㄹ
④ ㄱ, ㄷ, ㄹ ⑤ ㄴ, ㄷ, ㄹ

24 **한국토지주택공사가 2012년 경기도 안성시에 150호의 국민임대주택을 공급하기 위하여 청약을 받은 결과는 〈표 2〉와 〈표 3〉과 같이 나타났다. 다음 규정과 〈표 1〉의 배점기준에 근거할 때 다음의 평형별 청약자 중 평형대별로 선정가능성이 가장 높은 사람으로 묶인 것은? (단, 2011년 도시근로자가구의 월평균소득은 400만 원이라고 가정하며 안성시의 연접지역 중 사업주체가 지정한 지역은 평택시, 용인시, 이천시이다)**

기업은행

제00조(국민임대주택 입주자선정에 관한 특례) ① 국가·지방자치단체·한국토지주택공사 또는 지방공사가 건설하는 「임대주택법」 제16조 제1항 제2호에 따른 건설임대주택(이하 "국민임대주택"이라 한다) 중 50제곱미터 미만인 주택(단독세대주는 40제곱미터 이하의 주택에 한정하되, 입주자 모집공고 시 해당 시·군·자치구에 공급되는 주택 중 40제곱미터 이하의 주택이 없는 경우와 「장애인 고용촉진 및 직업 재활법」 제2조에 따른 중증장애인의 경우에는 50제곱미터 미만인 주택으로 한다)은 무주택세대주로서 해당세대의 월평균소득(세대주와 동일한 세대별 주민등록표상에 등재되어 있지 아니한 세대주의 배우자 및 배우자와 동일한 세대를 이루고 있는 세대원의 소득을 포함한다. 이하 이 조에서 같다)이 전년도 도시근로자 가구당 월평균소득(태아를 포함한 가구원수가 4명 이상인 세대는 가구원수별 가구당 월평균소득을 말한다. 이하 이 조에서 같다)의 70퍼센트 이하인 자에게 공급하되, 전년도 도시근로자 가구당 월평균소득의 50퍼센트 이하인 자에게 우선공급하고 경쟁이 있을 경우 다음 각호의 순위에 따라 입주자를 선정한다.

1. 제1순위: 당해 주택이 건설되는 시·군·자치구에 거주하는 자
2. 제2순위: 당해 주택이 건설되는 시·군·자치구에 연접한 시·군·자치구 중 사업주체가 지정하는 시·군·자치구에 거주하는 자
3. 제3순위: 제1순위 및 제2순위에 해당되지 아니하는 자

② 국민임대주택 중 50제곱미터 이상 60제곱미터 이하인 주택은 무주택세대주(단독세대주를 제외한다)로서 당해 세대의 월평균 소득이 전년도 도시근로자 가구당 월평균 소득의 70퍼센트 이하인 자에게 공급하되, 다음 각호의 순위에 따라 입주자를 선정한다.

1. 제1순위: 청약저축에 가입하여 24회 이상 납입한 자
2. 제2순위: 청약저축에 가입하여 6회 이상 납입한 자
3. 제3순위: 제1순위 및 제2순위에 해당되지 아니하는 자

③ 국민임대주택 중 60제곱미터를 초과하는 주택은 무주택세대주(단독세대주를 제외한다)로서 당해 세대의 월평균소득이 전년도 도시근로자 가구당 월평균소득 이하인 자에게 공급하되, 다음 각호의 순위에 따라 입주자를 선정한다.

1. 제1순위: 청약저축에 가입하여 24회 이상 납입한 자
2. 제2순위: 청약저축에 가입하여 6회 이상 납입한 자
3. 제3순위: 제1순위 및 제2순위에 해당되지 아니하는 자

④ 국민임대주택의 사업주체는 제1항부터 제3항까지의 규정에 따른 제1순위, 제2순위 및 제3순위 안에서 경쟁이 있으면 「민법」상 미성년인 자녀 3명 이상을 둔 세대주 중 미성년인 자녀

수가 많은 순으로 입주자를 선정하여야 하며, 자녀수가 같은 경우에는 다음 각 호의 배점을 합산한 순위에 따라 입주자를 선정하고 동일한 점수인 경우에는 추첨으로 입주자를 선정한다.

<표 1> 배점기준

구분	세대주 나이	부양 가족수	거주 기간	직계존속 부양기간	청약저축 납입횟수
3점	50세 이상	4명 이상	5년 이상	1년 이상	60회 이상
2점	40세 이상 50세 미만	—	3년 이상 5년 미만	—	48회 이상
1점	30세 이상 40세 미만	—	1년 이상 3년 미만	—	36회 이상

<표 2> 공급평형대별 청약 현황

구분	일반청약 신청자(명)	전체 공급물량(호)	순위별 신청자(명)		
			1순위	2순위	3순위
$50m^2$ 미만	90	50	10	80	—
$50m^2$ 이상 $60m^2$ 이하	90	50	20	70	—
$60m^2$ 초과	130	50	30	100	—

<표 3> 청약자 인적사항

구분	청약자	월평균 소득(만원)	거주지역(시)	자녀수(미성년자녀수)(명)	세대주 나이(세)
$50m^2$ 미만	A	270	수원	3(1)	45
	B	200	안성	3(2)	55
	C	180	이천	2(1)	60
$50m^2$ 이상 $60m^2$ 이하	D	250	수원	3(2)	58
	E	200	하남	3(3)	40
	F	160	이천	4(3)	55
$60m^2$ 초과	G	350	수원	3(3)	48
	H	320	하남	3(2)	50
	I	280	이천	3(3)	50

구분	청약자	부양 가족수(명)	거주기간(년)	직계존속 부양기간(개월)	청약저축 납입횟수(회)
$50m^2$ 미만	A	4	3	15	7
	B	4	2	3	8
	C	5	1	11	9
$50m^2$ 이상 $60m^2$ 이하	D	3	2	0	16
	E	5	2	13	12
	F	5	1	8	9
$60m^2$ 초과	G	3	1	0	19
	H	3	2	0	20
	I	4	3	5	22

① A, D, H ② B, E, I ③ B, F, G ④ C, D, G ⑤ C, E, I

25 **다음 글과 〈표 1〉에 근거할 때, 〈표 2〉의 A~F까지의 영화 중 한국영화로 인정될 수 있는 것을 모두 고르면?**

국민은행 · 농협은행

관련 법률에 따르면 한국영화로 인정되는 경우는 다음과 같다.

첫째, 한국에 주된 사업소를 둔 제작사가 단독으로 제작한 영화는 한국영화로 본다.

둘째, 한국 제작사와 외국 제작사의 공동제작영화인 경우 다음 두 가지의 조건이 모두 충족되면 한국영화로 본다.

① 한국 제작사와 외국 제작사가 공동으로 제작비용을 출자하되 그 출자비율이 아래 각 호의 기준에 맞아야 한다.

1. 공동제작에 참여하는 영화 제작사의 국적이 2개인 경우: 국적별 출자비율이 각각 20퍼센트 이상일 것
2. 공동제작에 참여하는 영화 제작사의 국적이 3개 이상인 경우: 국적별 출자비율이 각각 10퍼센트 이상일 것

② 〈표 1〉의 심사기준에 따라 평가한 결과가 100점 만점에 60점 이상이어야 한다.

※ 영화 제작사의 국적은 주된 사업소 소재지에 따름

<표 1> 공동제작영화의 한국영화 인정 심사기준

심사항목	배점	
감독의 국적이 한국인 경우	10점	
주연배우의 국적이 한국인 경우	20점	
조연배우의 국적이 한국인 경우	15점	
주된 촬영장소가 한국인 경우	20점	
대사 사용언어가 한국어인 경우	20점	
한국적 가치의 표현 정도	상	15점
	중	10점
	하	5점

<표 2> 각 영화에 대한 정보

영화	제작사	출자비율(%)	감독	주연배우	조연배우	대사 사용언어	주된 촬영장소	한국적 가치 표현 정도
A	드림 타임	20 80	김웅	제리윤	수지	한국어	북경	하
B	드림 타임 머니	10 40 50	황룡	제임스	니콜	중국어	서울	상
C	드림	100	GD	수지	니콜	영어	뉴욕	하
D	타임 머니	30 70	황룡	제리윤	꽃님	한국어	서울	상
E	드림 타임 머니	15 45 40	황룡	꽃님	장진	한국어	뉴욕	중
F	드림 머니	75 25	김웅	꽃님	제리윤	영어	서울	상

※ 1) 각 영화의 주연배우 및 조연배우는 각 1명임
2) 제작사의 주된 사업소 소재지: 드림(한국), 타임(중국), 머니(미국)
3) 감독의 국적: 황룡(한국), 김웅(중국), GD(미국)
4) 배우의 국적: 제리윤 · 꽃님(한국), 장진 · 니콜(중국), 제임스 · 수지(미국)
5) 주된 촬영장소: 서울(한국), 북경(중국), 뉴욕(미국)

① A – B – C
② A – D – F
③ B – C – E
④ C – D – E
⑤ C – E – F

26 **다음 글에 근거할 때, 2013년 3월 6일 변제 후 을에게 남아 있는 채무와 그 액수는?**

국민은행 · 우리은행

갑은 을에게 3회에 걸쳐 돈을 빌려주기로 하고 을이 일부 금액만을 변제하는 경우에는 다음의 원칙에 따라 각 채무에 충당하기로 을과 합의하였다.

① 제1원칙: 2개 이상의 채무 원금과 그에 딸린 이자가 남아 있는 경우에는 각 채무의 이자 부분에 먼저 충당한 후 나머지를 원금에 충당한다.

② 제2원칙: 각 채무의 원금만 남아 있는 경우에는 변제함으로써 채무자에게 더 이익이 되는 채무의 원금에 먼저 충당한다.

③ 제3원칙: 각 채무의 원금만 남아 있으며 변제함으로써 채무자에게 돌아가는 이익이 동일한 경우에는 각 채무의 원금 액수에 비례하여 충당한다.

갑은 2009년 11월 7일 을에게 금 1,000만 원을 이자 월 1%로 정하여 대여하고(채무A), 2010년 9월 7일 다시 을에게 금 2,000만 원을 이자 월 1%로 정하여 대여하였으며(채무B), 2011년 7월 7일에 마지막으로 을에게 금 1,000만 원을 이자 월 2%로 정하여 대여하였다(채무C). 을은 2012년 5월 6일 금 1,900만 원을 변제하였고, 그 후 2013년 3월 6일에 다시 1,200만 원을 마련하여 갑에게 변제하였다.

※ 이자에는 다시 이자가 붙지 않는다(복리가 아닌 단리이다).

※ 이자를 계산할 때는 2009년 11월 7일부터 2009년 12월 6일까지를 한 달로 본다.

※ 이자가 있는 채무를 변제하는 것이 이자가 없는 채무를 변제하는 것보다 채무자에게 이익이 되고, 고율의 이자가 붙은 채무를 변제하는 것이 저율의 이자가 붙은 채무를 변제하는 것보다 채무자에게 이익이 된다. 이 외 각 채무에 대한 담보, 변제기 등 다른 조건은 이익에 영향을 주지 않는 것으로 본다.

① 채무A: 500만 원, 채무B: 700만 원
② 채무A: 700만 원, 채무B: 1,400만 원
③ 채무A: 1,000만 원, 채무B: 1,500만 원
④ 채무B: 1,400만 원, 채무C: 700만 원
⑤ 채무A: 700만 원, 채무B: 1,400만 원, 채무C: 200만 원

27 **다음은 〈그림〉과 같은 2층 숙소에 7명(A~G)의 손님이 방을 배정받은 직후 나눈 대화이다. 대화의 내용이 모두 참이라고 가정할 때 옳은 것을 〈보기〉에서 모두 고르면? (단, 다음 날 아침 F는 바로 윗방으로 옮겼고, A는 바로 아랫방으로 옮겼다)** 기업은행 · 우리은행

<그림>

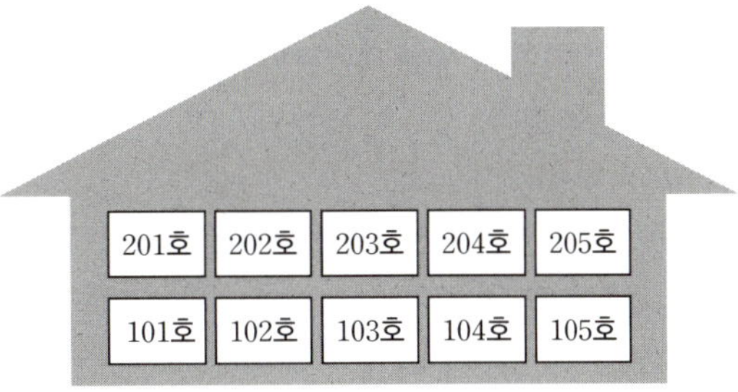

○ A: 내 바로 아랫방은 비었구나. 그리고 우리 층의 양 끝방은 모두 배정받았어.
○ B: 내 양 옆방은 비었어.
○ C: 1층은 방 하나를 제외하고 전부 배정받았구나.
○ D: 나는 끝방이 아니야.
○ E: 나는 우리 층의 제일 가운데 방을 배정받았어.
○ F: 나는 G의 옆방이야.
○ G: 내 바로 윗방을 배정받은 사람이 쿵쿵거리는 바람에 너무 시끄러워.

〈보기〉

ㄱ. 202호가 이틀 내내 비어 있을 수는 없다.
ㄴ. 둘째 날에는 2층에 2개, 1층에 1개의 방이 비어 있을 것이다.
ㄷ. 첫날 가능한 숙소 배정의 경우의 수는 2가지이다.
ㄹ. 둘째 날 F는 C의 옆방으로 옮겼다.
ㅁ. E는 203호를 배정받았다.

① ㄱ, ㄴ ② ㄴ, ㄷ ③ ㄱ, ㄴ, ㄹ
④ ㄴ, ㄷ, ㄹ ⑤ ㄷ, ㄹ, ㅁ

28 **다음 규정과 〈2013년 3월 상임위원회별 전체회의 일정〉에 근거할 때 〈보기〉의 의안 가운데 각 상임위원회에 상정되는 날짜가 빠른 순서대로 나열한 것은?** 국민은행 · 기업은행 · 신한은행

제00조 위원회는 의안(예산안, 기금운용계획안 및 임대형 민자사업 한도액안은 제외한다. 이하 이 조에서 같다)이 그 위원회에 회부된 날부터 다음 각호의 구분에 따른 기간이 경과하지 아니한 때에는 이를 상정할 수 없다. 다만, 긴급하고 불가피한 사유로 위원회의 의결이 있는 경우에는 그러하지 아니하다.

1. 일부개정법률안: 15일
2. 제정법률안, 전부개정법률안 및 폐지법률안: 20일
3. 체계·자구심사를 위하여 법제사법위원회에 회부된 법률안: 5일
4. 법률안 외의 의안: 20일

제00조 위원회에 회부되어 상정되지 아니한 의안(예산안, 기금운용계획안 및 임대형 민자사업 한도액안은 제외한다)은 전(前)조 각호의 구분에 따른 기간이 경과한 후 30일이 경과한 날 이후 처음으로 개회하는 위원회에 상정된 것으로 본다. 다만, 위원장이 간사와 합의하는 경우에는 그러하지 아니하다.

제00조 이 법에 의한 기간의 계산에는 초일을 산입한다.

<표> 2013년 3월 상임위원회별 전체회의 일정

일	월	화	수	목	금	토
					1	2
3	4 환노위	5 정무위	6	7	8 외통위	9
10	11 정무위	12 법사위	13 환노위	14	15 법사위	16
17	18	19	20 외통위	21 정무위	22	23
24/31	25 환노위	26 법사위	27	28 외통위	29	30

※ 법사위(법제사법위원회), 정무위(정무위원회), 외통위(외교통상통일위원회), 환노위(환경노동위원회)
※ 2013년 2월은 28일까지 있다.

〈보기〉

ㄱ. 2013년 1월 18일 환노위에 회부된 근로기준법 일부개정법률안
ㄴ. 2013년 1월 23일 정무위에 회부된 제조물책임법 전부개정법률안
ㄷ. 2013년 1월 25일 법사위에 회부된 형법 일부개정법률안
ㄹ. 2013년 2월 1일 외통위에 회부된 금강산관광 재개 촉구 결의안
ㅁ. 체계·자구심사를 위하여 2013년 2월 7일 법사위에 회부된 근로자의날제정에관한법률 전부개정법률안

※ 〈보기〉의 의안들이 위원회에 회부된 이후 의안 상정에 관한 위원회의 의결이나 위원장과 간사 간의 합의는 없다고 가정한다.

① ㄱ－ㄴ－ㄷ－ㅁ－ㄹ
② ㄱ－ㄷ－ㅁ－ㄴ－ㄹ
③ ㄴ－ㄷ－ㄱ－ㄹ－ㅁ
④ ㄴ－ㄷ－ㄱ－ㅁ－ㄹ
⑤ ㄷ－ㄱ－ㅁ－ㄴ－ㄹ

29 **다음 글에 근거할 때, 표준 언어 예절에 맞는 표현을 〈보기〉에서 모두 고르면?** 국민은행 · 농협은행

중간에서 다른 사람을 소개할 때는 누구를 먼저 소개하느냐 하는 것이 문제가 되는데, 이에는 표준 언어 예절상의 원칙이 있다. 친소 관계를 따져 자기와 가까운 사람을 먼저 소개하고 손아래 사람을 손위 사람에게 먼저 소개하며 남성을 여성에게 먼저 소개하는데, 이러한 상황이 섞여 있을 때에는 상기 원칙을 차례대로 적용한다. 한편, 자기 자신을 소개할 때 자기 부모님의 성함을 빌려 간접적으로 소개하는 경우가 있다. 예컨대 자기를 잘 모르는 부모님 친구에게 "제 아버님이 길(吉) 자 동(童) 자 쓰십니다."와 같이 말할 수 있는데, 이때 '자(字)'는 그 글자를 쓰는 대상을 높이는 뜻이 있다.

가정에서 존칭의 조사 '께서', '께'는 대화에서는 굳이 쓰지 않아도 된다. 용언의 '-시-'로도 충분히 높였다고 생각하기 때문이다. 그러나 깍듯이 존대해야 할 사람이나 공식적인 자리에서는 '께서'나 '께' 등으로 높여야 한다. 문장의 목적어나 부사어 대상을 높이는 말 역시 잘 가려서 써야 한다. '주다' 대신 '드리다'를 쓰는 이유는 물건을 받는 부사어 대상이 높은 사람이기 때문이다. 자기의 부모에 대해서는 높임말을 사용하여야 한다. 단, 가족 내에서만은 압존(壓尊)이라 하여 부모를 그보다 더 상위자, 예컨대 조부모에게 낮추어 말할 수도 있고 높여 말할 수도 있다.

직장에서는 직급이 높은 사람은 물론이고 직급이 같거나 낮은 사람에게도 높임말을 사용한다. 그런데 청자가 지칭 대상보다 윗사람이거나 듣는 사람이 회사 밖의 사람인 경우 그 대상에 대해 말할 때 높임 표현을 사용하는 것이 예의에 어긋난다고 교육하는 일이 많다. 그러나 이러한 직장에서의 압존은 표준 언어 예절로 인정하기 어렵다.

혹 화자가 말을 듣는 사람보다 높은 사람이라고 하더라도 자기 자신이나 자기가 포함된 대상을 높이는 말은 쓰지 않는 것이 원칙이다. 설사 자기 자식에게라도 "이 아버지가 잘 보살펴 주실 테니 너는 네 할 일만 잘하면 된다."와 같이 말하는 것은 언어 예절상 성립할 수 있는 말이 아니다. 자기 자신에 대해서는 가능한 한 낮춤말을 써야 한다. 가령 자신의 본관을 밝힐 때에도 "저는 김해 김씨입니다."와 같이 말하지 않고 "저는 김해 김가입니다."와 같이 말한다. '가(哥)'에는 전통적으로 낮춤의 뜻이 있기 때문이다.

〈보기〉

ㄱ. (사원이 자신보다 직급이 높은 김민경 과장에 대해 사장에게 말할 때) 사장님, 김 과장은 지금 휴가 중입니다.

ㄴ. (부장이 자신보다 아래 직급의 남윤혜 대리에 대해 평사원인 김영희에게 물을 때) 김영희 씨, 남 대리님 어디 가셨어요?

ㄷ. (자기의 어머니와 선생님을 서로 소개할 때) 어머니, 이분은 제 선생님이십니다. 선생님, 이분이 제 어머니이십니다.

ㄹ. (동네 어른에게 자신의 아버지에 대해 말할 때) 아버지께서 이 편지를 어르신께 드리라고 하셨습니다.

ㅁ. (동네 어른에게 그분의 딸에 대해 말할 때) 초등학생 아이가 저한테 여쭤보는 질문의 수준이 매우 높습니다.

① ㄱ, ㄷ　② ㄴ, ㄹ　③ ㄱ, ㄴ, ㄹ
④ ㄱ, ㄷ, ㅁ　⑤ ㄷ, ㄹ, ㅁ

30 **'홀로섬'에 사는 석봉이는 매일 삼치, 꽁치, 고등어 중 한 가지 생선을 먹는다. 다음 1월 달력과 〈조건〉에 근거할 때, 〈보기〉에서 옳은 것을 모두 고르면?** 국민은행 · 기업은행 · 신한은행 · 우리은행

<표> 1월 달력

1월						
일	월	화	수	목	금	토
			1	2	3	4
5	6	7	8	9	10	11
12	13	14	15	16	17	18
19	20	21	22	23	24	25
26	27	28	29	30	31	

〈조건〉

○ 같은 생선을 연속해서 이틀 이상 먹을 수 없다.
○ 매주 화요일은 삼치를 먹을 수 없다.
○ 1월 17일은 꽁치를 먹어야 한다.
○ 석봉이는 하루에 1마리의 생선만 먹는다.

〈보기〉

ㄱ. 석봉이가 1월 한 달 동안 먹을 수 있는 꽁치는 최대 15마리이다.
ㄴ. 석봉이가 1월 한 달 동안 먹을 수 있는 삼치는 최대 14마리이다.
ㄷ. 석봉이가 1월 한 달 동안 먹을 수 있는 고등어는 최대 14마리이다.
ㄹ. 석봉이가 1월 6일에 꽁치를 먹어야 한다는 조건을 포함하면, 석봉이는 1월 한 달 동안 삼치, 꽁치, 고등어를 1마리 이상씩 먹는다.

① ㄱ, ㄴ ② ㄱ, ㄷ ③ ㄴ, ㄷ
④ ㄴ, ㄹ ⑤ ㄷ, ㄹ

MEMO

제03회 스터디리뷰

구분	스터디원 A	스터디원 B	스터디원 C	스터디원 D
프로필	단국대/경상계열	창원대/경상계열	서울여대/인문계열	전남대/경상계열
특징	최빈값 득점자	응시자 평균 득점자	상위 30% 컷 득점자	최고 득점자

번호	나의 풀이결과	스터디원 풀이결과			
01		×	○	○	○
02		○	×	×	○
03		×	×	○	○
04		×	○	○	○
05		○	○	×	○
06		×	×	×	×
07		×	○	×	○
08		×	○	○	○
09		○	○	○	○
10		×	×	○	○
11		×	×	×	○
12		○	×	○	×
13		○	×	○	○
14		×	×	○	○
15		○	○	×	○
16		×	×	×	○
17		○	○	○	○
18		○	○	○	○
19		×	×	×	○
20		×	○	○	×
21		×	×	×	○
22		○	○	○	○
23		×	×	○	○
24		×	×	○	×
25		×	×	×	○
26		×	○	×	○
27		×	○	×	○
28		×	×	×	○
29		×	×	○	○
30		×	○	○	○
계	/ 30	9 / 30	14 / 30	17 / 30	26 / 30

[풀이결과 요약]

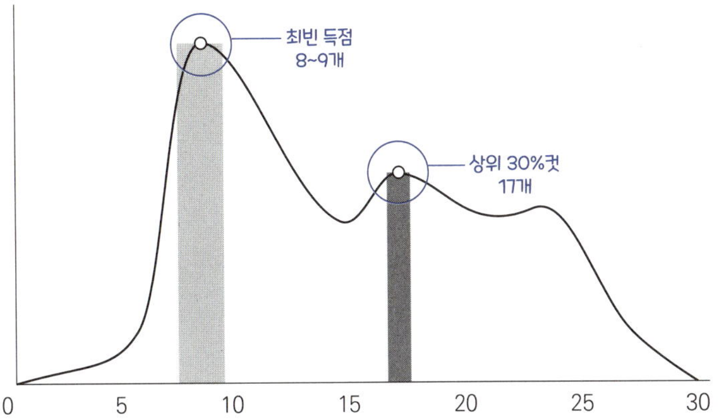

[문항별 정답률]

번호	01	02	03	04	05	06	07	08	09	10
상위 30% 득점자 평균 (A)	75%	63%	100%	75%	75%	62%	38%	88%	88%	88%
응시자 평균 (B)	53%	38%	62%	50%	64%	24%	29%	60%	47%	48%
(A−B)	22%p	25%p	38%p	25%p	11%p	38%p	9%p	28%p	41%p	40%p
번호	11	12	13	14	15	16	17	18	19	20
상위 30% 득점자 평균 (A)	69%	44%	63%	88%	69%	63%	88%	88%	56%	63%
응시자 평균 (B)	28%	29%	45%	36%	36%	33%	64%	79%	26%	40%
(A−B)	41%p	15%p	18%p	52%p	33%p	30%p	24%p	9%p	30%p	23%p
번호	21	22	23	24	25	26	27	28	29	30
상위 30% 득점자 평균 (A)	44%	100%	100%	56%	63%	44%	50%	63%	75%	75%
응시자 평균 (B)	22%	64%	50%	24%	33%	19%	38%	34%	47%	41%
(A−B)	22%p	36%p	50%p	32%p	30%p	25%p	12%p	29%p	28%p	34%p

▭ 표기 문항: 상위 30% 득점자 평균과 응시자 평균 정답률 차이가 40%p 이상 발생한 문항으로, 해당 문제를 틀렸다면 필히 리뷰를 하도록 하자.

금융 NCS를 위한 피셋PSAT 300제

● NCS/PSAT 학습방법 넷.

NCS/PSAT 가이드에서 제시하는 문제의 유형은 수십 가지로 분류가 되지만, 풀이 방법이 정형화된 일부 소수의 유형을 제외하면 'A유형 = A풀이방법'이라는 공식은 적용되지 않는다. 해설이나 남들이 사용하는 풀이방법을 적용하기보다는 문제를 분류하는 자신만의 관점과 풀이방법을 체득하는 과정을 거치도록 하자.

제04회 연습문제

제한시간: 60분

언어논리영역 07문항

자료해석영역 10문항

상황판단영역 13문항

언어논리영역

01 다음 글의 내용과 부합하지 않는 것은?

국민은행

오늘날 대부분의 경제 정책은 경제의 규모를 확대하거나 좀 더 공평하게 배분하는 것을 도모한다. 하지만 뉴딜 시기 이전의 상당 기간 동안 미국의 경제 정책은 성장과 분배의 문제보다는 '자치(self - rule)에 가장 적절한 경제 정책은 무엇인가?'의 문제를 중시했다.

그 시기에 정치인 A와 B는 거대화된 자본 세력에 대해 서로 다르게 대응하였다. A는 거대 기업에 대항하기 위해 거대 정부로 맞서기보다 기업 담합과 독점을 무너뜨려 경제권력을 분산시키는 것을 대안으로 내세웠다. 그는 산업 민주주의를 옹호했는데 그 까닭은 그것이 노동자들의 소득을 증진시키기 때문이 아니라 자치에 적합한 시민의 역량을 증진시키기 때문이었다. 반면 B는 경제 분산화를 피하기보다 연방 정부의 역량을 증가시켜 독점자본을 통제하는 노선을 택했다. 그에 따르면, 민주주의가 성공하기 위해서는 거대 기업에 대응할 만한 전국 단위의 정치권력과 시민 정신이 필요하기 때문이었다. 이렇게 A와 B의 경제 정책에는 차이점이 있지만, 둘 다 경제 정책이 자치에 적합한 시민 도덕을 장려하는 경향을 지녀야 한다고 보았다는 점에서는 일치한다.

하지만 뉴딜 후반기에 시작된 성장과 분배 중심의 정치경제학은 시민 정신 중심의 정치경제학을 밀어내게 된다. 실제로 1930년대 대공황 이후 미국의 경제 회복은 시민의 자치 역량과 시민 도덕을 육성하는 경제 구조 개혁보다는 케인즈 경제학에 입각한 중앙정부의 지출 증가에서 시작되었다. 그에 따라 미국은 자치에 적합한 시민 도덕을 강조할 필요가 없는 경제 정책을 펼쳐 나갔다. 또한 모든 가치에 대한 판단은 시민 도덕에 의지하는 것이 아니라 개인이 알아서 해야 하는 것이며 국가는 그 가치관에 중립적이어야만 공정한 것이라는 자유주의 철학이 우세하게 되었다. 모든 이들은 자신이 추구하는 가치와 상관없이 일정 정도의 복지 혜택을 받을 권리를 가지게 되었다. 하지만 공정하게 분배될 복지 자원을 만들기 위해 경제 규모는 확장되어야 했으며, 정부는 거대화된 경제권력들이 망하지 않도록 국민의 세금을 투입하여 관리하기 시작했다. 그리고 시민들은 자치하는 자, 즉 스스로 통치하는 자가 되기보다 공정한 분배를 받는 수혜자로 전락하게 되었다.

① A는 시민의 소득 증진을 위하여 경제권력을 분산시키는 방식을 택하였다.
② B는 거대 기업을 규제할 수 있는 전국 단위의 정치권력이 필요하다는 입장이다.
③ A와 B는 시민 자치 증진에 적합한 경제 정책이 필요하다는 입장이다.
④ A와 B의 정치경제학은 모두 1930년대 미국의 경제 위기 해결에 주도적 역할을 하지 못하였다.
⑤ 케인즈 경제학에 기초한 정책은 시민의 자치 역량을 육성하기 위한 경제 구조 개혁 정책이 아니었다.

02 다음 글의 내용과 부합하는 것을 〈보기〉에서 모두 고르면? 신한은행

제01회 제02회 제03회 제04회 제05회 제06회 제07회 제08회 제09회 제10회

> 이슬람 금융 방식은 돈만 빌려주고 금전적인 이자만을 받는 행위를 금지하는 이슬람 율법에 따라 실물자산을 동반하는 거래의 대가로서 수익을 분배하는 방식을 말한다. 이슬람 금융 방식에는 '무라바하', '이자라', '무다라바', '무샤라카', '이스티스나' 등이 있다.
>
> 무라바하와 이자라는 은행이 채무자가 원하는 실물자산을 매입할 경우 그것의 소유권이 누구에게 있느냐에 따라 구별된다. 실물자산의 소유권이 은행에서 채무자로 이전되면 무라바하이고, 은행이 소유권을 그대로 보유하면 이자라이다. 무다라바와 무샤라카는 주로 투자 펀드나 신탁 금융에서 활용되는 방식으로서 투자자와 사업자의 책임 여부에 따라 구별된다. 사업 시 발생하는 손실에 대한 책임이 투자자에게만 있으면 무다라바이다. 양자의 협상에 따라 사업에 대한 이익을 배분하긴 하지만, 손실이 발생할 경우 사업자는 그 손실에 대한 책임을 가지지 않는다. 반면에 투자자와 사업자가 공동으로 사업에 대한 책임과 이익을 나누어 가지면 무샤라카이다. 이스티스나는 장기 대규모 건설 프로젝트에 활용되는 금융 지원 방식으로서 투자자인 은행은 건설 자금을 투자하고 사업자는 건설을 담당한다. 완공 시 소유권은 투자자에게 귀속되고, 사업자는 그 자산을 사용해서 얻은 수입으로 투자자에게 임차료를 지불한다.

〈보기〉

ㄱ. 사업에 대한 책임이 투자자가 아니라 사업자에게만 있으면 무다라바가 아니라 무샤라카이다.
ㄴ. 은행과 사업자가 공동으로 투자하여 사업을 수행하고 이익을 배분하면 무샤라카가 아니라 이스티스나이다.
ㄷ. 은행이 채무자가 원하는 부동산을 직접 매입 후 소유권 이전 없이 채무자에게 임대하면 무라바하가 아니라 이자라이다.

① ㄱ ② ㄷ ③ ㄱ, ㄴ
④ ㄴ, ㄷ ⑤ ㄱ, ㄴ, ㄷ

[03~04] 다음 글을 읽고 물음에 답하시오.

재산보다 더 많은 빚을 진 사람이 세상을 떠나면 채권자들은 이 재산을 어떻게 나눠 가져야 할까? 예를 들어 채권자 1, 채권자 2, 채권자 3에게 각각 100만 원, 200만 원, 300만 원을 빚진 이가 죽었다고 하자. 그의 유산이 600만 원보다 적을 경우, 돈을 어떻게 나눠야 할까? 탈무드에 나오는 현자는 다음과 같은 해결 방안을 제안한다.

- 유산이 100만 원이라면, 모두 똑같이 3분의 1씩 나눠 가진다.
- 유산이 200만 원이라면, 채권자 1이 50만 원, 채권자 2와 채권자 3은 각각 75만 원씩 가진다.
- 유산이 300만 원이라면, 채권자 1이 50만 원, 채권자 2가 100만 원, 채권자 3이 150만 원을 가진다.

이와 같은 분배의 원리는 무엇인가? 히브리대학의 아우만과 매슐러는 '탈무드의 물병'이라는 개념을 가지고 이와 같은 분배를 일관성 있게 해석해 냈다. 아래와 같이 생긴 물병에 물을 채운다고 생각해 보자. 물이 바닥부터 차츰 차면서 수면이 점점 올라온다. 부어지는 물을 유산이라고 보자. 예를 들어 100만 원에 해당하는 물을 부으면 물은 바닥에 고른 높이로 퍼질 것이고, 그 높이는 100만 원의 3분의 1에 해당하게 된다. 이는 채권자들이 각각 대략 33만 원씩 가져야 한다는 것을 의미한다. 유산이 200만 원이라면 어떨까? 그 경우 먼저 물병에 부어진 150만 원은 세 채권자의 부분을 50만 원씩 고루 채우겠지만, 남은 50만 원은 더 이상 채권자 1의 부분을 채울 수 없기 때문에 채권자 2와 채권자 3에게 25만 원씩 추가로 배분될 것이다. 이런 식으로 다른 경우에도 일관된 분배가 가능하다.

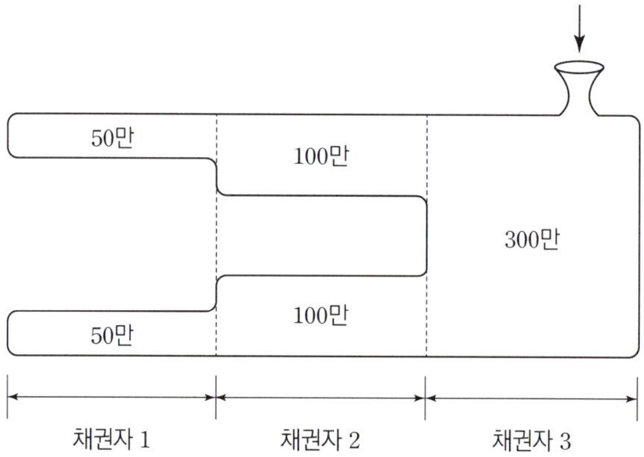

그런데, 설령 일관성이 있다고 해도, 사람들은 이런 분배를 과연 올바른 분배라고 생각할까? 실제로 채권자들을 모아 놓고 서로 충분히 의논하여 재산을 나누라고 해 보면 어떨까? 흥미롭게도, "의견 합일에 이르지 못하면 아무도 돈을 받을 수 없다." 등의 적절한 협상 규칙이 주어진 심리학 실험에서 사람들은 대략 '탈무드의 물병'이 제안하는 분배와 일치하는 결론에 도달하는 것으로 나타났다.

03 **'탈무드의 물병'을 활용한 해법에 따를 때, 유산이 400만 원인 경우 세 명의 채권자에게 각각 분배될 금액은?** 우리은행

	채권자 1	채권자 2	채권자 3
①	50만 원	100만 원	250만 원
②	50만 원	125만 원	225만 원
③	75만 원	100만 원	225만 원
④	75만 원	125만 원	200만 원
⑤	75만 원	150만 원	175만 원

04 **'탈무드의 물병'이 함축하는 분배 원칙에 대한 서술로 적절하지 않은 것은?** 기업은행

① 유산을 빌려준 돈의 비율대로 분배하게 되는 경우도 있다.
② 채권자가 여럿인 경우, 어떤 채권자도 유산 전부를 가져갈 수 없다.
③ 유산이 가장 큰 빚보다 작은 경우, 유산을 채권자 수로 나누어 똑같이 분배한다.
④ 가장 많은 돈을 빌려준 채권자가 빌려준 돈을 모두 가져간다면, 나머지 채권자도 그래야 한다.
⑤ 가장 많은 돈을 빌려준 채권자가 가장 적은 돈을 빌려준 채권자보다 적은 돈을 가져가게 해서는 안 된다.

05 **다음 빈칸에 들어갈 말로 가장 적절한 것은?** 신한은행

> A국 정부는 유전 관리 부서 업무에 적합한 민간경력자 전문관을 한 명 이상 임용하려고 한다. 그런데 지원자들 중 갑은 경쟁국인 B국에 여러 번 드나든 기록이 있다. 그래서 정보 당국은 갑의 신원을 조사했다. 조사 결과 갑이 부적격 판정을 받는다면, 그는 전문관으로 임용되지 못할 것이다. 한편, A국 정부는 임용 심사에서 지역과 성별을 고려한 기준도 적용한다. 동일 지역 출신은 두 사람 이상을 임용하지 않는다. 그리고 적어도 여성 한 명을 임용해야 한다. 이번 임용 시험에 응시한 여성은 갑과 을 둘밖에 없다. 또한 지원자들 중에서 병과 을이 동일 지역 출신이므로, 만약 병이 임용된다면 을은 임용될 수 없다. 그런데 (   ) 따라서 병은 전문관으로 임용되지 못할 것이다.

① 갑이 전문관으로 임용될 것이다.
② 을이 전문관으로 임용되지 못할 것이다.
③ 갑은 조사 결과 부적격 판정을 받을 것이다.
④ 병이 전문관으로 임용된다면, 갑도 전문관으로 임용될 것이다.
⑤ 갑이 조사 결과 적격 판정을 받는다면, 갑이 전문관으로 임용될 것이다.

06 다음 (가)~(마)에 대한 설명 중 가장 타당한 것은? 신한은행

(가) 우리가 어떤 행동을 할 때에는 두 가지 법칙에 의하여 지배되는데, 그 하나는 마땅히 해야 할 행동을 객관적으로 요청받는 것으로 관념하는 법칙, 즉 행동을 의무로 하는 법칙이고, 다른 하나는 마땅히 해야 한다고 하는 행동에의 의지의 결정동인, 즉 주관적 자율규범을 명하는 것으로서 요청되는 법칙이다. 전자의 의무이행은 합법성을 낳고, 후자의 자율규범 준수는 도덕성을 낳는다.

(나) 자연법론자들은 일정한 시대와 장소를 지배하는 실정법, 즉 성문법의 배후에는 때와 장소를 초월한 보편적 원리가 지배하고 있다고 생각하고, 이것을 자연법이라고 불렀다. 요컨대 자연법은 인류영원의 길이며, 윤리의 본질에 가장 접근한 것이므로, 법의 근저에는 항상 도덕이 깔려 있어 양자는 본질과 현상의 관계를 이룬다.

(다) 만일 인간의 행위책임이 주관적 윤리법칙에 위반함으로써 생긴다고 하면 사회인의 대다수가 항상 책임을 추궁당하게 되며, 따라서 개인의 자유는 충분히 보장될 수 없다. 사람은 국가가 정립한 외부적 행위법칙에 위반하였다는 명확한 증거가 있을 때 비로소 벌해질 수 있게 됨으로써 개인의 자유가 확보된다. 또한 국가는 행위자 자신에게만 관련된 행동에 대해서는 법을 통해 간섭할 수 없다.

(라) 법은 다른 사회규범과 달리 두 개의 원리 위에 성립하고 있다. 즉 법을 입법할 때 어떠한 행위를 적법으로 하고 어떠한 행위를 불법으로 하는가 하는 결정은 한편으로는 정의의 요청과 다른 한편으로는 합목적성이라는 2대 원칙에 의하여 지배되고 있다. 실로 정의와 합목적성은 모든 법제도의 정립에 있어 2대 원칙으로서 입법 이전은 물론 그 후에도 법운영의 정신적 안목으로 작용한다.

(마) 사회는 자신의 존립을 지킬 권리를 가지므로, 지배도덕은 사회존립을 위한 필요조건 중의 하나이다. 따라서 만일 어떤 행위가 타인에게 직접 피해를 주지는 않지만 지배적 공공도덕을 훼손한다면, 사회는 사회의 존립을 위해서 필수적인 질서를 보호하려고 법을 사용하는 것과 마찬가지로 이 공공도덕을 유지하기 위하여 법을 사용할 수 있다.

① (가)와 (나)의 견해는 공통적으로 법에 대한 도덕의 우위를 주장하고 있다.
② (나)와 (다)의 견해는 법과 도덕의 본질적 차이를 인정하고 있다.
③ (가), (나), (마)의 견해는 공동체적 가치를 중시하고 있다.
④ 윗글에서 나타난 견해 중 (다)의 견해와 가장 대립되는 것은 (마)의 견해이다.
⑤ (가)와 (라)의 견해는 합목적성을 중요한 원리로 인정하고 있다.

07 다음 글의 내용 전개상 문단 배열이 가장 적절한 것은? 기업은행 · 우리은행

(가) 지난 20년간 정부 관료, 학계, 언론 일반 대중들이 빈곤을 이해하고 해결하는 방식에 엄청난 전환이 있었다. 1980년대 초, 완고한 일부 보수 학계의 학자와 정책 분석가들이 주도하기 시작한 빈곤에 관한 담론은 보수주의자들뿐 아니라 자유주의자들 사이에서도 빠르게 확산됐다. 한마디로 빈곤의 원인을 빈곤한 사람들과 그들의 행위에서 찾을 수 있다는 것이다.

(나) 미국에서 '빈곤과의 전쟁'이 벌어지던 시기에 빈곤은 국가적 수치라는 믿음이 널리 확산됐다. 그 믿음은 그 뒤로도 계속됐다. 빈곤에 대한 당시의 지배적인 견해는 다음과 같았다. "일부 빈곤층이 실업자나 노숙자로 전락할 수 있는 상황에 처한 것은 본인이 자초한 일이지만 그들이 빈곤에 취약해진 것은 현재 빈곤층이 아닌 사람들까지도 자칫하면 빈곤층으로 떨어지게 만들 수 있는 복잡한 제도적 요인들의 결과다."

(다) 개인적 책임과 빈곤에 관한 이러한 담론과 정책 효과는 미국에서 가장 컸을 것이다. 그러나 역사적으로 강력한 복지국가의 전통을 자랑하던 선진 자본주의 사회 대부분이 비슷한 공적 논쟁과 비슷한 정책 전환을 경험했다. 수요와 생산 간의 불일치, 또는 시장 실패라는 구조적 관점에 중점을 두었던 유럽, 캐나다, 호주, 뉴질랜드의 복지 정책 담론도 개인적 책임에 비중을 두고 빈곤한 개인의 행위와 그 속성에 상당 부분 초점을 맞추게 되었다.

(라) 이런 시각에서 볼 때, 빈곤층은 다른 집단에 속한 사람들에 비해 자기 삶에 책임을 지지 않으려고 한다. 그들은 종종 일탈적이거나 자기 파괴적 행동에 가담하곤 한다. 공공 프로그램은 이들 일탈적 사람들에게 아무것도 하지 않고도 지원금을 받을 수 있다고 기대하게 만들어 문제를 더 심화시킬 뿐이다. 새로운 복지국가는 빈곤층의 이러한 의존적인 상태를 종식시키고 그들이 자기 삶에 책임을 질 수 있도록 특별한 방안을 강구해야 한다.

① (가) – (나) – (다) – (라)
② (가) – (다) – (라) – (나)
③ (가) – (라) – (나) – (다)
④ (나) – (가) – (라) – (다)
⑤ (나) – (다) – (가) – (라)

자료해석영역

08 다음 〈표〉는 2013년 '갑'국의 수도권 집중 현황에 관한 자료이다. 〈보고서〉의 내용 중 〈표〉의 자료에서 도출할 수 있는 것은?

기업은행 · 국민은행 · 농협은행

<표> 수도권 집중 현황

구분		전국(A)	수도권(B)	$\frac{B}{A}\times 100(\%)$
인구 및 주택	인구(천 명)	50,034	24,472	48.9
	주택 수(천 호)	17,672	8,173	46.2
산업	지역 총 생산액(십억 원)	856,192	408,592	47.7
	제조업체 수(개)	119,181	67,799	56.9
	서비스업체 수(개)	765,817	370,015	48.3
금융	금융예금액(십억 원)	592,721	407,361	68.7
	금융대출액(십억 원)	699,430	469,374	67.1
기능	4년제 대학 수(개)	175	68	38.9
	공공기관 수(개)	409	345	84.4
	의료기관 수(개)	54,728	26,999	49.3

〈보고서〉

○ 전국 대비 수도권 인구 비중은 48.9%이다. ㉠ 수도권 인구밀도는 전국 인구밀도의 2배 이상이고, ㉡ 수도권 1인당 주택면적은 전국 1인당 주택면적보다 작다.

○ 산업측면에서 ㉢ 수도권 제조업과 서비스업 생산액이 전국 제조업과 서비스업 생산액에서 차지하는 비중은 각각 50% 이상이다.

○ 수도권 금융예금액은 전국 금융예금액의 65% 이상을 차지하고, ㉣ 수도권 1인당 금융대출액은 전국 1인당 금융대출액보다 많다.

○ 전국 대비 수도권의 의료기관 수 비중은 49.3%이고 공공기관 수 비중은 84.4%이다. ㉤ 4년제 대학 재학생 수는 수도권이 비수도권보다 적다.

① ㉠ ② ㉡ ③ ㉢
④ ㉣ ⑤ ㉤

[09~10] 다음 〈표〉는 동일한 산업에 속한 기업 중 '갑', '을', '병', '정', '무'의 경영현황과 소유구조에 관한 자료이고, 〈정보〉는 기업 '갑'~'무'의 경영현황에 대한 설명이다.

<표 1> 경영현황

(단위: 억 원)

기업	자기자본	자산	매출액	순이익
A	500	1,200	1,200	48
B	400	600	800	80
C	1,200	2,400	1,800	72
D	600	1,200	1,000	36
E	200	800	1,400	28
산업 평균	650	1,500	1,100	60

<표 2> 소유구조

(단위: %, 명, 천 주, 억 원)

구분 \ 기업	대주주		소액주주		기타주주		총 발행주식 수	시가 총액
	지분율	주주수	지분율	주주수	지분율	주주수		
A	40	3	40	2,000	20	20	3,000	900
B	20	1	50	2,500	30	30	2,000	500
C	50	2	20	4,000	30	10	10,000	500
D	30	2	30	3,000	40	10	1,000	600
E	15	5	40	8,000	45	90	5,000	600

※ 1) 해당 주주의 지분율(%) $= \frac{\text{해당 주주의 보유주식수}}{\text{총발행주식수}} \times 100$

2) 시가총액 = 1주당 가격 × 총발행주식수

3) 해당 주주의 주식시가평가액 = 1주당 가격 × 해당 주주의 보유주식수

4) 전체 주주는 대주주, 소액주주, 기타주주로 구성함

〈정보〉

○ '병'의 매출액은 산업 평균 매출액보다 크다.

○ '갑'의 자산은 '무'의 자산의 70% 미만이다.

○ '정'은 매출액 순위와 순이익 순위가 동일하다.

○ 자기자본과 산업 평균 자기자본의 차이가 가장 작은 기업은 '을'이다.

09 위 〈표〉와 〈정보〉의 내용을 근거로 자산대비 매출액 비율이 가장 작은 기업과 가장 큰 기업을 바르게 나열한 것은? 농협은행

	가장 작은 기업	가장 큰 기업
①	을	병
②	정	갑
③	정	병
④	무	을
⑤	무	병

10 위 〈표〉의 내용을 근거로 〈보기〉의 설명 중 옳은 것만을 모두 고르면? 농협은행

〈보기〉

ㄱ. 소액주주수가 가장 적은 기업에서 기타주주의 1인당 보유주식수는 30,000주이다.
ㄴ. 전체 주주수는 E가 C보다 적다.
ㄷ. B의 대주주의 보유주식수는 400,000주이다.
ㄹ. 기타주주 주식시가평가액의 합은 A가 D보다 크다.

① ㄱ, ㄴ
② ㄱ, ㄷ
③ ㄱ, ㄹ
④ ㄴ, ㄹ
⑤ ㄷ, ㄹ

제 01 회
제 02 회
제 03 회
제 04 회
제 05 회
제 06 회
제 07 회
제 08 회
제 09 회
제 10 회

11 다음 〈표〉는 2013년 11월 7개 도시의 아파트 전세가격 지수 및 전세수급 동향 지수에 대한 자료이다. 이에 관한 〈보기〉의 설명 중 옳은 것만을 모두 고르면? 국민은행 · 농협은행

<표> 아파트 전세가격 지수 및 전세수급 동향 지수

지수 / 도시	면적별 전세가격 지수			전세수급 동향 지수
	소형	중형	대형	
서울	115.9	112.5	113.5	114.6
부산	103.9	105.6	102.2	115.4
대구	123.0	126.7	118.2	124.0
인천	117.1	119.8	117.4	127.4
광주	104.0	104.2	101.5	101.3
대전	111.5	107.8	108.1	112.3
울산	104.3	102.7	104.1	101.0

※ 1) 2013년 11월 전세가격 지수 $= \frac{\text{2013년 11월 평균 전세가격}}{\text{2012년 11월 평균 전세가격}} \times 100$

2) 전세수급 동향 지수는 각 지역 공인중개사에게 해당 도시의 아파트 전세공급 상황에 대해 부족 · 적당 · 충분 중 하나를 선택하여 응답하게 한 후, '부족'이라고 응답한 비율에서 '충분'이라고 응답한 비율을 빼고 100을 더한 값임
예: '부족' 응답비율 30%, '충분' 응답비율 50%인 경우 전세수급 동향 지수는 $(30-50)+100=80$

3) 아파트는 소형, 중형, 대형으로만 구분됨

〈보기〉

ㄱ. 2012년 11월에 비해 2013년 11월 7개 도시 모두에서 아파트 평균 전세가격이 상승하였다.

ㄴ. 중형 아파트의 2012년 11월 대비 2013년 11월 평균 전세가격 상승액이 가장 큰 도시는 대구이다.

ㄷ. 각 도시에서 아파트 전세공급 상황에 대해 '부족'이라고 응답한 공인중개사는 '충분'이라고 응답한 공인중개사보다 많다.

ㄹ. 광주의 공인중개사 중 60% 이상이 광주의 아파트 전세공급 상황에 대해 '부족'이라고 응답하였다.

① ㄱ, ㄴ ② ㄱ, ㄷ ③ ㄴ, ㄷ
④ ㄴ, ㄹ ⑤ ㄷ, ㄹ

12 **다음 〈표〉는 2006~2007년 제조업의 1992년 각 동일 분기 대비 노동시간, 산출, 인건비의 비율에 대한 자료이다. 이에 대한 〈보기〉의 설명 중 옳은 것만을 모두 고르면?** 국민은행 · 농협은행

<표> 1992년 각 동일 분기 대비 제조업의 노동시간, 산출, 인건비의 비율

(단위: %)

연도	분기	노동시간 비율	노동시간당 산출 비율	노동시간당 인건비 비율	1인당 인건비 비율
2006	1	85.3	172.4	170.7	99.0
	2	85.4	172.6	169.5	98.2
	3	84.8	174.5	170.3	97.6
	4	84.0	175.4	174.6	98.3
2007	1	83.5	177.0	176.9	100.0
	2	83.7	178.7	176.4	98.7
	3	83.7	180.6	176.4	97.6
	4	82.8	182.5	179.7	98.5

〈보기〉

ㄱ. 1992년 노동시간당 산출은 매 분기 증가하였다.
ㄴ. 2007년 2분기의 1인당 인건비는 2007년 1분기에 비해 감소하였다.
ㄷ. 2007년 각 분기별 노동시간당 산출은 2006년 동기에 비해 모두 증가하였다.
ㄹ. 2007년 3분기의 노동시간당 인건비는 2006년 동기에 비해 6.1% 증가하였다.

① ㄱ ② ㄷ ③ ㄱ, ㄴ
④ ㄴ, ㄹ ⑤ ㄷ, ㄹ

13 다음의 〈표〉는 A국의 전체 산업과 보건복지산업 취업자 현황에 관한 자료이다. 다음의 〈표〉를 이용하여 〈보고서〉를 작성한다고 했을 때 제시된 〈표〉 이외에 〈보고서〉를 작성하기 위해 추가로 필요한 자료만을 〈보기〉에서 모두 고르면? 기업은행 · 국민은행 · 농협은행

<표 1> 2009~2010년 전체 산업과 보건복지산업 취업자 수

(단위: 천 명)

산업 \ 연도	2009	2010
전체 산업	23,684	24,752
보건복지산업	1,971	2,127
보건업 및 사회복지서비스업	1,153	1,286
기타 보건복지산업	818	841

<표 2> 2010년 전체 산업과 보건복지산업 종사형태별 취업자 수

(단위: 천 명)

산업 \ 종사형태	상용 근로자	임시 및 일용근로자	무급가족 종사자	기타 근로자 및 종사자	합
전체 산업	10,716	7,004	1,364	5,668	24,752
보건복지산업	1,393	184	76	474	2,127
보건업 및 사회복지서비스업	1,046	90	2	148	1,286
보건업	632	36	1	90	759
사회복지서비스업	414	54	1	58	527
기타 보건복지산업	347	94	74	326	841

<표 3> 2007~2010년 보건복지산업 종사형태별 취업자 수

(단위: 천 명)

종사형태 \ 연도	2007	2008	2009	2010
상용근로자	1,133	1,207	1,231	1,393
임시 및 일용근로자	129	160	169	184
무급가족종사자	68	78	85	76
기타 근로자 및 종사자	415	466	486	474

〈보고서〉

2010년 보건복지산업 취업자는 212만 7천 명으로 2009년에 비해 15만 6천 명 증가하였다. 특히 보건업 및 사회복지서비스업 취업자가 2009년보다 13만 3천 명 증가하여 보건복지산업 취업자 수 증가의 85% 이상을 차지하였다. 세부 업종별로는 2009년에 비해 2010년 보육시설업 취업자가 가장 많이 증가하였고, 병·의원, 기타 비거주 복지서비스업, 미용업 순으로 취업자가 증가하였다. 2010년 보건복지산업의 여성 취업자는 151만 1천 명, 남성 취업자는 61만 6천 명으로 여성 취업자가 남성 취업자보다 2배 이상 많았다. 2010년 보건복지산업 취업자의 종사형태를 전체 산업과 비교할 때, 상용근로자 비율은 더 높고 임시 및 일용근로자 비율은 더 낮았다. 보건복지산업 취업자 중 무급가족종사자의 비율은 2007년 이후 매년 증가하다가 2010년에는 전년대비 10% 이상 감소하였다.

〈보기〉

ㄱ. 2010년 보건복지산업 남성 취업자 수
ㄴ. 2009년 기타 보건복지산업 종사형태별 취업자 수
ㄷ. 2009년 보건업 및 사회복지서비스업 취업자 수
ㄹ. 2009~2010년 보건복지산업 세부 업종별 취업자 수
ㅁ. 2010년 보건업 및 사회복지서비스업 종사형태별 취업자 수

① ㄱ, ㄹ ② ㄴ, ㄷ ③ ㄱ, ㄷ, ㄹ ④ ㄱ, ㄹ, ㅁ ⑤ ㄴ, ㄷ, ㅁ

14 다음 〈표〉는 2013년 말 미국기업, 중국기업, 일본기업이 A씨에게 제시한 2014~2016년 연봉이고, 〈그림〉은 2014~2016년 예상환율을 나타낸 자료이다. 이에 대한 설명으로 옳지 않은 것은?

기업은행 · 농협은행 · 우리은행

<표> 각 국의 기업이 A씨에게 제시한 연봉

구분	미국기업	중국기업	일본기업
연봉	3만 달러	26만 위안	290만 엔

<그림> 2014~2016년 예상환율

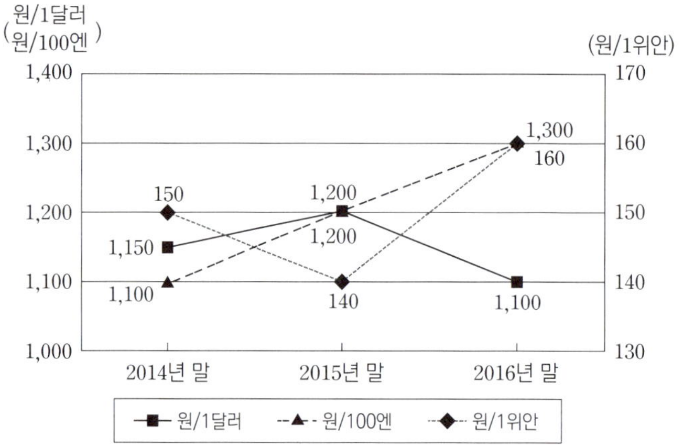

※ 1) 각 국의 기업은 제시한 연봉을 해당국 통화로 매년말 연 1회 지급함
2) 해당년 원화환산 연봉은 각 국의 기업이 제시한 연봉에 해당년말 예상환율을 곱하여 계산함

① 2014년 원화환산 연봉은 중국기업이 가장 많다.

② 2015년 원화환산 연봉은 일본기업이 가장 적다.

③ 2016년 원화환산 연봉은 일본기업이 미국기업보다 많다.

④ 2015년 대비 2016년 중국기업의 원화환산 연봉의 증가율은 2014년 대비 2016년 일본기업의 원화환산 연봉의 증가율보다 크다.

⑤ 2015년 대비 2016년 미국기업의 원화환산 연봉의 감소율은 2014년 대비 2015년 중국기업의 원화환산 연봉의 감소율보다 크다.

15 **다음 〈표〉는 국내 금융회사의 기관수 및 예금액 동향에 관한 자료이다. 이에 대한 설명으로 옳지 않은 것은?**

국민은행 · 기업은행 · 신한은행 · 우리은행

<표> 국내 금융회사 기관수 및 예금액 동향

(단위: 개, 십억 원)

구분		기관수	2010 4분기	2011 4분기	2012 4분기	2013 2분기	증감	
							전분기	전년동기
은행		56	1,108,690	1,213,261	1,259,922	1,280,114	22,768	15,012
	시중은행	7	774,116	833,814	841,778	849,163	10,241	−4,715
	지방은행	6	83,061	95,693	106,214	113,284	3,600	10,822
	특수은행	4	239,431	270,176	298,904	302,258	6,530	7,653
	외은지점	39	12,082	13,578	13,026	15,409	2,397	1,252
종합금융회사		1	1,317	1,050	893	779	−58	−247
저축은행		96	76,149	59,300	38,816	36,901	1,514	−9,367
그룹Ⅰ 소계		(　)	1,186,156	1,273,611	1,299,631	1,317,794	24,224	5,398
증권회사		62	30,632	28,938	28,894	31,020	1,490	833
보험회사		47	312,227	300,517	454,761	487,454	14,130	67,851
그룹Ⅱ 소계		(　)	342,859	329,455	483,655	518,474	15,620	68,684
상호금융		1,389	212,452	226,494	242,725	246,318	2,858	9,025
새마을금고		1,409	79,877	79,138	92,131	94,390	984	7,636
신협		946	41,888	43,337	48,825	49,142	96	2,916
자산운용사		85	302,826	286,919	304,944	327,160	4,346	27,729
기타		2	82,192	99,338	100,554	104,334	332	2,484
그룹Ⅲ 소계		(　)	719,235	735,226	789,179	821,344	8,616	49,790
총계		4,093	2,248,250	2,338,292	2,572,465	2,657,612	48,460	123,872

※ 기관수와 증감은 2013년 2분기 자료임

① 그룹Ⅰ에서 저축은행 기관수가 차지하는 비중은 그룹Ⅱ에서 증권회사 기관수가 차지하는 비중보다 높다.

② 2013년 2분기의 전분기 대비 신규예금의 증가액은 지방은행이 외은지점의 1.5배 이상이다.

③ 2013년 2분기의 기관당 예금액은 외은지점이 저축은행보다 높다.

④ 시중은행, 외은지점, 증권회사의 예금액은 2011년 4분기 대비 2012년 2분기에 증가하였으나 2012년 2분기 대비 2012년 4분기는 감소하였다.

⑤ 2012년 2분기와 2013년 2분기의 기관수가 동일하다고 가정한다면, 그룹Ⅲ의 2012년 2분기 기관당 예금액은 기타 - 자산운용사 - 상호금융 - 새마을금고 - 신협 순으로 크다.

16 **다음 〈표〉는 2010년부터 2013년 8월까지의 수출, 수입 동향 및 중소기업 수출비중에 관한 자료이다. 이에 대한 설명으로 옳지 않은 것을 〈보기〉에서 모두 고르면?** 국민은행

<표> 수출, 수입 및 중소기업 수출 비중

(단위: 억 불, %)

구분 \ 연도	2010년	2011년	2012년			2013년		
			전체	1~8월	8월	1~8월	7월	8월
전체 수출액	4,663.8 (28.3)	5,552.1 (19.0)	5,478.7 (−1.3)	3,626.9 (−1.5)	430.5 (−6.0)	3,687.5 (1.7)	458.3 (2.6)	463.8 (7.7)
중소기업 수출 비중	21.1	18.3	18.7	18.7	19.2	18.9	20.4	18.4
전체 수입액	4,252.1 (31.6)	5,244.1 (23.3)	5,195.8 (−0.9)	3,471.9 (−0.2)	411.2 (−9.4)	3,413.8 (−1.7)	433.0 (3.2)	415.3 (1.0)

※ 1) ( )는 전년 및 전년동기대비 증감률
2) 무역수지=수출액−수입액

〈보기〉

ㄱ. 연간 무역수지는 2010년 이후 2013년까지 매년 감소하였다.
ㄴ. 2013년 7월 무역수지는 2012년 7월보다 감소하였다.
ㄷ. 2013년 상반기 무역수지는 2012년 상반기 무역수지의 2배 이상이다.
ㄹ. 2010년부터 2012년까지 중소기업 수출액은 매년 증가하였다.
ㅁ. 2012년 9~12월 중소기업 수출액은 2012년 중소기업 전체 수출액의 1/3 이상이다.

① ㄱ, ㄷ
② ㄱ, ㄴ, ㄷ
③ ㄱ, ㄴ, ㄹ
④ ㄱ, ㄷ, ㅁ
⑤ ㄴ, ㄹ, ㅁ

17 **다음 제시된 〈그림〉과 〈표〉를 토대로 갑 운수회사의 지난 1년간의 운송실적을 분석할 때 〈정보〉에 제시된 (가), (나)의 조합으로 옳은 것은?** 기업은행

<그림> 운송경로

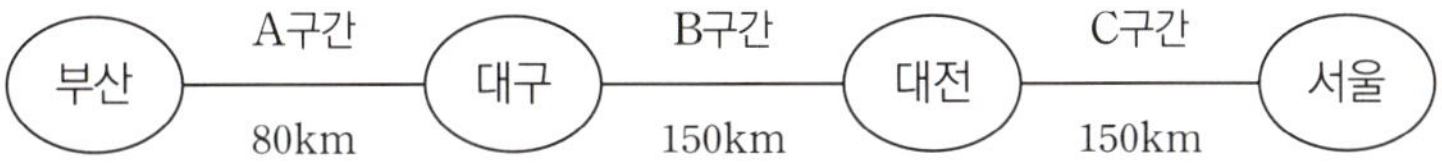

※ 지난 1년간 갑 운수회사의 운송경로로서 갑 운수회사의 운송 서비스는 오로지 이 경로로만 제공되며 다른 경로는 없음

<표> 운송화물 중량

(단위: 톤)

구분		도착지			
		부산	대구	대전	서울
출발지	부산	–	4	2	2
	대구	1	–	5	5
	대전	3	3	–	2
	서울	4	2	1	–

※ 지난 1년간의 갑 운수회사가 서비스한 화물의 출발지와 도착지 정보, 해당 구간의 운송 화물 중량(톤)을 나타냄

〈정보〉

○ (가)$=\frac{\text{해당구간을 지나는 운송화물의 총 중량}}{\text{해당구간 거리}}$(톤/km)이 가장 큰 구간

○ (나)=갑 운수회사의 구간별 운송실적을 모두 합한 총 운송실적(톤 - km)

※ 운송실적(톤 - km)=각 구간별 운송화물의 중량(톤)×해당구간 거리(km)

	(가)	(나)
①	A구간	7,580
②	B구간	7,580
③	A구간	2,050
④	B구간	2,050
⑤	C구간	2,050

상황판단영역

18 **다음 글을 근거로 판단할 때, 〈보기〉에서 옳은 것만을 모두 고르면?** 기업은행

□ 증여세의 납세의무자는 누구이며 부과대상은 무엇입니까?
○ 증여세는 타인으로부터 재산을 무상으로 받은 사람, 즉 수증자가 원칙적으로 납세의무를 부담합니다.
○ 또한 법인 아닌 사단·재단, 비영리법인은 증여세 납세의무를 부담합니다. 다만 증여받은 재산에 대해 법인세가 과세되는 영리법인은 증여세 납부의무가 없습니다.
○ 수증자가 국내거주자이면 증여받은 '국내외 모든 재산', 수증자가 국외거주자이면 증여받은 '국내소재 재산, 국외 예금과 국외 적금'이 증여세 부과대상입니다.

□ 증여자가 예외적으로 수증자와 함께 납세의무를 부담하는 경우도 있습니까?
○ 수증자가 국외거주자인 경우, 증여자는 연대납세의무를 부담합니다.
○ 또한 수증자가 다음 중 어느 하나에 해당하는 경우에도 증여자는 연대납세의무를 부담합니다.
- 수증자의 주소 또는 거소가 분명하지 아니한 경우로서 조세채권의 확보가 곤란한 경우
- 수증자가 증여세를 납부할 능력이 없다고 인정되는 경우로서 체납처분을 하여도 조세채권의 확보가 곤란한 경우

〈보기〉

ㄱ. 甲이 국내거주자 장남에게 자신의 강릉 소재 빌딩(시가 10억 원 상당)을 증여한 경우, 甲은 원칙적으로 증여세를 납부할 의무가 있다.
ㄴ. 乙이 평생 모은 재산 10억 원을 국내소재 사회복지법인 丙(비영리법인)에게 기부한 경우, 丙은 증여세를 납부할 의무가 있다.
ㄷ. 丁이 자신의 국외 예금(10억 원 상당)을 해외에 거주하고 있는 아들에게 증여한 경우, 丁은 연대납세의무를 진다.
ㄹ. 戊로부터 10억 원을 증여받은 국내거주자 己가 현재 파산상태로 인해 체납처분을 하여도 조세채권의 확보가 곤란한 경우, 己는 증여세 납부의무가 없다.

① ㄱ, ㄴ　② ㄱ, ㄷ　③ ㄴ, ㄷ
④ ㄴ, ㄹ　⑤ ㄷ, ㄹ

19 **다음 글을 근거로 판단할 때, 〈보기〉에서 옳은 것만을 모두 고르면?** 기업은행

1493년 콜럼버스에 의해 에스파냐에 소개된 옥수수는 16세기 초에는 카스티야, 안달루시아, 카탈류냐, 포르투갈에서 재배되었고, 그 후에 프랑스, 이탈리아, 판노니아, 발칸 지역 등으로 보급되었다. 그러나 이 시기에는 옥수수를 휴경지에 심어 사료로 사용하거나 가끔 텃밭에서 재배하는 정도였다. 따라서 옥수수는 주곡의 자리를 차지하지 못했다.

감자는 1539년 페루에서 처음 눈에 띄었다. 이 무렵 에스파냐를 통해 이탈리아에 전해진 감자는 '타르투폴로'라는 이름을 가지게 되었다. 감자를 식용으로 사용한 초기 기록 중 하나는 1573년 세비야 상그레 병원의 물품 구입 목록이다. 이후 독일과 영국에서 감자를 식용으로 사용한 사례가 간혹 있었지만, 18세기에 이르러서야 주곡의 자리를 차지하였다.

한편 18세기 유럽에서는 인구가 크게 증가하였고, 정치, 경제, 문화 등 모든 면에서 활기가 넘쳤다. 늘어난 인구를 부양하는 데 감자와 옥수수 보급이 기여하는 바가 컸다. 18세기 기록을 보면 파종량 대 수확량은 호밀의 경우 1 대 6인 데 비해 옥수수는 무려 1 대 80이었다. 그렇지만 감자와 옥수수는 하층민의 음식으로 알려졌고, 더욱이 구루병, 결핵, 콜레라 등을 일으킨다는 믿음 때문에 보급에 큰 어려움이 있었다. 그러나 대규모 기근을 계기로 감자와 옥수수는 널리 보급되었다. 굶어죽기 직전의 상황에서 전통적인 미각을 고집할 이유가 없었으니, 감자와 옥수수 같은 고수확작물 재배의 증가는 필연적이었다.

〈보기〉

ㄱ. 유럽에는 감자보다 옥수수가 먼저 들어왔을 것이다.
ㄴ. 유럽에서 감자와 옥수수를 처음으로 재배한 곳은 이탈리아였다.
ㄷ. 18세기에는 옥수수의 파종량 대비 수확량이 호밀보다 10배 이상 높았을 것이다.
ㄹ. 감자와 옥수수는 인구증가와 기근으로 유럽 전역에 확산되어 16세기에 주곡의 자리를 차지하였다.

① ㄱ, ㄴ ② ㄱ, ㄷ ③ ㄴ, ㄹ
④ ㄱ, ㄷ, ㄹ ⑤ ㄴ, ㄷ, ㄹ

제01회 제02회 제03회 제04회 제05회 제06회 제07회 제08회 제09회 제10회

20 다음 〈사업설명서〉를 근거로 판단할 때, 〈보기〉에서 옳은 것만을 모두 고르면? 기업은행 · 우리은행

<사업설명서>

<table>
<tr><td colspan="2">총지원금</td><td>2013년</td><td>14,000백만 원</td><td>2014년</td><td colspan="2">13,000백만 원</td></tr>
<tr><td colspan="2">지원 인원</td><td>2013년</td><td>3,000명</td><td>2014년</td><td colspan="2">2,000명</td></tr>
<tr><td rowspan="4">사업
개요</td><td>시작년도</td><td colspan="5">1998년</td></tr>
<tr><td>추진경위</td><td colspan="5">IMF 대량실업사태 극복을 위해 출발</td></tr>
<tr><td>사업목적</td><td colspan="5">실업자에 대한 일자리 제공으로 생활안정 및 사회 안전망 제공</td></tr>
<tr><td>모집시기</td><td colspan="5">연간 2회(5월, 12월)</td></tr>
<tr><td rowspan="3">근로
조건</td><td>근무조건</td><td>월 소정
근로시간</td><td>112시간
이하</td><td>주당
근로일수</td><td colspan="2">5일</td></tr>
<tr><td rowspan="2">4대
사회보험
보장여부</td><td>국민연금</td><td>건강보험</td><td>고용보험</td><td colspan="2">산재보험</td></tr>
<tr><td>○</td><td>○</td><td>○</td><td colspan="2">○</td></tr>
<tr><td rowspan="3">참여자</td><td rowspan="2">주된
참여자</td><td>청년
(35세 미만)</td><td>중장년
(50~64세)</td><td>노인
(65세 이상)</td><td>여성</td><td>장애인</td></tr>
<tr><td></td><td>○</td><td></td><td></td><td></td></tr>
<tr><td>기타</td><td>우대
요건</td><td colspan="2">저소득층, 장기실업자, 여성가장 등
취업취약계층 우대</td><td>취업 취약계층
목표비율</td><td>70%</td></tr>
</table>

〈보기〉

ㄱ. 2014년에는 2013년보다 총지원금은 줄었지만 지원 인원 1인당 평균 지원금은 더 많아졌다.
ㄴ. 저소득층, 장기실업자, 여성가장이 아니라면 이 사업에 참여할 수 없다.
ㄷ. 이 사업 참여자들은 4대 사회보험을 보장받지 못한다.
ㄹ. 이 사업은 청년층이 주된 참여자이다.

① ㄱ
② ㄱ, ㄴ
③ ㄴ, ㄷ
④ ㄷ, ㄹ
⑤ ㄱ, ㄷ, ㄹ

21 **다음 글을 근거로 판단할 때 옳은 것은?** 기업은행

국민연금법이 정한 급여의 종류에는 노령연금, 장애연금, 유족연금, 반환일시금이 있다. 그 중 노령연금은 국민연금에 10년 이상 가입하였던 자 또는 10년 이상 가입 중인 자에게 만 60세가 된 때부터 그가 생존하는 동안 지급하는 급여를 말한다. 노령연금을 받을 권리자(노령연금 수급권자)와 이혼한 사람도 일정한 요건을 충족하면 노령연금을 분할한 일정 금액의 연금을 받을 수 있는데, 이를 분할연금이라 한다. 분할연금은 혼인기간 동안 보험료를 내는 데 부부가 힘을 합쳤으니 이혼 후에도 연금을 나누는 것이 공평하다는 취지가 반영된 것이다.

분할연금을 받기 위해서는 혼인기간(배우자의 국민연금 가입기간 중의 혼인기간만 해당)이 5년 이상인 자로서, ① 배우자와 이혼하였고, ② 배우자였던 사람이 노령연금 수급권자이며, ③ 만 60세가 되어야 한다. 이러한 요건을 모두 갖추게 된 때부터 3년 이내에 분할연금을 청구하면, 분할연금 수급권자는 생존하는 동안 분할연금을 수령할 수 있다. 분할연금 수급권은 그 수급권을 취득한 후에 배우자였던 사람이 사망 등의 사유로 노령연금을 수령할 수 없게 된 때에도 영향을 받지 않는다. 또한 분할연금은 재혼을 해도 계속해서 받을 수 있다.

분할연금액은 무조건 노령연금액을 반으로 나누는 것이 아니라, 혼인기간에 해당하는 연금을 균등하게 나눈 금액으로 한다. 그리고 분할연금을 받던 사람이 사망하면, 분할연금액은 전 배우자에게 원상복구되지 않고 그대로 소멸하게 된다. 한편 공무원연금, 군인연금, 사학연금 등에서는 연금가입자와 이혼한 사람에게 분할연금을 인정하고 있지 않다.

① 국민연금 가입기간이 8년째인 A와 혼인한 B가 3년 만에 이혼한 경우, B는 A가 받는 노령연금에서 분할연금을 받을 수 있다.

② C와 이혼한 D가 C의 노령연금에서 30만 원의 분할연금을 수령하고 있던 중 D가 사망한 경우, 이후 분할연금액 30만 원은 C가 수령하게 된다.

③ E와 이혼한 F가 만 60세에 도달하지 않아도, E가 노령연금을 수령하는 때로부터 F는 분할연금을 받을 수 있다.

④ 공무원 G와 민간인 H가 이혼한 경우, G는 H가 받는 노령연금에서 분할연금을 받을 수 있고 H는 G가 받는 공무원연금에서 분할연금을 받을 수 있다.

⑤ I의 노령연금에서 분할연금을 수령하고 있던 J가 K와 결혼을 한 경우, J가 생존하는 동안 계속하여 I의 노령연금에서 분할연금을 받을 수 있다.

22 **다음 〈쓰레기 분리배출 규정〉을 준수한 것은?** 국민은행

〈쓰레기 분리배출 규정〉

○ 배출 시간: 수거 전날 저녁 7시~수거 당일 새벽 3시까지(월요일~토요일에만 수거함)
○ 배출 장소: 내 집 앞, 내 점포 앞
○ 쓰레기별 분리배출 방법
- 일반 쓰레기: 쓰레기 종량제 봉투에 담아 배출
- 음식물 쓰레기: 단독주택의 경우 수분 제거 후 음식물 쓰레기 종량제 봉투에 담아서, 공동주택의 경우 음식물 전용용기에 담아서 배출
- 재활용 쓰레기: 종류별로 분리하여 투명 비닐봉투에 담아 묶어서 배출
  ① 1종(병류)
  ② 2종(캔, 플라스틱, 페트병 등)
  ③ 3종(폐비닐류, 과자 봉지, 1회용 봉투 등)
  ※ 1종과 2종의 경우 뚜껑을 제거하고 내용물을 비운 후 배출
  ※ 종이류 / 박스 / 스티로폼은 각각 별도로 묶어서 배출
- 폐가전·폐가구: 폐기물 스티커를 부착하여 배출
○ 종량제 봉투 및 폐기물 스티커 구입: 봉투판매소

① 甲은 토요일 저녁 8시에 일반 쓰레기를 쓰레기 종량제 봉투에 담아 자신의 집 앞에 배출하였다.
② 공동주택에 사는 乙은 먹다 남은 찌개를 그대로 음식물 쓰레기 종량제 봉투에 담아 주택 앞에 배출하였다.
③ 丙은 투명 비닐봉투에 캔과 스티로폼을 함께 담아 자신의 집 앞에 배출하였다.
④ 丁은 사이다가 남아 있는 페트병을 투명 비닐봉투에 담아서 집 앞에 배출하였다.
⑤ 戊는 집에서 쓰던 냉장고를 버리기 위해 폐기물 스티커를 구입 후 부착하여 월요일 저녁 9시에 자신의 집 앞에 배출하였다.

23 **다음 글을 근거로 판단할 때, 9월 17일(土)부터 책을 대여하기 시작한 甲이 마지막 편을 도서관에 반납할 요일은? (단, 다른 조건은 고려하지 않는다)** 국민은행 · 기업은행 · 신한은행 · 우리은행

> 甲은 10편으로 구성된 위인전을 완독하기 위해 다음과 같이 계획하였다.
>
> 책을 빌리는 첫째 날은 한 권만 빌려 다음날 반납하고, 반납한 날 두 권을 빌려 당일 포함 2박 3일이 되는 날 반납한다. 이런 식으로 도서관을 방문할 때마다 대여하는 책의 수는 한 권씩 증가하지만, 대여 일수는 빌리는 책 권수를 n으로 했을 때 두 권 이상일 경우 (2n−1)의 규칙으로 증가한다.
>
> 예를 들어 3월 1일(월)에 1편을 빌렸다면 3월 2일(화)에 1편을 반납하고 그날 2, 3편을 빌려 3월 4일(목)에 반납한다. 4일에 4, 5, 6편을 빌려 3월 8일(월)에 반납하고 그날 7, 8, 9, 10편을 대여한다.
>
> 도서관은 일요일만 휴관하고, 이날은 반납과 대여가 불가능하므로 다음 날인 월요일에 반납과 대여를 한다. 이 경우에 한하여 일요일은 대여 일수에 포함되지 않는다.

① 월요일 ② 화요일 ③ 수요일
④ 목요일 ⑤ 금요일

24 다음 〈민간위탁 교육훈련사업 계약〉을 근거로 판단할 때, 〈보기〉에서 계약 위반행위만을 모두 고르면?

국민은행

〈민간위탁 교육훈련사업 계약〉

(가) 계약금액(사업비)은 7,000만 원이고, 계약기간은 1월 1일부터 12월 31일까지이다.

(나) 甲은 乙에게 사업비의 50%에 해당하는 금액을 반기(6개월)별로 지급하며, 乙이 청구한 날로부터 14일 이내에 지급하여야 한다.

(다) 乙은 하반기 사업비 청구 시 상반기 사업추진실적과 상반기 사업비 사용내역을 함께 제출하여야 하며, 甲은 이를 확인한 후 지급한다.

(라) 乙은 사업비를 위탁받은 교육훈련 이외의 다른 용도로 사용하여서는 안 된다.

(마) 乙은 상·하반기 사업비와는 별도로 매 분기(3개월) 종료 후 10일 이내에 관련 증빙서류를 구비하여 甲에게 훈련참여자의 취업실적에 따른 성과인센티브의 지급을 청구할 수 있다.

(바) 甲은 (마)에 따른 관련 증빙서류를 확인한 후 인정된 취업실적에 대한 성과인센티브를 취업자 1인당 10만 원씩 지급한다.

〈보기〉

ㄱ. 乙은 9월 10일 교육훈련과 관련 없는 甲의 등산대회에 사업비에서 100만 원을 협찬하였다.

ㄴ. 乙은 1월 25일에 상반기 사업비 지급을 청구하였으며, 甲은 2월 10일에 3,500만 원을 지급하였다.

ㄷ. 乙은 8월 8일에 하반기 사업비 지급을 청구하면서 상반기 사업추진실적 및 사업비 사용내역을 제출하였다.

ㄹ. 乙은 10월 9일에 관련 증빙서류를 구비하여 성과인센티브의 지급을 청구하였으나, 甲은 증빙서류의 확인을 거부하고 지급하지 않았다.

① ㄱ, ㄷ
② ㄴ, ㄹ
③ ㄱ, ㄴ, ㄷ
④ ㄱ, ㄴ, ㄹ
⑤ ㄴ, ㄷ, ㄹ

25 다음 〈규정〉을 근거로 판단할 때 위반행위가 아닌 것은? 기업은행

〈규정〉

제00조(용역발주의 방식) 연구비 총액 5,000만 원 이상의 연구용역은 경쟁입찰 방식을 따르되, 그 외의 연구용역은 담당자에 의한 수의계약 방식으로 발주한다.

제00조(용역방침결정서) 용역 발주 전에 담당자는 용역방침결정서를 작성하여 부서장의 결재를 받아야 한다.

제00조(책임연구원의 자격) 연구용역의 연구원 중에 책임연구원은 대학교수 또는 박사학위 소지자이어야 한다.

제00조(계약실시요청 공문작성) 연구자가 결정된 경우, 담당자는 연구용역 계약실시를 위해 용역수행계획서와 예산계획서를 작성하여 부서장의 결재를 받아야 한다.

제00조(보안성 검토) 담당자는 연구용역에 참가하는 모든 연구자들에게 보안서약서를 받아야 하며, 총액 3,000만 원을 초과하는 연구용역에 대해서는 감사원에 보안성 검토를 의뢰해야 한다.

제00조(계약실시요청) 담당자는 용역방침결정서, 용역수행계획서, 예산계획서, 보안성 검토결과를 첨부하여 운영지원과에 연구용역 계약실시요청 공문을 발송해야 한다.

제00조(계약의 실시) 운영지원과는 연구용역 계약실시를 요청받은 경우 지체없이 계약업무를 개시하여야 하며, 계약과정에서 연구자와의 협의를 통해 예산계획서 상의 예산을 10% 이내의 범위에서 감액할 수 있다.

※ 수의계약: 경매나 입찰에 의하지 않고, 임의로 적당한 상대방을 선택하여 체결하는 계약

① 甲부처는 연구비 총액 6,000만 원의 예산이 책정된 연구용역을 수의계약 방식으로 발주하였다.

② 박사학위 소지자 乙을 책임연구원으로 하고, 2인의 석사과정생을 연구원으로 하는 연구팀이 연구자로 선정되었다.

③ 계약체결과정에서 10%의 예산감액이 예상되어 丙사무관은 연구비 총액 5,500만 원의 연구용역을 수의계약 방식으로 발주하였다.

④ 丙사무관은 경쟁입찰 방식으로 발주하는 연구용역에 대하여 감사원에 보안성 검토를 의뢰하지 않았다.

⑤ 丙사무관은 수의계약 방식으로 용역계약이 체결될 때까지 용역수행계획서, 보안서약서, 예산계획서 등 총 3건을 작성하여 부서장의 결재를 받았다.

26 **다음 〈상황〉과 〈조건〉을 근거로 판단할 때 옳은 것은?** 국민은행 · 기업은행 · 신한은행 · 우리은행

〈상황〉

A대학교 보건소에서는 4월 1일(월)부터 한 달 동안 재학생을 대상으로 금연교육 4회, 금주교육 3회, 성교육 2회를 실시하려는 계획을 가지고 있다.

〈조건〉

○ 금연교육은 정해진 같은 요일에만 주 1회 실시하고, 화, 수, 목요일 중에 해야 한다.
○ 금주교육은 월요일과 금요일을 제외한 다른 요일에 시행하며, 주 2회 이상은 실시하지 않는다.
○ 성교육은 4월 10일 이전, 같은 주에 이틀 연속으로 실시한다.
○ 4월 22일부터 26일까지 중간고사 기간이고, 이 기간에 보건소는 어떠한 교육도 실시할 수 없다.
○ 보건소의 교육은 하루에 하나만 실시할 수 있고, 토요일과 일요일에는 교육을 실시할 수 없다.
○ 보건소는 계획한 모든 교육을 반드시 4월에 완료하여야 한다.

① 금연교육이 가능한 요일은 화요일과 수요일이다.
② 금주교육은 같은 요일에 실시되어야 한다.
③ 금주교육은 4월 마지막 주에도 실시된다.
④ 성교육이 가능한 일정 조합은 두 가지 이상이다.
⑤ 4월 30일에도 교육이 있다.

27 **다음 글과 〈조건〉을 근거로 판단할 때 국회의원의 이름, 지역구, 지역구 활동을 한 요일, 발의한 법안명을 바르게 연결한 것은?** 기업은행

> 국회 환경노동위원회에 소속되어 있는 국회의원 신국가, 한국민, 박정치, 황의정은 국회 임시회에 참여하는 와중에 각 지역구에서 의정활동을 하느라 바쁜 일정을 보내고 있다. 서울지역 국회의원인 네 사람은 지난 선거에서 용산구, 강서구, 영등포구, 송파구에서 선출되었다.
>
> 최근 환경노동위원회의 법안심사소위원회 일정이 빠듯하여 위 네 명의 국회의원들은 월요일부터 목요일까지 하루씩 돌아가며 지역구 활동을 하기로 결정하였고, 금요일에는 각자 법안 A, B, C, D 중 하나씩을 발의하기로 하였다.

〈조건〉

1. 국회의원 신국가는 목요일에 지역구 활동을 하였다.
2. 국회의원 한국민은 강서구에서 선출되었다.
3. 송파구에서 선출된 국회의원은 법안 C를 발의하였다.
4. 신국가는 용산구에서 선출되지 않았다.
5. 국회의원 한국민은 월요일에 지역구 활동을 하지 않았다.
6. 용산구에서 선출된 국회의원은 법안 A를 발의하였다.
7. 국회의원 황의정은 화요일에 지역구 활동을 하였다.
8. 법안 D를 발의한 국회의원은 영등포구에서 선출되지 않았다.
9. 영등포구에서 선출된 국회의원은 월요일에 지역구 활동을 하였다.

① 신국가 – 영등포구 – C
② 한국민 – 강서구 – 월요일
③ 박정치 – 수요일 – B
④ 황의정 – 화요일 – A
⑤ 송파구 – 목요일 – D

28 **A사, B사의 제품을 가리지 않고 음료수 10L(10,000mL)를 구입해야만 한다. 〈보기〉에서 총 비용이 가장 적은 경우와 가장 많은 경우의 비용의 합은?** 신한은행

○ A사의 캔음료: 용량은 500mL이며, 제품 가격은 1,000원이다. 5캔을 묶음으로 사면 10%를 할인받는다.
○ B사의 캔음료: 용량은 500mL이며, 제품 가격은 1,000원이다. 5캔을 묶음으로 사면 20%를 할인받는다.
○ A사의 팩음료: 용량은 400mL이며, 제품 가격은 800원이다. 5팩을 묶음으로 사면 12.5%를 할인받는다.
○ B사의 팩음료: 용량은 400mL이며, 제품 가격은 800원이다. 5팩을 묶음으로 사면 25%를 할인받는다.
○ A사의 병음료: 용량은 600mL이며, 제품 가격은 900원이다. 5병을 묶음으로 사면 묶음당 500원을 할인받는다. 빈 병을 반납하면 병당 80원을 돌려받을 수 있다.
○ B사의 병음료: 용량은 600mL이며, 제품 가격은 900원이다. 5병을 묶음으로 사면 묶음당 600원을 할인받는다. 빈 병을 반납해도 돈을 돌려주지 않는다.

〈보기〉

ㄱ. A사의 팩 음료 5개짜리와 B사의 병 음료 5개짜리를 각각 한 묶음씩 사고 A사의 캔 음료 4개와 A사의 병 음료 3개, B사의 팩 음료 3개를 산다. 빈 병은 반납하지 않는다.
ㄴ. A사의 병 음료 5개짜리와 B사의 캔 음료 5개짜리를 각각 한 묶음씩 사고 A사의 팩 음료 3개와 A사의 캔 음료 3개, B사의 병 음료 3개를 산다. 빈 병은 모두 반납한다.
ㄷ. B사의 캔 음료 5개짜리와 B사의 팩 음료 5개짜리를 각각 한 묶음씩 사고 A사의 캔 음료 4개와 B사의 병 음료 4개, B사의 캔 음료 1개, A사의 병 음료 1개를 산다. 빈 병은 반납하지 않는다.
ㄹ. A사의 병 음료 5개짜리와 B사의 병 음료 5개짜리를 각각 한 묶음씩 사고 A사의 팩 음료 4개와 B사의 캔 음료 3개, B사의 병 음료 1개를 산다. 빈 병은 반납하지 않는다.

① 31,500원 ② 32,200원 ③ 32,400원
④ 32,600원 ⑤ 32,700원

29 **다음 글의 질문에 대한 올바른 대답은?** 국민은행

(가) 연대채무란 여러 채무자가 채권자에게 채무 전부를 각자 이행할 의무가 있고 채무자 중 1인이 이행한 경우 다른 채무자도 그 의무를 면하는 채무를 말한다. 한 연대채무자가 변제하여 공동면책이 된 때에는 다른 연대채무자에 대하여 그 다른 연대채무자의 부담부분에 한하여 구상권을 행사할 수 있다. 예를 들어 A와 B가 채권자 C에 대하여 600만 원의 연대채무를 부담하고 A와 B의 부담부분이 1 : 2라고 하자. C는 A나 B 중 누구를 상대로든지 600만 원 전부의 지급을 구할 수 있다. A가 150만 원을 변제했다면 C는 B에게 나머지 450만 원을 청구할 수 있다. 만약 A가 C에게 600만 원을 변제한 경우 A는 B에 대하여 B의 부담부분인 400만 원을 구상할 수 있다.

(나) 한 연대채무자가 변제한 후 다른 연대채무자들에 대하여 구상권을 행사함에 있어서 연대채무자 중에 상환할 자력이 없는 자가 있는 때에는 그 채무자의 부담부분은 구상권자 및 다른 연대채무자들이 각 부담부분에 비례하여 분담한다.

(다) 연대의 면제란, 연대채무에 있어서 채권자가 특정 연대채무자에 대하여 전액을 청구할 수 있는 권리를 포기하고 부담부분에 한하여서만 청구하겠다고 하는 채권자의 의사표시이다. 위 (나)에서 상환할 자력이 없는 채무자의 부담부분을 분담할 다른 채무자가 채권자로부터 연대의 면제를 받은 때에는 그 채무자가 분담할 부분은 채권자의 부담으로 한다.

〈질문〉

乙, 丙, 丁, 戊는 공동으로 甲으로부터 돈 3,600만 원을 차용하였고 차용금 반환채무는 연대채무로 하기로 약정하였다. 부담부분의 비율은 乙:丙:丁:戊가 1:1:1:3이다. 乙은 甲으로부터 연대의 면제를 받고 甲에게 600만 원을 변제하였다. 丙은 상환할 자력을 상실하였다. 만약 甲이 丁에게 연대의 면제로 인하여 甲 자신이 부담하게 될 부분을 공제하고 전액을 일시에 청구한다면 얼마를 청구할 수 있는가?

① 2,880만 원 ② 2,900만 원 ③ 3,000만 원
④ 3,480만 원 ⑤ 3,600만 원

30 다음 글에 비추어 〈보기〉에 주어진 영유아들의 입소순위로 올바른 것은? 우리은행

〈어린이집 입소기준〉

어린이집의 장은 당해시설에 결원이 생겼을 때마다 '명부 작성방법' 및 '입소 우선순위'를 기준으로 작성된 명부의 선 순위자를 우선 입소조치 한다.

명부 작성방법

○ 동일 입소신청자가 1·2순위 항목에 중복 해당되는 경우, 해당 항목별 점수를 합하여 점수가 높은 순으로 명부를 작성함

○ 1순위 항목당 100점, 2순위 항목당 50점 산정

- 다만, 2순위 항목만 있는 경우 점수합계가 1순위 항목이 있는 자보다 같거나 높더라도 1순위 항목이 있는 자보다 우선순위가 될 수 없으며, 1순위 항목점수가 동일한 경우에 한하여 2순위 항목에 해당될 경우 추가합산 가능함

○ 영유아 2자녀 이상 가구가 동일 순위일 경우 다자녀가구 자녀가 우선입소

○ 대기자 명부 조정은 매분기 시작 월 1일을 기준으로 함

입소 우선순위

○ 1순위

- 「국민기초생활보장법」에 따른 수급자
- 「국민기초생활보장법」 제24조의 규정에 의한 차상위계층의 자녀
- 장애인 중 보건복지부령이 정하는 장애 등급 이상에 해당하는 자의 자녀
- 아동복지시설에서 생활 중인 영유아
- 다문화가족의 영유아
- 자녀가 3명 이상인 가구 또는 영유아가 2자녀 가구의 영유아
- 산업단지 입주기업체 및 지원기관 근로자의 자녀로서 산업단지에 설치된 어린이집을 이용하는 영유아

○ 2순위

- 한부모 가족의 영유아
- 조손 가족의 영유아
- 입양된 영유아

〈보기〉

A: 일찍 어머니를 여의고, 아버지가 근무하는 산업단지에 설치된 어린이집을 동생과 함께 이용하는 영유아

B: 독신여성에게 입양되어, 어머니가 근무하는 기업체가 입주한 산업단지에 설치된 어린이집을 이용하는 영유아

C: 혈족으로는 할머니가 유일하나, 현재는 아동복지시설에서 생활 중인 영유아

D: 입양되었으며 자신보다 어린 동생 2명과 아동복지시설에서 생활 중인 영유아

E: 국제결혼을 통해 동남아에서 건너온 어머니와 가장 높은 장애등급인 한국인 아버지가 국민기초생활보장법에 의한 차상위 계층에 해당되는 영유아

① D－E－C－A－B
② D－E－C－B－A
③ E－A－D－B－C
④ E－A－D－C－B
⑤ E－D－A－B－C

제01회
제02회
제03회
제04회
제05회
제06회
제07회
제08회
제09회
제10회

제04회 스터디리뷰

구분		스터디원 A	스터디원 B	스터디원 C	스터디원 D
프로필		숙명여대/경상계열	제주대/사회과학계열	명지대/인문계열	경북대/경상계열
특징		최빈값 득점자	응시자 평균 득점자	상위 30% 컷 득점자	최고 득점자
번호	나의 풀이결과	스터디원 풀이결과			
01		×	○	×	○
02		×	○	○	○
03		×	×	○	○
04		○	○	○	×
05		×	○	○	○
06		×	○	○	○
07		×	×	×	○
08		○	○	○	○
09		×	×	×	○
10		×	×	○	○
11		×	×	×	○
12		○	○	○	×
13		○	○	×	○
14		×	×	○	○
15		×	×	×	×
16		×	×	×	○
17		×	×	○	○
18		○	○	○	○
19		○	○	×	○
20		○	○	○	○
21		○	○	○	○
22		○	○	○	○
23		×	×	×	○
24		○	○	×	○
25		○	○	○	○
26		×	×	×	×
27		×	×	×	○
28		×	×	○	×
29		×	×	×	○
30		○	×	○	○
계	/ 30	12 / 30	15 / 30	17 / 30	25 / 30

[풀이결과 요약]

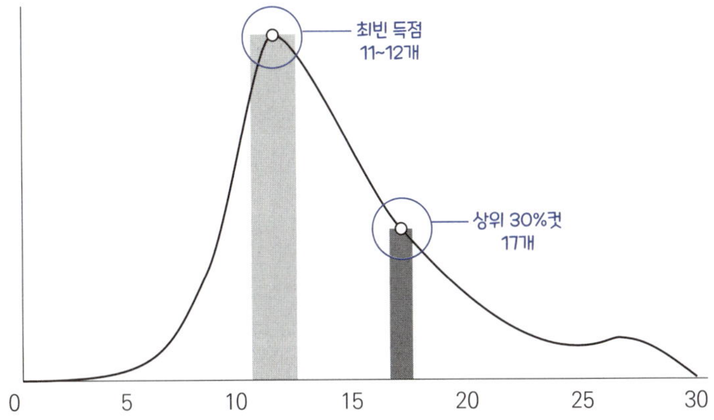

[문항별 정답률]

번호	01	02	03	04	05	06	07	08	09	10
상위 30% 득점자 평균 (A)	75%	88%	88%	63%	88%	88%	63%	88%	81%	69%
응시자 평균 (B)	52%	53%	36%	57%	57%	47%	21%	59%	40%	34%
(A−B)	23%p	35%p	52%p	6%p	31%p	41%p	42%p	29%p	41%p	35%p
번호	11	12	13	14	15	16	17	18	19	20
상위 30% 득점자 평균 (A)	75%	50%	81%	50%	25%	70%	56%	88%	63%	81%
응시자 평균 (B)	43%	40%	45%	21%	14%	26%	19%	64%	69%	76%
(A−B)	32%p	10%p	36%p	29%p	11%p	44%p	37%p	24%p	−6%p	5%p
번호	21	22	23	24	25	26	27	28	29	30
상위 30% 득점자 평균 (A)	75%	88%	56%	75%	63%	25%	69%	25%	31%	56%
응시자 평균 (B)	55%	72%	33%	52%	48%	22%	43%	7%	12%	34%
(A−B)	20%p	16%p	23%p	23%p	15%p	3%p	26%p	18%p	19%p	22%p

▭ 표기 문항: 상위 30% 득점자 평균과 응시자 평균 정답률 차이가 40%p 이상 발생한 문항으로, 해당 문제를 틀렸다면 필히 리뷰를 하도록 하자.

금융 NCS
를 위한
피셋PSAT
300제

● NCS/PSAT 학습방법 다섯.

의사소통능력(언어논리)은 NCS/PSAT 영역 중 풀이방법이 가장 단순하지만 성적 향상에서는 가장 오랜 시간이 걸린다. 독해가 약한 수험생일수록 발췌독(선택지의 키워드를 지표 삼아 제시문의 일부만을 읽는 방식)으로 접근하는 경우가 많은데 이 또한 제시문의 형태, 선택지의 내용에 따라 적용이 어려운 경우가 종종 있다. 따라서 해당 영역에서 점수를 안정적으로 얻기 위해서는 통독과 병행하는 훈련이 필요하다.

제05회 연습문제

제한시간: 60분

언어논리영역 07문항

자료해석영역 10문항

상황판단영역 13문항

언어논리영역

01 **문맥상 다음 글에 이어질 내용으로 가장 적절한 것은?** 기업은행 · 우리은행

테레민이라는 악기는 손을 대지 않고 연주하는 악기이다. 이 악기를 연주하기 위해 연주자는 허리 높이쯤에 위치한 상자 앞에 선다. 연주자의 오른손은 상자에 수직으로 세워진 안테나 주위에서 움직인다. 오른손의 엄지와 집게손가락으로 고리를 만들고 손을 흔들면서 나머지 손가락을 하나씩 펴면 안테나에 손이 닿지 않고서도 음이 들린다. 이때 들리는 음은 피아노 건반을 눌렀을 때 나는 것처럼 정해진 음이 아니고 현악기를 연주하는 것과 같은 연속음이며, 소리는 손과 손가락의 움직임에 따라 변한다. 왼손은 손가락을 펼친 채로 상자에서 수평으로 뻗은 안테나 위에서 서서히 오르내리면서 소리를 조절한다.

오른손으로는 수직 안테나와의 거리에 따라 음고(音高)를 조절하고 왼손으로는 수평 안테나와의 거리에 따라 음량을 조절한다. 따라서 오른손과 수직 안테나는 음고를 조절하는 회로에 속하고 왼손과 수평 안테나는 음량을 조절하는 또 다른 회로에 속한다. 이 두 회로가 하나로 합쳐지면서 두 손의 움직임에 따라 음고와 음량을 변화시킬 수 있다.

어떻게 테레민에서 다른 음고의 음이 발생되는지 알아보자. 음고를 조절하는 회로는 가청주파수 범위 바깥의 주파수를 갖는 서로 다른 두 개의 음파를 발생시킨다. 이 두 개의 음파 사이에 존재하는 주파수의 차이값에 의해 가청주파수를 갖는 새로운 진동이 발생하는데 그것으로 소리를 만든다. 가청주파수 범위 바깥의 주파수 중 하나는 고정된 주파수를 갖고 다른 하나는 연주자의 손 움직임에 따라 주파수가 바뀐다. 이렇게 발생한 주파수의 변화에 의해 진동이 발생되고 이 진동의 주파수는 가청주파수 범위 내에 있기 때문에 그 진동을 증폭시켜 스피커로 보내면 소리가 들린다.

① 수직 안테나에 손이 닿으면 소리가 발생하는 원리
② 왼손의 손가락의 모양에 따라 음고가 바뀌는 원리
③ 수평 안테나와 왼손 사이의 거리에 따라 음량이 조절되는 원리
④ 음고를 조절하는 회로에서 가청주파수의 진동이 발생하는 원리
⑤ 오른손 손가락으로 가상의 피아노 건반을 눌러 음량을 변경하는 원리

02 다음 글의 내용과 부합하지 않는 것은?

국민은행 · 신한은행

정보화로 인해 폭발적으로 늘어난 큰 규모의 정보를 활용하는 빅데이터 분석이 샘플링과 설문조사 전문가들의 작업을 대체하고 있다. 이제 연구에 필요한 정보는 사람들이 평소대로 행동하는 동안 자동적으로 수집된다. 그 결과 샘플링과 설문지 사용에서 기인하는 편향이 사라졌다. 또한 휴대전화 통화정보로 드러나는 인맥이나 트위터를 통해 알 수 있는 사람들의 정서처럼 전에는 수집이 불가능했던 정보의 수집이 가능해졌다. 그리고 가장 중요한 점은 샘플을 추출해야 할 필요성이 사라졌다는 사실이다.

네트워크 이론에 관한 세계적인 권위자 바라바시는 전체 인구의 규모에서 사람들 간의 소통을 연구하고 싶었다. 그래서 유럽의 한 국가 전체 인구의 1/5을 고객으로 하고 있는 무선통신 사업자로부터 4개월 치의 휴대전화 통화내역을 제공받아 네트워크 분석을 행하였다. 그렇게 큰 규모로 통화기록을 분석하자 다른 방식으로는 결코 밝혀낼 수 없었을 사실을 알아냈다.

흥미롭게도 그가 발견한 사실은 더 작은 규모의 연구 결과들과 상반된 것이었다. 그는 한 커뮤니티 내에서 링크를 많이 가진 사람을 네트워크로부터 제거하면 네트워크의 질은 저하되지만, 기능이 상실되는 수준은 아님을 발견하였다. 반면 커뮤니티 외부와 링크를 많이 가진 사람을 네트워크에서 제거하면 갑자기 네트워크가 와해되어 버렸다. 구조가 허물어지는 것처럼 말이다. 이것은 기존 연구를 통해서는 예상할 수 없었던 중요한 결과였다. 네트워크 구조의 안정성이라는 측면에서 봤을 때, 친한 친구를 많이 가진 사람보다 친하지 않은 사람들과 연락을 많이 하는 사람이 훨씬 더 중요할 거라고 누가 생각이나 해보았겠는가? 이것은 사회나 그룹 내에서 중요한 것이 동질성보다는 다양성일 수 있다는 점을 시사한다.

사실 기존의 통계학적 샘플링은 만들어진 지 채 100년도 되지 않는 통계 기법으로서 기술적 제약이 있던 시대에 개발된 것이다. 이제 더 이상 그런 제약들은 그때와 같은 정도로 존재하지는 않는다. 빅데이터 시대에 무작위 샘플을 찾는 것은 자동차 시대에 말채찍을 드는 것과 같다. 특정한 경우에는 여전히 샘플링을 사용할 수 있겠지만 더 이상 샘플링이 사회현상 분석의 주된 방법일 수는 없다. 우리는 이제 샘플이 아닌 전체를 분석할 수 있게 되었기 때문이다.

① 빅데이터 분석이 설문조사 전문가들의 작업을 대체하고 있다.
② 샘플링 기법은 현재보다 기술적 제약이 컸던 시대의 산물이다.
③ 샘플링이나 설문지를 사용하는 연구의 경우에는 어느 정도의 편향이 발생한다.
④ 빅데이터 시대에 샘플링은 더 이상 사회현상 연구의 주된 방법으로 간주되지 않게 되었다.
⑤ 바라바시의 연구에 의하면 커뮤니티 외부와 링크를 많이 가진 사람을 네트워크에서 제거해도 네트워크가 와해되지는 않는다.

03 **다음 글의 문맥상 빈칸에 들어갈 진술로 가장 적절한 것은?** 농협은행 · 신한은행

오늘날 프랑스 영토의 윤곽은 9세기 샤를마뉴 황제가 유럽전역을 평정한 후, 그의 후손들 사이에 벌어진 영토 분쟁의 결과로 만들어졌다. 제국 분할을 둘러싸고 그의 후손들 사이에 빚어진 갈등은 제국을 독차지하려던 로타르의 군대와, 루이와 샤를의 동맹군 사이의 전쟁으로 확대되었다. 결국 동맹군의 승리로 전쟁이 끝나면서 왕자들 사이에 제국의 영토를 분할하는 원칙을 명시한 베르됭 조약이 체결되었다. 영토 분할을 위임받은 로마 교회는 조세 수입이나 영토 면적보다는 '세속어'를 그 경계의 기준으로 삼는 것이 더 공정하다는 결론을 내렸다. 그래서 게르만어를 사용하는 지역과 로망어를 사용하는 지역을 각각 루이와 샤를에게 할당했다. 그리고 힘없는 로타르에게는 이들 두 국가를 가르는 완충지대로서, 이탈리아 북부 롬바르디아 지역으로부터 프랑스의 프로방스 지방, 스위스, 스트라스부르, 북해로 이어지는 긴 복도 모양의 영토가 주어졌다.

루이와 샤를은 베르됭 조약 체결에 앞서 스트라스부르에서 서로의 동맹을 다지는 서약 문서를 상대방이 분할 받은 영토의 세속어로 작성하여 교환하고, 곧이어 각자 자신의 군사들로부터 자신이 분할 받은 영토의 세속어로 충성 맹세를 받았다. 학자들은 두 사람이 서로의 동맹에 충실할 것을 상대측 영토의 세속어로 서약했다는 점에 주목한다. 또한 역사적 자료에 의해 (   ) 그러므로 루이와 샤를 중 적어도 한 명은 서약 문서를 자신의 모어로 작성한 것이 아니다. 게다가 그들의 군대는 필요에 따라 여기저기서 수시로 징집된 다양한 언어권의 병사들로 구성되어 있었으므로 세속어의 사용이 군사들의 이해를 목적으로 한다는 설명도 설득력이 없다. 결국 학자들은 상대측 영토의 세속어 사용이 상대 국민의 정체성과 그에 따른 권력의 합법성을 상호 인정하기 위한 상징행위로서 의미를 갖는다고 결론을 내렸다.

① 게르만어와 로망어는 세속어가 아니었다는 사실이 알려져 있다.
② 루이와 샤를 모두 게르만어를 모어로 사용하였다는 사실이 알려져 있다.
③ 스트라스부르의 세속어는 루이와 샤를의 모어와 달랐다는 사실이 알려져 있다.
④ 루이와 샤를의 모어는 각각 상대방이 분할 받은 영토의 세속어와 일치하였다는 사실이 알려져 있다.
⑤ 각자 자신의 모어로 서약 문서를 작성하는 것은 서로의 동맹에 충실하겠다는 상징행위라는 사실이 알려져 있다.

04 **다음 글의 내용이 참일 때, 반드시 참인 것만을 〈보기〉에서 모두 고르면?** 기업은행 · 농협은행 · 우리은행

> '디부'는 두 마법사 사이에서 맺는 신비스런 관계이다. x와 y가 디부라는 것은, y와 x가 디부라는 것도 의미한다.
>
> 어둠의 마법사들인 A, B, C, D는 외부와의 접촉을 완전히 차단한 채, 험준한 산악 마을인 나투랄에 살고 있다. 나투랄에 있는 마법사는 이 네 명 외에는 없다. 이들 사이에 다음과 같은 관계가 성립한다.
>
> ○ A와 D가 디부라면, A와 B가 디부일 뿐 아니라 A와 C도 디부이다.
> ○ C와 D가 디부라면, C와 B도 디부이다.
> ○ D와 A가 디부가 아니고 D와 C도 디부가 아니라면, 나투랄의 그 누구도 D와 디부가 아니다.
> ○ B와 D가 디부이거나, C와 D가 디부이다.
> ○ A와 디부가 아닌 마법사가 B, C, D 중에 적어도 한 명은 있다.

〈보기〉

ㄱ. B와 C는 디부이다.
ㄴ. A와 C는 디부가 아니다.
ㄷ. 나투랄에는 D와 디부가 아닌 마법사가 있다.

① ㄴ　② ㄷ　③ ㄱ, ㄴ
④ ㄱ, ㄷ　⑤ ㄱ, ㄴ, ㄷ

05 **다음 글의 내용이 참일 때, 외부인사의 성명이 될 수 있는 것은?** 기업은행

> 사무관들은 지난 회의에서 만났던 외부 인사 세 사람에 대해 얘기하고 있다. 사무관들은 외부 인사들의 이름은 모두 정확하게 기억하고 있다. 하지만 그들의 성(姓)에 대해서는 그렇지 않다.
>
> ○ 혜민: 김지후와 최준수와는 많은 대화를 나눴는데, 이진서와는 거의 함께할 시간이 없었어.
> ○ 민준: 나도 이진서와 최준수와는 시간을 함께 보낼 수 없었어. 그런데 지후는 최씨였어.
> ○ 서현: 진서가 최씨였고, 다른 두 사람은 김준수와 이지후였지.
>
> 세 명의 사무관들은 외부 인사에 대하여 각각 단 한 명씩의 성명만을 올바르게 기억하고 있으며, 외부 인사들의 가능한 성씨는 김씨, 이씨, 최씨 외에는 없다.

① 김진서, 이준수, 최지후
② 최진서, 김준수, 이지후
③ 이진서, 김준수, 최지후
④ 최진서, 이준수, 김지후
⑤ 김진서, 최준수, 이지후

06 **다음 글에서 추론할 수 있는 것만을 〈보기〉에서 모두 고르면?** 기업은행

수정란은 모체의 자궁에서 발생과정을 거친다. 수정란의 발생과정은 수정란으로부터 태아가 형성되는 과정이다. 수정란의 발생과정 중에 생식샘, 생식관, 외생식기 각각이 남성형 또는 여성형으로 분화되는 성 분화가 일어난다. 수정란의 발생과정이 시작될 때까지는 남성이 될 수정란과 여성이 될 수정란의 차이는 Y염색체를 가지는가의 여부 이외에는 없다. 발생과정 중 수정란은 분열하여 배아가 되고 배아는 발생과정이 진행되면서 태아가 된다. 발생과정을 시작하면서 남성이 될 수정란에서는 Y염색체로부터 나오는 성 결정인자가 만들어진다. 이 수정란이 배아가 되면, 생식샘은 만들어진 성 결정인자에 의해 남성 호르몬인 테스토스테론을 분비하는 고환으로 발달한다. 반면 여성이 될 수정란에서는 Y염색체가 없기 때문에 성 결정인자가 만들어지지 않아 배아가 되어도 생식샘은 고환으로 발달하지 못하고 여성 호르몬인 에스트로겐을 분비하는 난소로 발달한다.

고환에서 생성된 테스토스테론은 남성형 외생식기와 생식관의 발달을 유도하고, 이런 과정을 거친 임신 10~12주경 태아는 외생식기의 해부학적 모양을 통해 성 구분이 가능해진다. 이런 생식관의 발달은 배아의 원시 생식관의 분화로 시작된다. 배아의 성별과 관계없이 배아는 원시 생식관인 볼프관과 뮐러관을 모두 가지고 있다. 생식샘이 고환으로 발달한 경우 고환에서 분비되는 테스토스테론은 볼프관의 분화를 일으켜 부고환과 정관을 형성한다. 그리고 고환에서 또 다른 물질인 뮐러관 억제인자가 분비되어 뮐러관이 퇴화하게 된다. 반면 생식샘이 난소로 발달한 경우 테스토스테론이 분비되지 않아 뮐러관이 퇴화하지 않고 분화한다. 이는 여성형 생식관인 난관과 자궁을 형성하게 한다. 볼프관은 테스토스테론이 없으면 퇴화한다.

〈보기〉

ㄱ. 수정란 발생과정이 시작될 때, 여성이 될 수정란에 Y염색체를 가지게 하면 이 수정란의 정상적인 발생과정 중에 뮐러관 억제인자가 분비된다.
ㄴ. 외생식기의 해부학적 모양을 통해 어떤 태아의 성 구분이 가능하다면 이 태아를 형성한 수정란에서 성 결정인자가 만들어졌다.
ㄷ. 볼프관과 뮐러관을 모두 가지고 있는 배아는 Y염색체를 가지지 않는다.

① ㄱ ② ㄷ ③ ㄱ, ㄴ
④ ㄴ, ㄷ ⑤ ㄱ, ㄴ, ㄷ

07 **다음 글의 내용 전개상 문단 배열이 가장 적절한 것은?** 기업은행 · 우리은행

(가) 허셸에 의해 야기된 소규모의 패러다임 변화는 1801년 이후 천문학자들이 여러 소행성들을 급속히 발견하도록 하는 데 도움이 됐던 것 같다. 그 크기가 작았던 까닭에 소행성들은 허셸을 놀라게 했던 이상 현상으로의 확대는 보이지 않았다. 그럼에도 불구하고 행성을 더 찾아낼 준비가 된 천문학자들은 표준 기구를 써서 19세기의 전반 50년 동안 20개의 행성을 확인할 수 있었다.

(나) 그 결과 적어도 별 모양으로서는 상당히 보기 드문 뚜렷한 원반체를 알아 볼 수 있었다. 무언가 잘못된 것이었으므로, 그는 판정을 미루고 더 자세히 조사하게 되었다. 조사한 결과 별들 가운데서의 천왕성의 운행을 밝혀내게 되었고, 따라서 허셸은 자기가 새로운 혜성을 보았다고 공표하였다. 관측된 운행을 혜성궤도에 맞추려는 부질없는 시도 끝에, 얼마 지나지 않아 허셸은 그 궤도가 행성인 것 같다고 제안하는 사태가 벌어졌다. 그 주장은 수용되었다.

(다) 1690년부터 1781년 사이에 적어도 17회에 걸쳐 유럽 최고의 몇몇 관측자를 비롯한 많은 천문학자들이 지금의 천왕성 궤도 자리에서 별 하나를 보았다. 이 그룹에서 가장 뛰어난 한 관측자는 실제로 1769년에 나흘 밤을 연달아 그 별을 보았으나, 그 정체를 알려줄 수도 있었을 별의 운행에 대해서는 알아내지 못했다. 12년이 지난 뒤 바로 그 물체를 처음 관측하면서 윌리엄 허셸은 자신이 손수 만든 훨씬 개량된 망원경을 사용하였다.

(라) 이 외에도 천문학사에는 과학적 지각에서 패러다임이 유발한 변화에 대한 각기 다른 사례들이 많이 있으며, 그중 몇 가지는 좀 더 확실해 보인다. 예를 들면 코페르니쿠스의 새로운 패러다임이 처음 제안된 후 반 세기 동안 서구 천문학자들이 종래에는 불변이라 여겼던 천상 세계에서 변화를 처음 목격했던 것이 우연일 수 있을까? 전통적인 천문 기구를 사용하면서, 16세기 말기의 천문학자들은 그 이전에는 불변의 행성과 항성에게만 허용되던 공간에서 멋대로 떠돌아다니는 혜성들을 계속 발견하고 있었다. 옛 대상을 옛 기기로 관측하면서 천문학자들이 그토록 쉽고 빠르게 새로운 것들을 보았다는 사실은, 코페르니쿠스 이후의 천문학자들이 전과는 다른 세계에 살게 되었다는 것을 말해준다.

(마) 천문학자의 세계에는 몇 개 줄어든 항성과 하나가 늘어난 행성이 존재하게 되었다. 거의 한 세기 동안 관측되었다 말았다 했던 천체가 1781년 이후에는 달리 보이게 되었다. 그 이유는 그것이 종래의 패러다임에 의해 제공되는 지각 작용의 범주(항성 또는 혜성)에 더 이상 들어맞을 수가 없었기 때문이었다. 천문학자들로 하여금 행성인 천왕성을 볼 수 있도록 한 시각의 변환은 이미 관측된 이 물체의 지각에만 영향을 미쳤던 것 같지는 않다. 그에 따른 결과는 보다 광범위했다.

① (가) – (다) – (나) – (마) – (라)
② (가) – (다) – (나) – (라) – (마)
③ (다) – (마) – (나) – (가) – (라)
④ (다) – (나) – (마) – (가) – (라)
⑤ (다) – (나) – (가) – (라) – (마)

08 다음 〈표〉는 '갑'국의 주택보급률 및 주거공간 현황에 대한 자료이다. 이에 대한 〈보기〉의 설명 중 옳은 것만을 모두 고르면? 국민은행 · 농협은행

<표> '갑'국의 주택보급률 및 주거공간 현황

연도	가구수 (천 가구)	주택보급률 (%)	주거공간	
			가구당(m^2/가구)	1인당(m^2/인)
2000	10,167	72.4	58.5	13.8
2001	11,133	86.0	69.4	17.2
2002	11,928	96.2	78.6	20.2
2003	12,491	105.9	88.2	22.9
2004	12,995	112.9	94.2	24.9

※ 1) 주택보급률(%) $= \frac{\text{주택수}}{\text{가구수}} \times 100$

2) 가구당 주거공간(m^2/가구) $= \frac{\text{주거공간 총면적}}{\text{가구수}}$

3) 1인당 주거공간(m^2/인) $= \frac{\text{주거공간 총면적}}{\text{인구수}}$

〈보기〉

ㄱ. 주택수는 매년 증가하였다.
ㄴ. 2003년 주택을 두 채 이상 소유한 가구수는 2002년보다 증가하였다.
ㄷ. 2001~2004년 동안 1인당 주거공간의 전년대비 증가율이 가장 큰 해는 2001년이다.
ㄹ. 2004년 주거공간 총면적은 2000년 주거공간 총면적의 2배 이상이다.

① ㄱ, ㄴ
② ㄱ, ㄷ
③ ㄴ, ㄹ
④ ㄱ, ㄷ, ㄹ
⑤ ㄴ, ㄷ, ㄹ

자료해석영역

09 다음 〈표〉와 〈그림〉은 2000~2010년 3개국(한국, 일본, 미국)의 3D 입체영상 및 CG 분야 특허출원에 관한 자료이다. 이를 바탕으로 작성된 〈보고서〉의 내용 중 옳은 것만을 모두 고르면?

국민은행

<표> 2000~2010년 3개국 3D 입체영상 및 CG 분야 특허출원 현황

(단위: 건)

국가 \ 분야	3D 입체영상	CG
한국	1,155	785
일본	3,620	2,380
미국	880	820
3개국 전체	5,655	3,985

<그림 1> 연도별 3D 입체영상 분야 3개국 특허출원 추이

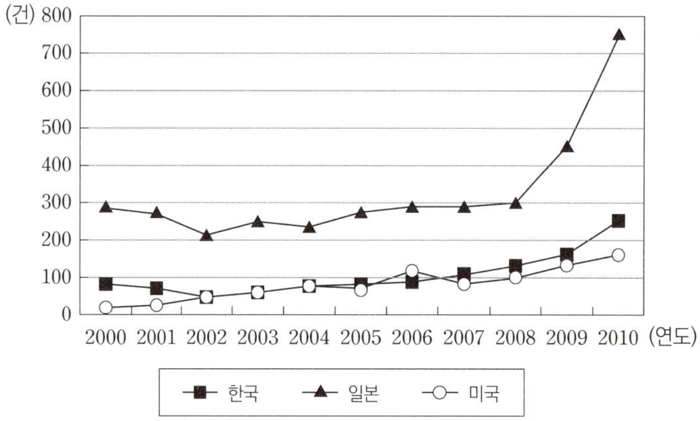

<그림 2> 연도별 CG 분야 3개국 특허출원 추이

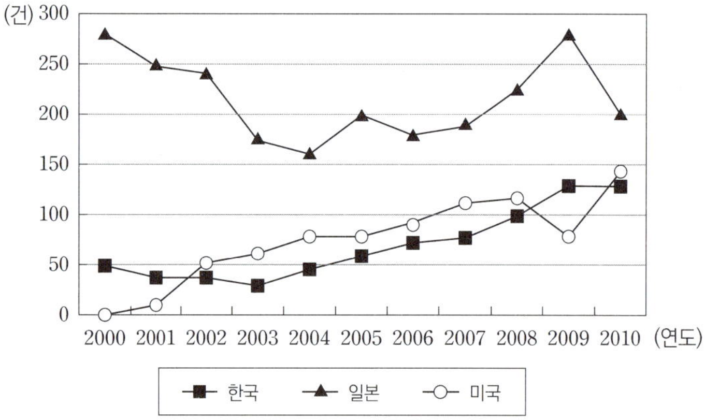

〈보기〉

3D 입체영상 및 CG 분야에 대한 특허출원 경쟁은 한국, 일본, 미국을 중심으로 전개되고 있다. 일본이 기술개발을 선도하고 있는 ㉠ 3D 입체영상 분야의 경우 2000~2010년 일본 특허출원 건수는 3개국 전체 특허출원 건수의 60% 이상을 차지하였다. 하지만 2006년 이후부터 한국에서 관련 기술에 대한 연구가 활발히 진행되어 특허출원 건수가 증가하고 있다. 그 결과 ㉡ 3D 입체영상 분야에서 2007~2010년 동안 한국 특허출원 건수는 매년 미국 특허출원 건수를 초과하였다.

CG 분야에서도, 2000~2010년 3개국 전체 특허출원 건수대비 일본 특허출원 건수가 차지하는 비중이 가장 높았으며, 그 다음으로 미국, 한국 순으로 나타났다. 이를 연도별로 살펴보면 ㉢ 2003년 이후 CG 분야에서 한국 특허출원 건수는 매년 미국 특허출원 건수보다 적지만, 관련 기술의 특허출원이 매년 증가하는 추세를 보이고 있다. 한편, ㉣ 2000~2010년 동안 한국과 일본의 CG 분야 특허출원 건수의 차이는 2010년에 가장 작았다.

① ㉠, ㉡ ② ㉠, ㉢ ③ ㉢, ㉣
④ ㉠, ㉡, ㉣ ⑤ ㉡, ㉢, ㉣

10 **다음 〈표〉는 '가'국의 PC와 스마트폰 기반 웹 브라우저 이용에 대한 설문조사를 바탕으로, 2013년 10월~2014년 1월 동안 매월 이용률 상위 5종 웹 브라우저의 이용률 현황을 정리한 자료이다. 이에 대한 설명으로 옳은 것은?**

국민은행 · 기업은행 · 신한은행 · 우리은행

<표 1> PC 기반 웹 브라우저

(단위: %)

조사시기 / 웹 브라우저 종류	2013년			2014년
	10월	11월	12월	1월
인터넷 익스플로러	58.22	58.36	57.91	58.21
파이어폭스	17.70	17.54	17.22	17.35
크롬	16.42	16.44	17.35	17.02
사파리	5.84	5.90	5.82	5.78
오페라	1.42	1.39	1.33	1.28
상위 5종 전체	99.60	99.63	99.63	99.64

※ 무응답자는 없으며, 응답자는 1종의 웹 브라우저만을 이용한 것으로 응답함

<표 2> 스마트폰 기반 웹 브라우저

(단위: %)

조사시기 / 웹 브라우저 종류	2013년			2014년
	10월	11월	12월	1월
사파리	55.88	55.61	54.82	54.97
안드로이드 기본 브라우저	23.45	25.22	25.43	23.49
크롬	6.85	8.33	9.70	10.87
오페라	6.91	4.81	4.15	4.51
인터넷 익스플로러	1.30	1.56	1.58	1.63
상위 5종 전체	94.39	95.53	95.68	95.47

※ 무응답자는 없으며, 응답자는 1종의 웹 브라우저만을 이용한 것으로 응답함

① 2013년 10월 전체 설문조사 대상 스마트폰 기반 웹 브라우저는 10종 이상이다.

② 2014년 1월 이용률 상위 5종 웹 브라우저 중 PC 기반 이용률 순위와 스마트폰 기반 이용률 순위가 일치하는 웹 브라우저는 없다.

③ PC 기반 이용률 상위 5종 웹 브라우저의 이용률 순위는 매월 동일하다.

④ 스마트폰 기반 이용률 상위 5종 웹 브라우저 중 2013년 10월과 2014년 1월 이용률의 차이가 2%p 이상인 것은 크롬뿐이다.

⑤ 스마트폰 기반 이용률 상위 3종 웹 브라우저 이용률의 합은 매월 90% 이상이다.

11 다음 〈표〉는 조선 후기 이후 인구 현황에 대한 자료이다. 이에 대한 〈보기〉의 설명 중 옳은 것만을 모두 고르면?

국민은행 · 농협은행

<표 1>지역별 인구분포(1648년)

(단위: 천 명, %)

구분	전체	한성	경기	충청	전라	경상	강원	황해	평안	함경
인구	1,532	96	81	174	432	425	54	55	146	69
비중	100.0	6.3	5.3	11.4	28.2	27.7	3.5	3.6	9.5	4.5

<표 2> 지역별 인구지수

지역 연도	한성	경기	충청	전라	경상	강원	황해	평안	함경
1648	100	100	100	100	100	100	100	100	100
1753	181	793	535	276	391	724	982	868	722
1789	197	793	499	283	374	615	1,033	888	1,009
1837	213	812	486	253	353	589	995	584	1,000
1864	211	832	505	251	358	615	1,033	598	1,009
1904	200	831	445	216	261	559	695	557	1,087

※ 1) 인구지수 $= \frac{\text{해당연도 해당지역 인구}}{\text{1648년 해당지역 인구}} \times 100$

2) 조선 후기 이후 전체 인구는 9개 지역 인구의 합임

〈보기〉

ㄱ. 1753년 강원 지역 인구는 1648년 전라 지역 인구보다 많다.
ㄴ. 1789년 대비 1837년 인구 감소율이 가장 큰 지역은 평안이다.
ㄷ. 1864년 인구가 가장 많은 지역은 경상이다.
ㄹ. 1904년 전체 인구 대비 경기 지역 인구의 비중은 함경 지역 인구의 비중보다 크다.

① ㄱ, ㄴ　② ㄱ, ㄹ　③ ㄴ, ㄷ
④ ㄱ, ㄷ, ㄹ　⑤ ㄴ, ㄷ, ㄹ

제 01 회 제 02 회 제 03 회 제 04 회 제 05 회 제 06 회 제 07 회 제 08 회 제 09 회 제 10 회

12 **다음 〈표〉는 A국 기업의 회계기준 적용에 관한 자료이다. 이에 대한 설명으로 옳지 않은 것은?**

국민은행 · 기업은행 · 신한은행 · 우리은행

<표 1> A국 기업의 회계기준 적용 현황

(단위: 개, %)

회계기준 \ 연도 / 구분		2011 기업수	2011 비율	2012 기업수	2012 비율
국제회계기준		2,851	15.1	3,097	15.9
	의무기업(상장기업)	1,709	9.1	1,694	8.7
	선택기업(비상장기업)	1,142	6.0	1,403	7.2
일반회계기준(비상장기업)		16,027	84.9	16,366	84.1
전체		18,878	100.0	19,463	100.0

※ 상장기업은 국제회계기준을 의무적용해야 하며, 비상장기업은 국제회계기준과 일반회계기준 중 하나를 적용해야 함

<표 2> 2011년 A국 비상장기업의 자산규모별 회계기준 적용 현황

(단위: 개, %)

자산규모 \ 회계기준 / 구분	국제회계기준 기업수	국제회계기준 비율	일반회계기준 기업수	일반회계기준 비율	합 기업수	합 비율
2조 원 이상	38	73.1	14	26.9	52	100.0
5천억 원 이상 2조 원 미만	80	36.9	137	63.1	217	100.0
1천억 원 이상 5천억 원 미만	285	18.8	1,231	81.2	1,516	100.0
1천억 원 미만	739	4.8	14,645	95.2	15,384	100.0
계	1,142	—	16,027	—	17,169	—

① 2011년 국제회계기준을 적용한 비상장기업의 80% 이상이 자산규모 5천억 원 미만이다.

② 2011년 자산규모가 2조 원 이상인 비상장기업 중, 일반회계 기준을 적용한 기업 수보다 국제회계기준을 적용한 기업 수가 더 많다.

③ 2012년 전체 기업 대비 국제회계기준을 적용한 기업의 비율은 2011년에 비해 증가하였다.

④ 2012년 비상장기업의 수는 2011년에 비해 증가하였다.

⑤ 2012년 비상장기업 중 국제회계기준을 적용한 비상장기업이 차지하는 비율은 전년에 비해 2%p 이상 증가하였다.

13 **A씨는 서울사무소에서 출발하여 정부세종청사로 출장을 가려고 한다. 〈그림〉과 〈표〉는 서울사무소에서 정부세종청사까지의 이동경로와 이용 가능한 교통수단에 따른 소요시간 및 비용이다. 아래의 〈조건〉에 맞는 이동방법은?**

기업은행 · 농협은행 · 우리은행

<그림> 이동경로 및 이용 가능 교통수단

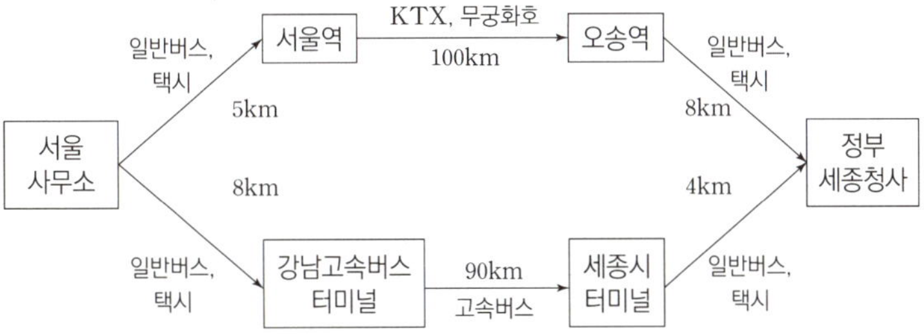

<표> 교통수단별 1km당 소요시간 및 비용

교통수단	소요시간	비용
일반버스	5분/km	200원/km
택시	2분/km	1,500원/km
KTX	18초/km	300원/km
무궁화호	1분/km	150원/km
고속버스	1분/km	250원/km

〈조건〉

○ 총 교통비는 편도로 32,000원을 넘지 않아야 한다.
○ 총 소요시간은 편도로 2시간 20분을 넘지 않아야 한다.
○ 〈표〉에 주어진 교통수단별 소요시간과 비용 이외의 다른 소요시간과 비용은 고려하지 않는다.

① 택시를 타고 서울역으로 이동하여 무궁화호를 타고 오송역으로 이동 후 일반버스를 탄다.
② 일반버스를 타고 서울역으로 이동하여 무궁화호를 타고 오송역으로 이동 후 일반버스를 탄다.
③ 일반버스를 타고 서울역으로 이동하여 KTX를 타고 오송역으로 이동 후 일반버스를 탄다.
④ 일반버스를 타고 강남고속버스터미널로 이동하여 고속버스를 타고 세종시 터미널로 이동 후 택시를 탄다.
⑤ 택시를 타고 강남고속버스터미널로 이동하여 고속버스를 타고 세종시 터미널로 이동 후 택시를 탄다.

14 다음 〈표〉는 2009년 8개 지역의 상·하수도 보급 및 하수도요금 현황에 대한 자료이다. 제시된 〈보고서〉를 작성하기 위해 〈표〉 이외에 추가로 필요한 자료만을 〈보기〉에서 모두 고르면?

기업은행 · 국민은행 · 농협은행

<표 1> 지역별 상 · 하수도 보급 현황

구분 지역	인구(천 명)	상수도			하수도	
		급수인구(천 명)	보급률(%)	1일급수량(천 m^3)	처리인구(천 명)	보급률(%)
전국	50,642	47,338	93.5	15,697	45,264	89.4
강원	1,526	1,313	86.0	579	1,175	( )
충북	1,550	1,319	85.1	477	1,208	77.9
충남	2,075	1,483	71.5	526	1,319	( )
전북	1,874	1,677	89.5	722	1,486	79.3
전남	1,934	1,426	73.7	497	1,320	( )
경북	2,705	2,260	83.5	966	1,946	71.9
경남	3,303	2,879	87.2	1,010	2,732	82.7
제주	568	568	100.0	196	481	84.7

※ 1) 상수도 보급률(%)$=\frac{\text{상수도 급수인구}}{\text{인구}}\times 100$

2) 하수도 보급률(%)$=\frac{\text{하수도 처리인구}}{\text{인구}}\times 100$

<표 2> 지역별 하수도요금 현황

구분 지역	연간 부과량 (천m^3)	연간 부과액 (백만 원)	부과량당 평균요금(원/m^3)	부과량당 처리총괄원가(원/m^3)	하수도요금 현실화율(%)
전국	4,948,576	1,356,072	274.0	715.6	38.3
강원	110,364	21,625	195.9	658.5	( )
충북	124,007	40,236	324.5	762.6	42.6
충남	127,234	34,455	270.8	1,166.3	( )
전북	163,574	30,371	185.7	688.0	27.0
전남	155,169	22,464	144.8	650.6	( )
경북	261,658	61,207	233.9	850.9	27.5
경남	283,188	65,241	230.4	808.9	28.5
제주	50,029	13,113	262.1	907.4	28.9

※ 하수도요금 현실화율(%)$=\frac{\text{부과량당 평균요금}}{\text{부과량당 처리총괄원가}}\times 100$

〈보고서〉

○ 2009년 전국의 상수도 보급률은 93.5%이며, 제주의 경우 상수도 보급률은 100%에 달한다. 전국의 상수도 급수 인구당 1일급수량은 0.33m^3 수준인데, 강원, 전북, 경북의 상수도 급수인구당 1일급수량은 전국보다 0.07m^3 이상 많다. 한편, 전국 상수도요금은 m^3당 610.2원인데, 경남이 m^3당 760.4원으로 가장 비싸고, 충북이 m^3당 476.9원으로 가장 저렴한 것으로 나타났다.

○ 하수도요금의 부과량당 처리총괄원가의 경우 전남은 m^3당 650.6원인 반면, 충남은 m^3당 1,166.3원으로 지역적 편차가 매우 크다. 하수도요금과 처리총괄원가 간 격차는 하수도 요금 현실화율을 낮추는 원인으로 해당 지역의 재정에 부정적인 영향을 미치고 있다. 예를 들어, 하수도요금 현실화율이 전국보다 낮은 전남의 재정자립도는 21.7%에 불과하며, 하수도 처리인구당 연간 부과액도 17,018.2원으로 전남이 전국보다 낮다.

○ 2009년 전국의 상수도 연간 급수량 규모는 5,729,405천m^3인 데 비해 하수도 연간 부과량 규모는 4,948,576천m^3로, 상수도 연간 급수량에서 하수도 연간 부과량이 차지하는 비중은 86.4%로 나타났다. 특히, 상수도 급수인구 대비 하수도 처리인구 비율이 전국보다 낮은 제주는 전체 주민의 15% 이상이 하수도처리 서비스를 받지 못하는 것으로 나타났다.

〈보기〉

ㄱ. 지역별 상수도 급수인구당 1일급수량
ㄴ. 지역별 상수도요금
ㄷ. 광역지자체별 재정자립도
ㄹ. 하수도 처리인구당 연간 부과액
ㅁ. 지역별 상수도 급수인구 대비 하수도 처리인구 비율

① ㄱ, ㄴ ② ㄴ, ㄷ ③ ㄴ, ㄷ, ㄹ
④ ㄴ, ㄹ, ㅁ ⑤ ㄷ, ㄹ, ㅁ

15 **다음 〈그림〉과 〈표〉는 '갑' 도시 지하철의 역 간 거리와 출발역에서 도착역까지의 소요시간에 관한 자료이다. 이에 대한 〈보기〉의 설명 중 옳은 것만을 모두 고르면?** 기업은행 · 우리은행

<그림> 인접한 두 지하철역 간 거리

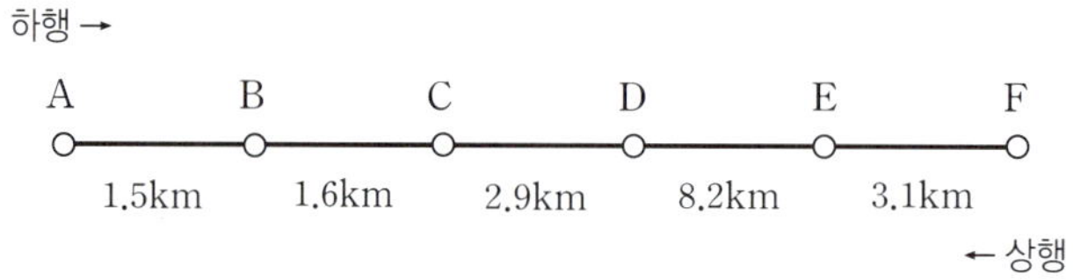

<표> 출발역에서 도착역까지의 소요시간

도착역 \ 출발역	A	B	C	D	E	F
A		1분 52초	4분 6초	7분 6초	13분 41초	16분 51초
B	1분 44초		1분 49초	4분 49초	11분 24초	14분 34초
C	3분 55초	1분 46초		2분 35초	9분 10초	12분 20초
D	6분 55초	4분 46초	2분 35초		6분 10초	9분 20초
E	13분 30초	11분 21초	9분 10초	6분 10초		2분 45초
F	16분 49초	14분 40초	12분 29초	9분 29초	2분 54초	

※ 1) 지하철은 모든 역에서 정차함
2) 두 역 사이의 소요시간에는 출발역과 도착역을 제외하고 중간에 경유하는 모든 역에서의 정차시간이 포함되어 있음. 예를 들어, <표>에서 B열과 D행이 만나는 4분 46초는 B역에서 출발하여 C역까지의 소요시간 1분 46초, C역에서의 정차시간, C역에서 D역까지의 소요시간 2분 35초가 더해진 것임

〈보기〉

ㄱ. 하행의 경우 B역에서의 정차시간은 25초이다.
ㄴ. 인접한 두 역 간 거리가 짧을수록 두 역간 하행의 소요시간도 짧다.
ㄷ. 인접한 두 역 간 상행과 하행의 소요시간이 동일한 구간은 C ↔ D 구간뿐이다.

① ㄱ ② ㄴ ③ ㄱ, ㄴ
④ ㄴ, ㄷ ⑤ ㄱ, ㄴ, ㄷ

16 **다음 〈보고서〉와 〈표〉는 '갑'지역 아파트의 전세 및 월세에 대한 자료이다. 이에 대한 설명으로 옳지 않은 것은?**

국민은행 · 농협은행

〈보고서〉

○ '전월세전환율'이란 보증금을 월세로 전환할 시 적용되는 비율로 임대인은 요구수익률, 임차인은 전월세 선택 및 월세계약 시 기회비용을 계산하는 지표로 활용함

○ 전월세전환율은 $\frac{\text{월세}}{\text{전세금}-\text{월세보증금}} \times 100$으로 산정된 월세이율을 연이율로 환산(월세이율×12)하여 산정하고, 단위는 %임

○ 동일 전용면적의 아파트 월세매물 중 전월세전환율이 높은 경우는 낮은 경우보다 상대적으로 월세부담이 크다는 것을 의미함

<표> '갑'지역 아파트의 전세 및 월세 현황

(단위: m^2, 천 원)

아파트	전용면적	전세금	월세보증금	월세
A	39.90	85,000	10,000	360
B	39.90	85,000	5,000	430
C	39.90	85,000	5,000	420
D	39.90	85,000	5,000	400
E	50.38	130,000	10,000	750
F	50.38	135,000	40,000	500
G	50.38	125,000	60,000	350
H	50.38	130,000	20,000	600

① A아파트의 전월세전환율은 6%보다 작다.
② 전월세전환율로 판단하건대, F아파트가 G아파트보다 상대적으로 월세부담이 크다.
③ B, C, D아파트 중 전월세전환율이 가장 큰 것은 B아파트이고, 가장 작은 것은 D아파트이다.
④ H아파트의 경우, 월세보증금이 1천만 원 오르고 월세가 10만 원 내렸다면, 전월세전환율은 D아파트와 같게 된다.
⑤ E아파트의 집주인이 전세금을 1억 3천만 원에서 2억 1천만 원으로 올렸고, 그와 동시에 월세를 50만 원을 올려 월세가 125만 원이 되었다면, 전월세전환율은 변함이 없다.

17 다음 〈표〉는 기업들의 신용등급에 대한 자료이다. 이에 대한 〈보기〉의 설명 중 옳은 것을 모두 고르면?

국민은행

<표 1> 2012년 신용등급 현황

(단위: 개)

연초 \ 연말	AAA	AA	A	BBB	BB	B	CCC	CC	C	합계
AAA	17	1	1	1	0	0	0	0	0	20
AA	2	65	3	2	1	0	0	0	0	73
A	1	7	81	8	3	2	0	0	0	102
BBB	1	3	6	33	6	3	1	0	0	53
BB	0	1	2	2	35	( )	2	3	0	( )
B	0	0	1	1	( )	( )	1	2	0	16
CCC	0	0	1	( )	3	1	6	0	1	14
CC	0	0	0	1	1	0	0	2	0	4
C	0	0	0	0	0	1	0	0	1	2
합계	( )	( )	( )	( )	( )	( )	( )	( )	( )	331

<표 2> 2013년 신용등급 현황

(단위: 개)

연초 \ 연말	AAA	AA	A	BBB	BB	B	CCC	CC	C	합계
AAA	18	2	1	0	0	0	0	0	0	21
AA	1	71	2	2	1	0	0	0	0	77
A	1	8	79	4	1	2	0	0	0	95
BBB	0	2	1	38	1	2	5	1	0	50
BB	0	3	3	5	26	8	3	2	1	51
B	0	0	1	2	2	8	2	2	1	18
CCC	0	0	0	1	1	2	3	2	1	10
CC	0	0	0	1	1	0	1	2	2	7
C	0	0	0	0	0	0	1	0	1	2
합계	20	86	87	53	33	22	15	9	6	331

※ 1) 표의 숫자는 기업 수를 의미함
2) AAA등급부터 C등급까지 9개의 등급이 있는 것으로 가정함. AAA등급이 최상위등급, C등급이 최하위등급에 해당됨
3) AAA등급부터 BBB등급까지는 투자등급, BB등급부터 C등급까지는 투기등급으로 분류됨
4) 2012년 연말 신용등급과 2013년 연초 신용등급은 같다고 가정함

〈보기〉

ㄱ. 연초 신용등급 기준으로 투기등급인 기업의 비율은 2012년이 2013년보다 높다.
ㄴ. 2013년 연초 투자등급이었던 기업 중 2013년 연말 신용등급이 상승한 기업 수보다 하락한 기업 수가 더 많다.
ㄷ. 연초 대비 연말 투기등급에서 투자등급으로 상승한 기업의 수는 2012년이 2013년보다 많다.
ㄹ. 연초에 B등급이었던 기업들 중에서 연말에 신용등급이 상승한 비율은 2012년이 2013년보다 낮다.

① ㄱ, ㄴ ② ㄱ, ㄷ ③ ㄴ, ㄷ
④ ㄴ, ㄹ ⑤ ㄷ, ㄹ

상황판단영역

18 **다음 글을 근거로 판단할 때, 재산등록 의무자(A~E)의 재산등록 대상으로 옳은 것은?**

국민은행 · 농협은행

> 재산등록 및 공개 제도는 재산등록 의무자가 본인, 배우자 및 직계존·비속의 재산을 주기적으로 등록·공개하도록 하는 제도이다. 이 제도는 재산등록 의무자의 재산 및 변동사항을 국민에게 투명하게 공개함으로써 부정이 개입될 소지를 사전에 차단하여 공직 사회의 윤리성을 높이기 위해 도입되었다.
>
> ○ 재산등록 의무자: 대통령, 국무총리, 국무위원, 지방자치단체장 등 국가 및 지방자치단체의 정무직 공무원, 4급 이상의 일반직·지방직 공무원 및 이에 상당하는 보수를 받는 별정직 공무원, 대통령령으로 정하는 외무공무원 등
>
> ○ 등록대상 친족의 범위: 본인, 배우자, 본인의 직계존·비속. 다만, 혼인한 직계비속인 여성, 외증조부모, 외조부모 및 외손자녀, 외증손자녀는 제외한다.
>
> ○ 등록대상 재산: 부동산에 관한 소유권·지상권 및 전세권, 자동차·건설기계·선박 및 항공기, 합명회사·합자회사 및 유한회사의 출자 지분, 소유자별 합계액 1천만 원 이상의 현금·예금·증권·채권·채무, 품목당 5백만 원 이상의 보석류, 소유자별 연간 1천만 원 이상의 소득이 있는 지식재산권
>
> ※ 직계존속: 부모, 조부모, 증조부모 등 조상으로부터 자기에 이르기까지 직계로 이어 내려온 혈족
>
> ※ 직계비속: 자녀, 손자, 증손 등 자기로부터 아래로 직계로 이어 내려가는 혈족

① 시청에 근무하는 4급 공무원 A의 동생이 소유한 아파트

② 시장 B의 결혼한 딸이 소유한 1,500만 원의 정기예금

③ 도지사 C의 아버지가 소유한 연간 600만 원의 소득이 있는 지식재산권

④ 정부부처 4급 공무원 상당의 보수를 받는 별정직 공무원 D의 아들이 소유한 승용차

⑤ 정부부처 4급 공무원 E의 이혼한 전처가 소유한 1,000만 원 상당의 다이아몬드

19 ○○시의 〈버스정류소 명칭 관리 및 운영계획〉을 근거로 판단할 때 옳은 것은? (단, 모든 정류소는 ○○시 내에 있다)

농협은행

〈버스정류소 명칭 관리 및 운영계획〉

□ 정류소 명칭 부여기준
 ○ 글자 수: 15자 이내로 제한
 ○ 명칭 수: 2개 이내로 제한
  – 정류소 명칭은 지역대표성 명칭을 우선으로 부여
  – 2개를 병기할 경우 우선순위대로 하되, ·으로 구분

우선순위	지역대표성 명칭			특정법인(개인) 명칭	
	1	2	3	4	5
명칭	고유지명	공공기관, 공공시설	관광지	시장, 아파트, 상가, 빌딩	기타 (회사, 상점 등)

□ 정류소 명칭 변경 절차
 ○ 자치구에서 명칭 부여기준에 맞게 홀수달 1일에 신청
  – 홀수달 1일에 하지 않은 신청은 그 다음 홀수달 1일 신청으로 간주
 ○ 부여기준에 적합한지를 판단하여 시장이 승인 여부를 결정
 ○ 관련기관은 정류소 명칭 변경에 따른 정비를 수행
 ○ 관련기관은 정비결과를 시장에게 보고

명칭 변경 신청 (자치구)	▶	명칭 변경 승인 (시장)	▶	명칭 변경에 따른 정비 (관련기관)	▶	정비결과 보고 (관련기관)
홀수달 1일 신청		신청일로부터 5일 이내		승인일로부터 7일 이내		정비완료일로부터 3일 이내

※ 단, 주말 및 공휴일도 일수(日數)에 산입하며, 당일(신청일, 승인일, 정비완료일)은 일수에 산입하지 않는다.

① 자치구가 7월 2일에 정류소 명칭 변경을 신청한 경우, ○○시의 시장은 늦어도 7월 7일까지는 승인 여부를 결정해야 한다.
② 자치구가 8월 16일에 신청한 정류소 명칭 변경이 승인될 경우, 늦어도 9월 16일까지는 정비결과가 시장에게 보고된다.
③ '가나시영3단지'라는 정류소 명칭을 '가나서점·가나3단지아파트'로 변경하는 것은 명칭 부여기준에 적합하다.
④ '다라중학교·다라동1차아파트'라는 정류소 명칭은 글자 수가 많아 명칭 부여기준에 적합하지 않다.
⑤ 명칭을 변경하는 정류소에 '마바구도서관·마바시장·마바물산'이라는 명칭이 부여될 수 있다.

20 **다음 글과 〈상황〉을 근거로 판단할 때, 甲과 乙의 최대 배상금액으로 모두 옳은 것은?**

국민은행 · 농협은행

A국의 층간소음 배상에 대한 기준은 아래와 같다.

○ 층간소음 수인(受忍)한도
- 주간 최고소음도: 55dB(A)
- 야간 최고소음도: 50dB(A)
- 주간 등가소음도: 40dB(A)
- 야간 등가소음도: 35dB(A)

○ 층간소음 배상 기준금액: 수인한도 중 하나라도 초과 시

피해기간	피해자 1인당 배상 기준금액
6개월 이내	500,000원
6개월 초과~1년 이내	650,000원
1년 초과~2년 이내	800,000원

○ 배상금액 가산기준

(1) 주간 혹은 야간에 최고소음도와 등가소음도가 모두 수인한도를 초과한 경우에는 30% 이내에서 가산

(2) 최고소음도 혹은 등가소음도가 주간과 야간에 모두 수인한도를 초과한 경우에는 30% 이내에서 가산

(3) 피해자가 환자, 1세 미만 유아, 수험생인 경우에는 해당 피해자 개인에게 20% 이내에서 가산

○ 둘 이상의 가산기준에 해당하는 경우 기준금액을 기준으로 각각의 가산금액을 산출한 후 합산

예) 피해기간은 3개월이고, 주간의 최고소음도와 등가소음도가 수인한도를 모두 초과하였고, 피해자가 1인이며 환자인 경우 최대 배상금액: 500,000원 + (500,000원 × 0.3) + 500,000원 × 0.2)

※ 등가 소음도: 변동하는 소음의 평균치

〈상황〉

○ 아파트 위층에 사는 甲이 10개월 전부터 지속적으로 소음을 발생시키자, 아래층 부부는 문제를 제기하였다. 소음을 측정한 결과 주간과 야간 모두 최고소음도는 수인한도를 초과하지 않았으나, 주간 등가소음도는 45dB(A)였으며, 야간 등가소음도는 38dB(A)였다. 아래층 피해자 부부는 모두 가산기준 (3)에 해당되지 않는다.
○ 아파트 위층에 사는 乙이 1년 6개월 전부터 야간에만 지속적으로 소음을 발생시키자, 아래층에 사는 가족은 문제를 제기하였다. 야간에 소음을 측정한 결과 등가소음도는 42dB(A)였으며, 최고소음도는 52dB(A)이었다. 아래층 피해자 가족은 4명이며, 그중 수험생 1명만 가산기준 (3)에 해당된다.

	甲	乙
①	1,690,000원	4,320,000원
②	1,690,000원	4,160,000원
③	1,690,000원	3,840,000원
④	1,300,000원	4,320,000원
⑤	1,300,000원	4,160,000원

21 **다음 글을 근거로 판단할 때, 우리나라에서 기단을 표시한 기호로 모두 옳은 것은?** 기업은행

기단(氣團)은 기온, 습도 등의 대기 상태가 거의 일정한 성질을 가진 공기 덩어리이다. 기단은 발생한 지역에 따라 분류할 수 있다. 대륙에서 발생하는 대륙성기단은 건조한 성질을 가지며, 해양에서 발생하는 해양성기단은 습한 성질을 갖는다. 또한 기단의 온도에 따라 한대기단, 열대기단, 적도기단, 극기단으로 나뉜다.

기단은 그 성질을 기호로 표시하기도 한다. 해양성기단은 알파벳 소문자 m을 기호 처음에 표기하고, 대륙성기단은 알파벳 소문자 c를 기호 처음에 표기한다. 이어서 한대기단은 알파벳 대문자 P로 표기하고, 열대기단은 알파벳 대문자 T로 표기한다. 예를 들어 해양성한대기단은 mP가 되는 것이다. 또한 기단이 이동하면서 나타나는 열역학적 특성에 따라 알파벳 소문자 w나 k를 마지막에 추가한다. w는 기단이 그 하층의 지표면보다 따뜻할 때 사용하며 k는 기단이 그 하층의 지표면보다 차가울 때 사용한다. 한편 적도기단은 E로, 북극기단은 A로 표시한다.

겨울철 우리나라에 영향을 주는 대표적인 기단은 시베리아 기단으로 우리나라 지표면보다 차가운 대륙성한대기단이다. 북극기단이 우리나라에 영향을 주기도 하는데, 북극기단은 극기단의 일종으로 최근 우리나라 겨울철 혹한의 주범으로 지목되고 있다. 여름철에 우리나라에 영향을 주는 대표적 열대기단은 북태평양기단이다. 북태평양기단은 해수 온도가 높은 북태평양에서 발생하여 우리나라 지표면보다 덥고 습한 성질을 가져 고온다습한 날씨를 야기한다. 또 다른 여름철 기단인 오호츠크해기단은 해양성한대기단으로 우리나라 지표면보다 차갑고 습한 성질을 갖는다. 적도 지방에서 발생하여 북상하는 적도기단도 우리나라 여름철에 영향을 준다.

	시베리아기단	북태평양기단	오호츠크해기단
①	mPk	mTk	cPk
②	mPk	cTw	cPk
③	cPk	cTw	mPk
④	cPk	mTw	mTk
⑤	cPk	mTw	mPk

22 **다음은 재정학자 甲이 우리나라의 지하경제에 대하여 저술한 내용이다. 이를 근거로 판단할 때, 〈보기〉 중 옳은 것을 모두 고르면?** 기업은행

슈나이더(F. Schneider)는 지하경제에 포함되는 내용들을 그 특성에 따라 금전거래와 비금전거래, 합법적 행위와 불법적 행위, 탈세 목적의 행위와 조세회피 목적의 행위로 구분하였다.

불법적 행위는 넓은 의미의 지하경제에 포함되는데, 불법적 행위 중 금전적 거래는 장물의 거래, 마약의 제조·판매, 매춘 등과 같이 금전적 대가를 받고 불법적으로 거래하는 것을 말하며, 금전적 대가를 받지 않고 그러한 거래를 하는 것도 비금전적 불법거래로 지하경제에 포함된다.

슈나이더는 합법적 행위를 탈세와 조세회피로 분류한다. 그러나 탈세는 그 자체가 불법행위인데 그것을 합법적 행위로 분류하는 것은 불합리하다. 탈세의 예로는 자영업자의 소득 과소신고를 들 수 있다. 또한, 합법적 재화와 용역을 물물교환하는 것은 비금전적 거래로서 탈세를 초래하기도 한다. 조세회피는 세법의 허점 등을 이용하여 법적으로 정당하게 납세의무를 축소시키는 것을 말한다. 그 예로는 종업원이 회사로부터 받는 할인·부가혜택이나 이웃에게 금전적 대가를 받지 않고 도움을 주는 행위가 있다. 이러한 행위는 결과적으로 세금을 적게 내는 효과를 가져오더라도 불법적 행위는 아니다.

〈보기〉

ㄱ. B회사의 직원인 A는 최근 B회사의 제품을 구매하면서 직원할인혜택을 활용하여 50% 할인을 받았다. 슈나이더의 분류에 의할 때 A의 행위는 합법적 행위에 해당한다.
ㄴ. C는 독거노인 D를 위하여 감자를 재배하여 매년 생산된 감자 전량을 D에게 아무런 대가 없이 주고 있다. 슈나이더의 분류에 의할 때 C의 행위는 지하경제에 포함되지 않는다.
ㄷ. E는 마약중독자 F를 측은하게 여겨 마약을 제조하여 F에게 무상으로 제공하였다. 슈나이더의 분류에 의할 때 E의 행위는 비금전적 불법거래에 해당한다.
ㄹ. 과일 소매상 G가 과일 판매대금으로 현금을 받고 이에 대한 세금을 신고하지 않은 행위는 甲의 입장에 의할 때 불법적 행위에 해당한다.

① ㄱ, ㄴ　② ㄱ, ㄷ　③ ㄴ, ㄷ
④ ㄱ, ㄷ, ㄹ　⑤ ㄴ, ㄷ, ㄹ

제01회 제02회 제03회 제04회 제05회 제06회 제07회 제08회 제09회 제10회

23 다음 글을 근거로 〈점심식단〉의 빈칸을 채워 넣을 때 옳지 않은 것은?

국민은행 · 기업은행 · 신한은행 · 우리은행

○ 한 끼의 식사는 밥, 국, 김치, 기타 반찬, 후식 각 종류별로 하나의 음식을 포함하며, 요일마다 다양한 색의 음식으로 이번 주의 점심식단을 짜고자 한다.

○ 밥은 4가지, 국은 5가지, 김치는 2가지, 기타 반찬은 5가지, 후식은 4가지가 준비되어 있다.

종류 \ 색	흰색	붉은색	노란색	검은색
밥	백미밥	—	잡곡밥	흑미밥, 짜장덮밥
국	북엇국	김칫국, 육개장	된장국	미역국
김치	—	배추김치, 깍두기	—	—
기타 반찬	—	김치전	계란찜, 호박전, 잡채	돈육장조림
후식	숭늉, 식혜	수정과	단호박샐러드	—

○ 점심식단을 짜는 조건은 아래와 같다.
- 총 20가지의 음식은 이번 주 점심식단에 적어도 1번씩은 오른다.
- 붉은색과 흰색 음식은 각각 적어도 1가지씩 매일 식단에 오른다.
- 하루에 붉은색 음식이 3가지 이상 오를 시에는 흰색 음식 2가지가 함께 나온다.
- 목요일에만 검은색 음식이 없다.
- 금요일에는 노란색 음식이 2가지 나온다.
- 일주일 동안 2번 나오는 후식은 식혜뿐이다.
- 후식에서 같은 음식이 이틀 연속 나올 수 없다.

<표> 점심식단

종류 \ 요일	월요일	화요일	수요일	목요일	금요일
밥	잡곡밥	백미밥			짜장덮밥
국		된장국	김칫국	육개장	
김치	배추김치	배추김치	깍두기		
기타 반찬			호박전	김치전	잡채
후식		수정과			

① 월요일의 후식은 숭늉이다.

② 화요일의 기타 반찬은 돈육장조림이다.

③ 수요일의 밥은 흑미밥이다.

④ 목요일의 밥은 백미밥이다.

⑤ 금요일의 국은 북엇국이다.

24 다음 〈귀농인 주택시설 개선사업 개요〉와 〈심사 기초 자료〉를 근거로 판단할 때, 지원대상 가구만을 모두 고르면?

기업은행 · 국민은행 · 농협은행

〈귀농인 주택시설 개선사업 개요〉

□ 사업목적: 귀농인의 안정적인 정착을 도모하기 위해 일정 기준을 충족하는 귀농가구의 주택 개·보수 비용을 지원

□ 신청자격: △△군에 소재하는 귀농가구 중 거주기간이 신청마감일(2014. 4. 30.) 현재 전입일부터 6개월 이상이고, 가구주의 연령이 20세 이상 60세 이하인 가구

□ 심사기준 및 점수 산정방식

○ 신청마감일 기준으로 다음 심사기준별 점수를 합산한다.

○ 심사기준별 점수

(1) 거주기간: 10점(3년 이상), 8점(2년 이상 3년 미만), 6점(1년 이상 2년 미만), 4점(6개월 이상 1년 미만)

※ 거주기간은 전입일부터 기산한다.

(2) 가족 수: 10점(4명 이상), 8점(3명), 6점(2명), 4점(1명)

※ 가족 수에는 가구주가 포함된 것으로 본다.

(3) 영농규모: 10점(1.0ha 이상), 8점(0.5ha 이상 1.0ha 미만), 6점(0.3ha 이상 0.5ha 미만), 4점(0.3ha 미만)

(4) 주택노후도: 10점(20년 이상), 8점(15년 이상 20년 미만), 6점(10년 이상 15년 미만), 4점(5년 이상 10년 미만)

(5) 사업시급성: 10점(매우 시급), 7점(시급), 4점(보통)

□ 지원내용

○ 예산액: 5,000,000원

○ 지원액: 가구당 2,500,000원

○ 지원대상: 심사기준별 점수의 총점이 높은 순으로 2가구. 총점이 동점일 경우 가구주의 연령이 높은 가구를 지원. 단, 하나의 읍·면당 1가구만 지원 가능

<심사 기초 자료>

(2014. 4. 30. 현재)

귀농가구	가구주 연령(세)	주소지 (△△군 소재 읍 · 면)	전입일	가족 수(명)	영농규모(ha)	주택 노후도(년)	사업 시급성
甲	49	A	2010. 12. 30.	1	0.2	17	매우 시급
乙	48	B	2013. 5. 30.	3	1.0	13	매우 시급
丙	56	B	2012. 7. 30.	2	0.6	23	매우 시급
丁	60	C	2013. 12. 30.	4	0.4	13	시급
戊	33	D	2011. 9. 30.	2	1.2	19	보통

① 甲, 乙 ② 甲, 丙 ③ 乙, 丙 ④ 乙, 丁 ⑤ 丙, 戊

25 **다음의 〈규정〉만을 고려할 때 〈보기〉 중 옳은 것을 모두 고르면?** 국민은행 · 농협은행

〈규정〉

제00조(주소) ① 생활의 근거되는 곳을 주소로 한다.
② 주소는 동시에 두 곳 이상 있을 수 있다.
제00조(거소) 주소를 알 수 없으면 거소를 주소로 본다.
제00조(거소) 국내에 주소 없는 자에 대하여는 국내에 있는 거소를 주소로 본다.
제00조(가주소) 어느 행위에 있어서 가주소를 정한 때에는 그 행위에 관하여는 이를 주소로 본다.
※ 거소(居所): 생활의 본거지는 아니지만 잠시 몸을 위탁하여 거주하는 장소
※ 가주소(假住所): 어느 특정한 행위의 당사자가 그 행위에 대하여 주소를 대신할 것으로 선정한 장소

〈보기〉

ㄱ. A는 주민등록상 주소지로 '충북 청주시 서원구 무심서로 OOO'에 두고 있지만, 실제생활은 '충북 청주시 덕구 강내면 탑연월곡길 △△△'에서만 하고 있다. A의 주소는 주민등록상 주소지로 보아야 한다.
ㄴ. B는 주민등록상으로 주소를 어디에 두고 있는지 확인이 되지 않고 '경북 예천군 유천면 초적길 □□□'에서 주로 생활하고 있는 것이 확인되었다. B가 생활하고 있는 곳이 B의 주소지이다.
ㄷ. C는 미국 미주리주 콜럼비아시에 거주하고 있는 미국인으로 1년에 한 번씩 한국으로 출장을 오고 있다. 출장기간 동안 거주하는 곳은 '충북 청주시 청원구에 있는 ◇◇호텔'이며, 다른 곳에 숙박하는 경우는 없다. C의 주소지는 '◇◇호텔'의 지번이다.
ㄹ. 제주에 주소를 두고 있는 D와 서울에 주소를 두고 있는 E는 '충북 청주시 청원구에 있는 ◇◇호텔'에서 '대전시 모처에 있는 아파트'를 매매하는 계약을 체결하면서 임시로 D와 E의 주소를 매매계약을 체결하는 장소인 '◇◇호텔'로 정하였다. 체결 이후 매매계약과 관련된 분쟁이 발생하는 경우 '◇◇호텔'을 주소로 본다.
ㅁ. F는 '충북 청주시 상당구 남문로 1가' 소재의 단독주택과 '충북 청주시 흥덕구 옥산면 미호로' 소재의 XXX아파트에서 주로 생활하고 있다. F의 주소는 두 곳 중 '충북 청주시 상당구 남문로 1가' 소재의 단독주택 한 군데이다.

① ㄱ, ㄴ, ㄹ
② ㄱ, ㄹ, ㅁ
③ ㄴ, ㄷ ,ㄹ
④ ㄴ, ㄷ, ㅁ
⑤ ㄷ, ㄹ, ㅁ

26 **A항공사 기내식 담당자는 다음 주 식단편성을 위한 〈조건〉을 통보받았는데, 마지막 조건의 메뉴 하나가 (　　)로 처리되어 있다. 해당 〈조건〉을 모두 만족하는 식단의 경우의 수가 하나라고 할 때, (　　) 안에 들어갈 수 있는 메뉴를 추론한 것으로 적절한 것은?** 국민은행 · 기업은행 · 신한은행 · 우리은행

〈조건〉

○ 다음 5개의 메뉴를 월요일~금요일 5일에 각각 하나씩 편성해야 한다.
- 크림소스 굴 파스타
- 치미추리 소스를 곁들인 티본스테이크
- 킹크랩살과 연어알을 넣은 캘리포니아롤
- 견과류소스를 곁들인 흰살생선구이
- 마늘 버터구이 랍스터

○ 재료의 신선도 문제로 월요일에는 크림소스 굴 파스타를 편성할 수 없다.
○ 자사 임원진이 탑승하는 목요일에는 견과류소스를 곁들인 흰살생선구이를 편성할 수 없다.
○ 마늘 버터구이 랍스터는 재료 수급에 문제가 생겨 금요일에만 편성될 수 있다.
○ 치미추리 소스를 곁들인 티본스테이크는 마늘 버터구이 랍스터와 연달아 편성될 수 없다.
○ (　　)은(는) 견과류소스를 곁들인 흰살생선구이보다 먼저 편성해야 한다.

① 크림소스 굴 파스타
② 치미추리 소스를 곁들인 티본스테이크
③ 킹크랩살과 연어알을 넣은 캘리포니아롤
④ 견과류소스를 곁들인 흰살생선구이
⑤ 마늘 버터구이 랍스터

27 다음 글은 甲주식회사 〈정관〉의 일부 규정이다. 〈보기〉 중 옳은 것을 모두 고르면?

기업은행 · 농협은행 · 우리은행

〈정관〉

제00조 회사는 설립 시에 1천 주의 주식을 발행하며, 회사 설립 후 이사회의 결정으로 1만 주까지 발행주식 총수를 증가시킬 수 있다.

제00조 ① 회사는 A와 B, 두 종류의 주식을 발행할 수 있는데, A형 주식은 1주에 1개의 의결권이 인정되고 이익배당에 있어서 주주에게 어떠한 우선적 특혜도 인정되지 않고, B형 주식은 그 주주에게 주식의 액면금액의 연 10%를 우선적으로 이익배당하되 우선적 배당을 받는 동안에는 주주총회에서 의결권을 행사할 수 없다.

② B형 주식의 존속기간은 발행일로부터 3년으로 하며, 이 기간 만료와 동시에 B형 주식은 A형 주식으로 자동 전환된다.

제00조 ① 주주총회의 결의는 출석한 주주의 의결권의 과반수로 하되 발행주식총수의 4분의 1 이상의 수로 하여야 한다. 주주는 총회에 출석하지 아니하고 서면에 의하여 의결권을 행사할 수 있다.

② 이사회의 결의는 전체 이사의 과반수의 출석과 출석한 이사의 과반수의 수로 한다. 이사회는 이사의 전부 또는 일부가 직접 회의에 출석하지 아니하고 모든 이사가 음성을 동시에 송·수신하는 통신수단에 의하여 결의에 참가하는 것을 허용할 수 있으나, 서면에 의한 결의 참가는 인정할 수 없다.

제00조 회사가 자본금을 증가시키기 위하여 새롭게 주식을 발행하는 경우에 그 새로이 발행되는 주식을 인수할 수 있는 주주가 회사가 정한 기일까지 새로운 주식의 인수를 청약하지 아니하면, 그 청약이 이루어지지 않은 주식의 처리방법은 이사회가 결의로서 정할 수 있다. 단 주주총회의 결의로 이사회가 결정한 그 주식의 처리방법을 변경할 수 있다.

제00조 회사는 이미 발행된 주식총수의 100분의 5의 범위 내에서는, 이사회의 결의로 이사를 제외한 회사 임직원에 대하여 주식을 매수할 수 있는 권리를 부여할 수 있다. 이사회가 이 같은 주식의 매수를 선택할 수 있는 권리를 이사를 제외한 임직원에게 부여하는 결의를 한 경우에는, 이 같은 결의에 대하여 주주총회의 승인을 받아야 한다.

〈보기〉

ㄱ. 김철수가 2010. 5. 1.에 甲회사의 주식을 취득하였다면, 2013. 6. 1.에 개최되는 주주총회에서는 언제나 의결권을 행사할 수 있다.
ㄴ. 본사 건물의 매각을 결정하는 甲회사의 이사회 회의에 이사 총수 10명 중 4명이 참석하여 모두 매각에 찬성하였고, 2명은 서면으로 매각의 찬성의 의사표시를 했다면, 이사회의 본사 매각 결의는 유효하다.
ㄷ. 甲회사의 이사회가 자본금 증가를 위한 신주발행을 하면서 신주 중 청약이 이루어지지 않은 부분을 乙회사에 배정한 경우, 甲회사의 A형 주식으로 총 발행 주식의 35%를 보유하고 있는 이영희가 주주총회에서 이를 변경하려면 다른 주주의 지지가 반드시 필요하다.
ㄹ. 甲회사가 설립 후 자본금 증가를 위하여 4천 주의 신주를 발행하였다면, 甲회사의 이사회는 이사를 제외한 자기회사 임직원에게 주식 230주를 매수할 수 있는 권리를 부여하는 결의를 하고 주주총회의 승인을 구할 수 있다.

① ㄱ, ㄷ　② ㄱ, ㄹ　③ ㄴ, ㄷ
④ ㄴ, ㄹ　⑤ ㄷ, ㄹ

28 **다음 〈표〉의 비행기 좌석과 〈조건〉을 고려할 때, 승객 중 빈자리 바로 옆자리에 좌석을 배정받을 수 있는 사람은?** 기업은행 · 농협은행 · 우리은행

<표> 비행기 좌석

첫 줄	A	B	C
중간 줄	D	E	F
마지막 줄	G	H	U

〈조건〉

○ 승객은 강일, 남정, 도형, 로만, 문선, 보람, 승리 총 일곱 명이다.
○ 서로 같은 줄에 있는 좌석들끼리만 바로 옆자리일 수 있다.
○ 보람이의 자리는 마지막 줄에 있다.
○ 도형이의 자리는 로만이의 자리 바로 옆이며 또한 빈자리 바로 옆이다.
○ 로만이의 자리는 강일이 자리의 바로 뒷자리다.
○ 문선이나 승리는 누구도 강일이의 바로 옆자리에 배정받지 않았다.
○ 문선이와 승리는 같은 줄의 좌석을 배정받았다.

① 남정 ② 로만 ③ 문선
④ 보람 ⑤ 승리

29 **2개의 마을이 아래 그림과 같은 형태의 도로로 구성되어 있다. 어느 날 "가" 마을에 살고 있는 甲이 "나"마을에 심부름을 다녀오게 되었다. 甲이 마을 "가"에서 "나"로 갔다가 다시 "가"로 돌아올 때, 같은 길을 두 번 거치지 않고 다녀올 수 있는 경우의 수는 얼마인가?** 기업은행 · 우리은행

<그림> 도로 구성

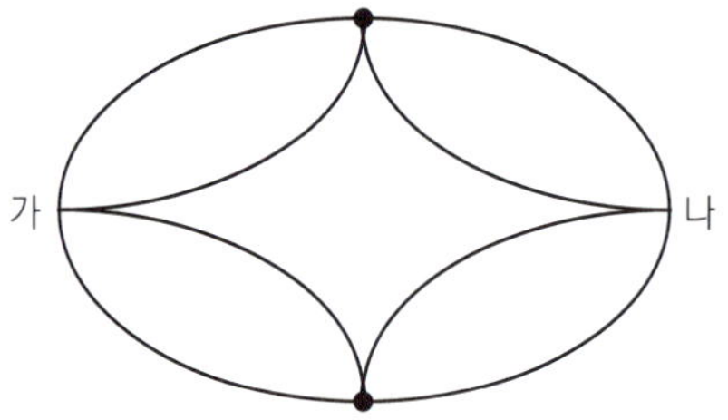

① 10 ② 20 ③ 30
④ 40 ⑤ 50

30 **법제사법위원회 전체회의가 열릴 예정이다. 다음 사항들을 모두 고려하여 의원들의 질의 순서를 정했을 때, 회의 전체를 통틀어 5번째 순서로 질의하는 의원, 7번째 순서로 질의하는 의원, 12시 3분에 질의하고 있는 의원을 차례대로 나열한 것은?** 국민은행 · 기업은행 · 신한은행 · 우리은행

○ 회의는 오전 10시에 시작한다.
○ 회의는 주질의와 보충질의, 그리고 재보충질의의 순서로 진행되며, 의원의 질문 시간과 장관의 답변 시간을 합쳐서 주질의 시간은 10분, 보충질의 시간은 7분, 재보충질의 시간은 5분으로 한정한다.
○ 의원은 A, B, C, D, E 5명이며, 주질의와 보충질의는 5명 모두 신청했고 재보충질의는 A, B, C 3명만이 신청했다.
○ 주질의가 끝나면 20분, 보충질의가 끝나면 10분의 휴식시간이 있다.
○ 질의와 질의 사이에 공백시간은 없는 것으로 본다.
○ A의원은 지역에서 간담회가 있어서 10시 15분에 회의장을 떠났다가 11시 35분에 다시 회의장으로 돌아올 예정이다. 그리고 이날 회의의 가장 마지막 질의는 자신이 하게 해 달라고 요청했다.
○ C의원은 B의원의 주장에 대한 반대 의견을 개진하기 위해 오늘 회의에 참석했으며, 그래서 질의 순서를 항상 B의원의 바로 다음 순서로 잡아달라고 요청했다.
○ D의원은 10시 30분부터 11시 20분까지 TV 방송국에서 이날 회의를 생중계한다는 정보를 입수하고 자신의 모든 질의가 TV에 나올 수 있게 해 달라고 요청했다.
○ E의원은 D의원이 자신과 똑같은 주제로 질문할 것이라는 정보를 미리 입수하고, D의원보다 먼저 주질의를 하겠다고 요청했다. 또한 보충질의에서는 C의원보다 먼저 질의하게 해 달라고 요청했다.

① C－B－C ② C－E－B ③ D－B－C
④ D－E－C ⑤ E－A－B

제05회 스터디리뷰

구분		스터디원 A	스터디원 B	스터디원 C	스터디원 D
프로필		영남대/경상계열	인제대/사회과학계열	국민대/사회과학계열	전남대/경상계열
특징		최빈값 득점자	응시자 평균 득점자	상위 30% 컷 득점자	최고 득점자
번호	나의 풀이결과	스터디원 풀이결과			
01		○	○	○	○
02		○	○	○	○
03		×	×	×	○
04		×	○	×	○
05		×	○	×	○
06		×	×	×	○
07		○	×	○	○
08		×	×	○	×
09		○	○	○	○
10		×	×	○	○
11		×	×	○	○
12		○	○	○	×
13		×	×	○	○
14		×	○	×	○
15		×	×	×	×
16		×	×	×	×
17		×	×	○	○
18		○	○	○	○
19		○	○	○	×
20		×	○	○	○
21		○	○	×	○
22		×	○	×	×
23		×	×	×	×
24		×	×	×	×
25		○	×	×	○
26		×	×	○	○
27		×	×	×	×
28		○	○	○	○
29		×	×	×	○
30		×	×	×	○
계	/ 30	10/ 30	13/ 30	15/ 30	21/ 30

[풀이결과 요약]

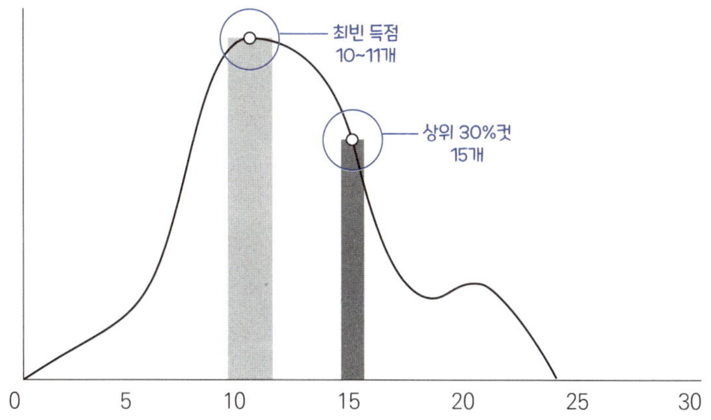

[문항별 정답률]

번호	01	02	03	04	05	06	07	08	09	10
상위 30% 득점자 평균 (A)	71%	86%	43%	57%	29%	71%	86%	86%	86%	71%
응시자 평균 (B)	53%	71%	22%	22%	28%	19%	29%	41%	60%	26%
(A−B)	18%p	15%p	21%p	35%p	1%p	52%p	57%p	45%p	25%p	45%p
번호	11	12	13	14	15	16	17	18	19	20
상위 30% 득점자 평균 (A)	86%	71%	79%	50%	36%	7%	57%	100%	57%	71%
응시자 평균 (B)	38%	55%	28%	28%	19%	14%	16%	74%	47%	36%
(A−B)	48%p	16%p	51%p	22%p	17%p	−7%p	41%p	26%p	10%p	35%p
번호	21	22	23	24	25	26	27	28	29	30
상위 30% 득점자 평균 (A)	86%	21%	14%	36%	71%	57%	14%	79%	21%	29%
응시자 평균 (B)	66%	24%	12%	21%	52%	28%	5%	55%	19%	9%
(A−B)	20%p	−3%p	2%p	15%p	19%p	29%p	9%p	24%p	2%p	20%p

▭ 표기 문항: 상위 30% 득점자 평균과 응시자 평균 정답률 차이가 40%p 이상 발생한 문항으로, 해당 문제를 틀렸다면 필히 리뷰를 하도록 하자.

금융 NCS 를 위한 피셋PSAT 300제

● NCS/PSAT 학습방법 여섯.

통독(제시문을 처음부터 끝까지 훑어 읽는 방식)과 발췌독을 병행하면 의사소통능력(언어논리)은 사실상 점수를 확보하는 영역이 된다. 문제는 '통독'인데, 시험을 위한 글 읽기라는 점에서 일상의 읽기와는 차이가 있다. 시험에 나오는 글은 문제로 출제하기 적합하도록 출제자가 의도적으로 정보를 압축하기 때문이다. 이 점을 이용하여 핵심문장과 키워드를 적극적으로 찾는 훈련을 하자.

제06회
연습문제

제한시간: 60분

언어논리영역 07문항

자료해석영역 10문항

상황판단영역 13문항

언어논리영역

01 **다음 글에서 알 수 있는 것은?** 기업은행

> 경제학자들은 환경자원을 보존하고 환경오염을 억제하는 방편으로 환경세 도입을 제안했다. 환경자원을 이용하거나 오염물질을 배출하는 제품에 환경세를 부과하면 제품 가격상승으로 인해 그 제품의 소비가 감소함에 따라 환경자원을 아낄 수 있고 환경오염을 줄일 수 있다.
>
> 일부에서는 환경세가 소비자의 경제적 부담을 늘리고 소비와 생산의 위축을 가져올 수 있다고 우려한다. 그러나 많은 경제학자들은 환경세 세수만큼 근로소득세를 경감하는 경우 환경보존과 경제성장이 조화를 이룰 수 있다고 본다. 환경세는 환경오염을 유발하는 상품의 가격을 인상시킴으로써 가계의 경제적 부담을 늘려 실질소득을 떨어뜨리는 측면이 있다. 하지만 환경세 세수만큼 근로소득세를 경감하게 되면 근로자의 실질소득이 증대되고, 그 증대효과는 환경세 부과로 인한 상품가격 상승효과를 넘어설 정도로 크다. 왜냐하면 상품가격 상승으로 인한 경제적 부담은 연금생활자나 실업자처럼 고용된 근로자가 아닌 사람들 사이에도 분산되는 반면, 근로소득세 경감의 효과는 근로자에게 집중되기 때문이다. 근로자의 실질소득 증대는 사실상 근로자의 실질임금을 높이고, 이것은 대체로 노동공급을 증가시키는 경향이 있다.
>
> 또한, 환경세가 부과되더라도 노동수요가 늘어날 수 있다. 근로소득세 경감은 기업의 입장에서 노동이 그만큼 저렴해지는 효과가 있다. 더욱이 환경세는 노동자원보다는 환경자원의 가격을 인상시켜 상대적으로 노동을 저렴하게 하는 효과가 있다. 이렇게 되면 기업의 노동수요가 늘어난다. 결국 환경세 세수를 근로소득세 경감으로 재순환시키는 조세구조 개편은 한편으로는 노동의 공급을 늘리고, 다른 한편으로는 노동에 대한 수요를 늘린다. 이것은 고용의 증대를 낳고, 결국 경제 활성화를 가져온다.

① 환경세의 환경오염 억제 효과는 근로소득세 경감에 의해 상쇄된다.

② 환경세를 부과하더라도 그만큼 근로소득세를 경감할 경우, 근로자의 실질소득은 늘어난다.

③ 환경세를 부과할 경우 근로소득세 경감이 기업의 고용 증대에 미치는 효과가 나타나지 않는다.

④ 환경세를 부과하더라도 노동집약적 상품의 상대가격이 낮아진다면 기업의 고용은 늘어나지 않는다.

⑤ 환경세 부과로 인한 상품가격 상승효과는 근로소득세 경감으로 인한 근로자의 실질소득 상승효과보다 크다.

02 다음 글의 ㉠과 ㉡에 들어갈 말을 가장 적절하게 나열한 것은?

우리은행

아담 스미스의 '보이지 않는 손'이라는 가정은 시장에서 개인의 이익추구 활동을 제한하지 않는 것이 전체 이윤을 극대화하는 최선의 방책임을 보여주는 것으로 간주되었다. 그렇다면 다음의 경우는 어떠한가?

공동 소유의 목초지에 양을 치기에 알맞은 풀이 자라고 있다고 생각해 보자. 일정 넓이의 목초지에 방목할 수 있는 가축 두수에는 일정한 한계가 있기 마련이다. 즉 '수용 한계'가 존재하는 것이다. 그 목초지에 한 마리를 더 방목시킨다고 해서 다른 가축들이 갑자기 죽거나 병에 걸리는 것은 아니다. 하지만 목초지의 수용 한계를 넘어 양을 키울 경우, 목초가 줄어들어 그 목초지에서 양을 키워 얻을 수 있는 전체 생산량이 줄어든다. 나아가 수용 한계를 과도하게 초과할 정도로 사육 두수가 늘어날 경우 목초지 자체가 거의 황폐화된다.

예를 들어 수용 한계가 양 20마리인 공동 목초지에서 4명의 농부가 각각 5마리의 양을 키우고 있다고 해 보자. 그 목초지의 수용 한계에 이미 도달한 상태이지만, 그 중 한 농부가 자신의 이익을 늘리고자 방목하는 양의 두수를 늘리려 한다. 그러면 5마리를 키우고 있는 농부들은 목초지의 수용 한계로 인하여 기존보다 이익이 줄어들지만, 두수를 늘린 농부의 경우 그의 이익이 기존보다 조금 늘어난다. 손실을 만회하기 위해 다른 농부들도 사육 두수를 늘리고자 할 것이다. 이러한 상황이 장기화될 경우, (　　㉠　　)

이와 같이 아담 스미스의 '보이지 않는 손'에 시장을 맡겨 둘 경우 (　　㉡　　) 결과가 나타날 것이다.

① ㉠: 농부들의 총이익은 기존보다 증가할 것이다.
　㉡: 한 사회의 공공 영역이 확장되는
② ㉠: 농부들의 총이익은 기존보다 감소할 것이다.
　㉡: 한 사회의 전체 이윤이 감소하는
③ ㉠: 농부들의 총이익은 기존보다 감소할 것이다.
　㉡: 한 사회의 전체 이윤이 유지되는
④ ㉠: 농부들의 총이익은 기존과 동일하게 될 것이다.
　㉡: 한 사회의 전체 이윤이 유지되는
⑤ ㉠: 농부들의 총이익은 기존과 동일하게 될 것이다.
　㉡: 한 사회의 공공 영역이 보호되는

제01회 제02회 제03회 제04회 제05회 제06회 제07회 제08회 제09회 제10회

03 **다음 글의 내용이 참일 때, 반드시 참인 것은?** 신한은행

만일 A 정책이 효과적이라면, 부동산 수요가 조절되거나 공급이 조절된다. 만일 부동산 가격이 적정 수준에서 조절된다면, A 정책이 효과적이라고 할 수 있다. 그리고 만일 부동산 가격이 적정 수준에서 조절된다면, 물가 상승이 없다는 전제 하에서 서민들의 삶이 개선된다. 부동산 가격은 적정 수준에서 조절된다. 그러나 물가가 상승한다면, 부동산 수요가 조절되지 않고 서민들의 삶도 개선되지 않는다. 물론 물가가 상승한다는 것은 분명하다.

① 서민들의 삶이 개선된다.
② 부동산 공급이 조절된다.
③ A 정책이 효과적이라면, 물가가 상승하지 않는다.
④ A 정책이 효과적이라면, 부동산 수요가 조절된다.
⑤ A 정책이 효과적이라도, 부동산 가격은 적정 수준에서 조절되지 않는다.

04 다음 글에서 추론할 수 있는 것은?

신한은행

'핸드오버'란 이동단말기가 이동함에 따라 기존 기지국에서 이탈하여 새로운 기지국으로 넘어갈 때 통화가 끊기지 않도록 통화 신호를 새로운 기지국으로 넘겨주는 것을 말한다. 이런 핸드오버는 이동단말기, 기지국, 이동전화교환국 사이의 유무선 연결을 바탕으로 실행된다. 이동단말기가 기지국에 가까워지면 그 둘 사이의 신호가 점점 강해지는데 반해, 이동단말기와 기지국이 멀어지면 그 둘 사이의 신호는 점점 약해진다. 이 신호의 세기가 특정값 이하로 떨어지게 되면 핸드오버가 명령되어 이동단말기와 새로운 기지국 간의 통화 채널이 형성된다. 이 과정에서 이동전화교환국과 기지국 간 연결에 문제가 발생하면 핸드오버가 실패하게 된다.

핸드오버는 이동단말기와 기지국 간 통화 채널 형성 순서에 따라 '형성 전 단절 방식'과 '단절 전 형성 방식'으로 구분될 수 있다. FDMA와 TDMA에서는 형성 전 단절방식을, CDMA에서는 단절 전 형성 방식을 사용한다. 형성 전 단절 방식은 이동단말기와 새로운 기지국 간의 통화 채널이 형성되기 전에 기존 기지국과의 통화 채널을 단절하는 것을 말한다. 이와 반대로 단절 전 형성 방식은 이동단말기와 기존 기지국 간의 통화 채널이 단절되기 전에 새로운 기지국과의 통화 채널을 형성하는 방식이다. 이런 핸드오버 방식의 차이는 각 기지국이 사용하는 주파수 간 차이에서 비롯된다. 만약 각 기지국이 다른 주파수를 사용하고 있다면, 이동단말기는 기존 기지국과의 통화 채널을 미리 단절한 뒤 새로운 기지국에 맞는 주파수를 할당 받은 후 통화 채널을 형성해야 한다. 그러나 각 기지국이 같은 주파수를 사용하고 있다면, 그런 주파수 조정이 필요 없으며 새로운 통화 채널을 형성하고 나서 기존 통화 채널을 단절할 수 있다.

① 단절 전 형성 방식의 각 기지국은 서로 다른 주파수를 사용한다.
② 형성 전 단절 방식은 단절 전 형성 방식보다 더 빨리 핸드오버를 명령할 수 있다.
③ 이동단말기와 기존 기지국 간의 통화 채널이 단절되면 핸드오버가 성공한다.
④ CDMA에서는 하나의 이동단말기가 두 기지국과 동시에 통화 채널을 형성할 수 있지만 FDMA에서는 그렇지 않다.
⑤ 이동단말기 A와 기지국 간 신호 세기가 이동단말기 B와 기지국 간 신호 세기보다 더 작다면 이동단말기 A에서는 핸드오버가 명령되지만 이동단말기 B에서는 핸드오버가 명령되지 않는다.

05 다음 글의 논지로 가장 적절한 것은? 농협은행

1970년부터 2010년까지 167개 국가가 IMF의 지시를 따랐지만, 그중 9개국만이 저소득 상태에서 고소득 상태로 전환되었다. 9개의 국가 중 아시아 국가는 오직 한국과 타이완뿐이다. 중국과 싱가포르 및 말레이시아를 포함하여 성공 사례로 알려진 다른 모든 아시아 국가들은 소위 IMF가 말하는 '중등소득 함정'에 빠졌다. 한국은 중등소득 함정에서 벗어나 고소득 상태로 진입할 수 있었다. 이는 교육, 저축과 함께 조선, 자동차, 전자 등 핵심 분야에 대한 고부가가치 생산과 기술을 육성함으로써 가능했다. 오늘날 한국 경제는 신흥국보다 선진국에 가까우며, 그 성공을 당연히 자랑스러워할 만하다.

그러나 한국의 성공은 국제무대에서 몇 가지 문제를 동반했다. 한국의 원화는 일본이나 타이완, 말레이시아 등 지역의 다른 경쟁자들에 비해 더 강세를 보여 왔다. 이는 한국 경제의 핵심 분야에 해당되는 수출과 관광산업에 피해를 입혔고 한국의 성장을 둔화시켰다. 한국은 계속해서 화폐전쟁에 참여하고 있으며, 금리를 낮추는 방식으로 원화를 평가절하하고 있다. 이를 통해 수출을 증대시키고 수출과 관련된 고용을 창출하며, 경제성장을 촉진시킬 것이라는 믿음 때문이다.

그러나 최근의 경제사는 우리에게 정반대의 교훈을 주고 있다. 2010년 당시 브라질은 세계에서 가장 강력한 통화를 가지고 있는 나라였다. 2006년부터 2015년까지 브라질 재무장관을 지낸 기도 만테가(Guido Mantega)는 2010년에 브라질은 미국이 이끄는 화폐전쟁의 피해자라고 선언했다. 그 후 브라질은 자국통화를 평가절하하고 수출과 관광산업을 증진시키기 위해 2011년부터 2012년까지 연속적으로 금리를 낮추었다. 그 결과는 재앙이었다. 브라질은 성장하지 못했으며 자국 화폐의 가치 하락으로 인해 수입품 가격이 높아져 인플레이션을 겪게 되었다. 오늘날 브라질 경제는 심각한 침체를 겪고 있으며, 브라질 중앙은행은 인플레이션을 진화하기 위해 급속히 이자율을 높이고 있다. 만약 한국이 성장을 촉진시키기 위해 원화의 평가절하라는 손쉬운 방법을 택할 경우 비슷한 길을 걷게 될 수도 있다. 자국 화폐의 가치를 평가절하하여 얻은 성장은 오래가지 못하며, 오히려 오늘날 브라질의 상황처럼 인플레이션과 경기침체의 충격을 오랫동안 겪게 될 가능성이 높다.

① 한국의 성장을 위해 원화의 가치를 낮추는 정책은 위험할 수 있다.
② 한국의 성장을 위해서는 원화를 평가절하하여 수출을 늘려야 한다.
③ 브라질의 경제침체 원인은 금리 인하와 인플레이션이다.
④ 원화의 강세는 한국의 성장을 둔화시켰다.
⑤ 국가의 성장을 위해서는 화폐전쟁에 참여하는 것이 필수적이다.

06 **국제회의의 참석 대상국은 A~F국이다. 각국은 회의에 참석하는 국가들과의 정치적 관계에 따라 참석여부를 결정한다. 다음 글을 토대로 반드시 참인 것은?** 기업은행 · 농협은행 · 우리은행

> ○ A, B, C국은 서로 경제동맹국이다.
> ○ E, F국은 최근에 영토분쟁을 겪고 있다.
> ○ A, D, F국은 동일한 종교를 국교로 하고 있다.
> ○ 경제동맹국 중 적어도 한 국가는 반드시 회의에 참석한다.
> ○ 영토분쟁을 겪은 국가 중 한 국가만이 참석한다.
> ○ A, D, F국은 자신 외에 동일한 종교를 국교로 하는 국가가 한 국가 이상 참석해야 회의에 참석한다.
> ○ C국이 참석하면 F국이 참석한다.
> ○ B국이 참석하면 E국이 참석한다.
> ○ 언급되지 않은 내용은 고려하지 않는다.

① A국이 참석하지 않을 경우 최대 세 국가가 회의에 참석할 수 있다.
② E국이 참석하고 B국이 참석하지 않는다면, D국은 참석하지 않을 수 있다.
③ F국이 참석하지 않을 경우 적어도 세 국가가 회의에 참석한다.
④ E국이 참석하지 않으면 C국이 참석하지 않는다.
⑤ C국이 참석하지 않을 경우 A국은 참석한다.

07 **다음 글의 빈칸에 들어갈 암호로 옳은 것은?** 기업은행 · 농협은행 · 우리은행

과거 소련의 무선통신원 막스 클라우젠은 일본이 소련을 공격하지 않을 것이라는 보고를 하기 위해 다음과 같은 방법으로 암호표를 만들었다.

제1단계, 지하철에 해당하는 영어단어 SUBWAY, 이 여섯 개 철자를 나란히 쓰고 알파벳에 있는 나머지 철자를 그 밑에 순서대로 적는다. 그러면 네 줄이 더 생기는데, 마지막에는 '마침표(.)'와 '빗금(/)'을 더하여 아래 표를 완성한다.

S	U	B	W	A	Y
C	D	E	F	G	H

제2단계, 영어에서 가장 자주 쓰이는 철자인 A, S, I, N, T, O, E, R에 숫자를 매긴다. 위에서 만든 표의 왼쪽 칸(세로줄) 맨 위에서 시작해 맨 아랫줄까지 이동하고, 다음은 오른쪽 옆 칸에서 똑같이 밑으로 움직인다. 이 과정에서 'ASINTOER' 중 한 글자라도 출현하면 만나는 순서대로 글자 밑에 0부터 7까지의 수를 써 넣으면 된다.

제3단계, 나머지 철자에도 역시 제2단계와 같은 방향으로 짚어가며 80부터 99까지의 숫자를 기입한다.

이제 알파벳에 있는 모든 철자마다 숫자가 붙어 있다. 클라우젠은 이것으로 전달문 내용을 수의 형태로 변환할 수 있었다. 간단한 통신문을 실례로 들어 보자. '공격 없음', 즉 'NO/ATTACK'을 위에서 완성된 표를 이용해 암호화하면 (   )이 나온다.

① 529937738091
② 529956658088
③ 729456658088
④ 729457738091
⑤ 729665808890

자료해석영역

08 다음 〈표〉는 임차인 A~E의 전·월세 전환 현황에 대한 자료이다. 이에 대한 〈보기〉의 설명 중 옳은 것만을 모두 고르면?

국민은행 · 농협은행

<표> 임차인 A~E의 전·월세 전환 현황

(단위: 만 원)

임차인	전세금	월세보증금	월세
A	( )	25,000	50
B	42,000	30,000	60
C	60,000	( )	70
D	38,000	30,000	80
E	58,000	53,000	( )

※ 전 · 월세 전환율(%) $= \frac{\text{월세} \times 12}{\text{전세금} - \text{월세보증금}} \times 100$

〈보기〉

ㄱ. A의 전·월세 전환율이 6%라면, 전세금은 3억 5천만 원이다.
ㄴ. B의 전·월세 전환율은 10%이다.
ㄷ. C의 전·월세 전환율이 3%라면, 월세보증금은 3억 6천만 원이다.
ㄹ. E의 전·월세 전환율이 12%라면, 월세는 50만 원이다.

① ㄱ, ㄴ　② ㄱ, ㄷ　③ ㄱ, ㄹ
④ ㄴ, ㄹ　⑤ ㄷ, ㄹ

09 **사무관 A는 다음 〈표〉와 〈전문가 자문회의〉를 바탕으로 〈업무보고 자료〉를 작성하였다. 〈업무보고 자료〉의 ㉠~㉣ 중 〈표〉와 〈전문가 자문회의〉 내용에 부합하는 것만을 모두 고르면?** 기업은행

<표> 산업단지별 유해물질 배출 현황

(단위: kg/톤, 톤/일)

구분 산업단지	배출농도	배출유량
가	1.5	10
나	2.4	5
다	3.0	8
라	1.0	11

〈전문가 자문회의〉

사무관A: 지금까지 산업단지별 유해물질 배출 현황을 말씀드렸습니다. 향후 환경오염 방지를 위하여 유해물질 배출농도 허용기준을 강화하고자 합니다. 배출농도 허용기준을 현행보다 20% 낮추어 '2.0kg/톤 이하'로 하면 어떨까 합니다.

전문가1: 현재보다 20% 낮추어 배출농도 허용기준을 강화하면 허용기준을 만족하지 못하는 산업단지가 추가로 생기게 됩니다.

전문가2: 배출농도 허용기준 강화로 자칫 산업 활동에 위축을 가져오지 않을까 우려됩니다.

전문가3: 배출 규제 방식을 바꾸면 어떨까 합니다. 허용기준을 정할 때 배출농도 대신, 배출농도와 배출유량을 곱한 총 배출량을 사용하면 어떨까요?

전문가1: 배출농도가 높더라도 배출유량이 극히 적다면 유해물질 하루 총 배출량은 적을 수도 있고, 반대로 배출농도는 낮지만 배출유량이 매우 많다면 총 배출량도 많아지겠군요.

전문가3: 그렇습니다. 배출되는 유해물질의 농도와 양을 종합적으로 고려하자는 것이죠. 유해물질 배출 규제를 개선하려면 총 배출량 허용기준을 '12kg/일 이하'로 정하면 될 것 같습니다.

사무관A: 제안하신 방식에 대한 문제점은 없을까요?

전문가2: 배출유량의 정확한 측정이 어렵고 작은 오차라도 결과값에는 매우 큰 차이를 가져올 수 있습니다.

사무관A: 전문가 분들의 소중한 의견 감사드립니다.

〈업무보고 자료〉

I. 현황 및 추진배경

□ ㉠ 현행 유해물질 배출농도 허용기준 적용 시 총 4개 산업단지 중 2곳만 허용기준을 만족함

□ 유해물질 배출 규제 개선을 통해 환경오염을 미연에 방지하고 생태계 건강성을 유지하고자 함

II. 유해물질 배출 규제 개선(안)

□ 배출농도 허용기준 강화

○ 현행 허용기준보다 20% 낮추는 방안

- ㉡ 현행 대비 20%를 낮출 경우 배출농도 허용기준은 '2.0kg/톤 이하'로 강화됨
- ㉢ 강화된 기준 적용 시 총 4개 산업단지 중 1곳만 배출농도 허용기준을 만족함

○ 문제점

- 배출농도 허용기준 강화로 산업 활동 위축이 우려됨

□ 배출 규제 방식 변경

○ 총 배출량을 기준으로 유해물질 배출 규제

- 총 배출량=배출농도×배출유량
- 총 배출량 허용기준: 12kg/일 이하
- ㉣ 새로운 배출 규제 방식 적용 시 총 4개 산업단지 중 2곳만 허용기준을 만족함

○ 문제점

- 배출유량의 정확한 측정이 어렵고 작은 오차라도 결괏값에 큰 영향을 줄 수 있음

① ㄱ, ㄴ ② ㄱ, ㄷ ③ ㄴ, ㄹ
④ ㄱ, ㄷ, ㄹ ⑤ ㄴ, ㄷ, ㄹ

10 **다음 〈표〉는 A~D국 화폐 대비 원화 환율 및 음식가격에 대한 자료이다. 이에 대한 〈보기〉의 설명 중 옳은 것만을 모두 고르면?**

기업은행 · 농협은행 · 우리은행

<표 1> A ~ D국 화폐 대비 원화 환율

국가	화폐단위	환율(원/각 국의 화폐 1단위)
A	a	1,200
B	b	2,000
C	c	200
D	d	1,000

<표 2> A~D국 판매단위별 음식가격

국가 \ 음식 / 판매단위	햄버거	피자	치킨	삼겹살
	1개	1조각	1마리	1인분
A	5a	2a	15a	8a
B	6b	1b	9b	3b
C	40c	30c	120c	30c
D	10d	3d	20d	9d

〈보기〉

ㄱ. 원화 120,000원으로 가장 많은 개수의 햄버거를 구매할 수 있는 국가는 A국이다.
ㄴ. B국에서 치킨 1마리 가격은 삼겹살 3인분 가격과 동일하다.
ㄷ. C국의 삼겹살 4인분과 A국의 햄버거 5개는 동일한 액수의 원화로 구매할 수 있다.
ㄹ. D국 화폐 대비 원화 환율이 1,000원/d에서 1,200원/d로 상승하면, D국에서 원화 600,000원으로 구매할 수 있는 치킨의 마리 수는 20% 이상 감소한다.

① ㄱ, ㄴ　② ㄱ, ㄷ　③ ㄴ, ㄷ
④ ㄱ, ㄴ, ㄹ　⑤ ㄴ, ㄷ, ㄹ

11 다음 〈표〉는 금융기관별, 개인신용등급별 햇살론 보증잔액 현황에 관한 자료이다. 〈그림〉은 〈표〉를 이용하여 6개 금융기관 중 2개 금융기관의 개인신용등급별 햇살론 보증잔액 구성비를 나타낸 것이다. 〈그림〉의 금융기관 A와 B를 바르게 나열한 것은?

국민은행 · 농협은행

<표> 금융기관별, 개인신용등급별 햇살론 보증잔액 현황

(단위: 백만 원)

개인신용등급 \ 금융기관	농협	수협	축협	신협	새마을금고	저축은행	합
1	2,425	119	51	4,932	7,783	3,785	19,095
2	6,609	372	77	14,816	22,511	16,477	60,862
3	8,226	492	176	18,249	24,333	27,133	78,609
4	20,199	971	319	44,905	53,858	72,692	192,944
5	41,137	2,506	859	85,086	100,591	220,535	450,714
6	77,749	5,441	1,909	147,907	177,734	629,846	1,040,586
7	58,340	5,528	2,578	130,777	127,705	610,921	935,849
8	11,587	1,995	738	37,906	42,630	149,409	244,265
9	1,216	212	75	1,854	3,066	1,637	8,060
10	291	97	2	279	539	161	1,369
계	227,779	17,733	6,784	486,711	560,750	1,732,596	3,032,353

<그림> 금융기관 A와 B의 개인신용등급별 햇살론 보증잔액 구성비

(단위: %)

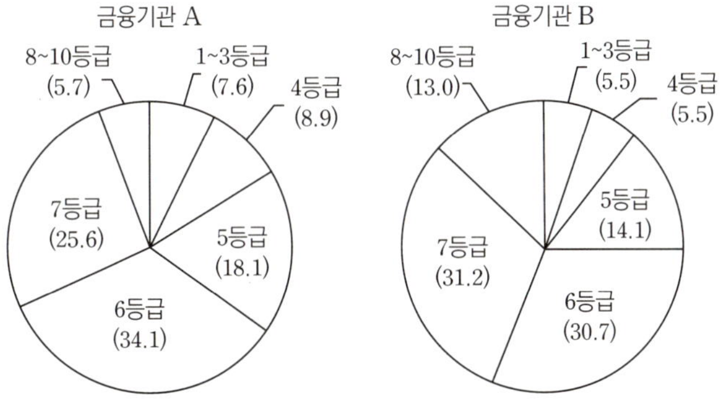

※ 1) '1~3등급'은 개인신용등급 1, 2, 3등급을 합한 것이고, '8~10등급'은 개인신용등급 8, 9, 10등급을 합한 것임
2) 보증잔액 구성비는 소수점 둘째 자리에서 반올림한 값임

	A	B
①	농협	수협
②	농협	축협
③	수협	신협
④	저축은행	수협
⑤	저축은행	축협

12 **다음 〈표〉는 A카페의 커피 판매정보에 대한 자료이다. 한 잔만을 더 판매하고 영업을 종료한다고 할 때, 총이익이 정확히 64,000원이 되기 위해서 판매해야 하는 메뉴는?** 신한은행

<표> A카페의 커피 판매정보

(단위: 원, 잔)

구분 / 메뉴	한 잔 판매가격	현재까지의 판매량	한 잔당 재료(재료비)				
			원두 (200)	우유 (300)	바닐라시럽 (100)	초코시럽 (150)	카라멜시럽 (250)
아메리카노	3,000	5	○	×	×	×	×
카페라떼	3,500	3	○	○	×	×	×
바닐라라떼	4,000	3	○	○	○	×	×
카페모카	4,000	2	○	○	×	○	×
카라멜 마끼아또	4,300	6	○	○	○	×	○

※ 1) 메뉴별 이익＝(메뉴별 판매가격－메뉴별 재료비)×메뉴별 판매량
2) 총이익은 메뉴별 이익의 합이며, 다른 비용은 고려하지 않음
3) A카페는 5가지 메뉴만을 판매하며, 메뉴별 한 잔 판매가격과 재료비는 변동 없음
4) ○: 해당 재료 한 번 사용, ×: 해당 재료 사용하지 않음

① 아메리카노　② 카페라떼　③ 바닐라라떼
④ 카페모카　⑤ 카라멜 마끼아또

13 **다음 〈표〉는 K국 '갑'~'무' 공무원의 국외 출장 현황과 출장 국가별 여비 기준을 나타낸 자료이다. 〈표〉와 〈조건〉을 근거로 출장 여비를 지급받을 때, 출장 여비를 가장 많이 지급받는 출장자부터 순서대로 바르게 나열한 것은?**

기업은행 · 농협은행

<표 1> K국 '갑'~'무' 공무원 국외 출장 현황

출장자	출장 국가	출장 기간	숙박비 지급 유형	1박 실지출 비용 ($/박)	출장 시 개인 마일리지 사용 여부
갑	A	3박 4일	실비지급	145	미사용
을	A	3박 4일	정액지급	130	사용
병	B	3박 5일	실비지급	110	사용
정	C	4박 6일	정액지급	75	미사용
무	D	5박 6일	실비지급	75	사용

※ 각 출장자의 출장 기간 중 매박 실지출 비용은 변동 없음

<표 2> K국 '갑'~'무' 공무원 국외 출장 현황

구분 / 출장국가	1일 숙박비 상한액($/박)	1일 식비($/일)
A	170	72
B	140	60
C	100	45
D	85	35

〈조건〉

○ 출장 여비($)=숙박비+식비
○ 숙박비는 숙박 실지출 비용을 지급하는 실비지급 유형과 출장국가 숙박비 상한액의 80%를 지급하는 정액지급 유형으로 구분
  • 실비지급 숙박비($)=(1박 실지출 비용)×('박' 수)
  • 정액지급 숙박비($)=(출장국가 1일 숙박비 상한액)×('박' 수)×0.8
○ 식비는 출장 시 개인 마일리지 사용여부에 따라 출장 중 식비의 20% 추가 지급
  • 개인 마일리지 미사용 시 지급 식비($)=(출장국가 1일 식비)×('일' 수)
  • 개인 마일리지 사용시 지급 식비($)=(출장국가 1일 식비)×('일' 수)×1.2

① 갑, 을, 병, 정, 무　② 갑, 을, 병, 무, 정　③ 을, 갑, 정, 병, 무
④ 을, 갑, 병, 무, 정　⑤ 을, 갑, 무, 병, 정

14 다음 〈표〉는 2013년 '갑'국의 식품 수입액 및 수입건수 상위 10개 수입상대국 현황을 나타낸 자료이다. 이에 대한 설명 중 옳은 것은? 국민은행

<표> 2013년 '갑'국의 식품 수입액 및 수입건수 상위 10개 수입상대국 현황

(단위: 조 원, 건, %)

수입액				수입건수			
순위	국가	금액	점유율	순위	국가	건수	점유율
1	중국	3.39	21.06	1	중국	104,487	32.06
2	미국	3.14	19.51	2	미국	55,980	17.17
3	호주	1.10	6.83	3	일본	15,884	4.87
4	브라질	0.73	4.54	4	프랑스	15,883	4.87
5	태국	0.55	3.42	5	이탈리아	15,143	4.65
6	베트남	0.50	3.11	6	태국	12,075	3.70
7	필리핀	0.42	2.61	7	독일	11,699	3.59
8	말레이시아	0.36	2.24	8	베트남	10,558	3.24
9	영국	0.34	2.11	9	영국	7,595	2.33
10	일본	0.17	1.06	10	필리핀	7,126	2.19
—	기타국가	5.40	33.53	—	기타국가	69,517	21.33

① 식품의 총 수입액은 17조 원 이상이다.

② 수입액 상위 10개 수입상대국의 식품 수입액 합이 전체 식품 수입액에서 차지하는 비중은 70% 이상이다.

③ 식품 수입액 상위 10개 수입상대국과 식품 수입건수 상위 10개 수입상대국에 모두 속하는 국가 수는 6개이다.

④ 식품 수입건수당 식품 수입액은 중국이 미국보다 크다.

⑤ 중국으로부터의 식품 수입건수는 수입건수 상위 10개 수입 상대국으로부터의 식품 수입건수 합의 45% 이하이다.

15 **다음 〈표〉는 2005~2014년 OECD 주요국의 한국 대비 물가수준을 나타낸 자료이다. 이에 대한 〈보기〉의 설명 중 옳은 것을 모두 고르면?**

국민은행 · 농협은행

<표> 연도별 OECD 주요국의 한국 대비 물가수준

(단위: 한국=100)

국가 \ 연도	2005	2006	2007	2008	2009	2010	2011	2012	2013	2014
헝가리	72	75	91	116	106	92	84	81	75	67
한국	100	100	100	100	100	100	100	100	100	100
미국	116	106	107	152	129	123	123	116	116	120
일본	145	129	128	224	184	184	189	158	127	116
독일	128	128	139	181	164	141	139	129	131	123
이탈리아	119	119	139	185	168	130	128	131	132	123
캐나다	126	114	131	152	149	161	157	151	138	136
프랑스	127	127	143	188	170	152	149	137	139	131
영국	127	132	141	150	138	149	161	138	147	150
뉴질랜드	124	113	131	139	150	153	154	155	150	147
스웨덴	136	143	156	180	168	166	164	162	157	144
호주	122	118	137	154	174	194	197	193	162	156

※ 한국의 물가를 100으로 할 때 주요국의 물가수준을 나타낸 것임

〈보기〉

ㄱ. 한국과 영국은 2008년 대비 2014년 물가상승률이 동일하다.

ㄴ. 2012년 이후 매년 한국이 3%의 물가상승률을 기록하였다면, 일본의 경우 2012년 물가에 비해서 2013년 물가는 20% 미만의 감소율을 보인다.

ㄷ. 주어진 국가들 중에서 2010년 이후 매년 헝가리를 제외한 국가들의 물가수준은 한국보다 높았다.

ㄹ. 주어진 국가들 중에서 2013년과 2014년 연속으로 전년대비 물가가 상승한 국가는 1개국이다.

① ㄱ, ㄴ　② ㄱ, ㄷ　③ ㄴ, ㄷ
④ ㄷ, ㄹ　⑤ ㄱ, ㄴ, ㄷ

[16~17] 다음 〈표〉는 지방공사와 지방공단의 기관장 평균연봉, 2014년도 경영성과를 나타낸 자료이다. 이를 읽고 각 물음에 답하시오.

<표 1> 지방공사와 지방공단의 기관장 평균연봉

(단위: 천 원)

구분		2010년	2011년	2012년	2013년	2014년
지방공사	지하철공사	111,908	106,514	115,371	116,418	108,631
	도시개발공사	103,157	101,310	102,933	104,619	100,978
	기타공사	83,407	86,579	85,796	90,855	85,086
지방공단		72,983	73,642	76,321	77,405	77,263

<표 2> 2014년도 지방공사와 지방공단 경영성과

(단위: 백만 원, %)

구분		자산규모	부채규모	자본규모	부채비율
지방공사	지하철공사	25,199,833	5,892,456	19,307,377	(　　)
	도시개발공사	58,723,590	41,845,618	16,877,972	(　　)
	기타공사	6,020,104	(　　)	3,161,238	90.4
지방공단		903,839	219,048	684,791	(　　)

※ 부채비율 $=\frac{\text{부채규모}}{\text{자본규모}}\times 100$

16 **2014년 부채비율이 큰 순서대로 〈표 2〉의 기관을 바르게 나열한 것은?** 농협은행

① 도시개발공사 – 지하철공사 – 기타공사 – 지방공단
② 도시개발공사 – 기타공사 – 지방공단 – 지하철공사
③ 도시개발공사 – 기타공사 – 지하철공사 – 지방공단
④ 도시개발공사 – 지하철공사 – 지방공단 – 기타공사
⑤ 도시개발공사 – 지방공단 – 지하철공사 – 기타공사

17 **위 〈표〉에 대한 〈보기〉의 설명 중 옳은 것을 모두 고르면?** 농협은행

〈보기〉

ㄱ. 2014년 기타공사의 부채규모는 지하철공사의 절반 이상이다.
ㄴ. 2014년 지하철공사, 도시개발공사, 기타공사, 지방공단의 경우 자본규모가 클수록 기관장 평균연봉도 높게 나타난다.
ㄷ. 2014년 〈표〉의 모든 지방공사는 지방공단에 비해 자산규모, 부채규모, 자본규모가 더 높은 수준으로 나타난다.
ㄹ. 주어진 지방공사 중에서 2014년 기관장 평균연봉의 전년대비 감소율이 가장 낮은 것은 도시개발공사이다.

① ㄱ, ㄷ ② ㄴ, ㄷ ③ ㄴ, ㄹ
④ ㄱ, ㄷ, ㄹ ⑤ ㄴ, ㄷ, ㄹ

상황판단영역

18 **다음 글을 근거로 판단할 때, 〈사례〉의 '공공누리 마크' 이용조건에 부합하는 甲의 행위는?**

우리은행

K국 정부는 공공저작물 이용활성화를 위해 '공공누리'라는 표시기준을 정하였고, 공공저작물을 이용하는 사람이 그 이용조건을 쉽게 확인할 수 있도록 '공공누리 마크'를 만들었다. 그 의미는 아래와 같다.

공공누리 마크	이용조건의 의미
OPEN	• 공공저작물을 일정한 조건 하에 자유롭게 이용할 수 있다.
출처표시	• 이용하는 공공저작물의 출처를 표시해야 한다. 예컨대 "본 저작물은 ○○공공기관에서 △△년 작성하여 개방한 □□저작물을 이용하였음"과 같이 출처를 표시해야 한다.
상업용금지	• 공공저작물의 상업적 이용은 금지되고 비상업적으로만 이용할 수 있다. • 이 마크가 표시되어 있지 않으면, 이용자는 해당 공공저작물을 상업적 및 비상업적으로 이용할 수 있다.
변경금지	• 공공저작물의 변경이 금지된다. 예컨대 공공저작물의 번역 · 편곡 · 변형 · 각색 등이 금지된다. • 이 마크가 표시되어 있지 않으면, 이용자는 해당 공공저작물의 내용이나 형식을 변경하여 이용할 수 있다.

〈사례〉

甲은 환경관련 보고서(이하 '보고서')를 작성하기 위하여 A공공기관이 발간한 「환경백서」에 수록되어 있는 사진(이하 '사진저작물')과 그 설명문을 근거자료로 이용하고자 한다. 「환경백서」에는 다음과 같은 공공누리 마크가 표시되어 있다.

OPEN 출처표시 변경금지

① 출처를 표시하지 않고 사진저작물과 그 설명문을 그대로 보고서에 수록하는 행위
② 사진저작물의 색상을 다른 색상으로 변형하여 이를 보고서에 수록하는 행위
③ 상업적인 목적으로 보고서를 작성하면서 출처를 표시하고 사진저작물과 그 설명문을 그대로 수록하는 행위
④ 비상업적인 목적으로 보고서를 작성하면서 사진저작물을 다른 사진과 합성하여 수록하는 행위
⑤ 출처를 표시하고 사진저작물의 설명문을 영어로 번역하여 그 사진저작물과 번역문을 보고서에 수록하는 행위

19 **다음 글과 〈상황〉을 근거로 판단할 때 옳은 것은?** 신한은행 · 우리은행

K국의 현행법상 상속인으로는 혈족상속인과 배우자상속인이 있다. 제1순위 상속인은 피상속인의 직계비속이며, 직계비속이 없는 경우 직계존속이 상속인이 된다. 태아는 사산되어 출생하지 못한 경우를 제외하고 상속인이 된다. 배우자는 직계비속과 동순위로 공동상속인이 되고, 직계비속이 없는 경우에 피상속인의 직계존속과 공동상속인이 되며, 피상속인에게 직계비속과 직계존속이 없으면 단독상속인이 된다. 현행 상속분 규정은 상속재산을 배우자에게 직계존속·직계비속보다 50%를 더 주도록 정하고 있다. 예를 들어 상속인이 배우자(X)와 2명의 자녀(Y, Z)라면, '1.5(X):1(Y):1(Z)'의 비율로 상속이 이루어진다.

그런데 K국에서는 부부의 공동재산 기여분을 보장하기 위한 차원에서 상속법 개정을 추진하고 있다. '개정안'은 상속재산의 절반을 배우자에게 우선 배분하고, 나머지 절반은 현행 규정대로 배분하는 내용을 골자로 한다. 즉, 피상속인이 사망하였을 경우 상속재산의 50%를 그 배우자에게 먼저 배분하고, 이를 제외한 나머지 50%에 대해서는 다시 현행법상의 비율대로 상속이 이루어진다.

〈상황〉

甲은 심장마비로 갑자기 사망하였다. 甲의 유족으로는 어머니 A, 배우자 B, 아들 C, 딸 D가 있고, B는 현재 태아 E를 임신 중이다. 甲은 9억 원의 상속재산을 남겼다.

① 현행법에 의하면, E가 출생한 경우 B는 30% 이하의 상속분을 갖게 된다.
② 개정안에 의하면, E가 출생한 경우 B는 6억 원을 상속받게 된다.
③ 현행법에 의하면, E가 사산된 경우 B는 3억 원을 상속받게 된다.
④ 개정안에 의하면, E가 사산된 경우 B는 4억 원을 상속받게 된다.
⑤ 개정안에 의하면, E의 사산여부에 관계없이 B가 상속받게 되는 금액은 현행법에 의할 때보다 50% 증가한다.

20 **다음 글을 근거로 판단할 때, 옳은 것은?** 국민은행 · 농협은행

> 아파트를 분양받을 경우 전용면적, 공용면적, 공급면적, 계약면적, 서비스면적이라는 용어를 자주 접하게 된다.
>
> 전용면적은 아파트의 방이나 거실, 주방, 화장실 등을 모두 포함한 면적으로, 개별 세대 현관문 안쪽의 전용 생활공간을 말한다. 다만 발코니 면적은 전용면적에서 제외된다.
>
> 공용면적은 주거공용면적과 기타공용면적으로 나뉜다. 주거공용면적은 세대가 거주를 위하여 공유하는 면적으로 세대가 속한 건물의 공용계단, 공용복도 등의 면적을 더한 것을 말한다. 기타공용면적은 주거공용면적을 제외한 지하층, 관리사무소, 노인정 등의 면적을 더한 것이다.
>
> 공급면적은 통상적으로 분양에 사용되는 용어로 전용면적과 주거공용면적을 더한 것이다. 계약면적은 공급면적과 기타공용면적을 더한 것이다. 서비스면적은 발코니 같은 공간의 면적으로 전용면적과 공용면적에서 제외된다.

① 발코니 면적은 계약면적에 포함된다.
② 관리사무소 면적은 공급면적에 포함된다.
③ 계약면적은 전용면적, 주거공용면적, 기타공용면적을 더한 것이다.
④ 공용계단과 공용복도의 면적은 공급면적에 포함되지 않는다.
⑤ 개별 세대 내 거실과 주방의 면적은 주거공용면적에 포함된다.

21 다음 글을 근거로 판단할 때 옳지 않은 것은?

신한은행

甲은 〈가격표〉를 참고하여 〈조건〉에 따라 동네 치킨 가게(A~D)에서 치킨을 배달시켰다.

<가격표>

(단위: 원)

동네 치킨가게	치킨 가격(마리당 가격)			배달료	배달가능 최소금액
	프라이드 치킨	양념치킨	간장치킨		
A	7,000	8,000	9,000	0	10,000
B	7,000	7,000	10,000	2,000	5,000
C	5,000	8,000	8,000	1,000	7,000
D	8,000	8,000	8,000	1,000	5,000

〈조건〉

조건 1. 프라이드 치킨, 양념치킨, 간장치킨을 한 마리씩 주문한다.
조건 2. 동일한 가게에 세 마리를 주문하지 않는다.
조건 3. 주문금액(치킨 가격+배달료)의 총 합계가 최소가 되도록 한다.
※ 배달료는 가게당 한 번만 지불함

① A가게에는 주문하지 않았다.
② 총 주문금액은 23,000원이다.
③ 주문이 가능한 경우의 조합은 총 네 가지이다.
④ B가게가 휴업했더라도 총 주문금액은 달라지지 않는다.
⑤ '조건 2'를 고려하지 않는다면 총 주문금액은 22,000원이다.

22 **다음 글을 근거로 판단할 때 옳지 않은 것은?** 기업은행 · 국민은행

○○군에서는 관내 임업인 중 정부 보조금 지원 대상자를 선정하기 위하여 〈평가기준〉을 홈페이지에 게시하였다. 이에 임업인 甲, 乙, 丙, 丁이 관련 서류를 완비하여 보조금 지원을 신청하였으며, ○○군은 평가를 거쳐 〈선정결과〉를 발표하였다.

<평가기준>

구분	평가항목	배점기준		배점	평가자료
1	보조금 수급 이력	없음		40	정부 보유자료
		있음	3백만 원 미만	26	
			3백만 원 이상	10	
2	임산물 판매규모	2천만 원 이상		30	2015년 연간 판매액 증빙자료
		1천만 원 이상 2천만 원 미만		25	
		5백만 원 이상 1천만 원 미만		19	
		5백만 원 미만		12	
3	전문임업인	해당		10	군청 보유자료
		해당 없음		5	
4	임산물 관련 교육 이수	해당		10	이수증, 수료증
		해당 없음		5	
5	2015년 산림청 통계조사 표본농가	해당		10	산림청 보유자료
		해당 없음		7	

□ 선정기준: 평가기준에 따른 총점이 가장 높은 임업인 1인

□ 임업인이 제출해야 할 서류

○ 2번 항목: 2015년 임산물 판매 영수증, 세금계산서

○ 4번 항목: 이수증 또는 수료증

□ 선정제외 대상: 보조금을 부당하게 사용하였거나 관련 법령을 위반한 자

□ 동점 시 우선 선정기준

1. 보조금 수급 이력 점수가 높은 자
2. 임산물 판매규모 점수가 높은 자
3. 연령이 높은 자

<선정결과>

항목 임업인	1	2	3	4	5	총점	선정 여부
甲	40	25	10	5	7	87	×
乙	40	19	5	10	10	84	×
丙	40	19	10	5	10	84	○
丁	26	30	5	10	7	78	×

① 甲은 관련 법령을 위반한 적이 있을 것이다.
② 甲과 丁은 2015년 산림청통계조사 표본농가에 포함되지 않았을 것이다.
③ 乙이 관련 법령 위반 경력이 없다면, 丙은 乙보다 연령이 높을 것이다.
④ 丁은 300만 원 이상에 해당되는 보조금 수급 이력 서류를 제출하였을 것이다.
⑤ 乙과 丁은 임산물 관련 교육 이수 사실 증명을 위해 이수증이나 수료증을 제출하였을 것이다.

23 **다음 글을 근거로 판단할 때 옳은 것은?** 기업은행

독일의 통계학자 A는 가계지출을 음식비, 피복비, 주거비, 광열비, 문화비(교육비, 공과금, 보건비, 기타 잡비)의 5개 항목으로 구분해 분석했다. 그 결과 소득의 증가에 따라 총 가계지출 중 음식비 지출 비중은 점차 감소하는 경향이 있지만, 피복비 지출은 소득의 증감에 비교적 영향을 받지 않는다는 사실을 발견했다. 또 주거비와 광열비에 대한 지출 비중은 소득수준에 관계없이 거의 일정하고, 문화비 지출 비중은 소득 증가에 따라 급속하게 증가한다는 것도 알아냈다. 이러한 사실을 모두 아울러 'A의 법칙'이라고 한다. 특히 이 가운데서 가계지출 중 음식비 지출 비중만을 따로 떼어 내어 'A계수'라고 한다. A계수는 총 가계지출에서 차지하는 음식비의 비중을 백분율로 표시한 것으로, 소득 수준이 높을수록 낮아지고, 소득수준이 낮을수록 높아지는 경향을 보인다.

가계지출 중 자녀 교육비의 비중을 나타낸 수치를 'B계수' 라고 한다. 지난 1분기 가계소득 하위 20% 가구의 월평균 교육비 지출액은 12만 원으로 가계지출의 10%였다. 반면 가계소득 상위 20% 가구의 월평균 교육비 지출액은 72만 원으로 가계소득 하위 20% 가구의 6배에 달했고 가계지출에서 차지하는 비중도 20%였다.

① 가계소득이 증가할 때 A계수와 B계수는 모두 높아질 것이다.
② 소득이 높은 가계라도 가계구성원 모두가 값비싼 음식을 선호한다면 소득이 낮은 가계보다 A계수가 높을 수 있다.
③ A의 법칙에 의하면 소득이 증가할수록 음식비 지출액이 줄어든다고 할 수 있다.
④ 지난 1분기 가계소득 상위 20% 가구의 월평균 소득은 가계 소득 하위 20% 가구의 월평균 소득의 3배이다.
⑤ 지난 1분기 가계소득 분위별 교육비 지출액 현황을 볼 때 가계소득이 낮을수록 교육열이 높다고 볼 수 있다.

24 **다음 글과 〈상황〉을 근거로 판단할 때, A와 B의 값으로 옳게 짝지은 것은?** 농협은행

○○국 법원은 손해배상책임의 여부 또는 손해배상액을 정할 때에 피해자에게 과실이 있으면 그 과실의 정도를 반드시 참작하여야 하는데 이를 '과실상계(過失相計)'라고 한다. 예컨대 택시의 과속운행으로 승객이 부상당하여 승객에게 치료비 등 총 손해가 100만 원이 발생하였지만, 사실은 승객이 빨리 달리라고 요구하여 사고가 난 것이라고 하자. 이 경우 승객의 과실이 40%이면 손해액에서 40만원을 빼고 60만 원만 배상액으로 정하는 것이다. 이는 자기 과실로 인한 손해를 타인에게 전가하는 것이 부당하므로 손해의 공평한 부담이라는 취지에서 인정되는 제도이다.

한편 손해가 발생하였어도 손해배상 청구권자가 손해를 본 것과 같은 원인에 의하여 이익도 보았을 때, 손해에서 그 이익을 공제하는 것을 '손익상계(損益相計)'라고 한다. 예컨대 타인에 의해 자동차가 완전 파손되어 자동차 가격에 대한 손해배상을 청구할 경우, 만약 해당 자동차를 고철로 팔아 이익을 얻었다면 그 이익을 공제하는 것이다. 주의할 것은, 국가배상에 의한 손해배상금에서 유족보상금을 공제하는 것과 같이 손해를 일으킨 원인으로 인해 피해자가 이익을 얻은 경우이어야 손익상계가 인정된다는 점이다. 따라서 손해배상의 책임 원인과 무관한 이익, 예컨대 사망했을 경우 별도로 가입한 보험계약에 의해 받은 생명보험금이나 조문객들의 부의금 등은 공제되지 않는다.

과실상계를 할 사유와 손익상계를 할 사유가 모두 있으면 과실상계를 먼저 한 후에 손익상계를 하여야 한다.

〈상황〉

○○국 공무원 甲은 공무수행 중 사망하였다. 법원이 인정한 바에 따르면 국가와 甲 모두에게 과실이 있고, 손익상계와 과실상계를 하기 전 甲의 사망에 의한 손해액은 6억 원이었다. 甲의 유일한 상속인 乙은 甲의 사망으로 유족보상금 3억 원과 甲이 개인적으로 가입했던 보험계약에 의해 생명보험금 6천만 원을 수령하였다. 그 밖에 다른 사정은 없었다. 법원은 甲의 과실을 (A)%, 국가의 과실을 (B)%로 판단하여 국가가 甲의 상속인 乙에게 배상할 손해배상금을 1억 8천만 원으로 정하였다.

	A	B
①	20	80
②	25	75
③	30	70
④	40	60
⑤	70	30

25 **다음 글에 근거할 때 국내 식품업체의 할랄식품 시장 진출 활성화를 위한 대책으로 가장 적절하지 않은 의견을 제시한 사람은?**

농협은행

최근 세계 농식품시장에서 종교 식품인 할랄(Halal)식품이 새로운 트렌드의 하나로 주목을 받고 있다. 이슬람 율법에서는 신도인 무슬림에게 허용되는 사물·행동과 금지되는 사물·행동을 구분하여 규정하고 있는데, 허용되는 것은 할랄(Halal), 금지되는 것은 하람(Haram)이라고 한다. 따라서 무슬림은 음식물도 아무것이나 섭취하지 않고 반드시 할랄식품만 먹어야 한다. 할랄식품은 우리에게는 잘 알려지지 않아 다소 생소하지만, 세계 농식품시장에서 중동아시아, 동남아시아를 중심으로 거대시장을 형성하고 있고, 유럽·미주의 채식주의와 친환경식품 소비 시장까지 확대되고 있다. 때문에 세계 유명 농식품회사들은 앞다투어 할랄식품 시장 공략에 나서고 있다.

우리나라에서도 세계 할랄식품 시장의 성장세가 알려지면서 기업과 정부의 관심이 커지고 있다. 신임 사무관 5명은 국내식품업체의 할랄식품 시장 진출 활성화를 위한 포럼에 참석하여 업계의 건의사항을 청취하고, 이에 대한 대책을 논의하고자 한다.

A업체: 저희들도 할랄식품 시장에 진출을 확대하기 위하여 노력하고 있지만 아직 부족한 것이 많습니다. '할랄인증제'에 대해서 정확한 정보 수집에 어려움이 있기 때문입니다. 저희 같은 경우는 국내 유일의 할랄식품 인증기관인 한국이슬람교중앙회(KMF: Korea Muslim Federation)에서 할랄인증을 받아 시장 진출을 진행하고 있습니다. 많은 기업들이 이 기관에서 인증을 받고 있는 상태이므로, 이 인증기관이 공신력을 갖게끔 정부에서 지원을 해 준다면 많은 업체에 도움이 될 것으로 생각합니다.

B업체: 인증의 공신력을 확보하는 것이 중요한 문제라는 점에 공감합니다. 또한 그 시장에서 통용이 될 수 있느냐 하는 문제가 식품업체들이 갖고 있는 고민입니다. 시장에 대해서 명확히 조사를 해 보거나 한적이 없기 때문입니다. 중요한 것은 정부 정책 등이 기업에서 움직이는 것보다 뒤처진다는 것입니다. 기업 입장에서는 당장 움직여야 합니다. 시장조사와 같은 부분은 업계 전체가 함께 사용할 수 있는 자산이 될 수 있습니다. 정부에서 시장조사를 지원해 주는 것도 방법인 것 같습니다.

C업체: 할랄시장에 대한 정책 논의를 보면 포커스가 단순히 완제품 수출에 맞춰져 있습니다. 할랄인증을 받을 때에는 식품첨가물까지도 인증을 받아야 합니다. 즉, 하나의 제품을 인증받기 위해서는 거기에 들어가는 첨가물을 제조하는 중소 기업체도 모두 인증을 받아야 하는 것입니다. 첨가물 업체들, 즉 중소기업들도 함께 지원을 해 준다면 할랄 생태계가 형성될 수 있다는 생각이 듭니다.

D업체: 정부의 초점이 가공식품 수출에만 치우쳐져 있는 것 같습니다. 그러나 문제는 우리나라에 찾아오는 관광객, 즉 한국 문화를 좋아하는 이슬람 문화권 사람들이 우리 기업의 할랄식품에 대한 정보를 얻기 어렵다는 것입니다. 관광객들에게 국내 식품업체의 할랄식품에 대한 정보를 제공함으로써 이를 소비하도록 하여 기업들의 할랄식품 시장 진출을 유도할 수 있다고 생각합니다.

① 병현: 한국의 인증기관인 KMF의 경쟁력을 높이고, 이를 세계 각국에 알려야겠어. 관계 기관과 협력하여 KMF가 공신력을 갖춤과 동시에 많은 국가에서 영향력을 가지도록 노력해야 하겠군.

② 성현: 기업들과 협업하여 시장별로 수출에 필요한 정보를 담은 할랄식품 수출매뉴얼을 제작하고 기업들이 이에 쉽게 접근할 수 있도록 정보망을 구축하는 방안을 구상해봐야겠어.

③ 우현: 할랄식품 산업발전 과제에 무슬림 관광객에 대한 대책을 포함시키는 것이 좋겠다. 국내 식품업체가 생산하는 할랄 식품목록을 이슬람 문화권에서 온 관광객들에게 제공하면 어떨까?

④ 자현: 영세한 중소기업들은 할랄인증을 받기 위한 비용과 절차에 대하여 부담을 느낄 수 있어. 할랄식품 인증비용을 지원하고 인증매뉴얼을 제공하는 등의 방안이 필요해.

⑤ 채현: 지리적 여건으로 인하여 한국 문화를 쉽게 접하기 어려운 무슬림에게 한국의 식문화를 널리 알리기 위해 중동의 주요 국가에서 한식 박람회를 개최하는 것이 좋겠어.

26 **다음 글과 〈자료〉를 근거로 판단할 때, 甲이 여행을 다녀온 시기로 가능한 것은?**

국민은행 · 기업은행 · 신한은행 · 우리은행

○ 甲은 선박으로 '포항 → 울릉도 → 독도 → 울릉도 → 포항' 순으로 여행을 다녀왔다.
○ '포항 → 울릉도' 선박은 매일 오전 10시, '울릉도 → 포항' 선박은 매일 오후 3시에 출발하며, 편도 운항에 3시간이 소요된다.
○ 울릉도에서 출발해 독도를 돌아보는 선박은 매주 화요일과 목요일 오전 8시에 출발하여 당일 오전 11시에 돌아온다.
○ 최대 파고가 3m 이상인 날은 모든 노선의 선박이 운항되지 않는다.
○ 甲은 매주 금요일에 술을 마시는데, 술을 마신 다음날은 멀미가 심해 선박을 탈 수 없다.
○ 이번 여행 중 甲은 울릉도에서 호박엿 만들기 체험을 했는데, 호박엿 만들기 체험은 매주 월·금요일 오후 6시에만 할 수 있다.

〈자료〉

㉺: 최대 파고(단위: m)

일	월	화	수	목	금	토
16 ㉺ 1.0	17 ㉺ 1.4	18 ㉺ 3.2	19 ㉺ 2.7	20 ㉺ 2.8	21 ㉺ 3.7	22 ㉺ 2.0
23 ㉺ 0.7	24 ㉺ 3.3	25 ㉺ 2.8	26 ㉺ 2.7	27 ㉺ 0.5	28 ㉺ 3.7	29 ㉺ 3.3

① 16일(일)~19일(수)
② 19일(수)~22일(토)
③ 20일(목)~23일(일)
④ 23일(일)~26일(수)
⑤ 25일(화)~28일(금)

27 **다음 글은 A시의 경로수당제도에 대한 설명이다. A시가 〈표〉와 같이 부양의무자 기준 개편을 추진하고 있을 때 〈보기〉에서 이러한 취지를 올바르게 판단한 것을 모두 고르면?** 기업은행

〈A시 경로수당제도〉

○ 지급 대상자 요건: A시에 주민등록을 두고 1년 이상 거주하고 있는 70세 이상의 어르신으로서 ⓐ 소득 기준과 ⓑ 부양의무자 기준을 동시에 충족한 어르신

ⓐ 소득 기준: 월 소득 평가액과 재산의 소득 환산액이 단독가구 830,000원, 부부가구 1,328,000원 이하인 어르신 가구

ⓑ 부양의무자 기준: 부양의무자가 없거나, 부양의무자가 있어도 부양능력이 없거나 미약한 어르신 가구(부양능력은 부양의무자의 소득·재산을 통해 판단)

○ 지급액: 월 100,000원(부양의무자가 있는 경우 부양능력에 따라 일부 차감됨)

<표> 부양의무자 기준 개편(안)

변경 전	변경 후
"부양의무자"란 어르신을 부양할 책임이 있는 다음 사람을 말한다. - 어르신의 1촌 직계혈족 - <추가>	"부양의무자"란 어르신을 부양할 책임이 있는 다음 사람을 말한다. - 어르신의 1촌 직계혈족 - 어르신의 1촌 직계혈족의 배우자

※ 1촌 직계혈족은 부모(1촌 직계존속) 또는 자녀(1촌 직계비속)을 말함

〈보기〉

ㄱ. 일반적으로 부부가 공동으로 직계존속을 부양한다는 사회적 인식·관행을 고려하였다.

ㄴ. 어르신의 자녀가 사망하였을 경우 사위나 며느리에게 부양받기를 현실적으로 기대하기 어렵다는 사정을 고려하였다.

ㄷ. 제도 개편을 통해 아들이 자신의 배우자로 재산을 양도하고 스스로 부양능력이 없는 것으로 위장하여 자신의 부모가 경로수당을 받도록 하는 도덕적 해이 문제가 전보다 줄어들 것으로 기대된다.

ㄹ. 제도 개편으로 A시의 추가적인 재정 소요가 예상된다.

① ㄱ, ㄴ ② ㄱ, ㄷ ③ ㄱ, ㄹ
④ ㄴ, ㄷ ⑤ ㄴ, ㄹ

28 **다음 규정과 〈판례〉에 따를 때 〈상황〉에서 A의 재산 5억 원은 누가 얼마만큼 상속받는가?**

신한은행 · 우리은행

제30조(동시사망)

2인 이상이 동일한 위난으로 사망한 경우에는 동시에 사망한 것으로 추정한다.

제997조(상속개시의 원인)

상속은 사망으로 인하여 개시된다.

제1000조(상속의 순위)

① 상속에 있어서는 다음 순위로 상속인이 된다.

1. 피상속인의 직계비속(아들, 딸 등 자신으로부터 태어난 친족)
2. 피상속인의 직계존속(부모, 조부모 등 자신을 낳도록 한 친족)
3. 피상속인의 형제자매
4. 피상속인의 4촌 이내의 방계혈족

② 전항의 경우에 동순위의 상속인이 수인인 때에는 최근친을 선순위로 하고 동친등의 상속인이 수인인 때에는 공동상속인이 된다.

③ 태아는 상속순위에 관하여는 이미 출생한 것으로 본다.

제1001조(대습상속)

제1000조 제1항 제1호와 제3호의 규정에 의하여 상속인이 될 직계비속 또는 형제자매가 상속개시 전에 사망하거나 결격자가 된 경우에 그 직계비속이 있는 때에는 그 직계비속이 사망하거나 결격된 자의 순위에 갈음하여 상속인이 된다.

제1003조(배우자의 상속순위)

① 피상속인의 배우자는 제1000조 제1항 제1호와 제2호의 규정에 의한 상속인이 있는 경우에는 그 상속인과 동순위로 공동상속인이 되고 그 상속인이 없는 때에는 단독상속인이 된다.

② 제1001조의 경우에 상속개시 전에 사망 또는 결격된 자의 배우자는 동조의 규정에 의한 상속인과 동순위로 공동상속인이 되고 그 상속인이 없는 때에는 단독상속인이 된다.

제1009조(법정상속분)

① 동순위의 상속인이 수인인 때에는 그 상속분은 균분으로 한다.

② 피상속인의 배우자의 상속분은 직계비속과 공동으로 상속하는 때에는 직계비속의 상속분의 5할을 가산하고, 직계존속과 공동으로 상속하는 때에는 직계존속의 상속분의 5할을 가산한다.

제1010조(대습상속분)
① 제1001조의 규정에 의하여 사망 또는 결격된 자에 갈음하여 상속인이 된 자의 상속분은 사망 또는 결격된 자의 상속분에 의한다.
② 전항의 경우에 사망 또는 결격된 자의 직계비속이 수인인 때에는 그 상속분은 사망 또는 결격된 자의 상속분의 한도에서 제1009조의 규정에 의하여 이를 정한다. 제1003조 제2항의 경우에도 또한 같다.

〈판례〉

"원래 대습상속제도는 대습자의 상속에 대한 기대를 보호함으로써 공평을 꾀하고 생존배우자의 생계를 보장하여 주려는 것이고, 또한 동시사망 추정규정도 자연과학적으로 엄밀한 의미의 동시사망은 상상하기 어려운 것이나 사망의 선후를 입증할 수 없는 경우 동시에 사망한 것으로 다루는 것이 결과에 있어 가장 공평하고 합리적이라는 데에 그 입법취지가 있는 것인바, … 민법 제1001조의 '상속인이 될 직계비속이 상속개시 전에 사망한 경우'에는 '상속인이 될 직계비속이 상속개시와 동시에 사망한 것으로 추정되는 경우'도 포함하는 것으로 합목적적으로 해석함이 상당하다. 또한, 피상속인의 자녀가 상속개시 전에 전부 사망한 경우, 피상속인의 손자녀는 대습상속을 한다고 봄이 상당하다."

〈상황〉

A와 배우자 B, 그들의 아들 C는 여행을 가던 중 비행기가 추락하여 세 사람이 동시에 사망하였다. 당시 A는 재산 5억 원이 있었으며, 채무는 없었다. 또한 C에게는 임신 4개월에 접어든 배우자 D가 있었다(태아 E). A의 부모님은 이미 예전에 돌아가셨고, A에게는 동생 F와 G가 있으며, B에게는 동생 H가있다.

	D	E	F	G	H
①	5억 원	0원	0원	0원	0원
②	3억 원	2억 원	0원	0원	0원
③	2억 5,000만 원	2억 5,000만 원	0원	0원	0원
④	1억 2,500만 원	1억 2,500만 원	0원	0원	2억 5,000만 원
⑤	0원	0원	2억 5,000만 원	2억 5,000만 원	0원

29 **다음 글에 근거할 때, RGB 코드로 나타낸 색상에 대해 추론한 것으로 옳지 않은 것은?**

국민은행 · 기업은행 · 농협은행

컴퓨터 모니터에 나타나는 다양한 색상들을 표기하는 방법으로 RGB 색상코드가 널리 사용된다. 이는 특정 색상을 빛의 삼원색인 적색(Red), 녹색(Green), 청색(Blue) 사이의 가산혼합으로 나타내는 표기법이다. RGB 코드는 맨 앞에 붙은 #기호와, 적색, 녹색, 청색 빛의 정도를 순서대로 각각 나타내는 두 자리의 16진수 숫자들로 구성된다. 예를 들어 '#003900'이라는 RGB 색상코드는 적색, 녹색, 청색 빛의 정도가 각각 16진수로 '00', '39', '00'인 색상을 나타낸다. 따라서 이 색상은 적색과 청색 빛이 전혀 들어 있지 않고, 녹색 빛만 16진수로 39만큼 혼합된 색상이다. 16진수 39는 10진수로는 57(=3×16+9×1)에 해당한다. 16진수 표기를 위해 RGB 코드에서는 10진수에서의 0~15라는 숫자를 다음 표와 같이 0~9의 숫자와 A~F의 알파벳을 이용하여 나타낸다. 따라서 '#00D700'은 녹색 빛만 10진수로 215(=13×16+7×1) 만큼 혼합된 색상을 가리킨다.

10진수	0	1	2	3	4	5	6	7	8	9	10	11	12	13	14	15
16진수	0	1	2	3	4	5	6	7	8	9	A	B	C	D	E	F

한편 RGB 코드에서 빛이 하나도 없는 상태는 '#000000'으로 표시되며, 이는 검은색을 나타낸다. 반면 빛의 원색이 모두 최대로 혼합된 상태는 '#FFFFFF'로 표시되며, 이는 흰색을 나타낸다. 다양한 명도의 회색은 각 삼원색의 양이 동일하되 검은색보다는 밝고 흰색보다는 어두운 '#888888', '#B1B1B1' 등으로 나타낼 수 있다. 또한 빛의 삼원색은 적색과 녹색을 섞으면 황색이 되고, 녹색과 청색을 섞으면 옥색이 되며, 청색과 적색을 섞으면 자색이 된다.

※ 가산혼합: 빛을 가하여 색을 혼합할 때, 혼합한 색이 원래의 색보다 밝아지는 혼합. 예를 들어, 적색 빛과 녹색 빛을 스크린에 투영하여 혼합하면 본래의 두 빛보다 밝은 황색광이 된다.

① RGB 코드로 나타낼 수 있는 서로 다른 색상의 수는 16,777,216(=256×256×256)개일 것이다.
② '#2A7EC0'이 '#2A( )E( )2'에 비해 옥색 빛에 더욱 가깝다면 (   )안에는 A, F가 차례로 들어갈 수 있다.
③ '#24E56D'는 '#24DF6D'보다 밝은색을 나타낼 것이다.
④ '#DC1BF1'은 황색보다는 자색 빛에 가까울 것이다.
⑤ '#A9A9A9'는 '#B0B0B0'보다는 어둡고 '#9A9A9A'보다는 밝은색일 것이다.

30 **다음 글에 근거할 때 〈보기〉에서 사용자의 조치가 위법한 것을 모두 고르면?** 기업은행

(가) 근로기준법은 헌법에 따라 근로조건의 기준을 정함으로써 근로자의 기본적 생활을 보장, 향상시키며 균형 있는 국민경제의 발전을 꾀하고자 제정되었으며 근로기준법 및 하위 법규는 아래와 같은 내용을 규정하고 있다.

(나) 근로기준법에서 정하는 근로조건은 최저기준이므로 근로 관계 당사자는 이 기준을 당사자 간 합의를 이유로 근로조건을 낮출 수 없다.

(다) 사용자는 근로자를 해고하려면 적어도 30일 전에 예고를 하여야 하고, 30일 전에 예고를 하지 않았을 때는 30일분 이상의 통상임금을 지급하여야 한다. 다만, 수습 사용 중인 근로자에 대해서는 이와 같은 예고 해고의 규정을 적용하지 않는다.

(라) 임금은 매월 1회 이상 일정한 날짜를 정하여 지급하는 것이 원칙이다. 다만, 임시로 지급하는 임금, 수당, 그 밖에 이에 준하는 것 또는 '1. 1개월을 초과하는 기간의 출근 성적에 따라 지급하는 정근수당, 2. 1개월을 초과하는 일정 기간을 계속하여 근무한 경우에 지급되는 근속수당, 3. 1개월을 초과하는 기간에 걸친 사유에 따라 산정되는 장려금, 능률수당 또는 상여금, 4. 그 밖에 부정기적으로 지급되는 모든 수당'은 예외로 한다.

(마) 사용자의 귀책사유로 휴업하는 경우에 사용자는 휴업기간 동안 그 근로자에게 평균임금의 100분의 70 이상의 수당을 지급하여야 한다. 다만, 평균임금의 100분의 70에 해당하는 금액이 통상임금을 초과하는 경우에는 통상임금을 휴업수당으로 지급할 수 있다.

(바) 1주 간의 근로시간은 휴게시간을 제외하고 40시간을 초과할 수 없다. 그리고 1일의 근로시간은 휴게시간을 제외하고 8시간을 초과할 수 없다.

※ 평균임금: 이를 산정하여야 할 사유가 발생한 날 이전 3개월 동안에 그 근로자에게 지급된 임금의 총액을 그 기간의 총일수로 나눈 금액

※ 통상임금: 근로자에게 정기적이고 일률적으로 소정(所定)근로 또는 총근로에 대하여 지급하기로 정한 시간급 금액, 일급 금액, 주급 금액, 월급 금액 또는 도급 금액

※ 사용자: 사업주(법인을 포함한다) 또는 사업 경영 담당자 등

〈보기〉

ㄱ. A 주식회사는 근로자 甲과 상호 합의하에 1주일에 휴게시간을 제외하고 45시간을 근로시간으로 정하는 근로계약을 체결하였다.
ㄴ. B 주식회사는 근로자 乙과 근로계약을 체결하면서 2개월마다의 출근 성적에 따라 격월 단위로 정근수당을 지급하기로 하였다.
ㄷ. C 주식회사는 현재 수습 근로 중인 근로자 丙을 해고하면서, 해고예정일 10일 전에 해고를 예고하는 통지를 하였다.
ㄹ. D 주식회사는 근로자 丁을 해고하기 위해 해고예정일(2015년 10월 25일)의 20일 전인 2015년 10월 5일에 해고 예고를 하였으며, 10월 급여일인 10월 31일에 10월 26일부터 10월 31일까지 기간을 일 단위로 계산하여 통상임금에서 이를 공제하고 지급하였다.
ㅁ. E 주식회사는 E 주식회사 대표의 귀책 사유로 인해 휴업하면서, 평균임금이 월 400만 원이고 통상임금이 월 250만 원인 근로자 戊에게 월 250만 원을 휴업수당으로 지급하였다.

① ㄱ, ㄷ
② ㄱ, ㄹ
③ ㄴ, ㄹ
④ ㄷ, ㅁ
⑤ ㄹ, ㅁ

제06회 스터디리뷰

구분	스터디원 A	스터디원 B	스터디원 C	스터디원 D
프로필	가톨릭대/인문계열	한국외대/인문계열	부산대/교육계열	경북대/경상계열
특징	최빈값 득점자	응시자 평균 득점자	상위 30% 컷 득점자	최고 득점자

번호	나의 풀이결과	스터디원 풀이결과			
01		○	○	○	○
02		○	○	○	○
03		×	×	×	○
04		×	○	○	×
05		○	○	○	○
06		×	×	○	○
07		×	×	×	○
08		○	×	○	○
09		○	○	○	×
10		○	×	×	○
11		×	×	○	○
12		×	○	○	○
13		×	×	×	×
14		×	○	×	○
15		×	×	×	○
16		×	○	○	○
17		×	×	○	○
18		○	×	○	○
19		×	○	×	○
20		○	○	○	×
21		×	○	×	○
22		○	○	○	○
23		×	○	×	○
24		×	×	×	○
25		○	○	○	×
26		×	×	○	○
27		○	○	○	○
28		×	×	×	○
29		×	×	×	×
30		○	×	○	○
계	**/ 30**	**12 / 30**	**15 / 30**	**18 / 30**	**24 / 30**

[풀이결과 요약]

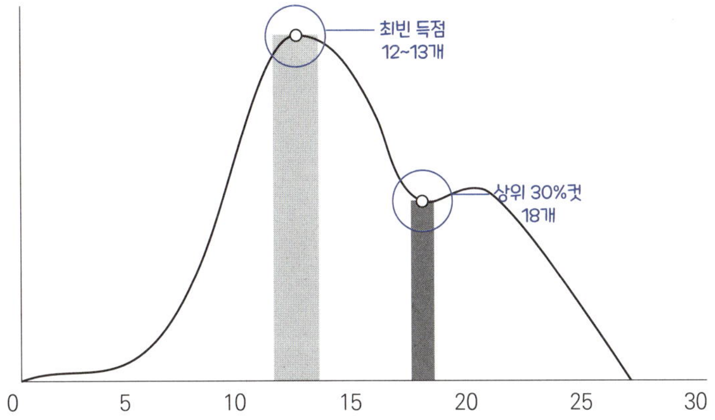

[문항별 정답률]

번호	01	02	03	04	05	06	07	08	09	10
상위 30% 득점자 평균 (A)	100%	100%	71%	86%	100%	57%	29%	79%	86%	79%
응시자 평균 (B)	74%	76%	31%	50%	78%	19%	14%	50%	40%	47%
(A−B)	26%p	24%p	40%p	36%p	22%p	38%p	15%p	29%p	46%p	32%p
번호	11	12	13	14	15	16	17	18	19	20
상위 30% 득점자 평균 (A)	57%	86%	0%	43%	43%	100%	71%	100%	57%	86%
응시자 평균 (B)	38%	52%	5%	31%	16%	50%	40%	76%	29%	66%
(A−B)	19%p	34%p	−5%p	12%p	27%p	50%p	31%p	24%p	28%p	20%p
번호	21	22	23	24	25	26	27	28	29	30
상위 30% 득점자 평균 (A)	64%	93%	43%	43%	57%	93%	71%	50%	21%	86%
응시자 평균 (B)	38%	66%	33%	21%	52%	34%	53%	24%	7%	52%
(A−B)	26%p	27%p	10%p	22%p	5%p	59%p	18%p	26%p	14%p	34%p

▭ 표기 문항: 상위 30% 득점자 평균과 응시자 평균 정답률 차이가 40%p 이상 발생한 문항으로, 해당 문제를 틀렸다면 필히 리뷰를 하도록 하자.

금융 NCS
를 위한
피셋PSAT
300제

● NCS/PSAT 학습방법 일곱.

수리능력은 수험생에 따라 체감하는 난이도가 극과 극인 영역이다. NCS의 수리영역은 일부의 응용수리 문제를 제외하면 사칙연산으로도 어느 정도 소화 가능한 난이도이지만, 학창시절 수학과목을 어려워했던 수험생들은 좋지 않은 기억으로 인해 지레 소홀히 하는 경우가 있다. 제시된 '통계자료가 담고 있는 정보를 읽어낸다.'는 마인드로 자신 있게 학습에 임하도록 하자.

제07회 연습문제

제한시간: 60분

언어논리영역 06문항

자료해석영역 09문항

상황판단영역 15문항

언어논리영역

01 **다음 글에 비추어 ㉠이 적절하게 이루어진 사례만을 〈보기〉에서 모두 고르면?** 신한은행

국제·외교관계에서 조약은 국가 간, 국제기구 간, 국가와 국제기구 간 서면형식으로 체결되며 국제법에 의해 규율되는 합의이다. 반면, ㉠ 기관 간 약정은 국가를 제외한 정부기관이 동일 또는 유사 업무를 수행하는 외국의 정부기관과 체결하는 합의로 법적 구속력이 없다. 이때 기관 간 약정의 서명은 해당 기관의 장이 하는 것이 원칙이다. 다만 해당 기관의 장이 사정상 직접 서명할 수 없는 경우에는 그의 위임을 받은 해당 기관의 고위직 인사가 서명을 할 수도 있다. 만일 기관 간 약정을 조속히 체결할 필요성이 있으나 양국 관계부처 간의 방문 계획이 없어서 체결이 지연되고 이로 인해 양국 관계부처 간 불편이 야기될 가능성이 있는 등의 경우에는, 우편으로 서명문서를 교환하거나 외교통상부 재외공관을 통하여 서명문서를 교환하는 방법으로 그 체결을 행할 수 있다.

해당 기관의 장이 사정상 직접 서명할 수 없어서 그의 위임을 받은 고위직 인사가 서명을 대신할 때, 정부기관장 명의의 전권위임장을 만들어 제출하는 경우가 있는데, 이는 적절하지 않다. 전권위임장이란 국가 간 조약문안의 교섭·채택이나 인증을 위하여 또는 조약에 대한 국가의 기속적 동의를 표시하기 위하여 어떤 사람으로 하여금 국가를 대표하도록 임명하는 문서이기 때문이다. 만약 상대국에서 굳이 서명 위임에 대한 인증 문건의 제출을 요구한다면, 위임장을 제출하는 방향으로 검토해 볼 수 있을 것이다. 또한 기관 간 약정에 서명을 할 때 양국 정상이 임석하는 경우가 있는데, 이는 기관 간 약정이 양국 간의 조약으로 오해될 소지가 있으므로 부적절하다.

〈보기〉

ㄱ. A국 산업통상자원부 장관 명의의 전권위임장을 제출한 산업통상자원부 차관과 B국 기업에너지산업전략부 장관 간에 '에너지산업협력 약정'이 체결된 사례
ㄴ. 국외출장이 어려운 상황에서 시급한 약정의 조속한 체결을 위해 A국 산업통상자원부 장관과 B국 자원개발부 장관 간에 우편으로 서명문서를 교환한 사례
ㄷ. A국 대통령의 B국 방문을 계기로 양국 정상의 임석하에 A국 기술무역부 장관과 B국 과학기술부 장관 간에 '과학기술협력에 관한 약정'이 체결된 사례

① ㄱ
② ㄴ
③ ㄱ, ㄷ
④ ㄴ, ㄷ
⑤ ㄱ, ㄴ, ㄷ

02 다음 글에서 알 수 있는 것은?

기업은행 · 농협은행

1965년 노벨상 수상자 게리 베커는 '시간의 비용'이 시간을 소비하는 방식에 따라 변화한다고 주장했다. 예를 들어 수면이나 식사활동은 영화 관람에 비해 단위 시간당 시간의 비용이 작다. 그 이유는 수면과 식사가 생산적인 활동에 기여하기 때문이다. 잠을 못 자거나 식사를 제대로 하지 못해 체력이 떨어진다면, 생산적인 활동에 제약을 받기 때문에 수면과 식사활동에 들어가는 시간의 비용이 영화 관람에 비해 작다고 볼 수 있다. 베커는 "주말이나 저녁에는 회사들이 문을 닫기 때문에 활용할 수 있는 시간의 길이가 길어지고 이에 따라 특정 행동의 시간의 비용이 줄어든다"고도 지적한다. 시간의 비용이 가변적이라는 개념은, 기대수명이 늘어나서 사람들에게 더 많은 시간이 주어지는 것이 시간의 비용에 영향을 미칠 수 있다는 점에서 의미가 있다.

시간의 비용이 가변적이라고 생각한 이는 베커만이 아니었다. 스웨덴의 경제학자 스테판 린더는 서구인들이 엄청난 경제성장을 이루고도 여유를 누리지 못하는 이유를 논증한다. 경제가 성장하면 사람들의 시간을 쓰는 방식도 달라진다. 임금이 상승하면 직장 밖 활동에 들어가는 시간의 비용이 늘어난다. 일하는 데 쓸 수 있는 시간을 영화나 책을 보는 데 소비하면 그만큼의 임금을 포기하는 것이다. 따라서 임금이 늘어난 만큼 일 이외의 활동에 들어가는 시간의 비용도 함께 늘어난다는 것이다.

베커와 린더는 사람들에게 주어진 시간을 고정된 양으로 전제했다. 1965년 당시의 기대수명은 약 70세였다. 하루 24시간 중 8시간을 수면에 쓰고 나머지 시간에 활동이 가능하다면, 평생 408,800시간의 활동가능 시간이 주어지는 셈이다. 하지만 이 방정식에서 변수 하나가 바뀌면 어떻게 될까? 기대수명이 크게 늘어난다면 시간의 가치 역시 달라져서, 늘 시간에 쫓기는 조급한 마음에도 영향을 주게 되지 않을까?

① 베커에 따르면, 2시간의 수면과 1시간의 영화 관람 중 시간의 비용은 후자가 더 크다.
② 베커에 따르면, 평일에 비해 주말에 단위 시간당 시간의 비용이 줄어드는데, 그 감소폭은 수면이 영화 관람보다 더 크다.
③ 린더에 따르면, 임금이 삭감되었는데도 노동의 시간과 조건이 이전과 동일한 회사원의 경우, 수면에 들어가는 시간의 비용은 이전보다 줄어든다.
④ 베커와 린더 모두 개인이 느끼는 시간의 비용이 작아질수록 주관적인 시간의 길이가 길어진다고 생각한다.
⑤ 베커와 린더 모두 시간의 비용이 가변적이라고 생각했지만, 기대수명이 시간의 비용에 영향을 미치는지 여부에 관해서는 서로 다른 견해를 가지고 있었다.

03 **다음 글의 내용이 참일 때, 반드시 참인 것은?** 기업은행 · 농협은행 · 우리은행

> 전 세계적 금융위기로 인해 그 위기의 근원지였던 미국의 경제가 상당한 피해를 입었다. 미국에서는 경제 회복을 위해 통화량을 확대하는 양적완화 정책을 실시할 것인지를 두고 논란이 있었다. 미국의 양적완화는 미국 경제회복에 효과가 있겠지만, 국제 경제에 적지 않은 영향을 줄 수 있기 때문이다.
>
> 미국이 양적완화를 실시하면, 달러화의 가치가 하락하고 우리나라의 달러 환율도 하락한다. 우리나라의 달러 환율이 하락하면 우리나라의 수출이 감소한다. 우리나라 경제는 대외 의존도가 높기 때문에 경제의 주요지표들이 개선되기 위해서는 수출이 감소하면 안 된다.
>
> 또 미국이 양적완화를 중단하면 미국 금리가 상승한다. 미국 금리가 상승하면 우리나라 금리가 상승하고, 우리나라 금리가 상승하면 우리나라에 대한 외국인 투자가 증가한다. 또한 우리나라 금리가 상승하면 우리나라의 가계부채 문제가 심화된다. 가계부채 문제가 심화되는 나라의 국내소비는 감소한다. 국내소비가 감소하면, 경제의 전망이 어두워진다.

① 우리나라의 수출이 증가했다면 달러화 가치가 하락했을 것이다.
② 우리나라의 가계부채 문제가 심화되었다면 미국이 양적완화를 중단했을 것이다.
③ 우리나라에 대한 외국인 투자가 감소하면 우리나라 경제의 전망이 어두워질 것이다.
④ 우리나라 경제의 주요지표들이 개선되었다면 우리나라의 달러 환율이 하락하지 않았을 것이다.
⑤ 우리나라의 국내소비가 감소하지 않았다면 우리나라에 대한 외국인 투자가 감소하지 않았을 것이다.

04 **다음 대화의 내용이 참일 때, 거짓인 것은?** 기업은행 · 농협은행 · 우리은행

> 상학: 위기관리체계 점검 회의를 위해 외부 전문가를 위촉해야 하는데, 위촉 후보자는 A, B, C, D, E, F 여섯 사람이야.
> 일웅: 그건 나도 알고 있어. 그런데 A와 B 중 적어도 한 명은 위촉해야 해. 지진 재해와 관련된 전문가들은 이들뿐이거든.
> 상학: 나도 동의해. 그런데 A는 C와 같이 참여하기를 바라고 있어. 그러니까 C를 위촉할 경우에만 A를 위촉해야 해.
> 희아: 별문제 없겠는데? C는 반드시 위촉해야 하거든. 회의 진행을 맡을 사람이 필요한데, C가 적격이야. 그런데 C를 위촉하기 위해서는 D, E, F 세 사람 중 적어도 한 명은 위촉해야 해. C가 회의를 진행할 때 도움이 될 사람이 필요하거든.
> 일웅: E를 위촉할 경우에는 F도 반드시 위촉해야 해. E는 F가 참여하지 않으면 참여하지 않겠다고 했거든.
> 희아: 주의할 점이 있어. B와 D를 함께 위촉할 수는 없어. B와 D는 같은 학술 단체 소속이거든.

① 총 3명만 위촉하는 방법은 모두 3가지이다.
② A는 위촉되지 않을 수 있다.
③ B를 위촉하기 위해서는 F도 위촉해야 한다.
④ D와 E 중 적어도 한 사람은 위촉해야 한다.
⑤ D를 포함하여 최소인원을 위촉하려면 총 3명을 위촉해야 한다.

05 **(가)~(마)를 논리적 순서에 맞게 나열한 것으로 옳은 것은?** 기업은행 · 우리은행

독일 제2군단이 데미얀스크에서 포위당했을 때, 히틀러도 후퇴냐 사수냐의 문제를 놓고 고민하지 않은 것은 아니었다. 제2차 대전에서 10만여 명 정도의 거대한 독일군이 포위당한 것은 이번이 처음이어서 그만큼 고민이 컸다. 문제는 제2군단이 버틸 수 있도록 물자와 병력을 계속 공급해 주는 것이었는데, 공군 참모총장으로부터 이에 대해 가능하다는 대답을 들은 히틀러는 즉각 사수를 결정하고 농성전을 실행에 옮겼다.

(가) 그러나, 독일군에게 있어 공수 보급을 통한 농성전은 궁극적인 해결책이 아니었다. 로바트(Lovat) 강 서쪽으로 밀려난 제16군 본진과 제2군단이 육상으로 연결되어야 문제가 풀릴 수 있었다. 소련군이 흔들리고 있음을 간파한 제2군단장 브로크도르프 - 알레펠트는 제16군 사령관 부쉬에게 포위망을 뚫겠다고 보고했다.

(나) 반면, 독일군은 히틀러의 장담대로 필요한 물자가 항공편으로 적시에 공급되고 후방으로 이송되는 부상병 수만큼 새로운 병력이 속속 충원되어 제2군단의 전투력을 최상의 상태로 유지했다. 덕분에 일선의 병사들은 어느덧 자신들이 포위당했다는 사실을 잊었고 반대로 갈수록 무모한 돌격만 반복하는 소련군의 희생은 급속도로 늘어났다. 결국 그렇게 겨울이 끝나고 3월 말이 되었을 때 누가 누구를 제압하고 있는지 모를 상황에까지 이르렀다.

(다) 명확한 전략을 세우고 즉시 실행에 옮긴 독일군과 달리, 소련군의 지휘관 쿠로츠킨은 포위망 안에 갇힌 상대를 어떻게 격멸해야 하는지 제대로 알지 못했다. 아직 포병 전력이 부족해 화력을 집중시키기 어려웠고 소련 공군도 독일 공군에게 제압당해 공습을 벌일 수 없었다. 결국 사방으로 돌파를 시도해 보았지만 한마디로 빈틈이 없었다.

(라) 이러한 상황이 계속되자 소련군 최고사령부도 데미얀스크의 상황에 우려를 표했다. 무려 20여 개의 사단을 동원하고도 6개 사단의 독일군을 제압하지 못한 채 두 달 가까이 시간이 흐르자 쿠로츠킨의 조급함은 극에 달했다. 그는 무차별적인 공격을 멈추고 취약하다고 판단된 곳으로 전력을 집중시켜 돌파하고자 했다. 하지만 이 또한 어느덧 깊게 파놓은 독일의 방어선을 넘지 못하고 좌절했다.

(마) 엄밀히 말하면 밖에 있는 본진인 제16군이 안에 있는 제2군단 방향으로 진격하는 것이 맞지만, 지난겨울에 타격을 많이 입어 공세로 나가기 어려운 상황이었다. 그동안 데미얀스크에 고립된 제2군단을 살리기 위해 진력하다 보니 정작 본진인 제16군의 전력 확충이 제대로 이루어지지 않았던 것이다. 그러자 '급한 사람이 우물을 판다'는 말처럼 포위당한 제2군단이 본대와의 통로 확보를 위해 밖으로 나가겠다고 나섰고, 격렬한 전투의 결과 결국 74일 만에 포위망이 뚫렸다.

① (가) - (다) - (나) - (라) - (마)
② (가) - (마) - (다) - (라) - (나)
③ (다) - (가) - (라) - (나) - (마)
④ (다) - (나) - (가) - (라) - (마)
⑤ (다) - (나) - (라) - (가) - (마)

06 **다음 〈보기〉에 따를 때, A 사무관의 해외 출장 순서로 옳은 것은?** 기업은행

〈보기〉

의회외교의 중요성이 날로 증대되고 있는 가운데 주요 국가 의회와의 협력 업무를 위해 A 사무관이 해외 출장 일정을 계획하고 있다. A 사무관은 다음 〈조건〉에 따라 해외 출장 순서를 정하려고 한다.

〈대상국가〉

러시아, 말레이시아, 미국, 영국, 일본, 중국, 캐나다, 호주

〈조건〉

○ 전임 국회의장이 얼마 전 미국을 방문했기 때문에 미국에 앞서 일본이나 중국 두 나라 중 한 나라를 먼저 방문한다.
○ 브렉시트로 인해, 영국은 러시아와 캐나다보다 먼저 방문해야 한다.
○ 최근 경제 성장으로 주목 받고 있는 말레이시아 방문을 추진하되, 말레이시아 방문 일정은 미국 방문 뒤로 정해야 하나 중국보다는 먼저 잡아야 한다.
○ 러시아는 동유럽 위기로 인해 호주나 캐나다보다 늦게 방문해도 무방하지만, 중국보다 나중에 방문해서는 안 된다.

① 중국 – 호주 – 영국 – 캐나다 – 러시아 – 일본 – 미국 – 말레이시아
② 미국 – 말레이시아 – 일본 – 중국 – 영국 – 캐나다 – 호주 – 러시아
③ 영국 – 일본 – 미국 – 호주 – 말레이시아 – 러시아 – 중국 – 캐나다
④ 미국 – 말레이시아 – 영국 – 러시아 – 중국 – 일본 – 호주 – 캐나다
⑤ 일본 – 미국 – 말레이시아 – 영국 – 중국 – 캐나다 – 러시아 – 호주

자료해석영역

07 **다음 〈표〉는 2016년 1~6월 월말종가기준 A, B사의 주가와 주가지수에 대한 자료다. 이에 대한 〈보기〉의 설명 중 옳은 것만을 모두 고르면?** 국민은행 · 신한은행 · 농협은행

<표> A, B사의 주가와 주가지수(2016년 1~6월)

구분		1월	2월	3월	4월	5월	6월
주가(원)	A사	5,000	( )	5,700	4,500	3,900	( )
	B사	6,000	( )	6,300	5,900	6,200	5,400
주가지수		100.00	( )	109.09	( )	91.82	100.00

※ 1) $\text{주가지수} = \dfrac{\text{해당 월 A사의 주가} + \text{해당 월 B사의 주가}}{\text{1월 A사의 주가} + \text{1월 B사의 주가}} \times 100$

2) $\text{해당 월의 주가 수익률(\%)} = \dfrac{\text{해당 월의 주가} - \text{전월의 주가}}{\text{전월의 주가}} \times 100$

〈보기〉

ㄱ. 3~6월 중 주가지수가 가장 낮은 달에 A사와 B사의 주가는 모두 전월 대비 하락하였다.
ㄴ. A사의 주가는 6월이 1월보다 높다.
ㄷ. 2월 A사의 주가가 전월 대비 20% 하락하고 B사의 주가는 전월과 동일하면, 2월의 주가지수는 전월 대비 10% 이상 하락한다.
ㄹ. 4~6월 중 A사의 주가 수익률이 가장 낮은 달에 B사의 주가는 전월 대비 하락하였다.

① ㄱ, ㄴ　② ㄱ, ㄷ　③ ㄴ, ㄷ
④ ㄴ, ㄹ　⑤ ㄷ, ㄹ

08 다음 〈표〉는 '갑', '을' 기업의 부가가치세 결의서이다. 이에 대한 설명으로 옳지 않은 것은?

국민은행 · 신한은행 · 우리은행

<표 1> '갑' 기업의 부가가치세 결의서

(단위: 천 원)

구분 \ 연도	2014	2015	
			전년대비 증가액
과세표준	150,000	( )	20,000
매출세액(a)	15,000	( )	2,000
매입세액(b)	7,000	( )	0
납부예정세액(c) (=a−b)	8,000	( )	( )
경감 · 공제세액(d)	0	( )	0
기납부세액(e)	1,500	( )	2,000
확정세액(=c−d−e)	6,500	( )	( )

<표 2> '을' 기업의 부가가치세 결의서

(단위: 천 원)

구분 \ 연도	2014	2015	
			전년대비 증가액
과세표준	190,000	130,000	−60,000
매출세액(a)	19,000	13,000	−6,000
매입세액(b)	14,000	16,000	2,000
납부예정세액(c) (=a−b)	5,000	( )	−8,000
경감 · 공제세액(d)	4,000	0	−4,000
기납부세액(e)	0	0	0
확정세액(=c−d−e)	1,000	( )	−4,000

※ 1) 확정세액이 음수이면 환급 받고, 양수이면 납부함
2) 매출세액=과세표준×매출세율

① 2014년과 2015년 매출세율은 10%이다.
② '갑' 기업의 확정세액은 2014년에 비해 2015년에 증가하였다.
③ 2015년 '을' 기업은 300만 원을 환급 받는다.
④ '갑' 기업의 납부예정세액은 2014년에 비해 2015년에 20% 이상 증가하였다.
⑤ 2015년 매출세율이 15%라면, 2015년 '갑'기업의 확정세액은 '을'기업의 4배 이상이다.

09 **다음 〈표〉는 2013~2015년 A국의 13대 수출 주력 품목에 관한 자료이다. 이에 대한 〈보기〉의 설명 중 옳은 것만을 모두 고르면?** 국민은행

<표 1> 전체 수출액 대비 13대 수출 주력 품목의 수출액 비중

(단위: %)

품목 \ 연도	2013	2014	2015
가전	1.83	2.35	2.12
무선통신기기	6.49	6.42	7.28
반도체	8.31	10.04	11.01
석유제품	9.31	8.88	6.09
석유화학	8.15	8.35	7.11
선박류	10.29	7.09	7.75
섬유류	2.86	2.81	2.74
일반기계	8.31	8.49	8.89
자동차	8.16	8.54	8.69
자동차부품	4.09	4.50	4.68
철강제품	6.94	6.22	5.74
컴퓨터	2.25	2.12	2.28
평판디스플레이	5.22	4.59	4.24
계	82.21	80.40	78.62

<표 2> 13대 수출 주력 품목별 세계수출시장 점유율

(단위: %)

연도 / 품목	2013	2014	2015
가전	2.95	3.63	2.94
무선통신기기	6.77	5.68	5.82
반도체	8.33	9.39	8.84
석유제품	5.60	5.20	5.18
석유화학	8.63	9.12	8.42
선박류	24.55	22.45	21.21
섬유류	2.12	1.96	1.89
일반기계	3.19	3.25	3.27
자동차	5.34	5.21	4.82
자동차부품	5.55	5.75	5.50
철강제품	5.47	5.44	5.33
컴퓨터	2.23	2.11	2.25
평판디스플레이	23.23	21.49	18.50

〈보기〉

ㄱ. 13대 수출 주력 품목 중 2014년 수출액이 큰 품목부터 차례대로 나열하면 반도체, 석유제품, 자동차, 일반기계, 석유화학, 선박류 등의 순이다.

ㄴ. 13대 수출 주력 품목 중 2013년에 비해 2015년에 전체 수출액 대비 수출액 비중이 상승한 품목은 총 7개이다.

ㄷ. 13대 수출 주력 품목 중 세계수출시장 점유율 상위 5개 품목의 순위는 2013년과 2014년이 동일하다.

① ㄱ ② ㄴ ③ ㄱ, ㄴ
④ ㄴ, ㄷ ⑤ ㄱ, ㄴ, ㄷ

제01회 제02회 제03회 제04회 제05회 제06회 제07회 제08회 제09회 제10회

10 ‘갑’은 2017년 1월 전액 현금으로만 다음 〈표〉와 같이 지출하였다. 만약 ‘갑’이 2017년 1월에 A~C신용카드 중 하나만을 발급받아 할인 전 금액이 〈표〉와 동일하도록 그 카드로만 지출하였다면, 〈신용카드별 할인혜택〉에 근거한 할인 후 예상청구액이 가장 적은 카드부터 순서대로 나열한 것은?

국민은행 · 농협은행

<표> 2017년 1월 지출내역

(단위: 만 원)

분류	세부항목		금액	합
교통비	버스 · 지하철 요금		8	20
	택시 요금		2	
	KTX 요금		10	
식비	외식비	평일	10	30
		주말	5	
	카페 지출액		5	
	식료품 구입비	대형마트	5	
		재래시장	5	
의류구입비	온라인		15	30
	오프라인		15	
여가 및 자기계발비	영화관람료 (1만 원/회×2회)		2	30
	도서구입비 (2만 원/권×1권, 1만5천 원/권×2권, 1만 원/권×3권)		8	
	학원 수강료		20	

〈신용카드별 할인혜택〉

○ A신용카드
- 버스·지하철, KTX 요금 20% 할인(단, 할인액의 한도는 월 2만 원)
- 외식비 주말 결제액 5% 할인
- 학원 수강료 15% 할인
- 최대 총 할인한도액은 없음
- 연회비 1만5천 원이 발급 시 부과되어 합산됨

○ B신용카드
- 버스·지하철, KTX 요금 10% 할인(단, 할인액의 한도는 월 1만 원)
- 온라인 의류구입비 10% 할인
- 도서구입비 권당 3천 원 할인(단, 권당 가격이 1만2천 원 이상인 경우에만 적용)
- 최대 총 할인한도액은 월 3만 원
- 연회비 없음

○ C신용카드
- 버스·지하철, 택시 요금 10% 할인(단, 할인액의 한도는 월 1만 원)
- 카페 지출액 10% 할인
- 재래시장 식료품 구입비 10% 할인
- 영화관람료 회당 2천 원 할인(월 최대 2회)
- 최대 총 할인한도액은 월 4만 원
- 연회비 없음

※ 1) 할부나 부분청구는 없음
2) A~C신용카드는 매달 1일부터 말일까지의 사용분에 대하여 익월 청구됨

① A－B－C　② A－C－B　③ B－A－C
④ B－C－A　⑤ C－A－B

11 다음 〈그림〉은 A기업의 2011년과 2012년 자산총액의 항목별 구성비를 나타낸 자료이다. 이에 대한 〈보기〉의 설명 중 옳은 것만을 모두 고르면? 국민은행

<그림> 자산총액의 항목별 구성비

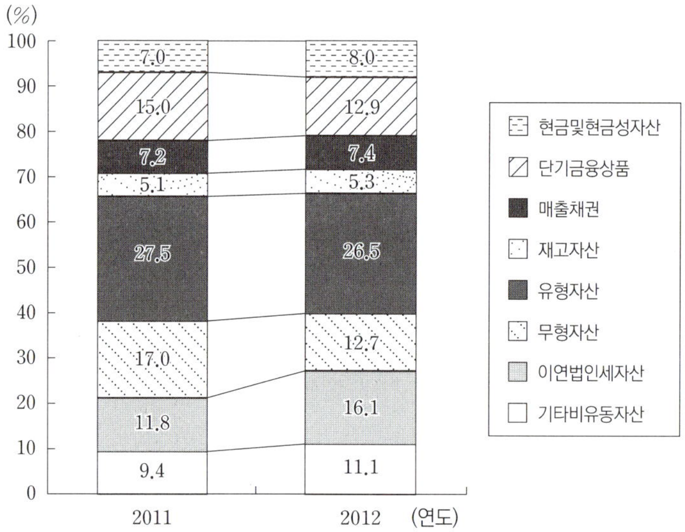

※ 1) 자산총액은 2011년 3,400억 원, 2012년 2,850억 원임
2) 유동자산=현금및현금성자산+단기금융상품+매출채권+재고자산

〈보기〉

ㄱ. 2011년 항목별 금액의 순위가 2012년과 동일한 항목은 4개이다.
ㄴ. 2011년 유동자산 중 '단기금융상품'의 구성비는 45% 미만이다.
ㄷ. '현금및현금성자산' 금액은 2012년이 2011년보다 크다.
ㄹ. 2011년 대비 2012년에 '무형자산' 금액은 4.3% 감소하였다.

① ㄱ, ㄴ
② ㄱ, ㄷ
③ ㄴ, ㄷ
④ ㄱ, ㄴ, ㄹ
⑤ ㄴ, ㄷ, ㄹ

12 다음 〈표〉는 잉여현금흐름 증가율 상위 10개 기업 현황에 대한 자료이다. 이에 대한 〈보기〉의 설명 중 옳은 것을 모두 고르면? 국민은행

<표> 잉여현금흐름 증가율 상위 10개 기업 현황

(단위: %, 백만 원)

기업명	잉여현금흐름 증가율	증가액	2016년 누적 현금흐름	2015년 누적 현금흐름
A	( )	115,764	141,515	25,751
B	367.6	55,256	( )	15,030
C	334.0	65,785	( )	19,699
D	( )	537,424	701,681	164,257
E	( )	272,225	424,798	152,573
F	172.3	332,556	525,619	( )
G	165.9	2,899,005	4,646,660	( )
H	163.8	187,671	302,274	114,603
I	135.0	359,778	626,272	266,494
J	( )	238,759	418,887	180,128

※ 1) 증가액＝2016년 누적 현금흐름－2015년 누적 현금흐름

2) 잉여현금흐름 증가율(%)$=\frac{\text{증가액}}{\text{2015년 누적 현금흐름}}\times 100$

〈보기〉

ㄱ. 2015년 누적 현금흐름이 가장 큰 기업은 G이다.
ㄴ. E 기업의 잉여현금흐름 증가율은 200% 이상이다.
ㄷ. 잉여현금흐름 증가율이 가장 큰 기업과 가장 작은 기업의 차이는 300%p 이상이다.
ㄹ. 2016년 누적 현금흐름이 가장 작은 기업은 C이다.
ㅁ. 잉여현금흐름 증가율이 300% 이상인 기업은 모두 4개이다.

① ㄱ, ㄴ
② ㄱ, ㄷ
③ ㄷ, ㅁ
④ ㄱ, ㄷ, ㄹ
⑤ ㄱ, ㄷ, ㅁ

13 다음 〈표〉는 5급 사무관 급여액 기준에 대한 자료이다. '갑~무'의 2016년 12월 급여액에 대한 설명으로 옳지 않은 것은?

국민은행

<표 1> 5급 사무관 봉급표

호봉	봉급(5급)
1	234만 원
2	243만 원
3	253만 원
4	263만 원
5	274만 원
6	284만 원

<표 2> 2016년 12월 A위원회에서 근무한 5급 사무관 급여액 산정 자료

구분	호봉	초과근무 시간	특별위원회 겸무여부	혼인 여부	자녀 유무
갑	2호봉	60시간	미래일자리특위 겸무	기혼	없음
을	5호봉	47시간 52분	겸무 없음	미혼	없음
병	1호봉	57시간 23분	미래일자리특위 및 민생경제특위 겸무	미혼	없음
정	3호봉	51시간 37분	민생경제특위 겸무	기혼	자녀 2명(만 20세, 만 11세)
무	6호봉	36시간 15분	겸무 없음	기혼	자녀 1명(만 15세)

〈수당 기준〉

○ 초과근무 1시간당 11,000원이 지급된다. 단, 57시간까지만 인정되며 분 단위는 버림하여 초과근무 시간을 산정한다.
○ 배우자 수당으로 월 40,000원을 지급한다.
○ 미성년자(만 20세 미만) 자녀 1인당 월 20,000원을 지급한다.
○ 특별위원회 겸무 활동 시 겸무 1건당 월 70,000원을 지급한다.
○ 월 급여액은 봉급, 초과근무수당, 겸무수당, 가족수당(배우자 및 자녀)을 합하여 산정한다.

① 월 급여액이 많은 순으로 나열하면 '무 - 을 - 정 - 갑 - 병'이다.
② 을이 2016년 12월에 초과근무를 4시간 이상 더 한다면 다섯명 중 월 급여액이 가장 많다.
③ 모두 특위 겸무를 하지 않으며 미혼이고 자녀가 없다고 가정했을 때, 월 급여액이 적은 순으로 나열하면 '병 - 갑 - 정 - 무 - 을'이다.
④ 갑과 을의 월 급여액 차이보다 병과 정의 월 급여액 차이가 더 크다.
⑤ 정의 자녀가 모두 미성년이었다면 정의 월 급여액이 을보다 많다.

14 다음 〈표〉는 보험사기의 적발 현황에 대한 자료이다. 이에 대한 설명으로 옳지 않은 것은?

국민은행 · 기업은행 · 신한은행 · 우리은행

<표 1> 보험사기 적발금액

(단위: 억 원, %)

구분	2013년	2014년	2015년		증감	
		(A)	(B)	구성비	(B−A)	증감률
생명보험	743	877	891	13.6	14	1.6
손해보험	4,447	5,120	5,658	86.4	538	10.5
자동차보험	2,822	3,008	3,075	47.0	67	2.2
장기손해보험	1,451	1,793	2,429	37.1	636	35.5
총계	5,190	( )	6,549	100.0	552	9.2
생명 · 장기손해보험	2,194	( )	( )	50.7	650	24.3

※ 1) 손해보험은 자동차보험, 장기손해보험, 기타손해보험으로 구성되며, <표>에서 기타손해보험의 적발금액은 제시되지 않았음

2) 생명 · 장기손해보험은 생명보험과 장기손해보험의 합계를 의미함

<표 2> 보험사기 적발인원

(단위: 명, %)

구분	2013년	2014년	2015년		증감	
		(A)	(B)	구성비	(B−A)	증감률
생명보험	4,128	5,832	6,307	7.6	475	8.1
손해보험	72,984	78,553	77,124	92.4	−1,429	−1.8
자동차보험	56,617	61,218	56,487	67.7	−4,731	−7.7
장기손해보험	15,549	16,220	19,760	23.7	3,540	21.8
총계	77,112	84,385	83,431	100.0	−954	−1.1
생명 · 장기손해보험	19,677	( )	( )	31.2	4,015	18.2

※ 1) 손해보험은 자동차보험, 장기손해보험, 기타손해보험으로 구성되며, <표>에서 기타손해보험의 적발인원은 제시되지 않았음

2) 생명 · 장기손해보험은 생명보험과 장기손해보험의 합계를 의미함

① 2015년에 생명·장기손해보험 적발금액이 총계에서 차지하는 비중은 전년 대비 증가하였다.

② 2015년에 자동차보험, 장기손해보험, 생명보험 중 적발인원 대비 적발금액이 가장 큰 것은 생명보험이다.

③ 2014년과 비교할 때 2015년에 자동차보험, 장기손해보험, 생명보험 모두 적발인원 대비 적발금액이 증가하였다.

④ 2013년부터 2015년까지 보험사기 적발금액은 매년 증가하였다.

⑤ 자동차보험, 장기손해보험, 생명보험 중 2014년에 전년 대비 적발인원 증가율이 가장 높은 것은 생명보험이다.

15 다음 〈그림〉은 '갑' 도시의 구별 미성년인구 및 노인인구 비율 분포에 대한 자료이다. 이에 대한 〈보기〉의 설명 중 옳은 것을 모두 고르면?

기업은행 · 신한은행

<그림> 구별 미성년인구 분포(좌측)와 노인인구 분포(우측)

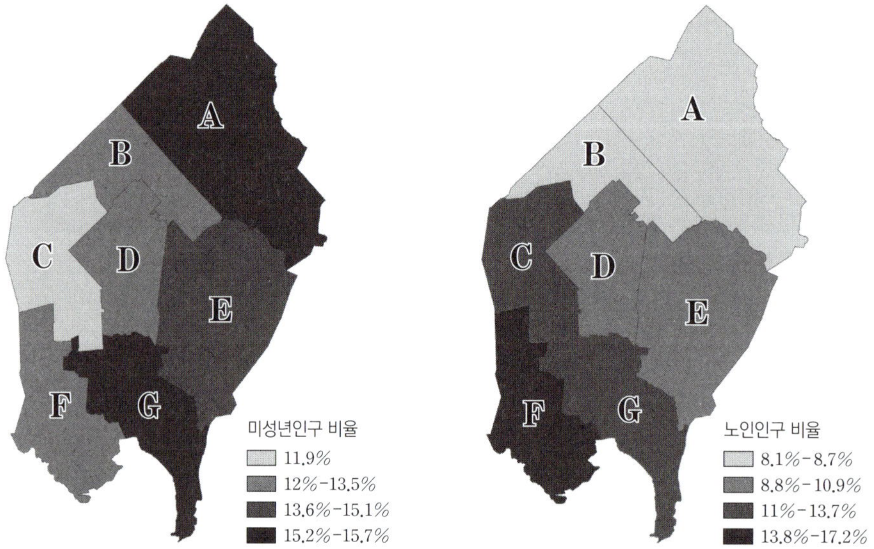

※ 1) i구 미성년인구 비율(%)$=\frac{\text{i구 미성년인구}}{\text{i구 전체인구}}\times 100$ (i=A~G)

2) i구 노인인구 비율(%)$=\frac{\text{i구 노인인구}}{\text{i구 전체인구}}\times 100$ (i=A~G)

〈보기〉

ㄱ. D구의 미성년인구 비율은 노인인구 비율보다 높다.
ㄴ. 미성년인구가 노인인구보다 많은 구는 다섯 곳 이상이다.
ㄷ. A구와 G구에서는 미성년인구가 노인인구에 비해 1.5배 이상 많다.
ㄹ. A구와 D구의 전체 인구가 각각 900명, 600명일 때 A구의 노인인구 수는 D구의 노인인구 수보다 많다.
ㅁ. A, B, G구의 인구수가 각각 300명, 400명, 500명일 때 A구와 B구의 노인인구를 모두 더한 숫자는 G구의 미성년인구 수보다 많다.

① ㄱ, ㄴ, ㄷ　② ㄱ, ㄴ, ㄹ　③ ㄱ, ㄷ, ㅁ
④ ㄱ, ㄹ, ㅁ　⑤ ㄴ, ㄹ, ㅁ

상황판단영역

16 **다음 글과 〈상황〉을 근거로 판단할 때, A사무관이 3월 출장여비로 받을 수 있는 총액은?**

기업은행 · 농협은행

○ 출장여비 기준
- 출장여비는 출장수당과 교통비의 합이다.

1) 세종시 출장
- 출장수당: 1만 원
- 교통비: 2만 원

2) 세종시 이외 출장
- 출장수당: 2만 원(13시 이후 출장 시작 또는 15시 이전 출장 종료 시 1만 원 차감)
- 교통비: 3만 원

○ 출장수당의 경우 업무추진비 사용 시 1만 원이 차감되며, 교통비의 경우 관용차량 사용 시 1만 원이 차감된다.

<상황>

A사무관 3월 출장내역	출장지	출장 시작 및 종료 시각	비고
출장 1	세종시	14시~16시	관용차량 사용
출장 2	인천시	14시~18시	
출장 3	서울시	09시~16시	업무추진비 사용

① 6만 원　② 7만 원　③ 8만 원
④ 9만 원　⑤ 10만 원

제01회 제02회 제03회 제04회 제05회 제06회 제07회 제08회 제09회 제10회

17 **다음 글과 〈A여행사 해외여행 상품〉을 근거로 판단할 때, 세훈이 선택할 여행지는?**

국민은행 · 기업은행 · 신한은행 · 우리은행

인희: 다음 달 셋째 주에 연휴던데, 그때 여행 갈 계획 있어?

세훈: 응, 이번에는 꼭 가야지. 월요일, 수요일, 금요일이 공휴일이잖아. 그래서 우리 회사에서는 화요일과 목요일에만 연가를 쓰면 앞뒤 주말 포함해서 최대 9일 연휴가 되더라고. 그런데 난 연가가 하루밖에 남지 않아서 그렇게 길게는 안 돼. 그래도 이번엔 꼭 해외여행을 갈 거야.

인희: 어디로 갈 생각이야?

세훈: 나는 어디로 가든 상관없는데 여행지에 도착할 때까지 비행기를 오래 타면 너무 힘들더라고. 그래서 편도 총비행시간이 8시간 이내면서 직항 노선이 있는 곳으로 가려고.

인희: 여행기간은 어느 정도로 할 거야?

세훈: 남은 연가를 잘 활용해서 주어진 기간 내에서 최대한 길게 다녀오려고 해. A여행사 해외여행 상품 중에 하나를 정해서 다녀올 거야.

<표> A여행사 해외여행 상품

여행지	여행기간 (한국시각 기준)	총비행시간 (편도)	비행기 환승 여부
두바이	4박 5일	8시간	직항
모스크바	6박 8일	8시간	직항
방콕	4박 5일	7시간	1회 환승
홍콩	3박 4일	5시간	직항
뉴욕	4박 5일	14시간	직항

① 두바이
② 모스크바
③ 방콕
④ 홍콩
⑤ 뉴욕

18 다음 〈연구용역 계약사항〉을 근거로 판단할 때, 〈보기〉에서 옳은 것만을 모두 고르면?

국민은행 · 농협은행

〈연구용역 계약사항〉

□ 과업수행 전체회의 및 보고
○ 참석대상: 발주기관 과업 담당자, 연구진 전원
○ 착수보고: 계약일로부터 10일 이내
○ 중간보고: 계약기간 중 2회
– 과업 진척상황 및 중간결과 보고, 향후 연구계획 및 내용 협의
○ 최종보고: 계약만료 7일 전까지
○ 수시보고: 연구 수행상황 보고 요청 시, 긴급을 요하거나 특이사항 발생 시 등
○ 전체회의: 착수보고 전, 각 중간보고 전, 최종보고 전

□ 과업 산출물
○ 중간보고서 20부, 최종보고서 50부, 연구 데이터 및 관련 자료 CD 1매

□ 연구진 구성 및 관리
○ 연구진 구성: 책임연구원, 공동연구원, 연구보조원
○ 연구진 관리
– 연구 수행기간 중 연구진은 구성원을 임의로 교체할 수 없음. 단, 부득이한 경우 사전에 변동사유와 교체될 구성원의 경력 등에 관한 서류를 발주기관에 제출하여 승인을 받은 후 교체할 수 있음

□ 과업의 일반조건
○ 연구진은 연구과제의 시작부터 종료(최종보고서 제출)까지 과업과 관련된 제반 비용의 지출행위에 대해 책임을 지고 과업을 진행해야 함
○ 연구진은 용역완료(납품) 후에라도 발주기관이 연구결과와 관련된 자료를 요청할 경우에는 관련 자료를 성실히 제출하여야 함

〈보기〉

ㄱ. 발주기관은 연구용역이 완료된 후에도 연구결과와 관련된 자료를 요청할 수 있다.
ㄴ. 과업수행을 위한 전체회의 및 보고 횟수는 최소 8회이다.
ㄷ. 연구진은 연구 수행기간 중 책임연구원과 공동연구원을 변경할 수 없지만 연구보조원의 경우 임의로 교체할 수 있다.
ㄹ. 중간보고서의 경우 그 출력과 제본 비용의 지출행위에 대해 발주기관이 책임을 진다.

① ㄱ, ㄴ ② ㄱ, ㄷ ③ ㄱ, ㄹ
④ ㄴ, ㄷ ⑤ ㄷ, ㄹ

19 **다음 글과 〈표〉를 근거로 판단할 때, 백설공주의 친구 7명(A~G) 중 왕자의 부하는 누구인가?**

기업은행

○ A~G 중 2명은 왕자의 부하이다.
○ B~F는 모두 20대이다.
○ A~G 중 가장 나이가 많은 사람은 왕자의 부하가 아니다.
○ A~G 중 여자보다 남자가 많다.
○ 왕자의 두 부하는 성별이 서로 다르고, 국적은 동일하다.

<표>

친구	나이	성별	국적
A	37살	?	한국
B	28살	?	한국
C	22살	여자	중국
D	?	여자	일본
E	?	?	중국
F	?	?	한국
G	38살	여자	중국

① A, B ② B, F ③ C, E
④ D, F ⑤ E, G

20 **다음 〈지원계획〉과 〈연구모임 현황 및 평가결과〉를 근거로 판단할 때, 연구모임 A~E 중 두 번째로 많은 총지원금을 받는 모임은?**

기업은행 · 국민은행 · 농협은행

〈지원계획〉

○ 지원을 받기 위해서는 한 모임당 6명 이상 9명 미만으로 구성되어야 한다.

○ 기본지원금

한 모임당 1,500천 원을 기본으로 지원한다. 단, 상품개발을 위한 모임의 경우는 2,000천 원을 지원한다.

○ 추가지원금

연구 계획 사전평가결과에 따라, '상' 등급을 받은 모임에는 구성원 1인당 120천 원을, '중' 등급을 받은 모임에는 구성원 1인당 100천 원을, '하' 등급을 받은 모임에는 구성원 1인당 70천 원을 추가로 지원한다.

○ 협업 장려를 위해 협업이 인정되는 모임에는 위의 두 지원금을 합한 금액의 30%를 별도로 지원한다.

<표> 연구모임 현황 및 평가결과

모임	상품개발 여부	구성원 수	연구 계획 사전평가결과	협업 인정 여부
A	○	5	상	○
B	×	6	중	×
C	×	8	상	○
D	○	7	중	×
E	×	9	하	×

① A ② B ③ C
④ D ⑤ E

21 **다음 글을 근거로 판단할 때, A팀이 최종적으로 선택하게 될 이동수단의 종류와 그 비용으로 옳게 짝지은 것은?**

기업은행 · 농협은행

4명으로 구성된 A팀은 해외출장을 계획하고 있다. A팀은 출장지에서의 이동수단 한 가지를 결정하려 한다. 이 때 A팀은 경제성, 용이성, 안전성의 총 3가지 요소를 고려하여 최종점수가 가장 높은 이동수단을 선택한다.

○ 각 고려요소의 평가결과 '상' 등급을 받으면 3점을, '중' 등급을 받으면 2점을, '하' 등급을 받으면 1점을 부여한다. 단, 안전성을 중시하여 안전성 점수는 2배로 계산한다(예: 안전성 '하' 등급 2점).

○ 경제성은 각 이동수단별 최소비용이 적은 것부터 상, 중, 하로 평가한다.

○ 각 고려요소의 평가점수를 합하여 최종점수를 구한다.

<이동수단별 평가표>

이동수단	경제성	용이성	안전성
렌터카	?	상	하
택시	?	중	중
대중교통	?	하	중

<이동수단별 비용계산식>

이동수단	비용계산식
렌터카	(렌트비＋유류비)×이용 일수 • 렌트비＝$50/1일(4인승 차량) • 유류비＝$10/1일(4인승 차량)
택시	거리 당 가격($1/1마일)×이동거리(마일) • 최대 4명까지 탑승가능
대중교통	대중교통패스 3일권($40/1인)×인원수

<해외출장 일정>

출장 일정	이동거리(마일)
11월 1일	100
11월 2일	50
11월 3일	50

	이동수단	비용		이동수단	비용
①	렌터카	$180	②	택시	$200
③	택시	$400	④	대중교통	$140
⑤	대중교통	$160			

22 **다음 글을 근거로 판단할 때, 〈상황〉의 ㉠에 들어갈 금액으로 옳은 것은?** 국민은행

법원이 진행하는 부동산 경매를 통해 부동산을 매수하려는 사람은 법원이 정한 해당 부동산의 '최저가매각가격' 이상의 금액을 매수가격으로 하여 매수신고를 하여야 한다. 이때 신고인은 최저가매각가격의 10분의 1을 보증금으로 납부하여야 입찰에 참가할 수 있다. 법원은 입찰자 중 최고가매수가격을 신고한 사람(최고가매수신고인)을 매수인으로 결정하며, 매수인은 신고한 매수가격(매수신고액)에서 보증금을 공제한 금액을 지정된 기일까지 납부하여야 한다. 만일 최고가매수신고인이 그 대금을 기일까지 납부하지 않으면, 최고가매수신고인 외의 매수신고인은 자신이 신고한 매수가격대로 매수를 허가하여 달라는 취지의 차순위매수신고를 할 수 있다. 다만 차순위매수신고는 매수신고액이 최고가매수신고액에서 보증금을 뺀 금액을 넘어야 할 수 있다.

〈상황〉

甲과 乙은 법원이 최저가매각가격을 2억 원으로 정한 A주택의 경매에 입찰자로 참가하였다. 甲은 매수가격을 2억 5천만 원으로 신고하여 최고가매수신고인이 되었다. 甲이 지정된 기일까지 대금을 납부하지 않은 경우, 乙이 차순위매수신고를 하기 위해서는 乙의 매수신고액이 최소한 (　㉠　)을 넘어야 한다.

① 2천만 원　② 2억 원　③ 2억 2천만 원
④ 2억 2천 5백만 원　⑤ 2억 3천만 원

23 **다음의 글과 〈상황〉을 근거로 판단할 때, A도시 시간 기준으로 甲이 C도시에 도착할 수 있는 가장 빠른 시각은?**

농협은행

19세기까지 각 지역에서 시간의 기준점은 태양이 머리 위에 있는 순간, 즉 그림자가 없거나 제일 작은 순간이었다. 문제는 태양이 계속 움직인다(사실은 지구가 자전하는 것이지만)는 사실이었다. 한국의 위도를 기준으로 한다면 지구의 자전 속도는 분당 약 20km이다. 조선시대 강릉 관아에서 정오를 알리는 종을 친 후 11분이 지나서야 한양(서울)에서도 정오를 알리는 종을 쳤던 것은 바로 이 때문이다. 그러나 대부분의 사람들이 태어나서 줄곧 한 곳에 살았고 설사 여행을 하더라도 걸어가는 게 다반사였으며, 탈것을 이용한다 해도 나룻배나 우마차를 타고 다니던 상황에서 이처럼 지역마다 시간이 다른 것은 아무런 문제가 되지 않았다.

철도의 출현은 이러한 상황을 변화시켰다. 철도가 처음으로 만들어진 영국에서는 표준시를 최초로 제정해 각기 다른 시간을 하나로 묶는 일이 진행되었다. 현재 세계 어느 나라를 가더라도 외국인들이 출입하는 호텔의 안내 데스크 뒤쪽 벽면에서 뉴욕이나 런던, 도쿄, 베이징 등 도시 이름이 붙어 있는 여러 개의 시계를 볼 수 있다. 이는 표준시에 근거한 각 도시의 시각을 여행자에게 알려주는 것으로 그리니치 표준시를 기준으로 하기에 가능한 것이다.

과거 표준시가 정착되기 이전에도 오늘날의 호텔처럼 미국의 기차역에는 여러 개의 시계가 걸려 있었다. 다른 점이 있다면 시계 밑에 붙어 있는 명찰에는 서울, 홍콩, 베를린, 파리 같은 도시명 대신 '뉴욕 센트럴 레일웨이'와 '볼티모어 앤 오하이오' 같은 미국의 철도회사 이름이 적혀 있었다는 것이다. 즉 시간의 기준은 철도회사가 정하였고, 이에 따라 철도회사의 수만큼 다양한 시간이 존재했다. 1870년대의 '펜실베니아' 철도회사는 필라델피아 시간을 기준으로 열차를 운행하면서 자신이 운행하는 노선의 역들에 이 기준시간에 따른 시간표를 배포했다. '뉴욕 센트럴 레일웨이'는 그랜드 센트럴 역의 '밴더빌트 시간'을 기준으로 열차를 운행했다. 이 두 회사는 가까운 지역에서 영업을 했는데도 통일된 열차 시간을 공유하지 못했다. 만약 여행자가 피츠버그 역에서 열차를 갈아타야 할 경우 갈아탈 시각과 함께 어느 회사에서 운행하는 열차인지도 알아야 했다. 어느 한 회사의 시간을 기준으로 삼을 경우 다른 회사의 시간표는 무용지물이 되기 일쑤였다.

〈상황〉

○ A도시는 B도시보다 40분 먼저 정오가 되고, C도시보다는 10분 늦게 정오가 된다.
○ 'OO레일웨이'는 A도시의 시간을 기준으로 열차를 운행한다. A도시발 B도시행 'OO레일웨이' 열차는 매시 정각과 30분에 출발하며 운행시간은 3시간이다.
○ '△△캐리어'는 C도시의 시간을 기준으로 열차를 운행한다. B도시발 C도시행 '△△캐리어' 열차는 매시 15분과 45분에 출발하며 운행시간은 4시간 30분이다.
○ 甲은 A도시의 역에 A도시 시간을 기준으로 오전 7시 40분에 도착하여 'OO레일웨이' 열차로 B도시에 가서 '△△캐리어' 열차를 타고 C도시까지 간다.

※ 열차를 갈아타는 데 걸리는 이동시간은 고려하지 않는다.

① 15시 10분　② 15시 15분　③ 15시 25분　④ 15시 35분　⑤ 15시 55분

24 **다음 글과 〈설립위치 선정 기준〉을 근거로 판단할 때, A사가 서비스센터를 설립하는 방식과 위치로 옳은 것은?**

기업은행 · 국민은행 · 농협은행

○ 휴대폰 제조사 A는 B국에 고객서비스를 제공하기 위해 1개의 서비스센터 설립을 추진하려고 한다.
○ 설립방식에는 (가)방식과 (나)방식이 있다.
○ A사는 {(고객만족도 효과의 현재가치)−(비용의 현재가치)}의 값이 큰 방식을 선택한다.
○ 비용에는 규제비용과 로열티비용이 있다.

구분		(가)방식	(나)방식
고객만족도 효과의 현재가치		5억 원	4.5억 원
비용의 현재가치	규제 비용	3억 원 (설립 당해년도만 발생)	없음
	로열티 비용	없음	- 3년간 로열티비용을 지불함 - 로열티비용의 현재가치 환산액: 설립 당해년도는 2억 원, 그 다음 해부터는 직전년도 로열티비용의 1/2씩 감액한 금액

※ 고객만족도 효과의 현재가치는 설립 당해년도를 기준으로 산정된 결과이다.

〈설립위치 선정 기준〉

○ 설립위치로 B국의 甲, 乙, 丙 3곳을 검토 중이며, 각 위치의 특성은 다음과 같다.

위치	유동인구(만 명)	20~30대 비율(%)	교통혼잡성
甲	80	75	3
乙	100	50	1
丙	75	60	2

○ A사는 $\frac{(\text{유동인구}) \times (20\sim30\text{대 비율})}{\text{교통혼잡성}}$ 값이 큰 곳을 선정한다. 다만 A사는 제품의 특성을 고려하여 20~30대 비율이 50% 이하인 지역은 선정대상에서 제외한다.

	설립방식	설립위치
①	(가)	甲
②	(가)	丙
③	(나)	甲
④	(나)	乙
⑤	(나)	丙

25 **다음 글과 〈상황〉을 근거로 판단할 때, 미란이가 지원받을 수 있는 주택보수비용의 최대 액수는 얼마인가?**

국민은행 · 농협은행

○ 주택을 소유하고 해당 주택에 거주하는 가구를 대상으로 주택 노후도 평가를 실시하여 그 결과(경·중·대보수)에 따라 아래와 같이 주택보수비용을 지원

<주택보수비용 지원 내용>

구분	경보수	중보수	대보수
보수항목	도배 혹은 장판	수도시설 혹은 난방시설	지붕 혹은 기둥
주택당 보수비용 지원한도액	350만 원	650만 원	950만 원

○ 소득인정액에 따라 위 보수비용 지원한도액의 80~100%를 차등지원

구분	중위소득 25% 미만	중위소득 25% 이상 35% 미만	중위소득 35% 이상 43% 미만
지원율	100%	90%	80%

〈상황〉

미란이는 현재 거주하고 있는 A주택의 소유자이며, 소득인정액이 중위소득 40%에 해당한다. A주택의 노후도 평가 결과, 지붕의 수선이 필요한 주택보수비용 지원 대상에 선정되었다.

① 520만 원　② 650만 원　③ 760만 원
④ 855만 원　⑤ 950만 원

26 **다음 〈상황〉을 근거로 판단할 때 〈보기〉에서 추론할 수 있는 것만을 모두 고르면?** 기업은행

〈상황〉

부산에서 군산으로 가는 어떤 여객선에 세 사람의 승무원, 즉 선장, 항해사, 그리고 기관장이 타고 있었다. 이들의 이름은 강철, 남수, 그리고 동근 가운데 하나이다. 또한 이 여객선에는 승무원들과 같은 이름을 가진 승객 세 사람도 타고 있었다. 승무원들 사이에 같은 이름을 가진 경우도 없으며, 승객들 사이에 같은 이름을 가진 경우도 없다. 모든 남수는 수원에 살고 있으며, 선장은 수원과 천안의 중간 지점에 살고 있다. 모든 강철의 연봉은 정확히 2천만 원이며, 승무원 중 동근은 항해사와 당구 시합을 한 적이 한 번 있다. 승객 가운데 한 사람이 선장의 옆집에 살고 있는데, 그의 연봉은 정확히 선장의 세 배이다. 천안에 살고 있는 승객의 이름은 선장과 같다.

〈보기〉

ㄱ. 선장의 옆집에 사는 사람의 이름은 남수가 아니다.
ㄴ. 선장의 이름은 동근이다.
ㄷ. 항해사의 이름은 동근이 아니다.
ㄹ. 항해사의 이름은 남수가 아니다.
ㅁ. 승객 동근은 천안에 산다.
ㅂ. 선장의 옆집에 사는 사람의 이름은 강철이 아니다.
ㅅ. 기관장의 이름은 강철이다.

① ㄱ, ㄴ, ㅅ ② ㄱ, ㄷ, ㅂ ③ ㄴ, ㄹ, ㅅ ④ ㄷ, ㅁ, ㅂ ⑤ ㄹ, ㅁ, ㅂ

27 **다음 〈상황〉을 근거로 판단할 때 왼쪽에서부터 4번째 위치하는 공장은?** 기업은행 · 농협은행 · 우리은행

〈상황〉

○ A, B, C, D, E공장은 직선상에 위치하고 있다.
○ A공장은 맨 왼쪽(왼쪽에서부터 1번째)에 위치하고 있다.
○ A공장과 B공장 사이의 거리는 5km, B공장과 E공장 사이의 거리는 4km, C공장과 D공장 사이의 거리는 9km, C공장과 E공장 사이의 거리는 6km이다.
○ 바로 옆에 붙어 있는 두 공장 사이의 최대 거리는 5km 이내이다.
○ C공장은 A공장과 B공장 사이에 위치하고 있다.

① A ② B ③ C ④ D ⑤ E

28 **다음 〈표〉와 〈조건〉을 근거로 판단할 때 웹툰 순위로 올바른 것은?** 국민은행 · 농협은행

<표> 웹툰 순위 산정 관련 자료

구분	별점	조회수	지각연재 · 휴재
A	9	110만 회	지각연재 1회, 휴재 4회
B	8	100만 회	지각연재 3회
C	3	90만 회	휴재 3회
D	5	70만 회	없음
E	9	120만 회	지각연재 2회, 휴재 4회
F	8	70만 회	없음

〈조건〉

○ 웹툰회사 직원들의 의견은 다음과 같으며 이들의 의견을 모두 반영해야 한다.

갑: 웹툰 순위는 별점, 조회수, 지각연재·휴재 요소를 각각 점수화하여 해당 변수를 합산한 것으로 결정해야 돼. 단, 동점인 경우에는 조회수가 높은 순으로 선순위가 되는게 맞다고 봐.

을: 별점에 5를 곱한 수를 별점 점수로 가정하면 되겠군.

병: 조회수는 1만 회를 1점으로 해야겠어.

정: 사람들이 웹툰에 대한 선호와는 별개로 별점을 낮게 주는 경우도 있어. 따라서 조회수가 70만 회 이상인데도 별점이 3점 이하인 경우에는 6개 웹툰 별점의 평균 별점을 받은 것으로 볼 필요가 있어.

무: 지각연재 또는 휴재 한 번당 10점씩 감점할 필요가 있지. 휴재는 작가의 사정상 어쩔 수 없지만, 지각연재가 3번 이상 반복되면 점수와 무관히 마지막 등수를 줄 필요가 있어.

	1위	2위	3위	4위	5위	6위
①	F	E	A	D	C	B
②	F	A	E	D	C	B
③	F	E	A	C	D	B
④	F	A	E	C	D	B
⑤	B	E	A	D	C	F

29 다음 <그림>에서 선을 따라 그릴 수 있는 사각형은 모두 몇 개인가? 기업은행 · 우리은행

<그림>

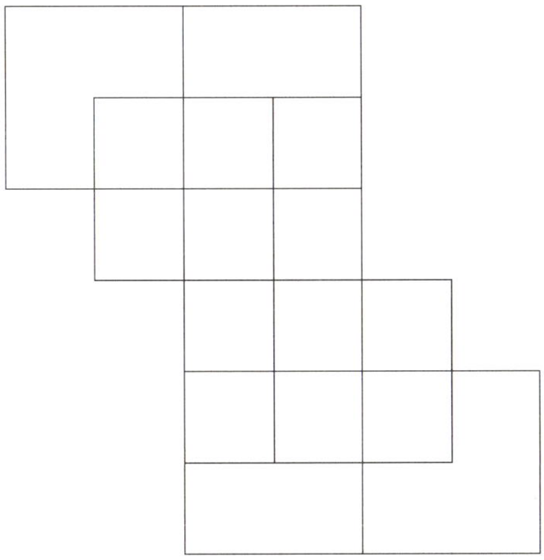

① 60개 ② 61개 ③ 63개
④ 65개 ⑤ 68개

30 **다음의 〈상황〉, 〈포스트잇 붙임 기준〉과 〈목차〉를 근거로 판단할 때 연구보고서에 최종적으로 붙어 있는 빨간색 포스트잇의 총 개수 및 추가로 주문해야 하는 최소 포스트잇 세트 수는?**

국민은행 · 농협은행

〈상황〉

하은이는 올해 초 첫 부서 배치를 받아 일을 시작하였다. 과장은 하은이에게 총 35페이지의 연구보고서를 던져 주고, 매 페이지마다 〈포스트잇 붙임 기준〉에 따른 포스트잇을 붙이는 일을 시켰다. 포스트잇은 빨간색, 노란색, 파란색 세 종류가 있다. 현재 하은이네 과 사무실에는 빨간색 포스트잇 11개, 노란색 7개만 남아 있으며, 모자라는 포스트잇은 반드시 포스트잇 세트(한 세트에는 빨간색 3개, 노란색 2개, 파란색 1개씩 들어 있음)로만 보충해야 한다.

※ 단, 〈포스트잇 붙임 기준〉에 따라 한 페이지에는 한 개의 포스트잇만 붙인다.

〈포스트잇 붙임 기준〉

① 1장과 3장에는 장에 속한 모든 페이지에 빨간색 포스트잇을 하나씩 붙이되, 제목에 '검토'나 '제언'이 들어간 절에는 해당 절의 모든 페이지에 노란색 포스트잇을 붙인다.

② 2장은 모든 페이지마다 파란색 포스트잇을 붙이는 것을 원칙으로 하되, 제목에 '쟁점'이 들어간 절에는 해당 절의 모든 페이지에 노란색 포스트잇을 붙인다.

③ 제1항, 제2항의 규정에도 불구하고, 제목에 '현황'이 들어간 절에는 해당 절의 모든 페이지에 빨간색 포스트잇을 붙인다.

④ 본 보고서는 한 절에서 그다음 절 또는 장으로 넘어갈 때에는 반드시 페이지를 달리하여 작성되었으며, 총 35페이지의 보고서 내용 중에 빈 페이지는 없다. 또, 각 장마다 절에 속하지 않는 고유의 내용이 장의 시작에 서술되어 있다.

⑤ 제1항부터 제3항까지의 규정에도 불구하고, 한 페이지에 장과 절의 구분이 함께 있는 경우에는 1장, 2장의 경우에는 장에 해당하는 포스트잇을, 3장의 경우에는 절에 해당하는 포스트잇을 그 페이지에 붙인다.

〈목차〉

	빨간색 포스트잇의 총 개수	추가로 주문해야 하는 최소 포스트잇 세트 수
①	21개	3세트
②	21개	4세트
③	20개	3세트
④	20개	4세트
⑤	17개	3세트

제07회 스터디리뷰

구분	스터디원 A	스터디원 B	스터디원 C	스터디원 D
프로필	한국외대(글로벌)/ 경상계열	세종대/경상계열	홍익대(세종)/ 사회과학계열	이화여대/ 자연과학계열
특징	최빈값 득점자	응시자 평균 득점자	상위 30% 컷 득점자	최고 득점자

번호	나의 풀이결과	스터디원 풀이결과			
01		×	○	×	○
02		×	○	×	○
03		○	○	○	○
04		×	×	×	○
05		○	×	○	×
06		○	×	○	○
07		×	×	○	○
08		○	○	○	○
09		○	×	×	○
10		×	×	○	○
11		○	○	○	○
12		×	○	○	○
13		×	×	×	○
14		×	×	×	○
15		×	○	○	○
16		○	○	○	○
17		○	○	○	○
18		×	○	×	○
19		○	○	○	○
20		○	○	○	○
21		×	○	×	○
22		×	○	○	×
23		×	×	○	○
24		○	○	○	○
25		○	○	○	○
26		×	×	×	○
27		○	○	○	○
28		○	×	○	○
29		×	×	○	×
30		×	×	×	○
계	/ 30	14 / 30	17 / 30	20 / 30	27 / 30

[풀이결과 요약]

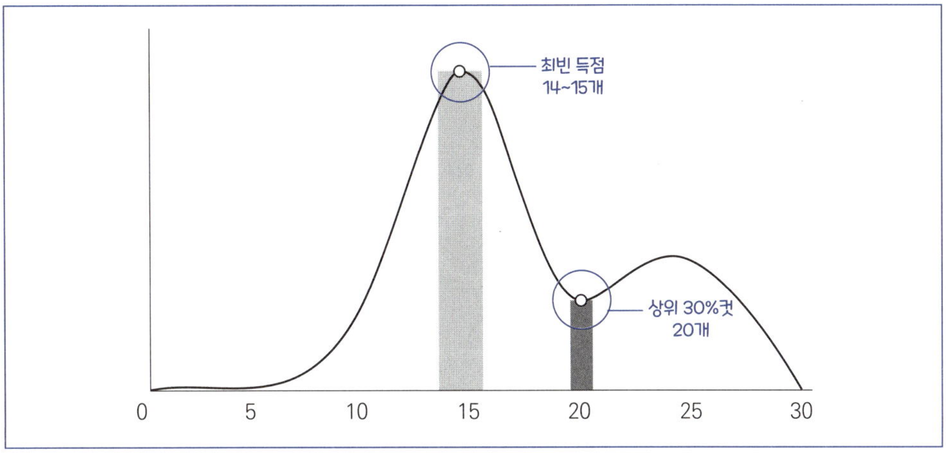

[문항별 정답률]

번호	01	02	03	04	05	06	07	08	09	10
상위 30% 득점자 평균 (A)	86%	57%	86%	43%	43%	100%	86%	86%	71%	100%
응시자 평균 (B)	49%	33%	52%	16%	28%	63%	31%	40%	34%	31%
(A－B)	37%p	24%p	34%p	27%p	15%p	37%p	55%p	46%p	37%p	69%p
번호	11	12	13	14	15	16	17	18	19	20
상위 30% 득점자 평균 (A)	100%	57%	29%	86%	100%	100%	100%	86%	100%	86%
응시자 평균 (B)	38%	28%	10%	26%	33%	61%	63%	47%	65%	48%
(A－B)	62%p	29%p	19%p	60%p	67%p	39%p	37%p	39%p	35%p	38%p
번호	21	22	23	24	25	26	27	28	29	30
상위 30% 득점자 평균 (A)	71%	57%	29%	100%	100%	71%	86%	86%	43%	43%
응시자 평균 (B)	34%	26%	7%	43%	64%	24%	52%	34%	12%	12%
(A－B)	37%p	31%p	22%p	57%p	36%p	47%p	34%p	52%p	31%p	31%p

▭ 표기 문항: 상위 30% 득점자 평균과 응시자 평균 정답률 차이가 40%p 이상 발생한 문항으로, 해당 문제를 틀렸다면 필히 리뷰를 하도록 하자.

금융 NCS 를 위한 피셋PSAT 300제

● NCS/PSAT 학습방법 여덟.

수리능력(자료해석)의 선택지에서 묻는 내용은 눈대중, 어림셈, 그리고 계산으로 나눌 수 있다. 이 중 어림셈은 정확한 숫자 계산을 하지 않고도 근사치 계산이나 곱셈을 통해 해결이 가능하다. 해당 영역에서 안정적으로 점수를 확보하기 위해서는 어림셈을 묻는 내용을 중심으로 불필요한 계산을 줄이는 훈련이 필요하다.

제08회 연습문제

제한시간: 60분

언어논리영역 06문항

자료해석영역 09문항

상황판단영역 15문항

언어논리영역

01 다음 글에서 알 수 있는 것은? 신한은행

> 구글의 디지털도서관은 출판된 모든 책을 디지털화하여 온라인을 통해 제공하는 프로젝트이다. 이는 전 세계 모든 정보를 취합하여 정리한다는 목표에 따라 진행되며, 이미 1,500만 권의 도서를 스캔하였다. 덕분에 셰익스피어 저작집 등 저작권 보호 기간이 지난 책들이 무료로 서비스되고 있다.
>
> 이에 대해 미국 출판업계가 소송을 제기하였고, 2008년에 구글이 1억 2,500만 달러를 출판업계에 지급하는 것으로 양자 간 합의안이 도출되었다. 그러나 연방법원은 이 합의안을 거부하였다. 디지털도서관은 많은 사람들에게 혜택을 줄 수 있지만, 이는 구글의 시장독점을 초래할 우려가 있으며, 저작권 침해의 소지도 있기에 저작권자도 소송에 참여하라고 주문하였다.
>
> 구글의 지식 통합 작업은 많은 이점을 가져오겠지만, 모든 지식을 한곳에 집중시키는 것이 옳은 방향인가에 대해서는 숙고가 필요하다. 문명사회를 지탱하고 있는 사회계약이란 시민과 국가 간의 책임과 권리에 관한 암묵적 동의이며, 집단과 구성원 간, 또는 개인 간의 계약을 의미한다. 이러한 계약을 위해서는 쌍방이 서로에 대해 비슷한 정도의 지식을 가지고 있어야 한다는 전제조건이 충족되어야 한다. 그런데 지식 통합 작업을 통한 지식의 독점은 한쪽 편이 상대방보다 훨씬 많은 지식을 가지는 지식의 비대칭성을 강화한다. 따라서 사회계약의 토대 자체가 무너질 수 있다. 또한 지식 통합 작업은 지식을 수집하여 독자들에게 제공하고자 하는 것이지만, 더 나아가면 지식의 수집뿐만 아니라 선별하고 배치하는 편집 권한까지 포함하게 된다. 이에 따라 사람들이 알아도 될 것과 그렇지 않은 것을 결정하는 막강한 권력을 구글이 갖게 되는 상황이 초래될 수 있다.

① 구글과 저작권자의 갈등은 소송을 통해 해결되었다.
② 구글의 지식 통합 작업은 사회계약의 전제조건을 더 공고하게 할 것이다.
③ 구글의 지식 통합 작업은 독자들과 구글 사이에 평등한 권력 관계를 확대할 것이다.
④ 구글의 디지털도서관은 지금까지 스캔한 1,500만 권의 책을 무료로 서비스하고 있다.
⑤ 구글의 지식 통합 작업은 지식의 수집에서 편집권을 포함하는 것까지 확대될 수 있다.

02 다음 글에서 알 수 있는 것은? 기업은행

> 주주 자본주의는 주주의 이윤을 극대화하는 것을 회사 경영의 목표로 하는 시스템을 말한다. 이 시스템은 자본가 계급을 사업가와 투자가로 나누어 놓았다. 그런데 주주 자본주의가 바꿔 놓은 것이 하나 더 있다. 그것은 바로 노동자의 지위다. 주식회사가 생기기 이전에는 노동자가 생산수단들을 소유할 수 없었지만 이제는 거의 모든 생산수단이 잘게 쪼개져 누구나 그 일부를 구입할 수 있다. 노동자는 사업가를 위해서 일하고 사업가는 투자가를 위해 일하지만, 투자가들 중에는 노동자도 있는 것이다.
>
> 주주 자본주의를 비판하는 사람들은 기업이 주주의 이익만을 고려한다면, 다수의 사람들이 이익을 얻는 것이 아니라 소수의 독점적인 투자가들만 이익을 보장받는다고 지적한다. 또한 그들은 주주의 이익뿐만 아니라 기업과 연계되어 있는 이해관계자들 전체, 즉 노동자, 소비자, 지역사회 등을 고려해야 한다고 주장한다. 이러한 입장을 이해관계자 자본주의라고 한다.
>
> 주주 자본주의와 이해관계자 자본주의는 '기업이 존재하는 목적이 무엇인가?'라는 물음에 대한 답변이라고 할 수 있다. 물론 오늘날의 기업들은 극단적으로 한 가지 형태를 띠는 것이 아니라 양자가 혼합된 모습을 보인다. 기업은 주주의 이익을 최우선적으로 고려하지만, 노조 활동을 인정하고, 지역과 환경에 투자하며, 기부와 봉사 등 사회적 활동을 위해 노력하기도 한다.

① 주주 자본주의에서 주주의 이익과 사회적 공헌이 상충할 때 기업은 사회적 공헌을 우선적으로 선택한다.

② 주주 자본주의에서는 과거에 생산수단을 소유할 수 없었던 이들이 그것을 부분적으로 소유할 수 있게 되었다.

③ 이해관계자 자본주의에서는 지역사회의 일반 주민까지도 기업 경영의 전반적 영역에서 주도적인 역할을 담당한다.

④ 주주 자본주의와 이해관계자 자본주의가 혼합되면 기업의 사회적 공헌활동은 주주 자본주의에서보다 약화될 것이다.

⑤ 주주 자본주의와 이해관계자 자본주의가 혼합된 형태의 기업은 지역사회의 이익을 높이는 것을 최우선적으로 고려한다.

03 **다음 글에서 알 수 없는 것은?** 기업은행

사유 재산 제도와 시장 경제가 자본주의의 양대 축을 이루기 때문에 토지 또한 민간의 소유이어야만 한다고 하는 이들이 많다. 토지사유제의 정당성을 그것이 자본주의의 성립 근거라는 점에서 찾고자 하는 학자도 있다. 토지에 대해서는 절대적이고 배타적인 소유권을 인정할 수 없다고 하면 이들은 신성불가침 영역에 대한 도발이라며 이에 반발한다. 토지가 일반 재화나 자본에 비해 지닌 근본적인 차이는 무시하고 말이다. 과연 자본주의 경제는 토지사유제 없이 성립할 수 없는 것일까?

싱가포르, 홍콩, 대만, 핀란드 등의 사례는 위의 물음에 직접적인 답변을 제시한다. 이들은 토지공유제를 시행하였거나 토지의 공공성을 인정했음에도 불구하고 자본주의의 경제를 모범적으로 발전시켜온 사례이다. 물론 토지사유제를 당연하게 여기는 사람들이 이런 사례들을 토지 공공성을 인정해야만 하는 당위의 근거로서 받아들이는 것은 아니다. 그들은 오히려 토지의 공공성 강조가 사회주의적 발상이라고 비판한다. 하지만 이와 같은 비판은 토지와 관련된 권리 제도에 대한 무지에 기인한다.

토지 소유권은 사용권, 처분권, 수익권의 세 가지 권리로 구성된다. 각각의 권리를 누가 갖느냐에 따라 토지 제도는 다음과 같이 분류된다. 세 권리 모두 민간이 갖는 토지사유제, 세 권리 모두 공공이 갖는 사회주의적 토지공유제, 그리고 사용권은 민간이 갖고 수익권은 공공이 갖는 토지가치공유제이다. 한편, 토지가치공유제는 처분권을 누가 갖느냐에 따라 두 가지 제도로 분류된다. 처분권을 완전히 민간이 갖는 토지가치세제와 공공이 처분권을 갖지만 사용권을 가진 자에게 한시적으로 처분권을 맡기는 토지공공임대제이다. 토지 소유권을 구성하는 세 가지 권리를 민간과 공공이 적당히 나누어 갖는 경우가 많으므로 실제의 토지 제도는 이 분류보다 훨씬 더 다양하다.

이 중 자본주의 경제와 결합될 수 없는 토지 제도는 사회주의적 토지공유제뿐이다. 물론 어느 토지 제도가 더 나은 경제적 성과를 보이는가는 그 이후의 문제이다. 토지사유제 옹호론에 따르면, 토지 자원의 효율적 배분이 가능하기 위해 토지에 대한 절대적, 배타적 소유권을 인정해야만 한다. 토지사유제만이 토지의 오용을 막을 수 있으며, 나아가 토지 사용의 안정성을 보장할 수 있다는 것이다. 하지만 토지 자원의 효율적 배분을 위해 토지의 사용권, 처분권, 수익권 모두를 민간이 가져야 할 필요는 없다. 토지 위 시설물에 대한 소유권을 민간이 갖고, 토지에 대해서 민간은 배타적 사용권만 가지면 충분하다.

① 토지사유제는 자본주의 성립을 위한 필수 조건이 아니다.
② 토지사유제를 보장하지 않아도 토지 사용의 안정성을 이룰 수 있다.
③ 토지사유제와 토지가치세제에서는 토지 사용권을 모두 민간이 갖는다.
④ 토지사유제에서는 토지 자원의 성격과 일반 재화의 성격이 서로 다른 것으로 인정된다.
⑤ 토지가치세제와 토지공공임대제 이외에도 토지 소유권을 어떻게 나누느냐에 따라 다양한 토지 제도가 존재한다.

04 **다음 글의 내용이 모두 참일 때 반드시 참인 것만을 〈보기〉에서 모두 고르면?**

기업은행 · 농협은행 · 우리은행

A부서에서는 올해부터 직원을 선정하여 국외 연수를 보내기로 하였다. 선정 결과 가영, 나준, 다석이 미국, 중국, 프랑스에 한 명씩 가기로 하였다. A부서에 근무하는 갑~정은 다음과 같이 예측하였다.

○ 갑: 가영이는 미국에 가고 나준이는 프랑스에 갈 거야.
○ 을: 나준이가 프랑스에 가지 않으면, 가영이는 미국에 가지 않을 거야.
○ 병: 나준이가 프랑스에 가고 다석이가 중국에 가는 그런 경우는 없을 거야.
○ 정: 다석이는 중국에 가지 않고 가영이는 미국에 가지 않을 거야.

하지만 을의 예측과 병의 예측 중 적어도 한 예측은 그르다는 것과 네 예측 중 두 예측은 옳고 나머지 두 예측은 그르다는 것이 밝혀졌다.

〈보기〉

ㄱ. 가영이는 미국에 간다.
ㄴ. 나준이는 프랑스에 가지 않는다.
ㄷ. 다석이는 중국에 가지 않는다.

① ㄱ ② ㄴ ③ ㄱ, ㄷ
④ ㄴ, ㄷ ⑤ ㄱ, ㄴ, ㄷ

05 **다음 글의 내용 전개상 문단 배열이 가장 적절한 것은?** 기업은행 · 우리은행

(가) 로마와 신라 두 나라에는 많은 부분에서 공통적인 미용문화 특징을 발견할 수 있다. 두 나라 모두 미용문화가 크게 발전하였는데, 이러한 발전의 이유 중 하나는 '여권 신장'에서 찾을 수 있다. 초기 로마사회에서는 결혼과 함께 여인의 재산이 남편 가문에 귀속되어 경제적 독립성이 없었는데 서서히 기혼 여성이 자신의 재산을 독자적으로 운영하게 되었다. 심지어 신라여성은 집안을 대표하거나 가계를 계승하기도 하였다. 바로 이러한 상황 변화로 여인들의 정치적, 사회적, 경제적 권리가 증대하게 되었고, 여성의 활동영역이 넓어져 미용문화 성장에 큰 영향을 끼쳤음도 당연한 결과라 할 수 있다.

(나) 로마와 신라의 미용발전에 영향을 미친 또 다른 큰 이유는, 아름다운 육체에 아름다운 정신이 깃든다는 '영육일치사상(靈肉一致思想)'이라고 할 수 있다. 신라에서는 사회의 지도자로서 미인과 미소년을 뽑는 원화(源花)와 화랑(花郞)제도가 시행되었고, 고대 로마시대에도 육체미를 중요시하였으며 훈련을 통해 날씬한 아름다움을 가꾸려고 노력한 역사적 기록들이 다양하게 있음을 보아 알 수 있다.

(다) 이처럼 고대 로마인과 신라인 모두 외모에 관심이 많고 외모는 사회적 성공을 위한 필요조건이었지만, 로마 미용문화가 신라 미용문화에 비해 더 사치스럽고 향락적인 성격을 가지고 있다고 평가할 수 있다. 로마에서 여성들의 과도한 화장을 비판한 문헌들이 많이 발견되었다는 점과 정복한 나라의 많은 사람을 노예로 부려서 외모 관리에 많은 투자를 했다는 기록에서 이러한 사실을 확인할 수 있다. 하지만 신라는 로마처럼 개인의 행복과 쾌락을 위한 행위로만 미용이 발전한 것이 아니고, 불교를 통해 전해 내려온 미용의 주술적 성향이 있기 때문에 미용문화의 발달이 나라의 흥망을 좌지우지할 정도로 지나치진 않았다.

(라) 두 나라 미용문화의 또 다른 공통점은 미인의 조건으로 흰 피부를 선호하여 백납을 이용한 분을 발라 연약하고 파리한 모습을 연출하였다는 것이다. 백납은 화장 기술의 향상에 많은 부분 이바지하였지만, 피부에 부작용을 일으킬 수 있는 납을 과다 사용함으로써 피부병과 트러블로 많은 이들이 고통을 받았다. 가체도 두 나라 모두 흔히 사용하였는데, 이는 긴 머리와 화려한 머리 장식을 즐기는 데서 알 수 있다. 고대 로마에서는 상당한 수요로 인해 정복지로부터의 가체 수입에 관한 문헌이 주를 이루고, 신라에는 가체 제작의 우수성으로 수출이 성행했음을 증명하는 문헌이 많이 발견된 바 있다.

(마) 이와 같은 남다른 미의식으로 두 나라 모두 일찍이 화장품이 제조되었고, 크게 미용문화가 발전하였다. 남성들도 여성 못지않게 외모관리에 많은 시간을 소비하였고, 외모에 관심이 많았다. 그 예로 신라에서는 남성 화랑들도 목걸이, 귀걸이 같은 장신구로 치장하고 화장까지 하였다. 로마 남성들 또한 매니큐어, 화장품, 향료를 사용하고 잔털을 제거하는 등 외모 가꾸는 데에 많은 투자를 하였다.

(바) 예를 들어 신라의 향료는 모든 중생의 구제를 표방하는 불교의 영향으로 말미암아 애용되었다. 불교는 나이·성별·신분에 구애받지 않고 신자로 포용하였기 때문에 신라인들 대부분이 향료를 상용하게 되었다. 단지 고급인가 저급인가의 차이만 있었을 뿐이었다. 불교에서는 목욕 또한 마음의 죄악을 씻는 신성한 의식 수단으로 인식하였기에 불교사원마다 목욕 시설이 비치되어 있어 신분 차이 없이 모든 신라인이 사용할 수 있었다. 이러한 이유로 로마의 미용문화와는 상이하게 신라의 미용문화를 비판적으로 기록한 문헌은 찾기 어렵다.

① (가) - (나) - (다) - (라) - (마) - (바)
② (가) - (나) - (마) - (라) - (다) - (바)
③ (가) - (마) - (나) - (바) - (다) - (라)
④ (가) - (바) - (마) - (나) - (다) - (라)
⑤ (나) - (바) - (마) - (가) - (다) - (라)

06 **다음 글에 대한 추론으로 옳은 것을 〈보기〉에서 모두 고르면?** 신한은행

화폐의 물리적 구현 형태는 제각기 다를 수 있지만 그와 무관하게 금융경제학에서는 다음의 세 가지 기능인 교환 매개(medium of exchange), 가치 척도(unit of account) 및 가치 저장(store of value) 기능을 모두 가지는 것을 화폐로 정의한다. 특히, 교환매개 기능은 유동성을 제공하는 근원이 되며, 주식, 채권 등 가치 저장 기능을 가지고 있는 다른 유가증권과 화폐를 구분하는 가장 큰 특징이다. 최근의 다수의 화폐 이론 연구들은 특정 교환매개물의 성공적인 통화로서의 통용 여부는 전적으로 경제주체들의 재량과 믿음에 달려있는 문제로 특정 국가에 의한 법정 통화 지정 여부가 필요조건이라고 볼 수는 없다고 주장한다. 따라서 제공 기능 측면에서 본다면 비트코인은 화폐로서의 모든 기능을 수행하며 현 시점에서 비트코인을 통화로 간주하는 것은 타당하다고 볼 수 있다.

비트코인이 통화로서 가지는 가장 큰 특징은 매 4년마다 새로운 통화 공급량이 줄어들어 궁극적으로 통화량이 더 이상 늘지 않도록 설계되었다는 점이다. 2009년 도입 초기에는 10분당 50개의 속도로 비트코인이 생성되도록 설계되었으며, 2050년에 총 2,100만 개의 비트코인만이 유통되게 되어 통화량 증가가 중지되도록 설계되었다. 또한, 유통되는 비트코인의 총 통화량이 사전 계획에 따라 결정되어있어 특정 주체에 의한 임의적인 통화량 조절가능성이 원칙적으로 차단되어 있다.

이러한 통화 공급 구조로 인하여 비트코인과 관련된 경제 규모가 커짐에 따라 비트코인의 통화가치가 상승하는 현상, 즉 디플레이션이 발생하게 된다. 이는 대공황 이후의 일반적인 통화정책이 지속적으로 낮은 인플레이션을 유지하도록 통화량 공급을 점차 확대하는 방향으로 운용되어온 사실과 극명한 대조를 이룬다. 따라서 비트코인의 사용이 확산될수록 초기부터 비트코인을 보유한 사용자는 비트코인의 가치 상승에 따라 더 큰 이익을 얻을 수 있게 되므로 자발적으로 채굴에 참여하게 될 뿐 아니라 후속 비트코인 사용자들을 적극적으로 끌어들일 유인을 갖게 된다.

반면, 이러한 통화 공급 구조로 인해 폴 크루그먼, 누리엘 루비니 등 저명한 거시 및 금융경제학자들은 비트코인이 다단계 판매나 폰지(Ponzi) 사기 구조와 유사하다는 비판을 제기하고 있다. 1990년대 후반 시도된 가상통화 e-Cash 설계에 참여했던 스테판 브랜즈 역시 비트코인이 기본적으로 초기 참가자에게 유리하게 되어 있는 피라미드 구조와 유사하다는 견해를 피력한다. 또한, 미 인디애나 대학의 에드워드 카스트로노바는 게임에서 이용되는 가상 통화에서의 경험을 근거로, 이용자들은 게임 내 가상 경제에서조차도 현실 경제와 마찬가지로 약간의 인플레이션을 선호하는 경향을 보이며, 디플레이션을 기피한다는 점을 지적한다.

금융경제학의 화폐 이론 관점에서 볼 때 실제 비트코인 개발자는 화폐 및 금융 정책에 있어서 중앙은행의 통화정책 역할을 인정하지 않는 오스트리아 학파의 관점을 따르고 있다고 볼 수 있다. 폴 크루그먼을 비롯하여 비트코인에 대해 부정적인 의견을 피력하는 다수의 금융 및 거시경제학자들도 그 이유를 비트코인이 이미 현대 경제에서 유효성을 상실한 금본위제와 유사

한 특성을 지니기 때문이라고 지적한다. 예일대의 로버트 쉴러는 현재까지 비트코인이 거둔 성공은 근본적으로 통화 공급 구조와 연관된 가격 불안정성에 기인하는 반면, 가격 불안정성은 가치척도로서의 통화 역할을 수행할 수 없게 만들기 때문에 현재의 형태로는 지속적으로 성공할 수 없다는 의견을 제시한다.

〈보기〉

ㄱ. 높은 가치 변동성으로 인해 가치가 보장되지 않아 가치의 척도가 될 수 없다고 보는 사람은 비트코인을 화폐로 인정하지 않을 것이다.
ㄴ. 최근의 이론에 따르면 비트코인은 정부 또는 발행기관에 의해 가치가 보장되지 않으므로 통화로 간주하는 것이 적절하지 않다.
ㄷ. 디플레이션 특성으로 인해 기존 법정 통화로 환산한 비트코인의 가치가 커지는 문제가 발생할 수 있다.
ㄹ. 비트코인의 사용이 확산되더라도 비트코인의 통화가치 자체는 상승하지 않을 것이다.
ㅁ. 2009년 도입 초기에 비트코인은 일주일 당 약 72,000개의 속도로 생성되었을 것이다.

① ㄱ, ㄷ
② ㄱ, ㅁ
③ ㄴ, ㄹ
④ ㄱ, ㄷ, ㅁ
⑤ ㄴ, ㄷ, ㄹ

자료해석영역

07 다음 〈그림〉은 2004~2017년 '갑'국의 엥겔계수와 엔젤계수를 나타낸 자료이다. 이에 대한 설명으로 옳은 것은?

국민은행 · 농협은행

<그림> 2004~2017년 엥겔계수와 엔젤계수

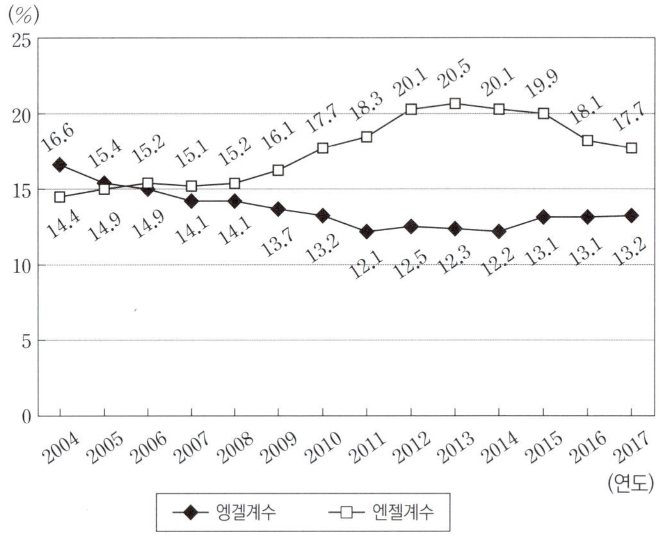

※ 1) 엥겔계수(%)$=\frac{\text{식료품비}}{\text{가계지출액}}\times 100$

2) 엔젤계수(%)$=\frac{\text{18세 미만 자녀에 대한 보육 · 교육비}}{\text{가계지출액}}\times 100$

3) 보육 · 교육비에는 식료품비가 포함되지 않음

① 2008~2013년 동안 엔젤계수의 연간 상승폭은 매년 증가한다.
② 2004년 대비 2014년, 엥겔계수 하락폭은 엔젤계수 상승폭보다 크다.
③ 2006년 이후 매년 18세 미만 자녀에 대한 보육·교육비는 식료품비를 초과한다.
④ 2008~2012년 동안 매년 18세 미만 자녀에 대한 보육·교육비 대비 식료품비의 비율은 증가한다.
⑤ 엔젤계수는 가장 높은 해가 가장 낮은 해에 비해 7.0%p 이상 크다.

08 **다음 〈표〉는 소프트웨어 A~E의 제공 기능 및 가격과 사용자별 필요 기능 및 보유 소프트웨어에 관한 자료이다. 이에 대한 〈보기〉의 설명 중 옳은 것만을 모두 고르면?** 기업은행 · 국민은행 · 농협은행

<표 1> 소프트웨어별 제공 기능 및 가격

(단위: 원)

소프트웨어 \ 구분	기능										가격
	1	2	3	4	5	6	7	8	9	10	
A	○		○		○		○	○		○	79,000
B		○	○	○		○			○	○	62,000
C	○	○	○	○	○	○		○	○		58,000
D		○				○	○		○		54,000
E	○		○	○	○	○	○	○			68,000

※ 1) ○: 소프트웨어가 해당 번호의 기능을 제공함을 뜻함
2) 각 기능의 가격은 해당 기능을 제공하는 모든 소프트웨어에서 동일하며, 소프트웨어의 가격은 제공 기능 가격의 합임

<표 2> 사용자별 필요 기능 및 보유 소프트웨어

사용자 \ 구분	기능										보유 소프트웨어
	1	2	3	4	5	6	7	8	9	10	
갑			○		○		○	○			A
을		○	○	○		○			○	○	B
병	○		○					○			(　　)

※ 1) ○: 사용자가 해당 번호의 기능이 필요함을 뜻함
2) 각 사용자는 소프트웨어 A~E 중 필요 기능을 모두 제공하는 1개의 소프트웨어를 보유함
3) 각 소프트웨어는 여러 명의 사용자가 동시에 보유할 수 있음

〈보기〉

ㄱ. '갑'의 필요 기능을 모두 제공하는 소프트웨어 중 가격이 가장 낮은 것은 E이다.
ㄴ. 기능 1, 5, 8의 가격 합과 기능 10의 가격 차이는 3,000원 이상이다.
ㄷ. '을'의 보유 소프트웨어와 '병'의 보유 소프트웨어로 기능 1~10을 모두 제공하려면, '병'이 보유할 수 있는 소프트웨어는 E뿐이다.

① ㄱ　② ㄱ, ㄴ　③ ㄱ, ㄷ
④ ㄴ, ㄷ　⑤ ㄱ, ㄴ, ㄷ

09 다음 〈그림〉은 2013~2017년 '갑'기업의 '가', '나'사업장의 연간 매출액 자료이고, 다음 〈보고서〉는 2018년 '갑'기업의 '가', '나'사업장의 직원 증원에 대한 내부 검토 내용이다. 〈그림〉과 〈보고서〉를 근거로 2018년 '가', '나'사업장의 증원인원별 연간 매출액을 추정한 결과로 옳은 것은?

기업은행 · 국민은행 · 농협은행

<그림> 2013~2017년 '갑'기업 사업장별 연간 매출액

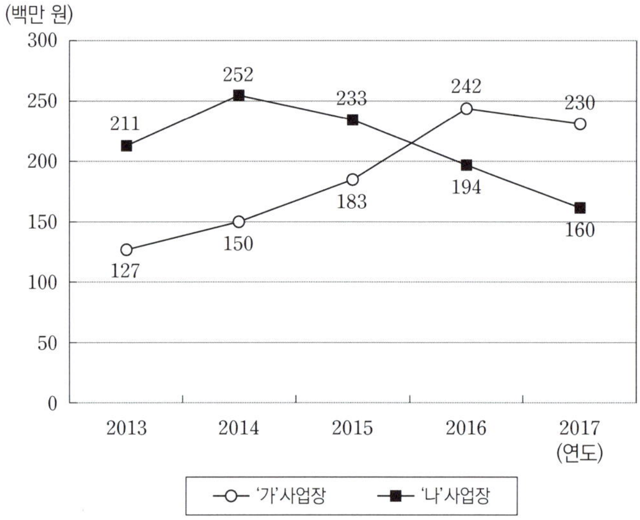

〈보고서〉

○ 2018년 '가', '나'사업장은 각각 0~3명의 직원을 증원할 계획임
○ 추정 결과, 직원을 증원하지 않을 경우 '가', '나'사업장의 2017년 대비 2018년 매출액 증감률은 각각 10% 이하일 것으로 예상됨
○ 직원 증원이 없을 때와 직원 3명을 증원할 때의 2018년 매출액 차이는 '나'사업장이 '가'사업장보다 클 것으로 추정됨
○ '나'사업장이 2013~2017년 중 최대 매출액을 기록했던 2014년보다 큰 매출액을 기록하기 위해서는 2018년에 최소 2명의 직원을 증원해야 함

①
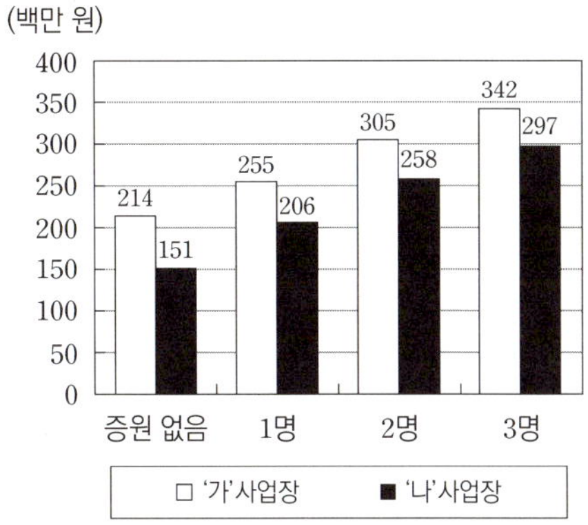
(백만 원)
400
350
300
250
200
150
100
50
0
214
151
255
206
305
258
342
297
증원 없음
1명
2명
3명
□ '가'사업장
■ '나'사업장

②
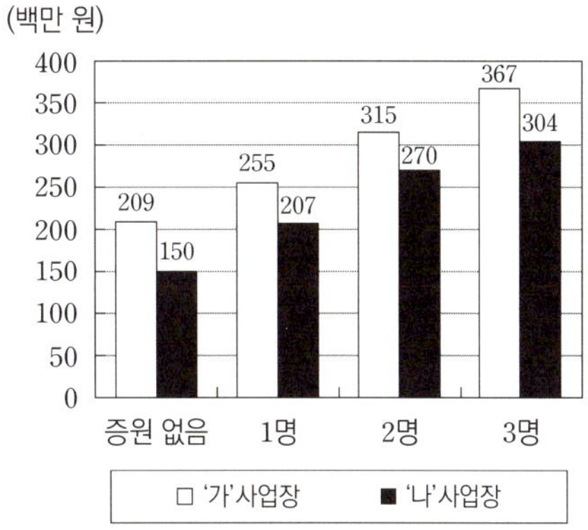
(백만 원)
400
350
300
250
200
150
100
50
0
209
150
255
207
315
270
367
304
증원 없음
1명
2명
3명
□ '가'사업장
■ '나'사업장

③
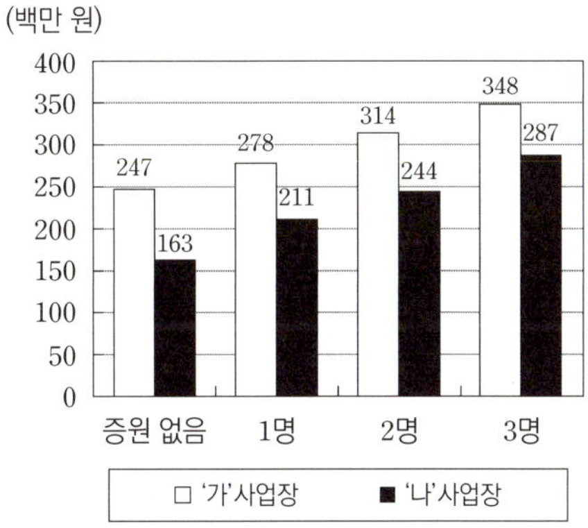
(백만 원)
400
350
300
250
200
150
100
50
0
247
163
278
211
314
244
348
287
증원 없음
1명
2명
3명
□ '가'사업장
■ '나'사업장

④
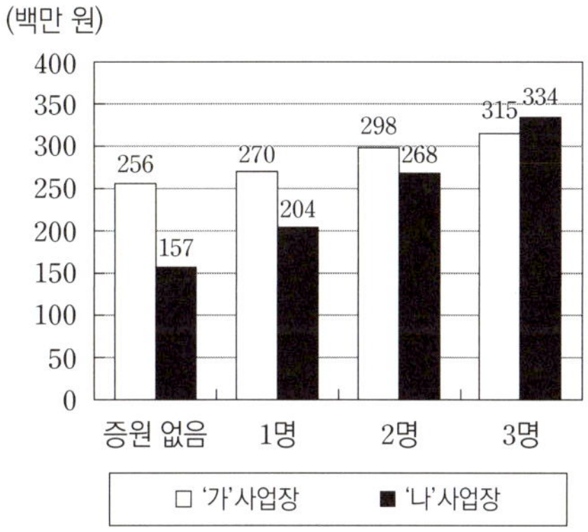
(백만 원)
400
350
300
250
200
150
100
50
0
256
157
270
204
298
268
315
334
증원 없음
1명
2명
3명
□ '가'사업장
■ '나'사업장

⑤
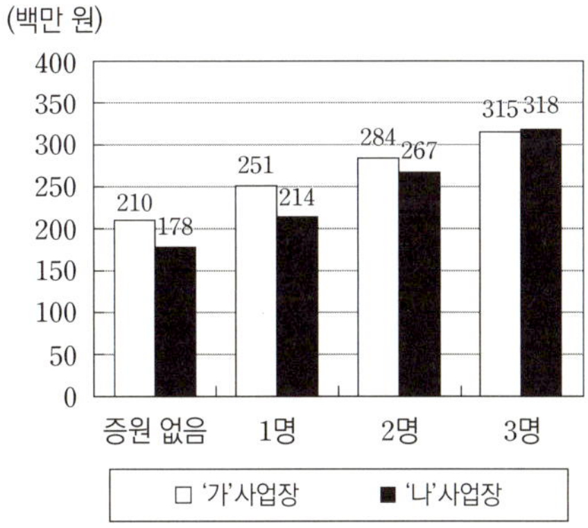
(백만 원)
400
350
300
250
200
150
100
50
0
210
178
251
214
284
267
315
318
증원 없음
1명
2명
3명
□ '가'사업장
■ '나'사업장

10 다음 〈자료〉와 〈표〉는 2017년 11월말 기준 A지역 청년통장 사업 참여인원에 관한 자료이다. 이에 대한 〈보기〉의 설명 중 옳은 것만을 모두 고르면? 국민은행 · 기업은행 · 신한은행 · 우리은행

〈자료〉

○ 청년통장 사업에 참여한 근로자의 고용형태별, 직종별, 근무연수별 인원(단위: 명)

1) 고용형태

전체	정규직	비정규직
6,500	4,591	1,909

2) 직종

전체	제조업	서비스업	숙박 및 음식점업	운수업	도 · 소매업	건설업	기타
6,500	1,280	2,847	247	58	390	240	1,438

3) 근무연수

전체	6개월 미만	6개월 이상 1년 미만	1년 이상 2년 미만	2년 이상
6,500	1,669	1,204	1,583	2,044

<표> 청년통장 사업별 참여인원 중 유지인원 현황

(단위: 명)

사업명	참여인원	유지인원	중도해지인원
청년통장 I	500	476	24
청년통장 II	1,000	984	16
청년통장 III	5,000	4,984	16
전체	6,500	6,444	56

〈보기〉

ㄱ. 청년통장 사업에 참여한 근로자의 70% 이상이 정규직 근로자이다.

ㄴ. 청년통장 사업에 참여한 정규직 근로자 중 근무연수가 2년 이상인 근로자의 비율은 2% 이상이다.

ㄷ. 청년통장 사업에 참여한 정규직 근로자 중 제조업과 서비스업을 제외한 직종의 근로자는 450명보다 적다.

ㄹ. 참여인원 대비 유지인원 비율은 청년통장 I 이 가장 높고 다음으로 청년통장 II, 청년통장 III 순이다.

① ㄱ, ㄴ　② ㄱ, ㄷ　③ ㄱ, ㄹ　④ ㄴ, ㄹ　⑤ ㄷ, ㄹ

11 **다음 〈표〉는 2013년부터 2016년까지의 A병원 재무정보이다. 이에 대한 설명 중 옳지 않은 것을 고르면?**

국민은행 · 기업은행 · 신한은행 · 우리은행

<표> A병원의 재무상태표

(단위: 억 원)

구분	2013년	2014년	2015년	2016년
자산총계	22,000	22,500	26,000	27,000
유동자산	3,000	3,500	5,000	5,500
비유동자산	19,000	19,000	21,000	21,500
부채총계	10,000	11,000	15,000	16,000
유동부채	3,000	3,000	4,000	4,000
비유동부채	4,000	5,000	6,000	7,000
고유목적사업준비금	3,000	3,000	5,000	5,000
자본총계	12,000	11,500	11,000	11,000

※ 유동비율(%)$=\frac{\text{유동자산}}{\text{유동부채}}\times 100$

※ 자기자본비율(%)$=\frac{\text{자본총계}}{\text{자산총계}}\times 100$

※ 수정자기자본비율(%)$=\frac{\text{자본총계}+\text{고유목적사업준비금}}{\text{자산총계}}\times 100$

※ 부채비율(%)$=\frac{\text{부채총계}}{\text{자본총계}}\times 100$

※ 수정부채비율(%)$=\frac{\text{부채총계}-\text{고유목적사업준비금}}{\text{자본총계}+\text{고유목적사업준비금}}\times 100$

※ 단, 제시된 연도만을 고려함

① A병원의 유동비율이 매년 높아졌다.

② A병원의 수정자기자본비율에서 자기자본비율을 차감한 값은 부채비율에서 수정부채비율을 차감한 값보다 매년 작다.

③ A병원의 수정자기자본비율의 값과 자기자본비율 값의 차이는 2015년이 가장 크다.

④ A병원의 수정부채비율이 50% 미만인 연도는 없다.

⑤ A병원의 부채비율이 가장 높은 연도는 2016년이다.

12 다음 〈표〉는 국외여비 지급 기준에 대한 자료이다. 〈표〉에 근거하여 〈보기〉의 A~D 출장자를 국외여비가 많은 순서대로 바르게 나열한 것은? 기업은행 · 농협은행

<표 1> 국외여비 지급 기준

(단위: 달러)

직위	등급	일비	숙박비	식비
교수, 부교수	가	35	166	107
	나	35	120	78
	다	35	92	58
	라	35	79	49
전임강사, 조교수, 연구교수	가	30	145	81
	나	30	95	59
	다	30	70	44
	라	30	62	37
연구보조원	가	26	129	67
	나	26	87	49
	다	26	64	37
	라	26	56	30

※ 국외여비에서 항공료는 제외됨
※ 일비와 식비는 출장 일수를 기준으로 계상하며, 숙박비는 숙박 일수를 기준으로 함. 예를 들어, 출장 기간이 6박 8일인 경우, 일비와 식비는 8일을 기준으로 하고 숙박비는 6박을 기준으로 함

<표 2> 출장 지역(도시 및 국가)의 등급별 구분

등급	지역(도시 및 국가)	
가		동경, 뉴욕, 로스엔젤레스, 모스크바, 샌프란시스코
나	아시아주 · 대양주	대만, 북경, 싱가포르, 우즈베키스탄, 인도, 일본
	남 · 북아메리카주	멕시코, 미국, 브라질, 아르헨티나, 아이티, 캐나다
	유럽주	네덜란드, 노르웨이, 덴마크, 영국, 오스트리아, 핀란드
	중동 · 아프리카주	가봉, 남아프리카공화국, 수단, 오만, 우간다
다	아시아주 · 대양주	뉴질랜드, 카자흐스탄, 태국, 터키, 파키스탄, 필리핀
	남 · 북아메리카주	니카라과, 도미니카공화국, 바베이도스
	유럽주	그리스, 리투아니아, 유고슬라비아, 포르투갈, 폴란드
	중동 · 아프리카주	리비아, 모잠비크, 바레인, 보츠와나, 케냐, 탄자니아
라	아시아주 · 대양주	네팔, 라오스, 몽골, 미얀마, 스리랑카, 캄보디아
	남 · 북아메리카주	과테말라, 엘살바도르, 콜롬비아, 파라과이, 페루
	유럽주	보스니아 - 헤르체고비나, 에스토니아, 크로아티아
	중동 · 아프리카주	가나, 감비아, 이라크, 잠비아, 짐바브웨, 튀니지

※ 출장 도시와 해당 도시가 소속된 국가가 다른 등급으로 분류된 경우, 도시의 등급에 따름

〈보기〉

국외출장자	직위	출장지	출장기간
A	연구보조원	모스크바	4박 6일
B	조교수	북경	5박 6일
C	부교수	카자흐스탄	5박 6일
D	교수	동경	3박 4일

① A－B－C－D ② A－D－C－B ③ C－D－A－B
④ D－A－B－C ⑤ D－A－C－B

13 다음 〈표〉는 카드사별, 금리구간별 대출 현황에 대한 자료이다. 이에 대한 설명으로 옳지 않은 것은?

신한은행 · 우리은행

<표> 카드사별 및 금리구간별 대출 현황

(단위: 백만 원, %)

카드사 \ 금리구간		5% 미만	5% 이상 10% 미만	10% 이상 15% 미만	15% 이상 20% 미만	20% 이상	합계
A	잔액	700	713,753	3,114,427	1,549,522	480,365	5,858,767
	비중	0.01	12.18	53.16	26.45	8.20	100.00
B	잔액	12,562	673,174	1,847,177	1,735,623	363,731	4,632,267
	비중	0.27	14.53	39.88	37.47	7.85	100.00
C	잔액	9,535	720,712	1,238,465	1,459,994	710,745	4,139,451
	비중	0.23	17.41	29.92	35.27	17.17	100.00
D	잔액	0	497,705	1,108,427	1,246,733	438,869	3,291,734
	비중	0.00	15.12	33.67	37.87	13.34	100.00
E	잔액	41,573	836,460	739,704	889,391	112,718	2,619,846
	비중	1.59	31.93	28.23	33.95	4.30	100.00
F	잔액	9,598	592,451	665,888	661,514	237,673	2,167,124
	비중	0.44	27.34	30.73	30.52	10.97	100.00
G	잔액	41,090	302,800	567,114	1,010,318	30,973	1,952,295
	비중	2.10	15.51	29.05	51.75	1.59	100.00
카드사 합계	잔액	115,058	4,337,055	9,281,202	8,553,095	2,375,074	24,661,484
	비중	0.47	17.59	37.63	34.68	9.63	100.00

① 모든 카드사는 20% 이상 금리의 대출 잔액보다 5% 이상 10% 미만 금리의 대출 잔액이 더 많다.

② 절반 이상의 카드사가 15% 이상 20% 미만 금리 구간에 가장 많은 대출 잔액을 보유하고 있다.

③ 모든 카드사의 5% 미만 금리 대출 잔액의 합계는 20% 이상 금리의 대출 잔액이 A~G 중 두 번째로 적은 카드사의 20% 이상 금리의 대출 잔액보다 적다.

④ 5% 이상 10% 미만 금리 구간에서 A 카드사의 대출 잔액은 같은 구간 G 카드사의 대출 잔액보다 많다.

⑤ 대출 잔액이 가장 적은 카드사의 15% 이상 금리 구간 대출 잔액은 대출 잔액이 두 번째로 적은 카드사의 동일 구간 대출 잔액보다 많다.

14 다음 〈표〉는 각국의 현지 빅맥 가격과 환율에 대한 자료이다. 이에 대한 〈보기〉의 설명 중 옳은 것만을 모두 고르면?

국민은행 · 농협은행

<표> 각국 현지 빅맥 가격 및 환율

국가	현지 빅맥 가격	환율
베네수엘라	40.50볼리바르	4.50볼리바르/달러
스위스	6.30스위스프랑	0.90스위스프랑/달러
브라질	11.50헤알	2.00헤알/달러
노르웨이	40크로네	5.00크로네/달러
미국	4.50달러	1달러
영국	2.60파운드	0.60파운드/달러
일본	300엔	90.00엔/달러
한국	3,700원	1,100.00원/달러
중국	15위안	6.00위안/달러
인도	90루피	50.00루피/달러

※ 빅맥지수 $=\dfrac{\text{국가별 현지 빅맥가격(달러)}}{\text{미국의 현지 빅맥가격(달러)}}$

※ 단, 제시된 국가만을 고려함

〈보기〉

ㄱ. 환율의 변동은 없고 영국의 빅맥 가격이 0.10파운드 낮아지면 달러로 표시한 영국의 빅맥 가격과 미국의 빅맥 가격이 같다.

ㄴ. 달러로 표시한 빅맥 가격은 베네수엘라에서 가장 비싸다.

ㄷ. 달러로 표시한 빅맥 가격은 인도에서 가장 싸다.

ㄹ. 달러로 표시한 빅맥 가격이 한국과의 차이가 가장 작은 나라는 일본이다.

ㅁ. 빅맥 가격의 변동이 없이 노르웨이의 환율이 4.50크로네/달러로 떨어지면 노르웨이의 빅맥지수와 베네수엘라의 빅맥지수가 역전된다.

① ㄱ, ㄴ ② ㄱ, ㅁ ③ ㄱ, ㄴ, ㄹ
④ ㄴ, ㄷ, ㄹ ⑤ ㄴ, ㄷ, ㅁ

제01회
제02회
제03회
제04회
제05회
제06회
제07회
제08회
제09회
제10회

15 **다음 〈정보〉는 A국의 실업급여 지급액에 대한 자료이다. 甲~戊 중 실업급여 지급액이 세 번째로 많은 사람은?**

신한은행 · 우리은행

〈정보〉

1. 실업급여 지급액
=기준액(퇴직 전 평균일급의 50%)×소정급여일수
※ 단, 기준액의 경우 상·하한액이 있음

퇴사일	상한액(원)	하한액(원)
2017년 3월 이전	45,000	43,000
2017년 4월~12월	50,000	46,000
2018년 1월 이후	60,000	54,000

2. 소정급여일수

(연령 기준: 퇴사 당시 만 나이)

연령 \ 가입기간	1년 미만	1년 이상 3년 미만	3년 이상 5년 미만	5년 이상 10년 미만	10년 이상
30세 미만	90일	90일	120일	150일	180일
30세 이상~50세 미만	90일	120일	150일	180일	210일
50세 이상	90일	150일	180일	210일	240일

	생년월일	퇴직 전 평균일급(원)	퇴사일	가입기간
①	甲 1965.11.13.	180,000	2018.01.05.	20년 2개월
②	乙 1970.02.02.	100,000	2017.12.18.	15년 3개월
③	丙 1978.05.31.	150,000	2017.04.01.	8년 6개월
④	丁 1984.08.01.	80,000	2017.01.01.	9년 0개월
⑤	戊 1991.02.28.	120,000	2017.05.31.	5년 4개월

상황판단영역

16 **다음 〈A도서관 자료 폐기 지침〉을 근거로 판단할 때 옳은 것은?** 기업은행

〈A도서관 자료 폐기 지침〉

가. 자료 선정
도서관 직원은 누구든지 수시로 서가를 살펴보고, 이용하기 곤란하다고 생각되는 자료는 발견 즉시 회수하여 사무실로 옮겨야 한다.

나. 목록 작성
사무실에 회수된 자료는 사서들이 일차적으로 갱신 대상을 추려내어 갱신하고, 폐기 대상 자료로 판단되는 것은 폐기심의대상 목록으로 작성하여 폐기심의위원회에 제출한다.

다. 폐기심의위원회 운영
폐기심의위원회 회의(이하 '회의'라 한다)는 연 2회 정기적으로 개최한다. 회의는 폐기심의 대상 목록과 자료의 실물을 비치한 회의실에서 진행되고, 위원들은 실물과 목록을 대조하여 확인하여야 한다. 폐기심의위원회는 폐기 여부만을 판정하며 폐기 방법의 결정은 사서에게 위임한다. 폐기 대상 판정시 위원들 사이에 이견(異見)이 있는 자료는 당해 연도의 폐기 대상에서 제외하고, 다음 연도의 회의에서 재결정한다.

라. 폐기 방법
(1) 기증: 상태가 양호하여 다른 도서관에서 이용될 수 있다고 판단되는 자료는 기증 의사를 공고하고 다른 도서관 등 희망하는 기관에 기증한다.
(2) 이관: 상태가 양호하고 나름의 가치가 있는 자료는 자체 기록보존소, 지역 및 국가의 보존 전문도서관 등에 이관한다.
(3) 매각과 소각: 폐지로 재활용 가능한 자료는 매각하고, 폐지로도 매각할 수 없는 자료는 최종적으로 소각 처리한다.

마. 기록 보존 및 목록 최신화
연도별로 폐기한 자료의 목록과 폐기 경위에 관한 기록을 보존하되, 폐기한 자료에 대한 내용을 도서관의 각종 현행자료 목록에서 삭제하여 목록을 최신화한다.

※ 갱신: 손상된 자료의 외형을 수선하거나 복사본을 만듦

① 사서는 폐기심의대상 목록만을 작성하고, 자료의 폐기 방법은 폐기심의위원회가 결정한다.
② 폐기 대상 판정시 폐기심의위원들 간에 이견이 있는 자료의 경우, 바로 다음 회의에서 그 자료의 폐기 여부가 논의되지 않을 수 있다.
③ 폐기심의위원회는 자료의 실물을 확인하지 않고 폐기 여부를 판정할 수 있다.
④ 매각 또는 소각한 자료는 현행자료 목록에서 삭제하고, 폐기 경위에 관한 기록도 제거하여야 한다.
⑤ 사서가 아닌 도서관 직원은, 이용하기 곤란하다고 생각되는 자료를 발견하면 갱신하거나 폐기심의대상 목록을 작성하여야 한다.

17 **다음 글과 〈선정 방식〉을 근거로 판단할 때, 〈보기〉에서 옳은 것만을 모두 고르면?**

기업은행 · 국민은행 · 농협은행

△△기업은 3개 신문사(甲~丙)를 대상으로 광고비를 지급하기 위해 3가지 선정 방식을 논의 중이다. 3개 신문사의 정보는 다음과 같다.

신문사	발행부수(부)	유료부수(부)	발행기간(년)
甲	30,000	9,000	5
乙	30,000	11,500	10
丙	20,000	12,000	12

※ 발행부수=유료부수+무료부수

〈선정 방식〉

○ 방식 1: 항목별 점수를 합산하여 고득점 순으로 500만 원, 300만 원, 200만 원을 광고비로 지급하되, 80점 미만인 신문사에는 지급하지 않는다.

평가항목	항목별 점수			
발행부수(부)	20,000 이상	15,000~19,999	10,000~14,999	10,000 미만
	50점	40점	30점	20점
유료부수(부)	15,000 이상	10,000~14,999	5,000~9,999	5,000 미만
	30점	25점	20점	15점
발행기간(년)	15 이상	12~14	9~11	6~8
	20점	15점	10점	5점

※ 항목별 점수에 해당하지 않을 경우 해당 항목을 0점으로 처리한다.

○ 방식 2: A등급에 400만 원, B등급에 200만 원, C등급에 100만 원을 광고비로 지급하되, 등급별 조건을 모두 충족하는 경우에만 해당 등급을 부여한다.

등급	발행부수(부)	유료부수(부)	발행기간(년)
A	20,000 이상	10,000 이상	10 이상
B	10,000 이상	5,000 이상	5 이상
C	5,000 이상	2,000 이상	2 이상

※ 하나의 신문사가 복수의 등급에 해당할 경우, 그 신문사에게 가장 유리한 등급을 부여한다.

○ 방식 3: 1,000만 원을 발행부수 비율에 따라 각 신문사에 광고비로 지급한다.

〈보기〉

ㄱ. 乙은 방식 3이 가장 유리하다.
ㄴ. 丙은 방식 1이 가장 유리하다.
ㄷ. 방식 1로 선정할 경우, 甲은 200만 원의 광고비를 지급받는다.
ㄹ. 방식 2로 선정할 경우, 丙은 甲보다 두 배의 광고비를 지급받는다.

① ㄱ, ㄴ
② ㄱ, ㄷ
③ ㄴ, ㄷ
④ ㄴ, ㄹ
⑤ ㄷ, ㄹ

18 **다음 글을 근거로 판단할 때, 〈보기〉에서 옳은 것만을 모두 고르면?** 신한은행 · 우리은행

甲국의 공무원연금공단은 다음 기준에 따라 사망조위금을 지급하고 있다. 사망조위금은 최우선 순위의 수급권자 1인에게만 지급한다.

<사망조위금 지급기준>

<table>
<tr><th>사망자</th><th colspan="2">수급권자 순위</th></tr>
<tr><td rowspan="2">공무원의 배우자·부모
(배우자의 부모 포함)·
자녀</td><td>해당 공무원이
1인인 경우</td><td>해당 공무원</td></tr>
<tr><td>해당 공무원이
2인 이상인 경우</td><td>1. 사망한 자의 배우자인 공무원
2. 사망한 자를 부양하던 직계비속인 공무원
3. 사망한 자의 최근친 직계비속인 공무원 중 최연장자
4. 사망한 자의 최근친 직계비속의 배우자인 공무원 중 최연장자 직계비속의 배우자인 공무원</td></tr>
<tr><td>공무원 본인</td><td colspan="2">1. 사망한 공무원의 배우자
2. 사망한 공무원의 직계비속 중 공무원
3. 장례와 제사를 모시는 자 중 아래의 순위
가. 사망한 공무원의 최근친 직계비속 중 최연장자
나. 사망한 공무원의 최근친 직계존속 중 최연장자
다. 사망한 공무원의 형제자매 중 최연장자</td></tr>
</table>

〈보기〉

ㄱ. A와 B는 비(非)공무원 부부이며 공무원 C(37세)와 공무원 D(32세)를 자녀로 두고 있다. 공무원 D가 부모님을 부양하던 상황에서 A가 사망하였다면, 사망조위금 최우선 순위 수급권자는 D이다.

ㄴ. A와 B는 공무원 부부로 비공무원 C를 아들로 두고 있으며, 공무원 D는 C의 아내이다. 만약 C가 사망하였다면, 사망조위금 최우선 순위 수급권자는 A이다.

ㄷ. 공무원 A와 비공무원 B는 부부이며 비공무원 C(37세)와 비공무원 D(32세)를 자녀로 두고 있다. A가 사망하고 C와 D가 장례와 제사를 모시는 경우, 사망조위금 최우선 순위 수급권자는 C이다.

① ㄱ ② ㄴ ③ ㄷ
④ ㄱ, ㄴ ⑤ ㄱ, ㄷ

19 다음 글을 근거로 판단할 때, 甲이 구매하게 될 차량은? 기업은행 · 국민은행 · 농협은행

甲은 아내 그리고 자녀 둘과 함께 총 4명이 장거리 이동이 가능하도록 배터리 완전충전 시 주행거리가 200km 이상인 전기자동차 1대를 구매하려고 한다. 구매와 동시에 집 주차장에 배터리 충전기를 설치하려고 하는데, 배터리 충전시간(완속 기준)이 6시간을 초과하지 않으면 완속 충전기를, 6시간을 초과하면 급속 충전기를 설치하려고 한다.

한편 정부는 전기자동차 활성화를 위하여 전기자동차 구매 보조금을 구매와 동시에 지원하고 있는데, 승용차는 2,000만 원, 승합차는 1,000만 원을 지원하고 있다. 승용차 중 경차는 1,000만 원을 추가로 지원한다. 배터리 충전기에 대해서는 완속 충전기에 한하여 구매 및 설치 비용을 구매와 동시에 전액 지원하며, 2,000만 원이 소요되는 급속 충전기의 구매 및 설치 비용은 지원하지 않는다.

이러한 상황을 감안하여 甲은 차량 A~E 중에서 실구매 비용(충전기 구매 및 설치 비용 포함)이 가장 저렴한 차량을 선택하려고 한다. 단, 실구매 비용이 동일할 경우에는 아래의 '점수 계산 방식'에 따라 점수가 가장 높은 차량을 구매하려고 한다.

차량	A	B	C	D	E
최고속도(km/h)	130	100	120	140	120
완전충전 시 주행거리(km)	250	200	250	300	300
충전시간(완속 기준)	7시간	5시간	8시간	4시간	5시간
승차 정원	6명	8명	2명	4명	5명
차종	승용	승합	승용(경차)	승용	승용
가격(만 원)	5,000	6,000	4,000	8,000	8,000

○ 점수 계산 방식
- 최고속도가 120km/h 미만일 경우에는 120km/h를 기준으로 10km/h가 줄어들 때마다 2점씩 감점
- 승차 정원이 4명을 초과할 경우에는 초과인원 1명당 1점씩 가점

① A ② B ③ C
④ D ⑤ E

[20~21] 다음 글을 읽고 물음에 답하시오.

○○국의 항공기 식별코드는 '(현재상태부호)(특수임무부호)(기본임무부호)(항공기종류부호) - (설계번호)(개량형부호)'와 같이 최대 6개 부분(앞부분 4개, 뒷부분 2개)으로 구성된다.

항공기종류부호는 특수 항공기에만 붙이는 부호로, G는 글라이더, H는 헬리콥터, Q는 무인항공기, S는 우주선, V는 수직단거리이착륙기에 붙인다. 항공기종류부호가 생략된 항공기는 일반 비행기이다.

모든 항공기 식별코드는 기본임무부호나 특수임무부호 중 적어도 하나를 꼭 포함하고 있다. 기본임무부호는 항공기가 기본적으로 수행하는 임무를 나타내는 부호이다. A는 지상공격기, B는 폭격기, C는 수송기, E는 전자전기, F는 전투기, K는 공중급유기, L은 레이저탑재항공기, O는 관측기, P는 해상초계기, R은 정찰기, T는 훈련기, U는 다목적기에 붙인다.

특수임무부호는 항공기가 개량을 거쳐 기본임무와 다른 임무를 수행할 때 붙이는 부호이다. 부호에 사용되는 알파벳과 그 의미는 기본임무부호와 동일하다. 항공기가 기본임무와 특수임무를 모두 수행할 수 있을 때에는 두 부호를 모두 표시하며, 개량으로 인하여 더 이상 기본임무를 수행하지 못하게 된 경우에는 특수임무부호만을 표시한다.

현재상태부호는 현재 정상적으로 사용되고 있지 않은 항공기에만 붙이는 부호이다. G는 영구보존처리된 항공기, J와 N은 테스트를 위해 사용되고 있는 항공기에 붙이는 부호이다. J는 테스트 종료 후 정상적으로 사용될 항공기에 붙이는 부호이며, N은 개량을 많이 거쳤기 때문에 이후에도 정상적으로 사용될 계획이 없는 항공기에 붙이는 부호이다.

설계번호는 항공기가 특정그룹 내에서 몇 번째로 설계되었는지를 나타낸다. 1~100번은 일반 비행기, 101~200번은 글라이더 및 헬리콥터, 201~250번은 무인항공기, 251~300번은 우주선 및 수직단거리이착륙기에 붙인다. 예를 들어 107번은 글라이더와 헬리콥터 중 7번째로 설계된 항공기라는 뜻이다.

개량형부호는 한 모델의 항공기가 몇 차례 개량되었는지를 보여 주는 부호이다. 개량하지 않은 최초의 모델은 항상 A를 부여받으며, 이후에는 개량될 때마다 알파벳 순서대로 부호가 붙게 된다.

20 윗글을 근거로 판단할 때, 〈보기〉에서 항공기 식별코드 중 앞부분 코드로 구성 가능한 것을 모두 고르면? 기업은행

〈보기〉

ㄱ. KK
ㄴ. GBCV
ㄷ. CAH
ㄹ. R

① ㄱ
② ㄱ, ㄴ
③ ㄴ, ㄷ
④ ㄷ, ㄹ
⑤ ㄴ, ㄷ, ㄹ

21 윗글을 근거로 판단할 때, '현재 정상적으로 사용 중인 개량하지 않은 일반 비행기'의 식별코드 형식으로 옳은 것은? 기업은행

① (기본임무부호) - (설계번호)
② (기본임무부호) - (개량형부호)
③ (기본임무부호) - (설계번호)(개량형부호)
④ (현재상태부호)(특수임무부호) - (설계번호)(개량형부호)
⑤ (현재상태부호)(특수임무부호)(항공기종류부호) - (설계번호)(개량형부호)

22 **다음 글을 근거로 판단할 때 옳지 않은 것은?** 기업은행 · 국민은행

> 정부는 저출산 문제 해소를 위해 공무원이 안심하고 일과 출산·육아를 병행할 수 있도록 관련 제도를 정비하여 시행 중이다.
>
> 먼저 임신 12주 이내 또는 임신 36주 이상인 여성 공무원을 대상으로 하던 '모성보호시간'을 임신 기간 전체로 확대하여 임신부터 출산시까지 근무시간을 1일에 2시간씩 단축할 수 있게 하였다.
>
> 다음으로 생후 1년 미만의 영아를 자녀로 둔 공무원을 대상으로 1주일에 2일에 한해 1일에 1시간씩 단축근무를 허용하던 '육아시간'을, 만 5세 이하 자녀를 둔 공무원을 대상으로 1주일에 2일에 한해 1일에 2시간 범위 내에서 사용할 수 있도록 하였다. 또한 부부 공동육아 실현을 위해 '배우자 출산휴가'를 10일(기존 5일)로 확대하였다.
>
> 마지막으로 어린이집, 유치원, 초·중·고등학교에서 공식적으로 주최하는 행사와 공식적인 상담에만 허용되었던 '자녀돌봄휴가'(공무원 1인당 연간 최대 2일)를 자녀의 병원진료·검진·예방접종 등에도 쓸 수 있도록 하고, 자녀가 3명 이상일 경우 1일을 가산할 수 있도록 하였다.

① 변경된 현행 제도에서는 변경 전에 비해 '육아시간'의 적용 대상 및 시간이 확대되었다.
② 변경된 현행 제도에 따르면, 초등학생 자녀 3명을 둔 공무원은 연간 3일의 '자녀돌봄휴가'를 사용할 수 있다.
③ 변경된 현행 제도에 따르면, 임신 5개월인 여성 공무원은 산부인과 진료를 받기 위해 '모성보호시간'을 사용할 수 있다.
④ 변경 전 제도에서 공무원은 초등학교 1학년인 자녀의 병원진료를 위해 '자녀돌봄휴가'를 사용할 수 있었다.
⑤ 변경된 현행 제도에 따르면, 만 2세 자녀를 둔 공무원은 '육아시간'을 사용하여 근무시간을 1주일에 총 4시간 단축할 수 있다.

23 **다음 〈상황〉을 근거로 판단할 때 甲이 단백질과 칼슘의 1일 최소 필요량을 충족하면서 제품의 구입비용을 최소화하는 달걀과 닭 가슴살의 개수는? (단위: 개)** 신한은행

〈상황〉

다이어트를 위한 근육강화를 위해 달걀과 닭 가슴살을 구입하여 섭취하고자 한다. 달걀과 닭 가슴살에는 각각 단백질과 칼슘이 포함되어 있다. 제품별 개당 영양분 함유량(mg)과 1일 최소 필요량(mg)은 다음과 같다(단, 달걀의 개당 구입비용은 3, 닭 가슴살의 개당 구입비용은 4임).

영양분 \ 제품	개당 영양분 함유량(mg)		1일 최소 필요량(mg)
	달걀	닭 가슴살	
단백질	2	4	42
칼슘	4	3	44

① 달걀 2, 닭 가슴살 11
② 달걀 3, 닭 가슴살 10
③ 달걀 4, 닭 가슴살 9
④ 달걀 5, 닭 가슴살 8
⑤ 달걀 6, 닭 가슴살 7

24 **다음 〈규정〉을 근거로 판단할 때 〈보기〉의 기업 중 사회적기업 인증을 받지 못하는 기업을 모두 고르면?** 국민은행 · 농협은행

〈규정〉

[사회적기업 인증 심사기준]

1. 유급근로자 고용(공통)
   가. 신청기업은 신청월 직전 6개월 동안 매월 1명 이상의 유급근로자를 고용하여야 한다. 다만, 사회적 목적의 실현 유형 중 일자리제공형은 매월 5명 이상을 고용하여야 한다.
   나. 고용형태와 상관없이 고용보험에 가입된 자를 유급근로자로 인정한다.
   다. 고용보험 가입자가 신청기업 대표자의 배우자와 직계존비속, 임원인 경우에는 유급근로자 수 산정에서 제외한다.
2. 사회적 목적의 실현
   가. 사회적 목적 실현 여부의 판단은 인증 신청월 직전 6개월 동안의 실적을 기준으로 한다.
   나. 사회서비스제공형
      1) 사회서비스를 취약계층에게 일반 시장가격보다 낮은 가격으로 제공한 사회서비스 실적만을 인정한다. 단, 사회서비스 단위당 일반 시장가격은 2,000원이다.
      2) 읍·면 지역에 거주하는 취약계층을 대상으로 제공한 사회서비스는 가격에 상관없이 취약계층 대상 사회서비스 실적으로 인정한다.
   다. 일자리제공형
      1) 전체 근로자 중 취약계층의 비율이 30% 이상(2017년부터는 50%)이어야 한다.
      2) 전체 근로자 수가 5인 이상(대표자의 배우자와 직계존비속, 임원은 제외)이어야 한다.
      3) 취약계층에게 괜찮은 일자리를 제공하여야 한다. 단, '괜찮은 일자리'는 최저임금 초과 지급(최저임금은 연도와 관계없이 시급 6,030원, 월급 126만 원)하는 일자리를 말한다.
      4) 의무 고용비율(30%)에 해당하는 취약계층에 대하여는 반드시 괜찮은 일자리를 제공하여야 한다.

〈보기〉

ㄱ. A기업은 사회서비스제공형으로서 2017년 7월부터 고용보험에 가입된 2명의 유급근로자를 고용하고 있으며 도시지역의 취약계층에게 사회서비스를 단위당 1,500원의 가격으로 제공하였으며 면 지역의 취약계층에 대해서는 사회서비스를 1,600원의 가격으로 제공하였다.

ㄴ. B기업은 일자리제공형으로서 2017년 8월부터 고용보험에 가입된 6명의 유급근로자(대표자의 배우자 1명 포함)를 고용하고 있으며 6명 중 2명은 취약계층이다. 취약계층 2명의 근로자에게는 월급 120만 원을 지급하고 있으며 2018년 12월까지 근무하기로 하였다.

ㄷ. C기업은 사회서비스제공형으로서 2017년 8월부터 고용보험에 가입된 2명의 유급근로자(대표자의 아버지와 아들 각각 1명)를 고용하고 있으며 도시지역의 취약계층에게 사회서비스를 단위당 2,100원의 가격으로 제공하였으며 면 지역의 취약계층에 대해서는 사회서비스를 1,500원의 가격으로 제공하였다.

ㄹ. D기업은 일자리제공형으로서 2017년 8월부터 고용보험에 가입된 6명의 유급근로자(대표자의 아들 1명 포함)를 고용하고 있으며 6명 중 4명은 취약계층이다. 취약계층 4명의 근로자에게는 월급 130만 원을 지급하고 있다.

ㅁ. E기업은 사회서비스제공형으로서 2017년 11월부터 고용보험에 가입된 3명의 유급근로자를 고용하고 있으며 도시지역의 취약계층에게 사회서비스를 단위당 1,900원의 가격으로 제공하였으며 읍 지역의 취약계층에 대해서는 사회서비스를 1,800원의 가격으로 제공하였다.

※ 1) 단, 사회적기업 인증을 받기 위해서는 '유급근로자 고용'과 '사회적 목적 실현'의 두 조건을 모두 충족해야 하며, 〈보기〉에 제시된 이외의 내용은 인증 심사 조건에 모두 충족된 것으로 간주함
2) 〈보기〉에서 모든 사례의 인증 신청월은 2018년 2월임

① ㄱ, ㄴ, ㄹ　② ㄱ, ㄷ, ㄹ　③ ㄱ, ㄷ, ㅁ
④ ㄴ, ㄷ, ㅁ　⑤ ㄴ, ㄹ, ㅁ

제 01 회 / 제 02 회 / 제 03 회 / 제 04 회 / 제 05 회 / 제 06 회 / 제 07 회 / 제 08 회 / 제 09 회 / 제 10 회

25 직원들이 선택 순위에 따라 사무실을 선택하려고 한다. 〈조건〉을 근거로 판단할 때 〈보기〉에서 옳은 것을 모두 고르면?

기업은행 · 농협은행 · 우리은행

<조건>

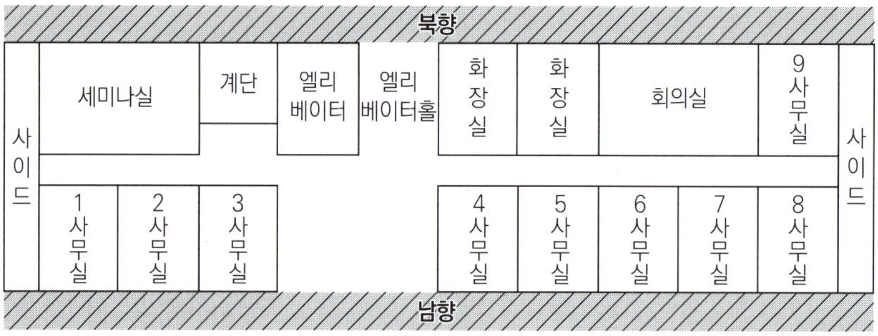

<표>

선택 순위	부서	성명	흡연 여부	기피하는 방 순서
1	기획	A	흡연	북향, 화장실 앞, 계단 앞, 회의실 앞, 사이드 방
2	법무	B		화장실 앞, 북향, 계단 앞, 사이드 방
3	홍보	C		화장실 앞, 북향, 계단 앞, 회의실 앞, 흡연자 옆 방
4	기획	D	흡연	북향, 화장실 앞, 회의실 앞, 사이드 방
5	법무	E		북향, 화장실 앞, 흡연자 옆, 사이드 방
6	기획	F		북향, 화장실 앞, 계단 앞, 회의실 앞 방
7	경리	G		북향, 화장실 앞, 사이드 방
8	홍보	H		화장실 앞, 북향, 사이드 방
9	경리	I		북향, 화장실 앞, 사이드 방

※ 예를 들어, A의 경우 북향을 가장 기피하고, 사이드 방을 가장 덜 기피한다.
※ 단, 기피하는 방만 남아있는 경우 덜 기피하는 방을 선택한다.

〈보기〉

ㄱ. 흡연자들의 방은 서로 붙어 있다.
ㄴ. 경리부서원들의 방은 서로 붙어 있다.
ㄷ. 기획부서원들의 방은 서로 떨어져 있다.
ㄹ. 홍보부서원들의 방은 서로 마주보고 있다.
ㅁ. 법무부서원 한 명과 기획부서원 한 명의 방은 서로 붙어 있다.

① ㄱ, ㄴ, ㄷ
② ㄱ, ㄴ, ㄹ
③ ㄱ, ㄹ, ㅁ
④ ㄴ, ㄷ, ㅁ
⑤ ㄷ, ㄹ, ㅁ

제 01 회
제 02 회
제 03 회
제 04 회
제 05 회
제 06 회
제 07 회
제 08 회
제 09 회
제 10 회

26 **A지역에서 수험생활을 하고 있는 병호는 설연휴를 맞이하여 고향인 B지역으로 이동하려고 한다. 다음 〈표〉와 〈조건〉을 근거로 판단할 때 병호가 선택할 교통수단의 우선순위는?** 기업은행 · 농협은행

<표>

교통수단		소요시간	비용	화장실
KTX	일반	2.5	6.5	○
	특실		8	○
고속버스		5	4.5	×
택시		4	11.5	×
비행기		1	8.5	○

〈조건〉

ㄱ. 병호의 효용 계산식은 다음과 같다.
- 효용＝50－소요시간 가중치×(소요시간×2)－비용 가중치×(비용×2)
- 소요시간 가중치＝0.3, 비용 가중치＝0.7

ㄴ. 고소공포증이 있는 병호는 비행기 탑승 시 효용에서 5만큼 차감한다.

ㄷ. 교통수단 내에 화장실이 있는 경우 효용에서 2만큼 가산한다.

ㄹ. 다수의 승객이 이용하는 것을 불편해하는 병호는 KTX 특실과 택시 이용 시 효용에서 10%를 가산한다. 단, 10% 가산은 ㄱ~ㄷ의 계산을 모두 마친 후 이루어진다.

ㅁ. 병호는 ㄱ~ㄹ의 계산을 모두 마친 후의 최종효용을 기준으로 효용이 높은 순으로 교통수단 우선순위를 정한다.

	1순위	2순위	3순위	4순위	5순위
①	KTX특실	KTX일반	고속버스	택시	비행기
②	KTX특실	고속버스	KTX일반	택시	비행기
③	KTX특실	KTX일반	택시	비행기	고속버스
④	KTX일반	KTX특실	고속버스	비행기	택시
⑤	KTX일반	고속버스	KTX특실	비행기	택시

27 **다음 글을 근거로 판단할 때 항상 이익을 얻을 수 있는 투자로 옳은 것은? (단, 두 옵션의 만기는 같다)**

파생상품에서 옵션(option)은 소유자에게 어떤 자산을 정해진 기간 동안 정해진 가격에 사거나 팔 수 있는 권리를 부여하는 약정이다. 여기서 해당 자산을 기초자산(underlying asset), 정해진 기간을 만기일(expiration date), 정해진 가격을 행사가격(exercise price)이라 하고, 살 수 있는 권리를 콜옵션(call option), 팔 수 있는 권리를 풋옵션(put option)이라 한다.

유럽형 옵션의 경우, 콜옵션의 매수자(또는 보유자)는 옵션의 기초자산을 만기일에 행사가격으로 살 수 있는 권리를 확보하는 대가로 콜옵션의 매도자(또는 발행자)에게 옵션 프리미엄을 지불하여야 한다. 콜옵션매도자는 매수자가 옵션을 행사하면(정해진 가격에 사기를 원하면) 기초자산의 시장가격이 얼마든 관계없이 행사가격에 기초자산을 매도하여야 한다.

마찬가지로 풋옵션의 매수자는 옵션의 기초자산을 만기에 행사가격으로 팔 수 있는 권리를 확보하는 대가로 풋옵션의 매도자에게 옵션 프리미엄을 지불하여야 하고, 풋옵션매도자는 매수자가 옵션을 행사하면(정해진 가격에 팔기를 원하면) 기초자산의 시장가격을 불문하고 행사가격에 해당 자산을 매수하여야 한다.

유럽형 콜옵션과 유럽형 풋옵션을 매수한 경우 옵션의 손익구조는 아래 그림과 같다.

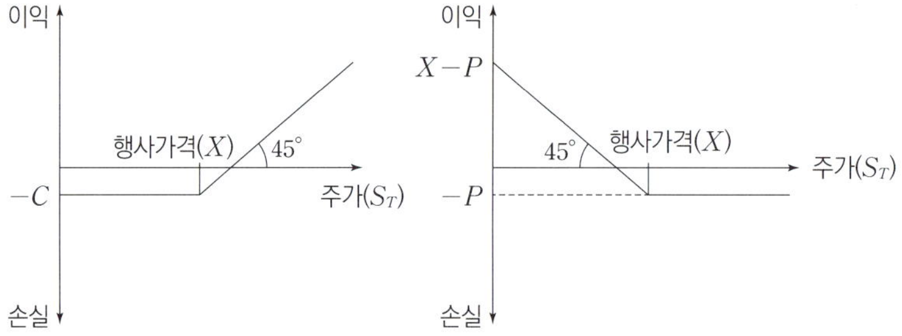

콜옵션 매수 　　　 풋옵션 매수

위의 그림에서 C는 콜옵션 매수를 위해 지불하는 콜옵션프리미엄이고 오른쪽 그림에서 P는 풋옵션 매수를 위해 지불하는 풋옵션프리미엄이다. 콜매수자는 기초자산의 시장가격이 행사가격보다 높으면 옵션을 행사하여 이익을 보고, 반면 기초자산의 시장가격이 행사가격보다 낮으면 옵션을 행사하지 않기 때문에 옵션 프리미엄만큼만 손해를 본다. 풋매수자는 기초자산의 시장가격이 행사가격보다 낮으면 옵션을 행사하여 이익을 보고, 반면 기초자산의 시장가격이 행사가격보다 높으면 옵션을 행사하지 않기 때문에 옵션 프리미엄만큼만 손해를 본다.

① 행사가격이 10만 원이고 옵션프리미엄이 5천 원인 A기업 주식에 대한 유럽형 콜옵션과 행사가격이 12만 원이고 옵션프리미엄이 5천 원인 A기업 주식에 대한 유럽형 콜옵션을 매수한다.
② 행사가격이 10만 원이고 옵션프리미엄이 5천 원인 A기업 주식에 대한 유럽형 풋옵션과 행사가격이 12만 원이고 옵션프리미엄이 5천 원인 A기업 주식에 대한 유럽형 풋옵션을 매수한다.
③ 행사가격이 10만 원이고 옵션프리미엄이 5천 원인 A기업 주식에 대한 유럽형 콜옵션과 행사가격이 12만 원이고 옵션프리미엄이 5천 원인 A기업 주식에 대한 유럽형 풋옵션을 매수한다.
④ 행사가격이 10만 원이고 옵션프리미엄이 5천 원인 A기업 주식에 대한 유럽형 풋옵션과 행사가격이 12만 원이고 옵션프리미엄이 5천 원인 A기업 주식에 대한 유럽형 콜옵션을 매수한다.
⑤ 행사가격이 10만 원이고 옵션프리미엄이 5천 원인 A기업 주식에 대한 유럽형 콜옵션을 매수하고 행사가격이 10만 원이고 옵션프리미엄이 5천 원인 A기업 주식에 대한 유럽형 콜옵션을 매도한다.

28 **다음 〈조건〉을 근거로 판단할 때 1부터 9까지 숫자를 한 번씩 사용하여 3×3 모양 상자의 빈칸을 모두 채우는 경우의 수는?**

기업은행 · 우리은행

〈조건〉

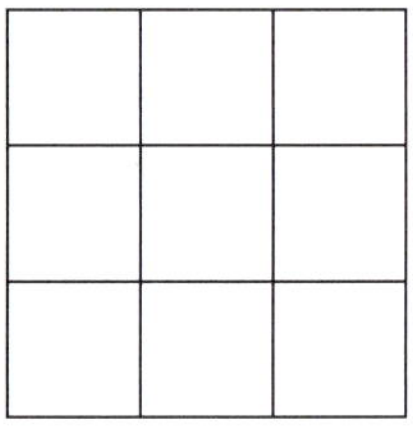

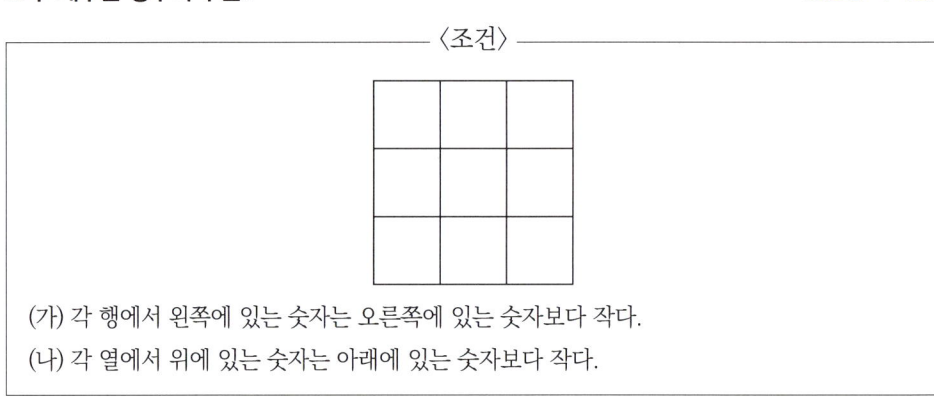

(가) 각 행에서 왼쪽에 있는 숫자는 오른쪽에 있는 숫자보다 작다.

(나) 각 열에서 위에 있는 숫자는 아래에 있는 숫자보다 작다.

① 42 ② 44 ③ 46 ④ 48 ⑤ 50

29 **다음 〈조건〉을 근거로 판단할 때 ○○영화관에서 이번 주에 상영 가능한 영화들만을 고르면?**

국민은행 · 농협은행

〈조건〉

대학로의 ○○영화관에서는 이번 주에 다음의 8개 영화 중에서 6편에 대한 상영을 결정하려고 한다. 각 영화별 상영 등급과 제작 국가는 다음과 같다.

영화	A	B	C	D	E	F	G	H
등급	18세 이상 관람가	12세 이상 관람가	전체 관람가	18세 이상 관람가	12세 이상 관람가	18세 이상 관람가	20세 이상 관람가	전체 관람가
제작	국내	해외	국내	국내	국내	해외	국내	국내

6층 건물의 ○○영화관에는 각 층마다 1개의 상영관이 있으며, 각 상영관은 같은 영화를 상영하지 않는다. 또한 상영관마다 객석 규모도 다르다. 이러한 상황에서 영화 상영에는 다음 규칙들이 적용된다.

(가) 동시에 2편을 초과해서 '18세 이상 관람가' 등급 영화를 상영할 수 없다.

(나) 2개의 중간 규모 상영관에는 1편의 '전체 관람가' 등급 영화와 1편의 '12세 이상 관람가' 등급 영화가 상영된다.

(다) 동시에 1편을 초과해서 해외에서 제작된 영화를 상영할 수 없다.

(라) 반드시 '20세 이상 관람가' 등급 영화 1편이 상영되어야 한다.

① A, B, C, D, E, H ② A, B, E, F, G, H ③ A, C, D, F, G, H
④ A, C, E, F, G, H ⑤ A, D, E, F, G, H

30 다음 〈조건〉을 근거로 판단할 때 〈보기〉에서 비용편익비가 가장 높은 것부터 순서대로 나열한 것은?

기업은행

〈조건〉

○ S시에서 G시 사이의 KTX 편도 비용은 3만 원이다.
○ S시에서 G시 사이의 우등고속버스 편도 비용은 2만 원이다.
○ B시에서 S시 사이의 비행기 편도 비용은 5만 원이다.
○ B시에서 S시 사이의 KTX 편도 비용은 4만 원이다.
○ B시에서 S시 사이의 우등고속버스 편도 비용은 3만 원이다.
○ G시의 일반숙박업소 1박의 비용은 10만 원이다.
○ G시의 게스트하우스 1박의 비용은 2만 원이다.
○ G시의 식당에서 해결하는 1회 식사 비용은 1만 원이다.
○ 올림픽경기 종목 입장권 비용은 1개 종목당 20만 원이다
○ 올림픽경기 종목 관람 시 편익은 1개 종목당 50만 원이다.
※ B시와 G시를 오고 가기 위해서는 교통편 상관없이 S시를 경유하여야 한다.
※ 비용편익비는 총편익을 총비용으로 나눈 값이다. ※ 총편익은 올림픽경기 종목 관람 시 편익으로만 구성된다.
※ 총비용＝왕복 교통비용＋숙박비용＋식사비용＋올림픽경기 종목 입장권비용
※ 식사는 아침, 점심, 저녁 하루에 세 끼를 먹는다.

〈보기〉

ㄱ. S시에 거주하는 甲은 G시에서 2박 3일 동안 동계올림픽 3개 종목 경기를 관람하였으며 교통편은 KTX 왕복을 이용하였다. 식사는 G시에 도착 첫날 점심부터 S시로 돌아가는 날 점심까지 식당에서 해결하였으며 숙박 2박 중 첫째 날은 일반숙박업소, 둘째 날은 게스트하우스에서 해결하였다.
ㄴ. B시에 거주하는 乙은 G시에서 3박 4일 동안 동계올림픽 3개 종목 경기를 관람하였다. 최종 목적지 G시로 갈 때 첫 번째 교통편은 비행기, 두 번째 교통편은 우등고속버스를 이용하고 다시 B시로 돌아올 때는 KTX만을 이용하였다. 그리고 숙박 3박 중 2박은 일반숙박업소, 1박은 게스트하우스에서 해결하였으며 식사는 G시에 도착 첫날 저녁부터 마지막 날 아침까지 식당에서 해결하였다.
ㄷ. S시에 거주하는 丙은 G시에서 4박 5일 동안 동계올림픽 3개 종목 경기를 관람하였다. G시로 갈 때는 KTX를 이용하였으며 다시 돌아올 때는 우등고속버스를 이용하였다. 식사는 G시에 도착 첫날 아침부터 S시로 돌아가는 날 저녁까지 식당에서 해결하였으며 숙박 4박 중 3박은 일반숙박업소, 나머지 1박은 게스트하우스에서 해결하였다.
ㄹ. B시에 거주하는 丁은 G시에서 3박 4일 동안 동계올림픽 2개 종목 경기를 관람하였다. 최종 목적지 G시로 갈 때 첫 번째 교통편은 KTX, 두 번째 교통편은 우등고속버스를 이용하고 다시 B시로 돌아올 때 첫 번째 교통편은 KTX, 두 번째 교통편은 비행기를 이용하였다. 그리고 숙박 3박 중 2박은 일반숙박업소, 1박은 게스트하우스에서 해결하였으며 식사는 G시에 도착 첫날 점심부터 마지막 날 점심까지 식당에서 해결하였다.

① ㄱ, ㄴ, ㄷ, ㄹ ② ㄱ, ㄹ, ㄴ, ㄷ ③ ㄴ, ㄹ, ㄷ, ㄱ ④ ㄷ, ㄴ, ㄱ, ㄹ ⑤ ㄹ, ㄷ, ㄴ, ㄱ

제08회 스터디리뷰

구분	스터디원 A	스터디원 B	스터디원 C	스터디원 D
프로필	성신여대/경상계열	경희대/인문계열	동아대/자연과학계열	성균관대/사회과학계열
특징	최빈값 득점자	응시자 평균 득점자	상위 30% 컷 득점자	최고 득점자

번호	나의 풀이결과	스터디원 풀이결과			
01		○	○	○	○
02		○	○	○	○
03		○	○	○	○
04		×	×	×	○
05		×	○	×	○
06		○	○	○	○
07		○	○	○	○
08		×	×	○	×
09		×	×	×	○
10		○	×	×	○
11		×	×	×	○
12		×	×	○	○
13		○	○	○	○
14		×	×	×	○
15		×	○	○	○
16		×	○	○	○
17		×	○	○	○
18		○	○	○	○
19		○	×	○	○
20		×	×	×	○
21		○	○	×	○
22		○	○	○	○
23		×	×	○	○
24		×	×	○	○
25		×	×	○	○
26		×	×	○	○
27		×	○	×	○
28		×	×	×	×
29		○	○	×	×
30		×	×	×	○
계	**/ 30**	**12 / 30**	**15 / 30**	**18 / 30**	**27 / 30**

[풀이결과 요약]

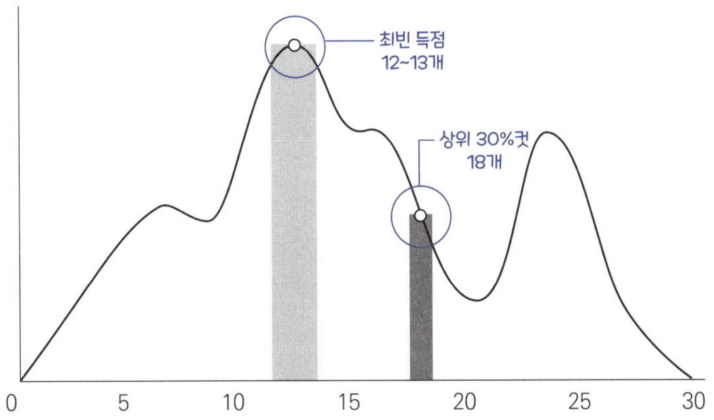

[문항별 정답률]

번호	01	02	03	04	05	06	07	08	09	10
상위 30% 득점자 평균 (A)	100%	100%	93%	57%	71%	93%	86%	57%	86%	86%
응시자 평균 (B)	62%	65%	36%	28%	41%	43%	50%	21%	31%	48%
(A－B)	38%p	35%p	57%p	29%p	30%p	50%p	36%p	36%p	55%p	38%p
번호	11	12	13	14	15	16	17	18	19	20
상위 30% 득점자 평균 (A)	43%	57%	93%	29%	86%	86%	86%	57%	93%	57%
응시자 평균 (B)	24%	19%	47%	24%	29%	47%	28%	36%	31%	24%
(A－B)	19%p	38%p	46%p	5%p	57%p	39%p	58%p	21%p	62%p	33%p
번호	21	22	23	24	25	26	27	28	29	30
상위 30% 득점자 평균 (A)	57%	86%	71%	93%	43%	86%	43%	14%	71%	57%
응시자 평균 (B)	24%	55%	36%	31%	12%	24%	22%	7%	43%	24%
(A－B)	33%p	31%p	35%p	62%p	31%p	62%p	21%p	7%p	28%p	33%p

▭ 표기 문항: 상위 30% 득점자 평균과 응시자 평균 정답률 차이가 40%p 이상 발생한 문항으로, 해당 문제를 틀렸다면 필히 리뷰를 하도록 하자.

금융 NCS를 위한 피셋PSAT 300제

● NCS/PSAT 학습방법 아홉.

문제해결능력 · 자원관리능력(상황판단)은 문항별 난이도 차이가 큰 과목이기 때문에 풀 문제를 선별해내는 것이 중요하다. 선별기준을 설정함에 있어 문항의 외형은 기준이 될 수 없으며, 학습 과정에서 본인이 어떤 원리의 문항에 약한지를 정확하게 분류해야 한다. 이때 분류체계는 단순하게 해야 실전에서 적용이 가능하다는 점을 명심하도록 하자.

제09회 연습문제

제한시간: 60분

언어논리영역 06문항

자료해석영역 09문항

상황판단영역 15문항

언어논리영역

01 **다음 글에서 알 수 없는 것은?** 기업은행 · 우리은행

A효과란 기업이 시장에 최초로 진입하여 무형 및 유형의 이익을 얻는 것을 의미한다. 반면 뒤늦게 뛰어든 기업이 앞서 진출한 기업의 투자를 징검다리로 이용하여 성공적으로 시장에 안착하는 것을 B효과라고 한다. 물론 B효과는 후발진입기업이 최초진입기업과 동등한 수준의 기술 및 제품을 보다 낮은 비용으로 개발할 수 있을 때만 가능하다.

생산량이 증가할수록 평균생산비용이 감소하는 규모의 경제 효과 측면에서, 후발진입기업에 비해 최초진입기업이 유리하다. 즉, 대량 생산, 인프라 구축 등에서 우위를 조기에 확보하여 효율성 증대와 생산성 향상을 꾀할 수 있다. 반면 후발진입기업 역시 연구개발 투자 측면에서 최초진입기업에 비해 상대적으로 유리한 면이 있다. 후발진입기업의 모방 비용은 최초진입기업이 신제품 개발에 투자한 비용 대비 65% 수준이기 때문이다. 최초진입기업의 경우, 규모의 경제 효과를 얼마나 단기간에 이룰 수 있는가가 성공의 필수 요건이 된다. 후발진입기업의 경우, 절감된 비용을 마케팅 등에 효과적으로 투자하여 최초진입기업의 시장 점유율을 단기간에 빼앗아 오는 것이 성공의 핵심 조건이다.

규모의 경제 달성으로 인한 비용상의 이점 이외에도 최초진입기업이 누릴 수 있는 강점은 강력한 진입 장벽을 구축할 수 있다는 것이다. 시장에 최초로 진입했기에 소비자에게 우선적으로 인식된다. 그로 인해 후발진입기업에 비해 적어도 인지도 측면에서는 월등한 우위를 확보한다. 또한 기술적 우위를 확보하여 라이센스, 특허 전략 등을 통해 후발진입기업의 시장 진입을 방해하기도 한다. 뿐만 아니라 소비자들이 후발진입기업의 브랜드로 전환하려고 할 때 발생하는 노력, 비용, 심리적 위험 등을 마케팅에 활용하여 후발진입기업이 시장에 진입하기 어렵게 할 수도 있다. 결국 A효과를 극대화할 수 있는지는 규모의 경제 달성 이외에도 얼마나 오랫동안 후발주자가 진입하지 못하도록 할 수 있는가에 달려 있다.

① 최초진입기업은 후발진입기업에 비해 매년 더 많은 마케팅 비용을 사용한다.
② 후발진입기업의 모방 비용은 최초진입기업이 신제품 개발에 투자한 비용보다 적다.
③ 최초진입기업이 후발진입기업에 비해 인지도 측면에서 우위에 있다는 것은 A효과에 해당한다.
④ 후발진입기업이 성공하려면 절감된 비용을 효과적으로 투자하여 최초진입기업의 시장점유율을 단기간에 빼앗아 와야 한다.
⑤ 후발진입기업이 최초진입기업과 동등한 수준의 기술 및 제품을 보다 낮은 비용으로 개발할 수 없다면 B효과를 얻을 수 없다.

02 다음 글에서 추론할 수 있는 것만을 〈보기〉에서 모두 고르면? 농협은행

생산자가 어떤 자원을 투입물로 사용해서 어떤 제품이나 서비스 등의 산출물을 만드는 생산과정을 생각하자. 산출물의 가치에서 생산하는 데 소요된 모든 비용을 뺀 것이 '순생산가치'이다. 생산자가 생산과정에서 투입물 1단위를 추가할 때 순생산가치의 증가분이 '한계순생산가치'이다. 경제학자 P는 이를 ⓐ '사적(私的) 한계순생산가치'와 ⓑ '사회적 한계순생산가치'로 구분했다.

사적 한계순생산가치란 한 기업이 생산과정에서 투입물 1단위를 추가할 때 그 기업에 직접 발생하는 순생산가치의 증가분이다. 사회적 한계순생산가치란 한 기업이 투입물 1단위를 추가할 때 발생하는 사적 한계순생산가치에 그 생산에 의해 부가적으로 발생하는 사회적 비용을 빼고 편익을 더한 것이다. 여기서 이 생산과정에서 부가적으로 발생하는 사회적 비용이나 편익에는 그 기업의 사적 한계순생산가치가 포함되지 않는다.

〈보기〉

ㄱ. ⓐ의 크기는 기업의 생산이 사회에 부가적인 편익을 발생시키는지의 여부와 무관하게 결정된다.
ㄴ. 어떤 기업이 투입물 1단위를 추가할 때 사회에 발생하는 부가적인 편익이나 비용이 없는 경우, 이 기업이 야기하는 ⓐ와 ⓑ의 크기는 같다.
ㄷ. 기업 A와 기업 B가 동일한 투입물 1단위를 추가했을 때 각 기업에 의해 사회에 부가적으로 발생하는 비용이 같을 경우, 두 기업이 야기하는 ⓑ의 크기는 같다.

① ㄱ ② ㄷ ③ ㄱ, ㄴ
④ ㄴ, ㄷ ⑤ ㄱ, ㄴ, ㄷ

03 **다음 글의 내용과 부합하지 않는 것은?** 농협은행

연방준비제도(이하 연준)가 고용 증대에 주안점을 둔 정책을 입안한다 해도 정책이 분배에 미치는 영향을 고려하지 않는다면, 그 정책은 거품과 불평등만 부풀릴 것이다. 기술 산업의 거품 붕괴로 인한 경기 침체에 대응하여 2000년대 초에 연준이 시행한 저금리 정책이 이를 잘 보여준다.

특정한 상황에서는 금리 변동이 투자와 소비의 변화를 통해 경기와 고용에 영향을 줄 수 있다. 하지만 다른 수단이 훨씬 더 효과적인 상황도 많다. 가령 부동산 거품에 대한 대응책으로는 금리 인상보다 주택 담보 대출에 대한 규제가 더 합리적이다. 생산적 투자를 위축시키지 않으면서 부동산 거품을 가라앉힐 수 있기 때문이다.

경기 침체기라 하더라도, 금리 인하는 은행의 비용을 줄여주는 것 말고는 경기 회복에 별다른 도움이 되지 않을 수 있다. 대부분의 부문에서 설비 가동률이 낮은 상황이라면, 대출 금리가 낮아져도 생산적인 투자가 별로 증대하지 않는다. 2000년대 초가 바로 그런 상황이었기 때문에, 당시의 저금리 정책은 생산적인 투자 증가 대신에 주택 시장의 거품만 초래한 것이다.

금리 인하는 국공채에 투자했던 퇴직자들의 소득을 감소시켰다. 노년층에서 정부로, 정부에서 금융업으로 부의 대규모 이동이 이루어져 불평등이 심화되었다. 이에 따라 금리 인하는 다양한 경로로 소비를 위축시켰다. 은퇴 후의 소득을 확보하기 위해, 혹은 자녀의 학자금을 확보하기 위해 사람들은 저축을 늘렸다. 연준은 금리 인하가 주가 상승으로 이어질 것이므로 소비가 늘어날 것이라고 주장했다. 하지만 2000년대 초 연준의 금리 인하 이후 주가 상승에 따라 발생한 이득은 대체로 부유층에 집중되었으므로 대대적인 소비 증가로 이어지지 않았다.

2000년대 초 고용 증대를 기대하고 시행한 연준의 저금리 정책은 노동을 자본으로 대체하는 투자를 증대시켰다. 인위적인 저금리로 자본 비용이 낮아지자 이런 기회를 이용하려는 유인이 생겨났다. 노동력이 풍부한 상황인데도 노동을 절약하는 방향의 혁신이 강화되었고, 미숙련 노동자들의 실업률이 높은 상황인데도 가게들은 계산원을 해고하고 자동화 기계를 들여놓았다. 경기가 회복되더라도 실업률이 떨어지지 않는 구조가 만들어진 것이다.

① 2000년대 초 연준의 금리 인하로 국공채에 투자한 퇴직자의 소득이 줄어들어 금융업으로부터 정부로 부가 이동하였다.
② 2000년대 초 연준은 고용 증대를 기대하고 금리를 인하했지만 결과적으로 고용 증대가 더 어려워지도록 만들었다.
③ 2000년대 초 기술 산업 거품의 붕괴로 인한 경기 침체기에 설비 가동률은 대부분의 부문에서 낮은 상태였다.
④ 2000년대 초 연준이 금리 인하 정책을 시행한 후 주택 가격과 주식 가격은 상승하였다.
⑤ 금리 인상은 부동산 거품 대응 정책 가운데 가장 효과적인 정책이 아닐 수 있다.

04 **법안 X에 대하여 사무관 A～H 8명은 찬성이나 반대 중 한 의견을 제시하였다. 이들의 찬반 의견이 다음 〈조건〉과 같다고 할 때, 반대 의견을 제시한 최소 인원 수는?** 기업은행

〈조건〉

○ A나 B가 반대하면, C와 D는 찬성하고 E는 반대한다.
○ B나 C가 찬성하면, F 또는 G 중 적어도 한 명이 찬성한다.
○ D와 H 중 한 명만이 찬성한다.
○ B나 D 중 적어도 한 명이 반대하면, E가 반대하거나 H가 찬성한다.
○ E가 반대하면, H는 찬성한다.
○ D는 찬성한다.

① 1명 ② 2명 ③ 3명
④ 4명 ⑤ 5명

05 **다음 글의 문단을 논리적 순서에 맞게 나열한 것으로 옳은 것은?** 기업은행 · 우리은행

㉠ 1964년 허문회 서울대 교수가 필리핀 국제미작연구소에서 새로운 벼 품종 개발에 나섰다. 허 교수는 자포니카와 인디카의 혼합종에 관심을 가졌다. 안남미라고 불리는 인디카 종은 자포니카 종보다 생산성은 높지만 동북아시아 지역에서는 잘 자라지 않는다. 단순히 자포니카와 인디카 종을 교배시켜 새로운 품종을 만들면 대부분 생식을 할 수 없는, 불임 벼가 만들어졌다. 허 교수는 이를 극복하기 위해 자포니카와 인디카를 교배시킨 뒤 불임이 아닌 종자를 다시 인디카와 교배시키는 3원 교배로 '통일벼'를 만드는 데 성공했다. 통일벼는 기존의 자포니카 품종보다 30%나 생산성이 높았다.

㉡ 숟가락이 고려 후기에서야 널리 쓰였다면 그 전에는 숟가락 없이 뜨거운 밥을 어떻게 먹었을까? 믿기 어렵겠지만 조선 시대 이전까지 대부분의 백성들이 쌀밥을 먹지 못했기 때문에 숟가락이 필요 없었다. 조선 시대 이전에는 쌀밥은 귀족과 왕의 전유물이었다. 평민에게 쌀은 아주 귀한 작물이었다. 통일신라 시대에는 평민들은 조나 보리를 먹었고 귀족은 쌀을 먹었다. 밥을 지을 도구도 모자랐다. 밥을 지으려면 높은 온도와 압력을 견딜 수 있는 쇠솥이 필요한데 일반 백성들에게 쇠솥 역시 귀한 물건이었다. 쇠솥이 널리 보급되기 전에는 청동솥이나 시루를 이용해 쌀과 잡곡을 쪄서 조금씩 떼어 먹거나 죽을 끓여 먹었다.

㉢ 일반 백성들도 쌀밥을 먹을 수 있게 된 것은 조선 영조 때 시작된 모내기 덕분이다. 모내기가 우리나라 역사에 처음 등장한 것은 고려 후기다. 『고려사』에 공민왕 때 백성들이 모내기를 했다는 기록이 있다. 모내기가 전국적으로 실시된 영조 시대와는 400년이나 차이가 난다. 모내기는 왜 이렇게 늦게 전파됐을까? 모내기가 늦게 시작된 이유는 '물' 때문이다. 모내기에는 논을 가득 채울 정도로 많은 물이 필요하다. 실제로 모내기를 하려다 가뭄이 들어 물이 부족해지면 메밀 같은 대체 작물을 심었다. 그래서 조선 초기에는 어명으로 모내기를 금지했다. 관개 시설이 잘 정비돼 물 걱정 없이 농사를 지을 수 있게 된 영조 시대에 이르러서야 모내기를 전국적으로 실시할 수 있게 됐다.

㉣ 통일벼는 1970년부터 농가에 보급됐다. 박정희 정부의 적극적인 지원 아래 1976년에 드디어 쌀 자급에 성공했다. 그 해 수확량은 3,621만 석이었다. 1978년에는 전체 벼 재배 면적의 76.2%에서 통일벼를 재배했고 평균 생산량도 500kg 가까이 뛰어올랐다. 드디어 하얀 쌀밥을 배불리 먹을 수 있게 됐다.

㉤ 모내기가 정착되면서 조선 사회가 크게 흔들렸다. 여유 자금과 노동력이 상공업의 발달을 촉진시켰다. 일 년 내내 농사를 짓기 위해 거름을 만드는 기술도 발전했다. 두레와 같은 공동체 활동이 생긴 것도 이 시기다. 모를 심으려면 마을 사람들이 모여 협동을 해야 했고, 저수지나 보 같은 관개 시설을 정비하기 위해서도 공동체가 필요했다. 이처럼 모내기가 조선의 르네상스를 불러왔지만 백성 대부분은 여전히 배를 곯았다. 당시 조선의 1,000㎡ 당 쌀 생산량은 현재의 10%에 불과했다. 봄철이면 항상 보릿고개에 시달렸다. 우리나라 사람들이 배불리 쌀밥을 먹게 된 것은 250년 뒤인 1976년이다.

ⓗ 우리가 밥을 떠먹을 때 사용하는 숟가락을 살펴보면 쌀밥의 역사를 볼 수 있다. 6세기에 만들어진 무령왕릉에서 발견된 청동 숟가락은 손잡이 부분이 볼록해 실제로 쓰기는 어려운 형태였다. 4세기에 만들어진 부산 기장의 젓가락은 길이가 무려 30cm가 넘는다. 이런 비정상적인 숟가락과 젓가락은 왕의 권세를 나타내는 위세용이었거나 귀족층의 전유물이었을 가능성이 크다. 무령왕릉을 제외한 다른 삼국시대 유적에서는 숟가락이 발굴되지 않았다. 고려 초기의 유적에서도 숟가락이 거의 발굴되지 않았다. 고려 초기까지만 하더라도 숟가락은 최상위 귀족층의 전유물이었다. 숟가락이 본격적으로 사용된 것은 고려 후기 원나라 침략 이후 고깃국 문화가 우리나라에 들어오면서부터다. 따뜻한 국물과 건더기를 먹는 습관이 생기면서 숟가락의 숫자가 폭발적으로 늘어난다.

① ㉠ - ㉣ - ㉡ - ㉥ - ㉤ - ㉢
② ㉠ - ㉣ - ㉥ - ㉡ - ㉢ - ㉤
③ ㉠ - ㉥ - ㉢ - ㉡ - ㉣ - ㉤
④ ㉥ - ㉡ - ㉠ - ㉤ - ㉢ - ㉣
⑤ ㉥ - ㉡ - ㉢ - ㉤ - ㉠ - ㉣

06 **다음 글의 내용에 부합하지 않는 것만을 〈보기〉에서 모두 고르면?** 신한은행

블록체인(blockchain)은 거래데이터 등을 중앙집중형 서버에 기록·보관하는 기존 방식과 달리 거래참가자 모두가 내용을 공유하는 분산형 디지털 장부를 말하는데, 암호화 기술을 적용하여 제3의 신뢰기관 없이 안전한 거래를 보장하는 것이 특징이다. 즉, 디지털 서명과 암호화 기술로 무결성을 확보하고 합의 알고리즘을 통해 모든 참가자가 동일한 정보를 공유하도록 하여 신뢰를 제공한다.

이는 다음과 같이 비유할 수 있다. 전통적인 은행이라면 누군가와 거래한 내역을 '장부'에 기록하여 보관한다. 장부를 안전하게 보관하기 위하여 은행 지하금고에 넣어 두고 이중삼중의 보안으로 지킨다고 하여도, 누군가 모든 보안을 무력화하고 장부를 빼내 가거나, 장부는 그대로 두었지만 특정 거래에 대한 기록을 엉망으로 만들어 버릴 수 있다. 이것이 가장 큰 위험이다.

반면 블록체인 방식은 장부를 하나가 아닌 여러 권을 만드는 방식이다. 은행에 새로운 사람이 와서 돈을 맡겼다면 은행은 즉시 지금까지 은행과 거래한 100명에게 101번째의 거래가 이루어졌음을 알리고, 100명이 갖고 있는 각각의 장부 맨 뒷장에 새로운 거래증명서를 붙이게 된다. 거래증명서라 할 수 있는 블록을 마치 레고를 쌓듯 하나하나 뒤에 끼우고, 이 장부들을 모두가 볼 수 있도록 공개한 형태가 바로 블록체인이다. 이렇게 될 경우 한 명의 장부가 도난당해 새로운 장부로 교체되었다 해도 다른 사람들의 장부와 비교했을 때 오류가 있는 장부라는 것을 바로 알 수 있어 오히려 보안이 강화된 형태가 된다.

앞서 이야기한 지하금고를 은행의 서버로, 종이 장부를 프로그램으로 바꾸면 현재의 기술이 된다. 블록체인의 이와 같은 기술적 특징에 의해 가치 또는 자산이 제3의 신뢰기관 없이도 안전하게 거래되는 탈중앙화가 가능하고 거래비용이 상당히 줄어들 수 있으며, 투명성이 보장되어 정보의 비대칭성도 감소할 수 있다.

대표적인 암호화폐인 A와 같은 초기 블록체인은 블록 내에 화폐 거래내역을 저장하였다면, B 등 최근 등장한 블록체인은 일정 조건이 성취될 때 계약이 자동적으로 실행되도록 프로그래밍한 '스마트 계약' 플랫폼으로 확장되고 있다.

한편, 블록체인은 합의 과정에 누구나 참여가 가능한 비허가형 블록체인과 사전에 허가된 사용자만 참여가 가능한 허가형 블록체인으로 구분된다. 허가형 블록체인은 해당 네트워크 안에서만 블록체인이 생성되고 조회·관리할 수 있게 만든 서비스로 처리속도와 정보보호 문제가 상대적으로 적기에 통제권을 필요로 하는 기업들 중심으로 개발되고 있다.

현재 블록체인은 국제 송금, 물류·유통 등 중개비용이 높거나 중개기관의 효율성이 낮은 분야에서 적용되고 있다. 미국 스타트업 V는 블록체인을 활용하여 저렴한 수수료의 국제 송금 서비스를 제공하고 있으며, 기업 E는 다이아몬드 데이터를 거래 내용과 함께 저장·관리하여 감정서의 위·변조를 방지하고 있다. 또한 기존에는 거래비용으로 인하여 활성화되지 못했던 사업도 진행되고 있다. 에너지 분야의 경우 생산자가 중개자 없이 스마트계약에 의해 자동으로 에너지를 판매할 수 있다. 독일의 스타트업 S는 블록체인과 사물인터넷(IoT)을 결합한 스마트

자물쇠를 제공하여 중개자 없이 무엇이든 빌리고 팔고 공유할 수 있는 공유경제 실현을 목표로 하고 있다.

블록체인은 공공 분야 및 국가시스템에도 적용되고 있다. 에스토니아는 2012년부터 국가 행정서비스 전반에 블록체인 기술을 적용하고 있으며, 스페인 등의 국가에서는 블록체인을 활용한 중소규모의 전자투표를 시행하고 있다. 또한 네트워크상의 권한을 분산하는 블록체인의 특징이 민주주의와 상통하여 정치제도에 영향을 준다는 의견이 있으며, 블록체인에 한 번 기록된 콘텐츠는 임의로 삭제할 수 없어 이른바 '검열저항성'을 가지므로 미디어 환경에도 큰 변화를 가져온다는 의견이 있다.

블록체인은 완성된 기술이 아니며 한계가 존재한다. 여러 곳에 장부를 저장하고 모든 참가자가 함께 갱신하는 방식이므로 이용자 증가에 따라 처리속도나 효율성에 문제가 발생하는 것이 가장 주된 한계이다. 그러나 블록체인이 완성된 기술이기보다 진화해 가는 기술이라고 할 때, 이러한 문제들을 극복하기 위한 시도들도 동시에 이루어질 것이다.

〈보기〉

ㄱ. 에스토니아는 국가 행정서비스에 블록체인 기술을 적용함으로써 민주주의의 활성화를 도모하고 있다.
ㄴ. 블록체인을 이용하면 에너지 분야에서 생산자가 일정 조건이 성취될 때 계약이 자동적으로 실행되도록 하여 중개자 없이 에너지를 판매할 수 있다.
ㄷ. 허가형 블록체인은 비허가형 블록체인에 비하여 무결성이 높다고 볼 수 있다.

① ㄱ　② ㄴ　③ ㄱ, ㄷ
④ ㄴ, ㄷ　⑤ ㄱ, ㄴ, ㄷ

자료해석영역

07 **다음 〈표〉는 2019년 5월 10일 A 프랜차이즈의 지역별 가맹점수와 결제 실적에 관한 자료이다. 이에 대한 설명으로 옳지 않은 것은?**

국민은행 · 기업은행 · 신한은행 · 우리은행

<표 1> A 프랜차이즈의 지역별 가맹점수, 결제건수 및 결제금액

(단위: 개, 건, 만 원)

지역 \ 구분		가맹점수	결제건수	결제금액
서울		1,269	142,248	241,442
6대 광역시	부산	34	3,082	7,639
	대구	8	291	2,431
	인천	20	1,317	2,548
	광주	8	306	793
	대전	13	874	1,811
	울산	11	205	635
전체		1,363	148,323	257,299

<표 2> A 프랜차이즈의 가맹점 규모별 결제건수 및 결제금액

(단위: 건, 만 원)

가맹점 규모 \ 구분	결제건수	결제금액
소규모	143,565	250,390
중규모	3,476	4,426
대규모	1,282	2,483
전체	148,323	257,299

① '서울' 지역 소규모 가맹점의 결제건수는 137,000건 이하이다.
② 6대 광역시 가맹점의 결제건수 합은 6,000건 이상이다.
③ 결제건수 대비 결제금액을 가맹점 규모별로 비교할 때 가장 작은 가맹점 규모는 중규모이다.
④ 가맹점수 대비 결제금액이 가장 큰 지역은 '대구'이다.
⑤ 전체 가맹점수에서 '서울' 지역 가맹점수 비중은 90% 이상이다.

08 다음 〈표〉는 2018년 A~E 기업의 영업이익, 직원 1인당 영업이익, 평균연봉을 나타낸 자료이다. 〈보기〉의 설명을 근거로 '나', '라'에 해당하는 기업을 바르게 나열한 것은? 국민은행 · 농협은행

<표> A~E 기업의 영업이익, 직원 1인당 영업이익, 평균연봉

(단위: 백만 원)

항목 / 기업	영업이익	직원 1인당 영업이익	평균연봉
가	83,600	34	66
나	33,900	34	34
다	21,600	18	58
라	24,600	7	66
마	50,100	30	75

〈보기〉

○ A는 B, C, E에 비해 직원 수가 많다.
○ C는 B, D, E에 비해 평균연봉 대비 직원 1인당 영업이익이 적다.
○ A, B, C의 영업이익을 합쳐도 D의 영업이익보다 적다.
○ E는 B에 비해 직원 1인당 영업이익이 적다.

	나	라
①	B	A
②	B	D
③	C	B
④	C	E
⑤	D	A

09 다음 〈보고서〉는 2017년 세종특별자치시의 자원봉사 현황을 요약한 자료이다. 〈보고서〉의 내용을 작성하는 데 직접적인 근거로 활용되지 않은 자료는? 기업은행 · 국민은행 · 농협은행

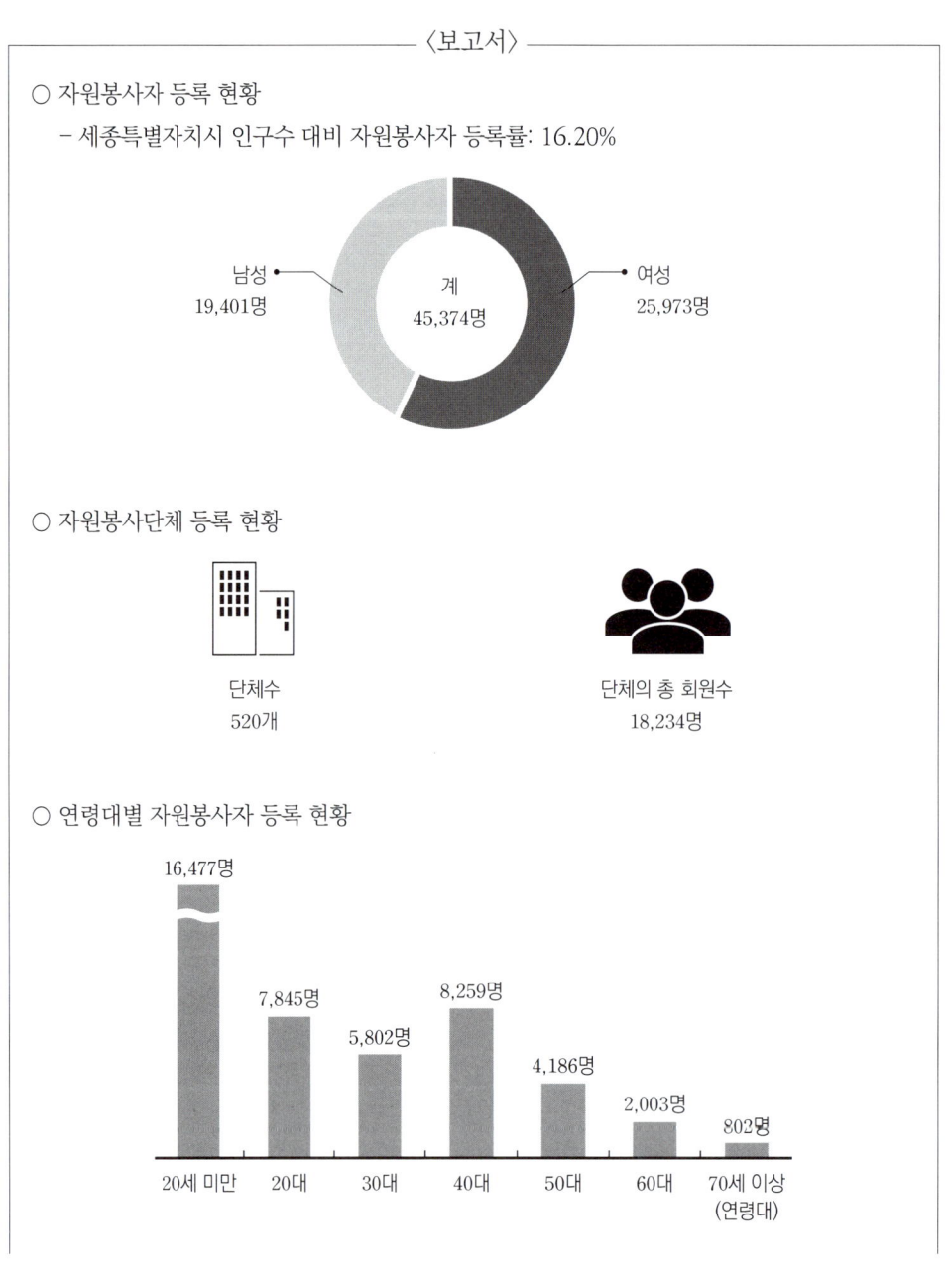

〈보고서〉

○ 자원봉사자 등록 현황

– 세종특별자치시 인구수 대비 자원봉사자 등록률: 16.20%

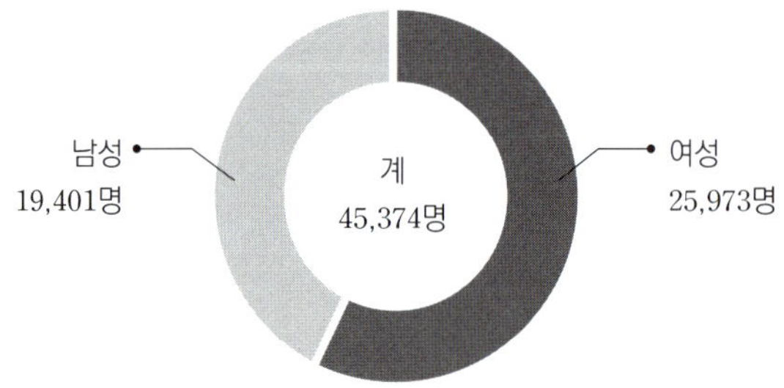

○ 자원봉사단체 등록 현황

○ 연령대별 자원봉사자 등록 현황

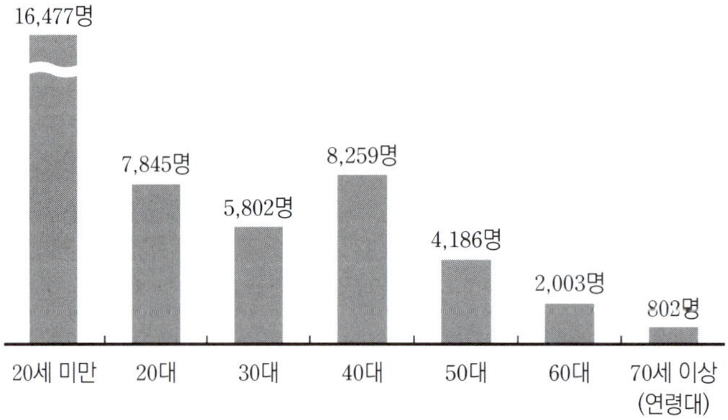

○ 자원봉사자 활동 현황

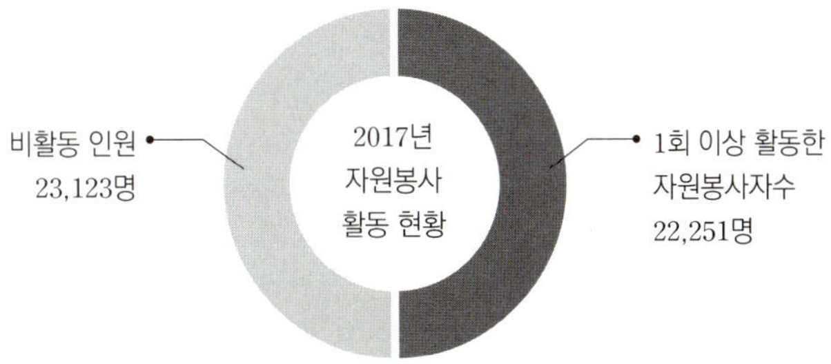

○ 자원봉사 누적시간대별 자원봉사 참여자수 현황

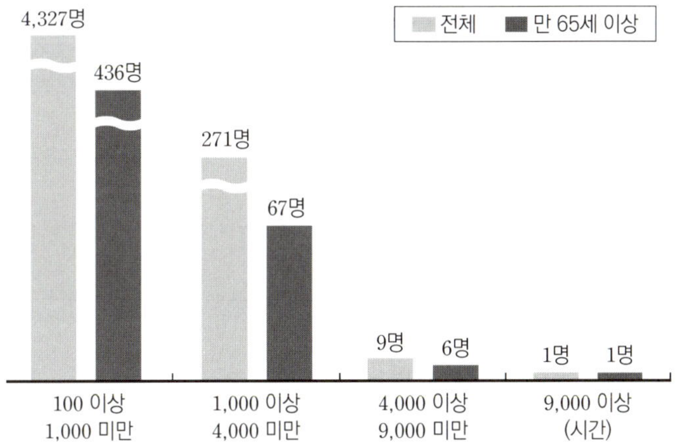

① 2017년 세종특별자치시에 등록된 자원봉사단체별 회원수 현황
② 2017년 세종특별자치시 인구 현황
③ 2017년 세종특별자치시에 등록된 성별, 연령별 자원봉사자수 현황
④ 2017년 세종특별자치시 연간 1회 이상 활동한 자원봉사자수 현황
⑤ 2017년 세종특별자치시 연령별, 1일 시간대별 자원봉사 참여자수 현황

[10~11] 다음 〈표〉는 2019년 2월에 '갑'국 국민 중 표본을 추출하여 2017년, 2018년 고용형태와 소득분위의 변화를 조사한 자료이다. 다음 물음에 답하시오.

<표 1> 2017년에서 2018년 표본의 고용형태 변화비율

(단위: %)

구분		2018년		합계
		사업가	피고용자	
2017년	사업가	80	20	100
	피고용자	30	70	100

※ 고용형태는 사업가와 피고용자로만 나누어지며 실업자는 없음

<표 2> 고용형태 변화 유형별 표본의 소득분위 변화

Ⅰ. 사업가(2017년) → 사업가(2018년)

(단위: %)

2017년 \ 2018년	1분위	2분위	3분위	4분위	5분위	합계
1분위	40.0	35.0	10.0	10.0	5.0	100.0
2분위	10.0	55.0	25.0	5.0	5.0	100.0
3분위	5.0	15.0	45.0	25.0	10.0	100.0
4분위	5.0	5.0	20.0	45.0	25.0	100.0
5분위	0.0	0.0	5.0	15.0	80.0	100.0

Ⅱ. 사업가(2017년) → 피고용자(2018년)

(단위: %)

2017년 \ 2018년	1분위	2분위	3분위	4분위	5분위	합계
1분위	70.0	30.0	0.0	0.0	0.0	100.0
2분위	25.0	55.0	15.0	5.0	0	100.0
3분위	5.0	25.0	50.0	15.0	5.0	100.0
4분위	5.0	10.0	20.0	50.0	15.0	100.0
5분위	0.0	5.0	5.0	15.0	75.0	100.0

Ⅲ. 피고용자(2017년) → 피고용자(2018년)

(단위: %)

2017년 \ 2018년	1분위	2분위	3분위	4분위	5분위	합계
1분위	85.0	10.0	5.0	0.0	0.0	100.0
2분위	15.0	65.0	15.0	5.0	0.0	100.0
3분위	5.0	20.0	60.0	15.0	0.0	100.0
4분위	0.0	5.0	15.0	65.0	15.0	100.0
5분위	0.0	5.0	5.0	15.0	75.0	100.0

Ⅳ. 피고용자(2017년) → 사업가(2018년) (단위: %)

2017년 \ 2018년	1분위	2분위	3분위	4분위	5분위	합계
1분위	50.0	40.0	5.0	5.0	0.0	100.0
2분위	10.0	60.0	20.0	5.0	5.0	100.0
3분위	5.0	20.0	50.0	20.0	5.0	100.0
4분위	0.0	10.0	20.0	50.0	20.0	100.0
5분위	0.0	0.0	5.0	35.0	60.0	100.0

※ 1) '가(2017년) → 나(2018년)'는 고용형태 변화 유형을 나타내며, 2017년 고용형태 '가'에서 2018년 고용형태 '나'로 변화된 것을 의미함. 2) 소득분위는 1~5분위로 구분하며, 숫자가 클수록 분위가 높음. 3) 각 고용형태 변화 유형 내에서 2017년 소득분위별 인원은 동일함

10 '갑'국 표본의 2017년 고용형태에서 사업가와 피고용자가 각각 5,000명일 때, 위 〈표〉를 근거로 한 〈보기〉의 설명 중 옳은 것만을 모두 고르면? 국민은행 · 농협은행

〈보기〉

ㄱ. 2017년 사업가에서 2018년 피고용자로 고용형태가 변화된 사람 중에서 2018년에 소득 1분위에 속하는 사람은 모두 210명이다.
ㄴ. 2018년 고용형태가 사업가인 사람은 6,000명이다.
ㄷ. 2017년 피고용자에서 2018년 사업가로 고용형태가 변화된 사람 중에서 2017년 소득 2분위에서 2018년 소득분위가 높아진 사람은 모두 90명이다.
ㄹ. 동일한 표본에 대해, 2017년에서 2018년 고용형태 변화비율과 같은 비율로 2018년에서 2019년 고용형태가 변화된다면 2019년 피고용자의 수는 2018년에 비해 감소한다.

① ㄱ, ㄴ ② ㄷ, ㄹ ③ ㄱ, ㄴ, ㄷ ④ ㄱ, ㄷ, ㄹ ⑤ ㄴ, ㄷ, ㄹ

11 위 〈표〉를 근거로 한 〈보기〉의 설명 중 옳은 것만을 모두 고르면? 국민은행 · 농협은행

〈보기〉

ㄱ. 2017년 소득 1분위이면서 2018년 소득분위가 2017년 소득분위보다 높아진 사람의 비율은, '사업가(2017년) → 사업가(2018년)' 유형이 '사업가(2017년) → 피고용자(2018년)' 유형보다 높다.
ㄴ. 2017년 소득 3분위이면서 2018년 소득분위가 2017년 소득분위보다 높아진 사람의 비율은, '피고용자(2017년) → 사업가(2018년)' 유형이 '피고용자(2017년) → 피고용자(2018년)' 유형보다 높다.
ㄷ. 고용형태 변화 유형 네 가지 중에서 2017년과 2018년 사이에 소득분위가 변동되지 않은 사람의 비율이 가장 높은 유형은 '사업가(2017년) → 피고용자(2018년)'이다.
ㄹ. 고용형태 변화 유형 네 가지 중에서 2018년에 소득 5분위인 사람의 비율이 가장 높은 유형은 '사업가(2017년) → 사업가(2018년)'이다.

① ㄱ, ㄷ ② ㄴ, ㄹ ③ ㄷ, ㄹ ④ ㄱ, ㄴ, ㄷ ⑤ ㄱ, ㄴ, ㄹ

12 다음 〈정보〉와 〈표〉는 펀드 운용사에 지급하는 관리보수와 성과보수에 관한 자료이다. 이에 대한 〈보기〉의 설명 중 옳지 않은 것만을 모두 고르면? 농협은행

〈정보〉

○ 관리보수
- 결성일로부터 3년 미만: 펀드약정총액×결성규모 적용 요율
- 결성일로부터 3년 이후: 투자잔액×결성규모 적용 요율

<결성규모 적용 요율>
- 출자약정액 300억 원 이하: 2.5% 이하
- 출자약정액 300억 원 초과 600억 원 이하: 2.3% 이하
- 출자약정액 600억 원 초과: 2.1% 이하

○ 성과보수
- 기준수익률을 초과하는 수익의 20% 이내
- 추가인센티브: 고용창출우수기업 10% 이내, 청년 고용창출을 한 경우 15% 이내

※ 기준수익률은 0~3%의 범위에서 개별 펀드마다 다르게 적용하고 있음

<표> 최근 4년간 펀드 운용사 보수 지급 실적

구분		2015	2016	2017	2018
펀드 운용사 수(개)		274	312	357	404
관리보수	관리보수액(억 원)	1,057	1,291	1,606	1,650
성과보수	성과보수액(억 원)	200	251	218	299
	성과보수 수령 운용사(개)	15	9	10	12

〈보기〉

ㄱ. 결성일로부터 5년이 지났고 약정총액이 500억 원인 펀드의 경우 운용사에 지급할 수 있는 관리보수액은 최대 11억 5,000만 원이다.

ㄴ. 추가인센티브는 없다고 가정할 때, 기준수익률을 초과하는 수익이 10억 원인 펀드의 경우 운용사에 지급할 수 있는 성과보수액은 최대 2억 원이다.

ㄷ. 성과보수 수령 운용사에 대한 평균 성과보수액은 최근 4년간 지속적으로 증가하고 있다.

ㄹ. 펀드 운용사 1개사가 수령하는 평균 보수액(=관리보수액+성과보수액)은 최근 4년간 지속적으로 증가하고 있다.

① ㄱ, ㄴ　② ㄱ, ㄷ　③ ㄴ, ㄹ

④ ㄷ, ㄹ　⑤ ㄱ, ㄷ, ㄹ

13 다음 〈표〉는 2012~2018년 물가지수에 관한 자료이다. 이에 대한 〈보기〉의 설명 중 옳은 것만을 모두 고르면?

국민은행 · 농협은행

<표> 물가지수(2012~2018년)

종류 / 연도	총 지수		신선식품		생활물가	
	지수	증감률(%)	지수	증감률(%)	지수	증감률(%)
2012	96.8	2.2	109.3	5.9	98.7	4.2
2013	98.0	(a)	107.9	(b)	99.4	(c)
2014	99.3	(d)	97.9	(e)	100.2	0.8
2015	100.0	0.7	100.0	2.1	100.0	(f)
2016	(g)	1.0	(h)	6.5	(i)	0.7
2017	102.9	1.9	113.1	6.2	103.1	2.4
2018	(j)	1.6	117.2	3.6	(k)	1.6

※ 물가지수는 2015년 100을 기준으로 함

※ 모든 지수와 증감률은 소수점 둘째자리에서 반올림한 값임

※ 증감률(%)$=\frac{\text{해당년도지수}-\text{전년도지수}}{\text{전년도지수}}\times 100$

〈보기〉

ㄱ. (b), (c), (e), (f)를 큰 순서대로 나열하면 (c), (f), (b), (e)이다.

ㄴ. (d)는 (a)보다 크다.

ㄷ. (g), (h), (i) 중에서 가장 큰 것은 (h)이고 가장 작은 것은 (i)이다.

ㄹ. (j)와 (k) 중 더 큰 것은 (j)이다.

① ㄱ, ㄴ ② ㄱ, ㄷ ③ ㄱ, ㄴ, ㄷ
④ ㄴ, ㄷ, ㄹ ⑤ ㄱ, ㄴ, ㄷ, ㄹ

14 다음 〈표〉는 퇴직연금에 관한 자료이다. 이에 대한 〈보기〉의 설명 중 옳은 것만을 모두 고르면?

국민은행 · 기업은행 · 신한은행 · 우리은행

<표 1> 종사자 규모별 사업장 퇴직연금 도입 현황

(단위: 개, %)

사업장 규모	2016년			2017년		
	도입 대상 사업장	도입 사업장	사업장 도입률	도입 대상 사업장	도입 사업장	사업장 도입률
5인 미만	619,517	68,865	11.1	659,198	74,360	11.3
5~9인	307,047	(　)	30.0	320,042	(　)	31.5
10~29인	195,414	(　)	51.9	198,753	(　)	53.4
30~49인	35,207	24,092	68.4	35,101	24,371	(　)
50~99인	26,822	20,591	76.8	26,712	20,676	(　)
100~299인	14,768	12,330	83.5	14,732	12,270	83.3
300인 이상	5,009	4,551	90.9	5,047	4,583	90.8
전체	1,203,784	323,864	26.9	1,259,585	343,134	27.2

※ 사업장 도입률(%)$=\frac{\text{퇴직연금 도입 사업장 수}}{\text{퇴직연금 도입대상 사업장 수}}\times 100$

<표 2> 사업장 규모별 근로자 퇴직연금 가입 현황

(단위: 명, %)

사업장 규모	2016년			2017년		
	가입대상 근로자	가입 근로자	근로자 가입률	가입대상 근로자	가입 근로자	근로자 가입률
5인 미만	968,814	115,667	11.9	1,032,169	(　)	12.2
5~9인	1,176,008	311,470	26.5	1,231,271	344,355	(　)
10~29인	1,853,431	787,776	42.5	1,901,529	(　)	44.2
30~49인	791,407	401,363	50.7	796,510	414,234	52.0
50~99인	1,035,203	566,744	54.7	1,048,797	588,170	(　)
100~299인	1,405,843	834,275	59.3	1,429,152	866,955	60.7
300인 이상	3,357,747	2,203,907	65.6	3,390,733	2,258,075	66.6
전체	10,588,453	5,221,202	49.3	10,830,161	5,437,938	50.2

※ 근로자 가입률(%)$=\frac{\text{퇴직연금 가입 근로자 수}}{\text{퇴직연금 가입대상 근로자 수}}\times 100$

〈보기〉

ㄱ. 2017년에는 모든 규모의 사업장에서 퇴직연금 가입대상 근로자 수와 가입근로자 수가 전년 대비 증가하였다.
ㄴ. 2016년을 기준으로 규모가 100인 이상인 사업장의 퇴직연금 도입률은 약 85%이다.
ㄷ. 2016년과 2017년 모두 사업장 규모가 클수록 퇴직연금 도입대상 사업장 수와 도입사업장 수는 적다.
ㄹ. 2017년을 기준으로 규모가 49인 이하인 사업장의 퇴직연금 가입 근로자 수는 전체 가입 근로자 수의 40% 이상이다.
ㅁ. 2016년 대비 2017년에 퇴직연금 도입률이 증가한 모든 사업장 규모에서 근로자 가입률도 증가하였다.

① ㄱ, ㄴ, ㄷ ② ㄱ, ㄴ, ㅁ ③ ㄱ, ㄷ, ㄹ
④ ㄴ, ㄹ, ㅁ ⑤ ㄷ, ㄹ, ㅁ

15 다음 〈표〉는 A국 공무원 갑, 을, 병, 정의 2018년 기본연봉액과 성과평가 순위 및 2017년도 업무성과평가 결과를 나타낸 자료이다. 이 〈표〉와 〈정보〉에 근거하여 2019년 연봉이 높은 사람부터 순서대로 바르게 나열한 것은?

국민은행

<표> 갑~정의 기본연봉액 및 성과평가 결과

구분	계급	2018년 기본연봉액	2018년 성과평가 순위	2017년도 업무성과평가 결과
갑	5급	4,800만 원	6위	S
을	4급	5,100만 원	3위	B
병	5급	4,600만 원	2위	A
정	4급	5,200만 원	9위	B

※ 갑, 을, 병, 정은 모두 같은 부서에 근무하고, 해당 부서의 인원은 총 10명임을 가정함
※ 갑, 을, 병, 정의 계급은 2017년부터 2019년까지 동일함

〈정보〉

※ 2019년 연봉＝[1] 2019년 기본연봉＋[2] 2019년 성과연봉

[1] 2019년 기본연봉＝① 2018년 기본연봉액＋② 2018년 성과연봉 중 장관이 정하는 금액

① 2018년 기본연봉액: 2018년도 기 책정된 기본연봉액

② 2018년 성과연봉 중 장관이 정하는 금액: 2018년의 계급을 기준으로 다음의 '가산기준액'에 '가산율'을 곱한 금액을 적용(가산)함

<가산기준액>

(단위: 천 원)

1급(상당)	2급(상당)	3급(상당)	4급(상당)	5급(상당)
47,000	44,800	41,600	37,000	31,000

<가산율>

등급	S등급	A등급	B등급	C등급
가산율	7%	5%	3%	0

※ 위 표 중 '등급'은 2017년 업무성과평가 결과에 따른 2018년 성과연봉 등급을 말함

[2] 2019년 성과연봉＝성과연봉 지급액＝계급별 성과연봉 지급기준액×평가등급별 지급률

<평가등급별 인원비율 · 지급률>

평가등급	S등급	A등급	B등급	C등급
인원비율	20%	30%	40%	10%
지급률 (지급기준액기준)	8%	6%	4%	0

※ 단, 평가등급별 인원비율은 개인의 계급과 무관하게 평가대상 부서의 정원 전체를 기준으로 산정함

<계급별 성과연봉 지급기준액>

(단위: 천 원)

1급(상당)	2급(상당)	3급(상당)	4급(상당)	5급(상당)
135,000	122,000	110,000	102,000	86,000

① 을 – 병 – 정 – 갑
② 을 – 정 – 갑 – 병
③ 을 – 정 – 병 – 갑
④ 정 – 을 – 갑 – 병
⑤ 정 – 을 – 병 – 갑

상황판단영역

16 **다음 글을 근거로 판단할 때 옳은 것은?** 국민은행

제00조(문서의 성립 및 효력발생) ① 문서는 결재권자가 해당 문서에 서명(전자이미지서명, 전자문자서명 및 행정전자서명을 포함한다)의 방식으로 결재함으로써 성립한다.
② 문서는 수신자에게 도달(전자문서의 경우는 수신자가 지정한 전자적 시스템에 입력되는 것을 말한다)됨으로써 효력이 발생한다.
③ 제2항에도 불구하고 공고문서는 그 문서에서 효력발생 시기를 구체적으로 밝히고 있지 않으면 그 고시 또는 공고가 있은 날부터 5일이 경과한 때에 효력이 발생한다.

제00조(문서 작성의 일반원칙) ① 문서는 어문규범에 맞게 한글로 작성하되, 뜻을 정확하게 전달하기 위하여 필요한 경우에는 괄호 안에 한자나 그 밖의 외국어를 함께 적을 수 있으며, 특별한 사유가 없으면 가로로 쓴다.
② 문서의 내용은 간결하고 명확하게 표현하고 일반화되지 않은 약어와 전문용어 등의 사용을 피하여 이해하기 쉽게 작성하여야 한다.
③ 문서에는 음성정보나 영상정보 등을 수록할 수 있고 연계된 바코드 등을 표기할 수 있다.
④ 문서에 쓰는 숫자는 특별한 사유가 없으면 아라비아 숫자를 쓴다.
⑤ 문서에 쓰는 날짜는 숫자로 표기하되, 연·월·일의 글자는 생략하고 그 자리에 온점(.)을 찍어 표시하며, 시·분은 24시각제에 따라 숫자로 표기하되, 시·분의 글자는 생략하고 그 사이에 쌍점(:)을 찍어 구분한다. 다만 특별한 사유가 있으면 다른 방법으로 표시할 수 있다.

① 문서에 '2018년 7월 18일 오후 11시 30분'을 표기해야 할 때 특별한 사유가 없으면 '2018. 7. 18. 23:30'으로 표기한다.
② 2018년 9월 7일 공고된 문서에 효력발생 시기가 구체적으로 명시되지 않은 경우 그 문서의 효력은 즉시 발생한다.
③ 전자문서의 경우 해당 수신자가 지정한 전자적 시스템에 도달한 문서를 확인한 때부터 효력이 발생한다.
④ 문서 작성 시 이해를 쉽게 하기 위해 일반화되지 않은 약어와 전문용어를 사용하여 작성하여야 한다.
⑤ 연계된 바코드는 문서에 함께 표기할 수 없기 때문에 영상 파일로 처리하여 첨부하여야 한다.

17 **다음 〈국내 대학(원) 재학생 학자금 대출 조건〉을 근거로 판단할 때, 〈보기〉에서 옳은 것만을 모두 고르면? (단, 甲~丙은 국내 대학(원)의 재학생이다)** 국민은행 · 기업은행 · 농협은행

<국내 대학(원) 재학생 학자금 대출 조건>

구분		X학자금 대출	Y학자금 대출
신청대상	신청 연령	• 35세 이하	• 55세 이하
	성적 기준	• 직전 학기 12학점 이상 이수 및 평균 C학점 이상 (단, 장애인, 졸업학년인 경우 이수학점 기준 면제)	• 직전 학기 12학점 이상 이수 및 평균 C학점 이상 (단, 대학원생, 장애인, 졸업학년인 경우 이수학점 기준 면제)
	가구소득 기준	• 소득 1~8분위	• 소득 9, 10분위
	신용 요건	• 제한 없음	• 금융채무불이행자, 저신용자 대출 불가
대출한도	등록금	• 학기당 소요액 전액	• 학기당 소요액 전액
	생활비	• 학기당 150만 원	• 학기당 100만 원
상환 사항	상환 방식 (졸업 후)	• 기준소득을 초과하는 소득 발생 이전: 유예 • 기준소득을 초과하는 소득 발생 이후: 기준소득 초과분의 20%를 원천징수 ※ 기준소득: 연 □천만 원	• 졸업 직후 매월 상환 • 원금균등분할상환과 원리금균등분할상환 중 선택

〈보기〉

ㄱ. 34세로 소득 7분위인 대학생 甲이 직전 학기에 14학점을 이수하여 평균 B학점을 받았을 경우 X학자금 대출을 받을 수 있다.

ㄴ. X학자금 대출 대상이 된 乙의 한 학기 등록금이 300만 원일 때, 한 학기당 총 450만 원을 대출받을 수 있다.

ㄷ. 50세로 소득 9분위인 대학원생 丙(장애인)은 신용 요건에 관계없이 Y학자금 대출을 받을 수 있다.

ㄹ. 대출금액이 동일하고 졸업 후 소득이 발생하지 않았다면, X학자금 대출과 Y학자금 대출의 매월 상환금액은 같다.

① ㄱ, ㄴ ② ㄱ, ㄷ ③ ㄷ, ㄹ
④ ㄱ, ㄴ, ㄹ ⑤ ㄴ, ㄷ, ㄹ

18 **다음 글과 〈상황〉을 근거로 판단할 때, 〈보기〉에서 옳은 것만을 모두 고르면?** 국민은행

'에너지이용권'은 에너지 취약계층에게 난방에너지 구입을 지원하는 것으로 관련 내용은 다음과 같다.

월별 지원금액	1인 가구: 81,000원 2인 가구: 102,000원 3인 이상 가구: 114,000원
지원형태	신청서 제출 시 실물카드와 가상카드 중 선택 • 실물카드: 에너지원(등유, 연탄, LPG, 전기, 도시가스)을 다양하게 구매 가능함. 단, 아파트 거주자는 관리비가 통합고지서로 발부되기 때문에 신청할 수 없음 • 가상카드: 전기 · 도시가스 · 지역난방 중 택일. 매월 요금이 자동 차감됨. 단, 사용기간(발급일로부터 1개월) 만료 시 잔액이 발생하면 전기요금 차감
신청대상	생계급여 또는 의료급여 수급자로서 다음 각 호의 어느 하나에 해당하는 사람을 포함한 가구의 가구원 1. 1954. 12. 31. 이전 출생자 2. 2002. 1. 1. 이후 출생자 3. 등록된 장애인(1~6급)
신청방법	수급자 본인 또는 가족이 신청 (※ 담당공무원이 대리 신청 가능)
신청서류	1. 에너지이용권 발급 신청서 2. 전기, 도시가스 또는 지역난방 요금고지서(영수증), 아파트 거주자의 경우 관리비 통합고지서 3. 신청인의 신분증 사본 4. 대리 신청일 경우 신청인 본인의 위임장, 대리인의 신분증 사본

〈상황〉

甲~丙은 에너지이용권을 신청하고자 한다.

○ 甲: 3급 장애인, 실업급여 수급자, 1인 가구, 아파트 거주자

○ 乙: 2005. 1. 1. 출생, 의료급여 수급자, 4인 가구, 단독 주택 거주자

○ 丙: 1949. 3. 22. 출생, 생계급여 수급자, 2인 가구, 아파트 거주자

〈보기〉

ㄱ. 甲은 에너지이용권 발급 신청서, 관리비 통합고지서, 본인 신분증 사본을 제출하고, 81,000원의 에너지이용권을 요금 자동 차감 방식으로 지급받을 수 있다.

ㄴ. 담당공무원인 丁이 乙을 대리하여 신청 서류를 모두 제출하고, 乙은 114,000원의 에너지이용권을 실물카드 형태로 지급받을 수 있다.

ㄷ. 丙은 도시가스를 선택하여 102,000원의 에너지이용권을 가상카드 형태로 지급받을 수 있으며, 이용권 사용기간 만료 시 잔액이 발생한다면 전기요금이 차감될 것이다.

① ㄱ ② ㄴ ③ ㄷ ④ ㄱ, ㄷ ⑤ ㄴ, ㄷ

19 **다음 글과 〈상황〉을 근거로 판단할 때, 甲~丙 중 임금피크제 지원금을 받을 수 있는 사람만을 모두 고르면?**

국민은행 · 농협은행

제00조(임금피크제 지원금) ① 정부는 다음 각 호의 어느 하나에 해당하는 경우, 근로자의 신청을 받아 제2항의 규정에 따라 임금피크제 지원금을 지급하여야 한다.

1. 사업주가 근로자 대표의 동의를 받아 정년을 60세 이상으로 연장하면서 55세 이후부터 일정 나이, 근속시점 또는 임금액을 기준으로 임금을 줄이는 제도를 시행하는 경우
2. 정년을 55세 이상으로 정한 사업주가 정년에 이른 사람을 재고용(재고용 기간이 1년 미만인 경우는 제외한다)하면서 정년퇴직 이후부터 임금만을 줄이는 경우
3. 사업주가 제2호에 따라 재고용하면서 주당 소정의 근로시간을 15시간 이상 30시간 이하로 단축하는 경우

② 임금피크제 지원금은 해당 사업주에 고용되어 18개월 이상을 계속 근무한 자로서 피크임금(임금피크제의 적용으로 임금이 최초로 감액된 날이 속하는 연도의 직전 연도 임금을 말한다)과 지원금 신청연도의 임금을 비교하여 다음 각 호의 구분에 따른 비율 이상 낮아진 자에게 지급한다. 다만 상시 사용하는 근로자가 300명 미만인 사업장인 경우에는 100분의 10으로 한다.

1. 제1항제1호의 경우: 100분의 10
2. 제1항제2호의 경우: 100분의 20
3. 제1항제3호의 경우: 100분의 30

〈상황〉

甲~丙은 올해 임금피크제 지원금을 신청하였다.

○ 甲(56세)은 사업주가 근로자 대표의 동의를 받아 정년을 60세로 연장하면서 임금피크제를 실시하고 있는 사업장(상시 사용하는 근로자 320명)에 고용되어 3년간 계속 근무하고 있다. 甲의 피크임금은 4,000만 원이었고, 올해 임금은 3,500만 원이다.

○ 乙(56세)은 사업주가 정년을 55세로 정한 사업장(상시 사용하는 근로자 200명)에서 1년간 계속 근무하다 작년 12월 31일 정년에 이르렀다. 乙은 올해 1월 1일 근무기간 10개월, 주당 근로시간은 동일한 조건으로 재고용되었다. 乙의 피크임금은 3,000만 원이었고, 올해 임금은 2,500만 원이다.

○ 丙(56세)은 사업주가 정년을 55세로 정한 사업장(상시 사용하는 근로자 400명)에서 2년간 계속 근무하다 작년 12월 31일 정년에 이르렀다. 丙은 올해 1월 1일 근무기간 1년, 주당 근로시간을 40시간에서 30시간으로 단축하는 조건으로 재고용되었다. 丙의 피크임금은 2,000만 원이었고, 올해 임금은 1,200만 원이다.

① 甲 ② 乙 ③ 甲, 丙 ④ 乙, 丙 ⑤ 甲, 乙, 丙

20 다음 글과 〈상황〉을 근거로 판단할 때 옳은 것은? 농협은행

> 제00조(과세대상) 주권(株券)의 양도에 대해서는 이 법에 따라 증권거래세를 부과한다.
> 제00조(납세의무자) 주권을 양도하는 자는 납세의무를 진다. 다만 금융투자업자를 통하여 주권을 양도하는 경우에는 해당 금융투자업자가 증권거래세를 납부하여야 한다.
> 제00조(과세표준) 주권을 양도하는 경우에 증권거래세의 과세표준은 그 주권의 양도가액(주당 양도금액에 양도 주권수를 곱한 금액)이다.
> 제00조(세율) 주권의 양도에 대한 세율은 양도가액의 1천분의 5로 한다.
> 제00조(탄력세율) X 또는 Y증권시장에서 양도되는 주권에 대하여는 제00조(세율)의 규정에도 불구하고 다음의 세율에 의한다.
> 1. X증권시장: 양도가액의 1천분의 1.5
> 2. Y증권시장: 양도가액의 1천분의 3

〈상황〉

> 투자자 甲은 금융투자업자 乙을 통해 다음 3건의 주권을 양도하였다.
> ○ A회사의 주권 100주를 주당 15,000원에 양수하였다가 이를 주당 30,000원에 X증권시장에서 전량 양도하였다.
> ○ B회사의 주권 200주를 주당 10,000원에 Y증권시장에서 양도하였다.
> ○ C회사의 주권 200주를 X 및 Y증권시장을 통하지 않고 주당 50,000원에 양도하였다.

① 증권거래세는 甲이 직접 납부하여야 한다.
② 납부되어야 할 증권거래세액의 총합은 6만 원 이하다.
③ 甲의 3건의 주권 양도는 모두 탄력세율을 적용받는다.
④ 甲의 A회사 주권 양도에 따른 증권거래세 과세표준은 150만 원이다.
⑤ 甲이 乙을 통해 Y증권시장에서 C회사의 주권 200주 전량을 주당 50,000원에 양도할 수 있다면 증권거래세액은 2만 원 감소한다.

21 **다음 글을 근거로 판단할 때 옳은 것은?** 기업은행

전문가 6명(A~F)의 〈회의 참여 가능 시간〉과 〈회의 장소 선호도〉를 반영하여, 〈조건〉을 충족하는 회의를 월~금요일 중 개최하려 한다.

<회의 참여 가능 시간>

전문가 \ 요일	월	화	수	목	금
A	13:00~16:20	15:00~17:30	13:00~16:20	15:00~17:30	16:00~18:30
B	13:00~16:10	—	13:00~16:10	—	16:00~18:30
C	16:00~19:20	14:00~16:20	—	14:00~16:20	16:00~19:20
D	17:00~19:30	—	17:00~19:30	—	17:00~19:30
E	—	15:00~17:10	—	15:00~17:10	—
F	16:00~19:20	—	16:00~19:20	—	16:00~19:20

※ —: 참여 불가

<회의 장소 선호도>

(단위: 점)

장소 \ 전문가	A	B	C	D	E	F
가	5	4	5	6	7	5
나	6	6	8	6	8	8
다	7	8	5	6	3	4

〈조건〉

○ 전문가 A~F 중 3명 이상이 참여할 수 있어야 회의 개최가 가능하다.
○ 회의는 1시간 동안 진행되며, 회의 참여자는 회의 시작부터 종료까지 자리를 지켜야 한다.
○ 회의 시간이 정해지면, 해당 일정에 참여 가능한 전문가들의 선호도를 합산하여 가장 높은 점수가 나온 곳을 회의 장소로 정한다.

① 월요일에는 회의를 개최할 수 없다.
② 금요일 16시에 회의를 개최할 경우 회의 장소는 '가'이다.
③ 금요일 18시에 회의를 개최할 경우 회의 장소는 '다'이다.
④ A가 반드시 참여해야 할 경우 목요일 16시에 회의를 개최할 수 있다.
⑤ C, D를 포함하여 4명 이상이 참여해야 할 경우 금요일 17시에 회의를 개최할 수 있다.

22 **다음 글을 근거로 판단할 때, A학자의 언어체계에서 표기와 그 의미를 연결한 것으로 옳지 않은 것은?**

기업은행

> A학자는 존재하는 모든 사물들을 자연적인 질서에 따라 나열하고 그것들의 지위와 본질을 표현하는 적절한 기호를 부여하면 보편언어를 만들 수 있다고 생각했다.
>
> 이를 위해 A학자는 우선 세상의 모든 사물을 40개의 '속(屬)'으로 나누고, 속을 다시 '차이(差異)'로 세분했다. 예를 들어 8번째 속인 돌은 순서대로 아래와 같이 6개의 차이로 분류된다.
>
> (1) 가치 없는 돌
> (2) 중간 가치의 돌
> (3) 덜 투명한 가치 있는 돌
> (4) 더 투명한 가치 있는 돌
> (5) 물에 녹는 지구의 응결물
> (6) 물에 녹지 않는 지구의 응결물
>
> 이 차이는 다시 '종(種)'으로 세분화되었다. 예를 들어, '가치 없는 돌'은 그 크기, 용도에 따라서 8개의 종으로 분류되었다.
>
> 이렇게 사물을 전부 분류한 다음에 A학자는 속, 차이, 종에 문자를 대응시키고 표기하였다.
>
> 예를 들어, 7번째 속부터 10번째 속까지는 다음과 같이 표기된다.
>
> (7) 원소: de
> (8) 돌: di
> (9) 금속: do
> (10) 잎: gw
>
> 차이를 나타내는 표기는 첫 번째 차이부터 순서대로 b, d, g, p, t, c, z, s, n을 사용했고, 종은 순서대로 w, a, e, i, o, u, y, yi, yu를 사용했다. 따라서 'di'는 돌을 의미하고 'dib'는 가치 없는 돌을 의미하며, 'diba'는 가치 없는 돌의 두 번째 종을 의미한다.

① ditu – 물에 녹는 지구의 응결물의 여섯 번째 종
② gwpyi – 잎의 네 번째 차이의 네 번째 종
③ dige – 덜 투명한 가치 있는 돌의 세 번째 종
④ deda – 원소의 두 번째 차이의 두 번째 종
⑤ donw – 금속의 아홉 번째 차이의 첫 번째 종

23 **다음 글과 〈상황〉을 근거로 판단할 때, 甲과 乙에게 부과된 과태료의 합은?** 국민은행 · 농협은행

A국은 부동산 또는 부동산을 취득할 수 있는 권리의 매매계약을 체결한 경우, 매도인이 그 실제 거래가격을 거래계약 체결일부터 60일 이내에 관할관청에 신고하도록 신고의무를 ○○법으로 규정하고 있다. 그리고 이를 위반할 경우 다음의 기준에 따라 과태료를 부과한다.

○○법 제00조(과태료 부과기준) ① 신고의무를 게을리한 경우에는 다음 각호의 기준에 따라 과태료를 부과한다.

1. 신고기간 만료일의 다음 날부터 기산하여 신고를 하지 않은 기간(이하 '해태기간'이라 한다)이 1개월 이하인 경우
   가. 실제 거래가격이 3억 원 미만인 경우: 50만 원
   나. 실제 거래가격이 3억 원 이상인 경우: 100만 원
2. 해태기간이 1개월을 초과한 경우
   가. 실제 거래가격이 3억 원 미만인 경우: 100만 원
   나. 실제 거래가격이 3억 원 이상인 경우: 200만 원

② 거짓으로 신고를 한 경우에는 다음 각 호의 기준에 따라 과태료를 부과한다. 단, 과태료 산정에 있어서의 취득세는 매수인을 기준으로 한다.

1. 부동산의 실제 거래가격을 거짓으로 신고한 경우
   가. 실제 거래가격과 신고가격의 차액이 실제 거래가격의 20% 미만인 경우
      - 실제 거래가격이 5억 원 이하인 경우: 취득세의 2배
      - 실제 거래가격이 5억 원 초과인 경우: 취득세의 1배
   나. 실제 거래가격과 신고가격의 차액이 실제 거래가격의 20% 이상인 경우
      - 실제 거래가격이 5억 원 이하인 경우: 취득세의 3배
      - 실제 거래가격이 5억 원 초과인 경우: 취득세의 2배
2. 부동산을 취득할 수 있는 권리의 실제 거래가격을 거짓으로 신고한 경우
   가. 실제 거래가격과 신고가격의 차액이 실제 거래가격의 20% 미만인 경우: 실제 거래가격의 100분의 2
   나. 실제 거래가격과 신고가격의 차액이 실제 거래가격의 20% 이상인 경우: 실제 거래가격의 100분의 4

③ 제1항과 제2항에 해당하는 위반행위를 동시에 한 경우 해당 과태료는 병과한다.

〈상황〉

○ 매수인의 취득세는 실제 거래가격의 100분의 1이다.
○ 甲은 X토지를 2018. 1. 15. 丙에게 5억 원에 매도하였으나, 2018. 4. 2. 거래가격을 3억 원으로 신고하였다가 적발되어 과태료가 부과되었다.
○ 乙은 공사 중인 Y아파트를 취득할 권리인 입주권을 2018. 2. 1. 丁에게 2억 원에 매도하였으나, 2018. 2. 5. 거래가격을 1억 원으로 신고하였다가 적발되어 과태료가 부과되었다.

① 1,400만 원 ② 2,000만 원 ③ 2,300만 원 ④ 2,400만 원 ⑤ 2,500만 원

24 **다음 글을 근거로 판단할 때, 甲이 지불할 관광비용은?** 기업은행 · 농협은행 · 우리은행

○ 甲은 경복궁에서 시작하여 서울시립미술관, 서울타워 전망대, 국립중앙박물관까지 관광하려 한다. '경복궁 → 서울시립미술관'은 도보로, '서울시립미술관 → 서울타워 전망대' 및 '서울타워 전망대 → 국립중앙박물관'은 각각 지하철로 이동해야 한다.

○ 입장료 및 지하철 요금

경복궁	서울시립미술관	서울타워 전망대	국립중앙박물관	지하철
1,000원	5,000원	10,000원	1,000원	1,000원

※ 지하철 요금은 거리에 관계없이 탑승할 때마다 일정하게 지불하며, 도보 이동시에는 별도 비용 없음

○ 관광비용은 입장료, 지하철 요금, 상품가격의 합산액이다.

○ 甲은 관광비용을 최소화하고자 하며, 甲이 선택할 수 있는 상품은 다음 세 가지 중 하나이다.

상품	가격	혜택				
		경복궁	서울시립 미술관	서울타워 전망대	국립중앙 박물관	지하철
스마트 교통카드	1,000원	—	—	50% 할인	—	당일 무료
시티투어A	3,000원	30% 할인	30% 할인	30% 할인	30% 할인	당일 무료
시티투어B	5,000원	무료	—	무료	무료	—

① 11,000원 ② 12,000원 ③ 13,000원
④ 14,900원 ⑤ 19,000원

25 **다음 글과 〈상황〉을 근거로 판단할 때, 출장을 함께 갈 수 있는 직원들의 조합으로 가능한 것은?**

기업은행

A은행 B지점에서는 3월 11일 회계감사 관련 서류 제출을 위해 본점으로 출장을 가야 한다. 08시 정각 출발이 확정되어 있으며, 출발 후 B지점에 복귀하기까지 총 8시간이 소요된다. 단, 비가 오는 경우 1시간이 추가로 소요된다.

○ 출장인원 중 한 명이 직접 운전하여야 하며, '운전면허 1종 보통' 소지자만 운전할 수 있다.
○ 출장시간에 사내 업무가 겹치는 경우에는 출장을 갈 수 없다.
○ 출장인원 중 부상자가 포함되어 있는 경우, 서류 박스 운반 지연으로 인해 30분이 추가로 소요된다.
○ 차장은 책임자로서 출장인원에 적어도 한 명 포함되어야 한다.
○ 주어진 조건 외에는 고려하지 않는다.

〈상황〉

○ 3월 11일은 하루 종일 비가 온다.
○ 3월 11일 당직 근무는 17시 10분에 시작한다.

직원	직급	운전면허	건강상태	출장 당일 사내 업무
甲	차장	1종 보통	부상	없음
乙	차장	2종 보통	건강	17시 15분 계약업체 면담
丙	과장	없음	건강	17시 35분 고객 상담
丁	과장	1종 보통	건강	당직 근무
戊	대리	2종 보통	건강	없음

① 甲, 乙, 丙　② 甲, 丙, 丁　③ 乙, 丙, 戊
④ 乙, 丁, 戊　⑤ 丙, 丁, 戊

26 다음 글을 근거로 판단할 때 옳지 않은 것은?

기업은행 · 농협은행 · 우리은행

T주식회사의 주차장에는 임원들을 위한 별도의 주차 구역을 운영 중이다. 임원들인 사장, 상임이사, 전무, 기획실장, 감사는 1, 2, 3, 4, 5번 주차 구역에 순서대로 주차를 하도록 되어 있다. 임원들의 이름은 김대한, 나한국, 최고봉, 홍길동, 장민국이다. 임원용 차량들은 모두 동일한 검은색 세단이지만, 번호판 맨 앞자리는 1, 4, 5, 7, 9로 서로 다르다.

회사의 주차관리 담당자인 믿음이는 관리실 CCTV로 차량 번호판 맨 앞자리 번호만 확인하고도 임원들의 차량이 제대로 주차되어 있는가를 알 수 있다. 오늘 오전 믿음이가 임원전용 주차 구역에서 확인한 차량들에 대한 정보는 다음과 같다.

<임원 전용 주차장 구조>

1구역	2구역	3구역	4구역	5구역

(가) 기획실장의 차량번호는 1XXX이다.
(나) 장민국의 차량번호는 4XXX이다.
(다) 김대한의 차량은 홍길동의 차량 옆에 주차되어 있다.
(라) 홍길동의 차량은 5구역에 주차되어 있다.
(마) 나한국의 차량은 최고봉과 장민국의 차량 사이에 주차되어 있다.
(바) 9XXX 번호 차량은 7XXX와 4XXX 번호 차량 사이에 주차되어 있다.
(사) 5구역에는 5XXX 번호 차량이 주차되어 있다.
(아) 1구역에는 7XXX 번호 차량이 주차되어 있다.

① 전무의 차량번호는 4XXX이다.
② 사장의 이름은 최고봉이다.
③ 감사의 차량번호는 5XXX이다.
④ 상임이사의 이름은 장민국이다.
⑤ 김대한의 차량번호는 1XXX이다.

27 **에이전트 A는 다음 달에 다른 에이전트와 만나야 하는데, 그 접선 날짜를 암호문으로 받았다. 암호문을 해석하여 원문자로 나타낸 것으로 옳은 것은? (단, 암호는 지문에 있는 내용과 같은 방법으로 만들어졌다)** 기업은행 · 우리은행

다음은 원문자를 암호화하는 표이다. 원문자를 아래의 숫자로 변환시킨 후 다시 한 번 변환을 시켜 암호화하게 된다.

예를 들어, BUSINESS를 아래 표를 이용하여 암호화시키면 2 21 19 9 14 5 19 19가 된다.

원문자	A	B	C	D	E	F	G	H	I	J	K	L	M	N	O
변환수	1	2	3	4	5	6	7	8	9	10	11	12	13	14	15
원문자	P	Q	R	S	T	U	V	W	X	Y	Z	_	!	?	.
변환수	16	17	18	19	20	21	22	23	24	25	26	27	28	29	30

이렇게 숫자로 변환된 값들을 두 줄의 표로 만들면 아래와 같다.

2	21	19	9
14	5	19	19

이때, 만일 글자의 수가 홀수가 되면 마침표 등을 넣어서 변환시키면 된다.

그 후 각 열의 1행 숫자의 값과 2행 숫자에 2를 곱한 값을 더한 결과를 그 열의 1행에 넣고, 각 열의 1행 숫자에 3을 곱한 값과 2행 숫자에 4를 곱한 값을 더한 결과를 그 열의 2행에 넣는다.

위에서 BUSINESS를 변환시켜 만들어진 표에 이 규칙을 적용하면 다음과 같다.

30	31	57	47
62	83	133	103

($2+2\times14=30$, $3\times2+4\times14=62$, $21+2\times5=31$, $3\times21+4\times5=83\cdots$.)

이렇게 완성된 암호문을 보내면, 이 과정을 거꾸로 하여 원래의 문자를 해석할 수 있다.

〈보기〉

에이전트 A는 접선 날짜를 다음과 같은 암호로 받았다.

70	77	35	42	30
160	177	75	98	80

① TWENTY_ONE ② TWENTY_TWO ③ TWENTYFOUR
④ TWENTYFIVE ⑤ TWENTYNINE

28 국회사무처에서는 〈대한민국 어린이 국회 체험행사〉 때 나눠줄 기념품인 USB를 4월 17일에 주문하여 5월 2일까지 받고자 한다. 아래 〈조건〉을 바탕으로 선정될 제조업체로 옳은 것은?

기업은행 · 국민은행 · 농협은행

〈조건〉

○ 구매수량: 2,500개

○ 각 제조업체별 제작 현황

제조업체	하루 생산량(개)	단가(원)	배송 소요일	휴무일
A	250	31,000	2일	매주 토요일
B	200	30,000	2일	매월 첫째, 셋째 주 토요일
C	300	34,000	3일	매주 토요일, 일요일
D	270	33,000	3일	매주 수요일
E	230	32,000	2일	매월 둘째, 넷째 주 토요일

※ 제작은 주문 다음 날부터 시작한다.

※ 배송은 제작완료 다음 날 출발하며, 배송 소요일 마지막 날 받을 수 있다. 단, 배송업체의 휴무일은 매주 일요일이다.

※ 제조업체에서는 휴무일을 제외하고는 항상 생산이 가능하다.

※ 제조업체선정기준은 지정된 날짜까지 배송가능여부를 1순위로 고려하며 가능한 제조업체가 여러 곳일 경우 총 비용(구매수량 × 단가)이 가장 저렴한 제조업체를 선정한다.

4월						
일	월	화	수	목	금	토
1	2	3	4	5	6	7
8	9	10	11	12	13	14
15	16	17	18	19	20	21
22	23	24	25	26	27	28
29	30					

5월						
일	월	화	수	목	금	토
		1	2	3	4	5
6	7	8	9	10	11	12
13	14	15	16	17	18	19
20	21	22	23	24	25	26
27	28	29	30	31		

① A ② B ③ C ④ D ⑤ E

29 **다음 〈규정〉을 근거로 판단할 때, 〈보기〉 중 분쟁해결기준에 따라 보상이 이루어진 경우만을 모두 고르면? (단, 〈보기〉에서 발생한 하자는 모두 정상적인 사용 상태에서 발생한 성능기능상의 하자로 본다)**

농협은행

〈규정〉

제00조(목적) 이 고시는 소비자와 사업자(이하 "분쟁당사자"라 한다) 간에 발생한 분쟁이 원활하게 해결될 수 있도록 구체적인 합의 또는 권고의 기준을 제시하는 데 그 목적이 있다.

제00조(품목 및 보상기준) 이 고시에서 정하는 분쟁해결기준, 품목별 내용연수표, 품목별 품질보증기간 및 부품보유기간은 각각 [별표 1], [별표 2], [별표 3]과 같다.

[별표 1] 분쟁해결기준

분쟁유형 및 해결기준
• 품질보증기간 이내에 정상적인 사용상태에서 발생한 성능기능상의 하자 - 하자발생 시: 무상수리 - 수리불가능 시: 제품교환 또는 구입가 환급 - 교환불가능 시: 구입가 환급 - 교환된 제품이 1개월 이내에 중요한 수리를 요할 때: 구입가 환급 • 소비자가 수리 의뢰한 제품을 사업자가 분실한 경우 - 품질보증기간 이내: 제품교환 또는 구입가 환급 - 품질보증기간 경과 후: 정액감가상각한 금액에 그 금액의 10%를 가산하여 환급 • 부품보유기간 이내에 수리용 부품을 보유하고 있지 않아 발생한 피해 - 품질보증기간 이내: 제품교환 또는 구입가 환급 - 품질보증기간 경과 후: 정액감가상각한 금액에 구입가의 10%를 가산하여 환급 • 사업자가 제품설치 중 발생한 피해: 제품교환
비고
• 정액감가상각한 금액은 구입가에서 아래의 감가상각비를 제하여 구하며, 내용연수는 [별표 2] 품목별 내용연수표를(월할 계산) 적용 - 감가상각비 $= \frac{\text{사용연수}}{\text{내용연수}} \times$ 구입가 • 품질보증기간 이내에 동일 하자에 대해 2회까지 수리하였으나 하자가 재발하는 경우 또는 여러 부위 하자에 대해 4회까지 수리하였으나 하자가 재발하는 경우는 수리 불가능한 것으로 봄 • 품질보증기간 이후에 발생한 하자에 대하여 사업자가 책임을 지지 않으며, 수리를 의뢰할 경우 유상수리가 가능함

[별표 2] 품목별 내용연수표

품목	내용연수
에어컨, 냉장고, 세탁기, 카메라	사업자가 품질보증서에 표시한 부품보유기간으로 함. 다만, 그 기간이 [별표 3]의 부품보유기간에 기재된 기간보다 짧거나 미기재한 경우 [별표 3]의 부품보유기간으로 함

[별표 3] 품목별 품질보증기간 및 부품보유기간

품목	품질보증기간	부품보유기간
에어컨	2년	8년(96개월)
세탁기	1년	7년(84개월)
카메라	1년	5년(60개월)
냉장고	1년	9년(108개월)
비고		

• 품질보증기간의 기산: 해당 제품의 판매일자를 기산점으로 한다.
• 부품보유기간의 기산: 해당 제품의 제조일자(제조연도 또는 제조연월만 기재된 경우 제조연도 또는 제조월의 말일을 제조일자로 봄)를 기산점으로 한다.
• 품질보증서에 부품보유기간이 기재되어 있지 않거나, 기재된 부품보유기간이 표에 제시된 기간보다 짧은 경우 표에 제시된 기간을 부품보유기간으로 본다.

〈보기〉

ㄱ. A는 제조일자가 2016. 1. 1.인 에어컨을 2017. 1. 1.에 구매한 사람으로 하자가 발생하여 2018. 12. 1.에 수리를 의뢰하였는데 사업자가 제품을 분실하여 제품교환을 받았다.
ㄴ. B는 2015. 7. 1.에 제조일자가 2014. 2. 28.인 카메라를 300,000원에 구매하여 사용해 오다가 2019. 1. 31.에 발생한 하자로 당일 수리를 의뢰하였는데, 사업자가 제품을 분실하여 90,000원을 환급받았다(품질보증서에 표시된 부품보유기간은 4년임).
ㄷ. 2018. 12. 31.에 냉장고를 400,000원에 구매한 C는 사업자가 냉장고를 설치하는 도중에 발생한 피해로 인하여 냉장고를 사용할 수 없게 되자 400,000원을 환급받았다.
ㄹ. D는 2014. 3. 1.에 제조일자가 2013. 12. 1.인 세탁기를 350,000원에 구매하여 사용해 오다가 하자가 발생하여 2019. 3. 1.에 수리를 의뢰하였는데 사업자가 수리용 부품을 보유하고 있지 않아 135,000원을 환급받았다(품질보증서에 부품보유기간은 기재되지 않음).

① ㄱ, ㄷ　　② ㄱ, ㄹ　　③ ㄴ, ㄹ
④ ㄱ, ㄴ, ㄷ　　⑤ ㄴ, ㄷ, ㄹ

30 **다음 〈조건〉을 근거로 판단할 때 〈보기〉에서 옳은 것만을 모두 고르면? (단, 〈조건〉에 표기된 진료행위 외의 진료행위는 없는 것으로 가정한다)**

국민은행 · 기업은행 · 농협은행

〈조건〉

○ 진료코드는 다음과 같이 대분류, 분류번호 및 산정코드(의미Ⅰ, 의미Ⅱ, 의미Ⅲ)를 차례대로 나열하여 여섯 글자로 표기한다.

대분류 (2자리)	분류번호 (1자리)	산정코드(3자리)		
		의미Ⅰ (1자리)	의미Ⅱ (1자리)	의미Ⅲ (1자리)

○ 대분류는 진료행위명에 따라 아래와 같이 두 글자의 알파벳 대문자로 표기한다.

진료행위명	대분류 코드
진찰료	AA
입원료(격리실 입원료 제외)	AB
격리실 입원료	AK
내시경	EX
마취료	LX
약국 조제료	ZO

○ 분류번호는 아래와 같이 진료행위별로 한 글자의 아라비아 숫자로 표기한다.
- '진찰료'의 경우 초진이면 1, 재진이면 2로 표기한다.
- '입원료' 및 '격리실 입원료'의 경우 진료를 받은 기관이 상급종합병원이면 1, 종합병원이면 2, 병원이면 3, 의원 또는 보건의료원이면 4로 표기한다.
- '내시경' 및 '마취료'의 경우 0으로 표기한다.

○ 산정코드의 의미Ⅰ, 의미Ⅱ, 의미Ⅲ은 대분류에 따라 아래와 같이 아라비아 숫자로 표기하되, 표기 해당 사항이 없는 경우 0으로 표기하고, 여러 조건에 동시에 해당되는 경우 가장 큰 숫자로 표기한다.

대분류	산정코드		
	의미Ⅰ	의미Ⅱ	의미Ⅲ
AA	• 만 1세 미만 환자: 1 • 만 6세 미만 환자: 6 • 만 1세 이상 만 3세 미만 환자: 7 • 지적 · 정신장애인 환자: 9	• 야간진료: 1 • 토요일 진료: 3 • 일요일 진료: 5	• 영유아건강검진을 받은 날 진료받은 경우: 2 • 일반건강검진을 받은 날 진료받은 경우: 3

AB	• 0~6시 입원: 1 • 18~24시 퇴원: 2 • 입원 181~360일: 6 • 입원 361일째부터: 7 • 입원 161~180일: 8	• 1인실 또는 2인실 이용: 2 • 3인실 이용: 3	• 정신질환자 또는 만 8세 미만 환자: 4
AK	• 0~6시 입원: 1 • 18~24시 퇴원: 2 • 입원 16~30일: 8 • 입원 31일째부터: 9	• 집중간호 신생아: 1	
EX	• 흉부외과 전문의가 실시: 2 • 만 8세 미만 환자: 3 • 응급환자: 9		
LX	• 신생아 환자: 1 • 만 8세 미만 환자: 3 • 만 70세 이상 환자: 4	• 야간진료: 1 • 응급진료: 2 • 일요일 진료: 4 • 일요일 응급진료: 5	
ZO		• 야간조제: 1 • 토요일 조제: 3 • 일요일 조제: 5	

〈보기〉

ㄱ. 영유아건강검진을 받은 날(수요일)에 야간진료(초진)를 받은 만 2세 환자에 대한 진찰료를 산정하는 경우 진료코드는 'AA1712'로 표기한다.

ㄴ. 환자가 일요일에 진료행위를 받으면 진료코드에 '5'가 항상 포함된다.

ㄷ. 진료코드가 'AB3024'인 환자의 입원 일수는 160일 이하이며, 18시 이전에 퇴원하였을 것으로 추정할 수 있다.

ㄹ. 일요일 응급진료를 받은 만 71세 환자의 마취료 진료코드 중 아라비아 숫자로 표기되는 부분을 모두 곱하면 20이다.

ㅁ. 응급환자의 내시경 진료코드 중 산정코드의 각 의미(의미I, 의미II, 의미III)를 합한 숫자는 입원 당일 5시부터 18일간 입원한 집중간호 신생아의 격리실 입원료 진료코드 중 산정코드의 각 의미(의미I, 의미II, 의미III)를 합한 숫자보다 크다.

① ㄱ, ㄷ　② ㄴ, ㅁ　③ ㄱ, ㄷ, ㄹ
④ ㄱ, ㄷ, ㅁ　⑤ ㄴ, ㄹ, ㅁ

제01회 제02회 제03회 제04회 제05회 제06회 제07회 제08회 제09회 제10회

제09회 스터디리뷰

구분		스터디원 A	스터디원 B	스터디원 C	스터디원 D
프로필		순천대/경상계열	서경대/경상계열	동국대/자연과학계열	국민대/경상계열
특징		최빈값 득점자	응시자 평균 득점자	상위 30% 컷 득점자	최고 득점자

번호	나의 풀이결과	스터디원 풀이결과			
01		○	○	×	○
02		×	○	×	○
03		○	○	×	○
04		×	×	×	×
05		○	○	○	×
06		○	×	×	×
07		×	○	○	○
08		×	○	○	○
09		○	○	○	○
10		×	×	×	○
11		×	×	×	○
12		×	×	×	×
13		×	×	○	○
14		×	○	○	○
15		×	×	×	○
16		○	○	○	○
17		○	○	○	○
18		×	×	○	○
19		○	×	○	○
20		×	×	×	○
21		○	×	○	○
22		×	×	×	○
23		×	×	×	○
24		○	○	○	○
25		○	○	○	○
26		×	○	○	○
27		×	×	×	○
28		×	×	○	×
29		×	○	×	○
30		×	×	×	○
계	/ 30	11 / 30	14 / 30	15 / 30	25 / 30

[풀이결과 요약]

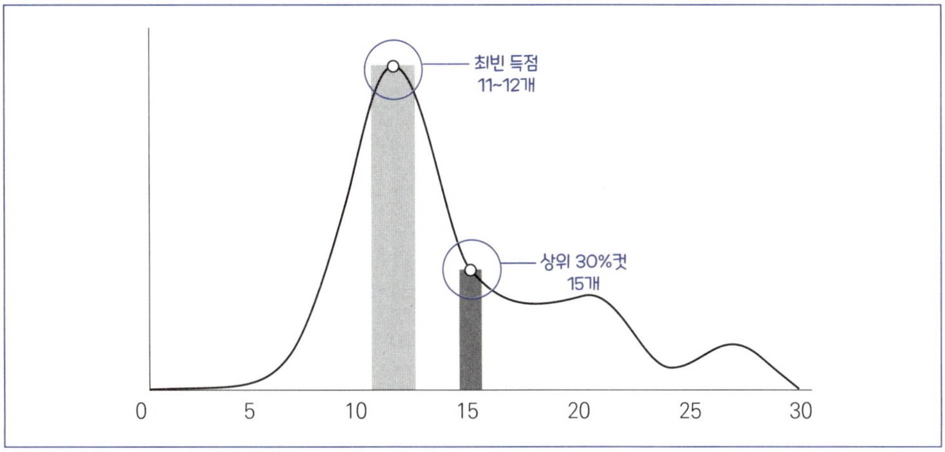

[문항별 정답률]

번호	01	02	03	04	05	06	07	08	09	10
상위 30% 득점자 평균 (A)	86%	57%	86%	43%	71%	14%	100%	86%	86%	14%
응시자 평균 (B)	48%	28%	47%	19%	41%	10%	38%	34%	52%	3%
(A−B)	38%p	29%p	39%p	24%p	30%p	4%p	62%p	52%p	34%p	11%p
번호	11	12	13	14	15	16	17	18	19	20
상위 30% 득점자 평균 (A)	43%	14%	71%	57%	57%	93%	86%	43%	86%	71%
응시자 평균 (B)	19%	7%	17%	31%	16%	60%	55%	21%	36%	24%
(A−B)	24%p	7%p	54%p	26%p	41%p	33%p	31%p	22%p	50%p	47%p
번호	21	22	23	24	25	26	27	28	29	30
상위 30% 득점자 평균 (A)	57%	57%	43%	71%	71%	71%	43%	43%	57%	29%
응시자 평균 (B)	31%	24%	17%	36%	40%	31%	14%	16%	19%	9%
(A−B)	26%p	33%p	26%p	35%p	31%p	40%p	29%p	27%p	38%p	20%p

표기 문항: 상위 30% 득점자 평균과 응시자 평균 정답률 차이가 40%p 이상 발생한 문항으로, 해당 문제를 틀렸다면 필히 리뷰를 하도록 하자.

금융 NCS
를 위한
피셋PSAT
300제

● NCS/PSAT 학습방법 열.

풀이 실력을 향상을 위한 중요한 요소임에도 많은 수험생이 간과하는 것이 '멘탈 훈련'이다. NCS/PSAT은 순간적으로 깊게 집중하여 판단을 해야 하기 때문에 시험 당일 멘탈이 흔들려 집중하지 못하면 다음을 기약해야 한다. 멘탈 훈련 방법 중 하나로, 서류적부로 필기시험 기회를 잡을 수 있는 공기업 지원을 권장한다. 시험장에서의 긴장감과 돌발변수, 최신 트렌드의 문제를 모두 경험할 수 있는 좋은 기회가 될 것이다.

제10회 연습문제

제한시간: 60분

언어논리영역 06문항

자료해석영역 09문항

상황판단영역 15문항

언어논리영역

01 다음 글을 가장 잘 요약한 것은?

국민은행 · 신한은행 · 우리은행

> 유럽연합(EU)의 기원은 1951년 독일, 프랑스, 이탈리아 및 베네룩스 3국이 창설한 유럽석탄철강공동체(ECSC)이다. ECSC는 당시 가장 중요한 자원의 하나였던 석탄과 철강이 국제 분쟁의 주요 요인이 되면서 자유로운 교류의 필요성이 대두됨에 따라 관련 국가들이 체결한 관세동맹이었다. 이 관세동맹을 통해 다른 산업분야에서도 상호의존이 심화되었으며, 그에 따라 1958년에 원자력 교류 동맹체인 유럽원자력공동체(EURATOM)와 여러 산업 부문들을 포괄하는 유럽경제공동체(EEC)가 설립되었다. 그 후 1967년에는 이 세 공동체가 통합하여 공동시장을 목표로 하는 유럽공동체(EC)로 발전하였다. 이어 1980년대에 경제위기로 인한 경색이 나타나기도 했으나, 1991년에는 거의 모든 산업 분야를 아울러 단일시장을 지향하는 유럽연합(EU) 조약이 체결되었다. 이러한 과정과 효과가 비경제적 부문으로 확산되어 1997년 암스테르담 조약과 2001년 니스 조약체결을 통해 유럽은 정치적 공동체를 지향하게 되었다. 비록 2004년 유럽헌법제정조약을 통하여 국가를 대체하게 될 새로운 단일 정치체제를 수립하려던 시도는 일부 회원국 내에서의 비준 반대로 실패로 돌아갔지만, 상당수의 전문가들은 장기적으로는 유럽지역이 하나의 연방체제를 구성하는 정치 공동체가 될 것이라고 예측하고 있다.

① 국제관계에서 국가가 하나의 행위자로서 자신의 국익을 추구하듯이 유럽지역은 개별 국가의 이익보다 유럽 자체의 이익에 중점을 두었다.

② 유럽통합은 자본주의에서 나타나는 위기를 부분적으로 해결하려는 지배계급의 시도이며, 유럽연합은 이들의 이익을 대변하는 장치인 국가의 연합체이다.

③ 국제관계는 국가를 독점적으로 대표하는 정부들의 협상에 의해 결정되며, 유럽통합과 관련해 각국 정부는 유럽체제라는 구조에 의해 결정된 국익을 기능적으로 대변한다.

④ 처음부터 유럽의 지역 경제 통합의 배경에는 자유 무역을 저해하는 보호주의 발생 방지라는 정치적 성격이 있었다는 점에서 유럽의 정치공동체화는 충분히 예견될 수 있었다.

⑤ 유럽 지역통합 과정은 산업발전의 파급효과에 따른 국가간 상호의존도 강화가 지역 경제 통합을 이끌어 내고 이를 바탕으로 해당 지역의 정치 통합으로 이어지는 모습을 보여주고 있다.

02 한 편의 완결된 글을 작성하려고 할 때, 가장 적절한 문단 배열의 순서는? 기업은행 · 우리은행

가. 1000분의 1초(ms) 단위로 안구운동을 측정한 결과 미국 학생은 중국 학생에 비해 180ms 빨리 물체에 주목했으며 눈길이 머문 시간도 42.8% 길었다. 그림을 본 후 처음 300~400ms 동안에는 두 그룹 사이에 별 차이가 없었으나 이후 420~1100ms 동안 미국 학생은 중국 학생에 비해 '물체'에 주목하는 정도가 더 높았다.

나. 미국 국립과학아카데미(NAS) 회보는 동양인과 서양인이 사물을 보는 방식에 차이가 난다는 실험 결과를 소개했다. 미국 미시간대 심리학과 연구진은 백인 미국인 학생 25명과 중국인 학생 27명에게 호랑이가 정글을 어슬렁거리는 그림 등을 보여주고 눈의 움직임을 관찰했다. 실험 결과 미국 학생의 눈은 호랑이처럼 전면에 두드러진 물체에 빨리 반응하고 오래 쳐다본 반면 중국 학생의 시선은 배경에 오래 머물렀다. 또한 중국 학생은 물체와 배경을 오가며 그림 전체를 보는 것으로 나타났다.

다. 연구를 주도한 리처드 니스벳 교수는 이런 차이가 문화적 변수에 기인하는 것으로 봤다. 그는 "중국문화의 핵심은 조화에 있기 때문에 서양인보다는 타인과의 관계에 많은 신경을 써야 하는 반면 서양인은 타인에게 신경을 덜 쓰고도 일할 수 있는 개인주의적 방식을 발전시켜 왔다"고 말했다.

라. 니스벳 교수는 지각구조의 차이가 서로 다른 문화적 배경에 기인한다는 것은 미국에서 태어나고 자란 아시아계 학생들이 사물을 볼 때 아시아에서 나고 자란 학생들과 백인계 미국인의 중간 정도의 반응을 보이며 때로는 미국인에 가깝게 행동한다는 사실로도 입증된다고 덧붙였다.

마. 고대 중국의 농민들은 관개농사를 했기 때문에 물을 나눠 쓰되 누군가가 속이지 않는다는 것을 확실히 할 필요가 있었던 반면 서양의 기원인 고대 그리스에는 개별적으로 포도와 올리브를 키우는 농민이 많았고 그들은 오늘날의 개인 사업가처럼 행동했다. 이런 삶의 방식이 지각구조에도 영향을 미쳐 철학자 아리스토텔레스는 바위가 물에 가라앉는 것은 중력 때문이고 나무가 물에 뜨는 것은 부력 때문이라고 분석하면서도 정작 물에 대해서는 아무런 언급을 하지 않았지만, 중국인들은 모든 움직임을 주변 환경과 연관시켜 생각했고 서양인보다 훨씬 전에 조류(潮流)와 자기(磁氣)를 이해했다는 것이다.

① 가 – 나 – 다 – 마 – 라 ② 나 – 가 – 다 – 라 – 마 ③ 나 – 가 – 다 – 마 – 라
④ 마 – 라 – 나 – 가 – 다 ⑤ 마 – 라 – 다 – 나 – 가

03 **다음 규정에 비추어 볼 때 반드시 거짓인 주장은?** 기업은행 · 농협은행 · 우리은행

> 단기 거주 목적의 부동산을 소유하고 있거나 투기 지역에 위치한 부동산을 소유하고 있는 경우, 만일 개인별 합산 부동산의 공시가격이 6억 원을 초과하고 연간 총 근로소득이 부동산 보유 자산의 10% 미만인 다주택 소유자라면, 그 사람은 특별 보유세 부과 대상이다.

① 특별 보유세를 부과받은 연봉 1억 원의 김 상무는 공시가격 6억 원을 초과하거나 투기지역에 위치한 주택에 살고 있다.

② 투기지역에 단기 거주 목적으로 공시가격 2억 원을 넘는 3개의 주택을 소유한 백 씨에게 특별 보유세를 부과하지 않는다.

③ 단기 거주 목적이고 투기 지역에 공시가격 30억 원의 오피스텔 한 채를 소유한 연봉 2억 원의 최 씨에게 특별 보유세를 부과하지 않는다.

④ 장기 거주 목적이지만 투기지역에 위치한 각 공시가격 5억 원 상당의 아파트 두 채를 보유한 연봉 5천만 원인 박 씨에게 특별 보유세를 부과한다.

⑤ 공시가격 7억 원 상당의 다주택을 소유하고 있지만 특별보유세를 부과받지 않고 근로 소득이 없는 문 씨는 단기 거주 목적의 부동산을 소유하고 있다.

04 **A, B, C 세 사람이 어떤 표결에 참여해 찬성했거나 반대했거나 기권했다. 그리고 표결이 끝난 후 세 사람이 아래와 같이 두 가지 진술을 각각 했는데, 그 두 진술 가운데 하나는 참이고 다른 하나는 거짓이다. 반드시 참인 것은?**

기업은행 · 농협은행 · 우리은행

A: • 나는 찬성했다.
   • B와 C 중 적어도 하나는 찬성했다.
B: • A는 찬성했고, C는 기권하지 않았다.
   • 나는 기권했다.
C: • A는 기권했고, B는 찬성했다.
   • 나는 기권했다.

① A와 B는 모두 찬성했다.
② A와 B는 모두 기권했다.
③ A와 C는 모두 찬성했다.
④ B와 C는 모두 반대했다.
⑤ B와 C는 모두 기권했다.

05 **다음은 한 보고서의 〈서론〉이다. 이 〈서론〉에 이어 본론을 두 절로 나누어 서술하고자 한다. 이 때 첫째 절에서 다루기에 부적절한 내용은?** 기업은행

〈서론〉

의사소통 정책의 기본 가치는 공익에 있다. 연방통신위원회의 규제는 “공공의 이익, 편의, 필요”에 부합하여야 한다고 1934년 의사소통 법령에 명시된 이후, 공익은 의사소통 정책의 모든 기초 원리에 중심이 되는 포괄적 개념으로 자리 잡았다.

이 의미에서 공익은 의사소통 정책의 출발이 될 뿐만 아니라 그 평가의 잣대가 된다. 문제는 공익 개념이 의사소통 환경 변화와 맞물려 변하고 있다는 데 있다. 전통적으로 방송의 공공성은 언제나 최상위 가치로 간주되었는데 이에 대한 이론적 정당화는 수탁이론을 바탕으로 진행되었다. 수탁이론에 따르면 방송국은 공중의 수탁자 역할을 수행해야 하며 공익을 위해서는 자신의 재정적 부를 희생해야 한다. 또한 국가가 전파자원을 무료로 제공하기 때문에 방송국은 뉴스와 공익적 프로그램을 만들 의무가 있다.

1980년대 탈규제 정책 이후 방송통신 융합 및 디지털 미디어 시대로 접어들자 각국의 의사소통 정책은 공공성의 규범을 벗어나 경제적 효율성을 중시하기 시작했다. 우리나라도 이 흐름에서 결코 예외가 아니다. 하지만 방송 영역에서 기존의 공공성 논리가 폐기되어서는 안 된다. 민주주의 사회에서 최소한 유지되어야 할 방송의 공적 임무는 여전히 존재하기 때문이다.

이 보고서는 오늘날 공익을 두 가지 관점에서 접근해야 한다고 제안할 것이다. 첫째는 생각의 시장에서 본 관점이고 둘째는 물품의 시장에서 본 관점이다. 전자는 효율성보다는 공공성의 논리를 우선시한다. 공익의 개념적 틀을 이 두 관점에서 새롭게 조정하고 체계화할 필요가 있다. 이제 첫째 관점과 둘째 관점을 각기 다른 절에서 순서대로 논의하고자 한다.

① 디지털 미디어에서도 수탁이론을 우선적으로 적용해야 한다.
② 의사소통 정책에서 가장 기본이 되는 공익의 준거 틀은 민주주의의 근간이 되는 사상의 독립성 확보이다.
③ 시장에서 미디어 부문의 진정한 기여는 다양성과 지역성의 증대, 지식의 확산, 소외 계층의 보호 등을 들 수 있다.
④ 방송통신 융합 시대의 의사소통 정책에서 공익은 일차적으로 시장의 효율성을 극대화함으로써 확보될 수 있으며, 여기서 투명성과 정보 격차 완화는 시장의 효율성을 지지하는 보조원칙으로 작용할 것이다.
⑤ 탈규제 정책 이후에도 방송이 지닌 언론보도의 기능은 신문출판과 나란히 공정한 사회를 유지하는 중요한 역할을 맡고 있으며, 방송시장을 분석할 경우 시장의 통상적 관점에서만 방송서비스의 존재방식을 논의해서는 안 된다.

06 다음 글에서 추론할 수 없는 것은?

국민은행 · 농협은행

'전통적 마케팅'이라는 용어는 지난 한 세기 동안 축적된 마케팅의 개념과 방법론을 의미한다. 이러한 전통적 마케팅은 대체로 기능상의 특징과 편익에 초점을 맞춘다. 전통적 마케터들은 소비자들이 상품의 기능적 특징을 평가하여 최고의 효용을 가져다줄 상품을 선택한다고 가정한다. 기능적 효용으로 설명되지 않는 소비자의 구매 행위에 대해서는 '이미지 효과'나 '브랜드 효과'로 설명하며, 이는 전체 소비 행위의 비중에서 미미할 것으로 간주한다. 전통적 마케터들은 이러한 소비자들에게 마케팅을 할 때, 분석적이며 계량적인 도구를 사용한다. 구체적인 인터뷰나 설문조사를 통해 얻어진 소비자들의 평가를 수치화하여 분석 모형에 적용한 결과를 토대로 마케팅 전략을 수립한다.

하지만 소비생활을 오랜 기간 지속해 온 고객들은 이제 제품의 편익과 품질을 반영한 기능적 특징에 더불어 '그 이외의 것'을 요구한다. 이때 소비자들은 자신의 감각에 호소하고 가슴에 와 닿으며 자신의 정신을 자극하는 상품과 마케팅을 원한다. 다시 말해 소위 '체험 마케팅'을 원하는 시대가 도래한 것이다.

체험 마케팅은 전통적인 마케팅과 달리 고객 체험에 중점을 둔다. 체험은 감각, 마음 그리고 정신을 자극하는 계기가 되어 고객의 라이프스타일을 기업과 브랜드로 연결시킨다. 이를테면 전통적 마케터들이 생각하는 욕실 상품의 마케팅 범주는 샴푸, 면도크림, 드라이기 등의 용품이 갖는 기능적 특징을 중심으로 결정된다. 그러나 체험 마케터들은 이와 더불어 좀 더 폭넓게 '욕실에서의 몸치장'을 생각하여 어떤 제품이 이 소비상황에 맞는지, 어떻게 하면 소비자의 체험을 더 승화할 수 있는지 등을 반영한 상품들의 마케팅 범주까지 고려한다. 이제 소비자들은 이성적일 뿐만 아니라, 감성적이거나 감정적으로 영향을 받으며 창조적으로 도전받길 원한다. 이런 소비자들에 대응하는 체험 마케팅의 수단은 수많은 소비 패턴에 대해 맞춤 형태로 이루어질 수밖에 없다. 모든 소비자들에게 표준화된 동일한 형식을 제공하기보다는 목적이나 상황에 맞게 새로운 형식을 만드는 것이다. 체험 마케팅의 전략 수립 과정도 하나의 방법론적 이데올로기에 얽매이지 않는다. 어떤 방법과 도구들은 아주 분석적이거나 계량적일 수도 있고 그렇지 않을 수도 있다. 소비자들의 평가 정보를 얻기 위한 장소 또한 인위적인 인터뷰 공간이 될 수도 있고 일상적인 생활 공간이 될 수도 있다.

① 체험 마케팅의 수단과 전략 수립 과정은 다양한 형태로 나타난다.
② 체험 마케터는 전통적 마케터보다 상품의 마케팅 범주를 더 넓게 설정한다.
③ 체험 마케팅의 발달은 오늘날의 소비자들이 상품의 기능적 효용보다는 감성적 측면을 더 중시함을 반영한다.
④ 전통적 마케터는 계량화된 분석 결과를 토대로 기능적 효용을 중시하는 소비자를 대상으로 하는 전략을 수립한다.
⑤ 전통적 마케터들은 소비자의 브랜드나 이미지에 의한 소비 비중이 기능적 효용에 의한 소비 비중에 비해 작은 것으로 간주한다.

자료해석영역

07 다음 〈표〉는 2002년부터 2006년까지 우리나라가 미국, 호주와 유럽에 투자한 금융자산과 환율을 나타낸 자료이다. 〈표〉를 정리한 것 중 옳지 않은 것은? 농협은행 · 신한은행

<표 1> 지역별 금융자산 투자규모

연도 \ 지역	미국(억 US$)	호주(억 AU$)	유럽(억 €)
2002	80	70	70
2003	100	65	75
2004	105	60	85
2005	120	80	90
2006	110	85	100

<표 2> 외국 통화에 대한 환율

연도 \ 환율	₩/US$	₩/AU$	₩/€
2002	1,000	900	800
2003	950	950	850
2004	900	1,000	900
2005	850	950	1,100
2006	900	1,000	1,000

※ ₩/US$는 1미국달러당 원화, ₩/AU$는 1호주달러당 원화, ₩/€는 1유로당 원화

① AU$/US$의 변화 추이

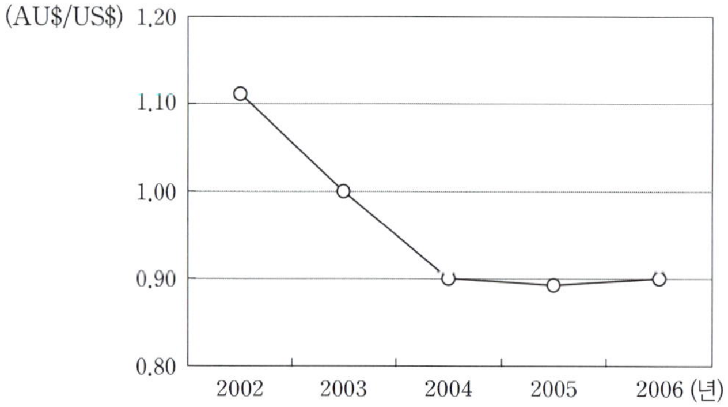

② 원화로 환산한 대호주 금융자산 투자규모 추이

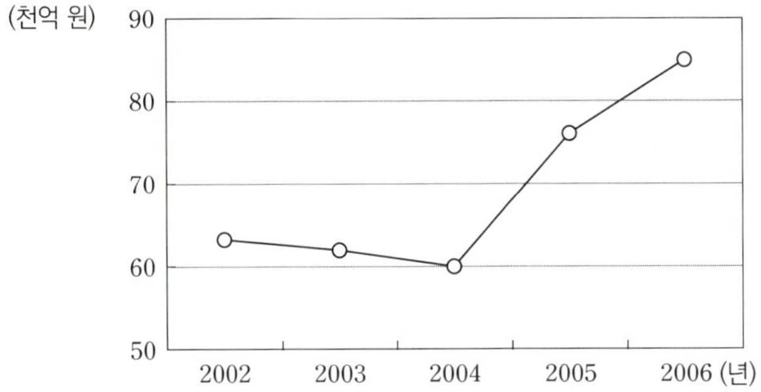

③ 원화로 환산한 2006년 각 지역별 금융자산 투자비중

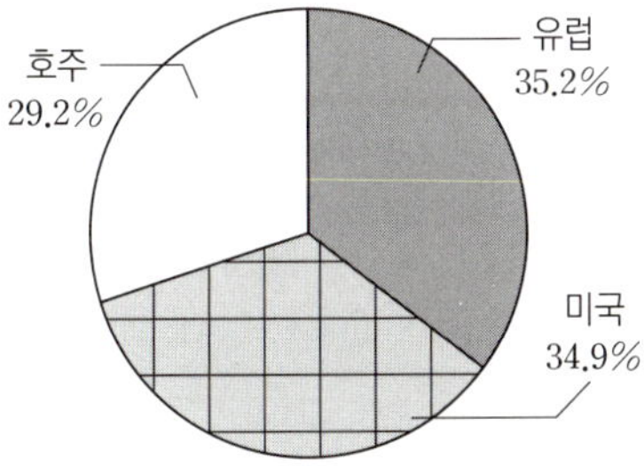

④ 원화로 환산한 대미 금융자산 투자규모 추이

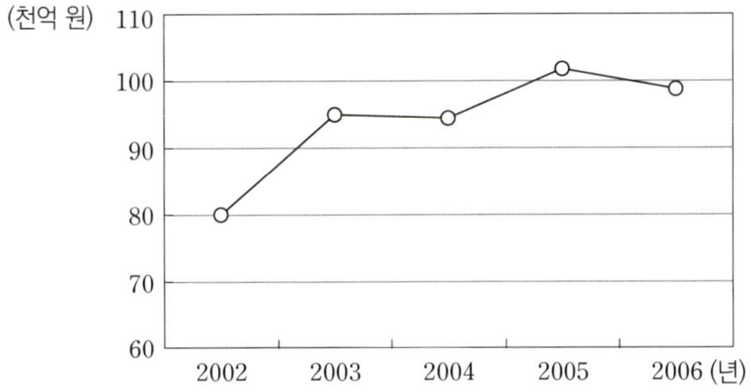

⑤ €/AU$의 변화 추이

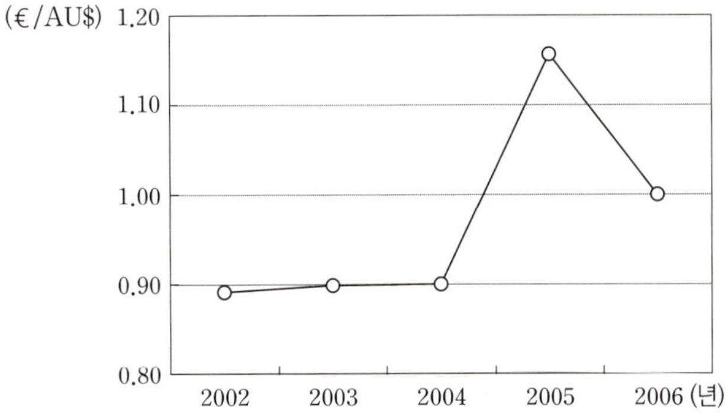

08 **다음 〈그림〉은 A주식에 대한 1~5거래일 동안의 주가자료이다. 이에 대한 〈보기〉의 설명 중 옳은 것을 모두 고르면?**

국민은행 · 신한은행 · 농협은행

<그림> A주식의 거래일별 주가

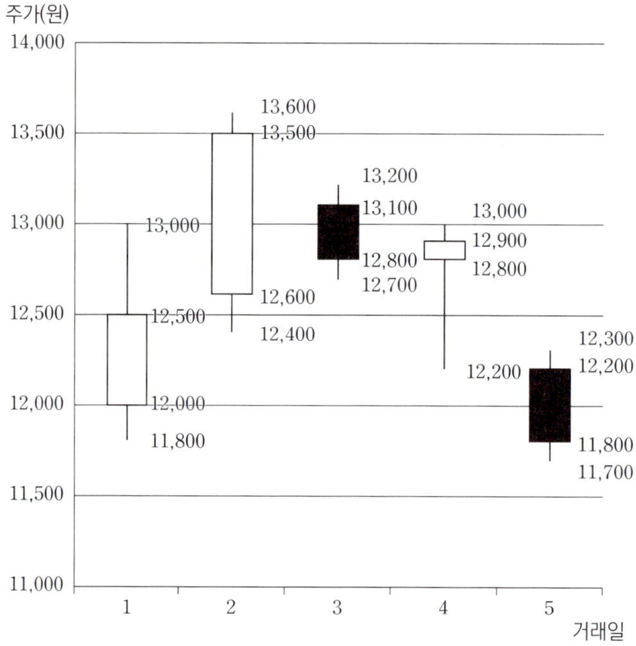

※ 1) 시가, 고가, 저가, 종가의 표기 방법

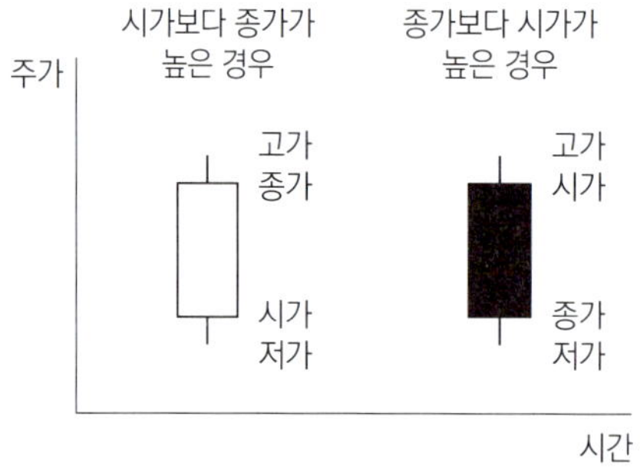

2) 시가: 주식 거래일의 시작 시점 주가
3) 종가: 주식 거래일의 마지막 시점 주가
4) 고가: 주식 거래일의 최고 주가
5) 저가: 주식 거래일의 최저 주가
6) 주식 거래 수수료 및 세금 등의 제반 비용은 없는 것으로 가정함
7) $수익률(\%)=\frac{매도시점의\ 주가-매입시점의\ 주가}{매입시점의\ 주가}\times 100$

〈보기〉

ㄱ. 1거래일 시가로 매입한 주식을 5거래일 종가로 매도하는 경우 2% 이상 손해를 본다.
ㄴ. 1~5거래일 동안 1회의 매매를 통해 올릴 수 있는 최대 수익률은 15% 이상이다.
ㄷ. 3거래일 종가로 매입한 주식을 4거래일 종가로 매도하는 경우 수익률은 1% 이상이다.
ㄹ. 1~5거래일 동안 시가의 최댓값과 최솟값의 차이는 1,100원이다.

① ㄱ, ㄴ ② ㄱ, ㄷ ③ ㄴ, ㄷ
④ ㄴ, ㄹ ⑤ ㄷ, ㄹ

09 **다음 〈표〉와 〈그림〉은 A회사의 연도별 회계자료이다. 이에 대한 〈보기〉의 설명 중 옳은 것을 모두 고르면?**

국민은행

<표> A회사 기초자기자본, 순이익 및 기말자기자본

(단위: 백만 원)

연도	기초자기자본	순이익	기말자기자본
1995	100	35	135
1996	135	30	165
1997	165	58	223
1998	(　　)	(　　)	(　　)
1999	273	29	302
2000	302	67	369
2001	369	39	408
2002	408	43	451
2003	(　　)	(　　)	(　　)
2004	551	90	641
2005	641	142	783

※ 1) 당해년도 기초(期初)자기자본은 전년도 기말(期末)자기자본과 같음
2) 기말자기자본＝기초자기자본＋순이익

<그림> A회사 자기자본이익률(ROE) 및 전년도 대비 순이익증가율

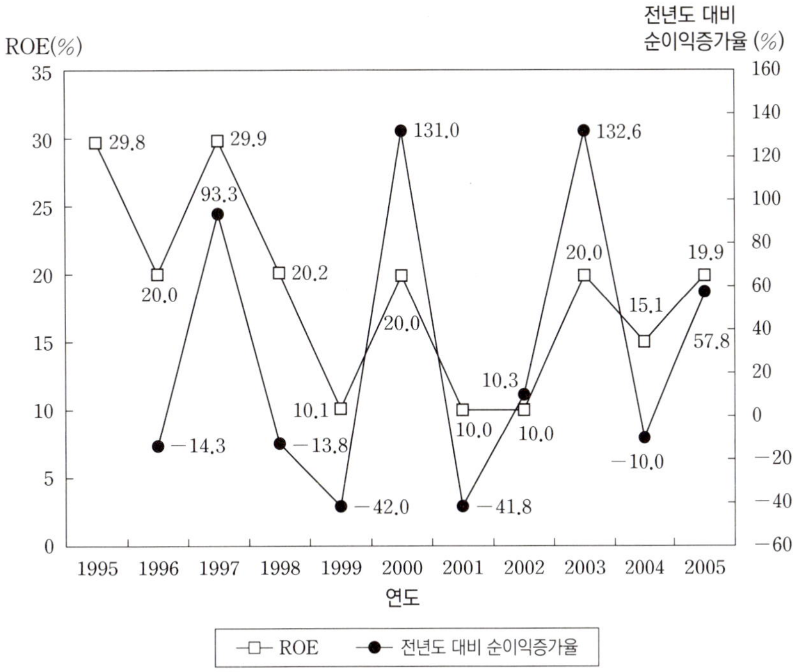

※ $ROE = \dfrac{\text{순이익}}{\frac{1}{2}\cdot(\text{기초자기자본}+\text{기말자기자본})} \times 100$

〈보기〉

ㄱ. 전년도에 비해 순이익이 감소한 연도에는 ROE 값도 전년도보다 감소한다.
ㄴ. 순이익이 가장 큰 연도에는 ROE 값도 가장 크다.
ㄷ. 2003년도 순이익은 1998년도 순이익의 2배이다.
ㄹ. 2005년도 기말자기자본은 1994년도 기말자기자본의 7배 이상이다.

① ㄱ　② ㄱ, ㄷ　③ ㄴ, ㄷ
④ ㄷ, ㄹ　⑤ ㄱ, ㄷ, ㄹ

10 다음 〈표〉는 화재손해 발생 시 지급 보험금 산정방법과 피보험물건(A~E)의 보험금액 및 보험가액을 나타낸 자료이다. 화재로 입은 손해액이 A~E 모두 6천만 원으로 동일할 때, 지급 보험금이 많은 것부터 순서대로 나열하면?

농협은행

<표 1> 지급 보험금 산정방법

피보험물건 유형	조건	지급 보험금
일반물건, 창고물건, 주택	보험금액 ≥ 보험가액의 80%	손해액 전액
	보험금액 < 보험가액의 80%	손해액 × $\frac{\text{보험금액}}{\text{보험가액의 80\%}}$
공장물건, 동산	보험금액 ≥ 보험가액	손해액 전액
	보험금액 < 보험가액	손해액 × $\frac{\text{보험금액}}{\text{보험가액}}$

※ 1) 보험금액: 보험사고가 발생한 때에 보험회사가 피보험자에게 지급해야 하는 금액의 최고한도
2) 보험가액: 보험사고가 발생한 때에 피보험자에게 발생 가능한 손해액의 최고한도

<표 2> 피보험물건의 보험금액 및 보험가액

피보험물건	피보험물건유형	보험금액	보험가액
A	주택	9천만 원	1억 원
B	일반물건	6천만 원	8천만 원
C	창고물건	7천만 원	1억 원
D	공장물건	9천만 원	1억 원
E	동산	6천만 원	7천만 원

① A－B－D－C－E
② A－D－B－E－C
③ B－A－C－D－E
④ B－D－A－C－E
⑤ D－B－A－E－C

11 **다음은 A국의 세율 체계에 관한 자료이다. 소득수준에 따른 세율 체계가 〈표〉와 같을 때, 제시된 〈보기〉의 설명 중 옳지 않은 것을 모두 고르면?** 우리은행

A국에서는 가구주만 소득이 있는 경우와 가구주와 배우자 모두 소득이 있는 경우 적용되는 세율 체계가 다르다. 부부 중 가구주만 소득이 있는 경우에는 〈표 1〉과 같이 소득수준이 증가함에 따라 더 높은 소득세율을 적용하는 단일누진세율방식을 택하고 있다. 한편, 가구주와 배우자 모두 소득이 있는 경우에는 〈표 2〉와 같이 15,000달러와 60,000달러를 기준으로 그 범위 내에 속하는 소득에 대해 각각 다른 소득세율을 부과하는 한계소득세율방식을 적용한다.

<표 1> 단일누진세율 체계

(단위: 달러, %)

소득수준	소득세율	납세액
0 ~ 15,000	10	소득액×0.1
15,000 초과 ~ 60,000	15	소득액×0.15
60,000 초과	25	소득액×0.25

<표 2> 한계소득세율 체계 및 적용례(부부합산소득이 100,000달러인 경우)

(단위: 달러, %)

소득구간	과세대상소득	소득세율	납세액
0~15,000	15,000	10	1,500
15,000 초과~60,000	45,000	15	6,750
60,000 초과	40,000	25	10,000
총 납세액			18,250

〈보기〉

ㄱ. 가구주만 60,000달러를 버는 경우 내야 할 세금은 8,250달러이다.
ㄴ. 가구주만 50,000달러를 버는 경우보다 맞벌이 부부가 45,000달러를 버는 경우 납세 후 남은 소득이 더 많다.
ㄷ. 부부합산소득이 15,000달러 이하일 때는 단일누진세율 체계를 적용하더라도 내야 할 세금은 변화가 없다.
ㄹ. 부부합산소득이 160,000달러인 맞벌이 가구의 경우 내야 할 세금은 36,500달러이다.
ㅁ. 부부합산소득이 100,000달러인 맞벌이 가구는 가구주 혼자 100,000달러를 버는 경우보다 세금을 6,750달러 적게 낸다.

① ㄱ, ㄴ, ㄷ ② ㄱ, ㄴ, ㄹ ③ ㄱ, ㄹ, ㅁ
④ ㄴ, ㄹ, ㅁ ⑤ ㄷ, ㄹ, ㅁ

12 **A씨는 30% 할인 행사 중인 백화점에 갔다. 매장에 도착하니 당일 구매물품의 정가 총액에 따라 아래의 〈혜택〉 중 하나를 택할 수 있다고 한다.**

〈혜택〉

가. 추가 할인: 정가 총액이 20만 원 이상이면, 할인된 가격의 5%를 추가로 할인
나. 할인 쿠폰: 정가 총액이 10만 원 이상이면, 세일 기간이 아닌 기간에 사용할 수 있는 40% 할인권 제공

A씨는 정가 10만 원짜리 상의와 15만 원짜리 하의를 구입하고자 한다. 오늘 옷을 하나 이상 구입하여 일정 혜택을 받고 교통비를 포함해 총비용을 계산할 때, 〈보기〉의 설명 중 옳은 것을 모두 고르면? (단, 1회 왕복교통비는 5천 원이고, 소요시간 등 기타사항은 금액으로 환산하지 않는다)

신한은행

〈보기〉

ㄱ. 오늘 상·하의를 모두 구입하는 것이 가장 싸게 구입하는 방법이다.
ㄴ. 상·하의를 가장 싸게 구입하면 17만 원 미만의 비용이 소요된다.
ㄷ. 상·하의를 가장 싸게 구입하는 경우와 가장 비싸게 구입하는 경우의 비용 차이는 1회 왕복 교통비 이상이다.
ㄹ. 오늘 하의를 구입하고 세일 기간이 아닌 기간에 상의를 구입하면 17만 5천 원이 든다.

① ㄱ, ㄴ　② ㄱ, ㄷ　③ ㄱ, ㄹ
④ ㄴ, ㄷ　⑤ ㄷ, ㄹ

13 **다음 〈그림〉은 2012년 3개 기관 유형의 분야별 연구개발비 비중을 나타낸 것이다. 이에 대한 〈보기〉의 설명 중 옳은 것을 모두 고르면?**

국민은행 · 기업은행 · 신한은행 · 우리은행

<그림> 3개 기관 유형의 분야별 연구개발비 비중

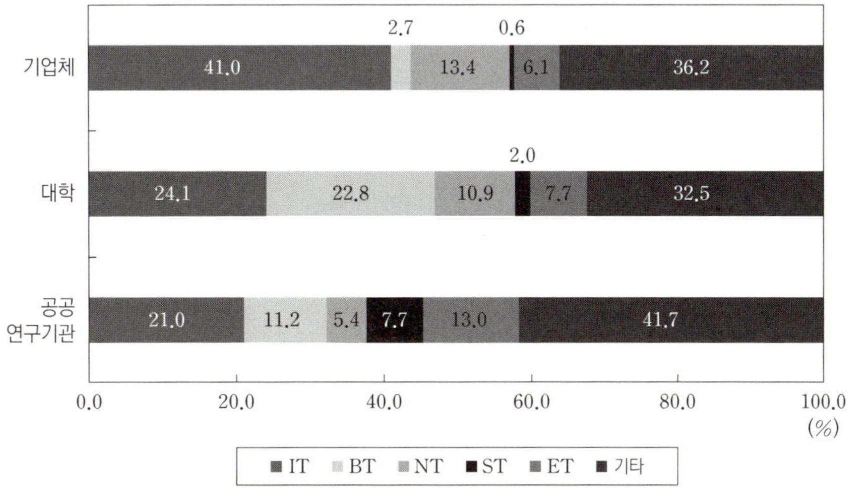

〈보기〉

ㄱ. 공공연구기관의 연구개발비는 BT분야가 NT분야의 2배 이상이다.
ㄴ. 기업체의 IT, NT분야 연구개발비 합은 기업체 전체 연구개발비의 50% 이상이다.
ㄷ. 3개 기관 유형 중 ET분야 연구개발비는 공공연구기관이 가장 많다.
ㄹ. 공공연구기관의 ST분야 연구개발비는 기업체와 대학의 ST분야 연구개발비 합보다 크다.
ㅁ. 기타를 제외하고 연구개발비 비중이 가장 작은 분야는 3개 기관 유형에서 모두 동일하다.

① ㄱ, ㄴ　② ㄴ, ㄹ　③ ㄱ, ㄴ, ㄷ
④ ㄱ, ㄴ, ㄹ　⑤ ㄷ, ㄹ, ㅁ

14 **다음 〈표 1〉은 갑 회사의 지점별·업무분야별 사원수에 관한 자료이다. 〈표 1〉과 〈조건〉을 토대로 지점 A~D를 찾아 〈표 2〉를 설명한 내용으로 옳은 것은?** 국민은행 · 농협은행

<표 1> 갑 회사의 지점별 업무분야별 사원수

(단위: 명)

업무분야 \ 지점	A	B	C	D	합
관리	2	4	2	1	9
정보	4	4	4	3	15
텔레마케팅	0	0	0	5	5
서무	0	0	1	1	2
편집	2	4	4	4	14
영업	15	16	18	19	68
기타	0	1	0	1	2
전체	23	29	29	34	115

〈조건〉

○ 관리분야의 사원수가 각 지점 전체에서 차지하는 비율을 지점별로 비교하면 남부지점이 세 번째로 크다.
○ 중부지점 전체 사원 중 영업분야 사원이 차지하는 비율은 60% 이상이다.
○ 서부지점의 영업분야 사원은 15명보다 많다.
○ 북부지점의 업무분야 중 정보, 텔레마케팅, 편집 분야의 사원수의 합은 북부지점 전체의 30% 미만이다.

<표 2> 갑 회사의 지점별 영업사원의 특성

특성 \ 지점	A	B	C	D
평균 이직횟수(회)	2.53	3.06	3.11	2.95
평균 재직기간(개월)	6.20	7.50	9.78	7.53
평균 연결망 크기(명)	2.93	4.06	3.28	3.63
평균 연결망 지속성(개월)	14.28	28.68	10.74	25.58
평균 영업실적(천 원)	16,247	11,116	10,657	10,237

① 영업사원의 평균 이직횟수는 북부지점이 서부지점보다 적다.
② 영업사원의 평균 재직기간은 남부지점이 중부지점보다 길다.
③ 평균 연결망 크기는 서부지점이 가장 크고 중부지점이 가장 작다.
④ 평균 연결망 지속성은 남부지점이 북부지점보다 길다.
⑤ 평균 영업실적은 서부지점이 중부지점보다 많다.

15 다음 글을 비판하기 위한 통계자료로 사용하기에 적절한 것을 〈보기〉에서 모두 고르면?

기업은행 · 국민은행 · 농협은행

미국에서 시민들이 지역공동체 참여 활동에서 이탈하는 경향에 대한 설명으로 가장 그럴듯한 것은 사회 전체가 바빠졌다는 점이다. 공동체 활동에 불참하면서 사람들이 가장 많이 내세우는 핑계가 바로 이것이다. 참여하지 못하는 이유로 미국인이 가장 많이 꼽는 것은 '시간이 별로 없어서'이다. 자원봉사 활동에 나서지 못하는 가장 흔한 이유 역시 '너무 바빠서'이다. 분명히 현 세대는 한 세대 이전의 미국인에 비해 더 바쁘다고 느낀다. '항상 쫓기는 기분'이라고 대답하는 사람들의 비율은 1960년대 중반에 비해서 1990년대 중반에 절반 이상이나 상승했다.

아울러 "우리는 거의 언제나 열심히 일한다.", "자주 밤늦게까지 남아서 일한다."라고 대답한 미국인의 수는 지속적으로 증가하였다. 구체적으로 가장 바쁘다고 느끼는 집단은 직업적 측면에서는 주로 대학 교육을 받은 정규직 직장인, 연령적 측면에서는 25세에서 54세 사이의 남녀, 가정적 측면에서는 어린 자녀를 둔 부모 등의 집단이다. 이런 결과가 그리 놀라운 것은 아니지만, 역사적으로 볼 때 바로 이 집단들이 과거 공동체 생활에 특히 적극적이었음을 고려한다면 심각한 일이다. 복잡하게 생각할 것 없이, 우리를 공동체 참여에서 이탈하게 만드는 범인은 늘어난 노동시간이다.

〈보기〉

ㄱ. 1960년대 이후 시간외근무를 하는 사람들의 비율이 지속적으로 증가했다.
ㄴ. 1960년대 이후 노동시간이 늘어난 집단과 노동시간이 줄어든 집단 모두에서 시민 활동 시간이 감소했다.
ㄷ. 1960년대 이후 맞벌이 가정의 비율이 지속적으로 증가했다.

① ㄱ ② ㄴ ③ ㄷ
④ ㄱ, ㄴ ⑤ ㄴ, ㄷ

상황판단영역

16 **다음 〈조건〉에 따라 만들 수 있는 꽃다발의 최대 가짓수는?** 기업은행 · 우리은행

〈조건〉

○ 꽃다발을 만드는 데 5종류의 꽃(장미, 카네이션, 리시안셔스, 수국, 작약)과 2종류의 잎(유칼립투스, 루스쿠스)을 사용한다.
○ 꽃다발은 꽃과 잎을 5종류 이상 조합하여 만든다. 단, 작약을 넣은 경우에는 작약을 포함하여 꽃과 잎을 4종류만 사용한다.
○ 잎은 반드시 1종류 이상 포함시켜야 한다.
○ 수국과 작약은 동시에 포함될 수 없다.
※ 같은 종류의 꽃과 잎이 사용된 꽃다발은 사용된 꽃과 잎의 개수와 관계없이 동일한 꽃다발로 간주한다. 예를 들면 장미 한 송이로 만들어진 꽃다발과 장미 열 송이로 만들어진 꽃다발은 같은 것으로 간주한다.

① 15가지 ② 16가지 ③ 17가지
④ 18가지 ⑤ 19가지

17 **다음 글을 근거로 판단할 때, 〈사례〉에서 발생한 슬기의 손익은?** 기업은행 · 농협은행 · 우리은행

○ 甲은행이 A가격(원/달러)에 달러를 사고 싶다는 의사 표시를 하고, 乙은행이 B가격(원/달러)에 달러를 팔고 싶다고 의사표시를 하면, 중개인은 달러 고시 가격을 A/B로 고시한다.
○ 만약 달러를 즉시 사거나 팔려면 그것을 팔거나 사려는 측이 제시하는 가격을 받아들일 수밖에 없다.
○ 환전수수료 등의 금융거래비용은 없다.

〈사례〉

○ 현재 달러 고시 가격은 1204.00/1204.10이다. 슬기는 달러를 당장 사고 싶었고, 100달러를 바로 샀다.
○ 1시간 후 달러 고시 가격은 1205.10/1205.20으로 움직였다. 슬기는 달러를 당장 팔고 싶었고, 즉시 100달러를 팔았다.

① 100원 이익 ② 120원 이익 ③ 200원 이익
④ 100원 손실 ⑤ 200원 손실

18 **다음 제시문을 근거로 바르게 판단한 것만을 〈보기〉에서 모두 고르면?** 농협은행

한국의 연도별 국민총생산(GNP: Gross National Product)과 국내총생산(GDP: Gross Domestic Product)의 현황은 다음과 같다.

구분	2002년	2003년	2004년	2005년	2006년
국민총생산(억 원)	6,850,690	7,254,203	7,811,742	8,092,998	8,478,613
국내총생산(억 원)	6,842,635	7,246,750	7,793,805	8,105,159	8,478,764

국민총생산은 일정기간(보통 1년) 동안 국민에 의해서 생산된 최종생산물의 시장가치 총합이다. 이에는 국외에 있는 자국민이 생산한 것도 포함된다. 한편 국내총생산은 일정기간(보통 1년) 동안 국내에서 생산된 재화와 용역의 순가치(純價値) 총합이다. 여기에서 순가치는 생산된 상품의 가치에서 중간생산물의 가치를 공제한 부가가치를 의미한다.

국민총생산은 국내외를 막론하고 그 나라 국적을 갖는 국민에 의해 생산되는 최종생산물의 가치액인 데 비하여 국내총생산은 국적과 무관하게 국내에 살고 있는 사람에 의해 생산되는 최종생산물의 가치액을 의미한다.

일반적으로 국민총생산은 한 국가의 후생수준을 파악하는 데 유용하고, 국내총생산은 한 국가의 경기변동이나 경제성장을 고찰하는 데 유용하다. 우리나라의 경우 1980년대까지는 우리 국민이 외국에 가서 얻는 소득이 얼마 되지 않았고, 또 외환신고제 등으로 인해 소득 파악이 용이했지만, 그 뒤로 세계화가 진전됨에 따라 해외소득을 파악하는 데 점점 많은 비용이 들게 되었다. 또한 외국인이 한국에 와서 일을 하면 본국이 아닌 한국에 근로소득에 대한 세금을 납부하는 방식으로 세제도 바뀌었다.

〈보기〉

ㄱ. 2005년부터 국내에서 생산된 재화와 용역의 순가치 총합이 국민에 의해 생산된 최종생산물의 가치 총액보다 많다.

ㄴ. 해외에 진출한 자국기업보다 국내에 들어와 있는 외국기업의 생산액이 더 많은 경우 GDP < GNP라는 관계가 성립된다.

ㄷ. 최근 국제경제환경의 변화에 따라 경제성장을 파악하는 데 GNP보다 GDP가 상대적으로 더 중요한 통계자료가 되고 있다.

ㄹ. GNP는 GDP에서 해외 순소득(내국인의 해외소득 − 외국인의 국내소득)을 공제한 것과 같다.

① ㄱ, ㄴ　② ㄱ, ㄷ　③ ㄴ, ㄹ
④ ㄱ, ㄷ, ㄹ　⑤ ㄴ, ㄷ, ㄹ

19 **다음 〈표〉와 〈선호기준〉에 따를 때, 민주, 호성, 유진이 선택할 제품이 옳게 짝지어진 것은?**

기업은행 · 국민은행 · 농협은행

<표>

항목 / 제품	가격 (원/개)	용량 (mL/개)	발림성	보습력	향
반짝이	63,000	75	★★★	★★★★	★★★
섬섬옥수	40,000	85	★★	★★★	★★
수분톡톡	8,900	80	★★★	★★★★	★★★
보드란	6,900	30	★★	★★★	★
솜구름	30,000	120	★★★	★★	★★★

※ 제품의 크기는 용량에 비례하고, ★이 많을수록 해당 항목이 우수하다.

〈선호기준〉

○ 민주: 난 손이 워낙 건조해서 무엇보다 보습력이 뛰어난 제품이 필요해. 그다음으로는 산뜻하게 잘 발리는 제품이 좋아! 나머지는 아무래도 상관없어.

○ 호성: 난 발림성, 보습력, 향 모두 우수할수록 좋아. 그다음으로는 제품가격이 낮으면 좋겠지!

○ 유진: 무조건 향이 좋아야지! 손을 움직일 때마다 풍기는 향이 사람의 기분을 얼마나 좋게 만드는지 알아? 향이 좋은 것 중에서는 부드럽게 잘 발리는 게 좋아! 그다음으로는 가방에 넣어 다니려면 제품 크기가 작은 게 좋겠어.

	민주	호성	유진
①	수분톡톡	보드란	수분톡톡
②	수분톡톡	솜구름	반짝이
③	수분톡톡	수분톡톡	반짝이
④	반짝이	수분톡톡	보드란
⑤	반짝이	보드란	수분톡톡

20 다음 글을 근거로 판단할 때, 계통색명이 올바르게 표현된 것은? 기업은행

색명은 관용색명과 계통색명으로 구분한다. 이 중 관용색명은 동식물, 광물 등으로부터 연상에 의해 떠올리는 색 표현 방법으로 병아리색, 황토색, 살구색, 장미색 등을 예로 들 수 있다. 계통색명은 유채색의 계통색명과 무채색의 계통색명으로 나뉜다. 계통색명은 기본색명 앞에 명도·채도에 관한 수식어와 색상에 관한 수식어를 붙여서 표현하는데, 다음과 같은 순서로 표기한다. 이때 사용되는 수식어는 필요에 따라 하나 혹은 둘을 기본색명 앞에 붙여 표기할 수 있고 그 순서는 바꿀 수 없다.

○ 유채색의 계통색명 표기법 [명도 · 채도에 관한 수식어] [색상에 관한 수식어] [기본색명]

○ 무채색의 계통색명 표기법 [명도에 관한 수식어] [색상에 관한 수식어] [기본색명]

○ 기본색명

유채색	무채색
빨강, 주황, 노랑, 연두, 녹색, 청록, 파랑, 남색, 보라, 자주	흰색, 회색, 검정

○ 유채색의 명도·채도에 관한 수식어, 무채색의 명도에 관한 수식어

수식어	구분
선명한	유채색
흐린	유채색
탁한	유채색
밝은	유채색, 무채색
(아주) 어두운	유채색, 무채색
진한	유채색
(아주) 연한	유채색

○ 색상에 관한 수식어

수식어	적용하는 기본색명
빨강 띤	보라, 노랑, 흰색, 회색, 검정
노랑 띤	빨강, 녹색, 흰색, 회색, 검정
녹색 띤	노랑, 파랑, 흰색, 회색, 검정
파랑 띤	녹색, 보라, 흰색, 회색, 검정
보라 띤	파랑, 빨강, 흰색, 회색, 검정

※ 색상에 관한 수식어는 쓰임에 따라 예를 들어 '빨강 띤', '빨강 기미의', '빨강 끼의' 등으로 바꾸어 표현하거나 '빨강빛'으로 표현할 수 있다.

① 진한 회색
② 보라빛 노랑
③ 선명한 파랑 띤 노랑
④ 빨강 기미의 밝은 보라
⑤ 아주 연한 노랑 끼의 녹색

21 **다음은 ○○사의 〈여비규정〉과 〈국외여비정액표〉이다. 이 회사의 A 이사가 아래 여행일정에 따라 국외출장을 가는 경우, 총일비, 총숙박비, 총식비는 각각 얼마인가? (다만 국가간 이동은 모두 항공편으로 한다)**

기업은행 · 농협은행

〈여비규정〉

제00조(여비의 종류) 여비는 운임·일비·숙박비·식비·이전비·가족여비 및 준비금 등으로 구분한다.

제00조(여행일수의 계산) 여행일수는 여행에 실제로 소요되는 일수에 의한다. 국외여행의 경우에는 국내 출발일은 목적지를, 국내 도착일은 출발지를 여행하는 것으로 본다.

제00조(여비의 구분계산) ① 여비 각 항목은 구분하여 계산한다.

② 같은 날에 여비액을 달리하여야 할 경우에는 많은 액을 기준으로 지급한다. 다만 숙박비는 숙박지를 기준으로 한다.

제00조(일비·숙박비·식비의 지급) ① 국외여행자의 경우는 〈국외여비정액표〉에서 정하는 바에 따라 지급한다.

② 일비는 여행일수에 따라 지급한다.

③ 숙박비는 숙박하는 밤의 수에 따라 지급한다. 다만 항공편 이동 중에는 따로 숙박비를 지급하지 아니한다.

④ 식비는 여행일수에 따라 이를 지급한다. 다만 항공편 이동 중 당일의 식사 기준시간이 모두 포함되어 있는 경우는 식비를 제공하지 않는다.

⑤ 식사 시간은 현지 시각 08시(조식), 12시(중식), 18시(석식)를 기준으로 한다.

〈국외여비정액표〉

(단위: 달러)

구분	국가등급	일비	숙박비	식비 (1일 기준)
이사	다	80	233	102
	라	70	164	85

〈A 이사의 여행일정〉

1일째: (06:00) 출국
2일째: (07:00) 갑국(다 등급지역) 도착 (18:00) 만찬
3일째: (09:00) 회의(15:00) 갑국 출국 (17:00) 을국(라 등급지역) 도착
4일째: (09:00) 회의 (18:00) 만찬
5일째: (22:00) 을국 출국
6일째: (20:00) 귀국
※ 시각은 현지 기준이고, 날짜변경선의 영향은 없는 것으로 가정한다.

	총일비(달러)	총숙박비(달러)	총식비(달러)
①	440	561	374
②	440	725	561
③	450	561	374
④	450	561	561
⑤	450	725	561

22 **다음 글에 근거할 때, 최우선 순위의 당첨 대상자는?** 기업은행

보금자리주택 특별공급 사전예약이 진행된다. 신청자격은 사전예약 입주자 모집 공고일 현재 미성년(만 20세 미만)인 자녀를 3명 이상 둔 서울, 인천, 경기도 등 수도권 지역에 거주하는 무주택 가구주에게 있다. 청약저축통장이 필요 없고, 당첨자는 배점기준표에 의한 점수 순에 따라 선정된다. 특히 자녀가 만 6세 미만 영유아일 경우, 2명 이상은 10점, 1명은 5점을 추가로 받게 된다. 총점은 가산점을 포함하여 90점 만점이며 배점기준은 다음 〈표〉와 같다.

<표> 배점기준표

배점요소	배점기준	점수
미성년 자녀수	4명 이상	40
	3명	35
가구주 연령, 무주택 기간	가구주 연령이 만 40세 이상이고, 무주택 기간 5년 이상	20
	가구주 연령이 만 40세 미만이고, 무주택 기간 5년 이상	15
	무주택 기간 5년 미만	10
당해 시 · 도 거주기간	10년 이상	20
	5년 이상~10년 미만	15
	1년 이상~5년 미만	10
	1년 미만	5

※ 다만 동점자인 경우 ① 미성년 자녀 수가 많은 자, ② 미성년 자녀 수가 같을 경우, 가구주의 연령이 많은 자 순으로 선정한다.

① 만 7세 이상 만 17세 미만인 자녀 4명을 두고, 인천에서 8년 거주하고 있으며, 14년 동안 무주택자인 만 45세의 가구주

② 만 19세와 만 15세의 자녀를 두고, 대전광역시에서 10년 이상 거주하고 있으며, 7년 동안 무주택자인 만 40세의 가구주

③ 각각 만 1세, 만 3세, 만 7세, 만 10세인 자녀를 두고, 서울에서 4년 거주하고 있으며, 15년 동안 무주택자인 만 37세의 가구주

④ 각각 만 6세, 만 8세, 만 12세, 만 21세인 자녀를 두고, 서울에서 9년 거주하고 있으며, 20년 동안 무주택자인 만 47세의 가구주

⑤ 만 7세 이상 만 11세 미만인 자녀 3명을 두고, 경기도 하남시에서 15년 거주하고 있으며, 10년 동안 무주택자인 만 45세의 가구주

23 **다음 제시문을 근거로 판단할 때 금융기관 등이 의무적으로 해야 할 일이 아닌 것을 〈보기〉에서 모두 고르면?**

국민은행 · 농협은행

〈혐의거래보고 기본체계〉

1) 혐의거래보고의 대상

금융기관 등은 ① 원화 2천만 원 또는 외화 1만 달러 상당 이상의 거래로서 금융재산이 불법재산이거나 금융거래 상대방이 자금세탁행위를 하고 있다고 의심할 만한 합당한 근거가 있는 경우, ② 범죄수익 또는 자금세탁행위를 알게 되어 수사기관에 신고한 경우에는 의무적으로 금융정보분석원에 혐의거래보고를 하여야 한다.

의무보고대상거래를 보고하지 않을 경우에는 관련 임직원에 대한 징계 및 기관에 대한 과태료 부과 등 적절한 제재조치를 할 수 있다. 또한, 혐의거래 중 거래액이 보고대상 기준금액 미만인 경우에 금융기관은 이를 자율적으로 보고할 수 있다.

2) 혐의거래보고의 방법 및 절차

영업점직원은 업무지식과 전문성, 경험을 바탕으로 고객의 평소 거래상황, 직업, 사업내용 등을 고려하여 취급한 금융거래가 혐의거래로 의심되면 그 내용을 보고책임자에게 보고한다.

보고책임자는 특정금융거래정보보고 및 감독규정의 별지서식에 의한 혐의거래보고서에 보고기관, 거래상대방, 의심스러운 거래내용, 의심스러운 합당한 근거, 보존하는 자료의 종류 등을 기재하여 온라인으로 보고하거나 문서로 제출하되, 긴급한 경우에는 우선 전화나 팩스로 보고하고 추후 보완할 수 있다.

〈보기〉

ㄱ. A은행은 창구에서 3천만 원을 현금으로 인출하려는 고객의 금융재산이 불법재산이라고 의심할 만한 합당한 근거가 있어 혐의거래보고를 한다.
ㄴ. B은행이 자금세탁행위로 신고하여 검찰수사를 받고 있는 거래에 대하여 B은행은 혐의거래보고서를 금융정보분석원에 제출한다.
ㄷ. C은행은 10억 원을 해외송금하는 거래자에 대해 뚜렷이 의심할 만한 근거는 없으나 거액의 거래이므로 혐의거래보고를 한다.
ㄹ. D은행은 의심할 만한 합당한 근거가 있는 거래에 대해 혐의거래보고서를 완벽하게 작성하지 못했지만 신속한 조사를 위해 팩스로 검찰청에 제출한다.
ㅁ. E은행은 5백만 원을 현금으로 인출하는 거래에 대해 의심할 만한 합당한 근거를 찾고 혐의거래보고서를 금융정보분석원에 제출한다.

① ㄱ, ㄴ　② ㄷ, ㄹ　③ ㄴ, ㄹ, ㅁ
④ ㄴ, ㄷ, ㅁ　⑤ ㄷ, ㄹ, ㅁ

24 다음 글을 근거로 판단할 때, 〈보기〉에서 옳지 않은 것을 모두 고르면? 국민은행

정부는 미술품 및 문화재를 소장한 자가 이를 판매해 발생한 이익에 대해 소정세율의 기타소득세를 부과하는 법률을 시행하고 있다. 이 법률에서는 '대통령령으로 정하는 서화(書畵)·골동품'으로 개당·점당 또는 조(2개 이상이 함께 사용되는 물품으로서 통상 짝을 이루어 거래되는 것을 말한다)당 양도가액이 6,000만 원 이상인 것을 과세 대상으로 규정하고 있다. 다만 양도일 현재 생존하고 있는 국내 원작자의 작품은 과세 대상에서 제외한다. 또한 국보와 보물 등 국가지정문화재의 거래 및 양도도 제외한다.

대통령령으로 정하는 서화·골동품이란 (i) 회화, 데생, 파스텔(손으로 그린 것에 한정하며, 도안과 장식한 가공품은 제외한다) 및 콜라주와 이와 유사한 장식판, (ii) 판화·인쇄화 및 석판화의 원본, (iii) 골동품(제작 후 100년을 넘은 것에 한정한다)을 말한다.

법률에 따르면 대통령령으로 정하는 서화·골동품을 6,000만 원 이상으로 판매하는 경우, 양도차액의 80~90%를 필요경비로 인정하고, 나머지 금액인 20~10%를 기타소득으로 간주하여 이에 대해 기타소득세를 징수하게 된다. 작품의 보유 기간이 10년 미만일 때는 양도차액의 80%가, 10년 이상일 때는 양도차액의 90%가 필요경비로 인정된다. 기타소득세의 세율은 작품 보유기간에 관계없이 20%이다. 예를 들어 1,000만 원에 그림을 구입하여 10년 후 6,000만 원에 파는 사람은 양도차액 5,000만 원 가운데 90%(4,500만 원)를 필요경비로 공제받고, 나머지 금액 500만 원에 대해 기타소득세가 부과된다. 따라서 결정세액은 100만 원이다.

※ 양도가액이란 판매가격을 의미하며, 양도차액은 구매가격과 판매 가격과의 차이를 말한다.

〈보기〉

ㄱ. A가 석판화의 복제품을 12년 전 1,000만 원에 구입하여 올해 5,000만 원에 판매한 경우, 이에 대한 기타소득세 100만 원을 납부하여야 한다.

ㄴ. B가 보물로 지정된 고려시대의 골동품 1점을 5년 전 1억 원에 구입하여 올해 1억 5,000만 원에 판매한 경우, 이에 대한 기타소득세 200만 원을 납부하여야 한다.

ㄷ. C가 현재 생존하고 있는 국내 화가의 회화 1점을 15년 전 100만 원에 구입하여 올해 1억 원에 판매한 경우, 이에 대한 기타소득세를 납부하지 않아도 된다.

ㄹ. D가 작년에 세상을 떠난 국내 화가의 회화 1점을 15년 전 1,000만 원에 구입하여 올해 3,000만 원에 판매한 경우, 이에 대한 기타소득세 40만 원을 납부하여야 한다.

① ㄱ, ㄴ
② ㄱ, ㄷ
③ ㄷ, ㄹ
④ ㄱ, ㄴ, ㄹ
⑤ ㄴ, ㄷ, ㄹ

25 **다음 글을 근거로 판단할 때, 〈보기〉에서 고액현금거래 보고 대상에 해당되는 사람을 모두 고르면? (단, 모든 금융거래는 1거래일 내에 이루어진 것으로 가정한다)** 국민은행 · 농협은행

> 금융기관은 현금(외국통화는 제외)이나 어음·수표와 같이 현금과 비슷한 기능의 지급수단(이하 '현금 등'이라 한다)으로 1거래일 동안 같은 사람 명의로 이루어진 금융거래를 통해 거래상대방에게 지급한 총액이 2,000만 원 이상 또는 영수(領收)한 총액이 2,000만 원 이상인 경우, 이러한 고액현금 거래 사실을 관계기관에 보고하여야 한다. 다만 금융기관 사이 또는 금융기관과 국가·지방자치단체 사이에서 이루어지는 현금 등의 지급 또는 영수는 보고대상에서 제외된다.
>
> 이러한 고액현금거래 보고대상에는 금융기관 창구에서 이루어지는 현금거래뿐만 아니라 현금자동입출금기상에서의 현금입출금 등이 포함된다. 하지만 계좌이체, 인터넷뱅킹 등 회계상의 가치이전만 이루어지는 금융거래는 보고대상에 해당하지 않는다.

〈보기〉

- ○ A는 甲은행의 자기 명의 계좌에 100,000달러를 입금하고, 3,000만 원을 100만 원권 자기앞수표로 인출하였다.
- ○ B는 乙은행의 자기 명의 계좌에서 세종시 세무서에서 부과된 소득세 3,000만 원을 계좌이체를 통해 납부하였다.
- ○ C는 丙은행의 자기 명의 계좌에서 현금 1,500만 원을, 丙은행의 배우자 명의 계좌에서 현금 1,000만 원을 각각 인출하였다.
- ○ D는 丁은행의 자기 명의 a, b계좌에서 현금 1,000만 원을 각각 인출하였다.
- ○ E는 戊은행의 자기 명의 계좌에 현금 1,900만 원을 입금하고, 戊은행의 F 명의 계좌로 인터넷뱅킹을 통해 100만 원을 이체하였다.

① A, B ② A, D ③ A, B, D
④ B, C, E ⑤ C, D, E

26 **현재 금요일 17시 50분이다. 〈근로조건〉과 〈직원정보〉를 근거로 판단할 때, 甲회사 김과장이 18시부터 시작하는 시간 외 근로를 요청하면 오늘 내로 A프로젝트를 완수할 수 있는 직원은?**

기업은행

〈근로조건〉

가. 甲회사의 근로자는 09시에 근무를 시작해 18시에 마치며, 중간에 1시간 휴게시간을 갖는다. 근로시간은 휴게시간을 제외하고 1일 8시간, 1주 40시간이다.

나. 시간 외 근로는 1주 12시간을 초과하지 못한다. 단, 출산 이후 1년이 지나지 않은 여성에 대하여는 1일 2시간, 1주 6시간을 초과하는 시간 외 근로를 시키지 못한다.

다. 시간 외 근로를 시키기 위해서는 근로자 본인의 동의가 필요하다. 단, 여성의 경우에는 야간 근로에 대해서 별도의 동의를 요한다.

※ 시간 외 근로: 〈근로조건〉 '가.'의 근로시간을 초과하여 근로하는 것

※ 야간근로: 22시에서 다음 날 06시 사이에 근로하는 것

※ 시간 외 근로시간에는 휴게시간은 없음

<표> 직원정보

이름	성별	이번 주 일일근로시간					A프로젝트 완수 소요시간	시간 외 근로 동의여부	야간근로 동의여부
		월	화	수	목	금			
김상형	남	8	8	8	8	8	5	×	—
전지연	여	—	10	10	10	8	2	○	×
차효인	여	9	8	13	9	8	3	○	○
조경은	여	8	9	9	9	8	5	○	×
심현석	남	10	11	11	11	8	1	○	—

※ 출산여부: 전지연은 4개월 전에 둘째 아이를 출산하고 이번 주 화요일에 복귀하였고, 나머지 여성직원은 출산 경험이 없음

① 김상형, 차효인
② 차효인, 심현석
③ 차효인, 조경은
④ 전지연, 조경은
⑤ 전지연, 심현석

27 **다음 〈조건〉에 따라 판단할 때 옳지 않은 것은?** 기업은행

〈조건〉

○ 프로젝트는 A부터 E까지의 작업만으로 구성되며, 모든 작업은 동일 작업장 내에서 행해진다.
○ A작업은 4명의 인원과 9일의 기간이 소요된다.
○ B작업은 2명의 인원과 18일의 기간이 소요되며, A작업이 완료된 이후에 시작할 수 있다.
○ C작업은 4명의 인원과 50일의 기간이 소요된다.
○ D작업과 E작업은 각 작업당 2명의 인원과 18일씩의 기간이 소요되며, D작업이 완료된 이후에 E작업을 시작할 수 있다.
○ 각 인력은 A부터 E까지 모든 작업에 동원될 수 있으며, 각 작업에 투입된 인력의 생산성은 동일하다.
○ 프로젝트에 소요되는 비용은 1인당 1일 10만 원의 인건비와 하루 50만 원의 작업장 사용료로 구성된다.
○ 각 작업의 소요인원은 증원 또는 감원될 수 없다.

① 프로젝트 완료에 소요되는 최소인력은 4명이다.
② 프로젝트 완료에 소요되는 최단기간은 50일이다.
③ 프로젝트 완료에 소요되는 최소비용은 6천만 원 이하이다.
④ 프로젝트의 최단기간 완료에 소요되는 최소인력은 10명이다.
⑤ 프로젝트를 최소인력으로 완료하는 데 소요되는 최단기간은 95일이다.

28 **다음 글에 따라 〈정간암호문〉을 해독했을 때, 지도상의 ★에서 시작한 추적·이동이 종료되는 지점은?**

기업은행

정간보는 仲, 林, 無, 黃, 太의 5가지 기본율명을 사용하는 우리나라의 전통악보이다. 필요에 따라 기본율명에 氵이나 亻을 붙여 율명을 사용하기도 한다.

정간암호문은 정간보형식으로 기록되어 있으며, 기본 율명은 각각에 부여된 다음의 규칙에 따라 추적·이동 방향을 나타내는 '암호'가 된다.

仲: 제자리에 머무름 無: 서쪽으로 이동함 太: 북쪽으로 이동함	林: 동쪽으로 이동함 黃: 남쪽으로 이동함

그 외의 정간암호문 해독규칙은 다음과 같다.

1. 정간암호문은 1번 정간(가장 왼쪽)에서 해독을 시작해 ⊙에서 종료된다.
2. 정간암호문에 기록된 모든 율명을 해독하여야 하며, 중복해서 해독할 수 없다.
3. 율명은 반드시 순서대로 해독할 필요는 없다.
4. 기본율명에 氵이 붙으면 정간암호문에서 순방향(좌 → 우)으로 해독하고, 亻이 붙으면 정간암호문에서 역방향(우 → 좌)으로 해독한다.
5. 하나의 율명을 해독하고 그다음 율명을 해독할 경우, 해독한 율명으로부터 4정간 이내에 있는 율명의 해독만 가능하다.
6. 정간암호문에서 林 · 無, 黃 · 太, 無 · 林, 太 · 黃은 연이어서 해독할 수 없다.

※ 정간보상의 한 칸을 정간이라 하며, 정간 사이의 거리를 간이라 한다.

정간암호문상 1간은 지도상의 1칸에 대응한다. 정간암호문의 예시, 해독결과 및 지도상의 추적·이동의 결과는 다음과 같다.

1	2	3	4	5	6
淋		潕	仸		⊙

○ 정간암호문 해독결과: 1 → 4 → 3 → 6

○ 지도 상의 추적경로: 동쪽으로 3칸 이동(①) 후, 그 지점에서 북쪽으로 1칸 이동(②)하고, 바로 그 지점에서 서쪽으로 3칸 이동(③) 후 추적 종료

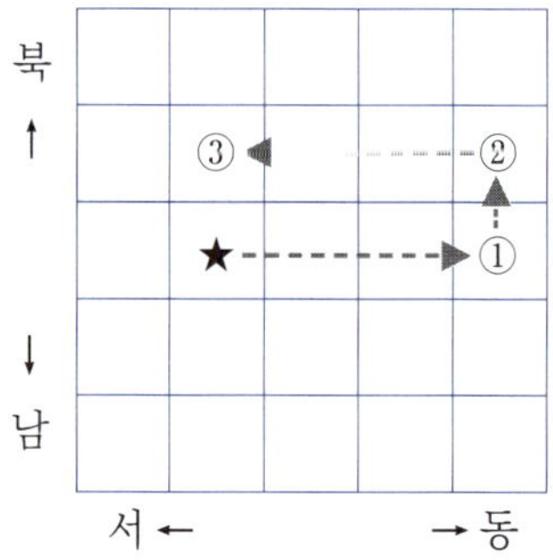

〈정간암호문〉

1	2	3	4	5	6	7	8	9	10	11	12
淋		汰		潕	僫	潢	淋	休			⊙

북 ↑

						가			
								나	다
				★	라	마			

↓ 남

서 ← → 동

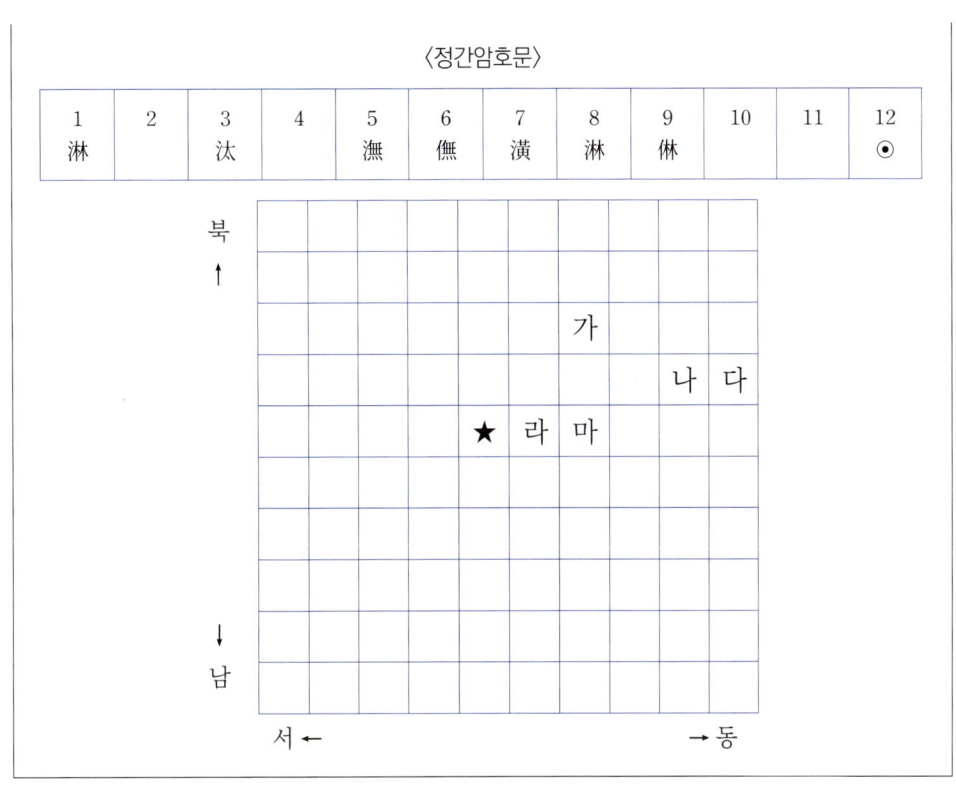

① 가 ② 나 ③ 다
④ 라 ⑤ 마

29 다음 〈표〉는 5개 도시를 대상으로 화물을 운송하는 회사에서 조사한 도시 간 이동시간에 관한 자료이다. 〈보기〉에서 계산한 이동시간이 바르게 짝지어진 것은? 기업은행 · 우리은행

<표> 도시 간 이동시간

(단위: 시간)

		도착도시				
		A	B	C	D	E
출발 도시	A	—	1.5	0.5	—	—
	B	—	—	—	1.0	2.5
	C	0.5	1.0	—	—	—
	D	1.0	—	—	—	0.5
	E	—	—	0.5	0.5	—

※ 1) 화물을 싣고 내리기 위해 각 도시에서 정차하는 시간은 고려하지 않음
2) '—' 표시가 있는 구간은 이동 불가능함

〈보기〉

ㄱ. A시의 화물을 E시로 운송한 후 C시로 가서 화물을 실어 B시로 운송하는 데 걸리는 가장 짧은 이동시간

ㄴ. A시에서 출발하여 모든 도시를 한 번씩 거쳐 다시 A시로 돌아오는 데 걸리는 가장 짧은 이동시간

	ㄱ	ㄴ
①	4	4
②	4.5	4
③	4.5	5.5
④	5.5	4
⑤	5.5	5.5

30 **甲 주식회사의 감사위원회는 9인으로 구성되어 있다. 다음 〈법률규정〉에서 밑줄 친 부분에 해당하는 자를 〈보기〉에서 모두 고르면?** 국민은행 · 농협은행

〈법률 규정〉

감사위원회는 3인 이상의 이사로 구성한다. 다만 다음 각 호에 해당하는 자가 위원의 3분의 1을 넘을 수 없다.

1. 회사의 업무를 담당하는 이사 및 피용자(고용된 사람) 또는 선임된 날부터 2년 이내에 업무를 담당한 이사 및 피용자이었던 자
2. 최대 주주가 자연인인 경우 본인, 배우자 및 직계존·비속
3. 최대 주주가 법인인 경우 그 법인의 이사, 감사 및 피용자
4. 이사의 배우자 및 직계존·비속
5. 회사의 모회사 또는 자회사의 이사, 감사 및 피용자
6. 회사와 거래관계 등 중요한 이해관계에 있는 법인의 이사, 감사 및 피용자
7. 회사의 이사 및 피용자가 이사로 있는 다른 회사의 이사, 감사 및 피용자

〈보기〉

ㄱ. 甲 주식회사 최대 주주 A의 법률상의 배우자
ㄴ. 甲 주식회사와 하청계약을 맺고 있는 乙 주식회사의 감사 B
ㄷ. 甲 주식회사 영업과장 C의 자녀
ㄹ. 甲 주식회사 자재부장 D가 이사로 있는 丙 주식회사의 총무과장 E
ㅁ. 甲 주식회사의 모회사인 丁 주식회사의 최대 주주 F

① ㄱ, ㄴ　② ㄴ, ㄷ　③ ㄱ, ㄴ, ㄹ
④ ㄴ, ㄷ, ㄹ　⑤ ㄷ, ㄹ

제10회 스터디리뷰

구분	스터디원 A	스터디원 B	스터디원 C	스터디원 D
프로필	영남대/경상계열	동국대/자연과학계열	강남대/경상계열	한양대/경상계열
특징	최빈값 득점자	응시자 평균 득점자	상위 30% 컷 득점자	최고 득점자

번호	나의 풀이결과	스터디원 풀이결과			
01		○	○	○	○
02		○	×	○	○
03		×	×	×	×
04		×	○	○	○
05		○	○	○	○
06		○	×	○	○
07		×	○	×	○
08		○	×	○	○
09		×	×	×	×
10		×	○	○	○
11		×	×	×	○
12		×	×	×	×
13		○	○	○	○
14		×	○	×	○
15		○	×	○	○
16		×	○	×	×
17		○	○	×	○
18		○	×	×	○
19		○	○	○	○
20		○	○	○	○
21		×	×	○	○
22		×	○	×	○
23		×	×	×	×
24		×	×	○	×
25		×	○	○	○
26		×	○	○	○
27		×	×	×	×
28		×	×	×	○
29		×	×	×	×
30		×	×	○	×
계	/ 30	11 / 30	14 / 30	16 / 30	21 / 30

[풀이결과 요약]

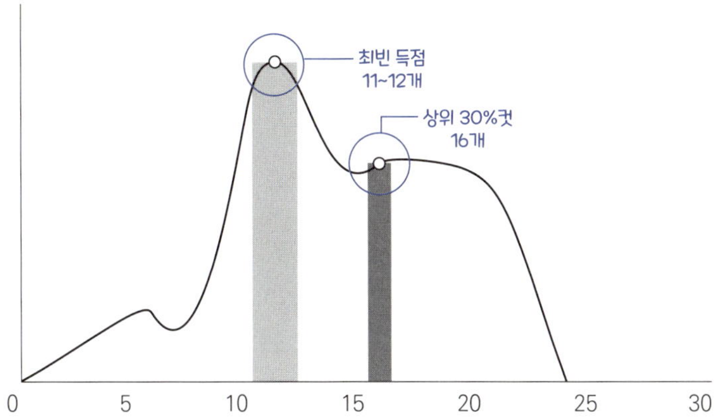

[문항별 정답률]

번호	01	02	03	04	05	06	07	08	09	10
상위 30% 득점자 평균 (A)	88%	94%	38%	56%	88%	88%	44%	81%	38%	63%
응시자 평균 (B)	52%	43%	7%	21%	50%	36%	17%	34%	17%	31%
(A−B)	36%p	51%p	31%p	35%p	38%p	52%p	26%p	47%p	21%p	32%p
번호	11	12	13	14	15	16	17	18	19	20
상위 30% 득점자 평균 (A)	56%	25%	94%	63%	56%	31%	75%	44%	94%	81%
응시자 평균 (B)	17%	10%	69%	24%	24%	12%	28%	17%	47%	46%
(A−B)	39%p	15%p	25%p	39%p	32%p	19%p	47%p	27%p	47%p	35%p
번호	21	22	23	24	25	26	27	28	29	30
상위 30% 득점자 평균 (A)	81%	44%	50%	38%	81%	56%	0%	13%	19%	63%
응시자 평균 (B)	22%	28%	34%	21%	43%	31%	3%	7%	12%	24%
(A−B)	59%p	16%p	16%p	17%p	38%p	25%p	−3%p	6%p	7%p	39%p

▭ 표기 문항: 상위 30% 득점자 평균과 응시자 평균 정답률 차이가 40%p 이상 발생한 문항으로, 해당 문제를 틀렸다면 필히 리뷰를 하도록 하자.

MEMO

MEMO

배현우

혼JOB NCS 대표 강사. 풍부한 교육 경험을 바탕으로 한 실속 있는 강의로 다수의 금융권, 공기업 합격생을 배출했다. 한국자산관리공사 취업잡이 캠프, 청년재단 필기 특강, 지역대학 연합캠프 NCS 클리닉 과정 등을 담당했으며, 건국대, 국민대, 성신여대, 세종대, 이화여대, 중앙대, 한국외대 등 여러 대학에서 NCS 강의를 진행하고 있다.

혼JOB취업연구소

㈜커리어빅이 운영하는 취업 전문 연구소. 분야별 전문성을 바탕으로, 채용 시장 분석, 수험서 개발, 취업 강의, 교육 컨설팅 등 다양한 영역에서 활동하고 있다.

최신개정판 혼JOB 금융 NCS를 위한 피셋PSAT 300제
언어논리 · 자료해석 · 상황판단 연습문제 10회분, 취준생이 모여 만든 스터디리뷰

개정 1판 1쇄 발행 2023년 2월 22일
개정 1판 5쇄 발행 2025년 9월 26일

편 저 자 배현우 혼JOB취업연구소

발 행 인 석의현
기획 · 편집 이선주 전준표
디 자 인 안신영
마 케 팅 김경숙

발 행 처 ㈜커리어빅
등 록 2018년 11월 26일(제2019-000110호)
주 소 서울특별시 종로구 인사동5길 25, 하나로빌딩 408호
전 화 02)3210-0651
홈 페 이 지 www.honjob.co.kr
이 메 일 honjob@naver.com

가 격 25,000원
I S B N 979-11-91026-50-4(13320)

※ 정오 문의 및 정오표 다운로드는 홈페이지 내 고객센터를 이용해 주시기 바랍니다.

취업 · 자격증 수험생을 위한

혼JOB 합격 라인업

상세한 도서 정보는 혼JOB 홈페이지 또는 시중 서점을 참고해 주시기 바랍니다.

E E-book 전용 **H** 혼JOB 홈페이지 판매

NH농협

IBK기업은행

새마을금고

국민건강보험공단

한국철도공사

NCS를 위한 PSAT

금융 NCS를 위한

피셋 PSAT 300제

정답 및 해설

300문항으로 끝내는
금융공기업 · 은행 NCS!

- 기출 유형 및 소재 완벽 반영
- 영역별 특징을 반영한 맞춤형 해설
- 기관별 출제 특징, 금융권 이슈 수록
- 스터디리뷰를 통한 셀프 강·약점 체크

혼JOB

금융 NCS를 위한 피셋 PSAT 300제

정답 및 해설

300문항으로 끝내는 금융공기업 · 은행 NCS!

- 기출 유형 및 소재 완벽 반영
- 영역별 특징을 반영한 맞춤형 해설
- 기관별 출제 특징, 금융권 이슈 수록
- 스터디리뷰를 통한 셀프 강·약점 체크

혼JOB

정답 및 해설

제01회 정답 및 해설

빠른 정답표

01	02	03	04	05	06	07	08	09	10
①	③	③	②	②	②	①	①	②	①
11	12	13	14	15	16	17	18	19	20
④	④	①	⑤	②	①	⑤	②	③	③
21	22	23	24	25	26	27	28	29	30
⑤	④	④	④	①	①	④	③	③	⑤

01

정답 ①

[제시문 해설] 원격진료의 의의와 역할

①문단	• 원격진료는 의료취약지역에 손쉽게 양질의 의료혜택을 줄 수 있으며, 가정진료도 대신할 수 있음 • 우리나라는 1995년부터 정부 주도로 원격진료시스템을 구축함
②문단	원격진료의 단점: 대면 진료에 비해 환자와 의사간의 의사소통이 제한됨. 최근에는 화상통화의 개발로 문제점이 많은 부분 해결됨
③문단	원격진료의 역할: 의료의 중심을 의료 제공자인 의사에서 의료 수혜자인 환자로 옮기는 '의료의 탈중심화'에 중요한 역할을 함

정답 해설

ㄱ. 2문단에서 통신 매체를 이용한 의사소통으로 이루어지는 원격진료가 대면 진료보다 제한이 많다는 문제점을 설명하고 있으며 3문단에서 원격진료는 의료의 중심이 의료 제공자인 의사에서 의료 수혜자인 환자로 바뀌는 변화를 촉진하고 있음을 언급하였다. 따라서 원격진료가 가진 문제점에도 불구하고 원격진료는 기존 의료관계의 전환을 촉진할 것이라는 진술은 옳다.

오답 해설

ㄴ. 3문단에서 20세기 후반부터 급성질환이 현저하게 감소하고 만성질환이나 정신질환이 많아져 치료의 목표를 질병의 관리에 두어야 하는 경우가 많아졌다고 설명하고 있다. 따라서 치료의 목표가 급성질환의 완치에서 만성질환의 관리로 바뀌게 된 것이 원격진료의 본격적인 시행으로 인한 것이라는 ㄴ의 진술은 인과관계를 왜곡한다. 급성질환의 현저한 감소와 만성질환의 증가로 인하여 치료의 목표가 급성질환의 완치에서 만성질환의 관리로 바뀌게 되었다는 것이 옳은 내용이다.

ㄷ. 3문단을 통해 의료의 탈중심화가 시작된 것은 의료정보가 개방되고 유통되면서 정보수집이 쉬워졌기 때문임을 알 수 있다. 원격진료가 의료의 탈중심화의 원인이라고 보기는 어려우며 의료의 중심이 의료 제공자인 의사에서 의료 수혜자인 환자로 바뀌는 변화를 촉진해 의료의 탈중심화에 중요한 역할을 하고 있다고 보아야 한다. 변화의 원인이 정보 비대칭성 해소인지, 원격진료인지 인과관계에 유의하여야 한다.

[TIP]

신한은행에서 비콘 서비스 도입에 따른 쇼핑 채널의 변화를 주제로 유사 출제되었다. 금융 NCS를 위해 추가적으로 알아 두면 도움이 될 만한 내용으로는 다음과 같다.

- 생체인증의 도입
- 블록체인 기술의 활용(지급결제, 송금, 대출)
- 로봇프로세스자동화(RPA)

평소 과학기술 중에서도 사회생활에 직접 응용되는 기술을 다룬 응용과학 글감의 글은 기술의 원리 또는 인류의 사회생활에 응용되는 과정에 초점을 맞추어 읽는 연습을 해 두면 실전에서 도움이 된다.

02

정답 ③

[제시문 해설] 시각도

①문단	• 시각도: 대상물의 크기가 관찰자의 눈에 파악되는 상대적인 각도. 대상의 위아래 또는 좌우의 최외각 윤곽선과 수정체가 이루는 두 선 사이의 예각이 시각도가 됨 • 시각도는 대상의 크기와 대상에서 관찰자까지의 거리 두 가지 모두에 의존하며, 대상이 가까울수록 그 시각도가 커짐
②문단	다른 크기의 대상들이 동일한 시각도를 만들어 내는 실험: 눈과 물체와의 거리를 가늠할 수 있는 모든 정보를 제거하고 큰 물체를 멀리 위치시켜 시각도를 같도록 만들면 관찰자의 망막에 동일한 크기의 영상이 맺혀 서로 크기가 다른 물체를 동일한 크기로 인식함

정답 해설

③ 가까이 있는 작은 대상과 멀리 있는 큰 대상이 동일한 시각도를 만들어내 같은 크기로 지각되는 사례이다.

오답 해설

① 한 대상의 크기가 동일한 거리에 놓인 다른 대상의 크기를 통해 지각되는 사례로, 다른 크기의 대상들이 동일한 시각도를 만들어 내는 사례에 해당하지 않는다

② 멀리 있는 큰 대상이 작게 보이는 사례로, 동일한 시각도를 만들어 내는 다른 크기의 대상이 언급되어 있지 않다.

④ 대상의 크기를 거리를 통해 지각하는 사례이다. 다른 크기의 대상들이 동일한 시각도를 만들어 내어 동일한 크기로 인식되기 위해서는 거리를 가늠할 수 있게 하는 모든 정보를 제거해야 한다. 따라서 ㉠의 사례에 해당하지 않는다.

⑤ 가까이 있는 대상이 멀리 있는 대상보다 빠르게 지나가는 것처럼 보이는 사례로, 시각도와 관계가 없다.

[TIP]
글의 서두에 '시각도, 수정체, 최외각, 예각' 등의 용어가 나와서 지레 겁을 먹을 수도 있지만 ㉠에 해당하는 내용을 찾는 문제이므로, ㉠만 잘 이해해도 쉽게 문제를 풀 수 있다. ㉠의 핵심 키워드는 '다른 크기, 동일한 시각도'이다. 따라서 다른 크기의 대상이 같은 크기처럼 보이는 선택지를 찾으면 되는 간단한 문제이다.
이러한 유형에서는 ㉠을 먼저 읽은 후 지문을 읽어 나가면 문제 풀이에 필요한 내용에만 집중하여 효율적으로 제시문을 파악할 수 있다. 만약 ㉠의 내용이 제대로 파악되지 않는다 하더라도 글 전체를 읽다 보면 이해할 수 있는 부분이니, 문장 하나에 치우쳐 시간을 허비하지 않도록 조심하자.

03

정답 ③

[구조 파악]
'기준'과 '예시'를 연결하는 문제이다. 글에 나타난 '배분원칙'은 대기 순번이라는 획일적 기준이 아닌 수요자의 '개별적 특성'이라는 기준을 고려하는 것이므로 이에 대한 예시를 찾으면 된다.

정답 해설

ㄷ. 이해 당사자마다 이해관계의 연관성과 민감도가 다른 경우에는 결정권을 달리할 필요가 있다고 말하고 있다. 즉, 이해 당사자의 개별적 특성을 고려한 배분을 의미한다.

오답 해설

ㄱ. 시립 유치원에 취학을 신청한 아이들의 개별적 특성을 고려하지 않고 추첨을 통해 동등한 기회를 주려하고 있다.
ㄴ. 선거 지원금을 '누구에게' 배분하여야 하는가, 즉 배분의 대상을 먼저 언급하면서 선거 지원금의 배분 대상은 후보가 아닌 유권자라고 주장하고 있는데, 결국 유권자의 개별적 특성을 고려하지 않고 모든 유권자에게 동일한 지원액을 주어야 한다고 말한다. 마지막 문장에서 유권자들의 기부에 따라 특정 후보들에게 더 많은 자금 지원이 이루어질 수 있다고는 하지만, 이것이 수요자의 개별적 특성을 고려한 배분에 따른 결과는 아니다.

[TIP]
우리은행에서 대학병원 의사의 진료 원칙으로 유사 출제되었다. 금융과 관련된 NCS 제시문을 예상해 보면 다음과 같다.
- 코로나 대출과 같이 한꺼번에 몰리는 상황에서의 고객 처리 기준
- 은행의 예산집행 원칙과 배정 순위 정하기

본 문제와 같이 원칙을 적용하여 결과를 추론하는 유형으로 출제되기도 하고, 원칙에 우선순위 조건을 가미하여 자원관리 형태의 문제로 응용되기도 한다.

04

정답 ②

[제시문 해설] 발암 물질인 벤젠의 노출 농도 기준을 정함에 있어, 피해 입증 책임에 대한 미국 직업안전보건국과 대법원 간의 견해 차이

①문단	직업안전보건국이 공기 중 벤젠 노출 농도 기준을 10ppm 이하에서 1ppm 이하로 변경함
②문단	대법원이 직업안전보건국의 기준이 지나치게 엄격하다고 판결함

정답 해설

② ㉠의 앞은 대법원이 직업안전보건국이 제시한 1ppm 기준을 지나치게 엄격하다고 판결하였다는 내용이고, 뒤는 직업안전보건국이 자신들에게 책임이 전가되는 것에 반대했다는 내용이다. 마지막 문장을 통해, 여기서의 '책임'은 '안전성 입증에 대한 책임'임을 확인할 수 있으므로, ㉠에는 대법원이 직업안전보건국에 1ppm을 초과하는 벤젠 노출 농도가 노동자의 건강에 위험하다는 것을 입증해야 한다고 주장했다는 내용이 들어가야 한다.

오답 해설

① 직업안전보건국이 제시한 기준을 대법원이 입증해야 한다는 내용은 나타나 있지 않으므로 적절하지 않다.
③ 직업안전보건국은 공기중 벤젠 노출 농도 1ppm을 기준으로 삼아야 한다고 주장하고 있으므로, 대법원이 10ppm 수준의 벤젠이 노동자의 건강에 어떤 손상을 가져오는지 직업안전보건국에 입증하도록 요구하고 있다는 내용은 적절하지 않다.
④ 직업안전보건국은 발암물질이 함유된 공기가 있는 작업장들 가운데서 전혀 위험이 없는 환경과 미미한 위험이 있는 환경을 구별해야 한다고 주장하고 있지 않다.
⑤ 직업안전보건국에서 벤젠이 인체에 미치는 위해 범위가 과학적으로 불확실하다고 언급한 것은, 이러한 과학적 불확실성에도 불구하고 생명이 위험에 처할 수 있는 경우에는 엄격한 기준을 시행해야 함을 주장하기 위한 것이다. 따라서 이를 직업안전보건국이 비용에 대한 고려를 간과하고 있다는 내용과 연관짓는 것은 적절하지 않다.

[TIP]
유형적인 측면에서는, 우리은행에서 정부의 자연보호 정책을 소재로 적절한 문장을 추론하는 유형과 이보다는 난이도가 낮지만 빈칸에 알맞은 단어를 고르는 유형의 문제가 출제되었다. 이러한 유형에서는 빈칸의 앞뒤 내용, 특히 뒤의 내용에 유의하여 문제를 풀어야 한다. 이 문제에서도 빈칸 뒤에 이어지는 내용 중 '책임을 전가', '입증해야 한다'가 추론을 위한 단서가 되는 중요한 문구이다.
'입증 책임'이라는 내용적인 측면으로는 다음과 같이 정리해 볼 수 있다.
- 금융소비자 보호와 관련하여 불완전 판매에 대한 입증책임
- 제조물 책임(PL법)에 있어서의 입증책임 문제

향후 지문으로 나올 수 있으니 미리 개념 파악을 해 두면 도움이 될 것이다.

05

정답 ②

[제시문 해설] 과학과 예술의 비교

(가)	예술적 창조성과 과학적 창조성의 차이: 드러냄 vs. 숨김
(나)	좋은 표상의 조건: 진실
(다)	과학과 예술의 유사성과 차이점
(라)	과학과 예술의 차이점 사례: 모호성을 기준

정답 해설

② "좋은 모델, 이론 또는 그림은 대상에 대한 단순한 복사에 그치지 않고 묘사하려는 대상을 좀 더 흥미롭고 멋지게 그리고 보편적으로 만들어 주는 구조적 특질을 지니고 있어야 한다. 만일 이론이나 그림이 이러한 특질을 성공적으로 구현할 수 있다면 그것들은 궁극적으로 실재를 구현해 내는 셈이다."를 통해 예술과 과학을 묶어서 그 유사점을 설명하고 있음을 알 수 있다.

오답 해설

① "빈센트 반 고흐의 『별이 빛나는 밤』은 거의 자서전적이다."라는 문장은 『별이 빛나는 밤』이라는 예술작품을 통해 빈센트 반 고흐라는 예술가의 삶에 대해 파악할 수 있다는 의미를 담고 있다.

③ "미술 사조는 짧은 기간에 극적으로 바뀌기 쉽다."와 "과학적 추론은 오랜 시간에 걸쳐 확립되었다."를 통해 옳은 내용임을 확인할 수 있다.

④ 과학과 예술을 '범재'와 '천재', '모호성 제거'와 '모호성 강조', '소수'와 '누구나', '뇌의 왼쪽'과 '뇌의 오른쪽' 등 극단의 표현으로 대비하고 있다.

⑤ (가)와 (다)는 전반적으로 과학과 예술의 차이점을 설명하고 있지만, (가)의 "작품을 공적인 영역에 내놓을 때마다 명성을 더해 간다는 점에서 과학자와 예술가는 같다."와 (다)의 "그와 같은 작업에서 기계는 경험이 많은 사람을 도저히 당해 낼 수 없기 때문에 과학과 예술은 유사한 점이 있다."를 통해 공통적인 요소에 대한 탐구도 동시에 고려할 수 있음을 확인할 수 있다.

[TIP]

신한은행에서 '음악'과 '미술', '치매'와 '알츠하이머'를 핵심 키워드로 하여 비교 · 대조하는 문제를 출제하였다. 무엇보다 예술과 과학을 주제로 한 비문학 지문은 평소 익숙지 않은 내용이므로 공부할 때는 꼼꼼하게 내용을 읽고 구조를 파악하는 것이 필요하다. 다만, 실전에서 모든 문제를 꼼꼼히 파악할 경우 시간이 절대적으로 부족할 수밖에 없으므로 역으로 선택지를 통해 문단별 내용을 빠르게 파악하는 것이 효율적이다. 선택지를 통해 문단별 내용을 검증하는 훈련은 ①을 확인한 후 (가)를 읽고, ②를 확인한 후 (나)를 읽는 식으로 '선택지 내용 → 제시문의 핵심 내용 파악'의 순서로 진행하면된다.

06

정답 ②

[구조 파악]

질문지를 살펴보면 '반드시 참이라고 할 수 없는 것'을 묻고 있는데, 이 경우에는 다음의 두 가지를 모두 포함한다.

(1) 반드시 거짓인 것

(2) 참일 수도 있고 거짓일 수도 있는 것

또한 주어진 3개의 방침 중 확정적 방침을 찾아 이를 기반으로 경우의 수를 나누어 판단하면 된다.

주어진 방침을 그 대우와 함께 기호로 정리해 보자.

- 방침 1: $A \rightarrow B \equiv \sim B \rightarrow \sim A$
- 방침 2: $C \rightarrow D \equiv \sim D \rightarrow \sim C$
- 방침 3: $A \vee C$

이때 방침 3에 따라 다음 표와 같이 세 가지 경우의 수가 생긴다.

구분	A	B	C	D
A ○, C ×	○	○ (∵ A → B)	×	알 수 없음
A ×, C ○	×	알 수 없음	○	○ (∵ C → D)
A ○, C ○	○	○ (∵ A → B)	○	○ (∵ C → D)

정답 해설

② A를 추진하지 않는 상황은 표에서 두 번째 경우인데, 이때 C, D는 추진하지만 B의 추진 여부는 알 수 없다. 따라서 추진하는 사업이 세 개일 수도 있으므로 반드시 참이라고 할 수 없다.

오답 해설

① 세 가지 경우의 수 모두 적어도 두 사업은 추진한다.

③ B를 추진하지 않기로 결정할 수 있는 상황은 표에서 두 번째 경우인데, 이때 C는 추진한다.

④ C를 추진하지 않는 상황은 표에서 첫 번째 경우인데, 이때 B는 추진한다.

⑤ D를 추진하지 않기로 결정할 수 있는 상황은 표에서 첫 번째 경우인데, 이때 A, B, C의 추진 여부는 모두 정해진다.

07

정답 ①

[구조 파악]

9명의 학생을 3개 부서에 배치하는 자리배치(할당) 유형 문제이다. 주어진 대상(3학년, 4학생)과 속성(운영부, 기획부, 오락부)을 도식화하여 제시된 조건에 위배되지 않는 경우를 찾아야 하는데, 6번 문제와 마찬가지로 확정적 조건을 우선적으로 고려하여야 한다.

정답 해설

네 번째, 일곱 번째 조건에 따라 확정된 배치 인원을 정리하면 다음 표와 같다.

구분	운영부	기획부	오락부
3학년	(가)		(다)
4학년	(바)		(사)

여기서 다섯 번째 조건에 따라 (나)가 오락부에 배치된다면 (자)도 오락부에 배치되어 하는데, 이렇게 되면 오락부에 네 명의 학생이 배치되므로 각 부서에 반드시 세 명의 학생이 있어야 한다는 첫 번째 조건에 위배된다. 따라서 (나)는 운영부 혹은 기획부에 배치되어야 한다.

(나)가 운영부에 배치된다고 하면 운영부는 정원이 채워진다. 따라서 (나)가 운영부에 배치되면 (라)는 기획부 혹은 오락부에 배치되어야 하는데, 여섯 번째 조건에 의해 (라)가 기획부에 배치될 경우 (마)는 오락부에, (라)가 오락부에 배치될 경우 (마)는 기획부에 배치되어야 한다. 두 경우 모두 오락부의 정원이 채워지므로 (아)와 (자)는 기획부에 배치되어야 한다. 하지만 이것은 (아)는 (자)와 같은 부서에 배치 될 수 없다는 여덟 번째 조건에 위배된다. 따라서 (나)는 운영부에 배치될 수 없고, 반드시 기획부에 배치되어야 한다.

[TIP]

자리배치(할당) 논리퀴즈형은 기업은행, 우리은행에 반복 출제되고 있으며, 특히 기업은행에서는 **자리배치에 대한 다양한 경우의 수를 묻는 형태**로 응용되고 있다.

자리배치(할당)과 관련된 논리퀴즈 문제에서는 "○○은 반드시 □ □에 배치되어야 한다."라는 조건을 먼저 찾아내 배치한 후, 경우의 수를 고려해 대입해 보면 쉽게 문제를 해결할 수 있다.

08 정답 ①

[구조 파악]

<표>는 '갑'기업의 사채발행차금 상각 과정을 나타내고 있는데, 공식과 함께 빈칸이 주어져 있다. 따라서 빈칸의 값은 제시된 공식을 통해 구할 수 있다는 점을 빠르게 파악하여야 한다. 이때 빈칸의 값을 일일이 직접 계산할 수도 있지만, 공식을 응용하여 판단할 수도 있다. 이 점을 이해하는 것이 문제 접근의 핵심이다.

<표>에 적힌 계산식에 따라 빈칸을 채워 보면 다음과 같다.

(단위: 백만 원)

구분 \ 연도		1차 년도	2차 년도	3차 년도	4차 년도
이자비용(A) [=(전년도 E)×0.1]		—	900	(930)	(963)
액면이자(B)		—	600	600	600
사채발행차금	상각액(C) [=(당해년도 A)−(당해년도 B)]	—	300	(330)	(363)
사채발행차금	미상각잔액(D) [=(전년도 D)−(당해년도 C)]	3,000	2,700	(2,370)	(2,007)
사채장부가액(E) [=(전년도 E)+(당해년도 C)]		9,000	9,300	(9,630)	9,993

정답 해설

① 96억 3천만 원으로 96억 원을 넘는다.

오답 해설

② 2차 년도 300백만 원, 3차 년도 330백만 원, 4차 년도 363백 만 원으로 전년도 대비 매년 증가한다.

③ 2차 년도 900백만 원, 3차 년도 930백만 원, 4차 년도 963백만 원으로 전년도 대비 매년 증가한다.

④ 2차 년도 2,700백만 원, 3차 년도 2,370백만 원, 4차 년도 2,007백만 원으로 전년도 대비 매년 감소한다.

⑤ 3차년도 대비 4차년도의 사채장부가액 증가액은 9,993백 만 원−9,630백만 원=363백만 원으로 당해년도 상각액 363 백만 원과 일치한다.

[TIP]

재무제표 소재의 자료해석 문제는 국민은행에 유사 출제되었으며, 추가적으로 **조건을 부여하여 손익계산서를 수정하는 형태**로도 응용 출제되었다. 금융 NCS를 위해 추가적으로 알아 두면 도움이 될 만한 내용은 다음과 같다.

- **포괄손익계산서**
- **현금흐름표의 구성항목**

빠른 문제 풀이를 위해서는 모든 값을 직접 계산하기보다, 공식을 이해한 후 항목 간의 관계를 이용하여 정오를 판단해야 한다.

② 액면이자는 600으로 고정되어 있고, 전년도 사채장부가액(전년도 E)은 매년 증가하여 이자비용(A)도 증가하므로 굳이 계산하지 않아도 상각액은 전년도 대비 매년 증가함을 알 수 있다.

④ 전년도 미상각잔액(전년도 D)은 매년 감소하고, 상각액(C)은 매년 증가하므로 굳이 계산하지 않아도 미상각잔액은 전년도 대비 매년 감소함을 알 수 있다.

⑤ 사채장부가액(E)=(전년도 사채장부가액 E)+(당해년도 상각액 C)라는 계산식에 따라 옳은 내용임을 알 수 있다.

09 정답 ②

[구조 파악]

<그림>은 2004~2008년 A은행의 영업수익 추이를, <표>는 2008년 A은행을 포함한 5개 은행과 시중은행 평균의 영업수익을

보여 주고 있다. 여기서 <그림>의 주석으로 제시 된 '영업수익 = 이자수익 + 비이자수익' 식에 따라 '$\frac{영업이익}{총자산} = \frac{이자수익}{총자산} + \frac{비이자수익}{총자산}$'을 도출해 내야 한다.

정답 해설

ㄱ. <표>를 보면 2008년 총자산 대비 이자수익 비율은 A은행 2.9%, B은행 6.1%로, A은행이 B은행의 절반에 미치지 못한다.

ㄹ. <그림>을 보면 A은행 영업수익에서 이자수익이 차지하는 비중은 2004년 51.1%, 2008년 55.3%로 4.2%p 증가하였다.

오답 해설

ㄴ. <표>를 보면 2008년 총자산 대비 비이자수익 비율은 A은행 5.2−2.9=2.3%, 시중은행 평균 7.2−5.2=2.0%로, A 은행이 시중은행 평균보다 높다.

ㄷ. <그림>을 보면 2008년의 영업수익은 2007년에 비해 약 10천억 원 증가하였는데, 이는 2007년의 영업수익의 10%인 12.36천억 원에 미치지 못한다.

[TIP]

직업기초능력 자료해석에서 출제되는 비율해석의 가장 표준적인 문제 형태 중 하나이다. 금융 NCS를 위해 추가적으로 알아 두면 도움이 될 만한 내용은 다음과 같다.

이자이익(=이자수익-이자비용)과 비이자이익(신탁자산, 수익 증권 등의 수수료수익)으로 구성된 은행의 순영업이익 구조

따라서 ㄱ이 옳은 내용이므로, 선택지 ③, ④, ⑤는 정답에서 제외된다. 남은 것은 ① ㄱ, ㄷ과 ② ㄱ, ㄹ이므로, ㄴ은 굳이 풀지 않아도 정답을 찾을 수 있다. 이처럼 선택지의 구성을 잘 활용하면 문제를 빠르게 해결할 수 있다는 점을 활용하자.

10

정답 ①

[구조 파악]

<표>는 A회사의 2010년 월별 상품 판매고 자료로, 8~12월의 단순이동평균은 빈칸으로 되어 있는데, 주석의 내용을 통해 단순이동평균은 해당 월 직전 6개월간 판매고의 평균임을 알 수 있다. 이 문항은 빈칸에 들어갈 정확한 값이 아닌 7~12월의 단순이동평균 그래프로 옳은 것을 묻고 있다는 점에 주목하자. 즉, 수치를 정확하게 계산하지 않아도 단순이동평균 계산에서 빠지는 월과 추가되는 월을 비교하면 그래프의 흐름이 파악된다는 점을 활용하면 된다.

정답 해설

각 월의 단순이동평균을 대략적으로 파악해 보면 다음과 같다.

- 8월: 1월 판매고 330백만 원이 빠지고, 7월 판매고 438백만 원이 추가되므로 단순이동평균은 상승 → 그래프 ⑤ 제외
- 9월: 2월 판매고 410백만 원이 빠지고, 8월 판매고 419백만 원이 추가되므로 단순이동평균은 상승 → 그래프 ② 제외
- 10월: 3월 판매고 408백만 원이 빠지고, 9월 판매고 374백만 원이 추가되므로 단순이동평균은 하락
- 11월: 4월 판매고 514백만 원이 빠지고, 10월 판매고 415백만 원이 추가되므로 단순이동평균은 하락 → 그래프 ④ 제외
- 12월: 5월 판매고 402백만 원이 빠지고, 11월 판매고 451백만 원이 추가되므로 단순이동평균은 상승 → 그래프 ③ 제외

따라서 7월부터 12월까지의 단순이동평균을 나타낸 그래프는 ①이다.

[TIP]

신한은행에서 오늘의 증시 값을 계산하는 문제로 유사 출제되었으며, 농협은행에서 주어진 도표를 그래프로 변환하는 형태로 응용 출제되었다. 금융 NCS에서는 다음의 내용을 기억해 두자.

- 주식시장에서 주가의 추세 판단에 주가이동평균선(장기 120일, 중기 60일, 단기 5일 또는 20일)을 사용

만약 정확한 단순이동평균 수치를 구해야 하는 문제라면 추가된 판매고에 빠진 판매고를 뺀 수치를 6으로 나눈 값에 직전 월 단순이동평균을 더하면 된다. 예를 들어 8월의 단순이동평균을 구하면 다음과 같다.

예 $\frac{438-330}{6}+401.2=419.2$

11

정답 ④

정답 해설

ㄱ. <표>에서 대구지역 볼거리 발병 환자 수는 2006년에 205명, 2007년에 2,128명으로, 2007년이 2006년의 10배 이상이다.

ㄴ. 2006년 수치에 3을 곱한 값과 2007년 수치를 비교해보면, 대구 205×3=615<2,128, 광주 35×3=105<128, 대전 9×3=27<65이다. 따라서 2007년에 볼거리 환자 수가 전년대비 3배 이상인 지역은 대구, 광주, 대전이다.

ㄷ. <그림>에서 2007년 1~2월의 분포율은 3+2=5%이다. 2008년 대구지역 볼거리 발병 환자 수의 월별 분포가 2007년 전국 볼거리 발병 환자 수의 월별 분포와 같다고 하였으므로, 2008년 1~2월 대구지역 볼거리 환자 수인 119에 20을 곱하면 그해 대구지역 볼거리 발병 환자 수(100%로 환산된 대구지역 볼거리 발병 환자 수)를 알 수 있다. 따라서 2008년 대구지역 볼거리 환자 수는 119×20=2,380명으로 2007년의 2,128명보다 많다.

오답 해설

ㄹ. 각 지역의 인구를 알 수 없으므로, 지역 인구당 볼거리 발병 환자 비율 역시 확인할 수 없다. <표>의 수치는 비율이 아닌 환자 수이다.

[TIP]

상대도수와 비교되는 개념인 '상대누적도수'를 알아 두는 것이 중요

하다. 상대누적도수는 누적도수를 전체 도수의 합에 대한 비율로 나타낸 값을 의미한다. 2007년 전국 볼거리 발병 환자 수의 월별 분포를 나타낸 <그림>을 보면, 1월, 2월, 3월의 상대도수는 각각 3, 2, 3이지만, 상대누적도수는 전달의 수치가 누적되어 1월이 3, 2월이 5(=3+2), 3월이 8(=3+2+3)이 된다.

12

정답 ④

[구조 파악]

제시된 <신입사원 초임결정공식>은 A, B 두 회사의 신입사원 초임이 성별에 따라 어떻게 계산되는지를 나타내고 있다. 이때 공식을 고정임금 부분과 교육년수임금 부분으로 나누어 생각하면 문제를 쉽게 해결할 수 있다. 예를 들면, A사 남자 공식의 경우 '1,000'이 고정임금 부분이고, '180×(교육년수)'가 교육년수임금 부분이 된다.

정답 해설

④ $40x$가 250보다 작으면 되는데, 여기서는 x가 16이므로 $40 \times 16 = 640$으로 옳지 않다.

오답 해설

① B사 여자신입사원은 A사 남자신입사원보다 고정임금이 1,200만 원 높다. 따라서 A사 남자신입사원의 교육년수임금이 B사 여자신입사원 교육년수임금보다 1,200만 원 이상 높지 않으면 B사 여자신입사원의 초임이 높다. 교육년수를 x로 놓으면, B사 여자신입사원의 교육년수임금은 $120x$, A사 남자신입사원의 교육년수임금은 $180x = 120x + 60x$이다. 따라서 $60x$가 1,200보다 작으면 된다. x에 가장 큰 값인 18을 넣어도 $60 \times 18 = 1{,}080$이므로 모든 교육년수에서 B사 여자신입사원의 초임이 A사 남자신입사원보다 높다.

② ①과 같은 원리에 따라 $100x$가 1,450보다 작으면 된다. 교육년수가 12, 14년인 경우 모두 1,450보다 작으므로 옳은 설명이다.

③ 같은 원리로 $60x$가 840보다 큰 구간을 찾으면 된다. 이 구간은 교육년수가 16, 18년인 구간으로 해당 구간의 여자신입사원 비율은 30+10=40%이다.

⑤ $100x$가 1,450보다 큰 구간을 찾으면 된다. 교육년수가 16, 18년인 구간으로 해당 구간의 남자신입사원 비율은 30+20=50%이다.

[TIP]

국민은행에서 한국은행의 연봉 지급 기준을 제시하고 직원 간 연봉을 비교하는 문제가 유사 출제되었다. 일반적으로 직장생활에서 연차에 따른 기본급은 동일하고, 직급 및 실적수당에서 차이가 발생함을 알아 두면 도움이 된다. 초임을 직접 계산하기보다는 선택지에서 '교육년수가 동일'하다는 조건을 기반으로, 해설과 같이 차이 값을 활용하여 시간을 단축할 수 있어야 한다.

13

정답 ①

[구조 파악]

<그림>은 성별에 따라 암 발생률이 높은 상위 10개 암의 발생률을 나타낸 것이고, <표>는 특정 암이 아닌 전체 암의 발생률을 나타내고 있다. 즉, <표>는 성별 10대암과 <그림>에 나타나지 않은 기타 암 발생률의 합계임을 파악하여 정오를 판단하여야 한다.

정답 해설

ㄱ. <그림>에서 <남성> 그래프를 보면 위(70.4), 폐(52.1), 대장 (49.7), 간(45.2) 순으로 발생률이 높고, 이들 네 개 암의 발생률의 합은 217.4로 <표>에 나타난 그해 남성 암 발생률인 346.2의 50% 이상이다.

ㄷ. <그림>에서 여성의 갑상샘암 발생률은 73.5, 남성의 갑상샘암 발생률은 12.8로, 여성이 남성의 5배(64.0) 이상이다.

오답 해설

ㄴ. <그림>에서 대장암 발생률의 경우 남성 49.7, 여성 33.9로 남성이 여성의 두 배(67.8)에 미치지 못한다.

ㄹ. 주석 1)을 보면, 암 발생률은 특정 기간 동안 인구 10만 명당 '새롭게 발생한' 암 환자 수라는 것을 확인할 수 있다. 따라서 2007년 여성 암 환자 및 갑상샘암 환자의 전체 수는 알 수 없으며 암 환자 중 갑상샘암 환자의 비율 역시 구할 수 없다.

[TIP]

신한은행에서 성별, 지역별, 연령별 기준으로 작성된 암검사 비율을 해석하는 문제가 유사 출제되었다.본 문제에서는 소수점 자리를 반올림하여 계산하는 것이 시간 절약에 도움이 된다. 예를 들어 ㄱ을 풀 때 반올림하여 70+52+50+45=217로 계산해도 옳은 내용임을 판단할 수 있다.

14

정답 ⑤

[구조 파악]

2개의 <표>와 1개의 <정보>가 자료로 제시되어 있다. 여기서 유의해야 할 것은 <표 1>의 수치들, 즉 제품 단위당 판매가격, 제품 단위당 변동비, 고정비는 월에 상관없이 일정하다는 점이다. 또한 <표 2> 주석과 <정보>에 주어진 산출 공식을 문제 풀이에 맞게 변형할 수 있어야 한다.

정답 해설

ㄷ. 제품 단위당 변동비를 a, 고정비를 b, 판매량을 x라고 하면 '총비용$=ax+b$'이다. 따라서 총비용은 총변동비의 증감을 따르지만 고정비로 인해 총변동비 증감율보다는 작은 증감율을 보일 것이다. <표 2>를 보면 A기업의 3월 판매량 증가율이 7.3%이므로, 2월 총비용이 $ax+b$일 때 3월 총비용은 $1.073ax+b$가 되고, 이는 고정비로 인해 7.3%보다는 낮은 비율로 증가한다. B기업도 동일한 원리로 4월 총비용 증가율이 12.2% 미만이다.

ㄹ. 매출액 증가율이 가장 낮은 월은 판매량 증가율이 가장 낮은 5월이다. 총변동비 증가율은 판매량 증가율과 비례하므로, 5월의 B기업 총변동비 증가율(6.2%)은 A기업 총변동비 증가율의 2배($2.9 \times 2 = 5.8\%$) 이상이다.

오답 해설

ㄱ. $\frac{\text{고정비}}{\text{총비용}} = \frac{\text{고정비}}{\text{총변동비}+\text{고정비}} = \frac{\text{고정비}}{(\text{제품 단위당 변동비}\times\text{판매량})+\text{고정비}}$ 이다. 여기서 제품 단위당 변동비와 고정비는 일정하므로, 판매량의 변화만 비교하면 된다. <표2>를 보면 2, 3월 모두 증가율이 양수이므로, 분모의 수치는 커지게 되고, 따라서 총비용 대비 고정비는 1월에 비해 2, 3월 모두 감소한다.

ㄴ. $\frac{\text{총변동비}}{\text{매출액}} = \frac{\text{제품 단위당 변동비}\times\text{판매량}}{\text{제품 단위당 판매가격}\times\text{판매량}}$ 을 약분하면 $\frac{\text{제품 단위당 변동비}}{\text{제품 단위당 판매가격}}$가 된다. <표 1>을 통해 A는 $\frac{6}{10}$이고, B는 $\frac{7}{15}$이므로 A가 B보다 항상 더 크다는 것을 확인할 수 있다.

[TIP]

8번과 유사한 소재의 문제이다. 금융 NCS를 위해 추가적으로 알아두면 도움이 될 만한 내용으로 원가 · 조업도 · 이익 분석(CVP: Cost, Volume, Profit)이 있다

15 정답 ②

[구조 파악]

<보기>는 자료로 제시된 3개의 <표>을 바탕으로 작성된 보고서이다. <보기> 전체를 읽을 필요 없이 (가)~(라) 문장만 살펴봐도 정답을 찾을 수 있는데, (가)는 등록된 인터넷뱅킹 고객 수에 대한 서술이므로 <표 1>, (나), (다)는 모바일뱅킹과 인터넷뱅킹 이용건수 및 금액에 대한 서술이므로 <표 3>, <표 2>, (라)는 인터넷뱅킹과 모바일뱅킹 조회서비스 이용률에 대한 서술이므로 <표 2>, <표 3>, 주석을 통해 정오를 판단할 수 있다.

정답 해설

(나) 모바일뱅킹 이용건수는 1,720에서 2,847로 약 65% 증가하였고, 이용금액은 265에서 408로 약 54% 증가하였으나, 인터넷뱅킹 이용건수는 26,538에서 33,696으로 30% 미만 증가하였고, 이용금액은 25,454에서 29,688로 20% 미만 증가하였다. 따라서 모바일뱅킹 이용건수와 이용금액 증가율은 모두 인터넷뱅킹에 비해 2배 이상 많다.

(다) 인터넷뱅킹 이용건수는 17,919에서 33,696으로 약 1.8배 증가하였고, 이용금액은 18,570에서 29,688로 약 1.6배 증가하였다. 모바일뱅킹 이용건수는 716에서 2,847로 약 4배 증가하였고, 이용금액은 106에서 408로 약 3.8배 증가하였다. 따라서 모바일뱅킹 이용건수 및 금액이 인터넷뱅킹 전체에서 차지하는 비중은 각각 2배 이상 증가하였다.

오답 해설

(가) 수치를 단순화해 보면, 592에서 667은 약 12.6% 증가한 것이 맞으나, 매년 증가율이 커지는 것은 아니다.

(라) 인터넷뱅킹 조회서비스 이용률은 29,533/33,696≒0.87이고, 모바일뱅킹 조회서비스 이용률은 2,381/2,847≒0.83으로 인터넷뱅킹 조회서비스 이용률이 더 높다.

[TIP]

국민은행에서 카드 사용 감소 현황 자료를 제시하고 이를 토대로 작성한 보고서의 정오를 판단하는 문제로 유사 출제되었다. 추가적으로 알아두면 도움이 될 만한 내용은 다음과 같다.

- 비대면 금융거래 현황 및 「금융안정 상황」 자료(한국은행, 22년 9월)에 따르면 결제(송금 포함), 여신, 수신, 증권(자산운용 포함), 기타 등 5개 부문의 비대면 금융거래규모가 지속적으로 증가하고 있다. 전통적으로 대면 판매방식 비중이 높았던 보험 부문의 경우 21년부터 손해보험을 중심으로 비대면 방식을 통한 보험가입액이 크게 증가하였다. 반면 손해보험에 비해 상품구조 및 약관이 복잡한 생명보험은 소비자보호 규제 정책 강화, 보험상품의 특성(판매 시 특약 · 보장내역 설명 필요) 등으로 비대면 채널 활용이 제한적인 것으로 나타났다.

(가)를 검증하기 위하여 수치를 단순화하되, 분수의 성질을 이용하면 좋다. 2009년도의 전년 대비 증가율 (592－526)/526과 2010년도의 전년 대비 증가율 (667－592)/592을 비교할 때 분자의 값은 비슷하게 증가하였으나 분모의 값은 2010년도가 더 크므로 증가율은 감소하였음을 알 수 있다. 1/2과 1/3을 비교할 때 분모의 값이 더 큰 1/3이 더 작은 것과 동일한 원리다.

16 정답 ①

[구조 파악]

2개의 <표>는 A은행의 통화별 환율을 나타낸 자료로 날짜와 수치만 다를 뿐 구조는 동일하다. <보기>의 각 진술에 해당하는 환율을 <표>에서 찾아 대소를 비교하면 되는데, 사거나 보낼 때는 환율이 낮은 것(원화 강세)이, 팔거나 받을 때는 환율이 높은 것(원화 약세)이 이익이라는 배경지식이 있으면 유리한 문제이다.

정답 해설

ㄱ. 11월 30일 1,168.60원, 12월 31일 1,150.00원으로, 환율이 낮은 12월 31일에 원화를 더 절약할 수 있다.

ㄴ. 11월 30일 1,818.93원, 12월 31일 1,775.29원으로, 환율이 낮은 12월 31일에 송금하는 것이 이익이다.

오답 해설

ㄷ. 11월 30일 1,359.96원, 12월 31일은 1,383.39원으로, 환율이 높은 12월 31일에 더 많은 원화를 벌 수 있다.

ㄹ. 11월 30일 1,349.38원, 12월 31일은 1,372.64원으로, 환율이 높은 12월 31일에 환전하는 것이 이익이다.

ㅁ. 원화가 강세를 보일 때는 환율이 낮은 때, 원화가 약세를 보일 때는 환율이 높은 때이다. 따라서 반대로 서술되어 있음을 알 수 있다.

[TIP]

기업은행과 농협은행에서는 교차환율 계산 문제로, 우리은행에서는 연간 환율 및 환전표를 제시하고 환차익을 계산하는 문제로 출제되었다. 본 문제와 같이 환전 및 송금 시 환율 변동에 따른 유불리를 판단하는 문제로 응용 출제될 수 있다. 추가적으로 다음의 문제를 생각해 볼 수 있다.

- 인터넷뱅킹을 통한 환전 시 우대 혜택 내용을 제시하고 사례에 적용하는 문제

17

정답 ⑤

[구조 파악]

구분	전체 곡 재생 시간	베토벤의 곡이 나오는 시간
A휴게실	22곡×2분 =44분	휴게실 오픈 후 22~24분, 66~68분, 110~112분, 154~156분…
B휴게실	31×2분 =62분	휴게실 오픈 후 0~2분, 18~20분, 22~24분, 46~48분, 62~64분, 80~82분, 84~86분, 108~110분, 124~126분, 142~144분, 146~148분, 170~172분…

정답 해설

⑤ 12시 27분은 휴게실 오픈 후 147분이므로, B휴게실에서 베토벤의 곡이 나오고 있을 것이다. 따라서 甲은 B휴게실에서 음악을 듣고 있을 것이다.

오답 해설

① 11시 7분은 휴게실 오픈 후 67분이므로 A휴게실에서 베토벤의 곡이 나오고 있을 것이다. 따라서 甲은 A휴게실에서 음악을 듣고 있을 것이다.

② 11시 30분은 휴게실 오픈 후 90분이므로 베토벤의 곡이 나오고 있는 휴게실은 없다. 따라서 甲은 열람실에 있을 것이다.

③ 11시 21분은 휴게실 오픈 후 81분이므로 B휴게실에서 베토벤의 곡이 나오고 있을 것이다. 따라서 甲은 B휴게실에서 음악을 듣고 있을 것이다.

④ 12시 30분은 휴게실 오픈 후 150분이므로 베토벤의 곡이 나오고 있는 휴게실은 없다. 따라서 甲은 열람실에 있을 것이다.

18

정답 ②

[구조 파악]

제시문에 주어진 3개 조건을 토대로 생존가능성이 높은 비행기 좌석을 '상대평가'하는 문제이다. <비행기 좌석표>를 보고 비상구, 복도, 창의 위치와 열, 앞뒤의 방향을 빠르게 파악 한 후 조건을 순차적으로 살펴보면서 기준에서 벗어나는 좌석을 소거해 나가면 된다.

정답 해설

- 첫 번째 조건: 비상구에서 앞뒤로 두 번째 열 이내가 아닌 (다)는 제외된다.

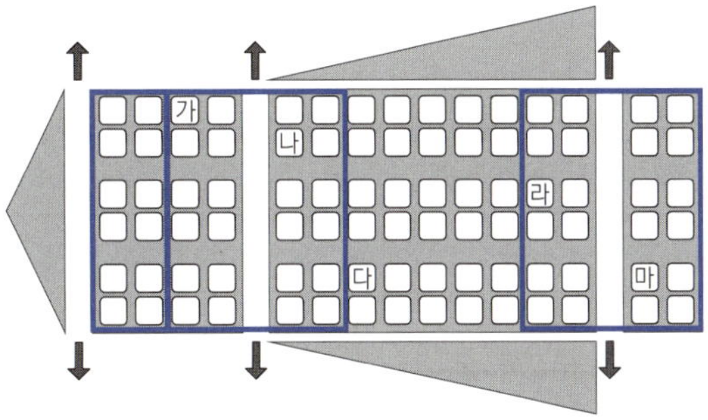

- 두 번째 조건: 창측인 (가)는 제외된다.

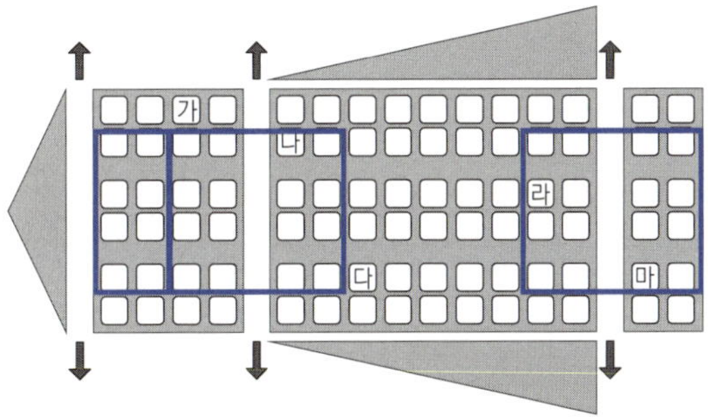

- 세 번째 조건: 남은 좌석 중 제일 앞쪽에 있는 (나)가 생존가능성이 가장 높다.

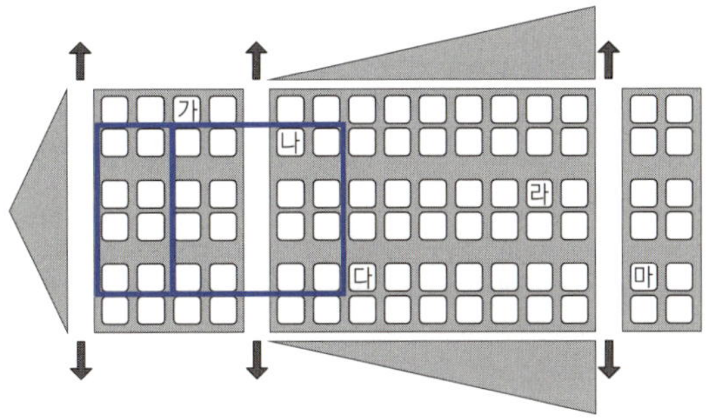

[TIP]

기업은행에서 DDP 취업박람회 공간을 배경으로 면접 응시 조건을 부여한 문제로 유사 출제되었다.

19

정답 ③

[구조 파악]

문제에서 (1) 甲이 자경농민이라는 점, (2) 甲이 농지 상속을 받았다는 점, (3) 공시지가와 甲의 신고금액이 다르다는 점을 파악할 수 있다. 이러한 甲의 상황을 취득세, 등록세 산정 원칙과 함께 예외 사항도 같이 파악해서 적용하여야 한다. 농어촌특별세는 취득세에, 지방교육세는 등록세에 연동되어 계산되므로 취득세와 지방교육세 산정에 유의해야 한다.

정답 해설

취득세와 농어촌특별세, 등록세와 지방교육세 산정의 원칙과 예외를 정리하면 다음과 같다.

구분	원칙	예외
취득 당시 가액	취득자가 신고한 가액과 공시지가 중 큰 금액	신고 또는 신고가액의 표시가 없는 때에는 공시지가
취득세	취득 당시 가액×0.02	자경농민이 농지를 상속으로 취득하는 경우 비과세
농어촌 특별세	취득세×0.1	–
등록세	취득 당시 가액×0.008	자경농민이 농지를 취득하는 때에 1) 상속: 취득 당시 가액×0.003 2) 매매: 취득 당시 가액×0.01
지방 교육세	등록세×0.2	–

이를 자경농민 甲의 상황에 적용하면 다음과 같다.

- 취득세: 甲은 자경농민이 농지를 상속받는 경우이기 때문에 취득세는 비과세된다.
- 농어촌특별세: 결정된 취득세액의 10%로 산정되는데 취득세를 내지 않으므로 농어촌특별세 역시 납부하지 않는다.
- 등록세: 자경농민이 농지를 상속하는 경우이므로 취득가액의 0.3%로 산정된다. 이때 취득가액은 신고가액과 공시지가 중 큰 금액인 5억 원이다. 따라서 등록세는 150만 원이다.
- 지방교육세: 등록세액의 20%로 산정되므로 30만 원이다.

따라서 甲이 납부하여야 할 세금액은 150만 원+30만 원=180만 원이다.

[TIP]

신한은행에서 진단규정에 따라 병원비 납부금액을 산정하는 문제, 우리은행에서는 소득세 누진세율에 의거하여 납부세액을 산정하는 문제가 유사 출제되었다. 추가적으로 알아 두면 도움이 될 만한 내용은 다음과 같다.

- 종합부동산세법 규정에 의거한 과세표준 계산방식

이 문제에서 자경농민이 농지를 상속으로 취득하는 경우 취득세가 비과세되는 것처럼, 세금 계산 문제는 예외의 경우가 조건으로 제시되는 경우가 많다. 따라서 이러한 단서에 주목하면서 세금 납부자의 상황을 잘 파악하고 문제를 풀어야 한다.

20

정답 ③

[구조 파악]

甲이 전자기기의 구입으로 지출한 총 금액을 계산할 때 유의해야 할 점들은 다음과 같다.

- 지출 금액 합산을 위한 물품가격과 운송료를 계산할 때에는 '지불 시 적용된 환율'을 기준으로 해야 하지만, 과세표준을 구할 때에는 '고시환율'을 기준으로 해야 한다.
- 과세표준 산정 시 운송료는 <국제선편요금>을 적용해야 한다.

정답 해설

甲이 전자기기 구입을 위해 지출한 총 금액은 다음과 같이 구한다.

지출 총 금액=물품가격+운송료+관세

- 물품가격: \$120×₩1,200/\$(지불 시 적용된 환율)=144,000원
- 운송료: \$30×₩1,200/\$(지불 시 적용된 환율)=36,000원
- 관세: 관세를 계산하려면 먼저 과세표준을 구해야 한다. 과세표준을 산정하는 공식은 다음과 같다.

과세표준=물품가격+미국에 납부한 세금+미국 내 운송료+미국에서 한국까지의 운송료

- 물품가격: \$120×₩1,100/\$=132,000원
- 미국에 납부한 세금: 없음
- 미국 내 운송료: 없음
- 미국에서 한국까지의 운송료: 10,000원

그러므로 과세표준은 132,000+10,000=142,000원이 되는데, 과세표준이 15만 원 미만이고 개인이 사용할 목적이면 관세를 면제한다고 하였으므로, 관세는 없다.

따라서 甲이 전자기기 구입을 위해 지출한 총 금액을 계산하면 144,000+36,000=180,000원이다.

[TIP]

19번 문제와 유사하나 환율 적용 조건이 부가된 응용 형태이다.

21

정답 ⑤

[구조 파악]

제시된 규정을 통해서 (1) 여비의 구성(운임+숙박비+식비+일비)과 (2) 운임, 숙박비, 식비, 일비의 계산 방법을 알 수 있다. 이를 토대로 <甲의 지출내역> 각 항목이 제00조(여비의 종류)에 의거하여 어디에 속하는지 파악하고, 이어지는 지급 규정을 적용한다. 이때 예외규정('다만~')과 상한액의 제한이 있음에 유의한다.

정답 해설

- 운임: 甲의 지출내역 중 KTX운임(일반실)이 속하며 실비 지급에 해당하므로 20,000+20,000=40,000원이다.
- 숙박비: [별표 1]에 따르면 1박당 상한액이 40,000원이지만 제00조(일비 · 숙박비 · 식비의 지급) 제3항에 의거, 2박의 총액 한도인 40,000×2=80,000원 내에서 실비로 지급받는다. 甲의 숙박비는 45,000+30,000=75,000원으로 총액 한도 이내이다. 따라서 75,000원 모두를 지급받게 된다.
- 식비: [별표 1]에 의거하여 1일당 20,000원을 지급하므로 20,000×3=60,000원이다.
- 일비: 대전 시내 버스요금 및 택시요금이 이에 해당한다. [별표 1]에 의거하여 1일당 20,000원을 지급하므로 20,000×3=60,000원이다.

따라서 甲이 지급(정산)받게 될 여비의 총액은 40,000+75,000+60,000+60,000=235,000원이다.

[TIP]

자원관리능력에서 기본적인 형태로 출제되는 출장 소재의 문제로, 농협은행에서는 주어진 조건하에서 교통수단을 선택하여 비용을 산정하는 형태로 응용 출제되었다.

이 문제에서 운임은 여행 목적지로 이동하는 데 소요되는 교통비를 충당하는 여비이고, 출장지에서 소요되는 교통비는 일비로 분류된다. 따라서 대전 시내에서 이용한 버스요금과 택시요금은 일비에 포함되는 항목이다. 동일하게 이동을 위한 교통비용이더라도 비용이 가지는 성격에 따라 적용되는 규정이 다르다.

22

정답 ④

[구조 파악]

A국의 비자면제협정 체결 현황 자료와 하단의 주석 내용을 종합해서 문제 풀이에 필요한 중요 내용을 정리하면, (1) 현재는 2009년 4월이라는 점, (2) 기간 명시가 '일', '개월'로 혼용되어 있다는 점, (3) 행정원은 관용 여권을 발급받는다는 점 등이다. 각 선택지에서 이야기하고 있는 국가를 표에서 빠르게 찾아내는 것이 중요하며, 각 월의 일수가 다르다는 것도 잊지 말아야 한다.

정답 해설

④ 이집트 외교관은 비자 없이 90일까지 있을 수 있고 파키스탄 외교관은 3개월까지 있을 수 있는데, 예를 들어 5월 1일부터 7월 31일까지라고 하면, 92일이므로 비자 면제 기간이 90일인 이집트 외교관은 비자를 발급받아야 하고, 비자 면제 기간이 3개월인 파키스탄 외교관은 비자 없이 체류 가능하므로 옳은 내용이다.

오답 해설

① 포르투갈 일반 여권의 비자면제 체류기간은 60일인데 2010년 2월 2일부터 4월 6일까지는 60일이 넘으므로 비자를 발급받아야 한다.

② 작년은 2010년으로 에콰도르 행정원이 발급받은 여권인 관용 여권은 비자면제 체류기간이 3개월이므로 비자 취득이 필요하다.

③ 이탈리아의 비자면제 체류기간은 90일인데 5월 1일부터 8월 15일까지는 90일이 넘으므로 비자 없이 체류할 수 없다.

⑤ 국회의원이 관용 여권을 가지고 있다고 했으므로 파키스탄에 비자 없이 3개월 동안 체류할 수 있으므로 비자를 취득할 필요가 없다.

[TIP]

기업은행에서 회의장 일정, 회의에 참여하는 구성원 조건을 부여하여 이용 가능한 회의장을 섭외하는 문제가 출제되었다.

날짜 계산 문제를 위해 각 월의 일수를 알아 두자.

- 1월: 31일
- 2월: 28일(4년 단위 29일)
- 3월: 31일
- 4월: 30일
- 5월: 31일
- 6월: 30일
- 7월: 31일
- 8월: 31일
- 9월: 30일
- 10월: 31일
- 11월: 30일
- 12월: 31일

23

정답 ④

[구조 파악]

<조건>에서 배제 성격을 가진 내용(첫 번째, 네 번째, 다섯 번째)을 우선 적용하여, <표 1>에서는 공사를 7월 10일까지 완공할 수 없는 업체를, <표 2>에서는 사전평가점수 총점이 60점 미만이거나 평가항목 중 하나라도 분류 배점의 40% 미만인 업체를 배제한다.

정답 해설

ㄴ. D업체가 품질부문에서 가산점 2점을 얻으면 총점이 61점이 되어 입찰시스템에 등록되지만, 순편익이 17−13=4억 원으로 E업체보다 작아 계약을 맺을 수 없다.

ㄷ. <표 2>에서 평가항목 중 수요기관만족도가 분류배점의 40% 미만인 B업체는 입찰시스템에 등록되지 않았으므로 계약을 맺을 수 없다.

ㅁ. 안정성이 上인 A업체의 청사이전 편익이 2억 원 늘어나더라도 순편익은 20−16=4억 원으로 여전히 E업체보다 작다.

오답 해설

ㄱ. 甲사무관은 입찰시스템에 등록된 A, C, E업체 중 공사 완공 기한인 7월 10일을 넘기는 C업체는 제외한다. 남은 업체의 순편익을 계산해 보면 A업체 18−16=2억 원, E업체 16−11=5억 원으로, 순편익이 가장 높은 E업체와 계약을 맺게 된다.

ㄹ. 안정성이 下인 E업체가 제외되면 모든 요건을 충족하는 남은 업체인 A업체와 계약을 맺게 된다.

[TIP]
주어진 조건하에서 각 대안 간 우위를 비교하여 최적 대안을 선택 하는 문제는 기업은행과 국민은행에서 다수 출제되고 있다. 문제에서와 같이 실제 은행과 직간접적으로 연관되어 있는 금융정책, 입찰, 예 · 적금 소재를 차용하였다.

한편 농협은행에서는 은행별 예상 물가상승률, 실제 물가상승률, 예금금리, 대출금리 현황을 제시하고 피셔효과에 의한 비교우위를 구하는 문제가 출제되어 응시자들을 당황스럽게 하였다.

24

정답 ④

[구조 파악]
제시문에는 금 관련 금융상품 4가지가 소개되고 있는데, A~D상품 모두 2011년 12월 30일 금 1g 가격(P) 50,000원을 기준으로 비용을 지급 혹은 납부하는 구조이다. 다만, 금 가격 변동에 따른 상황별 유불리를 계산할 때 C상품과 D상품에는 가입비 1,000원이 있다는 것이 주된 함정이 되므로 주의해야 한다.

정답 해설

④ 만약 P가 51,000원이라고 하면 C상품을 통해 1,000원을 받고, D상품은 받거나 납부해야 할 금액이 없다. 그런데 여기에 두 상품의 가입비 각 1,000원이 있으므로 총 1,000원의 손해를 보게 된다.

오답 해설

① 12월 30일에 P가 50,000원 이상이면 그 액수만큼 이익을 보고, 50,000원 이하이면 그 액수만큼 손해를 본다는 점에서 오늘 50,000원을 내고 금 1g를 사서 12월 30일에 파는 것과 A상품에 가입하는 것은 수익이 동일하다.

② C상품에 가입비 1,000원이 있다는 것 외에는 조건이 동일하기 때문에 가입비가 없는 A상품에 가입하는 것이 좋다.

③ 12월 30일에 오늘 산 금을 팔게 되면, P원을 받게 된다. 그리고 B상품과 관련하여 P가 50,000원 이하이면 그 차액을 받게 되고, 50,000원 이상이면 그 차액을 납부해야 한다. 즉, 50,000원 이하이면 총 P+(50,000−P)=50,000원이 남고, 50,000원 이상인 경우도 총 P−(P−50,000)=50,000원이 남는다.

⑤ 12월 30일에 다시 금 1g를 판다고 하면, 금을 팔 때 손해를 보는 만큼 D상품을 통해 이익을 얻고, 금을 팔 때 이익을 얻는 만큼 D상품을 통해 손해를 본다. 따라서 손해는 가입비 1,000원을 넘지 않는다.

[TIP]
23번 문제의 변형으로, 주어진 상황별 대안(방안)을 평가하는 유형이다. 그 밖에 금융 NCS 유형은 다음과 같다.

- 각 은행의 예/적금별, 대출별, 체크/신용카드별 주요 상품 정리(차이점 중심)

금융상품과 관련된 문제는 상품별 지급 조건, 지급액, 상품 간 차이점 등을 명료하게 파악하는 것이 중요하다.

25

정답 ①

[구조 파악]
질문지를 통해 甲은 (1) 주말영농을 위해 A농지 2,000m²를 구입하였고, (2) B농지 15,000m²를 상속받았다는 점을 알 수 있다. <보기> ㄱ~ㄷ에서는 甲이 농업인이 아니라는 전제하에, ㄹ에서는 甲이 농업인이라는 전제하에 농지 A와 농지 B의 소유 가능 여부를 묻고 있음에 유의한다. 또한 농지 소유의 원칙과 예외, 그리고 예외의 예외를 구분하여 파악하여야 한다.

정답 해설

A농지는 주말영농을 위한 농지, B농지는 상속받은 농지이다.

ㄷ. 두 번째 조건의 ②에 의해 B농지 중 10,000m²까지는 임대할 수 있고, 나머지 5,000m²는 처분하여야 한다.

오답 해설

ㄱ. A농지는 1,000m² 이상이며 甲이 직접 농작물을 경작하는 경우이므로, 첫 번째 조건에 의해 농업인으로 볼 수 있다.

ㄴ. A농지 2,000m² 중 주말 · 체험영농 농지로는 1,000m²가 인정되고, 나머지 1,000m²는 세 번째 조건에 의해 1년 이내에 처분하여야 한다. 주말 · 체험영농 농지로 인정된 1,000m² 역시 정당한 사유 없이 주말영농에 이용하지 않는 경우 세 번째 조건에 의해 1년 이내에 그 농지를 처분하여야 한다.

ㄹ. 직장을 그만두고 귀농한 경우에는 A농지가 더 이상 주말영농을 위한 농지가 아니므로 계속 소유할 수 있다. B농지 역시 두 번째 조건의 ②에 의해 한국농촌공사에 임대하며 모두 소유할 수 있다.

[TIP]
문제에서 묻는 대상이 법규정을 따를 때 어느 부분에 적용되는지를 예측하는 유형이다. 하나은행을 제외한 5개 은행(국민, 기업, 농협, 신한, 우리)에 두루 출제되고 있다. 특히 국민은행에서는 회원등급 규정에 의거한 VIP고객 판단, 농협은행에서는 해외유학생 중 특정 금융상품 가입 가능 여부를 판단하는 문제가 출제되었다.

26

정답 ①

[구조 파악]
방문을 여닫을 때 1,000mm의 간격이 필요하다는 첫 번째 조건과 직사각형 방 그림을 통해 위쪽은 2,000mm, 아래 쪽은 3,000mm, 왼쪽은 3,400mm, 오른쪽은 2,400mm이 각 면의 가용공간임을 파악하는 것이 접근의 출발점이다. 각 선택지를 검증할 때 배치가 불가능할 것으로 예상되는 한 면만을 기준으로 계산하여 빠르게 배치 가능 여부를 검증한다.

정답 해설

① • 가로 위: 침대 1,500+테이블 450+방문 1,000=2,950mm
→ 가능
• 가로 중간: 침대 1,500+서랍장(500+400)=2,400mm
→ 가능

• 세로 왼쪽: 침대 2,110+붙박이 장롱(650+550)=3,310mm → 가능
• 세로 오른쪽: 방문 1,000+서랍장 1,100+붙박이 장롱(650+550)=3,300mm → 가능

오답 해설

② • 가로 위: 붙박이 장롱(650+550)+서랍장 1,100+방문 1,000=3,300mm → 불가능
• 가로 아래: 붙박이 장롱(650+550)+테이블 450+침대 1,500=3,150mm → 불가능

③ • 가로 위: 서랍장 1,100+화장대 1, 000+방문 1,000=3,100mm → 불가능
• 세로 왼쪽: 서랍장(500+400)+침대 1,500+붙박이 장롱(650+550)=3,600mm → 불가능

④ 붙박이 장롱을 열 수 없으므로 불가능

⑤ • 가로 위: 붙박이 장롱(650+550)+화장대 1,000+방문 1,000=3,200mm → 불가능
• 가로 아래: 붙박이 장롱(650+550)+침대 2,110=3,310mm → 불가능
• 세로 오른쪽: 방문 1, 000+서랍장 1, 100+침 대 1,500=3,600mm → 불가능

[TIP]
기업은행에서 회의장들의 배치도를 보여 주고 주어진 조건에 부합하는 회의장을 선택하는 문제로 유사 출제되었다.
계산에 들어가기 전에 각 선택지의 배치도를 대략적으로 살펴보면서 한눈에 보기에도 붙박이 장롱을 열 수 없어 배치가 불가능한 ④와 같은 선택지를 우선 소거하면 시간을 절약할 수 있다.

27

정답 ④

[구조 파악]
A, B펀드가 (1) 투자하는 통화의 종류, (2) 수익으로 지급하는 통화의 종류를 우선 파악한 후, 투자 대상이 되는 채권의 통화 종류에 따라 환율이 변수로 작용함을 인지하고 각 <보기>의 정오를 판단하여야 한다.

정답 해설

ㄴ. 100억 원을 전액 원화 채권에 투자하면 1년 후에는 110억 원이 된다. 반면 전액 달러화 채권에 투자하면 1,000만 달러를 투자하는 셈이 되고, 수익률이 5%이므로 1년 후에 1,050만 달러가 된다. 이를 1년 후 환율 1,050원/달러로 계산하면 110억 2,500만 원이 된다. 따라서 전액 달러화 채권에 투자할 것이다.

ㄹ. 1,000만 달러를 원화 채권에 투자하면 95억 원을 투자하는 셈이고 1년 후에는 104억 5,000만 원이 된다. 이를 1년 후 환율인 1,000원/달러로 계산하면 1,045만 달러가 된다. 이는 1,000만 달러를 달러화 채권에 투자해서 얻는 1,050만 달러보다 적은 금액이다.

ㅁ. 1년 후 환율이 현재와 같다면 환율과 관계없이 A펀드와 B펀드 모두 수익률이 높은 원화 채권에 투자할 것이다.

오답 해설

ㄱ. 1,000만 달러를 전액 원화 채권에 투자하면 현재 환율에 따라 100억 원을 투자하는 셈이 되고, 수익률이 10%이므로 1년 후에 110억 원이 된다. 이를 다시 환율 950원/달러로 계산하면 약 1,158만 달러가 된다. 반대로 전액 달러 채권에 투자하면 수익률이 5%이므로 1년 후에 1,050만 달러가 된다. 따라서 전액 원화 채권에 투자할 것이다.

ㄷ. 달러를 원화로 환산하는 식은 달러액×환율이므로, 환율이 하락할수록 달러화 채권에 투자하여 얻는 수익이 줄어든다. 그런데 ㄴ에서 1,050원/달러일 경우 달러화 채권의 수익이 더 컸으므로, 두 채권에 동일한 수익을 가져다주는 1년 후 환율은 1,050원/달러 미만이다.

[TIP]
24번 문제와 같이 주어진 상황별 대안(방안)을 평가하는 유형이다. <정보>를 통하여 기본적인 내용을 정리한 후 <보기>에 적용하면 시간을 절약할 수 있다. 원화 채권 수익률(10%)은 달러화 채권 수익률(5%)의 두 배이므로 환율이 변동하지 않을 때에는 원화 채권에 투자하는 것이 유리하다. 하지만 환율이 하락하는 경우 달러화로 투자한 후 수익을 다시 달러화로 지급하는 A펀드는 원화 채권 투자로 발생한 원화 수익은 동일하지만 더 많은 달러화로 바꿀 수 있으므로 이득이 더 커진다.

28

정답 ③

[구조 파악]
제시문은 (1) 바코드의 발명과 특허, (2) 바코드의 표시 원리에 대해 설명하고 있다. 문제 풀이를 위해 실질적으로 필요한 정보는 (2) 부분으로, 특히 하단의 그림이 바코드 체계의 이해에 도움이 된다. 수의 크기에 영향을 주는 2, 3, 4번 줄의 'n번째 자리'라는 표현이 각 '2N'이라는 내용을 통하여 이진수의 오른쪽 정렬 기준임을 파악하여 대소를 판단하여야 한다.

정답 해설

1번 줄은 기준이기 때문에 모든 바코드에 동일하게 들어간다. 따라서 2~4번 줄을 보고 이진수로 변환하면 된다.

(ㄱ) 10	(ㄴ) 111
(ㄷ) 110	(ㄹ) 1
(ㅁ) 0	(ㅂ) 11
(ㅅ) 101	(ㅇ) 100

따라서 큰 순서대로 나열하면
(ㄴ)>(ㄷ)>(ㅅ)>(ㅇ)>(ㅂ)>(ㄱ)>(ㄹ)>(ㅁ)이다.

[TIP]
기업은행에서 상품식별코드(GTIN)와 주민등록번호를 분류 체계로

해석하는 문제가, 농협은행에서 보험회사의 질병 분류를 소재로 사례에 적용 및 해석하는 문제가 출제되었다. 소재의 성격은 다르지만 기업은행에서 산업은행의 부서 분류가 출제되었다. 특히 상품식별코드는 기업은행에서 2회에 걸쳐 출제되었으므로 구성체계를 익혀 두는 것이 좋겠다.

이 문제의 선택지에는 (ㄱ)~(ㅇ)이 모두 열거되지 않았다. 따라서 (ㄴ)이 가장 큰 수라고 해서 ①, ② 중에 정답을 찾는 실수를 해서는 안 된다. 나열한 <보기>의 순서와 각 선택지의 순서가 맞는지 판단하면 된다.

29

정답 ③

[구조 파악]

A기준안과 B기준안의 차이점에 주목하여 해결해야 하는 문제이다. 특히 (1) 두 기준안의 배점 차이가 큰 항목, (2) 한 기준안에는 배점이 없으나 다른 기준안에는 배점이 있는 항목, (3) 한 기준안에는 평가요소가 나뉘어 있지 않지만 다른 기준안에는 평가요소가 나뉘어 있는 항목에 주목해야 한다.

정답 해설

ㄱ. 가구원 수가 1인인 경우에는 동일건물거주 가구원수 항목에서 가장 낮은 점수를 받게 되기 때문에 대상자로 선정되기가 상대적으로 어렵다.

ㄴ. 주거비 부담 능력은 소득과 연관되는데 A안은 소득에 따른 차등을 두지 않고 있으므로 옳은 설명이다.

ㅁ. A안에서는 소득 점수를 받지 못하지만 B안에서는 소득 점수 60점을 받게 되므로 B안을 따를 경우 대상자로 선정될 가능성이 높다.

오답 해설

ㄷ. 다른 항목들은 대체로 배점이 비슷한데, 소득 항목의 경우 A안에서는 아예 배점이 없는 데 반해 B안에서는 30점의 점수 차가 발생할 수 있고, 주거지원필요성 항목에서도 A안은 최대 10점의 점수 차가 발생할 수 있는 데 반해 B안에서는 최대 40점의 점수 차가 발생할 수 있다.

ㄹ. 甲은 A안을 따를 경우 당해지역연속 거주기간 20점, 동일건물거주 가구원수 15점, 세대주연령 15점, 최저주거기준 미달 여부 10점으로 총 60점을 받고, B안을 따를 경우 각각 10점, 20점, 20점으로 총 50점을 받게 된다. 따라서 두 안의 점수 차이는 10점이다.

[TIP]

동일한 상황에서 변수에 의한 결과 변동을 예측하거나 평가하는 유형이다. 기업은행에서는 전자금융거래이용약관 변경에 따른 영향을 묻는 문제로, 국민은행에서는 예금이자율 변경에 따른 수령액 변화를 계산하는 문제가 유사 출제되었다.

30

정답 ⑤

[제시문 해설]

제시문은 (1) 역량기대격차를 정의하고, (2) 각 계층별로 스스로 중요하다고 여기는 역량과 타 계층에서 요구하는 역량의 차이를 예시로 들고 있다. 이를 표로 정리하면 다음과 같다.

역량 요구자 / 역량 발휘자	정책관리계층 (4급 과장 이상)	정책실무계층 (5급 사무관)	실무집행계층 (6급 주무관 이하)
정책관리계층 (4급 과장 이상)	전략적 사고, 전문가 의식	합리적 의사결정능력	조정통합능력
정책실무계층 (5급 사무관)	조직헌신도	문제해결 능력, 전문가 의식	문제인식 · 이해능력
실무집행계층 (6급 주무관 이하)	창의성	고객지향성	정보수집 처리 능력, 세밀한 일처리 능력

정답 해설

⑤ 제시문에 따르면 과장이 7, 9급 공무원에게 요구하는 것은 창의성이다. 조직을 위해 희생하고자 하는 마음은 창의성과 관련이 적다.

오답 해설

① 사무관이 과장에게 이성적 의사결정능력이 부족함을 지적하고 있으므로 옳다.

② 주무관이 사무관에게 사안의 본질 파악 능력이 부족함을 지적하고 있으므로 옳다.

③ 사무관이 8급 공무원에게 민원인 입장의 일처리를 요구하고 있으므로 옳다.

④ 주무관이 관리자의 업무가 부서 간 갈등과 오해 해결이라고 하고 있으므로 옳다.

[TIP]

우리은행에서 리더의 관리자적 역할을 제시하고 각 관리자의 행동이 이에 부합하는지 판단하는 문제가 유사 출제되었다. 그밖에도 직급 혹은 부서에 따른 역량기대격차와 관련된 문제로 충분히 응용될 수 있다. 역량으로 등장 할 수 있는 'OO능력, OO의식, OO지향성' 등의 용어들에 익숙해질 필요가 있다.

제02회 정답 및 해설

빠른 정답표

01	02	03	04	05	06	07	08	09	10
②	①	⑤	②	②	④	③	⑤	⑤	①
11	**12**	**13**	**14**	**15**	**16**	**17**	**18**	**19**	**20**
④	⑤	②	②	③	①	④	④	⑤	①
21	**22**	**23**	**24**	**25**	**26**	**27**	**28**	**29**	**30**
④	①	③	⑤	④	③	④	③	①	①

01

정답 ②

[제시문 해설] 경제인류학

①문단	경제인류학의 발전 배경
②문단	경제인류학의 한계
③문단	경제인류학의 관심 변화
④문단	신자유주의의 등장과 경제인류학의 도전

제시문이 제법 길지만 잘 짜인 논리적인 글이므로 구조만 잘 파악하면 어렵지 않게 의미를 이해할 수 있다.

정답 해설

② 2문단에서 경제학자들이 직접 현장에 뛰어든 결과 "정치적 이해관계가 종종 가난한 사람들보다는 부자들에게 이익이 돌아가도록 개발 정책을 심각하게 왜곡시킬 수 있음이 밝혀졌다."라고 말하고 있으므로 옳은 내용이다.

오답 해설

① 마지막 문단의 마지막 문장에서 "경제인류학자들은 ~ 이 모든 실패를 알면서도 계속해서 구조 조정을 권고하는 경제학자들의 논리에 도전해 왔다."라고 말하고 있으므로 옳지 않은 내용이다.

③ 마지막 문단을 보면 구조 조정을 진두지휘한 철학이 신자유주의라고 했는데, 경제인류학자들은 구조 조정을 권고하는 논리에 도전해 왔다고 하였으므로 제시문과 부합하지 않는 내용이다.

④ 3문단에서 "경제인류학은 ~ 정부기관들, 세금 체계, 불공정한 정책, 부패 등에 관심을 기울였다."라고 하였으므로 적절하지 않은 내용이다.

⑤ 3문단에서 "경제인류학자들은 현장 ~ 빈곤의 문제가 가난한 사람들 측의 '비논리적', '비합리적' 나아가 문화적 편견에 의한 행위에 기인하지 않는다는 것을 보여주었다."라고 하였으므로 제시문과 부합하지 않는 내용이다.

[TIP]

기업은행에서 수학이 시간의 흐름에 따라 인간사회에 기여한 과정이 유사 출제되었다. 대개 이런 글의 경우 '등장 배경 → 발전 과정 → 한계와 부작용 → 새로운 변화' 순의 논리적 구조를 이루고 있으므로 가장 먼저 구조 파악에 중점을 둬야 한다. 이러한 논리 구조를 갖춘 개념 중 금융권 NCS에서 출제될 만한 것은 다음과 같다.

- 데이터 주권(마이데이터 등)
- 금융의 탈중앙화(블록체인 등)
- 현금 없는 사회(○○페이 등)

02

정답 ①

[제시문 해설] 대체재와 대안재의 비교

①문단	대체재와 대안재 소개
②문단	대체재의 예시
③문단	대안재의 예시
④문단	대체재와 대안재의 반응 차이

두 가지 사안을 비교 · 대조하는 유형으로, 부합 여부를 파악하기 위해서는 두 가지 사안을 다음과 같이 구조화하여 접근하는 것이 적절하다.

구분	대체재	대안재
1문단	형태 X, 기능 O	형태 X, 기능 X
2문단	재무 소프트웨어와 회계사	–
3문단	–	영화관과 카페
4문단	판매자: 대안재 둔감, 대체재 민감	

정답 해설

① 마지막 문단에서 "판매자들은 ~ 반면에 대체재의 가격 변동, 상품 모델의 변화, 광고 캠페인 등에 대한 정보는 판매자들에게 매우 큰 관심거리"라는 내용과 부합하므로 옳은 설명이다.

오답 해설

② 마지막 문단의 "판매자들은 고객들이 대안 산업군 전체에서 하나를 선택하게 되는 과정을 주목하지 못한다."를 통해 이해가 부족함을 알 수 있다.

③ 2문단의 내용에 따라 재무 소프트웨어와 회계사는 대체재의 관계에 있음을 알 수 있다.

④ 소비자들이 대안재와 대체재 중 무엇을 더 선호하는지에 대한 내용에 대한 언급은 없다.

⑤ 3문단 내용을 통해 영화관과 카페는 대안재의 관계에 있음을 알 수 있다.

[TIP]

농협은행에서 데이터의 가공방식 두 가지를 비교 · 대조한 후 선택지의 사례가 어느 가공방식에 부합하는지 추론하는 형태로 유사 출제되었다. 데이터와 관련된 지문은 금융 NCS의 단골 소재이니 미리 관련 내용을 익혀 두면 실전에 도움이 될 것이다.
참고로 국민은행 시험에서는 데이터 3법(개인정보보호법, 정보통신망법, 신용정보법) 개정 이슈가 출제되었는데, 개정에 따른 금융 산업에서의 데이터 가공방식 변화(맞춤형 신용관리, 재무분석, 재테크 등)가 지문 내용이었다.
그밖에 최근 경제와 금융 이슈 중에서 서로 비슷하지만 다른 용어들에 대하여 두 가지를 비교 · 대조하는 문제가 나올 수 있으니 개념 정도는 미리 알아 두는 것이 좋다. 예상되는 주제는 다음과 같다.
- 생산적 금융과 포용적 금융
- CBDC(중앙은행 발행 디지털화폐)와 스테이블 코인

03

정답 ⑤

[구조 파악]
주어진 지문의 구조를 파악해 보면 (1) 꿈의 사고(생산)와 꿈의 작업(변형)과 (2) 꿈의 작업과정(무의식)＝언어과정으로 정리할 수 있다. 질문지에서는 '제목'으로 가장 적절한 것을 묻고 있으므로, 먼저 제시문의 주제를 파악한 다음 이를 알맞은 문구로 표현한 선택지를 찾으면 된다.

정답 해설

⑤ 1문단의 중심 내용은 꿈의 작업이 무의식의 상징적 재현이라는 것이고, 2문단의 중심 내용은 꿈의 작업 과정이 언어 과정과 유사하다는 것이다. 따라서 이 두 내용을 모두 포괄하는 '무의식과 언어 구조의 상동성'이 적절한 제목이다.

오답 해설

① 2문단에서는 꿈의 사고와 작업에 대해서 이야기하고 있지 않으므로 글 전체를 포괄하는 제목으로 보기 어렵다.
② 마지막 문장에서 은유와 환유가 언어의 두 축이라고만 언급되고 있을 뿐이므로 은유와 환유의 구조를 제목으로 삼는 것은 적절하지 않다.
③ 꿈의 작업과 무의식은 1문단의 중심 내용이기는 하나 2문단의 내용을 포괄하고 있지 않다.
④ 2문단에서 압축과 치환이 꿈의 대표적 메커니즘이라고 말하고 있지만 역시 글 전체를 관통하는 내용은 아니다.

[TIP]
글의 제목을 찾거나 문단별 주제를 구분하는 유형은 신한은행, 우리은행 등에서 종종 출제되고 있다. 출제빈도가 낮기는 하나 국민은행에서는 특정범죄 가중처벌 등에 관한 법률 중 음주운전과 관련하여 일명 '윤창호법'을 다룬 기사를 제시하고 중심 내용을 찾는 문제(2019 하)가 출제되었다. 그밖에 금융 영역에서 출제 가능한 주제들은 다음과 같다.
- 원유 선물을 기초로 한 ETN상품의 괴리율 확대(금융감독원의 소비자경고 발령)
- 지급결제에 있어서의 토큰화 과정

위 주제들의 최소한 개념 정도는 미리 익혀 두는 것이 좋겠다.

04

정답 ②

[제시문 해설] 전통에 대한 태도와 특성

(가)	전통에 대한 두 가지 태도
(나)	부정적 태도: 인습과의 혼동
(다)	긍정적 태도: 국수주의
(라)	전통의 특성: 역사성
(마)	부정적 태도: 단절
(바)	긍정적 태도: 복고주의
(사)	전통의 특성: 문화성

정답 해설

(가)의 내용을 통해 이후 전통을 부정하는 태도와 긍정하는 태도에 대한 내용이 이어질 것임을 알 수 있는데, (가)에서 '부정'이 '긍정'보다 먼저 언급되고 있으므로 (가) 바로 다음에는 부정에 대한 내용이 올 것임을 알 수 있다. 전통을 부정하는 내용의 단락은 (나)와 (마)인데, (마)에는 '전통을 부정하는 또 다른 논거'라는 표현이 있으므로 (나)가 (가)의 바로 다음에 위치하게 되고, 그다음 (마)가 와야 한다. (마)에서는 전통이 단절되었다고 보는 견해를 소개하면서 이 논리를 비판하며 마무리하고 있으므로 이어지는 내용으로 적합한 것은 이 비판의 내용이 상세하게 나와 있는 (라)와 (사)이며, 이후에 전통을 긍정하는 태도인 (바)와 (다)를 위치시키면 된다.
따라서 (가) → (나) → (마) → (라) → (사) → (바) → (다)의 순서로 배열하면 자연스러운 글이 된다.

[TIP]
기업은행, 우리은행 등의 은행권뿐만 아니라 여러 금융공기업에서도 시험마다 인문학, 철학, 과학기술 등 주제를 가리지 않고 문단 또는 문장의 순서를 배열하는 문제가 출제되고 있다. 이러한 유형은 지문에 대한 지식적 측면보다는 접속어, 문단 구성 등을 빠르게 파악하고 배치하는 기술적 측면이 더 중요하므로 반복 연습을 통해 실수를 줄이는 것이 무엇보다 중요하다.

05

정답 ②

[구조 파악]
먼저 주어진 조건들을 그 대우와 함께 기호화해 보자.

조건 1	A → B ≡ ~B → ~A
조건 2	(1) A → E ≡ ~E → ~A (2) C → E ≡ ~E → ~C
조건 3	D → B ≡ ~B → ~D
조건 4	~C → ~B ≡ B → C

이제 각 선택지에 맞게 서로 연결되는 조건들을 찾아 이어 보면 된다.

정답 해설

② A가 참석하는 경우 주어진 조건들을 연결해 볼 때 'A → B → C → E'는 도출되지만, 'A → D'는 도출되지 않는다. 따라서 A가 참석한다고 해서 반드시 D가 참석하는 것은 아니다.

오답 해설

① A가 참석하면 조건 1에 의해 B도 참석하고, B가 참석하면 조건 4의 대우에 의해 C도 참석한다.
③ C가 참석하지 않으면 조건 4에 의해 B도 참석하지 않고, B가 참석하지 않으면 조건 3의 대우에 의해 D도 참석하지 않는다.
④ D가 참석하면 조건 3에 의해 B도 참석하고, B가 참석하면 조건 4의 대우에 의해 C도 참석한다.
⑤ E가 참석하지 않으면 조건 2－(2)의 대우에 의해 C도 참석하지 않고, C가 참석하지 않으면 조건 4에 의해 B도 참석하지 않는다.

[TIP]

선택지 ②를 기호화하면 'A → D'인데, 이 명제가 도출되기 위해서는 일단 조건 1~4와 그 대우 중에 후건이 'D'인 명제가 있어야 하고, 이것이 'A'와 연결되어야 한다. 하지만 후건이 '~D'인 명제는 있어도, 'D'인 명제는 없으므로, 'A → D'는 반드시 참이 될 수는 없다.

참 · 거짓의 논리퀴즈형은 기업은행, 우리은행에서 반복 출제되고 있다. 우리은행에서는 4명 중 1명이 거짓이고 3명이 참일 때 참을 진술하는 사람을 찾는 문제와, 반대로 4명 중 1명이 참이고 나머지가 거짓일 때 참을 진술하는 사람을 찾는 문제가 출제되었다. 또한 범인의 인상착의, 수염, 복장에 대하여 3명이 각 한 개씩 참인 진술과 거짓인 진술을 할 때 이를 통해 범인이 누구인지 맞추는 형태로 응용되기도 하였다.

06

정답 ④

[구조 파악]

제시문에 무려 9개의 조건이 등장한다. 각 조건을 다음과 같이 구분하여 도식화 · 기호화하는 것이 필요하다.
(1) 각 사람이 배우는 언어 수(조건 1)
(2) 각 언어를 배우는 인원 수(조건 2, 3, 4, 5)
(3) 각 사람이 배우는 언어(조건 6, 7, 8, 9)

정답 해설

조건 6~8을 다음과 같이 기호화할 수 있다.
- 정희 → ~순이 (대우: 순이 → ~정희)
- 철수 → ~순이 (대우: 순이 → ~철수)
- 순이 → ~영희 (대우: 영희 → ~순이)
- 정희 → 영희 (대우: ~영희 → ~정희)

여기서 순이가 배우는 언어는 정희, 철수, 영희 모두 배우지 않는다는 점을 알 수 있다. 따라서 영어를 배우는 사람은 순이이며, 일어를 배우는 사람은 정희, 철수, 영희이다. 또한 영희가 배우지 않는다는 것은 정희도 배우지 않는다는 것이므로, 만약 영희가 불어와 독어를 배우지 않으면 인원수 조건에 어긋나게 된다. 따라서 영희는 불어와 독어도 배운다.

영어	불어	독어	일어
1명	2명	2명 이상	3명
순이	영희?	영희?	정희, 철수, 영희

[TIP]

참 · 거짓 논리퀴즈 유형의 연속선상에 있는 매칭형 논리퀴즈 문제이다. 기업은행에서는 세 개의 동아리 및 가입조건을 제시하고 세 명의 사람 중 댄스 동아리에 가입한 사람을 매칭하는 문제가 출제 되었다.

07

정답 ③

[구조 파악]

질문지에서 '~할 수 있는 위원의 최소 인원과 최대 인원'을 묻고 있으므로, 위원 수를 도출하는 경우의 수가 여러 가지임을 유추할 수 있다. 따라서 제시문에 등장하는 6개의 조건 중 우선적으로 경우의 수로 나눌 수 있는 것을 찾아야 한다.

정답 해설

먼저, 조건 1에 따라 경우의 수를 다음과 같이 세 가지로 정리해 볼 수 있다.
(1) A 참석, B 불참
(2) A 불참, B 참석
(3) A 참석, B 참석

다음으로, 조건 2~6을 그 대우와 함께 기호화하면 다음과 같다.
- 조건 2: A → C ≡ ~C → ~A
- 조건 3: ~B → ~D ≡ D → B
- 조건 4: C → D∨E ≡ ~D∧~E → ~C
- 조건 5: ~E → C ≡ ~C → E
- 조건 6: D∧E → ~B ≡ B → ~D∨~E

(1) A 참석, B 불참
- A → C → D∨E
- ~B → ~D

따라서 이 경우에는 A, C, E 3명이 참석하게 된다.

(2) A 불참, B 참석
- ~A
- B → ~D∨~E

여기서 C가 참석하면 D와 E 중 한 명은 참석해야 하므로 3명이 참석하게 되고, C가 불참하면 E가 참석하게 되므로 2명이 참석하게 된다.

(3) A 참석, B 참석
- A → C → D∨E

• B → ~D∨~E
따라서 이 경우에는 A, B, C 그리고 D와 E 중 1명이 참석하여 총 4명이 참석하게 된다.
(1)~(3)의 경우를 종합해 보면, 위원으로 위촉할 수 있는 인원은 최소 2명, 최대 4명이다.

[TIP]
기업은행에서 예금 또는 대출 통장 7개를 제시하고, 주어진 조건을 고려할 때 예금이 될 수 있는 통장의 수, 대출이 될 수 있는 통장의 수를 파악하는 문제가 유사 출제되었다.

08

정답 ⑤

정답 해설

⑤ <그림>에서 2011년 엥겔계수는 14.18이고, 주석 1)의 엥겔계수 공식에 의해 $14.18=\frac{E}{D}\times 100$이다. 한편 <그림>에서 2011년 슈바베계수는 10.15이고, 주석 2)의 슈바베계수 공식에 의해 $10.15=\frac{20,300}{D}\times 100$이므로 D는 200,000이다. 따라서 E는 28,360이다.

오답 해설

① <그림>에서 2008년 엥겔계수가 14.11이고, 엥겔계수 공식에 의해 $14.11=\frac{A}{100,000}\times 100$이므로, A는 14,110이다.
② <그림>에서 2009년 슈바베계수가 9.81이고, 슈바베계수 공식에 의해 $9.81=\frac{B}{120,000}\times 100$이므로, B는 11,772이다.
③ 주석 3)의 계수 차이 공식에 의해 C는 $|13.86-10.07|=3.79$이다.
④ <그림>에서 2011년 슈바베계수는 10.15이고, 주석 2)의 슈바베계수 공식에 의해 $10.15=\frac{20,300}{D}\times 100$이므로 D는 200,000이다.

[TIP]
자료해석 풀이를 위해 공식을 활용해야 하는 경우 기본적인 응용 형태를 익혀두면 도움이 된다.

예 $A=\frac{C}{B}$일 때 → $C=A\times B$ → $B=\frac{C}{A}$

지표의 계산에 기초한 자료해석 문제는 국민은행에서 연도별 고용지표를 제시하여 연도 간 비교를, 농협은행에서 기계화지수와 신문 기사를 제시하여 해석하는 문제로 유사 출제되었다.
추가적으로 알아 두면 도움이 될 만한 지표는 다음과 같다. 아래 내용은 최소한 개념만이라도 미리 익혀두어야 한다.
• 소득5분위배율과 상대적 빈곤율
• 조출생률과 합계출산율
• 지니계수와 로렌츠곡선

09

정답 ⑤

[구조 파악]
<표>와 <산식>이 자료로 제시되어 있는데, <산식> 을 통해 '5일이동평균'이 의미하는 바를 이해해야 한다. 특히 <표>에서 '일별주가'와 '5일이동평균'에 모두 빈칸이 있으므로, 이 두 항목 간의 움직임을 파악하는 것이 중요하다.

정답 해설

ㄴ. 7거래일의 5일이동평균은 (7,620+7,720+7,780+7,820+7,830)/5=7,754이다. 따라서 5일이동평균은 거래일마다 상승하였다.
ㄷ. 직전거래일 대비 상승 금액을 계산해 보면, 2거래일 40, 3거래일 30, 4거래일 100, 5거래일 60, 6거래일 40, 7거래일 10, 8거래일 −30이다. 따라서 4거래일의 일별 주가가 직전거래일 대비 가장 많이 상승하였다.
ㄹ. 5거래일 이후 일별 주가와 5일이동평균의 차이는 128, 114, 76, 10으로 거래일마다 감소하였다.

오답 해설

ㄱ. 8거래일의 일별 주가를 x라고 하면, $(7,720+7,780+7,820+7,830+x)/5=7,790$이고, x는 7,800이다. 따라서 8거래일의 일별 주가는 7거래일보다 하락하였다.

[TIP]
ㄴ을 풀 때에는 정확한 수치를 계산할 필요 없이 직전 거래일 5일이동평균에 비해 증가했는지 감소했는지만 확인하면 된다. 7거래일 5일이동평균 계산에는 6거래일 5일이동평균 계산에서 2거래일 일별 주가가 빠지고 7거래일 일별 주가가 들어가는데, 7거래일 일별 주가가 2거래일 일별 주가보다 크므로 5일 이동평균 역시 커진다.

10

정답 ①

[구조 파악]
<그림 1>은 외국기업의 국내 '농 · 축 · 수산 · 광업', '제조업', '서비스업', '전기 · 가스 · 수도 · 건설업'에 대한 투자건수의 '비율'을 나타낸 것이고, <그림 2>는 이 산업들 중에서 '서비스업'만을 뽑아내 투자건수 및 총투자금액의 '값'을 보여 주고 있다. 이 점에 유의하여 비례식 등을 활용해 문제를 해결하면 된다.

정답 해설

① 국내 투자건수는

$\frac{\text{국내서비스업투자건수}}{\text{국내투자건수 대비 서비스업투자건수비율}}\times 100$이다.

따라서 2009년의 국내 투자건수는 $\frac{680}{65.9}\times 100=1,032$이고, 2010년의 국내 투자건수는 $\frac{687}{68.7}\times 100=1,000$으로 2010년 투자건수가 2009년보다 적다.

오답 해설

② 2008년 서비스업의 비율이 67.8%이고 투자건수는 572건이라는 점을 이용해 비례식을 세우면 된다. 농 · 축 · 수산 · 광업의 투자건수를 x라고 하면 $67.8 : 572 = 5.9 : x$이고, 계산해 보면 x는 49.7로 약 49건이다.

③ 2010년(13.6%)은 2009년(17.1%)보다 감소하였다.

④ 2008, 2010, 2011년은 서비스업 - 제조업 - 전기 · 가스 · 수도 · 건설업 - 농 · 축 · 수산 · 광업의 순이지만, 2009년은 전기 · 가스 · 수도 · 건설업과 농 · 축 · 수산 · 광업의 순위가 바뀌었다.

⑤ 정확하게 수치를 계산하지 않아도 <그림 2>의 그래프 흐름만 보면 알 수 있다. 투자건수를 나타내는 2010년의 막대그래프는 2009년에 비해 높아졌지만, 총투자금액을 나타내는 선그래프는 2009년에 비해 하락했다. 따라서 2010년의 투자건당 투자금액은 전년에 비해 감소하였음을 알 수 있다.

[TIP]

국민은행에서 **정부지출, 수입, 수출을 소재로 세부 항목별 '값'과 구성 '비율'을 파악 · 검증하는 문제**로 유사 출제되었다. 그 밖에 금융 NCS로 출제가능한 유형은 아래와 같다.

- 금융상품의 판매 값과 시장 점유율
- VIP고객의 수와 연령별 비율

11 정답 ④

[구조 파악]

<그림 1>, <그림 2>, <표 1>을 통해 건설시장을 '주택', '비주택', '사회기반시설' 부문으로 나눌 수 있고, 여기에서 '주택'은 다시 '16층 이상', '11~15층', '6~10층', '3~5층', '2층 이하'로 나뉜다는 점을 확인할 수 있다. 또한 <표 2>는 국가별 건설시장 전체의 시장규모를 나타내고 있다. 이처럼 주어진 자료들을 빠른 시간 내에 구조적 · 유기적으로 파악할 수 있어야 한다.

정답 해설

질문지의 첫 질문인 (가)국은 <표 2>와 <그림 1>을 활용하여 '건설시장의 시장 규모×주택의 시장규모 구성비'를 산출해 내면 된다.

- A국: 50조 원×0.28=14조 원
- B국: 150조 원×0.29=43조 5천억 원
- C국: 100조 원×0.23=23조 원
- D국: 200조 원×0.28=56조 원
- E국: 250조 원×0.26=65조 원

따라서 질문지의 주택부문 시장규모가 가장 큰 국가인 (가)국은 E국이다.

질문지의 두 번째 질문인 (나)국은 첫 번째 질문에서 구한 값에 <그림 2>의 16층 이상 시장규모 비율을 곱하면 된다.

- A국: 14조 원×0.45=6조 3천억 원
- B국: 43조 5천억 원×0.25=10조 8,750억 원
- C국: 23조 원×0.09=2조 700억 원
- D국: 56조 원×0.51=28조 5,600억 원
- E국: 65조 원×0.3=19조 5천억 원

따라서 16층 이상 시장규모가 두 번째로 작은 국가는 A국이다.

[TIP]

농협은행에서 **<표>에는 도시별 도로 길이 · 자동차 등록대수 · 인구를 제시하고, <그래프>에는 도시별 사망자 수 · 교통사고 건수 · 부상자 수를 누적막대그래프로 제시하여 본 문제와 같이 연결형 유형으로 a) 순서를 나열하고 b) 선택지에서 자료들을 연결하여 수치를 비교하는 방식**으로 유사 출제되었다.

12 정답 ⑤

[구조 파악]

자료가 4개나 제시되므로, 이 중 어떤 자료에 접근해야 하는지를 빠르게 파악하는 것이 관건이다. ㄱ은 <그림 1>, ㄴ은 <그림 1>과 <그림 2>, ㄷ은 <표 1>, ㄹ은 <그림 1>, <그림 2>, <표 2>를 통해 정오를 판단할 수 있다.

정답 해설

ㄴ. <그림 1>에서 C국 관련 진술, <그림 2>에서 D국 관련 진술이 옳은 내용임을 확인할 수 있다.

ㄷ. <표 1>에서 매년 증가한 국가가 A국과 D국임을 알 수 있다.

ㄹ. 11번의 첫 번째 질문에서 구한 주택부문 시장규모 값에 <그림 2>에 나타난 3~5층과 6~10층의 구성비의 합을 곱해주면 된다. 계산하면 A국 3조 8백억 원, B국 17조 4천억 원, C국 10조 3,500억 원, D국 6조 1,600억 원, E국 15조 6천억 원으로, B국의 시장규모가 가장 크다는 것을 알 수 있다.

오답 해설

ㄱ. A국은 비주택 시장규모 비율이 가장 낮다.

13 정답 ②

[구조 파악]

<표 2>에 기업의 성별 임원 근무 현황으로 평균, 최솟값, 최댓값을 제시하고 있다. 이때 남성 최솟값 · 최댓값을 갖는 기업과 여성 최솟값 · 최댓값을 갖는 기업이 서로 다른 기업일 수 있다는 점을 인지하는 것이 문제 풀이에 있어서 중요한 요소이다.

정답 해설

② 알 수 없는 내용이다. <표 2>에서 기업당 남성 임원 수의 최솟값이 2이고, 여성 임원 수의 최솟값이 0이라고 해서 이 둘을 더하면 안 된다. 남성 임원이 2명인 기업과 여성 임원이 0명인 기업이 서로 다른 기업일 수 있기 때문이다.

오답 해설

① <표 1>의 빈칸을 구해 보면 된다. 100−(29.30+15.71+4.67+1.27+0.64+0.42+0.11+0.11)=47.77%이므로 절반 이하

이다. 간단한 계산법으로 소수점 둘째자리에서 버림을 하여 계산을 해도 48%가 나오므로 절반 이하라는 것을 알 수 있다.

③ <표 2>를 보면 연령의 최솟값은 남성 26, 여성 29로 남성이 낮지만, 평균 연령은 남성 51.07, 여성 46.70으로 남성이 높다.

④ <표 3>을 통해 전체 임원 대비 여성 임원 비율을 계산해 보면 대략 7급이 $6/22 \times 100 = 27\%$로 가장 높고, 1급이 $7/1,119 \times 100 = 0.6\%$로 가장 낮다.

⑤ <표 3>을 보면 남성 33.21%, 여성 43.00%로 4급의 비중이 가장 크다.

[TIP]

기업은행에서 근무기관별 남 · 녀 직원 현황 자료를, 신한은행에서는 지역별 외국인과의 혼인 인원 및 남 · 녀 자녀 수 현황 자료를 제시한 후 이를 연결하여 수치를 비교하는 형태로 유사 출제되었다. 이러한 유형에 대비하기 위해 금융감독원 전자공시시스템(일명 DART) 접속 후 IBK기업은행(또는 국민은행 등)의 사업보고서 → 임원 및 직원 등의 현황 → 직원 현황 자료 등을 읽고 해석하는 연습을 해두면 실전에 도움이 될 것이다.

14

정답 ②

[구조 파악]

<표>는 우리나라 성인의 예방행동 및 의료이용률에 대한 자료이고, <그림 1>은 이 중 '도시'에 거주하는 성인, <그림 2>는 '농어촌'에 거주하는 성인의 예방행동 및 의료이용률을 나타내고 있으며, <보기>는 이 자료들을 토대로 작성되었다. 빠른 문제 풀이를 위해 (1) <표>와 <그림>이 나타내는 바를 대강 파악한 후, (2) <보기>의 (ㄱ)을 읽고 자료로 올라가 정오를 판단 하고, 다시 (ㄴ)을 읽고 자료로 올라가 정오를 판단하는 식으로 정답을 찾으면 된다.

정답 해설

(ㄱ) 전체 건강검진수진율은 지속적으로 증가하고 있고, 1998년과 2009년을 비교했을 때 여자는 42.8%에서 46.7%로 3.9%p 증가하였고, 남자는 55.7%에서 53.6%로 2.1%p 감소하였다.

(ㄷ) 2005년 대비 2007년의 인플루엔자 예방접종률은 남자 30.1% → 25.1%, 여자 40.1% → 31.5%로 모두 감소하였고, 같은 기간 연간미치료율은 남자 15.3% → 18.5%, 여자 17.4% → 25.9%로 모두 증가하였다.

오답 해설

(ㄴ) 2009년 도시지역 성인거주자의 건강검진수진율은 2007년에 비해 $49.4 - 46.8 = 2.6\%p$ 증가하였고, 농어촌 성인거주자의 2009년 건강검진수진율은 1998년보다 $52.3 - 45.1 = 7.2\%p$ 증가하였다.

(ㄹ) 조사년도는 2001, 2005, 2007, 2009년이므로 '매년'의 수치는 알 수 없다.

(ㅁ) 도시와 농어촌 모두 증가와 감소를 반복하며 특정한 경향을 보이지 않고 있다.

15

정답 ③

[구조 파악]

질문지에는 A와 B의 총급여가 나타나 있고, <표>에는 A와 B의 소득공제자료, <정보>에는 소득공제금액을 구하는 방식이 제시되어 있다. <표>에서 소득공제 항목별로 한도액이 있다는 점에 유의하면서 <보기>에서 묻고 있는 내용을 계산해 나가면 된다.

정답 해설

ㄱ. A의 ㉡이 0원이므로 ㉡≤㉠−(총급여의 3%−㉡)이 적용된다. A의 총급여는 1,600만 원이므로 1,600만 원×0.03 =48만 원이다. 따라서 A의 의료비 소득공제금액은 55만 원 −48만 원=7만 원이 된다.

ㄷ. B의 70만 원+중학생 자녀 1명의 260만 원+대학생 자녀 1명의 900만 원(한도액 적용)=1,230만 원이다.

ㅁ. 보험료 소득공제금액은 보험료 지출액 전액이므로 B의 보험료 소득공제금액은 70만 원이고 교육비 소득공제금액은 1,230만 원이며 의료비 소득공제금액은 140만 원이다. 또한 B의 총급여 4,000만 원의 25%는 1,000만 원이고 이를 초과하는 신용카드 등 사용액은 1,200만 원−1,000만 원=200만 원이다. 따라서 200만 원×960만 원/1,200만 원×0.2=320,000원과 200만 원×240만 원/1,200만 원×0.25=100,000원을 합한 42만 원이 신용카드 등 소득공제금액이 된다. 결국 B의 총 소득공제금액은 보험료 70만 원+교육비 1,230만 원+의료비 140만 원+신용카드 등 42만 원=1,482만 원이다.

오답 해설

ㄴ. B의 연간 총급여는 4,000만 원이므로 4,000만 원×0.03 =120만 원이고 B의 ㉡은 160만 원이다. 따라서 ㉠+[(㉡−총급여의 3%)와 700만 원 중 작은 금액]이 적용되는데 ㉡−총급여의 3%=40만 원이 700만 원보다 작다. B의 ㉠은 100만 원이므로 결국 B의 의료비 소득공제금액은 100만 원+40만 원=140만 원이 된다.

ㄹ. 신용카드 등 소득공제 한도액은 근로자 총급여의 20%와 300만 원 중 적은 금액이다. A의 총급여 1,600만 원의 20%는 320만 원이고 이는 300만 원보다 크므로 A의 한도액은 300만 원이 된다.

[TIP]

우리은행에서는 소득세 누진세율 계산식을 단순화하여 납부할 세액을 구하는 문제로 유사 출제되었다. 참고로 비례세율은 보통 단일세율로 세율이 고정되어 있는 경우를 말하며 부가가치세가 대표적이다. 반면 과세표준의 크기에 따라 여러 가지 다른 세율이 적용되는 경우가 있는데, 소득세와 상속 · 증여세가 대표적이다.

16

정답 ①

[구조 파악]

총 4개의 <정보>가 제시되어 있는데 각 정보에 해당하는 주제 분야를 찾기 위해 모든 분야를 일일이 계산할 필요는 없다. (1) 어림산을 통해 후보 분야를 추려 내고, (2) 이 후보 분야의 값을 중심으로 계산하는 것이 시간 절약에 도움이 된다.

정답 해설

- 첫 번째 정보: 총 논문수 대비 총 저자수가 많아 보이는 의약학과 농수해양을 비교해 보면 된다. 농수해양의 총 논문수와 총 저자수에 각각 3을 곱하면 비교가 쉬운데, 계산해 보면 의약학의 평균 저자수가 더 많다.
- 두 번째 정보: 학술지당 평균 저자수가 복합학(30,608/100=306.08) 다음으로 적은 분야, 즉 306.08보다 살짝 많을 것 같은 분야를 찾으면 된다. 이 분야는 사회과학(216,282/676≒320)이다.
- 세 번째 정보: 논문당 평균 저자수가 4명보다 많은 분야는 의약학과 농수해양인데 이 중 논문당 평균 참고문헌수가 10권을 넘지 않는 분야는 농수해양이다.
- 네 번째 정보: 논문당 평균 저자수가 2명보다 적은 분야는 인문학, 사회과학, 예술체육, 복합학인데 이 중 논문당 평균 참고문헌수가 12권 이상으로 사회과학 다음으로 많은 분야는 복합학이다.

따라서 <정보>에서 언급하고 있는 분야는 의약학, 사회과학, 농수해양, 복합학이다.

[TIP]

기업은행에서 논문 수와 SCI논문 수 자료를 각각 제시하고, 논문 수 대비 SCI논문 수가 일정 비율을 초과하는 분야를 고르는 문제로 출제되었다. 금융 NCS에서는 지역별 일반고객 수, VIP고객 수, 기업고객 수를 파악하는 유형 또는 주요 대출상품의 판매액, 예대마진과 수익, 연체율 등을 제시하고 이를 해석하는 유형으로 출제될 수 있다.

17

정답 ④

[구조 파악]

주어진 <약관>의 구조를 파악해 보면 다음과 같다.

(1) 대상: 회원의 종류
(2) 법적 효력: 카드사용의 일시정지 또는 해지
(3) 권리와 의무: 카드사의 의무

질문지에서는 '일시정지 또는 해지될 수 없는 경우'를 묻고 있으므로 <약관>을 읽을 때 그에 해당되는 부분에 집중해야 한다.

정답 해설

④ 제00조(카드사용의 일시정지 또는 해지) 제1항 제2호에 따르면 카드사용 대금의 연체로 카드사가 회원에게 일시정지 또는 해지를 통보할 수 있는 경우는 3회를 연속하여 연체한 경우이다.

오답 해설

① 제00조(카드사용의 일시정지 또는 해지) 제3항에서 본인회원은 가족회원의 동의 없이 가족회원의 카드사용의 일시정지 또는 해지를 통보할 수 있다고 하고 있다.
② 제00조(회원의 종류) 제1항에 의해 가족회원도 회원에 속함을 확인할 수 있고, 제00조(카드사용의 일시정지 또는 해지) 제2항에 의해 회원인 C는 카드사에 언제든지 카드사용의 일시정지를 통보할 수 있음을 알 수 있다.
③ 제00조(카드사의 의무 등) 제1항에 의해 카드사는 1년간 카드를 사용하지 않은 회원에게 전화로 해지 의사를 확인할 수 있고, 제2항에 의해 회원이 해지의사를 밝히면 그 시점에 계약이 해지된다.
⑤ 제00조(카드사용의 일시정지 또는 해지) 제1항 제1호에 의해 입회신청서의 기재사항을 허위로 작성한 경우 카드사는 F에게 카드사용의 일시정지를 통보할 수 있다.

[TIP]

여러 은행에서 법 · 규정 · 약관을 제시한 후 사례에 적용하거나 계산하는 유형으로 자주 출제되고 있다. 국민은행에서는 외화송금서비스 이용약관(및 외국환거래법)을 제시하고 관련 내용을 파악 · 검증하는 문제가 유사 출제되었다. 금융 NCS에 대비하기 위해서는 다음의 내용을 미리 익혀 둘 필요가 있다.

- 대학생들에게 익숙한 체크카드 개인회원 약관
- 전자금융 관련 약관
- 위치기반서비스 이용약관
- 계좌이동서비스 이용약관

18

정답 ④

[구조 파악]

제시문을 살펴보면 (1) 현금영수증의 발급 기준, (2) 위반 시 조치, (3) 예외 사항으로 나눌 수 있다. 제시문의 내용을 파악한 후, <보기>의 사례에 적용해 나가면 된다.

정답 해설

ㄱ. 사업자는 대금 일부를 현금으로 받은 경우라도 30만 원 이상의 거래금액에 대하여 소비자가 요청하지 않아도 현금영수증을 발급하여야 한다(세금계산서 발급은 제외).
ㄴ. 먼저 과태료를 계산해 보면 현금영수증 미발급금액인 40만 원의 50%이므로, 20만 원이 된다. 포상금은 과태료의 20%이므로 B는 4만 원을 포상금으로 받게 된다.
ㄹ. 사업자의 현금영수증 발급 의무에 있어 세금계산서를 발급하는 경우는 예외로 두고 있다. 즉, 사업자는 세금계산서를 발급했기 때문에 현금영수증을 발급하지 않아도 된다. 더욱이 현금영수증 미발급에 대한 신고는 현금 지급일로부터 1개월 이내에 해야 하는데 이 기간도 이미 지났다.

오답 해설

ㄷ. 소비자가 현금영수증 발급을 원하지 않는 경우에 사업자는 국세청의 지정코드로 발급할 수 있는데, 이 경우 현금영수증 발급으로 인정한다고 하였으므로, C의 신고는 받아들여지지 않는다.

[TIP]

기업은행에서 제대군인의 법정 처벌에 따른 지원금 반환 조항을 제시하면서 <보기>의 사례에 적용하는 문제가 출제되었는데, 지원금 반환 비율이 지원금 수급 시기, 처벌의 경중, 예외사항 등에 따라 결정되는 것이 특징이었다. 출제 예상 유형은 다음과 같다.

- 자동차 리스 중도 해지 수수료(제시문의 내용으로는 자동차 리스 잔존일수, 제3자 승계 여부, 자동차의 도난 및 파손 여부 등이 될 수 있음)

19

정답 ⑤

[구조 파악]

제시된 규정이 설명하고 있는 수수료는 크게 '특허 출원 관련 수수료'와 '특허권 관련 수수료'로 나눌 수 있다. 세부적으로 특허출원 관련 수수료는 (1) 특허출원료, (2) 출원인변경신고료이고, 특허권 관련 수수료는 (1) 특허권의 실시권 설정 · 보전 등록료, (2) 특허권의 이전등록료, (3) 등록사항의 경정 · 변경 · 취소 · 말소 또는 회복등록료이다. 각 선택지가 이 중 어떤 수수료와 관련된 것인지 빠르게 파악하는 것이 관건이다.

정답 해설

⑤ 법인의 분할 · 합병에 따른 특허권의 이전등록료는 매건 1만 4천 원이다. 따라서 F주식회사가 내야 하는 특허권 이전등록료는 14,000원×4건=56,000원이다.

오답 해설

① 상속에 의한 경우 출원인변경신고료는 매건 6천 5백 원이다. 따라서 B가 내야 하는 출원인변경신고료는 6,500원×5건=32,500원이다.

② 자기 소유 특허권을 말소하는 경우, 수수료는 건 당 5천 원이므로 C가 내야 하는 등록료는 5,000원×9건=45,000원

③ 특허출원 1건에 대해 전자문서로 제출하는 경우 도면 및 요약서의 면수의 합은 고려할 필요가 없다. 따라서 D가 내야 하는 특허출원료는 38,000원이다.

④ 통상실시권에 대한 보존등록료는 매건 4만 3천 원이다. 따라서 E가 내야하는 보존등록료는 43,000원이다.

20

정답 ①

[구조 파악]

제시문은 민법의 제5편 상속의 일부를 변형한 것이다. 전체적으로 구조를 파악하면 (1) 상속의 순위, (2) 상속의 승계, (3) 승인과 포기, (4) 공동불법행위자의 책임으로 나눌 수 있다. 규정에 따라 <상황>에서 a) 乙은 甲과 공동불법행위자라는 점, b) 戊는 상속을 포기하였을지라도 상속재산을 은닉하였기 때문에 甲의 권리 의무를 승계한다는 점을 파악하는 것이 중요하다.

정답 해설

① 丙은 공동행위자인 乙과 甲의 상속인인 戊에게 재산상손해인 2억 원을 청구할 수 있다.

오답 해설

② 乙 또는 戊에게 재산상 손해인 2억 원을 청구할 수 있다.

③ 甲의 상속인인 戊에게도 청구할 수 있다.

④ 丁은 상속을 포기하였으므로 甲의 상속인이 아니다.

⑤ 공동행위자 간 책임의 범위가 명시되지 않았기 때문에 무리가 있는 추론이다.

[TIP]

국민은행에서 상속 · 증여 신고 시 서류 구비 요건을 개정 전 · 후로 제시하고, 사례에 적용하는 문제가 유사 출제되었다. 추가적으로 알아 두면 도움이 될 만한 내용은 다음과 같다.

- 상속 시 의제사망(민법에서 실종 선고를 받은 사람을 사망으로 보는 것)
- 법정상속 순위와 비율 및 지분, 유류분 계산방법(피상속인이 유언 또는 증여에 의하여 재산을 자유로이 처분할 수 있지만, 일정한 한도를 넘는 유증이나 증여가 있을 때 그 상속인은 반환을 청구할 수 있게 한 제도)
- 과세표준 계산방식

21

정답 ④

[구조 파악]

본 문제의 기본구조는 일정 조건이 주어지고 <보기>의 내용을 조건에 적용하는 것이다. <보기>의 각 논문이 (1) 몇 호의 심사 대상인지 파악하여, (2) 점수에 따라 심사 결과를 도출한 후, (3) 게재 가능 여부를 판단하고, (4) 가능하다면 몇 월 호에 게재되는지를 알아내면 된다. 이때 (1)의 경우 2월 15일 접수 분까지는 3월호, 5월 15일 접수분까지는 6월호, 8월 15일 접수분까지는 9월호, 11월 15일 접수분까지는 12월호의 심사 대상이 된다는 점이 중요한 포인트이다.

정답 해설

구분	심사 내용	결과	게재 호
논문 ㄱ	2인 수정 후 게재, 1인 수정 후 다음 호 게재	다음 호 재심사	—
논문 ㄴ	2인 게재 가, 1인 게재 불가	게재 가능	2011년 12월호

논문 ㄷ	1인 게재 가, 2인 수정 후 게재	게재 가능	2011년 9월호
논문 ㄹ	3인 수정 후 게재	다음호 게재	2012년 3월호
논문 ㅁ	1인 게재 가, 1인 수정 후 게재, 1인 수정 후 다음 호 게재	다음 호 게재	2011년 12월호

따라서 ㄴ과 ㅁ이 같은 호에 게재된다.

[TIP]

기업은행, 신한은행에서 업무회의를 위한 상황과 일정(스케줄) 기준이 주어지고 이에 대해 적용하는 문제가 출제되었다. 비슷한 유형으로 대출(금융상품)과 관련된 조건, 은행의 대출 심사기준이 주어지고 이에 대해 개인별 대출가능 여부를 판별하는 문제를 예상해 볼 수 있다.

22

정답 ①

[구조 파악]

본 문제에서는 직계와 방계의 구조를 한눈에 알아볼 수 있도록 가계도를 그리는 것이 가장 좋은 방법이다.

정답 해설

- A: 나와 5촌 간이며 나의 숙부와는 2촌 간이면 종질이다.
- B: 나와 3촌 간이며 종질과는 4촌 간이면 증조부 혹은 백부/숙부이다.
- C: 나와 3촌 간이며 종질과는 6촌 간이면 질이다.
- D: 나와 4촌 간이며 나의 백부와 1촌 간이면 종형제이다.
- E: 나와 2촌 간이며 질과 5촌 간이면 손이다.

[TIP]

신한은행에서 본 문제의 <보기>와 같이 각 개인별 가족관계에 대한 일부분의 정보를 제시하고, 이 정보들을 조합하여 개인 간의 관계(예: A는 B의 외삼촌이다)를 유추하는 형식으로 유사 출제되었다.

23

정답 ③

[구조 파악]

(1) 기산 시점, (2) 초일 산입 여부, (3) 기간 만료 시점 등에 유의하여 <보기> 각 사례의 정오를 판단하면 된다.

정답 해설

ㄴ. 제3규칙에 의해 1989.10.4.를 산입하여 계산하여야 한다. 또 제4규칙의 ②에 의해 년의 처음으로부터 기간을 기산하지 아니하는 때에는 최후의 년에서 그 기산일에 해당한 날의 전 일, 즉 2009.10.3.으로 기간이 만료되므로 만 20세가 되는 시점은 2009.10.3. 24:00이다.

ㄷ. 제2규칙과 제4규칙 ③에 따라 2012.2.29. 24:00까지 반품할 수 있다.

오답 해설

ㄱ. 제2규칙에 의할 때 기간의 초일은 산입하지 않는다. 또 제 4규칙의 ①에 의할 때 기간 말일의 종료로 기간이 만료된다. 따라서 2012.1.15. 24:00까지 갚아야 한다.

ㄹ. 제2규칙에 오전 0시부터 시작하는 때에는 기간의 초일을 산입한다고 하였으므로 2012.1.19. 24:00에 아파트를 반환하여야 한다.

[TIP]

국민은행에서 민법의 보증채무에 관한 일반규정을 제시하고, 사례별로 보증기간을 파악하는 문제가 유사 출제되었다.

24

정답 ⑤

[구조 파악]

기본구조는 주어진 '조건'(조건 1 & 2)을 가지고 실제 사례(지도)에 '적용'하는 것이다(조건적용형 문제). 빠르고 정확한 문제 해결을 위해 (1) 지도에 <조건 1>에 나온 구간별 트래킹 소요시간을 옮겨 적고, (2) <조건 2>에 따라 숙박 장소를 체크해 놓은 후, 각 선택지별 정오를 판단하면 된다. 단, 내려올 때의 소요시간이 다르다는 장치와 수면고도라는 제한조건이 부가되어 있음에 유의하자.

일차별 숙박 장소를 따져 보면 다음과 같다.

나야풀 → 3h → 사울리바자르 → 2h → 김체(1일차 숙박) → 2h → 간드룩 → 2h → 콤롱(2일차 숙박) → 3h → 촘롱 → 2h → 시누와 → 1h → 뱀부(3일차 숙박) → 3h → 도반 → 2h → 히말라야(4일차 숙박) → 2h → 데우랄리(5일차 숙박) → 2h → 마차푸체르 베이스캠프 → 2h → 안나푸르나 베이스캠프 → 1h → 마차푸체르 베이스캠프 → 1h → 데우랄리(6일차 숙박) → 1h → 히말라야 → 1h → 도반 → 1.5h → 뱀부 → 0.5h → 시누와 → 1h → 촘롱(7일차 숙박) → 1.5h → 콤롱 → 1h → 간드룩 → 1h → 김체 → 1h → 사울리바자르 → 1.5h → 나야풀

정답 해설

⑤ 8일차에 촘롱에서 시작하여 나야풀까지 다시 돌아올 수 있으므로 트레킹은 8일차에 완료된다.

오답 해설

① 1일차에는 김체에서 숙박을 한다.
② 5일차에 데우랄리에서 숙박을 하고 6일차에 안나푸르나 베이스캠프에 도착한 후 내려와 다시 데우랄리에 숙박하면 된다.
③ 4일차에 히말라야에서 숙박한 후 수면고도 600m 조건에 의해 5일차에는 데우랄리에서 숙박해야 한다.
④ 하루 6시간을 걷는 경우는 3일차, 6일차, 8일차 총 3일이다.

[TIP]

기업은행과 우리은행에서 이동수단별(비행기, 기차, 버스 등) 이동 거리(km)와 환승 조건을 제시하고, 최단 경로를 구하는 문제로 유사 출제되었다. 그밖에 금융 NCS 관련 유형은 아래와 같다.

- 기업금융직무의 현장조사 업무(공단지역의 중소기업 배치도가 주어지고, 방문조건 등을 제시하여 적용)

25

정답 ④

정답 해설

ㄱ. 13:00는 B시간대인데, 공휴일 B시간대의 배차 간격은 60분이므로, 12:00 다음에는 13:00에 버스가 출발한다.
ㄴ. 버스가 1회 운행하는 데 소요되는 시간은 총 2시간이고, 24:00 이내에 막차가 운행을 마치고 종착지에 들어와야 하므로, 막차는 22:00 이전에 출발해야 한다.
ㄹ. 09:30은 A시간대인데, 평일 A시간대에는 00분, 20분, 40분 단위 순서로 버스가 출발하고, 일요일(공휴일) A시간대에는 00분, 40분, 20분 단위 순서로 버스가 출발한다. 따라서 09:30에 버스가 출발한다면 이날은 공휴일이 아닌 토요일이다.

오답 해설

ㄷ. 일요일 C시간대의 배차 간격은 75분이므로, 14:00, 15:15, … 20:15, 21:30에 버스가 출발한다. 이때 24:00 이내에 막차가 운행을 마치고 종착지에 들어와야 하므로, 막차가 출발하는 시간은 21:30이고, 이 막차가 종착지에 도착하는 시간은 23:30이다.

26

정답 ③

[구조 파악]

질문지에서 '최소 시간'을 묻고 있으므로, 가장 빠르게 순찰을 완료할 수 있는 경로를 찾으면 된다. 이때 (1) 한 번에 최 대 세 개 층을 이동할 수 있고, (2) 한 번 위로 올라갔으면 그다음에는 아래로, 그다음에는 위로 이동해야 한다는 <조건>이 중요한 포인트이다.

정답 해설

1층에서 올라갈 수 있는 층은 2, 3, 4층인데 2층으로 올라가면 다시 1층으로 내려와야 하므로 시간상 비효율적이다. 2층을 제외하고 남은 3층과 4층 중에서는 시간이 덜 걸리는 3층을 선택해야 한다. 3층으로 올라간 후에는 2층으로 내려오면 된다.
이후 2층에서는 4, 5층으로 올라갈 수 있는데, 4층으로 올라가면 그다음 내려올 남은 층이 없으므로 5층을 선택한다. 이렇게 5층으로 올라간 다음 4층으로 내려오고, 그 후 맨 위층인 6층에 올라가면 된다.
내려올 때에는 모든 층에 들를 필요가 없으므로 최대한 많이 내려온 후 한 층만 올라가고 또 최대한 많이 내려오는 식으로 하면 된다. 경로를 정리하면 다음과 같다.

1층 - 3층 - 2층 - 5층 - 4층 - 6층 - 3층 - 4층 - 1층

이때 소요되는 시간은 순찰 시간과 이동 시간의 합으로 구할 수 있다.

- 순찰 시간: 6개 층 × 5분 = 30분
- 이동 시간: 6 + 3 + 9 + 3 + 6 + 9 + 3 + 9 = 48분
- 순찰 시간 + 이동 시간 = 30분 + 48분 = 1시간 18분

[TIP]

질문지에 '순찰을 완료하고 1층으로 돌아온다'고 했는데 자칫하면 이 점을 놓칠 수 있다. 또한 6층에서 1층으로 내려올 때에도 엘리베이터는 최대 세 개 층을 이동할 수 있으며 한 번 위로 올라가면 그 다음에는 반드시 내려온다는 점을 기억해야 한다.

27

정답 ④

[구조 파악]

본 문제는 평소에 익숙하지 않은 제시문과 <보기>가 주어지고 이에 대한 일치/불일치를 파악하는 문제이다. 이러한 유형에 빠르고 정확하게 접근하기 위해서는, 제시문의 전부를 읽기보다 기본 구조 정도만 파악하고 <보기>의 정오 파악을 위해 하나씩 꼼꼼히 살펴보는 보는 것이 필요하다. 본 제시문의 기본구조는 클래식 음악 작품 번호 + 구체적 사례(하이든, 비발디, 바흐 등)로 이루어져 있다.

정답 해설

ㄱ. 클래식 음악에는 보통 '작품'을 의미하는 라틴어 Opus에서 비롯된 'Op.'로 시작하는 작품번호가 붙지만, 몇몇 작곡가들의 작품에는 그 작곡가의 작품을 정리한 사람의 이름을 약자로 하는 작품번호가 붙는다고 하였다. 따라서 작품번호만으로도 누구의 곡인지 알 수 있는 경우가 있다는 추론은 적절하다.
ㄷ. 하이든 작품의 'Hob.', 비발디 작품의 'RV.', 모차르트 작품의 'K.', 슈베르트 작품의 'D.'는 모두 작품을 정리한 사람의 이름의 이니셜이 작품번호에 쓰이는 경우이다.
ㄹ. BWV는 Bach - Werke - Verzeichnis의 첫 글자를 따온 것으로 바흐의 작품임을 알 수 있다. 또한 D.는 슈베르트의 작

품을 정리한 권위자 '오토 에리히 도이치'의 이름을 따서 붙여진 것이므로 슈베르트 작품임을 추론할 수 있다.

오답 해설

ㄴ. 비발디의 작품은 피터 리옹 이전에 '마르크 핀케를(P.)', '안토니오 파나(F.)'에 의해 출판된 적이 있다.

[TIP]

기업은행에서 천간(갑, 을, 병, 정, 무, 기, 경, 신, 임, 계)과 지지(자, 축, 인, 묘, 진, 사, 오, 미, 신, 유, 술, 해)를 이용한 연도표기를 소재로 유사 출제되었다.

28

정답 ③

정답 해설

③ 2009년 1월 21일에 제조된 아이크림으로, 제조일로부터 3년, 즉 사용가능기한이 지났다.

오답 해설

① 2011년 2월 4일에 제조된 개봉 립스틱으로, 제조일로부터 5년 이내 제품이며, 제조일에 개봉했다고 하더라도 개봉일로부터 1년 이내이므로 사용가능기한이 지나지 않았다.
② 2009년 2월 4일에 제조된 미개봉 클렌저로, 제조일로부터 3년 이내이므로 사용가능기한이 지나지 않았다.
④ 2009년 2월 9일에 제조되고 2011년 4월 10일에 개봉된 로션으로, 제조일로부터 3년, 개봉일로부터 1년 이내이므로 사용가능기한이 지나지 않았다.
⑤ 2009년 11월 3일에 제조되고 2011년 11월 21일에 개봉된 스킨으로, 제조일로부터 3년 이내이며 개봉일로부터 6개월 이내이므로 사용가능기한이 지나지 않았다.

[TIP]

⑤의 경우 해당 연도의 307번째, 325번째 날의 구체적 날짜를 계산할 필요는 없다. 현재인 2월 1일에 근접한 날짜가 아니므로 대략 11월 정도라는 것만 파악해도 문제를 해결할 수 있다.

29

정답 ①

[구조 파악]

<공문서 작성 및 처리지침>으로 5개의 기준이 나오는데, <보기>의 ㄱ은 지침 3, ㄴ은 지침 2, ㄷ은 지침 5, ㄹ은 지침 4를 통해 정오를 판단할 수 있다.

정답 해설

ㄱ. 첨부물이 있는 경우에는 첨부 표시문 끝에 '끝.' 표시를 해야 한다.
ㄷ. 문서의 결재는 전자문서시스템 또는 업무관리시스템상에서 전자적으로 처리되어야 한다.

오답 해설

ㄴ. 연 · 월 · 일의 글자를 생략하고 그 자리에 마침표를 찍으라고 하였으니 옳은 내용이다.
ㄹ. 기안문에는 행정기관의 로고, 상징, 마크 등을 표시하여 행정기관의 이미지를 높일 수 있도록 하여야 한다.

[TIP]

국민은행에서 제안서, 기획서, 신청서 작성 지침을 제시하고, 각 선택지의 사례(서류)에서 잘못 작성된 내용을 수정하는 문제로 유사 출제되었다.

30

정답 ①

정답 해설

<보기>에 제시된 것은 암호 변환키와 암호문이며, 문제에서 묻고 있는 것은 원문이다. 따라서 우선 맨 위쪽 줄에서 암호 변환키 알파벳을 찾은 뒤 그 열을 따라 쭉 내려가면서 암호문 알파벳을 찾아야 한다. 그 다음 암호문 알파벳이 있는 행의 맨 왼쪽에 있는 알파벳을 찾으면 그것이 원문 알파벳이다. <보기>의 암호 변환키와 암호문을 통해 원문을 찾아보면 다음과 같다.

암호 변환키	B	H	E	M	G	I
암호문	I	B	N	M	I	E
원문	H	I	J	A	C	K

따라서 원문은 HIJACK이다.

[TIP]

기업은행에서 암호문을 만드는 방법을 제시한 후 <보기>의 '글자'를 '암호문으로 변환'하는 문제가 출제되었다. 또한 이를 응용한 형태로서 '글자'와 '변환된 암호문'을 제시한 후 암호문을 만드는 방법을 유추하는 문제가 유사 출제되었다.

제03회 정답 및 해설

빠른 정답표

01	02	03	04	05	06	07	08	09	10
⑤	③	④	④	③	④	④	①	④	①
11	12	13	14	15	16	17	18	19	20
④	③	②	⑤	⑤	④	③	⑤	①	⑤
21	22	23	24	25	26	27	28	29	30
②	①	④	②	⑤	②	④	②	②	④

01 정답 ⑤

[제시문 해설] 유전자의 화석화와 진화

①문단	나균과 결핵균의 화석화된 유전자 비율 • 나균: 1,600개의 정상 유전자와 1,100개의 화석화된 유전자 • 결핵균: 4,000개의 정상 유전자와 6개의 화석화된 유전자
②문단	나균에서 화석화된 유전자 비율이 높은 이유: 결핵균과 달리 숙주 안에서만 살 수 있기 때문에 수많은 대사과정을 숙주에 의존하고 이로 인해 나균의 유전자 기능이 대량 상실됨
③문단	유전자 화석화가 진화 방향에 미치는 영향 • 유전자의 화석화와 기능 상실은 진화 방향에 제약을 가함 • 새로운 환경에 적응하기 위해 화석화된 유전자의 기능이 필요하더라도 그 기능을 다시 회복할 수 없음

정답 해설

⑤ 오로지 숙주세포 안에서만 살 수 있는 나균은, 수많은 대사과정을 숙주에 의존하기 때문에 숙주세포의 유전자들이 나균 유전자가 수행해야 할 일들을 대신해 주다 보니 나균이 가지고 있던 유전자의 기능이 필요 없게 된 것이다. 그러므로 나균에서 상실된 유전자, 즉 화석화된 나균 유전자의 대부분이 대사과정과 관련된 유전자일 것이라고 추론할 수 있다.

오답 해설

① 2문단에서 결핵균과 달리 나균은 오로지 숙주세포 안에서만 살 수 있다고 하였으므로 결핵균은 숙주세포 없이도 살 수 있다는 것을 알 수 있다.

② 2문단에서 기생충과 병균처럼 나균에서도 유전자 기능의 대량 상실이 일어나게 되었다고 하였으므로, 기생충에서도 유전자의 기능 상실이 일어나며, 이것은 유전자의 화석화와 관련이 있을 것이라는 점을 추론할 수 있다.

③ 2문단에서 숙주세포의 유전자들이 나균의 유전자가 수행해야 하는 온갖 일을 도맡아 해 주다 보니, 나균이 가지고 있던 많은 유전자의 기능이 필요 없게 되었다고 하였다. 이를 통해 나균 유전자의 기능 상실은 숙주세포 유전자의 활성화와 관련이 있을 것이라고 추론할 수 있다.

④ 3문단에서 새로운 환경에 적응하기 위해 화석화된 유전자의 기능이 필요하다고 하더라도 이 유전자의 기능을 잃어버린 종은 그 기능을 다시 회복할 수 없다고 하였다. 이를 통해 어떤 균의 화석화된 유전자는 이 균이 새로운 환경에 적응하는 데 기능할 것이라는 것은 옳지 못한 추론임을 확인할 수 있다.

[TIP]

기업은행에서 '세균'을 핵심키워드로 하여 현황(발생/침입) → 원인(증식/면역 체계 파괴) → 영향(치료 방식 개발) 순으로 구성된 지문이 유사 출제되었다.

금융권 주제 중 '현황 → 원인 → 영향'의 기본구조를 갖는 것은 아래와 같다. 따라서 아래 개념을 미리 익혀 두면 시험장에서 시간을 줄일 수 있다.

• 디지털 디바이드(정보 격차의 현황과 원인, 영향을 묻는 순서)
• 금리단층(신용등급별 대출금리 격차)
• 장단기 금리 역전 현상(경기둔화에 따른 영향)
• 안전자산(달러, 금 등) 선호 현상

02 정답 ③

[구조 파악]

본 제시문은 넓은 것(국가)에서 좁은 것(전략)으로 좁혀 가는 구조를 따르고 있다. 즉, 개념상으로 '국가 → 원칙 → 전략 → 정책'의 순으로 점점 범위를 좁혀 들어간다는 것이 이 글의 핵심 포인트이다. 다만, 글의 논리상 제시문에 언급되지 않은 제3의 전략이 있을 수도 있다는 점을 유념해야 한다.

정답 해설

③ C전략과 D전략 이외에 B원칙을 실현할 다른 전략이 없다면 D전략을 채택하게 된다. 왜냐하면 C전략은 과다한 비용으로 인해 실행하는 것이 현실적으로 불가능하지만, D전략은 E정책하에 B원칙을 실현할 수 있고 실행 가능성도 충분하기 때문이다.

오답 해설

① C전략과 D전략 외에도 다른 전략이 있을 수 있기 때문에 두 전략의 목표가 같다고 해서 D전략이 채택되는 것은 아니다.

② C전략이 B원칙에 부합한다고 해서 D전략을 채택할 이유는 없다.

④ C전략과 D전략이 함께 실행될 수 없다고 하더라도 제3의 다른 전략이 실행될 수 있기 때문에 올바른 전제가 아니다.

⑤ C전략과 E정책이 함께 실행될 수 없다는 것이 E정책의 실행을 의미하는 것도 아니고, E정책이 실행된다고 하더라도 이것이 D전략의 실행과 반드시 이어지는 것도 아니다.

[TIP]
서술형 제시문에서 가언명제(예: A라면 B이다), 확정정보(C는 D이다)등의 조건을 추출하여 연쇄논법으로 연결하는 유형이다. 신한은행에서 유사 출제되었다.
금융권에서는 본 제시문과 비슷한 구조로, 미션(최상위 목표)>비전(상위 목표)>전략목표(구체적 실행)의 가치체계 형식으로 출제 될 수 있으니 개념 정도는 미리 익혀두는 것이 좋다.
[예시] 하나금융그룹의 가치체계
- 미션: 함께 성장하며 행복을 나누는 금융
- 2025 비전: 신뢰받고 앞서가는 글로벌 금융그룹
- 2025 전략목표: 은행이익 1위, 글로벌 40%, 비은행 30%, 브랜드 신뢰도 제고 등

03

정답 ④

[구조 파악]
빈칸을 채우는 유형의 문제에서는 빈칸 앞뒤의 문장에 주목할 필요가 있다. 빈칸 앞의 문장에서는 "우리는 특별한 유형의 원인만을 써서 설명을 만들어 낸다."라고 하였고, 빈칸 뒤의 문장에서는 "그래서 특정 유형의 설명만이 점점 더 우세해지고"라고 하였다. 따라서 빈칸에는 '특정(특별한) 유형의 설명이 우리에게 끼치는 영향'이 들어가면 된다.

정답 해설

④ 우리는 마음의 불안한 상태를 없애고자 알려지지 않은 것을 알려진 것으로 환원한다고 하였다. 즉, 낯설고 체험하지 않았다는 느낌을 제거하기 위해 알려진 것을 원인으로 하는 설명을 만들어 내는 것이다.

오답 해설

① 우리는 새로운 것, 체험되지 않은 것, 낯선 것보다는 알려진 것을 통해 편안함, 안심, 만족, 힘을 느끼게 한다고 하였으므로 옳지 않다.
② 제시문에서 다루고 있지 않은 내용이다.
③ 빈칸 앞의 문장에서 설명을 만들어 낸다고 했으므로 불안 한 상태(새로운 것, 체험되지 않은 것, 낯선 것 등)와는 거리가 멀다.
⑤ 새롭고 낯선 것에서 원인을 발견하려는 모습이 우리의 본래 태도라는 내용은 제시문에 나와 있지 않다.

04

정답 ④

[구조 파악]
제시문은 물화된 현대 사회에서 인간의 모습이 (1) 기억을 유지하며 비동일성과 분열을 느끼는 자, (2) 망각의 전략을 선택하는 자로 나뉜다고 설명하고 있다. 따라서 ㉠ '망각의 전략'에 해당하지 않는 것은 '비동일성과 분열'에 대한 내용임을 예측 할 수 있다.

정답 해설

④ 자신의 정체성이 분열되었음을 직시하는 것은 비동일성을 느끼는 경우이다.

오답 해설

①, ② 3문단에서 망각의 전략을 선택하는 자는 그에게 발생한 변화를 받아들이고 그것을 새로운 현실로 인정한다고 하였다.
③, ⑤ 3문단에서 망각의 전략을 선택하는 자는 새로운 현실에 맞는 새로운 언어를 얻기 위해 망각의 정치학을 개발한다고 하였다. 이것은 왜곡된 현실을 자기합리화하여 수용하는 것을 의미한다.

[TIP]
제시문은 인문학자 도정일의 저서 『시인은 숲으로 가지 못한다』 중 '망각의 시학, 기억의 시학: 후기 산업사회에 대한 시적 대응'의 일부분이다.
금융의 영역과 인문학을 결합하는 방식으로는 하버드경영대학원의 미히르 데사이의 저서 『금융의 모험(2018)』 등이 좋은 글감이 될 수 있다. 익숙하지 않겠지만, 이런 유형의 글을 틈틈이 읽고 익혀 두면 실전에서 유용할 것이다.
※『금융의 모험』 3장 '최대한 많이 벌고 최대한 돌려주라: 가치 창출과 가치 평가' 중에서
학생들에게 금융에서 가장 중요한 것은 무엇이냐고 물으면, 보통 '돈'이라는 대답이 나온다. 하지만 금융을 뜻하는 영어 단어 '파이낸스(finance)'는 라틴어 '피니스(finis)'에 뿌리를 두고 있다. 이 말은 남아 있는 빚을 완불하여 완전히 청산하는 경우처럼, '최종 지불이나 청산'을 뜻한다. '파이낸스'라는 말이 처음으로 사용된 문헌은 제프리 초서의 『캔터베리 이야기』에 속편으로 묶여서 출판되기도 하는 중세 작품 『베린 이야기』라고 알려져 있다. 이 이야기에 등장하는 인물 중 하나가 자신의 삶을 돌아보면서 이렇게 말한다. "당신이 잘못한 일들을 올바른 일로 만들려면 파이낸스하라(To make from your wrongs to your rights, finance)." 그러니까 살면서 자신의 의무를 다하고 남아 있는 의무를 모두 청산하는 것이 구원으로 가는 길이라는 뜻이다. 심판의 날이 다가왔을 때, 여러분은 '파이낸스했을' 것인가?

05

정답 ③

[제시문 해설]

(가)	논리성을 갖추기 위한 조건 • 표현된 것이 현실 세계에서 참이 되어야 함 • 표현된 것이 오류를 범하지 않도록 이성적으로 생각하며 표현해야 함
(나)	추론의 정의와 종류 • 추론이란 논리학적으로 어떠한 판단을 근거로 삼아 다른 판단을 이끌어 내는 것 • 추론의 오류를 범하지 않기 위해 알아 두어야 할 오류의 종류

(다)	논리란 무엇인가의 정의와 논리성이 결여된 사회에 대한 문제 제기
(라)	표현된 것의 참 · 거짓을 정하는 요건인 '진리조건'에 대한 설명과 그 예
(마)	논리성이 결여되어 있는 것으로 간주되는 예

먼저 선택지의 구성을 살펴보면 제시문은 (가) 혹은 (다)로 시작된다는 것을 알 수 있다. 따라서 (가)와 (다)의 중심 내용을 파악한 후, 무엇이 글의 서론으로 오기에 적절한지 판단한 다음 나머지 문단들도 흐름에 맞게 배열하면 된다.

정답 해설

논리란 무엇인지에 대해 설명하면서 논리성이 결여된 현실에 대해 문제 제기를 하고 있는 (다)가 맨 처음 와야 한다. 그다음 이러한 현실에서 논리성을 갖추기 위해 명심해야 할 것들을 소개하고 있는 (가)가 와야 하며, (가)에서 언급하고 있는 두 가지 중 첫째에서 언급한 '표현된 것이 현실 세계에서 참이 되어야 한다는 점'을 상세히 설명하고 있는 (라)가 이어져야 하며, 이후 (가)의 둘째에서 언급한 '표현된 것의 전후 문맥에서 추론의 오류를 범하지 않도록 이성적으로 생각하며 표현해야 한다는 점'에 대해 부연 설명하고 있는 (나)가 오는 것이 적절하다. (마)는 (나)에 대한 예시이므로 (나) 뒤에 이어져야 한다.

따라서 (다) → (가) → (라) → (나) → (마)로 배열하는 것이 자연스럽다.

06

정답 ④

[구조 파악]

본 문제에서는 모순되는 경우를 찾는 것이 중요하다. 빠른 문제 풀이를 위해 다음의 순서와 같이 접근하자.

(1) 제시문에 등장하는 5개의 정보를 기호화한다. 이때, 대우 명제도 함께 기호화해 주면 좋다.

(2) 모순되는 상황이 있는지 살펴보고, 이를 제외한 나머지 경우 중심으로 문제를 해결해 나간다.

정답 해설

제시된 정보를 기호화하면 다음과 같다.

- ~Aor ~D → C and ~E (대우: ~C or E → A and D)
- ~B → A and ~D (대우: ~A or D → B)
- ~D → ~C (대우: C → D)
- ~E → ~B (대우: B → E)
- ~(A or B or C or D or E)

여기서 B가 반대하면, ~B → ~D → C → D(~B → ~D → ~C → D도 가능)가 되므로 모순이다. 따라서 B는 반드시 찬성해야 한다. 그렇다면 B → E → A and D가 성립되고 적어도 한 사람은 반대한다고 하였으므로 C가 반대한다.

오답 해설

① A와 B 둘 다 찬성한다.
② A와 E 둘 다 찬성한다.
③ B와 D 둘 다 찬성한다.
⑤ C는 반대하고 E는 찬성한다.

07

정답 ④

[제시문 해설]

①문단	친환경농산물 인증제도의 정의
②문단	친환경농산물의 분류와 기준
③문단	친환경농산물 인증 절차
④문단	인증 후 사후 관리

단순히 부합 여부만 판단하면 되는 문제이지만, 용어 하나하나를 놓치지 않도록 주의한다.

정답 해설

ㄴ. 2문단에 따르면 유기합성농약을 살포한 저농약농산물도 정해진 원칙에 따라 생산된 경우 친환경농산물이 될 수 있다.

ㄷ. 마지막 문단을 보면 국립농산물품질관리원장이 관계공 무원으로 하여금 관계서류를 점검하게 할 수 있다고 설명하고 있다. 반면 점검 주체로 인증기관은 언급되지 않았다.

ㄹ. 2문단에 따르면 무농약농산물로 인정받기 위해서는 유기 합성농약을 사용하지 않고 화학비료를 권장 시비량의 1/3 이내로 사용하여야 한다. 따라서 '권장 시비량 이내'가 아닌 '권장 시비량의 1/3이내'여야만 무농약농산물로 인정받을 수 있다.

오답 해설

ㄱ. 마지막 문단에서 "친환경농산물 인증을 받은 자는 국립농산물품질관리원장 또는 인증기관으로부터 친환경농산물의 ~ 인증과 관련한 자료의 제출요구가 있는 경우 이에 따라야 한다."라고 했으므로 옳은 내용이다.

ㅁ. 3문단의 전반적 내용을 통해 알 수 있다.

[TIP]

퇴직연금 DC형과 DB형의 지급제도를 설명하고, 임금피크제 영향 하에 놓인 사례에 적용하는 문제로 농협은행에서 유사 출제되었다. 금융 NCS를 위해 추가적으로 알아두면 도움이 될 만한 내용은 이래와 같다.

- 개인형 퇴직연금(IRP)의 지급방식
- 개인의 노후 대비 수단인 연금저축

그밖에 제시문 구조와 비슷한 유형의 예상 가능한 글감으로는 산업자본의 금융자본 소유를 제한하는 '금산분리법'을 들 수 있다. 관련 내용을 미리 알고 있으면 실전에서 도움이 될 것이다.

[금산분리법]

- 금산분리법의 정의와 배경(글래스-스티걸법 등)

- 금산분리법의 규제 내용(은행 주식 4%/10% rule 등)
- 법 시행에 따른 논란(인터넷전문은행의 등장 등)
- 인터넷 전문은행 설립 및 운영에 관한 특례

08

정답 ①

정답 해설

<2012년 양육수당 지급조건> 중 세 번째 조건에 따라 지급대상에서 제외되는 아동을 <표 2>에서 찾고, 이 아동을 계산에서 제외한 후 <표 1>을 토대로 지급유형 · 아동월령에 맞는 아동 양육수당을 구하여 가구별 금액을 합산하여 비교한다.

'가~마' 가구의 양육수당을 계산해 보면 다음과 같다.

(단위: 만 원)

신청 가구	자녀		지급 유형	아동 양육수당	가구별 양육수당
	구분	아동월령(개월)			
가	A	22	일반	15	15
나	B	16	농어촌	17.7	37.7
	C	2	농어촌	20	
다	D	23	장애아동	20.5	20.5
라	E	40	일반	10	20
	F	26	일반	10	
마	G	58	일반	미지급 (90일 이상 해외 체류)	30
	H	35	일반	10	
	I	5	일반	20	

따라서 양육수당이 많은 가구부터 순서대로 나열하면 나 - 마 - 다 - 라 - 가이다.

[TIP]

기업은행에서 아동수당 지급연령 변경안을 제시한 후, 담당자가 변경에 따라 고려해야 할 사항을 확인하는 유형으로 출제되었다.

09

정답 ④

[구조 파악]

본 문제에는 <개인별 연소득 현황>, <소득세 결정 기준>, <과세표준에 따른 근로소득세율>의 3가지 자료가 제시되어 있다. 해당 자료를 토대로 A~D의 소득세산출액을 구할 때, 다음의 사항을 반드시 파악해 두어야 한다.

(1) 과세표준 구간에 따라 적용되는 세율이 다르다.

(2) D의 금융소득 중 5천만 원을 초과하는 부분은 근로소득세 부과 대상이다.

정답 해설

(단위: 만 원)

개인	근로소득세	금융소득세	소득세
A	$1,000\times5\%+4,000\times10\%+5,000\times15\%+5,000\times20\%=2,200$	$5,000\times15\%=750$	2,950
B	$1,000\times5\%+4,000\times10\%+5,000\times15\%+10,000\times20\%+5,000\times25\%=4,450$	0	4,450
C	$1,000\times5\%+4,000\times10\%+5,000\times15\%+10,000\times20\%=3,200$	0	3,200
D	$1,000\times5\%+4,000\times10\%+5,000\times15\%+10,000\times20\%+5,000\times25\%=4,450$	$5,000\times15\%=750$	5,200

따라서 D의 소득세산출액이 가장 많고, A의 소득세산출액이 가장 적다.

[TIP]

D의 금융소득 중 5천만 원을 초과하는 부분인 25,000만 원이 근로소득세 부과 대상이라는 점만 파악하면 D의 소득세산출액이 가장 많다는 점을 알 수 있다. 한편 근로소득만 있는 B와 C는 소득이 높은 B의 소득세산출액이 당연히 많을 것이므로, A와 C 중 소득세산출액이 적은 사람이 누구인지만 계산하면 된다.

10

정답 ①

[구조 파악]

문제 해결을 위해 구해야 할 값은 매출액, 이익률, 시장점유율, 이익, 시장규모이다. 이중에서 이익, 시장규모는 <그림 1>과 <그림 2>에 나와 있지 않으므로, 주석에 제시된 이익률과 시장점유율 산출 공식을 응용해야 한다.

정답 해설

ㄱ. 2010년과 2011년을 비교하면 A는 시장점유율, B는 매출액, C와 D는 이익률, E는 매출액과 이익률이 커졌다. 반면 3개 항목 모두 커진 품목은 없다.

ㄴ. 주석의 공식을 통해 '이익$=\frac{\text{이익률}\times\text{매출액}}{100}$'이라는 것을 알 수 있다. 이익을 계산해 보면, A는 2010년 5, 2011년 3.6, B는 2010년 2, 2011년 2, C는 2010년 4.5, 2011년 5.1, D는 2010년 3.2, 2011년 3.5, E는 2010년 7, 2011년 12이다. 따라서 2010년보다 2011년 이익이 큰 품목은 C, D, E 3개이다.

오답 해설

ㄷ. 주석의 공식을 통해 '시장규모$=\frac{\text{매출액}}{\text{시장점유율}}\times100$'임을 알

수 있다. 따라서 A품목의 시장규모는 2010년 약 333, 2011년 225로, 2010년이 더 크다.

ㄹ. 2011년 시장규모를 계산해 보면, A는 225, B는 약 167, C는 75, D는 350, E는 200이다. 따라서 D의 시장규모가 가장 크다. 하지만 D의 이익은 2010년 3.2, 2011년 3.5로 전년 대비 커졌다.

[TIP]

기업은행에서 시중은행별 경영통계(자산, 당기순이익, 직원수 등)를 거품형 그래프로 제시하고 은행 간 세부항목을 비교하는 문제가 출제되었다.

금융권 필기에서 상관관계가 있는 두 변수를 가지고 거품형 그래프로 활용할 수 있는 것은 아래와 같다.

- 수익성 측면: NIM(순이자마진)과 ROA(총자산이익률)
- 건전성 측면: 고정이하여신비율과 대손충당금
- 자본적정성 측면: 기본자본비율(Tier 1)과 BIS자기자본비율

11

정답 ④

[구조 파악]

본 문제에는 2개의 <표>, <조건>, 주석이 자료로 제시되었다. <표 1>은 주식매매 수수료율(유관기관, 증권사)과 증권거래세율을 나타내고 있고, <표 2>는 유관기관의 주식매매 수수료율을 한국거래소, 예탁결제원, 금융투자협회로 세분화하여 보여 주고 있다. <조건>에서는 2가지 내용이 언급되는데, <보기> ㄱ의 해결을 위해서는 증권거래세가 주식 매도 시에만 부과된다는 점을 파악하고 있어야 한다.

정답 해설

ㄴ. 2005년의 주식매매 수수료율은 0.1655%이므로, 1,000만 원×0.001655=16,550원이다.

ㄹ. $\frac{0.0054}{0.0993+0.3}$로 2% 이하(약 1.35%)이다.

오답 해설

ㄱ. $\frac{\text{증권사 수수료율}\times 2}{(\text{주식매매 수수료율})\times 2+0.3}$이므로 $\frac{0.1840\times 2}{(0.1949\times 2)+0.3}$=약 53.3%이다.

ㄷ. 금융투자협회는 0.0008%로 동일하게 유지하였다.

[TIP]

농협은행에서 증권거래세법(증권거래세 부과 체계, 개정 전후 세율)을 소재로 하는 문제가 출제되었다. 주식매매 시 수수료와 증권거래세를 구하는 유형은 자주 출제되므로, 본 문제의 주석에 기재된 주식거래 비용, 주식매매 수수료, 증권거래세 산출 공식을 이해해 두어야 한다. 추후 비슷한 유형을 풀 때 큰 도움이 된다.

추가적으로 펀드 판매에 있어서의 비용 산정도 비슷한 유형이므로 판매수수료(선취 및 후취), 환매수수료, 운용보수, 사무수탁보수 등의 개념도 미리 익혀 두면 실전에 도움이 될 것이다.

12

정답 ③

[구조 파악]

본 문제의 자료로 제시된 <부동산 중개수수료 결정 기준>에 따르면 '부동산 중개수수료'는 '기본수수료'와 '부가수수료'의 합으로 결정된다. 각 수수료는 거래금액에 기준요율을 곱한 값인데, 이때 기준요율은 다음과 같은 조건에 따라 결정된다.

- 기본수수료
  - 매매 거래인가, 임대차 거래인가?
  - 거래금액이 얼마인가?
- 부가수수료
  - 건물형태가 사무실, 상가, 아파트, 오피스텔 중 무엇인가?
  - 계약 시점은 2013년 3월 이전인가, 이후인가?

따라서 <보기> 각 사람의 조건에서 (1) 매매인지 임대차인지, (2) 거래금액은 얼마인지, (3) 건물형태는 어떠한지, (4) 계약시점은 언제인지를 빠르게 파악해야 한다. 또한 계산 결과 수수료가 한도액 조건에 걸리는지 여부도 반드시 확인해야 한다.

정답 해설

사람들의 부동산 중개수수료를 계산해 보면 다음과 같다.

(단위: 만 원)

구분	거래금액	기본수수료	부가수수료	부동산 중개 수수료
혜정	20,000+15,000 =35,000	35,000×0.008 =280	35,000×0.005 =175	280+175 =455
성준	15,000+5,000 =20,000	20,000×0.003 =60	20,000×0.003 =60	60+60 =120
가현	50,000	50,000×0.004 =200	50,000×0.005 =250 → 200(한도액)	200+200 =400
아련	30,000	30,000×0.008 =240	30,000×0.003 =90	240+90 =330
근석	10,000+15,000 =25,000	25,000×0.003 =75	25,000×0.012 =300 → 100(한도액)	75+100 =175

따라서 혜정, 가현, 아련, 근석, 성준의 순서대로 부동산 중개수수료를 많이 지불한다.

[TIP]

본 문제 유형과 관련해 금융 NCS를 위하여 도움이 될 만한 내용으로 주택임차보호법의 적용범위, 대항력(대항요건), 계약의 해지 및 갱신을 들 수 있다. 법률 적용이지만 충분히 출제 가능성이 높은 부분이다.

13

정답 ②

[구조 파악]

알파벳 문자의 입력 횟수만 계산하면 되는 비교적 간단한 문제이다. 문제 해결을 위해서는 다음과 같은 과정을 따르면 된다.

(1) 선택지에 나오는 알파벳 문자가 들어간 개인암호를 찾는다.
(2) 해당 암호에 구하고자 하는 알파벳 문자가 몇 회 등장하는지 세어 본다.
(3) (2)에서 구한 값에 암호 입력횟수를 곱한다.
(4) (3)에서 구해진 개인암호별 값들을 더한다.
(5) (4)에서 산출된 알파벳 문자의 입력횟수 값들을 비교하여 두 번째로 큰 값을 찾는다.

정답 해설

② c는 김 요원 암호에 2개, 윤 요원 암호에 1개가 있다. $2\times83+1\times430=596$회

오답 해설

① a는 김 요원 암호에 2개가 있다. $2\times83=166$회
③ e는 김 요원 암호에 1개, 전 요원 암호에 1개가 있다. $1\times83+1\times363=446$회
④ f는 박 요원 암호에 1개, 윤 요원 암호에 1개가 있다. $1\times503+1\times430=933$회
⑤ s는 전 요원 암호에 1개, 성 요원 암호에 1개가 있다. $1\times363+1\times165=528$회

따라서 두 번째로 많이 입력한 알파벳 문자는 c이다.

14

정답 ⑤

[구조 파악]

본 문제에는 옵션거래승수 인상에 따른 옵션프리미엄에 대한 자료가 <정보>, <표>, <그림> 순으로 제시되어 있다. 빠른 문제 해결을 위해서는 우선 <정보>의 내용을 다음과 같이 단순화하는 것이 좋다.

(1) 안정화 성향 → 옵션프리미엄 높아짐
(2) 투기적 성향 → 옵션프리미엄 낮아짐

또한 <표>와 <그림>은 승수인상 이전/이후의 야간시장, 정규시장 옵션평균프리미엄의 변화를 나타내는 자료라는 점을 파악하고, <보기>의 정오 판단에 이용하도록 한다.

정답 해설

ㄷ. 옵션거래승수를 인상한 2012년 6월 이후를 보면 그 이전에 비해 정규시장과 야간시장 모두에서 옵션평균프리미엄이 하락하였다.
ㄹ. 야간시장은 1.48%p에서 1.15%p로 0.33%p 하락하였고, 정규시장은 1.12%p에서 1.00%p로 0.12%p 하락하였다. 따라서 야간시장이 정규시장에 비해 크게 하락하였다고 볼 수 있다.

오답 해설

ㄱ. 승수인상 이전 총기간의 정규시장 옵션평균프리미엄은 1.12%p로 이 수치의 36%는 약 0.4%p이다. 따라서 36% 이상 높았다면 약 1.52%p 이상 높았다는 뜻이 된다.
ㄴ. <정보>에서 시장의 안정화 성향이 강할수록 옵션프리미엄이 높아진다고 하였으므로, 정규시장보다 옵션평균프리미엄이 꾸준히 높았던 야간시장은 그만큼 안정화 성향이 높았다고 할 수 있다.

[TIP]

국민은행에서 선물거래와 선도거래의 개시증거금, 일일정산, 유지증거금, 반대매매 규정을 소재로 한 문제가 출제되었다.
본 문제와 유사한 출제 유형으로는 CDS(Credit Default Swap) 프리미엄을 들 수 있다.

- CDS프리미엄: 채권(국채 등)의 부도위험을 제3자에게 넘기는 데 따른 수수료를 의미
- 해당 채권의 부도 확률이 높으면 비싸지고, 반대로 낮으면 싸짐

그 밖에 알아두어야 할 것은 %p(퍼센트포인트)는 두 백분율의 산술적 차이를 나타낼 때 쓰는 단위라는 점이다. 예를 들어 전년도의 이익률이 10%, 올해의 이익률이 15%라면, "올해의 이익률이 전년 대비 50% 또는 5%p 증가"한 것으로 해석할 수 있다.

15

정답 ⑤

[구조 파악]

본 문제에는 2개의 <표>가 자료로 제시되었다. <표 1>은 사업주 지원방식과 개인 지원방식의 고용형태별 훈련 인원을 나타내고 있으며, <표 2>는 이 중 개인 지원방식의 훈련방법별 훈련 인원을 나타내고 있다. 선택지 ⑤를 해결하기 위해서는 "~ 이상은 ~다."의 의미를 이해하는 것이 중요하다.

정답 해설

⑤ C유형으로 훈련을 받는 정규직 근로자 중 최소한 80%는 집체훈련 일반과정으로 훈련을 받는지를 물어보는 것이다. 따라서 집체훈련 외국어과정과 원격훈련 인터넷으로 훈련을 받는 근로자가 모두 정규직이라고 가정하고 계산해 보면 된다.
$\frac{35,075-8,216-414}{35,075}=75\%$이므로 옳지 않다.

오답 해설

① 사업주 지원방식의 남성 비율은 $\frac{335,316}{512,723}=$약 65%이고, 개인 지원방식의 남성 비율은 $\frac{20,776}{56,273}=$약 37%이다. 따라서 사업주 지원방식이 더 높다. 정확히 계산하지 않아도 개인 지원방식 수치에 각각 10을 곱해 보면 사업주 지원방식이 개인 지원방식에 비해 분모는 작고 분자는 크므로 더 큰 값이 나올 것이라는 점을 알 수 있다.

② A유형으로 훈련을 받는 근로자 중 정규직 남성의 비율은 $\frac{304,376}{480,671}$=약 63%이고, B유형으로 훈련을 받는 근로자 중 정규직 남성의 비율은 $\frac{26,568}{32,052}$=약 83%이다. 따라서 A유형이 더 낮다.

③ C유형의 집체훈련 비중은 $\frac{29,138+8,216}{37,768}$=약 99%이고, D유형의 집체훈련 비중은 $\frac{16,118+1,754}{18,505}$=약 96%이다. 따라서 C유형이 더 높다.

④ C유형으로 훈련을 받는 근로자 37,768명 중 원격훈련을 받는 여성의 비중은 $\frac{197}{37,768}$=약 0.5%, D유형으로 훈련을 받는 근로자 18,505명 중 원격훈련을 받는 여성의 비중은 $\frac{437}{18,505}$=약 2%이다. 따라서 C유형이 더 낮다.

[TIP]
본 문제와 유사한 출제 유형으로는 정책금융 지원 체계가 있다. 지원 방식에 따라 대출형(산업은행 등), 보증형(신용보증기금), 보험형(무역보험공사)으로 나눌 수 있다. 그밖에 매출액 규모(대기업/중견기업/중소기업 등) 또는 신용등급별 기업수를 표로 제시할 수 있으니, 개념 정도를 미리 익혀 두면 도움이 될 것이다

16

정답 ④

[구조 파악]
요금제별 기본 제공량 및 할인액을 나타낸 <표>와 각 항목별 세부 계산 방법을 제시한 <정보>가 자료로 주어졌다. 문제 해결을 위해 각 선택지에서 요금제, 기본료, 추가사용료, 부가세, 요금할인을 파악하야 한다. 이때 추가사용료가 발생하면 부가세에도 반영된다는 것을 반드시 인지하고 요금을 계산하여야 한다.

정답 해설

④ 100 요금제 이용 시 기본 제공량에서 데이터만 3GB 초과 사용했다면 청구요금은 100,000+25,000+[(100,000+25,000)×0.1]−26,400=111,110원이다. 120 요금제의 기본 제공량만 사용했을 때 청구요금은 120,000+(120,000×0.1)−28,600=103,400이다. 따라서 100 요금제 이용 시 더 많은 요금을 내야 한다.

오답 해설

① 청구요금에는 부가세 10%가 포함되기 때문에 추가사용료 400원에 더해 부가세 40원, 즉 440원을 더 내야 한다.
② 62,000+(62,000×0.1)−19,800=48,400원이다.
③ 음성/영상, 메시지, 데이터 모두 기본 제공량 이내이므로 추가사용료는 발생하지 않는다.
⑤ 데이터만 2GB 초과 사용했다면 추가요금으로 25,000원을 더 내야 하는데 청구요금에는 부가세 10%도 포함되므로, 27,500원을 더 내야 한다.

[TIP]
신한은행에서 주스를 만들기 위한 재료량과 가격을 제시하고, 고객의 요청에 의하여 재료량을 변경하였을 경우 추가요금을 계산하는 문제로 유사 출제되었다.
최근 금융업계에서는 금융과 통신을 결합한 시도를 하고 있으므로 요금제뿐만 아니라 다양한 서비스 등을 미리 알아 두면 도움이 될 것이다. KB국민은행은 LG유플러스와 알뜰폰(MVNO) 서비스 '리브엠'을 운영하고 있으며, 하나금융은 SK텔레콤과, 신한금융은 KT와 전략적 제휴를 하여 메타버스 · AI · 블록체인 등 신기술을 접목한 금융서비스를 선보이고 있다.

17

정답 ③

[구조 파악]
제시문에서 설명하고 있는 암 검진 권장 시기는 다음과 같이 요약할 수 있다.
- 위암: 만 40세
- 대장암: 만 50세(가족력 만 40세)
- 유방암: 만 40세(가족력 만 25세)
- 폐암: 만 60세(흡연자 만 40세)
- 간암: 간경변증, B형 또는 C형 간염 바이러스 보균자 만 30세

정답 해설

- 甲: 만 40세에 위암 검진을 받아야 하므로 2년이 남았다.
- 乙: 가족력이 있기 때문에 만 40세에 대장암 검진을 받아야 하므로 7년이 남았다.
- 丙: 가족력이 있기 때문에 만 25세에 유방암 검진을 받아야 하므로 0년이 남았다.
- 丁: 흡연자이기 때문에 만 40세에 폐암 검진을 받아야 하므로 4년이 남았다.

따라서 첫 정기검진까지 기간이 가장 적게 남은 사람부터 순서대로 나열하면 丙, 甲, 丁, 乙이다.

[TIP]
국민은행에서 은행자산, 손해보험자산, 증권자산, 생명자산 등을 기준으로 설정하여 고객등급을 제시하고, <보기>의 고객 등급을 순서대로 나열하는 문제로 출제되었다. 실제 국민은행에서 운영하고 있는 고객우대제도(스타클럽) 등급 및 선정기준은 다음과 같다.
- MVP스타: KB평점 10,000점 이상, 총자산 3천만 원 이상
- 로얄스타: KB평점 4,000점 이상, 총자산 1천만 원 이상
- 골드스타: KB평점 1,600점 이상, 총자산 1백만 원 이상
- 프리미엄 스타: KB평점 800점 이상, 총자산 1백만 원 이상 또는 KB평점 3,000점 이상

※ 총자산: 은행자산(총예금평균잔액), 손해보험자산(총납입보험료),

증권자산(주식평가액, 예수금평균잔액, 펀드평균잔액 등), 생명보험자산(보험금평균잔액)의 최근 3개월 평균잔액 합계

18

정답 ⑤

[제시문 해설]

①문단	스마트 엔트리 서비스의 정의
②문단	스마트 엔트리 서비스의 가입 대상
③문단	스마트 엔트리 서비스의 가입 조건 및 수수료
④문단	스마트 엔트리 서비스 이용 중의 수정 · 재등록 및 서비스 이용 상 혜택

2문단과 3문단을 통해 '대한민국 국민', '복수국적자인 대한민국 국민', '국내체류 중인 등록외국인', '미국인'을 구분하여 내용을 파악하는 것이 문제 해결의 포인트이다.

정답 해설

⑤ 마지막 문단을 통해 스마트 엔트리 서비스 가입 후 이용 중에 여권 정보가 변경된 경우에는 등록센터를 방문하여 변경사항을 수정하여야 함을 알 수 있다.

오답 해설

① 2문단에서 복수국적자인 대한민국 국민은 외국여권으로는 가입할 수 없다고 하였으므로, 대한민국 여권이 있으면 가입이 가능할 것이라고 추론할 수 있다.
② 2문단을 통해 미국인의 경우 한 · 미 자동출입국심사서비스 상호이용 프로그램에 따라 국내체류 중인 등록외국인이 아니어도 가입이 가능함을 알 수 있다.
③ 마지막 문단에서 스마트 엔트리 서비스에 가입한 사람은 스마트 엔트리 서비스 게이트뿐만 아니라 일반심사대에서도 심사를 받을 수 있다는 점을 확인할 수 있다.
④ 3문단에서 대한민국 국민은 스마트 엔트리 서비스 가입을 위한 수수료가 면제된다는 점을 확인할 수 있다.

[TIP]

국민은행에서 입국심사 과정을 설명하는 글을 제시하고 선택지를 검증하는 문제가 출제되었다. 외형상으로 볼 때 일반적인 비문학 제시문이더라도, 규정을 설명하는 글은 사항별로 원칙과 예외를 구분하여 접근하여야 한다.

19

정답 ①

[구조 파악]

본 문제는 '24절기'를 소재로 하고 있는 문항이다. 제시문과 <상황>의 내용을 토대로 각 절기의 날짜와 태양황경을 구할 수 있어야 하는데, 이 2가지 개념에 대해서는 다음과 같은 정보가 주어져 있다.

(1) 날짜: 올해 춘분 3월 21일, 절기 사이에 15일 간격(예외적으로 14, 16일 간격인 절기가 <상황>에 제시되어 있음)
(2) 태양황경: 춘분 황경이 0도, 절기마다 15도씩 증가

이때 제시문의 표에 앞 절기와 14, 16일 간격인 절기를 표시해 두면 문제 풀이 시간을 단축할 수 있다.

정답 해설

① 춘분이 3월 21일이므로, 청명은 15일 뒤인 4월 5일, 곡우는 청명의 15일 뒤인 4월 20일이다. 그다음 절기가 여름의 첫 날인 입하인데 입하는 앞 절기와 16일의 간격이 있다고 하였으므로 5월 6일이다.

오답 해설

② 절기 사이에는 15일의 간격이 있지만 일부 절기 사이의 간격은 하루가 늘거나 줄기도 한다고 하였으므로 절기의 양력 날짜는 매년 고정적인 것은 아니다. <상황>의 내용을 볼 때도 "올해는~"이라는 표현이 있으므로 해마다 고정적인 것이 아니라는 점을 추론할 수 있다.
③ 황경이 0도인 때는 춘분이고, 15도씩 증가할 때마다 절기와 중기를 매겨 나간다고 하였다. 따라서 60도가 되는 날은 춘분 이후 네 번째 절기인 소만이다.
④ 태양황경이 120도인 때는 대서이고, 135도인 때는 입추이다. 선택지 ①의 방법에 따라 계산을 해 보면 대서는 7월 23일, 입추는 8월 8일이다. 따라서 7월 24일은 태양황경이 120도에서 135도 사이에 있다.
⑤ 입춘부터 곡우까지는 각 절기의 간격이 15일인데, 한로부터 동지 사이에 있는 대설은 앞 절기와 14일 간격이다. 따라서 입춘부터 곡우까지의 날짜 간격이 1일 더 길다.

20

정답 ⑤

[구조 파악]

제시문에는 A, B, C 세 은행의 자동차 구매 관련 대출 상품이 소개되어 있다. <보기>의 정오를 판단하기 위해서는 각 은행의 (1) 자동차 구매비용 상환방법 및 상환금액, (2) 자동차 소유권 이전 시점, (3) 자동차 수리비 부담 여부 등을 파악해야 한다.

정답 해설

ㄱ. A은행은 자동차 소유권을 취득하고 나서 이자와 상환금을 내는 것이므로 자동차 소유권을 얻기까지 은행에 내야 하는 금액은 없다. 반면, B은행의 경우 1,200만 원, C은행의 경우 90만 원×12개월=1,080만 원을 낸 후에 소유권을 취득하게 된다.
ㄷ. A은행은 자동차를 구입할 때 소유권을 취득할 수 있는 반면, B은행은 1,200만 원을 상환하는 1년 후, C은행 임대료를 모두 납부한 1년 후에 취득할 수 있다. 따라서 최대한 빨리 자동차 소유권을 얻고 싶다면 A은행을 선택하는 것이 유리하다.
ㄹ. B은행의 총비용은 1,200만 원, C은행의 총비용은 1,080만 원이므로 C은행을 선택하는 것이 유리하다.

오답 해설

ㄴ. A은행은 수리비를 부담해 주지 않으므로 원금 1,000만 원+이자 120만 원+수리비 50만 원=1,170만 원, B은행은 수리비를 부담해 주므로 1,200만 원, C은행 역시 수리비를 부담해 주므로 1,080만 원의 총비용을 내야 한다. 따라서 B은행은 A은행보다 유리하지 않다.

[TIP]

금융상품을 소재로 고객에게 어떤 상품이 더 이득이 되는지를 살펴보는 유형이다. 예금, 보험, 대출 등 금융상품별 조건을 파악하고 제시된 고객 상황에 적용하는 연습을 해 두어야 한다.

국민은행에서 여러 적금 상품에 대한 기간별 기본이율, 우대 이율 항목(첫 거래, 공과금 이체, 급여이체, 카드 사용 등)을 제시하고, <보기>에 주어진 고객의 상황에서 가장 유리한 상품을 선택하는 문제가 유사 출제되었다.

21

정답 ②

정답 해설

○○부가 채택하기에 적합하지 않은 정책 대안이란 '전력예비율 30% 이상 유지'를 실현할 수 없는 대안을 의미한다. 따라서 다음과 같은 순서에 따라 문제를 해결한다.

(1) 발전소 건설과 전기요금 인상에 따른 총공급전력량과 최대전력수요를 구한다.

(2) (1)에서 구한 값을 제시된 전력예비율 산출 공식에 대입하여 전력예비율이 30% 미만인지 확인한다.

② 발전소를 3개 더 건설하면 총공급전력량이 7,500만kW(7,200만kW+300만kW)가 되고, 전기요금을 3% 인상하면 최대전력수요는 3%로 감소하므로 5,820만kW(6000만kW×0.97)가 된다. 따라서 전력예비율은 $\frac{(7,500-5,820)}{5,820}\times 100$ =28.9%가 되어 목표 전력예비율을 달성할 수 없다.

오답 해설

① 발전소를 1개 더 건설하면 총공급전력량이 7,300만kW가 되고, 전기요금을 10% 인상하면 최대전력수요는 5,400만kW가 된다. 따라서 전력예비율은 $\frac{(7,300-5,400)}{5,400}$ ×100=35.2%가 되어 목표 전력예비율을 달성할 수 있다.

③ 발전소를 6개 더 건설하면 총공급전력량이 7,800만kW가 되고, 전기요금을 1% 인상하면 최대전력수요는 5,940만kW가 된다. 따라서 전력예비율은 $\frac{(7,800-5,940)}{5,940}\times 100$=31.3%가 되어 목표 전력예비율을 달성할 수 있다.

④ 발전소를 8개 더 건설하면 총공급전력량이 8,000만kW가 되고, 전기요금을 동결할 경우 최대전력수요는 6,000만kW를 유지한다. 따라서 전력예비율은 $\frac{(8,000-6,000)}{6,000}$ ×100=33.3%가 되어 목표 전력예비율을 달성할 수 있다.

⑤ 발전소를 더 이상 건설하지 않으면 총공급전력량은 7,200만kW를 유지하고, 전기요금을 12% 인상하면 최대전력수요는 5,280만kW가 된다. 따라서 전력예비율은 $\frac{(7,200-5,280)}{5,280}$ ×100=36.4%가 되어 목표 전력예비율을 달성할 수 있다.

[TIP]

$\frac{(\text{총공급전력량}-\text{최대전력수요})}{\text{최대전력수요}}$가 0.3(30%) 이상이어야 한다는 것은 최대전력수요가 1이라고 했을 때, 총공급전력량과 최대전력수요의 차이는 0.3 이상, 즉 최대전력수요에 비해 총공급전력량이 1.3배 이상 커야 한다는 것을 의미한다. 따라서 총공급전력량이 최대전력수요의 1.3배 이상이 되는지를 따져 보면 계산시간을 줄일 수 있다.

22

정답 ①

[구조 파악]

제시된 <상황>에 따르면, (1) 4개의 약, (2) 4명의 손님, (3) 4종류의 병명을 각각 짝지어야 함을 알 수 있다. 그러므로 <상황>에 주어진 6개의 조건을 이 3가지 항목에 따라 도식화하면서 답을 구하면 된다.

정답 해설

제시된 정보의 순서대로 1~6의 번호를 매겨 보자.

- 정보 1: 네 명의 환자는 몸살, 배탈, 치통, 피부병 환자이다.
- 정보 2: B를 받은 은정은 치통이나 피부병 환자이다.
- 정보 3: A 약은 몸살 혹은 치통 혹은 피부병 약이다.
- 정보 4: D 약은 피부병 약이다. → 정보 2에 의해 은정이 받은 B 약은 치통약이고, 정보 3에 의해 A는 몸살 약이다.
- 정보 5: 임산부인 희경의 약은 A(몸살 약)나 D(피부병 약)가 아니다. → 정보 2에 의해 희경의 약은 C 배탈약이 된다.
- 정보 6: 소미의 약은 A가 아니다. → 소미의 약은 D 피부병 약이고, 남은 A 몸살 약의 주인은 정선이 된다.

위 내용을 표로 정리하면 다음과 같다.

A	B	C	D
정선	은정	희경	소미
몸살	치통	배탈	피부병

23

정답 ④

[구조 파악]

제시된 <공공도서관 시설 및 도서관 자료 구비 기준>을 보면 봉사대상인구에 따라 건물면적, 열람석, 기본장서, 연간 증서 기준이 달라지므로, 제시문에서 언급하는 연도의 봉사대상 인구를

<상황>을 토대로 유추하는 것이 문제 해결의 핵심이다. 예를 들어, A시 도서관이 개관하는 해인 2014년의 인구는 2012년의 13만 명을 초과하며 2015년의 15만 명에는 미치지 못한다 고 추론할 수 있어야 한다.

정답 해설

ㄱ. 도서관은 2014년에 개관하므로 개관 시점의 인구는 13만 명 초과~15만 명 미만이다. <공공도서관 시설 및 도서관 자료 구비 기준>을 보면 봉사대상 인구가 10만 이상~30만 미만인 경우에는 기본장서를 30,000권 이상 확보해야 한다.

ㄷ. 2015년~2020년에 매년 같은 수로 인구가 늘어난다면 해마다 3만 명씩 늘어나는 것이고, 따라서 2018년의 인구는 24만 명이 된다. 봉사대상인구 1천 명당 1종 이상의 연속간행물 과 10종 이상의 시청각자료를 갖추어야 한다고 하였으므로, 240종 이상의 연속간행물과 2,400종 이상의 시청각자료를 보유해야 한다.

ㄹ. 2020년의 실제 인구가 예상 인구의 80%라면 24만 명이다. 그렇다면 개관하는 해인 2014년부터 2020년까지는 모두 10만 이상~30만 미만의 범위에 해당하는데 이 구간의 연간증서는 3,000권 이상이다. 2014년부터 2020년까지는 총 6년이므로 개관 이후 2020년 말까지 추가로 보유해야 하는 총 연간 증서는 최소 18,000권이다.

오답 해설

ㄴ. 2014년의 예상인구는 13만 명 초과~15만 명 미만이고, 2015년의 예상인구는 15만 명으로, 두 해 모두 10만 이상~30만 미만 범위에 해당한다. 이때 열람석은 350석 이상이 되어야 하고 전체 열람석의 10%인 35석 이상을 노인과 장애인 열람석으로 할당하여야 한다. 하지만 두 해의 열람석 수가 구체적으로 특정되는 것이 아니기 때문에 2014년에 비해 2015년에 노인 및 장애인 열람석을 35석 추가해야 한다고 단정할 수 없다.

24

정답 ②

[구조 파악]

제시된 질문지에서는 '평형대별로 선정가능성이 가장 높은 사람'을 묻고 있는데, $50m^2$ 미만은 제1항, $50m^2$ 이상 $60m^2$ 이하는 제2항, $60m^2$ 초과는 제3항의 규정에 따르면 된다.

(1) 각 청약자가 월평균 소득기준을 충족하는지 확인한다.
(2) 충족하는 청약자들에 대해 각 조항의 제1~3호에 따라 순위를 매긴다.
(3) 순위가 동일할 경우 제4항에 따라 미성년자녀수를 기준으로 순위를 가린다.
(4) 미성년자녀수도 동일할 경우 주어진 배점 항목 점수를 비교하여 입주자를 선정한다.

정답 해설

(1) $50m^2$ 미만

제1항을 통해 판단해 보면 A, B C 모두 월평균 소득기준을 만족하고 있는데, 전년도 도시근로자 가구당 월평균 소득의 50퍼센트 이하인 자에게 우선공급하고 경쟁이 있을 경우 당해 주택이 건설되는 지역에 거주하는 자는 1순위로 한다고 하였다. 월평균 소득이 전년도 도시근로자 가구당 월평균 소득인 400만 원의 50퍼센트 이하인 사람은 B와 C인데, B가 안성시에 거주하고 있으므로 1순위가 된다.

(2) $50m^2$ 이상 $60m^2$ 이하

제2항을 통해 판단해 보면 D, E, F 모두 월평균 소득기준을 만족하고 있으며, 청약저축 횟수도 2순위로 모두 동일하다. 이때 제4항을 살펴보면 미성년인 자녀 3명 이상을 둔 세대주 중 미성년인 자녀수가 많은 순으로 입주자를 선정하여야 하며, 자녀수가 같은 경우에는 배점을 합산한 순위에 따라 입주자를 선정한다고 하였다. 그러므로 미성년인 자녀수가 3명으로 동일한 E와 F의 합산 점수를 비교해 보아야 한다. 다른 배점 항목들은 두 사람이 모두 동일하지만 세대주 나이에서 E는 2점, F는 3점을 받고, 직계존속 부양기간에서 E만 3점을 받으므로, E의 선정가능성이 가장 높다.

(3) $60m^2$ 이상

제3항을 통해 판단해 보면 G, H, I 모두 월평균 소득기준을 만족하고 있으며, 청약저축 횟수도 2순위로 모두 동일하다. 따라서 제4항을 통해 미성년인 자녀수가 3명으로 동일한 G와 I가 다시 배점을 기준으로 경쟁하게 된다. 항목별로 살펴보면 I가 G보다 세대주나이, 부양가족수, 거주기간에서 높은 점수를 받게 되므로 I의 선정가능성이 가장 높다.

따라서 평형대별로 선정가능성이 가장 높은 사람은 B, E, I이다.

[TIP]

기업은행에서 '부정청약 증가에 따른 청약가점제 강화' 기사를 제시한 후 선택지를 검증하는 문제가 출제되었다. 그 밖에 금융 NCS를 위해 알아 두면 좋은 내용은 다음과 같다.

- 주택도시기금 홈페이지에 게재된 주택청약종합저축 상품안내
- 청약가이드(청약가점제)에서 가점제 적용방법
- 청약가점 산정 기준

25

정답 ⑤

[구조 파악]

제시문에 따르면 한국영화로 인정되기 위해서는 다음 두 조건 중 하나를 충족해야 한다.

(1) 한국에 주된 사업소를 둔 제작사가 단독으로 제작
(2) 한국 제작사와 외국 제작사의 공동으로 제작

위 (2)의 경우에는 다시 출자비율 요건과 심사기준에 따른 점수 요건을 충족해야 한다. 이때 영화 제작사의 국적이 2개인 경우와 3개인 경우 국적별 출자비율 기준이 다르다는 점에 주의하면서 문제를 풀어 나가도록 한다.

정답 해설

- C: 한국에 주된 사업소를 둔 제작사가 단독으로 제작한 영화이므로 한국영화로 인정될 수 있다.
- E: 한국, 중국, 미국 제작사의 공동제작 영화로, 국적별 출자비율이 한국 15%, 중국 45%, 미국 40%로 기준을 만족한다. 심사기준에 따른 점수를 계산해보면, 감독 국적 10점, 주연배우 국적 20점, 조연배우 국적 0점, 촬영장소 0점, 사용언어 20점, 한국적 가치 표현 10점으로 총 60점이다. 그러므로 한국영화로 인정될 수 있다.
- F: 한국과 미국 제작사의 공동제작 영화로, 국적별 출자비율이 한국 75%, 미국 25%로 기준을 만족한다. 심사기준에 따른 점수를 계산해 보면, 감독 국적 0점, 주연배우 국적 20점, 조연배우 국적 15점, 촬영장소 20점, 사용언어 0점, 한국적 가치 표현 15점으로 총 70점이다. 그러므로 한국영화로 인정될 수 있다.

따라서 한국영화로 인정될 수 있는 영화는 C, E, F이다.

오답 해설

- A: 한국과 중국 제작사의 공동제작 영화로, 국적별 출자비율이 한국 20%, 중국 80%로 기준을 만족한다. 심사기준에 따른 점수를 계산해보면, 감독 국적 0점, 주연배우 국적 20점, 조연배우 국적 0점, 촬영장소 0점, 사용언어 20점, 한국적 가치 표현 5점으로 총 45점이다. 그러므로 한국영화로 인정될 수 없다.
- B: 한국, 중국, 미국 제작사의 공동제작 영화로, 국적별 출자비율이 한국 10%, 중국 40%, 미국 50%로 기준을 만족한다. 심사기준에 따른 점수를 계산해 보면, 감독 국적 10점, 주연배우 국적 0점, 조연배우 국적 0점, 촬영장소 20점, 사용언어 0점, 한국적 가치 표현 15점으로 총 45점이다. 그러므로 한국영화로 인정될 수 없다.
- D: 한국 제작사가 참여하지 않으므로 한국영화로 인정될 수 없다.

[TIP]

농협은행에서 해외유학생을 대상으로 금융상품의 가입요건(외화 환전, 해외송금, 국내 사용실적 등 금액 기준)과 해외유학생 4명의 항목별 사용실적을 제시하고, 이 중 가입 가능한 해외유학생은 몇 명인지 파악하는 문제가 유사 출제되었다.

26

정답 ②

[구조 파악]

을에게 남아 있는 채무와 그 액수를 구하기 위해서는 다음과 같은 과정을 따르면 된다.

(1) 채무A~C에 대해 날짜, 금액, 이율을 정리한다.

(2) 2012년 5월 6일 변제 후 남은 채무A~C의 이자, 원금을 각각 계산한다.

(3) 2013년 3월 6일 변제 후 남은 채무A~C의 이자, 원금을 각각 계산한다.

여기서 (2), (3)을 계산할 때에는 제시문의 제1~3원칙이 적용되므로, 이 부분을 꼼꼼하게 파악하도록 한다.

정답 해설

1) 채무A~C를 정리해 보면 다음과 같다.

- A: 2009년 11월 7일/1,000만 원/월 1%
- B: 2010년 9월 7일/2,000만 원/월 1%
- C: 2011년 7월 7일/1,000만 원/월 2%

2) 2012년 5월 6일 1,900만 원 변제: 제1원칙에 따라 먼저 A, B, C의 이자 전부를 변제한 후, 제2원칙에 따라 남은 1,000만 원으로 이율이 높은 C의 원금 전부를 변제한다.

(단위: 만 원)

구분	이자		원금	
	변제 전	변제 후	변제 전	변제 후
A	10×30개월=300	0	1,000	1,000
B	20×20개월=400	0	2,000	2,000
C	20×10개월=200	0	1,000	0

3) 2013년 3월 6일 1,200만 원 변제: 제1원칙에 따라 먼저 A, B의 이자 전부를 변제한 후, 제3원칙에 따라 남은 900만 원으로 원금 액수에 비례(1:2)하게 A의 원금 300만 원, B의 원금 600만 원을 변제한다.

구분	이자		원금	
	변제 전	변제 후	변제 전	변제 후
A	10×10개월=100	0	1,000	700
B	20×10개월=200	0	2,000	1,400

따라서 2013년 3월 6일 변제 후 을에게 남아 있는 채무와 액수는 A: 700만 원, B: 1,400만 원이다.

27

정답 ④

[구조 파악]

질문지 단서조항으로 제시된 '다음 날 아침 F는 바로 윗방으로 옮겼고, A는 바로 아랫방으로 옮겼다'는 부분이 중요한 정보이다. 이를 통해 다음과 같은 내용을 추론할 수 있다.

(1) 첫날 F는 1층에 배정되었다.

(2) 첫날 F의 바로 윗방은 비어 있었다.

(3) 첫날 A는 2층에 배정되었다.

(4) 첫날 A의 바로 아랫방은 비어 있었다.

이렇게 정리된 내용과 A~G의 대화문을 조합하여 경우의 수를 추린 후, 이 경우의 수에 따라 방 배정을 도식화해 보면 된다.

정답 해설

A~G의 진술을 각각 살펴보면서 첫날의 방 배정을 추론해보자.

• C의 진술에 따라 1층에는 방 1개, 2층에는 방 2개가 비어 있다는 것을 알 수 있다.
• A의 진술에 따라 201호와 205호에는 누군가가 배정되었다는 것을 알 수 있다.
• B의 진술에 따라 B는 203호에 배정되었다는 것을 알 수 있다. 따라서 202호와 204호는 비어 있고 A는 201호나 205호에 배정되었다.
• E의 진술에 따라 E는 103호에 배정되었다는 것을 알 수 있다.
• F는 비어 있는 202호와 204호의 아랫방인 102호나 104호에 배정되었다.
• G의 진술에 따라 G는 101호나 105호에 배정되었다는 것을 알 수 있다.
• D의 진술에 따라 D는 102호나 104호에 배정되었다는 것을 알 수 있다.

A가 201호 혹은 205호에 배정된 2가지의 경우를 기준으로 하여 위의 내용을 토대로 표를 그려보면 다음과 같다.

1) A가 201호에 배정된 경우

A	×	B	×	C
×	D	E	F	G

2) A가 205호에 배정된 경우

C	×	B	×	A
G	F	E	D	×

ㄴ. 둘째 날에 A와 F가 방을 옮기더라도 2층에 2개, 1층에 1개의 방이 비어 있다.
ㄷ. 첫날 가능한 숙소 배정의 경우의 수는 위에서 살펴보았듯이 2가지이다.
ㄹ. 둘째 날 F가 윗방으로 옮긴다고 할 때, 2가지 경우의 수 모두 옆방에 C가 있다.

오답 해설

ㄱ. A가 201호에 배정된 경우라면 둘째 날 F가 윗방으로 옮기더라도 202호는 이틀 내내 비어 있다.
ㅁ. E는 103호를 배정받았다.

28 정답 ②

[구조 파악]

주어진 규정의 내용을 정리해 보면 다음과 같다.
의안 회부 → 일정 기간(의안 종류별 상이) 경과 → 30일 경과 → 처음 개회하는 위원회에 상정
따라서 <보기> 각 의안의 상임위원회 상정 날짜를 구하기 위해서는, (1) 의안의 종류, (2) 회부 날짜, (3) 회부된 위원회를 파악해야 한다. 이때 기간 계산에 초일을 산입해야 한다는 점에 유의하도록 한다.

정답 해설

ㄱ. 일부개정법률안이므로 회부된 날부터 15일이 경과한 2월 1일이 되어야 상정될 수 있다. 그리고 2월 1일에서 30일이 경과한 3월 2일 이후 처음으로 개회하는 3월 4일 환노위에 상정된다.
ㄴ. 전부개정법률안이므로 회부된 날부터 20일이 경과한 2월 11일이 되어야 상정될 수 있다. 그리고 2월 11일에서 30일 경과한 3월 12일 이후 처음으로 개회하는 3월 21일 정무위에 상정된다.
ㄷ. 일부개정법률안이므로 회부된 날부터 15일이 경과한 2월 8일이 되어야 상정될 수 있다. 그리고 2월 8일에서 30일이 경과한 3월 9일 이후 처음으로 개회하는 3월 12일 법사위에 상정된다.
ㄹ. 법률안 외의 의안이므로 회부된 날부터 20일이 경과한 2월 20일이 되어야 상정될 수 있다. 그리고 2월 20일에서 30일이 경과한 3월 21일 이후 처음으로 개회하는 3월 28일 외통위에 상정된다.
ㅁ. 체계 · 자구심사를 위하여 법사위에 회부된 법률안이므로 회부된 날부터 5일이 경과한 2월 11일이 되어야 상정될 수 있다. 그리고 2월 11일에서 30일이 경과한 3월 12일 이후 처음으로 개회하는 3월 15일 법사위에 상정된다.

따라서 상정되는 날짜순으로 나열하면 ㄱ - ㄷ - ㅁ - ㄴ - ㄹ이다.

29 정답 ②

[제시문 해설] 표준 언어 예절에 대한 설명

①문단	중간에서 다른 사람을 소개할 때의 표준 언어 예절
②문단	가정에서 대화할 때의 표준 언어 예절
③문단	직장에서 대화할 때의 표준 언어 예절
④문단	자기 자신에 대해 말할 때의 표준 언어 예절

<보기>의 각 상황과 제시문의 관련 부분을 빠르고 정확하게 매칭하는 것이 문제 해결의 포인트이다.

정답 해설

ㄴ. 3문단을 보면 직장에서는 직급이 낮은 사람에게도 높임말을 사용해야 한다고 하고 있다. 따라서 부장이 대리와 평사원에게 높임말을 사용한 것은 예절에 맞는 표현이다.
ㄹ. 2문단을 보면 깍듯이 존대해야 할 사람은 '께서', '께' 등으로 높여야 하고, 물건을 받는 부사어 대상이 높은 사람일 경우 '주다' 대신 '드리다'를 써야 한다고 하고 있다. 따라서 예절에 맞는 표현이다.

오답 해설

ㄱ. 3문단을 보면 직장에서의 압존은 표준 언어 예절로 인정하기 어렵다고 하고 있다. 따라서 사장에게 사장보다 직급이 낮은 김민경 과장을 낮추어 말하는 압존은 표준 언어 예절에 맞는 표현이 아니다. '김 과장님은'이라고 해야 한다.

ㄷ. 1문단을 보면 자기와 가까운 사람을 먼저 소개해야 한다고 하고 있다. 따라서 어머니를 선생님에게 먼저 소개해야 한다.
ㅁ. 마지막 문단을 보면 자기 자신에 대해서는 가능한 한 낮춤말을 써야 한다고 하고 있다. 따라서 "초등학생 아이가 저한테 물어보는 질문의 수준이 매우 높습니다."라고 해야 예절에 맞는 표현이다.

[TIP]
규칙을 사례에 적용해 보는 유형으로, 의사소통능력의 하위 항목인 의사표현능력 영역에 해당한다. 농협은행에서는 오픈뱅킹 기사를 정리한 보고서를 검토할 때 내용을 적절하게 반영하였는지, 표현이 올바른지 검증하는 문제로 유사 출제되었다.

30

정답 ④

[구조 파악]
제시된 <조건>의 4가지 내용 중에서, (1) 화요일은 꽁치나 고등어만 먹을 수 있다는 점, (2) 17일은 꽁치만 먹을 수 있다는 점이 문제를 해결하는 데 중요한 단서가 된다. 따라서 제시된 달력에 해당 내용을 표시해 두고, <보기> 각 진술의 가능 여부를 따져 보면 된다.

정답 해설

ㄴ. 매주 화요일에는 삼치를 먹을 수 없고, 17일에는 꽁치를 먹어야 한다는 조건에 따라 2, 4, 6, 8, 10, 12, 15, 18, 20, 22, 24, 26, 29, 31일(8, 10, 12, 15일 대신 9, 11, 13, 16일을 넣어도 된다) 이렇게 14일간 총 14마리의 삼치를 먹을 수 있다.
ㄹ. 6일에 꽁치를 먹는다면 삼치를 먹을 수 없는 화요일인 7일에는 반드시 고등어를 먹어야 한다. 그런데 삼치를 먹지 않고 6일부터 꽁치, 고등어만 번갈아 먹으면 17일에 꽁치를 먹어야 한다는 조건을 지키지 못한다. 따라서 중간에 삼치도 1마리 이상 먹어야 한다.

오답 해설

ㄱ. 석봉이는 1, 3, 5, 7, 9, 11, 13, 15, 17, 19, 21, 23, 25, 27, 29, 31일 이렇게 16일간 총 16마리의 꽁치를 먹을 수 있다.
ㄷ. 17일에는 꽁치를 먹어야 하므로 16일과 18일에 고등어를 먹는다고 하면, 2, 4, 6, 8, 10, 12, 14, 16, 18, 20, 22, 24, 26, 28, 30일 이렇게 15일간 총 15마리의 고등어를 먹을 수 있다.

[TIP]
회사에서 직원의 근무 스케줄을 작성하는 상황으로 응용 출제될 수 있으니, 조건을 활용하는 방법을 연습해 두자.

제04회 정답 및 해설

빠른 정답표

01	02	03	04	05	06	07	08	09	10
①	②	②	③	③	④	④	④	⑤	②
11	12	13	14	15	16	17	18	19	20
②	②	①	④	②	①	①	③	②	①
21	22	23	24	25	26	27	28	29	30
⑤	⑤	①	④	②	⑤	④	②	①	⑤

01

정답 ①

[제시문 해설] 뉴딜 시기와 경제 정책

①문단	오늘날 경제 정책과 뉴딜 시기 이전 경제 정책의 특징
②문단	뉴딜 시기 이전에 펼쳐진 A 경제 정책과 B 경제 정책의 차이점과 일치점
③문단	뉴딜 후반기에 시작된 케인즈 경제 정책의 영향

선택지 ①~③이 모두 2문단에 대한 내용이므로, 해당 부분에 대한 명확한 독해가 요구된다.

정답 해설

① 2문단의 "그는 산업 민주주의를 옹호했는데 그 까닭은 그것이 노동자들의 소득을 증진시키기 때문이 아니라 자치에 적합한 시민의 역량을 증진시키기 때문이었다."를 통해 A는 시민의 소득 증진이 아닌 자치에 적합한 시민의 역량 증진을 위해 경제권력을 분산시키는 방식을 택했음을 확인할 수 있다.

오답 해설

② 2문단의 "민주주의가 성공하기 위해서는 거대 기업에 대응할 만한 전국 단위의 정치권력과 시민 정신이 필요하기 때문이었다."를 통해 제시문과 부합하는 내용임을 알 수 있다.
③ 2문단의 "A와 B의 경제 정책에는 차이점이 있지만, 둘 다 경제 정책이 자치에 적합한 시민 도덕을 장려하는 경향을 지녀야 한다고 보았다는 점에서는 일치한다."를 통해 제시문과 부합하는 내용임을 알 수 있다.
④ 3문단의 "실제로 1930년대 대공황 이후 미국의 경제 회복은 ~ 케인즈 경제학에 입각한 중앙정부의 지출 증가에서 시작되었다."를 통해 1930년대 미국의 경제 위기 해결에 주도적 역할을 한 것은 A와 B의 정치경제학이 아닌 케인즈의 경제학임을 파악할 수 있다.
⑤ 3문단의 "그에 따라 미국은 자치에 적합한 시민 도덕을 강조할 필요가 없는 경제 경책을 펼쳐 나갔다."를 통해 케인즈 경제학에 기초한 정책은 시민의 자치 역량 육성을 위한 정책이 아니었음을 추론할 수 있다.

[TIP]
국민은행에서 금융실명제를 소재로 본 문제와 유사하게 출제되었다. 그밖에 출제가 예상되는 소재는 아래와 같다.

- 암호화폐의 화폐 인정 여부에 대한 논란
  화폐를 국가의 고유한 창조물로 보는 케인즈 학파와 단지 거래의 편의를 위해 개인들이 고안해 낸 발명품으로 보는 오스트리아 학파 간의 관점 차이를 미리 알아 두면 실전에서 유용할 것이다.
- 가상화폐를 가상자산으로 인정한 특정금융거래정보법 개정안
  가상자산을 '경제적 가치를 지닌 것으로서 전자적으로 거래 또는 이전될 수 있는 전자적 증표'로 정의하면서 가상자산 사업자(가상화폐거래소)에 자금세탁방지 의무를 부과하고 금융회사가 가상자산 사업자와 거래할 때 준수할 사항을 규정하고 있다.

02

정답 ②

[제시문 해설] 이슬람의 금융 방식

제시문은 이슬람 금융 방식인 (1) 무라바하, (2) 이자라, (3) 무다라바, (4) 무샤라카, (5) 이스티스나에 대해 간략하게 설명하고 있다. 무라바하와 이자라는 '소유권이 누구에게 있느냐'에 따라, 무다라바와 무샤라카는 '투자자와 사업자의 책임 여부'에 따라 구별된다는 점을 이해하면서 글의 구조를 파악하자.

①문단	이슬람 금융 방식의 특징: 실물자산을 동반하는 거래의 대가로서 수익을 분배
②문단	이슬람 금융 방식의 종류 • 소유권의 소재에 따른 분류 - 무라바하: 은행이 채무자가 원하는 실물자산을 매입할 경우 실물자산의 소유권이 은행에서 채무자로 이전 - 이자라: 은행이 채무자가 원하는 실물자산을 매입할 경우 실물자산의 소유권을 은행이 그대로 보유 • 투자자와 사업자의 책임 여부에 따른 분류 - 무다라바: 주로 투자 펀드나 신탁 금융에서 활용. 양자의 협상에 따라 사업에 대한 이익을 배분. 단, 손실이 발생할 경우 그 책임이 투자자에게만 있음 - 무샤라카: 주로 투자 펀드나 신탁 금융에서 활용. 사업에 대한 책임과 이익을 투자자와 사업자가 공동으로 나누어 가짐 • 이스티스나: 장기 대규모 건설 프로젝트에 활용. 투자자인 은행은 건설 자금을 투자하고 사업자는 건설을 담당. 완공 시 소유권은 투자자인 은행에 귀속되고, 사업자는 그 자산을 사용해서 얻은 수입으로 투자자에게 임차료를 지불

정답 해설

ㄷ. 은행이 채무자가 원하는 실물자산을 매입할 경우 은행이 소유권을 그대로 보유하면 이자라이다.

오답 해설

ㄱ. 무샤라카는 투자자와 사업자가 공동으로 사업에 대한 책임을 나누어 가진다.

ㄴ. 이스티스나는 은행과 사업자가 공동으로 투자하는 방식이 아니라 은행은 건설 자금을 투자하고 사업자는 건설을 담당하는 방식이다.

[TIP]
이슬람 금융은 운영 방식이 독특하여 직무수행능력평가에도 자주 출제되므로 관련 용어를 미리 익혀 두기 바란다.

- 수쿠크(Sukuk): 이자 지급을 금지하는 이슬람 율법인 샤리아(Shariah)에 따라, 투자자에게 그 대가로 이자 대신 실물거래 성격을 갖춘 배당금 형태의 수익을 지급하는 이슬람 채권
- 타카풀(Takaful): 상호부조와 갹출 개념에 기초한 이슬람 보험

03

정답 ②

[제시문 해설] 유산보다 빚이 많은 경우의 유산분배에 대한 탈무드의 방안

①문단	채권자에 대한 유산 분배의 구체적 예시
②문단	예시에 나타난 분배의 원리에 대한 설명
③문단	분배가 올바른지에 대한 문제 제기와 심리학 실험 결과

2문단에서 이해를 돕기 위해 제시된 '탈무드의 물병' 그림을 활용하면 정답을 도출하는 데 도움이 된다.

정답 해설

먼저 물병에 부어진 350만 원이 채권자 1의 부분을 50만 원, 채권자 2의 부분을 100만 원, 채권자 3의 부분을 200만 원씩 채우고, 나머지 50만 원이 채권자 2와 3의 부분에 25만 원씩 고루 분배될 것이다. 따라서 채권자 1은 50만 원, 채권자 2는 125만 원, 채권자 3은 225만 원을 분배받게 된다.

[TIP]
우리은행에서 여러 개의 토지를 매도하는 상황에서, 토지별로 매수 희망자들의 구입 가능 비율을 제시하고 개별 구입금액을 계산하는 유형으로 유사 출제되었다.
제시문과 비슷한 소재의 금융 NCS 문제로 일반 금융채, 후순위 채권, 코코본드(조건부 신종자본증권), 영구채 등 금융기관이 발행하는 다양한 유형의 채권 순위와 관련한 내용이 다뤄질 수 있으니 새로운 개념의 채권 유형에 대해 미리 익혀두도록 하자.

04

정답 ③

[구조 파악]

제시문 중 어느 부분을 통해 선택지의 정오를 쉽고 빠르게 판단할 수 있느냐가 중요한 문제이다. 선택지 ①, ③은 제시된 예시를 통해서, ②, ④, ⑤는 원리에 대한 설명, 그중에서도 특히 '탈무드의 물병' 그림을 통해서 효율적으로 해결할 수 있다.

정답 해설

③ 제시문의 예시에서 유산이 200만 원인 경우를 보면, 유산이 가장 큰 빚인 300만 원보다 작지만 각각 50만 원, 75만 원, 75만 원으로 분배받게 되므로 옳지 않은 설명이다.

오답 해설

① 제시문의 예시를 보면 유산이 300만 원인 경우 각각 50만 원, 100만 원, 150만 원으로 분배받게 되는데 이는 빌려준 돈의 비율과 일치하므로 옳은 설명이다

② 탈무드의 물병을 보면, 물은 처음에 모든 부분에 고루 퍼지게 되므로 어떤 채권자도 유산 전부를 가져갈 수는 없으므로 옳은 설명이다.

④ 탈무드의 물병의 구조를 보면 가장 많은 돈을 빌려준 채권자가 빌려준 돈을 모두 가져갔다는 것은 물병을 가득 채웠다는 의미이다. 따라서 나머지 채권자도 빌려준 돈을 모두 가져갔을 것이므로 옳은 설명이다.

⑤ 탈무드의 물병에 따르면 가장 많은 돈을 빌려준 채권자는 가장 적은 돈을 빌려준 채권자와 같은 금액을 받거나 가장 적은 돈을 빌려준 채권자보다 많은 금액을 받는다. 따라서 가장 많은 돈을 빌려준 채권자가 가장 적은 돈을 빌려준 채권자보다 적은 돈을 가져갈 수 있는 상황은 없으므로 옳은 설명이다.

[TIP]

결론의 추론을 묻는 문제이다. 결론의 추론이란 각 단락의 중심내용을 모두 담아 한 문장으로 요약하거나 제시문을 근거로 결론을 추론하는 것을 말한다.

이런 경우 오답의 유형을 파악하는 것이 우선이며, 전형적인 오답 유형의 대표적인 예는 아래와 같다.

1) 과장/축소된 내용

참이기는 하지만 필자의 주장을 넘어서는 내용, 또는 주장을 모두 담지 못하는 내용이 이에 속한다. 대개 정답은 제시문의 내용을 재 진술한 경우가 많다 보니, 재 진술한 것을 찾는 과정에서 범위를 넓히거나 좁히면서 오답의 함정에 빠질 수 있다.

2) 반대되는 내용

가장 흔한 오답 유형이지만, 그만큼 실제 선택지에서 자주 언급된다. 상대적으로 긴 문장을 나열하고 앞부분에는 참인 내용을, 뒷부분에는 반대되는 내용을 담는 경우가 많다.

3) 주관적 가치판단이 포함된 내용

가치판단이 포함된 진술은 특히 조심해야 한다. 확인할 수 없는 내용은 섣불리 가치판단의 근거로 삼아 추론하면 위험함을 명심하자.

05 정답 ③

[구조 파악]

빈칸의 바로 뒷부분, 즉 "병은 전문관으로 임용되지 못할 것이다."라는 결론을 도출하기 위한 전제를 찾는 문제이며, 다음과 같은 과정에 따라 정답을 도출할 수 있다.

(1) 빈칸의 앞부분에 이미 제시된 전제들을 단순화하여 정리한다.

(2) (1)에서 정리된 전제들 중 병이 전문관으로 임용되지 못하는 상황을 찾는다.

(3) 이 상황을 이끌어 낼 수 있는 추가 전제를 선택지에서 찾는다.

이 기준으로 제시문에 나타난 전제들을 정리하면 다음과 같다.

- 민간경력자 전문관 한 명 이상 임용
- 갑이 부적격 판정을 받으면 갑은 임용되지 못함
- 갑과 을 중에 적어도 한 명은 임용해야 함
- 병이 임용된다면 을은 임용될 수 없고, 을이 임용된다면 병은 임용될 수 없음

정리된 내용들 중 네 번째 전제에 따르면, 을이 임용될 경우 병은 임용될 수 없다. 따라서 선택지에서 을이 임용될 수 있는 추가 전제를 찾으면 된다.

정답 해설

③ 갑이 부적격 판정을 받으면 갑은 임용될 수 없고, 을은 임용된다. 따라서 을과 동일 지역 출신인 병은 임용될 수 없다.

오답 해설

① 갑이 임용될 경우 병의 임용 여부는 알 수 없다.

② 을이 임용되지 못하면 갑은 임용되지만, 병의 임용 여부는 알 수 없다.

④ 병이 임용된다면 갑도 임용된다는 것은 갑이 임용되지 못하면 병도 임용되지 못한다는 것이므로 갑이 임용되지 못한다는 전제(③)가 제시되어야 하는데 그렇지 않다.

⑤ 갑이 적격 판정을 받는다고 해도 갑의 임용 여부는 알 수 없고, 갑이 임용되더라도 병이 임용되지 못하는 것은 아니다.

[TIP]

전제들 중에서 병이 임용되지 못하는 상황을 찾는 것이 중요하다. 정리해 놓은 전제들 가운데서 "을이 임용된다. 병은 임용될 수 없음"이 그것인데, 그렇다면 을이 임용될 수 있는 상황, 즉 갑이 임용 될 수 없는 상황(∵ 갑과 을 중에 적어도 한 명은 임용해야 함)이 추가 전제로 들어오면 된다.

06 정답 ④

[구조 파악]

제시문보다는 선택지를 먼저 살펴보는 것이 유리한 문제이다. 선택지 ①의 핵심 키워드인 '법', '도덕', '우위'에 체크한 후 (가), (나)를 읽고, 선택지 ②의 핵심 키워드인 '법', '도덕', '차이'에 체크한 후 (나), (다)를 읽는 식으로 문제를 해결하면 된다.

정답 해설

④ (다)에서는 국가가 행위자 자신에게만 관련된 행동에 대해서는 법을 통해 간섭할 수 없다고 하고 있는 반면, (마)에서는 어떤 행위가 타인에게 직접 피해를 주지 않더라도 지배적 공공

도덕을 훼손하면 법을 사용할 수 있다고 주장한다. 따라서 (다)와 가장 대립되는 견해는 (마)이다.

오답 해설

① (가)에서는 인간의 행동이 합법성과 도덕성의 법칙에 의하여 지배된다고 하였고, (나)에서는 도덕과 법이 본질과 현상의 관계를 이룬다고 하였는데, 이것을 법에 대한 도덕의 우위를 주장하는 것이라고 보기는 어렵다. 오히려 법과 도덕을 동등한 것으로 바라보면서 이 둘의 차이를 조명하고 있다고 보는 것이 타당하다.

② (나)에서는 법의 근저에 항상 도덕이 깔려 있어 양자가 본질과 현상의 관계를 이룬다고 하였고, (다)에서는 처벌 가능성을 기준으로 윤리법칙과 행위법칙을 구분하고 있다. 이것이 법과 도덕의 본질적 차이를 인정하는 것은 아니다.

③ (마)에서는 어떤 행위가 지배적 공공도덕을 훼손한다면 사회는 법을 사용한다고 하였으므로 공동체적 가치를 중시하고 있음을 알 수 있지만, (가)와 (나)에서는 공동체적 가치에 대한 특별한 언급이 없다.

⑤ (라)는 합목적성을 2대 원칙 중 하나로 들며 중요한 원리로 인정하고 있지만, (가)에서는 합법성과 도덕성을 중요한 법칙으로 삼고 있다.

[TIP]

본 제시문에서는 법 vs. 도덕을 핵심 키워드로 삼고 있다. 신한은행에서 **음악과 미술, 치매와 알츠하이머**를 핵심 키워드로 하는 유사 문제가 출제되었다. 이와 같이 비슷한 개념이지만 다른 내용을 의미하는 키워드들이 금융 NCS 지문으로 제시될 수 있으므로 알아 둘 필요가 있다.

- 생산적 금융과 포용적 금융
- 기준금리와 시장금리
- 양적 완화와 마이너스 금리

07

정답 ④

[제시문 해설] 빈곤에 대한 인식 변화

(가)	지난 20년간 빈곤을 이해하고 해결하는 방식이 전환되어 빈곤의 원인을 빈곤한 사람들과 그들의 행위에서 찾게 됨
(나)	미국에서 빈곤은 복잡한 제도적 요인들의 결과이므로 국가적 수치라는 믿음이 널리 확산됨
(다)	선진 자본주의 사회 대부분이 미국과 같은 공적 논쟁과 정책 전환을 경험했고, 복지 정책 담론도 개인적 책임과 개인의 행위에 초점을 맞추게 됨
(라)	빈곤층은 자신의 삶을 책임지지 않으려 하기 때문에 새로운 복지국가는 빈곤층이 자신의 삶을 책임지게 만들어야 함

정답 해설

④ (가)는 빈곤의 원인을 빈곤한 사람들과 그들의 행위에서 찾는 인식 전환이 생겼다는 내용이고, (나)는 미국에서 빈곤의 원인이 국가에게 있다는 견해가 지배적이었다는 내용이다. 내용상 빈곤의 원인에 대한 인식이 (나)에서 (가)로 전환된 것으로 볼 수 있으므로, (가)와 (나) 중 (나)가 시간상 먼저 있었던 입장이 된다. 따라서 '(나) - (가)'로 배열하는 것이 내용 전개상 적절하다. 또한 (라)의 첫 번째 문장 '이런 시각에서 볼 때, 빈곤층은 자기 삶에 책임을 지지 않으려고 한다.'로 보아, '이런 시각'은 빈곤의 원인을 빈곤한 사람들에서 찾는 것을 의미하므로, (라)는 (가)의 내용을 뒷받침함을 알 수 있다. 따라서 (라)는 (가) 뒤에 배열해야 하므로 '(나) - (가) - (라)'의 순서가 된다. 한편 (다)의 첫 번째 문장이 '개인적 책임과 빈곤에 관한 이러한 담론과 정책 효과'로 시작되는데, 이는 (라)의 마지막 문장 '새로운 복지 국가는 빈곤층의 이러한 의존적인 상태를 종식시키고 그들이 자기 삶에 책임을 질 수 있도록 특별한 방안을 강구해야 한다.'와 문맥상 적절히 이어진다. 따라서 글의 내용 전개상 문단 배열이 가장 적절한 것은 '(나) - (가) - (라) - (다)'이다.

[TIP]

선택지를 보면 (가)로 시작하는 선택지가 3개, (나)로 시작하는 선택지가 2개이다. 이렇다 보니 '다수의 원리'에 따라 (가)가 첫 문단일 것이라고 예상할 수 있는데, 이 문제에서는 예외적인 경우도 있다는 점을 보여 주고 있다. 이것의 단서가 (가)에서 말하는 '엄청난 전환'이다. 이 '전환'이 무엇을 의미하는지 파악한다면 (나)가 (가)보다 앞선다는 것을 알 수 있다.

제시문은 빈곤에 대한 '담론'을 담고 있다. 금융 NCS에서 다루어질 수 있는 담론으로는 **4차 산업혁명과 디지털 디바이드(Digital Divide), 자본주의 시스템에서 사회적 금융의 필요성, 통화정책 만능주의와 금융의 탈중앙화(De-centralization)** 등이 있으므로 이에 대한 내용을 미리 익혀 두도록 하자.

08

정답 ④

[구조 파악]

'<보고서> 내용 중 <표>의 자료에서 도출할 수 있는 것'을 묻고 있다. 즉, 정답을 제외한 선택지는 <표>만으로는 진술의 옳고 그름을 판단할 수 없다는 뜻이다. 따라서 <표>의 '구분'에 제시되어 있는 항목들이 정확하게 무엇인지 이해하는 것이 필요하다.

정답 해설

ⓔ 전국과 수도권의 '인구'와 '금융대출액'은 <표>에 주어져 있으므로 수도권 1인당 금융대출액 (469,374÷24,472)과 전국 1인당 금융대출액 (699,430÷50,034)을 도출할 수 있으며 수도권의 1인당 금융대출액이 전국 1인당 금융대출액보다 많음을 알 수 있다.

오답 해설

㉠ <표>에 인구는 나와 있지만 면적이 나와 있지 않으므로 인구밀도를 도출할 수 없다. 참고로 인구밀도를 구하는 공식은 다음과 같다.

$$\text{인구밀도} = \frac{\text{인구(명)}}{\text{면적}(\text{km}^2) \times 100}$$

㉡ <표>에 주택 수는 나와 있지만 주택면적은 나와 있지 않다.

㉢ <표>에 제조업체와 서비스업체의 수는 나와 있지만 각 업체별 생산액은 나와 있지 않으므로 수도권 제조업과 서비스업 생산액이 전국 제조업과 서비스업 생산액에서 차지하는 비중을 도출할 수 없다.

㉣ <표>에 4년제 대학 수는 나와 있지만 4년제 대학 재학생 수는 나와 있지 않다.

[TIP]

참고로 ㉠에서 언급된 인구밀도는 일정 지역 내의 인구를 해당 지역 면적으로 나눈 수치로, 다음과 같은 공식으로 구한다.

$$\text{인구밀도} = \frac{\text{총인구(명)}}{\text{총면적}(\text{km}^2) \times 100}$$

09

정답 ⑤

[구조 파악]

본 문제에서는 5개 기업의 경영현황과 소유구조를 나타낸 표와 해당 기업이 어느 기업인지를 유추할 수 있는 <정보>가 자료로 제시되고 있다. <정보>의 4가지 내용을 꼭 순서대로 살펴볼 필요는 없다. 범위를 크게 좁힐 수 있는 것부터 읽어 나가도록 하자.

정답 해설

- 정보 4: 자기자본과 산업 평균 자기자본의 차이가 가장 작은 기업은 '을'이다. → 을은 D이다.
- 정보 3: '정'은 매출액 순위와 순이익 순위가 동일하다. → 정은 A 또는 D이다. → 정은 A이다.
- 정보 1: '병'의 매출액은 산업 평균 매출액보다 크다. → 병은 A 또는 C 또는 E이다. → 병은 C 또는 E이다.
- 정보 2: '갑'의 자산은 '무'의 자산의 70% 미만이다. → (갑 B, 무 C) 또는 (갑 E, 무 C)이다.

이를 종합하면 A는 정, B는 갑, C는 무, D는 을, E는 병이 된다. 자산 대비 매출액은 A=1, B=약 1.33, C=0.75, D=약 0.83, E=1.75이므로, 자산 대비 매출액이 가장 작은 기업은 무(C), 가장 큰 기업은 병(E)이다.

[TIP]

농협은행에서 5개 기업들의 경영현황에 대한 자료와 순이익률을 구하는 공식을 제시하고, <정보>의 조건에 부합하는 기업을 유추하는 문제로 유사 출제되었다.

기업의 가치평가 및 신용평가를 위해 재무비율을 많이 활용하는데 그중에서도 특히 유동비율, 부채비율, 이자보상배율, 총자산 이익률(ROA), 자기자본이익률(ROE) 등의 개념과 구하는 공식 등을 미리 익혀 두도록 하자.

10

정답 ②

[구조 파악]

주석으로 제시된 '해당 주주의 지분율', '시가총액', '해당 주주의 주식시가평가액' 공식을 적절하게 대입해 푸는 문제이다.

정답 해설

ㄱ. 소액주주수가 가장 적은 기업은 A이다. A의 기타주주 1인당 보유주식수는 3,000,000×0.2÷20=30,000주이므로 옳은 설명이다.

ㄷ. B의 대주주는 1명인데, 이 대주주의 보유주식수는 2,000,000×0.2=400,000주이다.

오답 해설

ㄴ. C의 전체 주주수는 2+4,000+10=4,012명이고, E의 전체 주주수는 5+8,000+90=8,095명이므로 E의 전체 주주수가 더 많다.

ㄹ. 해당 주주의 주식시가평가액은 다음과 같다.

=1주당 가격×해당 주주의 보유주식수

=(시가총액/총발행주식수)×해당 주주의 보유주식수

=시가총액×해당 주주의 지분율×0.01

이 공식에 따라 계산해 보면 A의 기타주주 주식시가평가액의 합은 900억 원×0.2=180억 원, D의 기타주주 주식평가액의 합은 600억 원×0.4=240억 원이다. 따라서 기타주주 주식평가액의 합은 D가 A보다 더 크다.

[TIP]

금융 NCS에서 자주 출제되는 주식 관련 비율은 다음과 같다. 공식 및 개념을 미리 기억해두면 실전에서 도움이 된다.

- 주가이익률(PER: Price Earning Ratio)=주가/주당순이익
- 주가순자산비율(PBR: Price to Book Ratio)=주가/1주당 순자산

11

정답 ②

[구조 파악]

주어진 <표>는 아파트의 '전세가격 지수'와 '전세수급 동향 지수'를 나타내고 있는데, 이 두 개념에 대한 공식과 설명이 주석에 제시되어 있다. 이때 100을 초과하는 '전세수급 동향 지수'가 의미하는 바가 무엇인지를 파악하는 것이 중요하다.

정답 해설

ㄱ. 주석 1)을 통해서 2012년 11월에 비해 2013년 11월에 전세가격이 상승하면 2013년의 11월의 전세가격 지수가 100을 넘는다는 것을 확인할 수 있다. <표>에서 7개 도시의 면적별 전세가격 지수가 모두 100을 초과하므로 옳은 설명이다.

ㄷ. 주석 2)를 통해 '부족'이라고 응답한 공인중개사가 '충분'이라고 응답한 공인중개사보다 많을 경우 전세수급 동향 지수가 100을 넘는다는 것을 확인할 수 있다. <표>에서 7개 도시 모두에서 전세수급 동향 지수가 100을 초과하므로 옳은 설명이다.

오답 해설

ㄴ. 전세가격 지수를 통해 알 수 있는 것은 전년 동월 대비 상승 비율이다. 따라서 상승액은 판단할 수 없다.

ㄹ. 광주의 전세수급 동향 지수는 101.3으로 '부족'이라고 응답한 비율이 '충분'이라고 응답한 비율보다 1.3%p 많다는 것을 알 수 있다. '적당'이라고 응답한 비율이 0명이라 하더라도, '부족'이라고 응답한 비율은 50.65%, '충분'이라고 응답한 비율은 49.35%이다.

[TIP]

국민은행에서 국가별, 기간별 서비스지수 자료를 제시하고, 선택지에서 요구하는 항목 간 비교 진술이 자료를 통해 검증될 수 있는지 여부(비교 가능 여부)를 묻는 문제가 유사 출제되었다.

금융 NCS를 위해서는 다양한 지수를 익혀두는 것이 중요하다. 주가지수, 물가지수 같은 대표적 지수 이외에도 LTV, DTI, DSR, RTI, LTI 등 시사적으로 중요한 지수도 꼭 익혀 두도록 하자.

12

정답 ②

[구조 파악]

제시된 <표>는 2006~2007년의 분기별 제조업의 노동시간, 산출, 인건비의 비율에 대한 자료이다. 여기서 <표>의 수치는 1992년 각 동일 분기 대비 비율 즉, 1992년의 수치를 100으로 했을 때의 상대적인 값이라는 점에 유의해야 한다.

정답 해설

ㄷ. 2006년과 2007년 모두 비교 기준이 1992년이다. <표>를 보면 2006년 각 분기에 비해 2007년 각 분기에 노동시간당 산출 비율이 모두 증가하였으므로 옳은 내용이다.

오답 해설

ㄱ. <표>에는 노동시간당 산출 비율은 제시되어 있으나 노동 시간당 산출액은 나타나 있지 않다. 따라서 판단할 수 없는 내용이다.

ㄴ. <표>에 나타난 1인당 인건비 비율은 1992년 동일 분기 대비 비율이다. 따라서 2007년 1, 2분기의 1인당 인건비는 알 수 없다.

ㄹ. $\frac{176.4-170.3}{170.3}\times 100=$약 3.5%이므로 옳지 않은 내용이다. 6.1%가 아니라 6.1%p가 증가한 것이다.

[TIP]

ㄷ의 내용을 쉽게 이해하기 위해서 다음과 같이 생각해 볼 수 있다. 1992년 각 분기의 노동시간당 산출액을 100이라고 하면, 2006년의 노동시간당 산출액은 1분기 172.4, 2분기 172.6, 3분기 174.5, 4분기 175.4이다. 2007년 역시 비교 기준이 1992년이므로 동일하게 1992년 각 분기의 노동시간당 산출액을 100으로 놓으면 2007년 1분기 177.0, 2분기 178.7, 3분기 180.6, 4분기 182.5이다. 단, 이것은 어디까지나 1992년의 수치를 100으로 놓았을 때라는 조건이 붙기 때문에 절대적이지 않다는 점을 명심해야 한다.

13

정답 ①

정답 해설

ㄱ. 2010년 보건복지산업의 성별 취업자 수를 언급한 네 번째 문장을 작성하는 데 추가로 필요한 자료이다.

ㄹ. 보건복지산업의 세부 업종별 취업자를 언급한 세 번째 문장을 작성하는 데 추가로 필요한 자료이다.

오답 해설

ㄴ. <보고서>에서 언급하지 않은 내용이다.

ㄷ. <표 1>에서 확인할 수 있는 내용이다.

ㅁ. <표 2>에서 확인할 수 있는 내용이다.

[TIP]

기업은행에서 '부정청약 증가에 따른 청약가점제 강화' 기사를 제시한 후, 담당 직원이 공고 작성 시 참고해야 할 자료를 선택지에서 검증하는 내용으로 유사 출제되었다.

참고적으로 본 문제와 같이 금융산업 임직원(취업자) 수가 표로 제시될 경우, 다음과 같이 영역별로 나눠 볼 수 있다.

- 은행업: 국내은행, 외은지점
- 보험업: 생명보험, 손해보험
- 금융투자업: 증권, 자산운용, 투자자문, 부동산신탁 등
- 여신전문업: 신용카드, 리스, 할부금융 등
- 상호금융: 신협, 지역농협, 지역수협 등

금융산업 전반에 대한 용어와 내용을 미리 알아 두면 금융 NCS에서 도움이 될 것이다.

14

정답 ④

[구조 파악]

<그림2>의 주석 2)를 공식화하면 다음과 같다.

> 해당 연도 원화환산 연봉
> =각국 기업 제시 연봉×해당년말 예상환율

이에 따라 2014~2016년 A의 연봉을 계산해보면 다음과 같다(이때 엔화 환율은 1원/100엔임에 유의한다).

구분	미국기업	중국기업	일본기업
2014	3만×1,150 =3,450	26만×150 =3,900	290만×11 =3,190

2015	3만×1,200 =3,600	26만×140 =3,640	290만×12 =3,480
2016	3만×1,100 =3,300	26만×160 =4,160	290만×13 =3,770

정답 해설

④ 2015년 대비 2016년 중국기업의 원화환산 연봉의 증가율은 $\frac{4,160-3,640}{3,640}\times 100 ≒ 14.3\%$로, 2014년 대비 2016년 일본기업의 원화환산 연봉의 증가율인 $\frac{3,770-3,190}{3,190}\times 100 ≒ 18.2\%$보다 작다.

오답 해설

① 2014년 원화환산 연봉은 중국기업이 3,900만 원으로 가장 많다.
② 2015년 원화환산 연봉은 일본기업이 3,480만 원으로 가장 적다.
③ 2016년 원화환산 연봉은 미국기업이 3,300만 원, 일본기업이 3,770만 원이다. 따라서 일본 기업의 원화환산 연봉이 미국기업보다 많다.
⑤ 2015년 대비 2016년 미국기업의 원화환산 연봉의 감소율은 $\frac{3,600-3,300}{3,600}\times 100 ≒ 8.3\%$로, 2014년 대비 2015년 중국기업의 원화환산 연봉의 감소율인 $\frac{3,900-3,640}{3,900}\times 100 ≒ 6.7\%$보다 크다.

[TIP]
환율 관련 내용은 금융 NCS의 단골 소재이다. 환율 표시방법으로서의 직접표시법/간접표시법뿐만 아니라 원화 약세/강세, 환차손/환차익, 고정환율제/변동환율제 등 다양한 내용들도 함께 익혀 두도록 하자.

15

정답 ②

[구조 파악]
주어진 <표>에는 국내 금융회사 기관수 및 예금액 동향 중 2010년 4분기, 2011 4분기, 2012 4분기, 2013 2분기의 수치가 제시되어 있다. 선택지 ④, ⑤에서는 <표>에 직접적으로 나타나지 않은 2012년 2분기에 대해 진술하고 있는데, 해당 분기의 수치는 <표>의 '증감'을 통해 구할 수 있다는 점을 빠르게 파악하여야 한다.

정답 해설

② <표>는 '예금액'에 대한 동향이므로 '신규예금액'의 증가액은 알 수 없으므로 옳지 않다.

오답 해설

① 그룹 I 에서 저축은행 기관수가 차지하는 비중은 $\frac{96}{56+1+96}$=약 0.63, 그룹 II 에서 증권회사 기관수가 차지하는 비중은 $\frac{62}{62+47}$=약 0.57로, 그룹 I 에서 저축은행 기관수가 차지하는 비중이 더 높으므로 옳은 설명이다.
③ 외은지점 $\frac{15,409}{39}$=약 395, 저축은행 $\frac{36,901}{96}$=약 384로, 외은지점이 더 높으므로 옳은 설명이다.
④ 2012년 2분기 예금액은 2013년 2분기 예금액에서 전년동기 증감액을 빼면 된다. 시중은행 853,878, 외은지점 14,157, 증권회사 30,187이므로 옳은 설명이다.
⑤ 상호금융, 새마을금고, 신협, 자산운용사, 기타의 2012년 2분기의 기관당 예금액을 구해 보면 각각 237,293, 86,754, 46,226, 299,431, 101,850이고, 기관당 예금액을 대략 구해 보면 각각 171, 62, 49, 3,523, 50,925 정도이다. 따라서 기타 – 자산운용사 – 상호금융 – 새마을금고 – 신협 순으로 크므로 옳은 설명이다.

[TIP]
은행의 종류에는 크게 은행법에 의해 설립된 일반은행과 개별 특수은행법에 의해 설립된 특수은행이 있다.
- 일반은행
  - 예금 · 대출 및 지급결제 업무를 고유업무로 함
  - 시중은행(인터넷전문은행 포함), 지방은행, 외국은행 국내지점으로 분류
- 특수은행
  - 일반은행이 재원의 제약, 수익성 확보의 어려움 등을 이유로 필요한 자금을 충분히 공급하기 어려운 부문에 자금을 원활히 공급하기 위하여 설립

16

정답 ①

[구조 파악]
<표>의 괄호 안에는 전년 및 전년동기대비 증감률이 나타나 있는데, 이 수치를 활용해 <표>에 제시되지 않은 시기의 값을 구할 수 있어야 한다. 또한 2012년은 전체, 1~8월, 8월로 구분되어 있고, 2013년은 1~8월, 7월, 8월로 구분되어 있다는 점을 잘 해석해야 한다.

정답 해설

ㄱ. 2013년의 수출액, 수입액은 8월까지만 제시되어 있기 때문에 알 수 없으므로 옳지 않다.
ㄷ. 상반기의 무역수지를 알기 위해서는 1~6월의 수출액과 수입액을 알아야 하는데, 이 수치는 1~8월 수치에서 7, 8월 수치를 빼는 방식으로 구할 수 있다. 2012년 7월의 수출액과 수입액은 ㄴ에서처럼 2013년 7월의 증감률을 이용해 구하면 된다. 이렇게 계산해 보면 2012년 상반기의 수출액과 수입액은 각각 약 2,749.7억 불, 약 2,641.1억 불이며 무역수지는 108.6억 불이다. 2013년 상반기의 수출액과 수입액은 각각 2,765.4억

불, 2,565.5억 불이며 무역수지는 199.9억 불이다. 따라서 2배 미만이므로 옳지 않다.

오답 해설

ㄴ. 2013년 7월의 전년동기대비 증감률을 통해 2012년 7월의 수출액과 수입액을 구할 수 있다. 2012년 7월의 수출액은 $\frac{458.3\text{억 불}}{102.6} \times 100 =$ 약 446.7억 불이며, 수입액은 $\frac{433.0\text{억 불}}{103.2} \times 100 =$ 약 419.6억 불이다. 무역수지를 계산해 보면 2012년 7월은 약 27.1억 불, 2013년은 약 25.3억 불로 감소하였으므로 옳은 설명이다.

ㄹ. 중소기업 수출액은 '전체 수출액×중소기업 수출 비중'으로 구할 수 있다. 계산해 보면 2010년 약 984.1억 불, 2011년 약 1,016.0억 불, 2012년 약 1,024.5억 불로 매년 증가하였으므로 옳은 설명이다.

ㅁ. 2012년 전체 중소기업 수출 비중과 2012년 1~8월의 중소기업 수출 비중은 18.7%로 같다. 따라서 2012년 9~12월의 중소기업 수출 비중도 18.7%로 같기 때문에 2012년 9~12 월의 수출액이 2012년 전체의 수출액의 1/3 이상인지만 따져보면 된다. 이것은 2012년 1~8월의 수출액이 2012년 전체 수출액의 2/3 미만이라는 뜻이고, 곧 2012년 전체 수출액 이 2012년 1~8월 수출액의 1.5배 이상이라는 뜻이다. 2012년 1~8월 수출액의 1.5배는 약 5,440억 불로 5,478.7억 불보다 작으므로 옳은 설명이다.

[TIP]

금융 NCS를 위해 참고할 내용으로 **중소기업 수출참여율**과 **기여율**이 있다.

- 중소기업 수출 참여율: $\frac{\text{수출 참여 중소기업 수}}{\text{전체 중소기업 수}}$

  ※ 우리나라 1.6% vs. 독일 12.5% (2014년 기준)

- 중소기업 수출 기여율: $\frac{\text{중소기업 수출금액}}{\text{전체 수출금액}}$

  ※ 우리나라 20% vs. 이탈리아 56%

전체 일자리의 약 80%를 차지하는 중소기업의 수출 활성화를 위해서는 **제조업의 고부가가치화, 서비스업의 수출산업화, 제조업과 서비스업의 융합** 등이 거론된다. 이를 통해 중소기업의 수출참여율과 기여율 상승을 기대할 수 있다.

17

정답 ①

[구조 파악]

본 문제를 해결하기 위해서는 크게 2가지 점을 주의해야 한다.

(1) 특정 구간을 지나는 경로를 빠짐없이 파악해야 한다. 예를 들어, A구간은 부산 ↔ 대구이지만, A구간을 지나는 경로에는 이 외에 부산 ↔ 대전, 부산 ↔ 서울도 포함된다.

(2) 출발지와 도착지를 확실히 구분해야 한다. 예를 들어, 같은 부산 ↔ 대구 경로라고 하더라도, 출발지가 부산이고 도착지가 대구인 경우는 운송화물 중량이 4톤이고, 그 반대의 경우는 1톤이다.

정답 해설

각 구간을 지나는 경로들을 따져 보면 다음과 같다.

- A구간: 부산 → 대구, 부산 → 대전, 부산 → 서울, 대구 → 부산, 대전 → 부산, 서울 → 부산
- B구간: 부산 → 대전, 부산 → 서울, 대구 → 대전, 대구 → 서울, 대전 → 부산, 서울 → 부산, 대전 → 대구, 서울 → 대구
- C구간: 부산 → 서울, 대구 → 서울, 대전 → 서울, 서울 → 부산, 서울 → 대구, 서울 → 대전

위 각 경로의 운송화물 중량을 <표>에서 찾아 (가)를 구해 보면 다음과 같다.

- A구간 $=(4+2+2+1+3+4)/80=16/80$
- B구간 $=(2+2+5+5+3+4+3+2)/150=26/150$
- C구간 $=(2+5+2+4+2+1)/150=16/150$

따라서 A구간이 가장 크다.

다음으로 (나)를 구해 보면 다음과 같다. 이때 '구간별 운송화물의 중량'은 (가)의 계산에서 이미 A구간 16, B구간 26, C구간 16으로 구해졌다.

$16 \times 80 + 26 \times 150 + 16 \times 150 = 7{,}580$

정리하면 (가)는 A구간, (나)는 7,580이다.

[TIP]

일반적인 자원관리 문제는 최단거리, 최소비용, 최소시간 등을 계산하거나 대안을 선택하는 유형으로 출제된다. 반면 본 문제는 거리 대비 운송화물의 총 중량을 계산하는 '편익 분석'이 필요하다. 기업은행에서 **건물 신축을 위하여 편익이 가장 큰 공사방법을 선택하는 문제**가 유사 출제되었다.

18

정답 ③

[구조 파악]

제시문은 '증여세'에 대한 질문-답변 형식의 글로, 다음의 내용을 파악하면서 읽어 나가야 한다.

(1) 증여세의 납세의무자가 누구인가?

(2) 증여자가 예외적으로 수증자와 함께 납세의무를 부담하는 경우는 언제인가?

정답 해설

ㄴ. 첫 번째 질문의 두 번째 답변에 따라, 비영리법인인 丙은 증여세 납세의무를 부담한다.

ㄷ. 두 번째 질문의 첫 번째 답변에 따라, 수증자인 아들이 해외에 거주하고 있는 경우 증여자인 丁은 연대납세의무를 부담한다.

오답 해설

ㄱ. 첫 번째 질문의 첫 번째 답변에 따라, 수증자인 甲의 장남이 원칙적으로 납세의무를 부담한다.

ㄹ. 두 번째 질문의 두 번째 답변에 따라, 己가 파산상태로 인해 체납처분을 하여도 조세채권의 확보가 곤란한 경우 증여자인 戊가 연대납세의무를 부담하지만 己의 증여세 납부 의무가 없어지는 것은 아니다.

[TIP]

기업은행에서 주택담보대출 주요 사항에 대하여 상담원과 고객이 묻고 답하는 형태로 정보가 제시되고, 사례에 적용하는 문제가 유사 출제되었다.

참고로 본 제시문이 증여세에 대한 국세청의 Q&A 내용을 변형하여 출제되었듯이 금융 NCS를 위해서는 평소 생소한 금융용어들을 미리 익혀 두는 것이 중요하다. 대표적으로 아래와 같다.

- 신용보증기금의 유동화 회사보증/보증연계투자/매출채권보험
- 주택금융공사의 보금자리론/주택연금/MBS

19

정답 ②

[제시문 해설] 옥수수와 감자의 보급

①문단	16세기 초의 옥수수: 주곡의 자리를 차지하지는 못함
②문단	16세기의 감자: 간혹 식용으로 사용
③문단	18세기의 감자와 옥수수: 유럽의 인구 증가 및 대규모 기근으로 인한 재배 증가

정답 해설

ㄱ. 옥수수는 1493년 콜럼버스에 의해 에스파냐에 소개되었고, 감자는 1539년 무렵 에스파냐를 통해 이탈리아에 전해졌다고 하였으므로 유럽에는 감자보다 옥수수가 먼저 들어왔을 것으로 추론할 수 있다.

ㄷ. 18세기의 기록을 보면 파종량 대 수확량은 호밀의 경우 1 대 6인 것에 비해 옥수수는 1 대 80이었다고 하였으므로 옳다.

오답 해설

ㄴ. 감자는 에스파냐를 통해 이탈리아에 전해졌다고 하였고, 옥수수는 에스파냐에 소개된 뒤 여러 지역을 거쳐 보급되었다고 하였다.

ㄹ. 마지막 문단을 통해 감자와 옥수수가 인구증가와 기근으로 유럽에 널리 확산되었다는 것은 확인할 수 있으나 인구 증가는 18세기의 일이며, 2문단에서 감자가 주곡의 자리를 차지 한 것 역시 18세기라고 밝히고 있으므로 옳지 않다.

[TIP]

제시문과 비슷한 내용으로 금융에 새로이 도입되는 서비스 또는 향후 활성화될 가능성이 높은 것을 미리 익혀 두면 NCS 향상에 도움이 될 것이다. 대표적인 것으로 공인인증서 폐지에 따른 생체인증을 들 수 있는데 지문 인식, 손바닥 정맥, 홍채 등이 이에 해당된다. 용어와 개념 정도는 익혀 두기 바란다.

20

정답 ①

정답 해설

ㄱ. 2014년에는 2013년보다 총지원금이 14,000백만 원에서 13,000백만 원으로 1,000백만 원 줄었지만, 지원 인원 1인당 평균 지원금은 2013년에 14,000백만 원÷3,000명=약 467만 원에서 2014년에 13,000백만 원÷2,000명=650만 원으로 더 많아졌다. 굳이 계산하지 않아도 분자의 감소율보다 분모의 감소율이 크기 때문에 지원 인원 1인당 평균 지원금이 증가하였다는 것을 알 수 있다.

오답 해설

ㄴ. 참여자 항목의 기타 중 우대요건을 보면 저소득층, 장기실업자, 여성가장 등 취업취약계층을 우대해 준다는 내용이 있다. 하지만 이것은 우대 대상을 규정한 것이므로, 저소득층, 장기실업자, 여성가장이 아니라고 해서 사업 참여가 불가능하다고는 볼 수 없다.

ㄷ. 근로조건 항목의 4대 사회보험 보장여부를 보면 국민연금, 건강보험, 고용보험, 산재보험을 모두 보장해 주고 있음을 확인할 수 있다.

ㄹ. 참여자 항목의 주된 참여자에서 청년, 중장년, 노인, 여성, 장애인 중 중장년에 ○ 표시가 되어 있으므로 주된 참여자는 중장년층임을 확인할 수 있다.

[TIP]

기업은행에서는 사업계획서를, 우리은행에서는 PT발표대회 설명서를 제시하고 <보기>를 검증하는 문제가 유사 출제되었다.

21

정답 ⑤

정답 해설

⑤ 2문단에서 분할연금은 재혼을 해도 계속해서 받을 수 있다고 하였으므로 I와 이혼한 J가 K와 재혼하더라도 분할연금을 계속 받을 수 있다.

오답 해설

① 2문단에서 분할연금을 받기 위해서는 혼인기간이 5년 이상이 되어야 한다고 하였으므로 A와의 혼인기간이 3년밖에 되지 않는 B는 분할연금을 받을 수 없다.

② 마지막 문단에서 분할연금을 받던 사람이 사망하면 분할연금액은 전 배우자에게 원상복구되지 않고 그대로 소멸한다고 하였으므로 옳지 않은 내용이다.

③ 2문단에 따르면 분할연금을 받기 위해서는 만 60세가 되어야 하므로 E뿐만 아니라 F 역시 만 60세가 되어야 한다.

④ G가 H의 노령연금에 대해 분할연금을 받을 수 있는 조건을 갖추고 있는지 제시되어 있지 않으므로 G의 분할연금 수령 가능 여부는 판단할 수 없다. 공무원연금의 경우에는 마지막 문단에서 연금가입자와 이혼한 사람에게 분할연금을 인정하고 있지 않다고 하였으므로 H는 G가 받는 공무원연금에서 분할연금을 받을 수 없다.

[TIP]

분할연금 제도 수급자 현황도 알아 둘 필요가 있다. 1999년 도입된 분할연금 제도의 수급자는 해마다 늘고 있는데 2010년 4,632명, 2012년 8,280명, 2014년 11,900명으로 1만 명을 돌파했고, 2018년에는 2만 명, 그리고 2019년 5월에는 3만 명을 넘어서면서 이슈화된 바 있다. 이처럼 시사적으로 중요한 내용은 시험에 자주 출제되므로 평소 신문을 보면서 모르는 용어가 나오면 미리 챙겨서 익혀 두도록 하자.

22

정답 ⑤

정답 해설

⑤ 폐가전은 폐기물 스티커를 부착하여 배출하여야 하며, 월요일 저녁 9시는 배출 시간(수거 전날 저녁 7시부터 수거 당일 새벽 3시까지)에 해당하므로 규정을 준수한 것이다.

오답 해설

① 쓰레기는 수거 전날 저녁 7시부터 수거 당일 새벽 3시까지만 배출할 수 있으므로 토요일에 배출하려면 토요일 새벽 0시부터 3시 사이에 배출하여야 한다.

② 공동주택에 사는 경우 음식물 쓰레기는 음식물 전용용기에 담아서 배출하여야 한다.

③ 캔은 재활용 쓰레기 2종으로 플라스틱, 페트병 등과 같이 담아 배출할 수 있지만, 스티로폼은 각각 별도로 묶어서 배출하여야 한다.

④ 재활용 쓰레기 2종인 페트병을 배출할 때에는 뚜껑을 제거하고 내용물을 비워야 한다.

23

정답 ①

[구조 파악]

본 문제에서는 반납할 ‘요일’을 묻고 있으므로 굳이 날짜까지 계산할 필요는 없다는 점을 알고 가면 좋다. 이때 ‘일요일은 대여 일수에 포함되지 않는다’는 조건을 잊지 말아야 한다.

정답 해설

- 1편: 토요일 대출, 월요일 반납(∵ 일요일 휴관)
- 2, 3편: 월요일 대출, 3일 대여, 수요일 반납
- 4, 5, 6편: 수요일 대출, 5일 대여, 월요일 반납
- 7, 8, 9, 10편: 월요일 대출, 7일 대여, 월요일 반납

따라서 마지막 편인 10편을 반납하는 요일은 월요일이다.

24

정답 ④

[구조 파악]

제시된 <민간위탁 교육훈련사업 계약>을 살펴보면 ‘14일 이내’, ‘10일 이내’ 등의 기한 조건이 언급되어 있고, <보기> 역시 모든 진술에 날짜가 등장한다. 따라서 <보기>의 각 진술이 기한 조건을 충족하는지를 반드시 체크하도록 한다.

정답 해설

ㄱ. (라)에 따르면 사업비는 위탁받은 교육훈련 이외의 용도로 사용하여서는 안 된다. 따라서 교육훈련과 관련 없는 甲의 등산대회에 100만 원을 협찬한 것은 계약 위반행위이다.

ㄴ. (나)에 따르면 甲은 乙이 청구한 날로부터 14일 이내에 사업비의 50%에 해당하는 금액을 지급하여야 한다. 1월 25일에 청구한 사업비는 2월 8일 이내에 지급하여야하므로 위반행위이다.

ㄹ. (마)와 (바)에 따르면 乙이 분기 종료 후 10일 이내인 10월 9일에 관련 증빙서류를 구비하여 성과인센티브의 지급을 청구한 것은 계약을 이행한 것이나, 甲이 증빙서류의 확인을 거부하고 지급하지 않은 것은 (바)에 제시된 내용을 위반한 행위이다.

오답 해설

ㄷ. (다)에 따르면 乙은 하반기 사업비 청구 시 상반기 사업추진실적과 사업비 사용내역을 함께 제출하여야 하므로 계약을 충실히 이행한 것이다.

[TIP]

국민은행에서 금융서비스 조항을 제시하고 위반 사례를 찾는 문제가 유사 출제되었다. 금융 NCS를 위해 추가적으로 알아두면 도움이 될 만한 내용으로는 ‘금융소비자보호에 관한 법률’이 있다.

금융소비자보호에 관한 법률(2021년 시행 개정안, 주요 내용)

- 금융소비자 구제: 모든 금융상품에 대한 청약철회권 및 위법계약 해지권 부여, 사후구제
- 금융회사 등 금융서비스공급자 규제(제재): 모든 금융상품에 대한 6대 판매규제(적합성 원칙, 적정성 원칙, 설명의무, 불공정영업행위 금지, 부당권유행위 금지, 허위 · 과장광고 금지), 사후제재(징벌적 과징금 등)
- 정부 행정처분: 대출모집인 금융위 등록, 판매제한명령권 등

25

정답 ②

[구조 파악]

제시문은 연구용역 발주에 대한 <규정>으로, 5,000만 원 이상의 연구용역은 경쟁입찰, 그 외의 연구용역은 수의계약 방식으로 발주한다는 점에 유의해야 한다. 또한 결재를 받아야 하는 서류, 검토를 의뢰해야 하는 항목 등에도 주목하면서 문제를 해결하도록 한다.

정답 해설

② 제00조 (책임연구원의 자격)에 따르면 책임연구원은 대학교수

또는 박사학위 소지자이어야 하므로 박사학위 소지자인 乙이 책임연구원이 된 것은 <규정> 위반행위가 아니다. 또한 <규정>에서 책임연구원 외의 연구원에 대한 규정은 언급되지 않으므로 2인의 석사과정생을 연구원으로 두는 것도 위반행위로 볼 수 없다.

오답 해설

① 제00조(용역발주의 방식)에서 연구비 총액 5,000만 원 이상의 연구용역은 경쟁입찰 방식을 따라야 한다고 하였으므로, 연구비 총액 6,000만 원의 예산이 책정된 연구용역을 수의계약 방식으로 발주하는 것은 <규정>을 위반한 행위이다.

③ 계약체결과정에서 10%의 예산감액이 예상되더라도 연구비 총액이 5,500만 원이므로 제00조(용역발주의 방식)에 따라 경쟁입찰 방식을 따라야 한다. 따라서 수의계약 방식으로 발주한 것은 <규정>을 위반한 행위이다.

④ 제00조(용역발주의 방식)에 따르면 경쟁입찰 방식으로 발주하는 연구용역은 연구비 총액이 5,000만 원 이상이다. 제00조(보안성 검토)에 따르면 총액 3,000만 원을 초과하는 연구용역에 대해서는 감사원에 보안성 검토를 의뢰해야하는데, 丙사무관은 그렇게 하지 않았으므로 <규정>을 위반한 행위이다.

⑤ 제00조(용역방침결정서)에 따르면 담당자는 용역 발주 전에 용역방침결정서를 작성하여 부서장의 결재를 받아야 하는데, 이 서류가 누락되었으므로 <규정>을 위반한 행위이다.

[TIP]

수의계약

매매, 대차, 도급 등을 계약할 때 경매, 입찰 등의 방법에 의하지 않고 적당한 상대방을 임의로 선택하여 맺는 계약을 이르는 말로 경쟁계약에 대립되는 개념이다.

국가의 계약은 일반경쟁계약을 원칙으로 하나 경쟁에 붙이는 것이 부적당하다고 인정될 경우, 계약의 성질이나 목적이 경쟁에 어울리지 않는 경우, 경쟁이 성립되지 않는 경우, 가격이 낮은 경우 등 특수한 사정으로 인해 수의계약을 하지 않으면 안 되는 경우에 한해 수의계약을 인정하고 있다.

수의계약으로 진행할 경우 경쟁하는 상대방이 없어 공정성이 떨어지기 때문에 계약과 관련하여 비리가 발생할 소지가 많고, 공공기관이 수의계약을 진행할 경우 특혜 시비가 발생할 수 있다.

26

정답 ⑤

[구조 파악]

<상황>과 <조건>을 토대로 스케줄을 짜 보는 유형으로, 달력을 그려서 도식화하는 것이 가장 깔끔하게 정답을 구할 수 있는 방법이다. <조건>에는 총 6개의 내용이 제시되는데, 이 중 '교육을 실시할 수 없는 날'에 대한 조건(조건 4, 조건 5)을 찾아 해당 날짜를 제외한 후, 나머지 조건들을 이용해 달력을 채워 나가면 된다.

- 금연교육: 중간고사 기간인 22일(월)~26일(금)과 매주 토요일, 일요일은 교육을 실시할 수 없으므로 이날들은 제외한다. 금연교육은 4월 동안 4회를 실시해야 하는데 수요일이나 목요일에 실시하면 중간고사 때문에 4회를 채울 수 없으므로 각 주의 화요일인 2, 9, 16, 30일에 실시한다.
- 성교육: 10일 이전 같은 주에 이틀 연속으로 실시해야 하므로 3일(수)~4일(목)이나 4일(목)~5일(금)에 배정할 수 있다. 이때 3일(수)~4일(목)로 배정하게 되면 그 주에 금주교육을 실시할 수 없으므로(금주교육은 월, 금요일에 실시할 수 없기 때문에) 4일(목)~5일(금)에 실시한다.
- 금주교육: 3일에 1회 실시한 후, 2회는 10~11일 중 하루, 3회는 17~18일 중 하루 실시하면 된다.

이를 달력으로 만들어 보면 다음과 같다.

일	월	화	수	목	금	토
	1	2	3	4	5	6
		금연 교육	금주 교육	성교육	성교육	×
7	8	9	10	11	12	13
×		금연 교육	둘 중 하루 금주교육			×
14	15	16	17	18	19	20
×		금연 교육	둘 중 하루 금주교육			×
21	22	23	24	25	26	27
×	중간 고사	중간 고사	중간 고사	중간 고사	중간 고사	×
28	29	30				
×		금연 교육				

정답 해설

⑤ 4월 30일에 금연교육이 있다.

오답 해설

① 금연교육은 화요일에만 가능하다.

② 첫째 주에는 금주교육이 수요일에 실시되지만, 둘째 주, 셋째 주에는 목요일에 실시될 수도 있다.

③ 금주교육은 셋째 주에 끝난다.

④ 성교육이 가능한 일정 조합은 한 가지이다.

27 정답 ④

[구조 파악]

질문지를 살펴보면 연결해야 하는 항목이 (1) 국회의원 이름, (2) 지역구, (3) 지역구 활동을 한 요일, (4) 발의한 법안명임을 알 수 있다. 먼저 <조건> 중 확정적인 내용으로 표를 만들어 본 후, 나머지 조건들을 가지고 추론해 보면서 표의 남은 빈칸을 채워 나가는 식으로 문제를 해결하면 된다.

조건 1, 조건 2, 조건 4, 조건 5, 조건 7에 따라 내용을 정리하면 다음 표와 같다.

구분	신국가	한국민	박정치	황의정
요일	목요일	월요일 X		화요일
지역	용산구 X	강서구		
법안				

여기서 한국민은 월요일에 지역구 활동을 하지 않았으므로 수요일에 지역구 활동을 하였고, 박정치가 월요일에 지역구 활동을 하였음을 알 수 있다.

또한 조건 9에 의해 월요일에 지역구 활동을 한 박정치는 영등포가 지역구임을 파악할 수 있고, 이에 따라 신국가의 지역구는 송파구, 황의정의 지역구는 용산구임을 추론할 수 있다.

그리고 조건 3에 따라 송파구에서 선출된 신국가가 법안 C를 발의하였고, 조건 6에 따라 용산구에서 선출된 황의정이 법안 A를 발의하였음을 알 수 있다.

마지막으로 조건 8에 의해 법안 D를 발의한 의원은 한국민이고, 박정치는 남은 법안 B를 발의하였음을 유추할 수 있다.

정리해 보면 다음과 같다.

구분	신국가	한국민	박정치	황의정
요일	목요일	수요일	월요일	화요일
지역	송파구	강서구	영등포구	용산구
법안	C	D	B	A

정답 해설

④ 황의정이 지역구 활동을 한 요일은 화요일, 발의한 법안은 A이다.

오답 해설

① 신국가의 지역구는 송파구이다.
② 한국민이 지역구 활동을 한 요일은 수요일이다.
③ 박정치가 지역구 활동을 한 요일은 월요일이다.
⑤ 송파구가 지역구인 국회의원은 신국가인데, 신국가가 발의한 법안은 C이다.

[TIP]

각 선택지에 국회의원의 이름, 지역구, 지역구 활동을 한 요일, 발의한 법안명 네 가지가 모두 나열되어 있는 것이 아니라 세 가지 항목씩만 제시되고 있는데 당황하지 말고 선택지를 도출 결과표와 대조해 가며 정답을 찾으면 된다.

28 정답 ②

[구조 파악]

질문지에서 '음료수 10L(10,000mL)를 구입해야만 한다'는 조건을 언급하고 있으므로, 다음과 같은 과정을 통해 정답을 구해 나가도록 한다.

(1) <보기> ㄱ~ㄹ의 구매 조합 총용량이 각각 얼마인지를 확인한다.
(2) 총용량이 10,000mL가 아닌 조합을 제외한다.
(3) 나머지 조합들의 총 비용을 계산해 본다.

정답 해설

먼저 구매 조합이 10,000mL인지를 계산해 보면 다음과 같다. 제품 1개당 용량은 캔 500mL, 팩 400mL, 병 600mL이라는 점을 참고하여 계산하면 쉽다.

ㄱ. (4캔×500)+(8팩×400)+(8병×600)=10,000mL
ㄴ. (8캔×500)+(3팩×400)+(8병×600)=10,000mL
ㄷ. (10캔×500)+(5팩×400)+(5병×600)=10,000mL
ㄹ. (3캔×500)+(4팩×400)+(11병×600)=9,700mL

따라서 10,000mL가 되지 않는 ㄹ은 계산할 필요가 없다.

총 비용을 계산하면 다음과 같다. 계신시 제품 1개당 가격은 캔 1,000원, 팩 800원, 병 900원이라는 점을 참고하여 계산하면 쉽다.

ㄱ. (5팩 ×800×0. 875)+(5병×900−600)+(4캔×1,000)+(3병×900)+(3팩×800)=16,500원
ㄴ. (5병×900−500−5병×80)+(5캔×1,000×0.8)+(3팩×800)+(3캔×1,000)+(3병×900)=15,700원
ㄷ. (5캔×1, 000×0. 8)+(5팩×800×0. 75)+(4캔×1, 000)+(4병×900)+(1캔×1, 000원)+(1 병×900)=16,500원
가장 큰 값은 16,500원, 가장 작은 값은 15,700원이므로 이 둘의 합은 32,200원이다.

29 정답 ①

[구조 파악]

'연대채무'에 대한 글을 읽고, 질문으로 주어진 상황에 해당 내용을 적용해 보는 문제이다. 이때 (1) 연대의 면제를 받은 자, (2) 상환할 자력을 상실한 자에 주목하여 문제를 해결해 나가도록 한다.

정답 해설

연대채무액 3,600만 원을 부담부분 비율에 따라 나누면, 乙, 丙, 丁은 각각 600만 원, 戊는 1,800만 원이다. 乙은 연대의 면제를 받고 600만 원을 변제하였으므로 채무액은 3,000만 원이 된다. 丙은 상환할 자력을 상실하였으므로 丙의 채무액인 600만 원을 부담 비율에 따라 나눠 보면 乙, 丁은 각각 120만 원, 戊는 360만 원을 더 부담하게 된다.

그런데 乙은 연대의 면제를 받았으므로 乙이 부담해야 할 120만 원은 甲의 몫이 되어, 甲은 丁에게 3,000만 원 중 120만 원을 공제한 2,880만 원을 청구할 수 있다.

[TIP]
제시문과 관련하여 금융 NCS에 출제 가능한 내용으로는 연대보증 폐지를 들 수 있다. 아래의 관련 내용을 미리 익혀 두면 도움이 될 것이다.
2018년 4월 금융위원회는 신용보증기금, 기술보증기금 등 정책금융기관의 연대보증제를 폐지하였다. 창업 아이디어를 가지고 있으면서도 연대보증 부담으로 창업에 나서지 못하는 사람들을 지원하기 위해 개선한 것으로, 도덕적 해이 우려 목소리도 있었지만 폐지 후 총 보증공급금액이 증가하는 등 순기능적 측면이 부각되었다.

30

정답 ⑤

[구조 파악]
제시된 기준을 토대로 사례에 순위를 매기고 점수를 산출하는 유형이다. <보기> A~E의 내용에서 순위를 매겨야 하는 지점을 찾아 1순위, 2순위 중 알맞은 순위를 부여할 수 있어야 한다. 또한 <어린이집 입소기준>의 명부 작성방법에서 '영유아 2자녀 이상 가구가 동일 순위일 경우 다자녀가구 자녀가 우선입소'한다는 내용이 있으므로, 순위를 구하는 과정에서 영유아 2자녀 이상 가구가 동일 순위인 경우가 나올 것이라는 점을 예측할 수 있다.

정답 해설

- A 일찍 어머니를 여의고(2순위), 아버지가 근무하는 산업단지에 설치된 어린이집(1순위)을 동생과 함께(1순위) 이용하는 영유아: 50＋100＋100＝250점
- B 독신여성(2순위)에게 입양(2순위)되어, 어머니가 근무하는 기업체가 입주한 산업단지에 설치된 어린이집(1순위)을 이용하는 영유아: 50＋50＋100＝200점
- C 혈족으로는 할머니가 유일(2순위)하나, 현재는 아동복지시설(1순위)에서 생활하는 영유아: 50＋100＝150점
- D 입양(2순위)되었으며 자신보다 어린 동생 2명(1순위)과 아동복지시설(1순위)에서 생활 중인 영유아: 50＋100＋100＝250점
- E 국제결혼을 통해 동남아에서 건너온 어머니(1순위)와 가장 높은 장애등급인 한국인 아버지(1순위)가 국민기초생활보장법에 의한 차상위계층(1순위)에 해당되는 영유아: 100＋100＋100＝300점

위의 결과에 따르면 A와 D는 250점으로 동점인데, 영유아 2자녀 이상 가구가 동일 순위일 경우 다자녀가구 자녀가 우선 입소한다는 기준에 따라 D의 입소순위가 A의 입소순위보다 앞선다. 따라서 정리하면 E-D-A-B-C이다.

[TIP]
금융에 관련된 NCS 제시문으로는 법정상속순위가 있다.

법정상속순위
법정상속인은 민법상 4촌 이내의 방계혈족이 될 수 있음. 그 순서는 피상속인(사망한 자)을 기준으로 직계비속 → 직계존속 → 형제자매 → 4촌 이내의 방계혈족 순

- 배우자: 배우자의 경우 1순위와 2순위의 상속인이 있는 경우에는 그 상속인과 동순위로 상속인이 되며 1, 2순위 상속인이 없는 경우에는 단독 상속인이 됨
- 직계비속: 피상속인의 아들 · 딸 · 손자 · 손녀를 가리킴. 즉, 피상속인으로부터 출생된 친족에 해당하며 양자도 직계비속에 속함
- 직계존속: 피상속인의 부모, 친조부모, 외조부모가 해당. 즉, 피 상속인을 출생하게 한 친족(양부모도 직계존속)을 가리킴
- 형제자매: 피상속인의 형제자매. 이복형제도 포함됨
- 4촌 이내 방계혈족: 조카, 생질, 백부 · 숙부, 고모 · 이모 등 3촌과 4촌을 가리킴 즉, 자신와 같은 시조로부터 갈라져 나온 혈족을 의미함

제05회 정답 및 해설

빠른 정답표

01	02	03	04	05	06	07	08	09	10
③	⑤	②	④	⑤	①	④	④	④	①
11	**12**	**13**	**14**	**15**	**16**	**17**	**18**	**19**	**20**
③	⑤	④	②	③	②	④	④	②	①
21	**22**	**23**	**24**	**25**	**26**	**27**	**28**	**29**	**30**
⑤	④	①	②	③	①	②	①	④	④

01

정답 ③

[제시문 해설] 테레민 악기의 연주 방법과 원리

①문단	테레민의 연주 방법
②문단	테레민 연주 시 양손의 역할(오른손의 음고 조절과 왼손의 음량 조절)
③문단	테레민의 연주 원리(음고가 조절되는 원리)

정답 해설

③ 3문단은 2문단의 오른손의 '음고 조절'과 왼손의 '음량조절' 내용 중 '음고 조절'에 대한 확장으로서 오른손으로 음고를 조절하는 원리에 대해 설명하고 있다. 따라서 이어질 내용으로는 수평 안테나와 왼손 사이의 거리에 따라 음량이 조절되는 '음량 조절'의 원리가 설명되는 것이 적절하다.

오답 해설

① 테레민은 손을 대지 않고 연주하는 악기라는 점에서 수직 안테나에 손이 닿으면 소리가 발생하는 원리는 제시문과 크게 관련이 없는 내용이다.

② 왼손은 음고가 아닌 음량을 조절한다고 설명되어 있기 때문에 이어질 내용으로 적절하지 않다.

④ 이미 3문단에서 설명한 내용이다.

⑤ 음량은 왼손과 수평 안테나와의 거리에 의해 조절되는 것으로, 오른손 손가락으로 가상의 피아노 건반을 눌러 음량을 변경하는 원리는 제시문과 크게 관련이 없는 내용이다.

[TIP]

본 문제와 유사하게 출제될 만한 키워드로는 **간편결제와 관련된 '페이' 기술**을 들 수 있다. 그중에서도 현재 간편결제 서비스 중 가장 널리 사용되고 있는 MST 방식과 NFC방식의 차이를 알아 두면 도움이 될 것이다.

- MST 방식
  - MST(마그네틱 보안 전송) 기술을 활용하여 카드정보를 무선으로 전송, 결제하는 방식
  - 시중에 이미 설치된 카드단말기에 스마트폰을 대기만 하면 결제가 이루어지기 때문에 별도의 설치비용이 없고 결제시간이 짧으며 소비자의 이용 편의성이 크다는 점이 특징
- NFC 방식
  - 근거리 무선 통신을 이용한 비접촉식 결제 방식. 통신거리가 짧기 때문에 상대적으로 보안성이 우수함(예: 애플페이, 국내 7개 전업카드사들이 공동 개발한 '저스터치')
  - NFC 방식을 사용할 경우 20만 원 가까이 되는 NFC 단말기를 별도로 설치해야 하는 문제점 상존

02

정답 ⑤

[제시문 해설] 정보화로 인한 사회현상 분석 방법의 변화

①문단	정보의 폭발적 증가로 인해 빅데이터 분석이 샘플링과 설문조사 작업을 대체하게 됨
②문단	바라바시가 전체 인구의 규모에서 사람들 간의 소통을 연구함
③문단	바라바시의 연구 결과: 커뮤니티 외부와 링크를 많이 가진 사람을 제거하면 네트워크가 와해된다는 연구 결과는 사회나 그룹 내에서 동질성보다 다양성이 중요함을 시사함
④문단	빅데이터 시대에 샘플링은 사회현상의 주된 분석 방법으로서의 자리를 잃게 됨

정답 해설

⑤ 3문단에서 커뮤니티 외부와 링크를 많이 가진 사람을 네트워크에서 제거하면 갑자기 네트워크가 와해되어 버렸다고 하였으므로 글의 내용과 부합하지 않는다.

오답 해설

① 1문단에서 빅데이터 분석이 샘플링과 설문조사 전문가들의 작업을 대체하고 있다고 하였으므로 글의 내용과 부합한다.

② 4문단에서 기존의 통계학적 샘플링은 만들어진 지 채 100년도 되지 않는 통계 기법으로서 기술적 제약이 있던 시대에 개발된 것이라고 하였으므로 글의 내용과 부합한다.

③ 1문단에서는 빅데이터로 인해 연구에 필요한 정보가 자동적으로 수집되고 그 결과 샘플링과 설문지 사용에서 기인하는 편향이 사라졌다고 하였다. 이를 통해 샘플링이나 설문지를 사용하는 연구에는 어느 정도의 편향이 발생한다는 점을 추론할 수 있다.

④ 4문단에서 빅데이터로 인해 샘플이 아닌 전체를 분석할 수 있게 되었기 때문에 더 이상 샘플링이 사회현상 분석의 주된 방법일 수는 없다고 하였으므로 글의 내용과 부합한다.

[TIP]

신한은행에서 **마이데이터의 원리와 이점을 분석하고, 우리나라 도입 논의를 다루는 문제**로 유사 출제되었다. 마이데이터 사업 도입은 2019년 전면 시행된 오픈뱅킹 서비스와 밀접한 관계가 있으니, 관련 내용을 정리해 두자.

- 오픈뱅킹과 마이데이터의 관계
  - 오픈뱅킹 시행에 따른 소비자 편의 확대: 은행별로 일일이 앱을 설치할 필요가 없고, 하나의 은행 앱이나 핀테크 기업의 앱에 자신의 모든 은행 계좌를 등록해, 간편하게 결제 · 송금 · 이체 업무를 할 수 있게 되었음
  - 이러한 오픈뱅킹은 금융의 마이데이터를 사용할 수 있어야 작동할 수 있음
  - 현재 계좌조회, 이체 등으로 한정되어 시행되고 있지만, 오픈뱅킹 역시 마이데이터 산업의 범주에 속함
- 마이데이터의 개념과 효과
  - 마이데이터: 개인이 정보 관리의 주체가 되어 능동적으로 본인의 정보를 관리하고, 본인의 의지에 따라 신용 및 자산관리 등에 정보를 활용하는 일련의 과정. 즉, 데이터의 권리를 데이터 발생자가 갖도록 하는 것
  - 마이데이터 확대 시: 정보 주체인 개인은 스스로 정한 항목만 선택해 개인의 신용관리 · 자산관리 서비스를 의뢰할 수 있게 되고, 보다 능동적으로 활용할 수 있음. 마이데이터 사업자는 고객 동의 아래 맞춤형 금융상품 개발, 자산관리 등으로 사업의 폭을 넓힐 수 있을 것으로 전망
- 마이데이터 산업의 문제점과 보완책
  - 고객 정보 수집 및 처리 과정에서 발생할 수 있는 보안 위협(민감한 정보를 다루고 있어 정보 유출 사태가 발생한다면 큰 피해로 이어질 수 있음). 이를 방지하기 위해 금융위원회는 마이데이터 사업자에 대한 배상책임 보험 가입 명시를 의무화할 방침
  - 보안 우려: 오픈뱅킹 서비스에 중소형 핀테크 기업들이 대거 참여. 따라서 마이데이터 사업을 영위하는 중소 핀테크 기업이 개인 고객의 모든 신용정보를 관리할 경우 체계적인 검사와 감독체계를 갖출 필요
- 빅데이터

  빅데이터의 기본적인 내용 정도는 익혀 두는 것이 좋다. 빅데이터의 특징은 3V이다. 크기(Volume, 대용량), 다양성(Variety, 비정형 데이터), 속도(Velocity, 실시간 분석)를 말한다.

  금융권에서의 빅데이터 활용 방안으로는 맞춤형 금융상품 개발, 로보어드바이저를 활용한 자산관리 서비스 제공, FDS(Fraud Detective System) 정교화를 통한 금융소비자보호, 여신 심사의 정확도 향상을 통한 리스크 관리 등이 있다. 그 밖에도 다양한 영역에서 활용될 수 있으니 기본적인 개념만이라도 익혀 두도록 하자.

03

정답 ②

[구조 파악]

빈칸에 들어갈 적절한 진술을 고르는 문제로, 빈칸에는 주로 다음과 같은 내용이 들어간다.

(1) 빈칸 앞의 내용을 종합하는 결론 성격의 문장

(2) 빈칸 뒤에 이어지는 결론을 도출하기 위한 전제 성격의 문장

이 문제는 (2)의 경우로서, 빈칸 뒤의 문장들 가운데 글의 결론을 찾은 후, 빈칸 앞의 내용에서 결론 도출에 필요한 전제들을 찾아 정리한다. 이후 결론을 이끌어 내기 위해 추가적으로 요구되는 마지막 전제를 선택지에서 고르면 된다.

제시문의 내용에서 전제와 결론을 찾아 정리하면 다음과 같다.

- 전제 1: 게르만어를 사용하는 지역과 로망어를 사용하는 지역을 각각 루이와 샤를에게 할당했다.
- 전제 2: 루이와 샤를은 상대방이 분할 받은 영토의 세속어로 서약 문서를 작성했다. → 루이와 샤를은 각각 로망어와 게르만어로 서약 문서를 작성했다.
- 전제 3: (   )
- 결론: 루이와 샤를 중 적어도 한 명은 서약 문서를 자신의 모어로 작성한 것이 아니다.

정답 해설

② 루이와 샤를 모두 게르만어를 모어로 사용하였다면 로망어로 서약 문서를 작성한 사람은 자신의 모어로 작성한 것이 아니므로 적절한 진술이 된다.

오답 해설

①, ③, ⑤ 제시문의 논리적 흐름과 맞지 않는 내용이다.

④ 루이와 샤를의 모어가 각각 상대방이 분할 받은 영토의 세속어와 일치한다면 각각 자신의 모어로 서약 문서를 작성한 것이 된다. 따라서 적절한 진술이 아니다.

04

정답 ④

[구조 파악]

제시문에 '디부'라는 낯선 용어가 등장하기는 하지만, 이 문제는 일반적인 참/거짓 판단 유형에 속한다. 따라서 '디부 관계'를 표시할 문자를 정한 후, 제시된 조건들을 기호화하여 문제를 해결하면 된다. 디부 관계를 '&'이라고 표시하면 제시문의 조건을 다음과 같이 정리할 수 있다.

조건 1	A&D → A&BandA&C [대우: ~(A&B) or ~(A&C) → ~(A&D)]
조건 2	C&D → B&C [대우: ~(B&C) → ~(C&D)]
조건 3	~(A&D) and ~(C&D) → 그 누구도 D와 디부가 아님 [대우: 한 명이라도 D와 디부임 → A&D or C&D]
조건 4	B&D or C&D
조건 5	~(A&B) or ~(A&C) or ~(A&D)

조건 1과 5에 의해 ~(A&D)가 성립하고, 여기에 조건 3과 4에 의해 C&D가 성립한다.

정답 해설

ㄱ. 조건 2에 의해 반드시 참이다.

ㄷ. A는 D와 디부가 아니므로 반드시 참이다.

오답 해설

ㄴ. A와 C의 관계는 알 수 없다.

[TIP]

우리은행에서 영어 단어 간의 관계를 정언명제 조건으로 제시하여 <보기> 진술의 참/거짓을 판단하는 문제로 유사 출제되었다.

05

정답 ⑤

[구조 파악]

제시문의 혜민, 민준, 서현의 발언을 표로 정리한 후, 한 사람의 발언을 중심으로 경우의 수를 나누어 추론해 가는 방법으로 해결할 수 있다. 이때 다음의 2가지를 유의해야 한다.

(1) 질문지에서 '성명이 될 수 있는 것'을 묻고 있으므로, 가능한 성명 조합이 1가지가 아니라는 점을 파악해야 한다.

(2) 제시문에서 외부인사들의 가능한 성씨가 김씨, 이씨, 최씨 외에 없다고는 하였지만, 이것이 김씨 1명, 이씨 1명, 최씨 1명이라는 의미는 아니다.

정답 해설

세 명의 사무관들이 말한 외부인사의 성명을 표로 정리하면 다음과 같다.

혜민	이진서	최준수	김지후
민준	이진서	최준수	최지후
서현	최진서	김준수	이지후

세 명의 사무관들은 외부인사에 대하여 각각 단 한 명씩의 성명만을 올바르게 기억하고 있다고 하였으므로, 혜민을 중심으로 세 가지 가정을 해 보자.

(1) 이진서가 옳은 성명인 경우: 혜민, 민주는 이진서를 올바르게 기억했다는 뜻이다. 따라서 혜민의 김지후와 민준의 최지후는 틀린 성명이 되어 서현이 말한 이지후가 옳은 성명이 된다. 서현이 이지후를 올바르게 기억했으므로 김준수는 틀린 설명이고, 혜민과 민준을 통해 최준수도 틀린 설명이 된다. 따라서 '이진서, 이준수, 이지후'가 된다.

(2) 최준수가 옳은 성명인 경우: 김지후, 최지후는 틀린 성명이 되어 서현이 말한 이지후가 옳은 성명이 된다. 또한 이진서와 최진서가 틀린 성명이 되어 김진서가 옳은 성명이 된다. 따라서 '김진서, 최준수, 이지후'가 된다.

(3) 김지후가 옳은 성명인 경우: 최준수와 이진서는 틀린 성명이 되기 때문에 민준이 말한 최지후가 옳은 성명이 되어야 하는데 이렇게 되면 모순이다. 따라서 김지후는 틀린 성명이다.

(1)~(3)을 종합해 보면, 가능한 성명 조합은 '이진서, 이준수, 이지후'와 '김진서, 최준수, 이지후'이다. 따라서 이 2개의 조합 중 선택지에 나와 있는 것을 정답으로 고르면 된다.

06

정답 ①

[제시문 해설] 수정란의 발생과정

①문단	• 수정란의 발생과정: 수정란으로부터 태아가 형성되는 과정 – 남성이 될 수정란: Y염색체로부터 나오는 성 결정 인자가 만들어지고, 성 결정인자에 의해 생식샘이 고환으로 발달함 – 여성이 될 수정란: Y염색체가 없어 성 결정인자가 만들어지지 않아 생식샘이 난소로 발달함
②문단	• 태아의 성구분: 고환에서 생성된 테스토스테론이 남성형 외생식기와 생식관 발달을 유도하여 임신 10~12주경에는 외생식기의 해부학적 모양을 통해 태아의 성구분이 가능해짐 • 원시 생식관: 배아의 성별과 관계없이 배아는 원시 생식관인 볼프관과 뮐러관을 모두 지님 – 생식샘이 고환으로 발달한 경우: 테스토스테론에 의해 볼프관이 분화하여 부고환과 정관을 형성함. 고환에서 뮐러관 억제 인자가 분비되어 뮐러관이 퇴화됨 – 생식샘이 난소로 발달한 경우: 테스토스테론이 분비되지 않아 뮐러관이 퇴화하지 않고 분화하며 볼프관은 퇴화함

정답 해설

ㄱ. 1문단에서 수정란 발생과정을 시작하면 남성이 될 수정란에서는 Y염색체로부터 나오는 성 결정인자가 만들어지고 여성이 될 수정란에서는 Y염색체가 없기 때문에 성 결정인자가 만들어지지 않는다고 하였다. 따라서 수정란 발생과정이 시작될 때 여성이 될 수정란에 Y염색체를 가지게 하면 성 결정인자가 만들어질 것이고 이 수정란이 배아가 되면 성 결정인자에 의해 생식샘이 고환으로 발달할 것이다. 또한 2문단에서 생식샘이 고환으로 발달한 경우 고환에서는 뮐러관 억제인자가 분비된다고 하였으므로 ㄱ은 옳은 추론이다.

오답 해설

ㄴ. 2문단에서 10~12주경 태아는 외생식기의 해부학적 모양을 통해 성구분이 가능해진다고 하였다. 성구분이 가능하다는 것은 태아가 남성인지 여성인지 알 수 있다는 뜻인데, 1문단에서 남성이 될 수정란에서는 성 결정인자가 만들어지고 여성이 될 수정란에서는 성 결정인자가 만들어지지 않는다고 하였다. 그러나 성구분이 가능하다는 정보만으로 성별을 확정할 수 없으므로 성 결정인자가 만들어졌는지 여부도 판단할 수 없다. 다시 말해 외생식기의 해부학적 모양으로 어떤 태아를 여성으로 구분했다면, 이 태아를 형성한 수정란에서는 성 결정인자가 만들어지지 않는다. 따라서 ㄴ의 추론은 적절하지 않다.

ㄷ. 2문단에 의하면 배아의 성별과 관계없이 배아는 원시 생식관인 볼프관과 뮐러관을 모두 가지고 있다.

[TIP]
기업은행에서 생명과학을 글감으로 하는 독해 문제가 매년 출제되고 있다. 대표적으로 렙틴호르몬의 기능과 체중 변화에 작용하는 과정을 제시하고, 문단 배열과 선택지 정오를 판단하는 세트형 문제로 출제되었다.
생명과학과 연결되는 금융분야로는 생체인증을 활용한 보안분야와 생체리듬을 활용한 인슈어테크가 있다. 금융 NCS를 위해 인슈어테크의 개념 정도는 익혀 두도록 하자.
인슈어테크
- 보험(Insurance)과 기술(Technology)의 합성어. 기존 보험산업에 정보기술(IT) 등 신기술을 적용한 새로운 형태의 보험 상품
- 예: 걸음수, 심장박동수에 따라 보험료 혜택을 주는 서비스(행동경제학 원리를 이용해 보험가입자의 건강한 행동 변화에 보상을 제공하여 건강한 습관을 지속적으로 유지시키는 것이 목적)

07

정답 ④

[제시문 해설] 천문학사에서 과학적 지각의 패러다임이 유발한 변화

(가)	허셸에 의한 패러다임의 변화는 급속한 소행성의 발견에 도움이 됨
(나)	허셸의 행성 발견 주장과 수용
(다)	개량 망원경을 사용한 허셸의 천왕성 관측
(라)	천문학사에서 과학적 지각의 패러다임이 유발한 변화
(마)	천왕성을 볼 수 있도록 한 시각의 변환이 끼친 광범위한 영향

정답 해설
천왕성 관측의 시작을 언급하고 있는 (다)를 맨 앞에 배열한다. (다)의 마지막 문장에서 허셸이 자신이 손수 만든 훨씬 개량된 망원경을 사용하였다는 내용은 (나)의 '그 결과'와 이어진다. (나)에서는 허셸이 자신이 관측한 궤도가 행성인 것 같다고 제안하였으며 이 주장이 수용되었음을 이야기하고 있는데, 이것은 (마)의 '하나가 늘어난 행성이 존재하게 되었다'는 내용과 연결된다. (마)의 후반부에서는 천왕성을 볼 수 있도록 한 시각의 변환이 광범위한 결과를 낳았다고 말하고 있으며 이것은 (가)의 '허셸에 의해 야기된 소규모의 패러다임 변화'와 이어진다. (가)에서는 이 패러다임의 변화로 천문학자들이 여러 소행성들을 급속히 발견하게 되었다고 설명하고 있으며 (라)에서는 이 외에도 천문학사에는 과학적 지각에서 패러다임이 유발한 변화에 대한 각기 다른 사례들이 많이 있다고 이야기하고 있다.
따라서 (다) - (나) - (마) - (가) - (라)의 순서로 전개하는 것이 적절하다.

[TIP]
글에 동일한 외국 인명이 등장할 때, 성과 이름이 모두 제시된 부분과 성만 제시된 부분이 있다면 성과 이름이 모두 제시된 부분이 앞부분이라는 점을 활용하면 좋다. 즉, '윌리엄 허셸'이라는 풀네임이 등장한 (다)가 '허셸'이라는 성만 등장한 (가)보다 앞에 온다.

08

정답 ④

[구조 파악]
주어진 <표>는 '갑'국의 가구수, 주택보급률, 주거공간을 나타내고 있다. 그런데 <보기>의 ㄱ, ㄹ에서는 <표>에 직접적으로 제시되지 않은 주택수와 주거공간 총면적에 대해 진술하고 있으므로, 주석에 제시된 공식을 적절하게 변형할 수 있어야 한다.

정답 해설
ㄱ. 주석 1)의 공식을 변형하면 주택수$=\frac{\text{주택보급률}\times\text{가구수}}{100}$가 된다. <표>를 보면 주택보급률과 가구수와 모두 매년 증가하고 있으므로 주택수 역시 매년 증가한다는 것을 알 수 있다.
ㄷ. 2002~2004년은 전년에 비해 10% 전후로 증가하였지만 2001년은 전년에 비해 $\frac{17.2-13.8}{13.8}\times 100=$약 25% 정도 증가하였다.
ㄹ. 주석 2)의 공식을 활용해 '주거공간 총면적=가구당 주거 공간×가구수'임을 알 수 있다. 수치를 단순화하여 계산해 보면 2000년 $59\times 10=590$, 2004년 $94\times 13=1,222$로 2배 이상임을 확인할 수 있다.

오답 해설
ㄴ. 주택보급률이 상승하였다는 사실만으로 주택을 두 채 이상 소유한 가구수가 증가했다고 판단할 수 없다. 주택을 소유하지 못했던 가구가 주택을 소유하는 경우가 많아져 주택보급률이 높아졌을 수도 있기 때문이다.

[TIP]
통계청에서 발간하는 『한국의 사회지표』에서는 주요 분야를 13개로 나누어 공식적으로 발표하고 있다. 이중 '주거와 교통' 분야에서 주택 · 주거를 다루고 있는데, 금융 NCS를 위하여 알아 두면 좋을 내용으로는 주택보급률, 주택가격지수가 있다.
- 주택보급률
  - 특정국가 또는 특정지역에 있어서 주택이 그곳에 거주하고 있는 가구들의 수에 비하여 얼마나 부족한지 또는 여유가 있는지를 총괄적으로 보여 주는 양적지표
  - 일반가구수에 대한 주택수의 백분율로 산정(주택수: 인구주택 총조사결과를 기준으로 빈집을 포함하여 산정한 수, 일반가구 수: 가족을 구성하여 거주하는 혈연가구수로서 1인가구를 포 함하여 산정한 수)

$$\text{주택보급률}(\%)=\frac{\text{주택수}}{\text{일반가구수}}\times 100$$

- 주택가격지수: 전국의 주택 매매 및 전세가격을 조사한 후 일정 시점(2008.12.=100)을 기준 시점으로 한 라스파이레스산식을 적용

하여 지역별, 주택유형별, 주택재고 구성비를 가중치 값으로 부여하여 산출하는 지표

09 정답 ④

정답 해설

㉠ 일본의 3D 입체영상 분야 특허출원 건수는 3,620이고 3개국 전체 3D 입체영상 분야 특허출원 건수는 5,655이다. 5,655의 60%는 3,000＋360＋(55 ×0.6)＝3,393이고 일본 3D 입체영상 분야 특허출원 건수는 3,620건이므로 60% 이상임을 알 수 있다.

㉡ <그림 1>에서 2007년부터 한국(■)의 특허출원 건수가 미국(○)의 특허출원 건수를 초과하였음을 확인할 수 있다.

㉣ <그림 2>에서 한국(■)과 일본(▲)의 간격이 가장 좁을 때는 2010년이다.

오답 해설

㉢ <그림2>에서 2009년에는 한국 특허출원 건수가 미국보다 많았다.

10 정답 ①

[구조 파악]

제시된 <표 1>은 2013년 10월~2014년 1월의 PC 기반 웹 브라우저 상위 5종의 이용률을, <표 2>는 동 기간 스마트 폰 기반 웹 브라우저 상위 5종의 이용률을 나타내고 있다. <표 1> 과 <표 2>의 모양이 매우 흡사하기 때문에 각 선택지가 진술하고 있는 것이 PC 기반 웹 브라우저인지, 스마트폰 기반 웹 브라우저 인지를 잘 구분해야 한다.

정답 해설

① 상위 5종 전체 이용률이 94.39%이므로 나머지 이용률은 5.61%이다. 5위인 인터넷 익스플로러 이용률이 1.30%이므로 나머지의 개별 이용률은 최대 1.30% 미만이어야 하는데, 각각 이용률이 1.30%라고 하더라도 이 4개 이용률의 합은 5.20%가 된다. 따라서 0.41%를 차지하는 다른 웹 브라우저가 존재해야 하므로 설문조사 대상 웹 브라우저는 10종 이상이다.

오답 해설

② 크롬은 PC 기반과 스마트폰 기반 모두 3위를 차지했다.

③ 2013년 12월은 '인터넷 익스플로러 - 크롬 - 파이어 폭스 - 사파리 - 오페라' 순이지만 나머지 달은 '인터넷 익스플로러 - 파이어 폭스 - 크롬 - 사파리 - 오페라' 순이다.

④ 오페라의 이용률 차이는 2.40%p로 2%p 이상이다.

⑤ 2013년 10월 86.18%, 11월 89.16%, 12월 89.95%, 2014년 1월 89.33%로 모두 90%에 미치지 못한다. 참고로 상위 3종 웹 브라우저 이용률을 더하는 것보다 상위 5종 전체 이용률에서 4, 5위의 이용률을 빼는 것이 더 쉽고 빠르다.

[TIP]

통계청에서 발간하는 『한국의 사회지표』 중 '미디어 이용' 분야에서 인터넷과 스마트폰 사용에 대해 다루고 있다. 특히 스마트폰이 대중화된 이후 과도한 사용이 사회적 문제로 대두되면서 스마트폰 과의존 위험군비율 지표가 부각되는 추세다.

스마트폰 과의존

- 과도한 스마트폰 이용으로 스마트폰이 일상에서 가장 우선시되는 활동이 되고(현저성), 이용 조절력이 감소(조절실패)하여 신체 · 심리 · 사회적 문제를 겪는(문제적 결과) 상태
- 대상자의 상태를 '스마트폰 과의존 척도'로 점수화하여, 연령대 별 기준 점수에 따라 고위험군, 잠재적 위험군, 일반사용자군 분류
  - 고위험군: 스마트폰 사용에 대한 통제력 상실, 대인관계 · 건강 · 일상생활에 심각한 문제 존재
  - 잠재적 위험군: 스마트폰 사용에 대한 조절력 약화, 대인관계 · 건강 · 일상생활에 문제 발생 시작

11 정답 ③

[구조 파악]

<표2> 각주의 지역별 '인구지수$=\frac{\text{해당연도 해당지역 인구}}{\text{1648년 해당지역 인구}}\times 100$'은 1648년의 인구를 기준(100)으로 하여 해당 연도의 인구를 나타낸 것이다. 예를 들면, 1753년 강원 지역의 인구지수 724는 1753년 강원 지역의 인구가 1648년 인구 54천 명의 7.24배라는 것을 의미한다. 따라서 인구지수를 바탕으로 해당연도 해당지역의 인구수를 구해 문제를 해결하도록 한다.

정답 해설

ㄴ. 평안의 1789년 대비 1837년 인구지수는 888에서 584로 감소하였다. 따라서 감소율은 $\frac{304}{888}\times 100$＝약 34%인데 <표 2>에서 34% 이상의 감소율을 보이는 지역은 없다.

ㄷ. 1864년 경상의 인구는 425천 명×3.58＝1,521.5명인데 해당 연도에 이보다 인구가 많은 지역은 없다. 1648년 경상과 인구 비중이 비슷한 전라의 인구는 432천 명×2.51로 경상보다 적고, 1864년 경상의 인구지수보다 높은 다른 지역들은 1648년 인구의 비중이 경상보다 현저히 낮다.

오답 해설

ㄱ. 1753년 강원지역 인구지수는 724로, 이는 1753년 강원지역의 인구가 1648년 강원지역 인구의 7.24배라는 것을 의미한다. 따라서 1753년 강원지역 인구는 54천 명×7.24＝약 391천 명이다. 한편 1648년 전라지역 인구는 432천 명이므로, 1753년 강원지역의 인구는 1648년 전라지역 인구보다 적다.

ㄹ. 1904년 전체인구는 주어진 자료에 명시되어 있지 않지만 세세하게 계산할 필요까지는 없다. 1904년 전체인구 대비 경기 지역 인구의 비중과 함경 지역 인구의 비중을 비교하면 되기 때문에, 분모는 동일하다. 따라서 분자에 해당하는 1904년

경기 지역 인구와 함경 지역 인구를 비교하여 인구가 많은 쪽이 비중이 크다는 것을 알 수 있다. 1904년 경기 지역 인구는 81천 명×8.31이고, 1904년 함경 지역 인구는 69천 명×10.87로, 어림산을 하게되면 경기 지역 인구는 660천 명 이상이고 함경 지역 인구는 700천 명 이상임을 알 수 있다. 따라서 함경 지역의 인구가 경기 지역 인구에 비해 비중이 높다.

[TIP]

『한국의 사회지표』 중 '인구' 분야 지표는 초고령화 사회 진입에 따른 금융권의 연금사업 강화 이슈와 연계되어 출제 가능성이 높은 내용이다. 대표적인 개념을 소개하면 아래와 같다.

- 노령화지수

$$\text{노령화지수} = \frac{\text{65세 이상 인구}}{\text{0~14세 인구}} \times 100$$

  - 유소년층 인구(0~14세)에 대한 노년층 인구(65세 이상)의 비율로서 인구의 노령화 정도를 나타내는 지표
  - 노령화 지수가 높아진다는 것은 장래에 생산 연령에 유입되는 인구에 비하여 부양해야 할 노년 인구가 상대적으로 많아진다는 것을 의미

- 노년부양비

$$\text{노년부양비} = \frac{\text{65세 이상 인구}}{\text{15~64세 인구}} \times 100$$

  - 총인구 중에서 생산가능인구(15~64세)에 대한 고령인구(65세 이상)의 백분비
  - 생산가능인구가 고령인구를 부양하는 데 드는 경제적인 부담을 나타내며, 이를 통해 사회의 고령화 추세를 파악할 수 있음
  - 노년부양비는 생산가능인구의 경제적 분담을 완화하기 위한 방안과 노후 생활 안정 대책을 마련하는 기초 자료로 활용됨

12

정답 ⑤

[구조 파악]

<표 1>은 A국 기업의 회계기준 적용 현황을 '회계 기준'과 '연도'에 따라 보여 주고 있고, <표 2>는 2011년 A국 비상장기업의 회계기준 적용 현황을 '자산규모'와 '회계기준'에 따라 제시하고 있다. 여기서 비상장기업은 (1) 국제회계기준을 적용한 비상장기업, (2) 일반회계기준을 적용한 비상장기업으로 구분된다는 점을 파악하고 무제를 해결하도록 한다.

정답 해설

⑤ 비상장기업 중 국제회계기준을 적용한 비상장기업이 차지하는 비율은 2011년 $\frac{1,142}{17,169} \times 100 =$ 약 6.7%, 2012년 $\frac{1,403}{17,769} \times 100 =$ 약 7.9%로 약 1.2%p 증가하였다.

오답 해설

① $\frac{285+739}{1,142} \times 100 =$ 약 90%이다.

② 일반회계 기준을 적용한 기업 수는 14개, 국제회계기준을 적용한 기업은 38개이다.

③ 15.1%에서 15.9%로 증가하였다.

④ 비상장기업의 수는 2011년 1,142+16,027=17,169이고, 2012년 1,403+16,366=17,769로 옳은 내용이다.

[TIP]

선택지 ⑤를 계산할 때에는 연도별 비상장기업 전체의 수, 즉 국제 회계기준을 적용한 비상장기업 수와 일반회계기준을 적용한 비상장기업 수의 합을 알아야 하는데 이 수치는 선택지 ④에서 계산된 값이다. 이처럼 다른 선택지에서 계산한 값을 활용해야 하는 경우가 간혹 있으므로, 계산 결과를 문제지에 알아볼 수 있게 적어 두는 것이 좋다.

13

정답 ④

[구조 파악]

제시된 <조건>에 교통비 32,000원, 편도 소요시간 2시간 20분으로 한도가 정해져 있으므로, 각 선택지가 이 2가지 조건을 모두 충족하는지 따져 보아야 한다. 이때 선택지를 다음과 같이 3개 구간으로 구분해 놓으면 계산하기 편리하다.

(1) 서울사무소 → 서울의 역/터미널

(2) 서울의 역/터미널 → 세종시의 역/터미널

(3) 세종시의 역/터미널 → 정부세종청사

정답 해설

④ • 일반버스로 강남고속버스터미널 이동: 시간 40분/비용
  • 고속버스로 세종시 터미널 이동: 시간 90분/비용 22,500원
  • 택시로 청사까지 이동: 시간 8분/비용 6,000원

따라서 총 소요시간은 138분이고 총 비용은 30,100원이므로 조건에 부합한다.

오답 해설

① • 택시로 서울역 이동: 소요시간 10분/비용 7,500원
  • 무궁화호로 오송역 이동: 소요시간 100분/비용 15,000원
  • 일반버스로 정부청사 이동: 소요시간 40분/비용 1,600원

따라서 총 소요시간은 150분(2시간 30분)이고, 총 비용은 24,100원이다. 총 비용은 32,000원을 넘지 않아 <조건>에 부합하지만, 총 소요시간이 2시간 20분을 초과하므로 조건에 맞지 않다.

② • 일반버스로 서울역 이동: 소요시간 25분/비용 1,000원
  • 무궁화호로 오송역 이동: 소요시간 100분/비용 15,000원
  • 일반버스로 정부청사 이동: 소요시간 40분/비용 1,600원

따라서 총 소시간은 165분(2시간 45분)이 되어 2시간 20분을 초과하여 조건에 맞지 않는다.

③ • 일반버스로 서울역 이동: 소요시간 25분/비용 1,000원
  • KTX로 오송역 이동: 소요시간 30분/비용 30,000원
  • 일반버스로 정부청사 이동: 소요시간 40분/비용 1,600원

따라서 총 비용이 32,600원이므로 주어진 조건에 맞지 않는다.

⑤ 이동과정 중에 택시를 두 번 탔음을 알 수 있다. 따라서 비용적인 부분에 초점을 두어 계산한다.

- 택시: 12km × 1,500원 = 18,000원
- 고속버스: 90km × 250원 = 22,500원

따라서 총 비용이 40,000원을 넘으므로 조건에 맞지 않는다.

[TIP]
시간과 비용을 복합적으로 고려해야 하는 자원관리문제이다. 농협은행에서 시간과 교통수단, 숙소 수용 규모를 고려하여 워크숍 장소를 선택하는 문제로 유사 출제되었다.
선택지 ①과 ②의 구성을 보면 서울사무소에서 서울역으로 이동할 때 ①은 택시를, ②는 일반버스를 탄다는 점을 제외하고는 경로와 교통수단이 동일하다. 따라서 ①이 시간 조건을 초과하였으므로 택시보다 느린 일반버스를 이용하는 ②도 당연히 시간 조건을 초과할 것이다. 그러므로 선택지 ②는 굳이 계산하지 않아도 된다.

14 정답 ②

[구조 파악]
3개 항목으로 구성된 <보고서>를 작성하기 위해 제시된 <표> 외에 추가로 필요한 자료를 찾는 문항이다. 문제를 해결하기 위해서는 다음의 과정을 따르면 된다.
(1) <보기>의 각 자료가 <보고서>의 3개 항목 중 어느 것과 관련된 것인지 판단한다.
(2) <보고서>의 해당 항목 중에 <표>가 제시하는 정보만으로는 작성 될 수 없지만 <보기>의 자료가 추가되면 작성 가능한 내용이 있는지 따져 본다.

정답 해설

ㄴ. 지역별 상수도요금은 <보고서>의 첫 번째 항목과 관련된 자료이다. 해당 항목에 기술된 전국, 경남, 충북 상수도요금은 <표 1>, <표 2>를 통해 알 수 없는 내용이므로 지역별 상수도요금에 대한 자료가 추가로 필요하다.
ㄷ. 광역지자체별 재정자립도는 <보고서>의 두 번째 항목과 관련된 자료이다. 해당 항목에 기술된 전남의 재정자립도는 <표 1>, <표 2>를 통해 알 수 없는 내용으로 광역지자체별 재정 자립도에 대한 자료가 추가로 필요하다.

오답 해설

ㄱ. 지역별 상수도 급수인구당 1일급수량은 <보고서>의 첫 번째 항목과 관련된 자료이다. <표 1>에 제시된 지역별 1일급수량을 해당 지역별 급수인구로 나누어 계산할 수 있다.
ㄹ. 하수도 처리인구당 연간 부과액은 <보고서>의 두 번째 항목과 관련된 자료이다. <표 2>의 연간 부과액을 <표 1>에 제시된 하수도 처리인구로 나누어 구할 수 있다.
ㅁ. 지역별 상수도 급수인구 대비 하수도 처리인구 비율은 < 보고서>의 세 번째 항목과 관련된 자료이다. <표 1>에 제시된 지역별 하수도 처리인구를 해당 지역별 상수도 급수인구로 나누어 구할 수 있다.

[TIP]
농협은행에서 기계화지수 그래프와 신문기사를 제시하고, 이에 대한 비율 검증과 진술의 근거로 제시하기 위하여 필요한 추가 자료를 검증하는 문제로 유사 출제되었다.
참고로 알아둘 용어로 농업기계화율이 있다. 농협은행, 농협중앙회 등 범농협 금융기관 지원자는 기본 개념을 익혀둘 필요가 있다.
농업기계화율
- 농작업면적에 대한 농업기계(트랙터, 콤바인, 이앙기, 경운기) 작업률을 의미
- 농촌인력 부족 및 고령화에도 불구하고 적기영농을 실현하여 식량을 안정적으로 공급하기 위한 정책 마련의 기초자료로 활용되고 있음

15 정답 ③

[구조 파악]
제시된 <그림>은 지하철역 간 거리를, <표>는 지하철역 간 소요시간을 나타내고 있다. 여기서 <표>를 보면, 같은 구간이더라도 상행과 하행의 소요시간이 다르다는 것을 알 수 있다. 예를 들어, A에서 출발하여 B에 도착하는 데 걸리는 시간은 1분 44초이고, B에서 출발하여 A에 도착하는 데 걸리는 시간은 1분 52초이다. 따라서 <표>를 읽을 때에 상행과 하행을 잘 구분해야 한다.

정답 해설

ㄱ. 'A역에서 B역까지의 소요시간 + B역에서 C역까지의 소요시간'을 A역에서 C역까지의 소요시간과 비교해 보면 된다. 전자는 1분 44초 + 1분 46초 = 3분 30초이고, 후자는 3분 55초이므로 정차시간은 25초이다.
ㄴ. 인접한 두 역 간 거리는 A~B(1.5km) < B~C(1.6km) < C~D(2.9km) < E~F(3.1km) < D~E(8.2km)인데, 하행의 소요시간 역시 A~B(1분 44초) < B~C(1분 46초) < C~D(2분 35초) < E~F(2분 54초) < D~E(6분 10초)이다.

오답 해설

ㄷ. D~E 구간의 소요시간도 6분 10초로 동일하다.

16 정답 ②

[구조 파악]
<보고서>의 내용을 정리하면 다음과 같다.
(1) 전월세전환율의 개념과 활용
(2) 전월세전환율 산출 공식
(3) 전월세전환율과 월세부담의 관계
선택지의 정오를 판단하기 위해서는 8개 아파트 전월세전환율을 모두 알아야 하므로, 우선 (2)의 공식을 통해 A~H의 전월세전환

율을 구한다. 월세부담에 대해 진술하고 있는 선택지에 대해서는 (3)의 내용을 참고하도록 한다.

<보고서>를 바탕으로 <표>의 아파트의 전월세전환율을 구해 보면 다음과 같다.

구분	월세이율	전월세전환율
A	$\frac{360}{85,000-10,000}\times 100=0.48$	$0.48\times 12=5.76$
B	$\frac{430}{85,000-5,000}\times 100=0.5375$	$0.5375\times 12=6.45$
C	$\frac{420}{85,000-5,000}\times 100=0.525$	$0.525\times 12=6.3$
D	$\frac{400}{85,000-5,000}\times 100=0.5$	$0.5\times 12=6.0$
E	$\frac{750}{130,000-10,000}\times 100=0.625$	$0.625\times 12=7.5$
F	$\frac{500}{135,000-40,000}\times 100=0.526$	$0.526\times 12=6.312$
G	$\frac{350}{125,000-60,000}\times 100=0.538$	$0.538\times 12=6.456$
H	$\frac{600}{130,000-20,000}\times 100=0.545$	$0.545\times 12=6.54$

정답 해설

② F아파트의 전월세전환율은 6.312%이고, G아파트의 전월세전환율은 6.456%로, 전월세전환율이 높은 G아파트의 월세부담이 상대적으로 크다.

오답 해설

① A아파트의 전월세전환율은 5.76%로 6%보다 작다.

③ B, C, D아파트 중 전월세전환율이 가장 큰 아파트는 6.45%인 B아파트이고, 가장 작은 아파트는 6.0%인 D아파트이다.

④ H아파트의 월세보증금이 30,000천 원이 되고, 월세는 500천 원이 되면, 전월세 전환율은 $\frac{500}{130,000-30,000}\times 100\times 12=$ 6.0으로, D아파트의 전월세전환율과 일치한다.

⑤ E아파트의 전세금이 210,000천 원이 되고, 월세는 1,250천 원이 되면, 전월세전환율은 $\frac{1,250}{210,000-10,000}\times 100\times 12=7.5$ 가 되어 변함이 없다.

17

정답 ④

[구조 파악]

제시된 <표>는 2012, 2013년의 기업 신용등급에 대 한 자료로, <표 1>에는 곳곳에 빈칸이 주어져 있다. 해당 빈칸에 들어갈 수치는 '2012년 연말 신용등급과 2013년 연초 신용등급 은 같다고 가정'한다는 주석 4)의 내용에 따라 어렵지 않게 구할 수 있다. 따라서 <보기>를 읽기 전에 빈칸을 먼저 빠르게 채워 두는 것이 나은 방법이다.

<표 2>의 연초 등급을 토대로 <표 1>의 괄호를 채우면 다음과 같다.

연말 연초	AAA	AA	A	BBB	BB	B	CCC	CC	C	합계
AAA	17	1	1	1	0	0	0	0	0	20
AA	2	65	3	2	1	0	0	0	0	73
A	1	7	81	8	3	2	0	0	0	102
BBB	1	3	6	33	6	3	1	0	0	53
BB	0	1	2	2	35	(2)	2	3	0	(47)
B	0	0	1	1	(2)	(9)	1	2	0	16
CCC	0	0	1	(2)	3	1	6	0	1	14
CC	0	0	0	1	1	0	0	2	0	4
C	0	0	0	0	0	1	0	0	1	2
합계	(21)	(77)	(95)	(50)	(51)	(18)	(10)	(7)	(2)	331

정답 해설

ㄴ. 신용등급이 상승한 기업은 $1+1+8+2+1=13$개이고, 하락한 기업은 $2+1+2+2+1+4+1+2+1+2+5+1=24$개로 옳은 내용이다.

ㄹ. 2012년은 $\frac{4}{16}=0.25$, 2013년은 $\frac{5}{18}=$약 0.28로 옳은 내용이다.

오답 해설

ㄱ. 2012년 연초 투기등급 기업의 수는 $47+16+14+4+2=83$이고, 2013년의 경우는 $51+18+10+7+2=88$이다. 2012, 2013년의 전체 기업 수는 동일하므로 굳이 비율을 구할 필요는 없고 기업 개수만 비 교하면 되는데, 2013년의 수가 더 많으므로 옳지 않은 내용이다.

ㄷ. 연초 대비 연말에 투기등급에서 투자등급으로 상승한 기업의 수는 2012년의 경우 $1+2+2+1+1+1+2+1=11$ 개이고, 2013년의 경우 $3+3+5+1+2+1+1=16$개이다. 따라서 옳지 않은 내용이다.

18

정답 ④

정답 해설

④ 4급 공무원 상당의 보수를 받는 별정직 공무원 D는 재산등록 의무자이고 그의 직계비속인 아들도 등록대상 친족의 범위에 해당한다. 승용차 역시 등록대상 재산에 포함된다.

오답 해설

① 시청에 근무하는 4급 공무원 A는 재산등록 의무자이지만, A의 동생은 등록대상 친족의 범위에 해당하지 않는다.

② 시장 B는 지방자치단체의 정무직 공무원으로 재산등록 의무자이지만, B의 결혼한 딸은 등록대상 친족의 범위에서 제외된다.

③ 도지사 C는 지방자치단체의 정무직 공무원으로 재산등록 의무자이고, C의 아버지는 등록대상 친족에 포함된다. 하지만 지식재산권은 연간 1천만 원 이상의 소득이 있는 경우에만 등록대상 재산에 해당하므로 제외된다.

⑤ 4급 공무원 E는 재산등록 의무자이지만 이혼한 전처는 등록대상 친족에 해당하지 않는다.

[TIP]

금융 NCS를 위해 추가적으로 알아 두면 도움이 될 만한 내용으로는 서민형 주택대출이 있다.

서민형 주택대출

- 주택도시기금이 시중은행을 통하여 지원하고 있는 대출 제도로 주택전세자금대출, 주택구입자금대출이 해당
- 청년, 신혼부부, 무주택자의 거주 환경 개선을 주목적으로 함
- 대출 대상(인적 요건), 대상주택(물적 요건)을 엄격히 두고 있음

19

정답 ②

[구조 파악]

선택지의 정오를 판단하기 위해서는 제시문 중 '홀수달 1일에 하지 않은 신청은 그다음 홀수달 1일 신청으로 간주'된다는 부분에 주목해야 한다.

정답 해설

② 8월 16일에 한 신청은 9월 1일에 신청된 것으로 간주되며, 9월 1일로부터 늦어도 5일 이내에 명칭 변경이 승인된다. 또한 승인일로부터 늦어도 7일 이내에 명칭 변경에 따른 정비가 이루어져야 하며, 정비완료일로부터 늦어도 3일 이내에 정비결과가 보고되어야 한다. 따라서 늦어도 9월 16일까지는 정비결과가 시장에게 보고된다.

오답 해설

① 7월 2일에 한 신청은 9월 1일에 한 것으로 간주된다. 따라서 시장은 9월 6일까지 승인 여부를 결정해야 한다.

③ 정류소 명칭 부여기준의 우선순위에서 아파트는 4위, 상점은 5위이므로 '가나3단지 아파트 · 가나서점'이 적합하다.

④ 정류소 명칭의 글자 수는 15자 이내로 제한되는데, '다라중학교 · 다라동1차아파트'는 13자이므로 기준 이내이다.

⑤ 정류소 명칭 수는 2개 이내로 제한되므로 3개의 명칭이 병기된 이름은 사용할 수 없다.

[TIP]

농협은행에서 농업종사자 전용 대출상품의 자금 용도별 승인일, 승인조건, 금리조건을 제시하고, 선택지 사례를 검증하는 문제로 유사 출제되었다.

참고로 농업종사자 전용 대출상품으로는 농업종합자금(시설,개보수,운전), 농기계구입자금, 농기계 수리용 부품 · 장비 지원사업, 후계농업경영인 육성자금, 귀농귀촌창업 및 주택구입자금 등이 있다.

20

정답 ①

[구조 파악]

선택지 구성을 살펴보면, 甲의 최대 배상금액은 1,690,000원 혹은 1,300,000원이라는 것을 알 수 있다. 이때 다음의 3가지만 파악함으로써 甲의 배상금액을 1,690,000원으로 빠르게 확정할 수 있다.

- 피해자의 피해기간 10개월 → 1인당 배상금액 650,000원
- 피해자 2명 → 2명에 대한 배상금액 1,300,000원
- 가산기준 (2)에 해당 → 甲의 배상금액 1,300,000＋a원

정답 해설

甲과 乙의 상황을 정리해 보고 각각의 상황에 따른 배상금액을 산출해 보면 다음과 같다.

구분	甲	乙
피해자의 피해기간	10개월	1년 6개월
피해자 수	2명	피해자 4명 (수험생 1명 포함)
수익한도 초과 소음	주간 등가소음도, 야간 등가소음도	야간 등가소음도, 야간 최고소음도
배상금액 가산 여부	가산기준 (2)에 해당	가산기준 (1), (3)에 해당
배상금액	{650,000＋(650,000×0.3)}×2 ＝1,690,000원	[{800,000＋(800,000×0.3)}×3]＋{800,000＋(800,000×0.3)＋(800,000×0.2)} ＝4,320,000원

따라서 甲의 최대 배상금액은 1,690,000원, 乙의 최대 배상금액은 4,320,000원이다.

[TIP]

배상금액 가산기준 (3)에서 피해자가 환자, 1세 미만 유아, 수험생인 경우에는 해당 피해자 '개인'에게 20% 이내에서 가산한다고 하였다. 따라서 乙의 상황에서 수험생에게 지급되는 기준금액 20%의 가산금은 가족 모두에게 적용되는 것이 아니라 수험생 1인에게만 적용됨에 유의해야 한다.

금융권 NCS를 위해 추가적으로 알아 두면 도움이 될 만한 내용으로는 DLF 투자손실에 대한 금융분쟁조정위원회의 배상 결정이 있다. 손해배상비율은 다음 1~3을 합산하여 최종 산정한다.

1. 적합성 원칙과 설명의무 위반에 대해 30%를 적용
2. 은행 본점 차원의 '내부통제 부실책임 등'(20%)을 배상비율에 반영하고, '초고위험상품 특성'(5%)도 고려하여 25%를 가산
3. 은행의 책임가중사유와 투자자의 자기책임사유를 투자자별로 가감 조정
   - 가중사유 예시: 고령자 등 금융취약계층에게 설명을 소홀히 한 경우, 모니터링콜에서 '부적합 판매'로 판정되었음에도 재설명하지 않은 경우 등
   - 감경사유 예시: 금융투자상품 거래경험이 많은 경우, 거래금액이 큰 경우 등

21

정답 ⑤

[제시문 해설] 기단의 기호 표시 방법

①문단	기단의 정의 및 분류
②문단	기단의 성질에 따른 기호 표시 방법
③문단	우리나라에 영향을 주는 기단의 특징

(2)를 독해할 때는 기단 성질과 기호 부분에 표시해 두고, (3)을 독해할 때는 기단명과 기단 성질 부분에 표시해 두는 식으로 글을 정리하면 쉽게 정답을 찾을 수 있다.

정답 해설

제시문에서 설명하고 있는 기단 기호를 정리하면 다음과 같다.

- 해양성기단: m / 대륙성기단: c
- 한대기단: P / 열대기단: T
- (하층의 지표면보다) 따뜻할 때: w / 차가울 때: k
- 적도기단: E / 북극기단: A

시베리아기단은 '대륙성, 한대, 지표면보다 차가움'의 성질을 지니고 있으므로, cPk로 표기해야 한다. 북태평양기단은 '북태평양에서 발생(해양성), 열대, 지표면보다 더움'의 성질을 지니고 있으므로 mTw로 표기해야 한다. 오호츠크해기단은 '해양성, 한대, 지표면보다 차가움'의 성질을 지니고 있으므로 mPk로 표기해야 한다.

[TIP]

제시문은 3개의 문단으로 구성되어 있다. 질문지와 선택지를 먼저 살펴보면, 문제 풀이에 필요한 정보는 기호 표기 방법과 각 기단의 성질임을 알 수 있다. 따라서 서론적 성격의 1문단은 과감하게 넘기고 2~3문단을 읽는 방법으로 시간을 단축하자.

22

정답 ④

[구조 파악]

제시문은 甲이 슈나이더의 지하경제에 대해 저술한 글이기 때문에 슈나이더의 주장과 甲의 주장을 구분할 수 있어야 한다. 따라서 <보기>를 읽을 때에도 "슈나이더의 분류에 의할 때", "甲의 입장에 의할 때"라는 표현에 주의를 기울여야 한다. 슈나이더의 지하경제의 주요 개념을 구분하면 다음과 같다.

지하경제	불법적 행위	금전적 거래
		비금전적 거래
	합법적 행위	탈세(甲은 이것을 불법적 행위로 봄)
		조세회피

정답 해설

ㄱ. A의 행위는 슈나이더의 분류에 의하면 조세회피로, 이는 합법적 행위에 해당한다.

ㄷ. 마약을 제조한 E의 행위는 슈나이더의 분류에 의하면 비금전적 불법행위이다.

ㄹ. G의 행위는 탈세에 해당하는데 슈나이더는 이것을 합법적 행위로 보았지만 甲은 탈세는 그 자체가 불법행위라고 하였다.

오답 해설

ㄴ. C의 행위는 이웃에게 금전적 대가를 받지 않고 도움을 주는 행위로, 슈나이더의 분류에 의하면 조세회피에 해당한다. 따라서 지하경제에 포함된다.

[TIP]

기업은행에서 리카도의 비교우위 이론을 제시하고, <보기>의 재화와 용역 거래가 비교우위 이론에 부합하는지 검증하는 문제가 출제 되었다. 덧붙여 제시문에 나왔던 지하경제의 개념을 정리해 두자.

지하경제(underground economy)

- 한 나라의 다양한 경제활동 중에서 공식적인 통계(주로 GDP)에 잡히지 않는 부분
- ① 밀수, 마약 거래 등 행위 자체가 불법인 활동, ② 수리공을 부르지 않고 직접 집수리를 하는 등 시장 거래를 통하지 않는 활동, ③ 합법적인 경제활동을 하면서도 조세나 규제를 피하기 위해서 소득 탈루, 위장 계약 등을 하는 행위 등이 해당된다. 광범위한 개념의 지하경제는 위 세 가지 경제활동을 모두 포함하지만, 양성화와 관련된 지하경제는 주로 ③을 의미한다.

23

정답 ①

[구조 파악]

제시문 후반부에 주어진 7개 조건을 살펴보면, 대체로 음식의 색에 대한 내용이 주를 이루고 있음을 확인할 수 있다. 따라서 주어진 <점심식단> 표의 각 메뉴에 음식 색을 기입해 놓은 후, 7개 조건을 추론해 가면서 <점심식단>을 채워 나가는 식으로 문제를 해결하면 수월하다.

정답 해설

제시된 <점심식단>에 음식 색을 기입하면 다음과 같다.

종류＼요일	월요일	화요일	수요일	목요일	금요일
밥	잡곡밥 (노)	백미밥 (흰)			짜장덮밥 (검)
국		된장국 (노)	김칫국 (붉)	육개장 (붉)	
김치	배추김치 (붉)	배추김치 (붉)	깍두기 (붉)		
기타 반찬			호박전 (노)	김치전 (붉)	잡채(노)
후식		수정과 (붉)			

- 배추김치, 깍두기는 모두 붉은색이므로 목요일과 금요일 김치 칸에 붉은색이 들어간다.
- 이렇게 되면 목요일에 붉은색 음식이 3가지가 되므로 밥과 후식은 반드시 흰색이어야 한다.
- 목요일에 백미밥이 나오면 수요일에는 흑미밥이 나와야 모든 밥 메뉴가 1번 이상씩 등장할 수 있다.
- 목요일 외에는 검은색 음식이 적어도 하나는 나와야 하므로 화요일 기타 반찬은 돈육장조림이 된다.
- 기타 반찬은 5가지이므로 월요일 기타 반찬이 계란찜이 되어야 모든 기타 반찬이 식단에 오를 수 있다.
- 월요일에도 검은색이 하나는 등장해야 하는데 후식 중에는 검은색이 없으므로 검은색 국인 미역국이 월요일 식단에 올라야 한다.
- 모든 국이 1번씩은 식단에 올라야 하므로 금요일 국은 북엇국이 된다.
- 하루에 흰색이 적어도 1번은 식단에 올라야 하는데 월요일과 수요일에 흰색이 없으므로 후식으로 흰색인 숭늉과 식혜 중 하나가 나와야 한다. 그런데 후식에서 같은 음식이 이틀 연속 나올 수 없고 일주일 동안 2번 나올 수 있는 후식은 식혜뿐이므로 월요일 후식에 식혜가 올라야 한다.
- 모든 후식이 한 번씩은 올라야 하므로 금요일 후식은 단호박샐러드가 된다.

따라서 월요일의 후식은 숭늉이 아니라 식혜이다.

종류＼요일	월요일	화요일	수요일	목요일	금요일
밥	잡곡밥 (노)	백미밥 (흰)	흑미밥 (검)	백미밥 (흰)	짜장덮밥 (검)
국	미역국 (검)	된장국 (노)	김칫국 (붉)	육개장 (붉)	북엇국 (흰)
김치	배추김치 (붉)	배추김치 (붉)	깍두기 (붉)	?(붉)	?(붉)
기타 반찬	계란찜 (노)	돈육장조림(검)	호박전 (노)	김치전 (붉)	잡채(노)
후식	식혜(흰)	수정과 (붉)	?(흰)	?(흰)	단호박샐러드(노)

24

정답 ②

정답 해설

'귀농인 주택시설 개선사업'의 신청자격에 따라 신청마감일(2014. 4. 30.) 현재 전입일부터 6개월 이상이 되지 않은 丁을 지원대상 가구에서 제외한 후, 귀농가구 甲, 乙, 丙, 戊의 심사기준별 점수를 구한 뒤, 이를 토대로 지원 가능 여부를 살펴보면 다음과 같다.

(단위: 점)

구분	甲	乙	丙	戊
거주기간	10	4	6	8
가족 수	4	8	6	6
영농규모	4	10	8	10
주택 노후도	8	6	10	8
사업 시급성	10	10	10	4
총점	36	38	40	36
총점 기준 순위	3위	2위	1위	3위
지원대상 여부	戊와 동점이지만 가구주의 연령이 더 높으므로 지원 가능	같은 주소지에서 순위가 높은 丙이 지원을 받게 되므로 지원 불가	지원 가능	甲과 동점이지만 가구주의 연령이 낮으므로 지원 불가

따라서 지원대상 가구는 甲과 丙이다.

[TIP]

점수를 산정하기 전에 먼저 살펴봐야 하는 것은 신청자격이다. 신청자격이 조건으로 제시되는 경우, 대개 신청자격에 미달되는 대상이 있다. 이를 지우고 계산을 시작하는 것이 무엇보다 중요하다.

기업은행에서는 **해외 연수자 선발을 위한 평가항목별 등수(점수) 산정 규정, 평가항목별 상위 5명(등장인물은 총 10명)을 제시하고, 가장 점수가 높은 인물을 찾는 문제**로 출제되었다.

25

정답 ③

[구조 파악]
제시된 <규정>은 (1) 주소, (2) 거소, (3) 가주소에 대해 간략하게 설명하고 있다. 이때 주석으로 제시되는 '거소'와 '가주소'에 대한 개념을 반드시 확인하고 <보기>의 정오를 판단하도록 한다.

정답 해설

편의상 <규정>의 조항을 위에서부터 차례대로 제1조~제4조로 해두자.

ㄴ. 제1조 제1항에 의하면 생활의 근거되는 곳을 주소로 해야 하므로 B가 생활하고 있는 곳이 B의 주소라는 설명은 옳다.

ㄷ. 제3조에 의하면 미국에 거주하고 있는 C는 국내에 주소가 없으므로 생활의 본거지는 아니지만 잠시 몸을 위탁하여 거주하는 ◇◇호텔이 주소가 된다.

ㄹ. 제4조에 의하면 매매계약이라는 행위에 있어 ◇◇호텔을 가주소로 정하였으므로 매매계약과 관련한 분쟁 시에는 ◇◇ 호텔이 주소가 된다.

오답 해설

ㄱ. 제1조 제1항에 의하면 생활의 근거되는 곳을 주소로 해야 하므로 A의 주소는 실제 생활하고 있는 곳으로 보아야 한다.

ㅁ. 제1조 제2항에 의하면 주소는 동시에 두 곳 이상 있을 수 있으므로 단독주택 한 군데만을 주소로 특정하지 않아도 된다.

26

정답 ①

[구조 파악]
제시된 6개 <조건>에 맞게 식단 편성표를 정리해 가며 해결해야 하는 문제이다. 각 메뉴의 이름이 다소 길기 때문에 식단 편성표를 그릴 경우 '크림소스 굴 파스타'는 '굴 파스타'로, '치미추리 소스를 곁들인 티본스테이크'는 '티본스테이크'로 변경하는 식으로 단순화할 필요가 있다. 또한 문제 해결에 있어서 '모두 만족하는 식단의 경우의 수가 하나'라는 질문지의 내용도 반드시 잡고 가도록 한다.
<조건>에 따라 식단 편성표를 정리해 보면 다음과 같다.

구분	월	화	수	목	금
굴 파스타	×				×
티본스테이크				×	×
캘리포니아롤					×
흰살생선구이				×	×
랍스터	×	×	×	×	○

정답 해설

① 굴 파스타가 흰살생선구이보다 먼저 편성되기 위해서는 흰살생선구이는 수요일, 굴 파스타는 화요일, 티본스테이크는 월요일, 캘리포니아롤은 목요일에 배치되는 하나의 경우의 수만 생긴다.

오답 해설

② 티본스테이크가 월요일에 배치될 수도 있고 화요일에 배치될 수도 있기 때문에 여러 개의 경우의 수가 생긴다.
③ 캘리포니아롤이 월요일에 배치될 수도 있고 화요일에 배치될 수도 있기 때문에 여러 개의 경우의 수가 생긴다.
④ 흰살생선구이가 흰살생선구이보다 먼저 편성된다는 것은 말이 되지 않으므로 제외된다.
⑤ 랍스터는 금요일에 편성되기 때문에 조건과 맞지 않다.

27

정답 ②

[구조 파악]
제시된 <정관>은 다음의 내용에 대해 규정하고 있다.
(1) 주식의 발행과 발행주식 총수 한도
(2) A형 주식과 B형 주식의 의결권과 존속기간
(3) 주주총회와 이사회의 결의방법
(4) 새로운 주식의 처리방법
(5) 주식을 매수할 수 있는 권리 부여
한 조항만으로는 <보기>의 정오를 판단하기 어렵기 때문에 각 조항을 서로 연결할 수 있는 유기적 독해력이 필요하다.

정답 해설

편의상 위에서부터 차례대로 제1조~제5조라고 해 보자.

ㄱ. 제2조 제2항에 따르면 B형 주식은 발행일로부터 3년이 되면 A형 주식으로 전환된다. 또한 제2조 제1항에 따르면 A형 주식은 의결권이 인정된다. 따라서 김철수의 주식이 B형 주식이더라도 3년이 지났으므로 의결권을 행사할 수 있다.

ㄹ. 제1조에 따르면 회사는 설립 시에 1천 주의 주식을 발행하기 때문에 4천 주의 신주를 발행하였다면 총 주식은 5천 주가 된다. 230주는 제5조에 의한 '이미 발행된 주식총수의 100분의 5 범위 내'의 조건을 충족하므로 옳은 설명이다.

오답 해설

ㄴ. 제3조 제2항에 따르면 이사회의 결의를 위해서는 전체 이사의 과반수의 출석과 출석한 이사의 과반수의 수가 필요한데, 서면에 의한 결의참가는 인정할 수 없다고 하였다. 따라서 이사 총수 10명 중 4명이 참석한 이사회의 결의는 유효하지 않다.

ㄷ. 제4조 단서에 따르면 청약이 이루어지지 않은 주식의 처리방법은 주주총회의 결의를 통해 변경할 수 있으며, 제3조 제1항에 따르면 주주총회의 결의는 출석한 주주의 의결권의 과반수로 하되 발행주식총수의 4분의 1 이상의 수가 되어야 한다. 이영희는 총 발행 주식의 35%를 보유하고 있으므로 혼자서도 발행주식총수 4분의 1 이상 조건을 충족하고 있기 때문에, 출

석한 주주의 의결권의 과반수 요건을 단독으로도 충족할 수 있다면 다른 주주의 지지 없이도 청약이 이루어지지 않은 주식의 처리방법을 변경할 수 있다.

[TIP]
본 문제는 법률을 <보기> 사례에 적용하는 유형으로, 실제 금융권 NCS 중 직무수행능력 시험에서 경영학 내용으로 출제되고 있다. 주식회사의 정의, 주요 특징, 주요 기관, 보통 · 특별결의 사항 및 의결권 요건 등은 필수적으로 익혀야 한다.

28

정답 ①

[구조 파악]
제시된 7개의 <조건> 중 승객 개개인의 좌석 배정에 대해 진술하고 있는 조건 3~7이 문제 풀이를 위해 실질적으로 필요한 내용이다. 특히 이중에서 확정적인 내용인 조건 3에 따라 좌석 배정을 시작한 후, 나머지 조건 4~7을 토대로 좌석을 추론해 나가면 된다.

정답 해설
<조건>에 따라 승객의 자리를 배정해 보자. 먼저 조건 3에 따라 보람이는 마지막 줄에 배정한다. 다음으로 조건 4를 보면 '로만, 도형, 빈자리' 혹은 '빈자리, 도형, 로만'으로 한 줄임을 알 수 있는데, 조건 5에서 로만이의 자리가 강일이 자리의 바로 뒷자리라고 하였으므로 로만이가 있는 줄은 중간 줄임을 알 수 있다(∵ 마지막 줄에는 이미 보람이 배정받았으므로 여유 자리가 2자리밖에 없음). 그리고 강일이는 로만이의 앞줄인 첫 줄이 된다. 마지막으로 조건 6을 보면 문선이와 승리는 강일이가 있는 첫 줄이 될 수 없으므로 이 둘은 마지막 줄에 배정받게 된다. 이를 표로 정리해 보면 다음과 같다.

첫 줄	강일?		강일?
중간 줄	로만 or 빈자리	도형	로만 or 빈자리
마지막 줄	보람, 문선, 승리		

남은 승객인 남정은 첫 줄에 배정받게 된다. 따라서 빈자리 바로 옆자리에 배정받을 수 있는 사람은 강일, 남정, 도형이며, 이 세 사람 중 한 명이 나와 있는 선택지를 정답으로 고르면 된다.

29

정답 ④

[구조 파악]
본 문항은 경우의 수를 구하는 문제로, 질문지 조건은 다음과 같다.
(1) "가"에서 "나"로 갔다가 다시 "가"로 돌아온다.
(2) 같은 길을 두 번 거치지 않는다.
우선 "가"와 "나"의 중간 지점을 각각 A, B라고 표시한 후, 가능한 경로를 나열해 보는 식으로 문제를 해결해 나가면 된다.

정답 해설

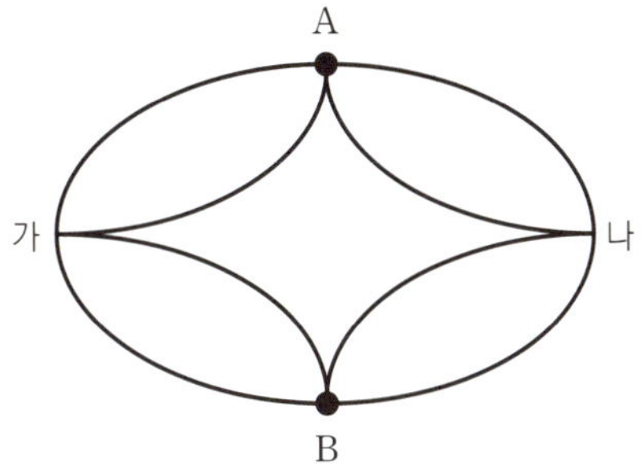

- 경로 1: 가 → A → 나 → A → 가
- 경로 2: 가 → A → 나 → B → 가
- 경로 3: 가 → B → 나 → A → 가
- 경로 4: 가 → B → 나 → B → 가

'가'에서 A 또는 B로 가는 길은 각각 2가지이고, '나'에서 A 또는 B 로 가는 길 역시 각각 2가지이다. 따라서 위 경로에서 파생되는 경우의 수는 다음과 같이 계산할 수 있다. 이때, 갈 때 거쳤던 길은 올 때 사용할 수 없다는 점을 유념한다.

- 경로 1: $2\times2\times1\times1=4$
- 경로 2: $2\times2\times2\times2=16$
- 경로 3: $2\times2\times2\times2=16$
- 경로 4: $2\times2\times1\times1=4$

따라서 총 경우의 수는 $4+16+16+4=40$가지이다.

[TIP]
우리은행에서 경로의 중간에 갈 수 없는 지점, 오른쪽 또는 왼쪽으로 꺾어서 이동해야 하는 지점을 표시하여 도착지에 도달할 수 있는 경우의 수를 파악하는 문제가 유사 출제되었다.

30

정답 ④

[구조 파악]
제시된 사항을 살펴보면, 회의는 (1) 주질의, (2) 보충 질의, (3) 재보충질의의 순서로 진행되며, 회의에 따라 질의시간과 휴식시간도 상이함을 알 수 있다. 따라서 회의 순서별로 A~E의원의 조건들을 정리해 본 후, 각 회의의 질의 순서를 구한다. 이후 각 회의의 시작시간, 질의시간까지 따져 본 뒤, 5, 7번째 순서로 질의하는 의원, 12시 3분에 질의하고 있는 의원을 구하면 된다.

정답 해설
1) 주질의(10시 시작, 질의당 10분)
- A의원: 10시 15분에 회의장을 떠남 → 제일 먼저 질의
- C의원: B의원 바로 다음에 질의
- D의원: 10시 30분 이후부터 질의 → 4번째 혹은 5번째로 질의
- E의원: D의원보다 먼저 질의

만약 D의원이 4번째로 질의한다면 A의원이 제일 먼저 질의해야 하는 상황에서 B의원 바로 다음에 질의하겠다는 C의원의 요청과

D의원보다 먼저 질의하겠다는 E의원의 요청을 동시에 만족시킬 수 없다. 따라서 D의원은 5번째로 질의한다. 이때 가능한 순서는 A - E - B - C - D 혹은 A - B - C - E - D이다.

2) 보충질의(11시 10분 시작, 질의당 7분)

- A의원: 11시 35분에 회의장으로 돌아옴 → 4번째 혹은 5번째로 질의
- C의원: B의원 바로 다음에 질의
- D의원: 11시 20분 이전까지 질의 → 1번째로 질의
- E의원: C의원보다 먼저 질의

만약 A의원이 4번째로 질의한다면 D의원이 제일 먼저 질의해야 하는 상황에서 B의원 바로 다음에 질의하겠다는 C의원의 요청과 C의원보다 먼저 질의하겠다는 E의원의 요청을 동시에 만족시킬 수 없다. 따라서 A의원은 5번째로 질의한다. 이때 가능한 순서는 D - E - B - C - A이다.

3) 재보충질의(11시 55분 시작, 질의당 5분)

- A의원: 제일 마지막에 질의
- C의원: B의원 바로 다음에 질의 이때 가능한 순서는 B - C - A이다.

따라서 회의 전체를 통틀어 5번째 순서로 질의하는 의원은 D, 7번째로 질의하는 의원은 E, 12시 3분에 질의하고 있는 의원은 C이다.

제06회 정답 및 해설

빠른 정답표

01	02	03	04	05	06	07	08	09	10
②	②	②	④	①	①	③	③	③	①
11	**12**	**13**	**14**	**15**	**16**	**17**	**18**	**19**	**20**
①	③	④	⑤	⑤	②	⑤	③	②	③
21	**22**	**23**	**24**	**25**	**26**	**27**	**28**	**29**	**30**
③	④	②	①	⑤	④	②	②	②	②

01

정답 ②

[제시문 해설] 환경세 도입과 근로소득세 경감에 따른 영향과 결과

'환경세를 도입하더라도 그만큼 근로소득세를 경감하면 환경보존과 경제성장이 조화를 이룰 수 있다'는 입장의 글로, 핵심 내용을 토대로 글의 흐름을 정리하면 다음과 같다.

①문단	환경세 부과 → 제품 가격 상승 → 제품 소비 감소 → 환경자원 절약, 환경오염 감소
②문단	근로소득세 경감 → 근로자의 실질소득 증대(환경세 부과로 인한 상품가격 상승효과를 넘어섬) → 노동공급 증가
③문단	노동수요 증가(∵ 노동이 저렴해지는 효과) → 고용 증대 → 경제 활성화

정답 해설

② 2문단에 환경세 세수만큼 근로소득세를 경감하게 되면 근로자의 실질소득이 증대된다고 나와 있다.

오답 해설

① 2문단에 환경세 세수만큼 근로소득세를 경감하는 경우 환경보존과 경제성장이 조화를 이룰 수 있다는 내용은 나와 있지만 환경세의 환경오염 억제 효과가 근로소득세 경감에 의해 상쇄되는지는 알 수 없다.

③ 3문단에 환경세 세수를 근로소득세 경감으로 재순환시키는 것은 노동의 공급과 수요를 모두 늘리고 이것이 고용의 증대를 낳는다고 하고 있으므로 옳지 않은 설명이다.

④ 3문단에 환경세가 부과되더라도 근로소득세가 경감되면 기업의 노동수요가 늘어난다는 내용은 나와 있지만 노동집약적 상품의 상대가격 하락에 따른 고용 증감은 알 수 없다.

⑤ 2문단에서 근로자의 실질소득 증대효과는 환경세 부과로 인한 상품가격 상승효과를 넘어설 정도로 크다고 하였으므로 옳지 않은 내용이다.

02

정답 ②

[제시문 해설] 아담 스미스의 '보이지 않는 손'에 대한 부정적 관점

①문단	'보이지 않는 손'이 시장에서 개인의 이익추구 활동을 제한하지 않는 것이 전체 이윤을 극대화하는 최선의 방책인지에 대한 문제 제기
②문단	공동 소유의 목초지에 양을 치는 경우의 예 • 수용한계: 일정 넓이의 목초지에 방목할 수 있는 가축 두수에 일정한 한계가 있음 • 수용한계를 초과할 경우 전체 생산량이 줄거나 심하게는 목초지가 황폐화될 수 있음
③문단	수용한계가 양 20마리인 공동 목초지에서 4명의 농부가 각각 5마리의 양을 키우는 경우: 개인의 이익을 위해 수용한계를 초과한 농부는 기존보다 이익이 조금 늘어남 → 다른 농부들은 기존보다 이익이 줄어듦 → 손실을 만회하기 위해 다른 농부들도 사육 두수를 늘림 → 농부들의 총이익이 감소함
④문단	'보이지 않는 손'에 시장을 맡겨 두는 것에 대한 결과: 한 사회의 전체 이익이 감소함

정답 해설

2문단의 내용을 정리하면 다음과 같다.

• 공동 소유의 목초지에는 수용 한계가 존재한다.
• 목초지에 한 마리를 더 방목시킨다고 다른 가축이 죽거나 병에 걸리는 것은 아니다.
• 목초지 수용 한계를 넘어 양을 키우면 전체 생산량이 줄어든다.
• 수용 한계를 과도하게 초과할 정도로 사육 두수가 늘어나면 목초지가 거의 황폐화된다.

여기서 '전체 생산량'은 '총이익, 전체 이윤'으로 표현할 수 있다. 따라서 ㉠에는 농부들의 총이익은 기존보다 감소할 것이라는 내용이, ㉡에는 한 사회의 전체 이윤이 감소되는 결과가 나타날 것이라는 내용이 들어가는 것이 적절하다.

[TIP]

아담 스미스는 자본주의 시장에서 결정되는 가격은 외부의 간섭 없이도 수요와 공급을 일치시키며, 그에 따라 공급량과 수요량을 결정하는 기능을 가진다고 하였다. 이는 사람이 누구나 생산물의 가치를 가장 크게 하는 방향으로 자신의 자본을 활용하려고 노력하는데, 이렇게 노력하는 사람들이 시장에서 경쟁한다는 원리에 기반하고 있다. 가격의 이와 같은 자동조절 기능을 스미스는 '보이지 않는 손'이라고 하였고, 자유주의 경제의 사상적 기초가 되었다.

이러한 자유주의 경제는 1930년대 경제 대공황으로 사실상 막을 내리고, 이후 케인스(Keynes)의 주장이 관심을 받기 시작했다. (중략) 이런 관점에서 케인스는 1930년대의 높은 실업률과 디플레이션에 대해 거시적인 규모에서 대처하기 위해서는 정부가 정책적으로 소비를 유도해야 한다고 보았다. 불황기에 정부가 지출을 늘리면 보다 많은 돈이 풀려서 시민들의 소비와 투자가 유도되어 경제가 정상 상태를 회복한다는 케인스의 주장은 공급측면 경제학에 반대되는 의미로서 소비측면 경제학이라 할 수 있을 것이다. (참고: 위키피디아)

03

정답 ②

[구조 파악]

본 문제에서는 참/거짓을 판단하기 위한 조건들이 개별 문장이 아닌 하나의 글로 제시되어 있으며, 이런 유형의 경우 다음과 같은 과정에 따라 문제를 해결할 수 있다.

(1) 제시문을 문장 단위로 끊어 조건을 기호화한다.
(2) 정리된 조건 중에서 확실한 조건을 찾고, 이를 기준으로 답을 찾아 나간다.

이를 기준으로 제시문을 기호화하면 아래와 같다.

(1) A 정책 효과적 → 부동산 수요 조절 or 부동산 공급 조절
(2) 부동산 가격 조절 → A 정책 효과적
(3) 부동산 가격 조절 and 물가 상승 X → 서민 삶 개선
(4) 부동산 가격 조절
(5) 물가 상승 → 부동산 수요 조절 X and 서민 삶 개선 X
(6) 물가 상승

제시문에 의해 '부동산 가격 조절'과 '물가 상승'은 어떤 상황에서도 분명한 것이므로 기호화한 조건 (4)와 (6)이 확실한 조건에 해당한다.

정답 해설

② (2)와 (4)에 따라 A 정책은 효과적이고, (1)에 따라 부동산 공급이 조절된다(∵ (5)에 따라 부동산 수요는 조절되지 않음).

오답 해설

① (5)와 (6)에 따라 서민들의 삶은 개선되지 않는다.
③ A 정책이 효과적인지 여부와 관계없이 (6)에 따라 물가는 상승한다.
④ A 정책이 효과적이더라도 (5)와 (6)에 따라 부동산 수요는 조절되지 않는다. 단, (1)에 따라 부동산 공급은 조절된다.
⑤ A 정책이 효과적인지 여부와 관계없이 (4)에 따라 부동산 가격은 적정 수준에서 조절된다.

04

정답 ④

[제시문 해설] 핸드오버의 개념 및 원리와 방식

①문단	핸드오버의 개념과 원리
②문단	핸드오버의 구분: '형성 전 단절 방식'과 '단절 전 형성 방식'

본 문제를 해결하려면 핸드오버의 두 가지 방식인 '형성 전 단절 방식'과 '단절 전 형성 방식'의 차이점에 특히 주목해야 한다.

정답 해설

④ CDMA는 단절 전 형성 방식을 사용하기 때문에 기존 기지국의 통화 채널과 단절하기 전에 새로운 기지국과 통화 채널을 형성할 수 있다. 하지만 FDMA는 형성 전 단절 방식을 사용하기 때문에 그럴 수 없으므로 옳은 추론이다.

오답 해설

① 2문단에서 각 기지국이 같은 주파수를 사용하고 있다면 새로운 통화 채널을 형성하고 나서 기존 통화 채널을 단절할 수 있다고 설명하고 있으므로 단절 전 형성 방식의 각 기지국은 같은 주파수를 사용한다는 것을 알 수 있으므로 옳지 않다.
② 형성 전 단절 방식과 단절 전 형성 방식의 속도 차이는 제시문에 나와 있지 않은 정보이다.
③ 이동단말기와 새로운 기지국 간의 통화 채널이 형성되어야 핸드오버가 성공한 것이므로 옳지 않다.
⑤ 1문단에 따르면 이동단말기와 기지국 간의 신호 세기가 다른 단말기보다 작을 때가 아닌, 특정값 이하로 떨어질 때 핸드오버가 명령된다. 즉, 상대적 기준이 아닌 절대적 기준에 따라 핸드오버가 명령되므로 옳지 않다.

05

정답 ①

[제시문 해설]

1문단	저소득 상태에서 고소득 상태로 전환된 한국 경제
2문단	한국의 성공이 동반한 원화 강세의 문제 → 원화 평가절하
3문단	자국통화를 평가절하하여 경제침체를 겪게 된 브라질 → 한국도 비슷한 길을 걷게 될 수 있음

질문지에서는 '논지'로 가장 적절한 것을 묻고 있는데, 논지란 논하는 말이나 글의 취지, 즉 필자가 말하고자 하는 것을 뜻한다. 따라서 단순히 글의 내용과 부합하는지 여부를 판단하는 것을 넘어, 글 전체의 내용을 포괄하는 선택지를 찾아야 한다.

정답 해설

① 필자가 말하는 점은 고소득 상태에 진입한 한국이 원화를 평가절하하고 있지만, 브라질의 사례를 봤을 때 자국 화폐의 가치를 평가절하하는 것은 위험할 수도 있다는 것이다.

오답 해설

② 마지막 문단에서 한국이 성장을 촉진하기 위해 원화를 평가절하 할 경우 브라질의 상황처럼 인플레이션과 경기침체의 충격을 겪게 될 가능성이 있다고 말하고 있다.
③ 마지막 문단을 보면 브라질 경기침체의 원인이 금리 인하와 인플레이션인 것은 맞으나 이것은 원화의 평가절하가 위험하다는 것을 주장하고자 든 사례이다. 따라서 글의 논지로 보기는 어렵다.
④ 2문단을 보면 한국의 원화는 다른 나라에 비해 강세를 보였고 이는 한국의 성장을 둔화시켰다고 말하고 있다. 하지만 이 글의 논지는 그럼에도 불구하고 원화 평가절하는 위험하다는 것이다.
⑤ 마지막 문단에서 브라질이 화폐전쟁에 참여했으나, 이것이 오히려 경기침체와 인플레이션을 불러왔다는 점을 이야기하고 있으므로 논지로 볼 수 없다.

[TIP]

농협은행에서 피셔효과와 피구효과를 비교하는 글을 제시하고, 실질이자율에 미치는 영향을 추론하는 문제가 비교우위와 함께 세트형으로 출제되었다.

글의 논지는 대체로 글의 마지막에 직접적으로 언급되는 경우가 많다. 이 글 역시 마지막 두 문장만 읽어도 글의 논지를 파악할 수 있다. 물론 예외가 있을 수 있으니, 시간이 촉박한 경우 글의 논지를 찾는 문제에서 후반부만 집중적으로 읽는 방법을 추천한다.

06

정답 ①

[구조 파악]

제시문은 참석 대상국의 관계에 대한 조건(관계 조건)과 참석 여부에 대한 조건(참석 조건)으로 구분할 수 있다. 이 두 조건을 활용하여 다음과 같은 과정에 따라 문제를 해결할 수 있다.
(1) 관계 조건을 통해 '경제동맹국'과 '영토분쟁국'을 파악한다.
(2) 참석 조건들을 기호화하여 정리한다.
(3) 정리된 조건 중에서 경우의 수를 나눌 수 있는 조건을 찾는다.
(4) 이 경우의 수에 따라 참석/불참을 판단한다.

제시문의 조건들을 정리하면 다음과 같다.

- A or B or C
- E or F(둘 다 참석할 수는 없음)
- A, D, F국: 자신 외에 동일한 종교를 국교로 하는 한 국가 이상 참석해야 참석할 수 있음
- C → F(~F → ~C)
- B → E(~E → ~B)

여기서 두 번째 조건에 따라 E국이 참석하는 상황과 F국이 참석하는 상황의 두 가지 경우의 수가 있음을 알 수 있다.

1) E국 참석(F국 불참)

F국이 불참하면, C국도 불참하게 된다. 이때 첫 번째 조건에 따라 A국만 참석하는 경우, B국만 참석하는 경우, A국과 B국 모두 참석하는 경우로 또 나눌 수 있다.

(1) A국만 참석

A	B	C	D	E	F
○	×	×	○	○	×

(2) B국만 참석

A	B	C	D	E	F
×	○	×	×	○	×

(3) A국, B국 모두 참석

A	B	C	D	E	F
○	○	×	○	○	×

2) F국만 참석(E국 불참)

E국이 불참하면, B국도 불참하게 된다. 이때 역시 첫 번째 조건에 따라 A국만 참석하는 경우, C국만 참석하는 경우, A국과 C국 모두 참석하는 경우로 또 나눌 수 있다.

(1) A국만 참석

A	B	C	D	E	F
○	×	×	?	×	○

(2) C국만 참석

A	B	C	D	E	F
×	×	○	○	×	○

(3) A국, C국 모두 참석

A	B	C	D	E	F
○	×	○	?	×	○

정답 해설

① (A국이 참석하지 않는 경우는 1)의 (2)와 2)의 (2)인데 전자에는 두 국가, 후자에는 세 국가가 참석할 수 있다.

오답 해설

② 1)의 (1)의 경우로 D국은 참석한다.

③ 1)의 (2)의 경우를 보면 두 국가만 참석한다.

④ 2)의 (2)와 (3)의 경우를 보면 E국이 참석하지 않아도 C국이 참석한다.

⑤ 1)의 (2)를 보면 C국이 참석하지 않을 경우 A국도 참석하지 않는다.

07

정답 ③

[구조 파악]

본 문항은 다소 복잡해 보이지만, 각 단계의 설명에 따라 암호표를 완성한 후, 'NO/ATTACK'에 해당하는 숫자를 찾으면 된다. 암호표를 만들어 나갈 때에는 특히 다음 사항에 주의하도록 하자.

(1) 제1단계에서 알파벳을 넣을 때 S, U, W, Y는 생략한다.

(2) 제2단계에서 A, S, I, N, T, O, E, R이 나올 때만 숫자를 매긴다.

정답 해설

제시문의 설명에 따라 암호표를 만들어 보자.

- 제 1단계: 3행부터 알파벳을 순서대로 넣는다. 이때 1행에 이미 있는 S, U, W, Y는 생략해서 넣는다. 마지막에는 두 칸에는 마침표(.)와 빗금(/)을 넣는다.
- 제 2단계: '1열 위 → 아래, 2열 위 → 아래…'의 순서로 A, S, I, N, T, O, E, R이 나올 때마다 해당 칸에 0부터 7까지의 번호를 넣는다. 1열의 S에 0을, I에 1을, O에 2를, 3열의 E에 3을 넣는 식이다.
- 제 3단계: 제2단계를 마치고 나면 A, S, I, N, T, O, E, R 외의 알파벳 칸에는 숫자가 없게 되는데, 이렇게 숫자가 없는 칸에는 이전과 같은 순서로 움직이며 80부터 99까지의 숫자를 넣는다. 1열의 C에 80을, X에 81을, 2열의 U에 82를, D에 83을 넣는 식이다.

이렇게 하면 다음과 같은 암호표가 완성된다.

S 0	U 82	B 87	W 91	A 5	Y 97
C 80	D 83	E 3	F 92	G 95	H 98
I 1	J 84	K 88	L 93	M 96	N 7
O 2	P 85	Q 89	R 4	T 6	V 99
X 81	Z 86	. 90	/ 94		

따라서 'NO/ATTACK'을 암호화하면 '729456658088'이다.

[TIP]

농협은행에서 컴퓨터 문자 코드 부호체계를 차용하여 임의로 설정한 'A형식'과 '유니코드 형식'의 byte 표현 규칙을 제시한 후 A형식으로 제시된 문장을 유니코드 형식으로, 유니코드 형식으로 제시된 문장을 A형식으로 변환하는 문제가 유사 출제되었다.

08

정답 ③

정답 해설

ㄱ. A의 전 · 월세 전환율이 6%라면 (전세금 − 월세보증금) × 6% = (월세 × 12) × 100이다. A의 월세보증금은 25,000만 원, 월세는 50만 원이므로 이를 대입하면

$(\text{전세금}-25{,}000)=\frac{600}{6\%}\times 100$이다.

따라서 전세금 − 25,000 = 10,000이므로 전세금은 35,000만 원, 즉 3억 5천만 원이다.

ㄹ. E의 전 · 월세 전환율이 12%라면,

$\frac{\text{월세}\times 12}{58{,}000-53{,}000}\times 100=\frac{\text{월세}\times 12}{5{,}000}\times 100=12$이다.

따라서 월세는 50만 원이다.

오답 해설

ㄴ. B의 전 · 월세 전환율은 $\frac{60\times 12}{42{,}000-30{,}000}\times 100=6\%$이다.

ㄷ. C의 전 · 월세 전환율이 3%라면,

$\frac{70\times 12}{60{,}000-\text{월세보증금}}\times 100=3$이므로,

월세보증금은 32,000만 원, 즉 3억 2천만 원이다.

09

정답 ③

정답 해설

ㄴ. <전문가 자문회의>에서 사무관A의 첫 번째 발언에 나타나 있다.

ㄹ. 새로운 배출 규제 방식인 '총배출량＝배출농도×배출유량'을 적용하여 총배출량이 12kg/일 이하인 허용기준을 만족하는 곳은 '나(2.4×5＝12)', '라(1.0×11＝11)' 2곳이다.

오답 해설

ㄱ. 현행 농도기준의 20%를 낮춘 수치, 즉 '현행수치×0.8'이 2.0kg/톤 이하이어야 하기 때문에 현행수치는 2.5kg/톤 이하임을 알 수 있다. 따라서 현행 유해물질 배출농도 허용기준 적용 시 '가', '나', '라' 총 3곳이 허용기준을 만족한다.

ㄷ. 강화된 기준인 2.0kg/톤 이하를 적용하면 '가', '라' 2곳이 허용기준을 만족한다.

[TIP]

기업은행에서 디지털 경영지원 플랫폼BOX(IBK Business Operation eXpert)를 소개하는 글을 제시하고, 이를 토대로 작성된 기사 중 적절하지 않는 내용을 고르는 문제가 출제되었다.

10

정답 ①

[구조 파악]

A~D국의 화폐 대비 원화 환율과 판매단위별 음식 가격이 각각 <표>로 제시되어 있다. <보기>의 정오를 판단하기 위해서는 '원화 ↔ 특정 국가 화폐 ↔ 구매 가능한 음식 양'의 환산이 가능해야 한다. 일정 금액의 원화로 구매할 수 있는 음식의 양을 구하는 방법은 다음과 같다.

(1) <표 1>에 제시된 각 국가의 환율에 맞게 원화를 해당 국가의 화폐단위로 환산한다.

(2) <표 2>를 통해 이 금액으로 구매할 수 있는 음식 양을 계산한다.

정답 해설

ㄱ. 원화 120,000원은 A국 화폐로 100a, B국 화폐로 60b, C국 화폐로 600c, D국 화폐로 120d이다. 각 금액으로 A국에서는 20개, B국에서는 10개, C국에서는 15개, D국에서는 12개의 햄버거를 구매할 수 있다. 따라서 가장 많은 개수의 햄버거를 구매할 수 있는 국가는 A국이다.

ㄴ. B국에서 치킨 1마리 가격은 9b, 삼겹살 1인분 가격은 3b로, 치킨 1마리 가격이 삼겹살 3인분의 가격과 동일하다.

오답 해설

ㄷ. C국의 삼겹살 4인분 가격은 120c이고, 이것을 원화로 환산하면 120×200＝24,000원이다. 한편 A국의 햄버거 5개 가격은 25a이고, 이것을 원화로 환산하면 25×1,200＝30,000원이다.

ㄹ. 환율이 1,000원/d인 경우에 600,000원은 600d가 되고 이것으로 치킨 30마리를 살 수 있다. 한편 환율이 1,200원/d인 경우에 600,000원은 500d가 되고, 이것으로 치킨 25마리를 살 수 있다. 따라서 감소한 치킨 마리 수는 5마리로, 이것은 $\frac{5}{30}\times100$＝약 16.7% 감소한 것이다.

11

정답 ①

[구조 파악]

<표>를 토대로 <그림>에 나타난 구성비를 갖는 금융기관을 고르는 문제이다. 6개 금융기관의 구성비를 모두 계산하는 것보다, 다음과 같은 과정을 따르는 게 효율적이다.

(1) 선택지 구성을 살펴 A의 후보를 추린다.

(2) A 그래프의 특징을 찾아 A를 알아낸다.

(3) 위와 동일한 방식으로 선택지에서 B의 후보를 찾는다.

(4) B 그래프에서 특징적인 점을 찾은 후 최종적으로 B를 알아낸다.

정답 해설

먼저 선택지의 구성을 살펴보면 A가 될 수 있는 금융기관은 농협, 수협, 저축은행이다. <그림>을 보면 A의 7등급은 25.6%로, 1/4을 약간 넘어선다. 농협부터 살펴보면 합계 수치인 227,779의 1/4은 약 57,000이고 7등급 수치는 이를 약간 넘는 58,340이다. 다음으로 수협을 보면 합계 수치인 17,733의 1/4은 약 4,400이고 7등급 수치는 이것보다 훨씬 큰 5,528이다. 마지막으로 저축은행의 합계 수치 1,732,596의 1/4은 443,000이고 7등급 수치는 이것보다 훨씬 큰 610,921이다. 따라서 A는 농협임을 알 수 있다.

선택지 구성에 따라 B는 수협이나 축협임을 파악할 수 있는데, <그림>에서 B의 그래프를 보면 6등급과 7등급의 차이가 1% 미만이다. 따라서 B는 수협임을 알 수 있다.

[TIP]

햇살론은 가입 요건을 제시한 후, 가입 가능 여부를 검증하는 문제로 출제될 수 있는 소재이다. 주요 특징은 다음과 같다.

햇살론 주요 규정(근로자)

- 신용등급 및 소득이 낮아 제도권금융 이용이 어려운 근로자를 대상으로 한 시민금융진흥원의 보증부 대출
- 지원대상: 연소득 3천5백만 원 미만 또는 개인신용평점 하위 20%이면서 연소득 4천5백만 원 이하
- 대출한도: 최대 1천5백만 원
- 보증기간: 3년, 5년 중 택일(원금균등분할 상환)
- 대출취급기관: 농협, 수협, 신협, 새마을금고, 산림조합, 저축은행 등

12

정답 ③

[구조 파악]

<표>와 주석의 내용을 토대로 총이익이 64,000원이 되기 위해 추가로 판매해야 하는 메뉴를 고르는 문제이다. 답을 찾기 위해 다음과 같은 과정을 따르면 된다.

(1) 각 메뉴의 '메뉴별 판매가격－메뉴별 재료비'를 구한다.

(2) 현재까지의 총이익을 계산한다.

(3) '64,000원－총이익'과 '메뉴별 판매가격－메뉴별 재료비'가 일치하는 메뉴를 고른다.

정답 해설

'메뉴별 판매가격－메뉴별 재료비'를 계산하면 다음과 같다.

- 아메리카노: 3,000－200＝2,800원
- 카페라떼: 3,500－500＝3,000원
- 바닐라라떼: 4,000－600＝3,400원
- 카페모카: 4,000－650＝3,350원
- 카라멜 마끼아또: 4,300－850원＝3,450원

현재까지의 총이익을 계산하면 다음과 같다.

(2,800×5)＋(3,000×3)＋(3,400×3)＋(3,350×2)＋(3,450×6)＝14,000＋9,000＋10,200＋6,700＋20,700＝60,600원

한 잔만을 더 판매하여 총이익 64,000원이 되기 위해서는 '메뉴별 판매가격－메뉴별 재료비'가 3,400원인 바닐라라떼를 판매해야 한다.

[TIP]

현재까지의 총이익을 구할 때에는 가평균을 사용하면 계산이 수월하다. 3,000원의 가평균을 적용하면, (－200×5)＋(0×3)＋(400×3)＋(350×2)＋(450×6)＝3,600이다. 3,000×(5＋3＋3＋2＋6)＝3,000×19＝57,000이므로, 현재까지의 총이익은 57,000＋3,600＝60,600원이다.

13

정답 ④

정답 해설

출장자 갑~무의 출장 여비를 구하기 위해서는 <조건> 중 첫 번째 항목에 따라 각 출장자의 숙박비와 식비를 더하면 된다. 이때 다음 내용에 따라 숙박비와 식비를 계산하는 방법이 다르다.

(1) 각 출장자의 숙박비 지급 유형(<표 1>에 제시됨)

(2) 각 출장자의 출장 시 개인 마일리지 사용 여부(<표 1>에 제시됨)

이에 따라 출장자들의 출장 여비를 구하면 다음과 같다.

출장자	숙박비	식비	출장 여비
갑	145×3 ＝435	72×4 ＝288	435＋288 ＝723
을	170×0.8×3 ＝408	72×4×1.2 ＝345.6	408＋345.6 ＝753.6
병	110×3 ＝330	60×5×1.2 ＝360	330＋360 ＝690
정	100×0.8×4 ＝320	45×6 ＝270	320＋270 ＝590
무	75×5 ＝375	35×6×1.2 ＝252	375＋252 ＝627

따라서 출장 여비를 가장 많이 지급받는 출장자부터 순서대로 나열하면 을, 갑, 병, 무, 정이다.

14

정답 ⑤

[구조 파악]

본 문제에서 주목해야 할 것은 <표>에 상위 10개 수입상대국 외에 '기타국가'의 금액과 점유율도 나타나 있다는 점이다. 이 값을 잘 활용하는 것이 문제 해결의 포인트이다.

정답 해설

⑤ 중국의 식품 수입건수 점유율은 32.06% 이고, 상위 10개국의 점유율은 100－21.33＝78.67% 이다. 78.67%×0.45＝약 35.40%이다.

오답 해설

① 수입액 10위인 일본의 금액이 0.17조 원이고 점유율은 1.06% 이므로, 식품의 총 수입액은 17조 원 미만임을 알 수 있다.

② 기타국가의 점유율이 33.53%이므로, 상위 10개국 수입액의 합이 차지하는 비중은 66.47% 정도임을 알 수 있다.

③ 중국, 미국, 태국, 베트남, 필리핀, 영국, 일본으로 총 7개국 이다.

④ 중국의 식품 수입건수당 식품 수입액은 $\frac{3.39}{104,487}$이고, 미국은 $\frac{3.14}{55,980}$이다. 두 분수를 비교해 보면 분모는 중국이 2배 가까이 크지만 분자는 비슷하므로, 미국의 값이 더 크다는 것을 알 수 있다.

15

정답 ⑤

[구조 파악]

주어진 <표>에 제시된 물가수준은 한국의 물가를 100으로 가정했을 때의 상대 수치이다. 따라서 각국의 연도별 물가와 그 증감 정도는 알 수 없다는 점에 주의해야 한다.

정답 해설

ㄱ. 한국의 해당 연도 물가수준을 100으로 할 때, 영국의 2008년, 2014년의 물가수준은 모두 150이므로, 한국과 영국은 2008년 대비 2014년 물가상승률이 동일하다.

ㄴ. 2012년 한국의 물가수준을 $100x$라고 하면, 일본의 2012년 물가수준은 $158x$이고, 2013년 물가수준은

$127 \times 1.03x = 130.81x$이다. 일본의 2012년 물가수준의 80%는 $158x \times 0.8 = 126.4x$로, $130.81x$보다 작다. 따라서 2013년 일본의 물가는 20% 미만의 감소율을 보였다고 할 수 있다.

ㄷ. 2010년 이후 헝가리를 제외한 모든 국가의 물가수준이 100을 초과하므로 옳은 설명이다.

오답 해설

ㄹ. <표>의 수치는 한국의 물가를 100으로 할 때의 물가수준을 나타낸 것으로, 한국의 해당 연도 물가를 알아야만 주어진 국가들의 물가 상승 여부를 알 수 있다. 따라서 옳지 않은 설명이다.

[TIP]

물가지수는 기준이 되는 해(기준시점)의 물가수준을 100으로 하고, 그 후의 물가를 종합지수의 형태로 나타낸다. 물가의 움직임을 측정하기 위한 척도일 뿐만 아니라, 각종 정책의 지표로서 또는 각종 디플레이터(가격수정인자)로서 이용된다.

주요 금융지표로 사용되는 물가지수는 다음과 같다.

- 소비자물가지수(CPI)
  - 가구에서 일상생활을 영위하기 위해 구입하는 상품과 서비스의 평균적인 가격변동을 측정하여 지수화한 것(2015=100)
  - 생계비나 화폐가치 비교에 활용
- 생산자물가지수(PPI)
  - 국내생산자가 국내(내수)시장에 출하하는 상품 및 서비스의 종합적인 가격수준을 측정하여 지수화한 것(2010=100)
  - 경기동향 판단에 활용되는 동시에 국민경제계산인 디플레이터(deflator)로도 이용됨
- 수출입물가지수(XMPI)
  - 수출 및 수입상품의 종합적인 가격수준을 측정하여 지수화한 것(2010=100)
  - 수출채산성 변동, 수입원가 부담 파악, 교역조건 측정에 활용

16

정답 ②

[구조 파악]

<표 2>의 주석에 따르면 '부채비율$=\frac{\text{부채규모}}{\text{자본규모}}\times 100$'으로, '도시개발공사'는 다른 기관에 비해 분모 대비 분자가 월등히 크기 때문에 가장 앞에 온다. 모든 선택지에서 '도시개발공사'가 가장 앞에 오기 때문에 이것은 굳이 따져 보지 않아도 되는 부분이기도 하다. 또한 '기타공사'의 부채비율은 <표 2>에 제시되어 있으므로, '지하철공사'와 '지방공단'의 부채비율만 구하면 된다.

정답 해설

지하철공사와 지방공단의 부채비율을 가늠해 보면, 기타공사의 90.4%보다 작다는 것을 알 수 있으므로 두 번째로는 기타공사가 와야 한다. 지하철공사와 지방공단 부채비율을 비교해 보면, 지하철공사는 $\frac{5,892,456}{19,307,377}\times 100=$약 30.5%이고, 지방공단은 $\frac{219,048}{684,791}\times 100=$약 32.0%이다. 따라서 부채비율 이 큰 순서대로 나열하면 도시개발공사 - 기타공사 - 지방공단 - 지하철공사이다.

[TIP]

기업의 재무상태와 경영성과를 객관적으로 평가할 수 있는 가장 중요한 자료가 재무상태표와 손익계산서로 대표되는 재무제표이다. 모든 상장기업은 반드시 정기적으로 재무제표를 작성하고 회계감사를 받아 공개해야 하고, 만일 실수나 고의로 잘못된 회계정보를 제공할 경우에는 법적인 책임을 지게 된다.

이러한 재무제표를 일반인이 면밀하게 분석하는 것이 어렵기 때문에 중요한 정보만을 정리하여 간결한 수치로 나타내서 분석하는 것을 재무비율분석이라고 한다. 대표적인 재무비율 지표로는 유동성 비율, 레버리지 비율, 성장성 비율, 수익성 비율, 활동성 비율 등을 들 수 있다.

- 유동성 비율

  자산을 현금화시킬 수 있는 기업 능력 측정
  - 유동비율$=\frac{\text{유동자산}}{\text{유동부채}}\times 100$
  - 당좌비율$=\frac{\text{당좌자산}}{\text{유동부채}}\times 100$
- 레버리지 비율

  부채 의존 정도 측정. 영업이익으로 이자비용 지급 능력 측정
  - 부채비율$=\frac{\text{총부채}}{\text{자기자본}}\times 100$
  - 이자보상배율$=\frac{\text{영업이익}}{\text{이자비용}}\times 100$
- 성장성 비율

  기업의 경영 규모나 영업성과가 어느 정도 증대되었는지를 측정
  - 매출액증가율$=\frac{\text{당기매출액}-\text{전기매출액}}{\text{전기매출액}}\times 100$
  - 순이익증가율$=\frac{\text{당기순이익}-\text{전기순이익}}{\text{전기순이익}}\times 100$
- 수익성 비율

  기업이 얼마나 효율적으로 관리되어 있는가를 나타내는 종합 지표
  - 총자산 이익률(ROA)$=\frac{\text{당기순이익}}{\text{총자산}}\times 100$
  - 자기자본 이익률(ROE)$=\frac{\text{당기순이익}}{\text{자기자본}}\times 100$
  - 매출액영업이익률$=\frac{\text{영업이익}}{\text{매출액}}\times 100$
- 활동성 비율

  기업에 투하된 자본이 얼마나 활발하게 운영되었는가를 측정
  - 총자산회전율$=\frac{\text{매출액}}{\text{총자산}}$
  - 매출채권회전율$=\frac{\text{매출액}}{\text{매출채권}}$
  - 재고자산회전율$=\frac{\text{매출원가}}{\text{재고자산}}$

17

정답 ⑤

[구조 파악]

본 문항은 <표 1>과 <표 2>를 모두 활용하는 문제인데, <표 2>에는 2014년의 자료만 나타나 있는 것에 반해, <표 1>에는 2010년부터 2014년까지의 자료가 제시되어 있다. 따라서 <보기> ㄴ, ㄹ의 정오를 판단하기 위해서 <표 1>을 살펴볼 때, 진술하고 있는 연도가 아닌 다른 연도의 수치를 확인하는 실수를 범하지 않도록 주의해야 한다.

정답 해설

ㄴ. 자본규모와 기관장 평균연봉 모두 지하철공사 > 도시개발공사 > 기타공사 > 지방공단 순이다.

ㄷ. <표 2>를 보면 지하철공사, 도시개발공사, 기타공사의 자산규모, 부채규모, 자본규모는 각각 지방공단보다 크다는 것을 확인할 수 있다.

ㄹ. 각 지방공사의 2013년 대비 2014년의 기관장 평균연봉 감소율을 구해 보면, 지하철공사 $\frac{108,631}{116,418} - 1 \times 100 =$ 약 -6.7%, 도시개발공사 $\frac{100,978}{104,619} - 1 \times 100 =$ 약 -3.5%, 기타공사 $\frac{85,086}{90,855} - 1 \times 100 =$ 약 -6.4%이다. 따라서 감소율이 가장 낮은 곳은 도시개발공사이다.

오답 해설

ㄱ. 기타공사의 부채규모는 $3,161,238 \times \frac{90.4}{100} = 2,857,759$백만 원으로 지하철공사의 절반 미만이다.

[TIP]

ㄹ에서 단순히 수치만을 보고 판단하면 -6.7%가 가장 낮지만, 감소율이 가장 낮다는 말은 감소한 정도가 가장 작다는 뜻이다. 따라서 0에서 가장 가까운 -3.5%가 감소율이 가장 낮다.

18

정답 ③

정답 해설

③ 주어진 표와 <사례>의 공공누리 마크를 비교하여, 해당 공공누리 마크 이용 조건에 부합하는 행위를 찾아야 한다. 이때 <사례>의 공공누리 마크에서 다음의 사항을 파악하여야 한다.
- OPEN, 출처표시, 변경금지 마크가 있다.
- 상업용금지 마크가 없다.

<사례>의 공공누리 마크에는 상업용금지 마크가 없으므로 상업적으로 이용할 수 있고, 출처표시 마크와 변경금지 마크에 따라 출처를 표시하고 사진저작물과 그 설명문을 그대로 수록하는 것은 이용 조건에 부합하는 행위이다.

오답 해설

① 출처표시 마크가 있으므로 이용하는 공공저작물의 출처를 표시해야 한다.

② 변경금지 마크가 있으므로 공공저작물 변형이 금지된다.

④ 변경금지 마크가 있으므로 사진저작물을 다른 사진과 합성하는 변경 행위는 금지된다.

⑤ 변경금지 마크가 있으므로 사진저작물의 설명문을 번역하는 것은 금지된다.

[TIP]

우리은행에서 저작물사용 허가표시(CCL: Creative Commons License. 저작권자가 자신의 창작물에 대해 몇 가지 이용방법과 조건을 붙여 자유롭게 이용할 수 있도록 한 이용 허락표시 제도) 정보를 이미지와 함께 제시하고, <사례>에 적용하여 표시해야 할 이미지들을 선택하는 유형으로 출제되었다.

19

정답 ②

[구조 파악]

상속에 대해 규정하고 있는 (1) 현행법, (2) 개정안 관련 제시문을 읽고, 해당 내용을 <상황>에 적용해 보는 문제이다. 이때 개정안을 따를 경우, 배우자는 상속재산의 50%를 먼저 받은 후에 다시 현행법상의 비율대로 추가 상속을 받는다는 점에 유의하도록 한다.

정답 해설

② 개정안에 의하면 E가 출생한 경우 배우자인 B는 상속재산 9억 원의 50%인 4.5억 원을 상속받고, 나머지 금액의 $\frac{1.5}{4.5}$, 즉 1.5억 원을 추가로 더 상속받는다. 따라서 총 6억 원을 상속받게 된다.

오답 해설

① 현행법에 의하면 E가 출생한 경우 상속 비율은 배우자인 B가 1.5이고, 자녀인 C, D, E가 각각 1이다. 따라서 B의 상속 비율은 $\frac{1.5}{4.5} \times 100 =$ 약 33%이므로 옳지 않은 설명이다.

③ 현행법에 의하면 E가 사산된 경우 배우자인 B는 9억 원의 $\frac{1.5}{3.5}$를 상속받으므로, 상속액은 약 3.86억 원이다.

④ 개정안에 의하면 E가 사산된 경우 배우자인 B는 상속재산의 50%인 4.5억 원을 상속받은 후, 추가로 약 1.93억 원을 더 상속받는다. 따라서 총 약 6.43억 원을 상속받게 된다.

⑤ 선택지 ③과 ④를 비교해 보면 6.43억 원은 3.86억 원의 150%를 초과하므로 옳지 않은 내용임을 확인할 수 있다.

20

정답 ③

[구조 파악]

본 제시문은 전용면적, 공용면적, 공급면적, 계약면적, 서비스면적이 어떻게 이루어져 있는지에 대해 설명하고 있다. 문제를 해결하기 위해 각 면적에 대해 간략히 정리해 놓은 후, 겹치는 부분을 파악하는 것이 중요하다. 예를 들면, '주거공용면적'은 공용면적에도 포함되고 공급면적에도 포함된다는 점을 알아내는 것이다.

제시문의 내용을 정리하면 다음과 같다.

- 전용면적: 개별 세대 현관문 안쪽의 전용 생활공간(발코니 면적은 제외)
- 공용면적: 주거공용면적 + 기타공용면적
- 공급면적: 전용면적 + 주거공용면적
- 계약면적: 공급면적 + 기타공용면적
- 서비스면적: 발코니 같은 공간의 면적(전용면적과 공용면적에서 제외)

정답 해설

③ 계약면적은 공급면적과 기타공용면적을 더한 것인데, 이 중 공급면적은 전용면적과 주거공용면적의 합으로 옳은 설명이다.

오답 해설

① 계약면적에는 공급면적이 포함되고 공급면적에는 전용면적이 포함되는데, 발코니 면적은 전용면적에서 제외된다고 하였으므로 옳지 않은 설명이다.

② 관리사무소의 면적은 기타공용면적인데 공급면적에는 기타공용면적이 포함되지 않으므로 옳지 않은 설명이다.

④ 공용계단과 공용복도의 면적은 주거공용면적인데 주거공용면적은 공급면적에 포함된다.

⑤ 주거공용면적은 세대가 거주를 위하여 공유하는 공용계단, 공용복도 등의 면적으로 개별 세대 내 거실과 주방은 포함되지 않는다. 세대 내 거실과 주방의 면적은 전용면적이다.

[TIP]

공공주택(아파트 등)의 면적 산정 기준

주택대출상품의 대상 주택 요건에서 유의 깊게 살펴볼 필요가 있다. 주택도시기금이 시중은행을 통하여 지원하고 있는 주택전세자금대출은 대상주택 요건을 '임차 전용면적 85m^{2}이하 주택(주거용 오피스텔은 85m^{2}이하 포함)'으로, 주택구입자금대출은 대상주택 요건을 '주거전용면적 60m^2(수도권을 제외한 도시지역이 아닌 읍 또는 면지역은 70m^2) 이하의 주택'으로 규정하고 있다.

21

정답 ③

[구조 파악]

본 문항은 <조건>과 <가격표>로 구성되어 있는데, 조건 3에서 주문금액의 총 합계가 최소가 되도록 한다고 하였으므로, 다음과 같은 과정에 따라 문제를 해결하도록 한다.

(1) <가격표>를 통해 치킨 종류별 최소 금액 가게를 찾는다.
(2) 1곳으로 추려진 프라이드치킨 최소 금액 가게를 고정해 놓는다.
(3) 고정된 치킨 가게를 기준으로 경우의 수를 따져 본다.

이를 바탕으로 우선 배달료까지 고려한 치킨 종류별 최소 금액 가게를 찾아보면 프라이드치킨은 C, 양념치킨은 B, C, D, 간장치킨은 A, C, D이다. 그렇다면 프라이드치킨은 C에서 주문하면 되는데 C의 배달 가능 최소금액이 7,000원이므로 C에서 양념치킨이나 간장치킨도 주문해야 한다. 따라서 C에서 프라이드치킨, 양념치킨을 주문하거나 프라이드치킨, 간장치킨을 주문할 수 있다.

1) C에서 프라이드치킨, 양념치킨 주문
A는 배달가능 최소금액이 10,000원이므로 간장치킨은 D에서 주문하게 된다.
- (5,000 + 8,000 + 1,000) + (8,000 + 1,000) = 23,000원

2) C에서 프라이드치킨, 간장치킨 주문
A는 배달가능 최소금액이 10,000원이므로 양념치킨은 B나 D에서 주문하게 된다.
- (5,000 + 8,000 + 1,000) + (7,000 + 2,000) = 23,000원
- (5,000 + 8,000 + 1,000) + (8,000 + 1,000) = 23,000원

정답 해설

③ 주문이 가능한 경우의 조합은 세 가지이므로 옳지 않다.

오답 해설

① 세 가지 경우 모두 A에서는 주문하지 않는다.

② 세 가지 경우 모두 총 주문금액은 23,000원이다.

④ B가게가 휴업하더라도 경우 1, 3이 가능하므로 총 주문금액은 달라지지 않는다.

⑤ 세 종류의 치킨을 모두 C에서 주문할 수 있고, 총 주문금액은 5,000 + 8,000 + 8,000 + 1,000 = 22,000원이다.

22

정답 ④

[구조 파악]

문제 해결을 위해서는 선택지의 주요 키워드를 제시문에서 빠르게 찾아낸 후, <선정결과> 및 <평가기준>과 유기적으로 연결하여 해석할 수 있어야 한다. 선택지 ①을 예로 들면 다음과 같다.

(1) 주요 키워드: 관련 법령 위반
(2) 제시문 속 해당 키워드: 선정제외 대상 요건 2가지 중 하나로 언급됨
(3) <선정결과>에서 총점이 가장 높으나 선정되지 않았음을 확인
(4) <평가기준>과 <선정결과>의 1번 항목을 통해 보조금 부당 사용이 아님을 확인
(5) 관련 법령 위반은 옳은 진술이라고 결론 내림

정답 해설

④ 丁은 1번 보조금 수급 이력 항목에서 26점을 받았는데, 이는 3

백만 원 미만에 해당하는 보조금 수급 이력이 있음을 나타낸다.

오답 해설

① 甲은 총점이 가장 높지만 선정되지 않았으므로 보조금을 부당하게 사용하였거나 관련 법령을 위반했을 것이라고 짐작할 수 있다. 그런데 1번 보조금 수급 이력 항목에서 40점을 받았으므로 보조금 수급 이력이 없는 것을 확인할 수 있다. 따라서 甲은 관련 법령을 위반했을 것이다.

② 甲과 丁은 5번 2015년 산림청 통계조사 표본농가 항목에서 7점을 받았으므로 표본농가에 해당하지 않음을 알 수 있다.

③ 乙과 丙의 보조금 수급 이력 점수, 임산물 판매규모 점수, 총점이 동점인 상황에서 丙이 최종 선정되었다. 따라서 동점 시 우선 선정기준 3에 따라 丙은 乙보다 연령이 높을 것이라는 점을 추론할 수 있다.

⑤ 乙과 丁은 4번 임산물 관련 교육 이수 항목에서 10점을 받았으므로 임산물 관련 교육을 이수하고 이수증이나 수료증을 제출하였을 것이다.

[TIP]
기업은행에서 성과 평가기준(평가항목별 업무와 배점)과 직원들의 성과 평가현황을 제시하고, 평가 점수를 높이기 위하여 각 직원에게 추천할 업무 전략을 추론하는 문제로 유사출제되었다.

23 정답 ②

[제시문 해설] 가계 경제와 가계 지출의 관계

①문단	소득과 가계지출의 관계
②문단	가계지출과 자녀 교육비의 관계

문제 해결을 위해 '반드시 그러한 것'과 '그러한 경향을 보이는 것'을 분간하고, '액수'와 '비중' 또한 구분할 수 있어야 한다.

정답 해설

② 소득이 높은 가계라도 가계구성원 모두가 값비싼 음식을 선호하면 소득이 낮은 가계보다 A계수가 높을 수 있다.

오답 해설

① A계수는 소득 수준이 높을수록 낮아지는 경향이 있기 때문에 가계소득이 증가할 때 A계수는 낮아질 것이라고 추론할 수 있다.

③ 소득이 증가할수록 음식비 지출액이 줄어드는 것이 아니라 총 가계지출에서 차지하는 음식비의 비중이 줄어드는 것이다.

④ 지난 1분기 가계소득 하위 20% 가구의 가계지출 10%는 12만 원으로 총 가계지출은 120만 원이고, 상위 20% 가구의 가계지출 20%는 72만 원으로 총 가계지출은 360만 원이다. 하지만 선택지의 내용인 월평균소득에 관한 내용은 알 수 없다.

⑤ 지난 1분기 가계소득 하위 20% 가구의 월평균 교육비 지출액과 그것이 가계지출에서 차지하는 비중은 상위 20%보다 낮다. 따라서 가계소득이 낮을수록 교육열이 높다고 볼 수 없다.

24 정답 ①

[구조 파악]
손해배상액의 산정과 관련하여, 과실상계와 손익상계에 대해 설명하고 있는 글을 읽고 주어진 <상황>에 적용해 보는 문제이다. 제시문에서는 두 개념의 의미를 다음과 같이 설명하고 있다.

(1) 과실상계: 피해자에게 과실이 있을 경우 그 과실의 정도를 참작하는 것

(2) 손익상계: 손해배상 청구권자가 손해를 본 것과 같은 원인에 의하여 이익도 보았을 경우 손해에서 그 이익을 공제하는 것

<상황>의 A와 B를 구할 때, 과실상계를 할 사유와 손익상계를 할 사유가 모두 있으면 과실상계를 먼저 한 후에 손익상계를 하여야 한다고 한 점에 유의하도록 한다.

정답 해설

〈상황〉에서 유족보상금 3억 원은 손익상계로 공제되지만 생명보험금 6천만 원은 공제되지 않는다. 그러므로 다음과 같은 식을 세울 수 있다.

6억 원 × (100 − A%) − 3억 원 = 1억 8천만 원

따라서 A는 20이 되고, B는 100에서 20을 뺀 80이 된다.

[TIP]
농협은행에서 자동차사고 과실비율 인정기준 등 개선안을 제시하고, <사례>의 당사자별 과실점수를 계산하는 문제가 출제되었다.

25 정답 ⑤

[구조 파악]
제시문은 '할랄식품 시장'을 소재로 하고 있는 글로, 다음과 같이 두 부분으로 나누어진다.

(1) 할랄식품과 해당 시장에 대한 설명

(2) 할랄식품 시장 진출 활성화를 위한 국내 식품업체들의 의견

적절하지 않은 선택지를 찾기 위해서는 (2) 부분에서 각 업체가 지적 · 건의하고 있는 핵심 내용에 밑줄을 긋고, 선택지와 해당 내용을 맞추어 보면 된다.

정답 해설

⑤ A~D업체 중 할랄식품 시장 진출 활성화를 위해 한국의 식문화를 무슬림에게 알리자는 취지의 발언을 한 업체는 없으므로 적절하지 않은 대책이다.

오답 해설

① A업체에서 KMF가 공신력을 갖게끔 정부에서 지원을 해 준다면 많은 업체에 도움이 될 것이라고 말하고 있으므로 적절한 대책이다.

② B업체에서 시장조사와 같은 부분은 업계 전체가 함께 사용할 수 있는 자산이라고 이야기하고 있으므로 적절한 대책이다.
③ D업체에서 관광객들에게 국내 식품업체의 할랄식품에 대한 정보를 제공함으로써 이를 소비하도록 하여 기업들의 할랄식품 시장 진출을 유도할 수 있다고 건의하고 있으므로 적절한 대책이다.
④ C업체에서 첨가물 업체인 중소기업들도 함께 지원해 줄 것을 당부하고 있으므로 적절한 대책이다.

[TIP]
농협은행에서 '우리농촌살리기운동' 보도문 형태로 사업 현황, 문제점, 장점, 기대효과를 제시한 후 활성화를 위하여 취할 수 있는 가장 효과적인 행동을 추론하는 문제로 출제되었다.

26

정답 ④

[구조 파악]
제시문에 주어진 조건들을 취합하여 다음과 같은 항목에 따라 정리한다.
(1) 배를 탈 수 없는 날: 최대 파고가 3m 이상인 18일, 21일, 24일, 28일과 술을 마신 다음 날인 22일, 29일
(2) 독도를 갈 수 있는 날: '울릉도 - 독도' 선박이 운행하는 18일, 20일, 25일, 27일
(3) 울릉도에서 호박엿 만들기 체험을 할 수 있는 날: 17일, 21일, 24일, 28일 오후 6시

정답 해설
④ 위의 정리에 따라 23일에 포항에서 울릉도로 이동하고, 24일에 호박엿 만들기 체험을 한 후, 25일에 독도를 다녀오고, 26일에 포항으로 돌아올 수 있다.

오답 해설
① 18일은 파고가 3m 이상으로 '울릉도 - 독도' 선박이 운행하지 않으므로 불가능하다.
② 22일은 멀미가 심해 포항으로 돌아오는 배를 탈 수 없으므로 불가능하다.
③ 20일에 울릉도 도착 시각이 오후 1시이므로 이날 오전 8시에 출발하는 '울릉도 - 독도' 선박을 이용할 수 없다.
⑤ 28일은 파고가 3m 이상으로 포항으로 돌아오는 배를 탈 수 없으므로 불가능하다.

27

정답 ②

[구조 파악]
제시된 <A시 경로수당제도>는 크게 세 부분으로 구성되어 있다.
(1) 경로수당 지급 대상자 요건
(2) 경로수당 지급액
(3) '부양의무자'에 대한 변경 전/후 기준
문제 해결을 위해 <표>에서 부양의무자 기준 개편으로 부양의무자의 범위가 확대되었다는 것을 확인하고, '어르신의 1촌 직계혈족의 배우자'에 누가 포함되는지를 판단해 보면 된다.

정답 해설
ㄱ. 부양의무자에 어르신의 1촌 직계혈족의 배우자가 추가된 것은 사위와 며느리도 부양의무자가 된다는 것을 의미하는데, 이것은 부부가 공동으로 직계존속을 부양한다는 사회적 인식과 관행을 고려한 것으로 볼 수 있다.
ㄷ. 제도 개편을 통해 며느리도 부양의무자가 되므로 아들이 배우자, 즉 피부양자의 며느리에게 재산을 양도하고 스스로 부양능력이 없는 것으로 위장하더라도 소용이 없게 되었다. 따라서 이러한 도덕적 해이 문제가 전보다 줄어들 것으로 기대하는 것은 적절한 예측이다.

오답 해설
ㄴ. 어르신의 자녀가 사망하였을 경우 사위나 며느리에게 부양받기를 현실적으로 기대하기 어렵다는 점은 부양의무자에 사위와 며느리가 포함된 것과는 상반되는 내용이다.
ㄹ. 부양의무자가 없거나, 부양의무자가 있어도 부양능력이 없거나 미약한 어르신 가구에 경로수당을 제공하므로 부양의무자의 범위를 확대한 제도 개편으로 추가적인 재정이 소요된다는 예측은 적절하지 않다.

28

정답 ②

[구조 파악]
제시된 규정과 <판례>를 <상황>에 종합적으로 적용하여, 상속인이 누구인지와 그 상속인이 받을 상속액이 얼마인지를 구하는 문제이다. 주어진 <상황>에서 다음의 내용을 판단하는 것이 특히 중요하다.
(1) 피상속인과 상속인이 동시에 사망하였을 경우 상속은 어떻게 이루어지는가?
(2) 태아에게도 상속의 자격이 주어지는가?
(3) 배우자의 상속 순위와 금액은 어떻게 계산되는가?

정답 해설
<상황>의 내용에 따라 가계도를 그려 보면 다음과 같다.

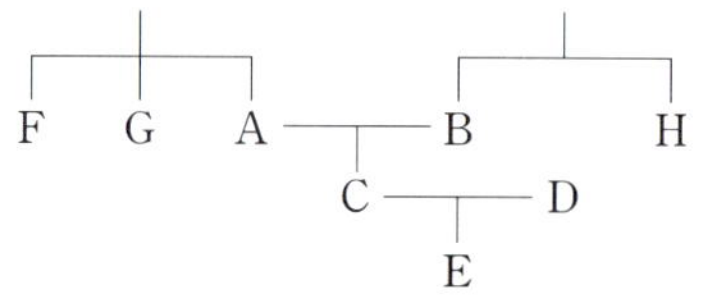

여기서 A, B, C가 동시에 사망하였으므로, 제1001조에 따라 E가 C의 순위에 갈음하여 제1순위 상속인이 된다. <판례>에서 상

속개시와 동시에 사망한 것으로 추정되는 경우도 상속개시 전에 사망한 경우에 포함된다고 하였고, 제1000조 제3항에서 태아는 상속순위에 관하여는 이미 출생한 것으로 본다고 하였기 때문에 E는 C의 순위에 갈음하여 상속인이 될 수 있는 것이다. 또한 상속개시 전에 사망한 C의 배우자 D는 제1003조 제2항에 따라 E와 동순위로 공동상속인이 되고 제1009조 제2항에 의해 E의 상속분에서 5할을 가산하여 상속받는다.

따라서 A의 재산 5억 원 중 D가 3억 원, E가 2억 원을 상속받고, F, G, H는 상속을 받지 못한다.

29

정답 ②

[구조 파악]

제시문은 RGB 색상코드의 표기 방법에 대해 설명하고 있는 글로, 문제 해결을 위해 주어진 표를 참고하여 16진수를 10진수로 변환할 수 있어야 한다. 또한 다음의 내용을 파악하고 있어야 선택지의 정오를 올바르게 판단할 수 있다.

(1) RGB 숫자가 클수록 밝고, 작을수록 어둡다.

(2) 적색＋녹색＝황색, 녹색＋청색＝옥색, 청색＋적색＝자색

정답 해설

② 녹색과 청색을 섞으면 옥색이 된다고 하였으므로, 앞 코드가 뒤 코드에 비해 옥색 빛에 더욱 가깝기 위해서는 뒤 코드의 녹색, 청색 자리가 앞 코드의 동일 자리보다 값이 작아야 한다. 선택지대로 뒤 코드의 괄호에 A와 F를 차례로 넣으면, 녹색 빛은 AE로 174, 청색 빛은 F2로 242가 된다. 이것은 각각 7E(126), C0(192)보다 크기 때문에 옳지 않다.

오답 해설

① RGB 코드의 세 가지 색상은 각각 두 자리의 16진수 숫자들로 구성되므로 RGB 코드로 나타낼 수 있는 서로 다른 색상의 수는 $(16\times16)\times(16\times16)\times(16\times16)=256\times256\times256=16,777,216$개이다.

③ 빛이 하나도 없는 검은색은 '#000000'이고, 빛의 원색을 최대로 혼합한 흰색은 '#FFFFFF'라는 내용에 따라 색상코드의 숫자가 클수록 밝은색을 나타낸다는 점을 알 수 있다. 선택지의 두 코드는 녹색 자리만 다르기 때문에 E5와 DF의 크기를 비교해 보면 된다. 계산해 보면 E5는 229, DF는 223으로 옳은 내용이다.

④ RGB 코드를 10진수로 변환해 보면, 적색 220, 녹색 27, 청색 241이다. 적색과 청색이 주를 이루고 있으므로 제시문 내용에 따라 자색 빛에 가까울 것이라고 추론할 수 있다.

⑤ 10진수로 변환해 보면, A9는 169, B0은 176, 9A는 154이다. 따라서 #B0B0B0, #A9A9A9, #9A9A9A 순으로 밝다.

30

정답 ②

[구조 파악]

제시문은 근로기준법 및 하위 법규에서 규정하고 있는 내용 중 (1) 해고, (2) 임금, (3) 휴업수당, (4) 근로시간에 대해 설명하고 있다. 이때 제시문에서 '다만'으로 시작하는 단서에 유의하여 <보기> 각 사례의 위법 여부를 판단하도록 한다.

정답 해설

ㄱ. (바)에서 1주간의 근로시간은 휴게시간을 제외하고 40시간을 초과할 수 없다고 하였으므로 위법하다.

ㄹ. (다)에 따르면 30일 전에 해고 예고를 하지 않았을 때는 30일분 이상의 통상임금을 지급하여야 한다고 규정하고 있다. 따라서 10월 25일까지의 급여만 지급한 것은 위법하다.

오답 해설

ㄴ. (라)에 따르면 임금은 매월 1회 이상 일정한 날짜를 정하여 지급하는 것이 원칙이지만 1개월을 초과하는 기간의 출근 성적에 따라 지급하는 정근수당은 예외로 둔다고 하였으므로 2개월마다의 출근 성적에 따라 격월 단위로 정근수당을 지급하는 것은 위법하다고 할 수 없다.

ㄷ. (다)에서 사용자는 근로자를 해고하려면 적어도 30일 전에 예고를 하여야 하지만 수습 사용 중인 근로자에 대해서는 이와 같은 예고 해고의 규정을 적용하지 않는다고 하였다. 따라서 수습 근로 중인 근로자에게 해고예정일 10일 전에 해고를 예고하는 통지를 하는 것은 위법하다고 볼 수 없다.

ㅁ. (마)에 따르면 사용자의 귀책사유로 휴업하는 경우에 사용자는 휴업기간 동안 그 근로자에게 평균임금의 100분의 70 이상의 수당을 지급하여야 하는데, 이 금액이 통상임금을 초과하는 경우에는 통상임금을 휴업수당으로 지급할 수 있다. 따라서 평균임금의 70%인 280만 원 대신 통상임금인 250만 원을 휴업수당으로 지급한 것은 위법한 것이 아니다.

[TIP]

기업은행에서 **공인인증서 발급 관련 전자금융거래약관, 개인정보 수집 사항을 제시하고 독자의 적절한 반응을 선택하는 문제**로 유사 출제되었다.

금융 NCS를 위해 추가적으로 알아두면 도움이 될 만한 내용으로는 **금융기관의 개인정보 처리방침**이 있다. 개인정보의 수집 · 유출 · 오용 · 남용으로부터 사생활의 비밀 등을 보호하기 위해 제정된 개인정보보호법을 따른다. 수집 대상이 되는 개인정보 항목, 이용 목적 및 범위 등을 규정하고 있어 위반 사례 발생 시 금융소비자를 보호하는 근거가 된다.

제07회 정답 및 해설

빠른 정답표

01	02	03	04	05	06	07	08	09	10
②	③	④	④	⑤	③	④	②	③	①
11	12	13	14	15	16	17	18	19	20
①	⑤	⑤	③	②	⑤	①	①	③	④
21	22	23	24	25	26	27	28	29	30
⑤	⑤	④	②	③	②	⑤	③	③	③

01

정답 ②

[구조 파악]

제시문은 '기관 간 약정'을 소재로 한 글로, 크게 다음의 4가지 경우를 들어 설명하고 있다.

(1) 기관장이 직접 서명할 수 없는 경우 위임받은 해당 기관 고위 인사가 서명 → 적절

(2) 조속히 체결할 필요성이 있으나 방문 계획이 없어 체결이 지연되는 경우 우편이나 재외공관을 통해 서명문서 교환 → 적절

(3) (1)의 경우 정부기관장 명의의 전권위임장 제출 → 부적절

(4) 약정 서명 시 양국 정상 임석 → 부적절

질문지에서는 ㉠인 '기관 간 약정'이 적절하게 이루어진 사례를 묻고 있는데, 궁극적으로는 제시문의 내용과 일치하는 것을 고르는 문제라고 볼 수 있다.

정답 해설

ㄴ. 1문단에서 약정을 조속히 체결할 필요성이 있으나 양국 관계부처 간의 방문 계획이 없어서 체결이 지연되고 이로 인해 양국 관계부처 간 불편이 야기될 가능성이 있는 등의 경우에는 우편으로 서명문서를 교환하는 방법으로 그 체결을 행할 수 있다고 하였으므로 적절한 사례이다.

오답 해설

ㄱ. 2문단에서 정부기관장 명의의 전권위임장을 만들어 제출하는 경우가 있는데 이는 적절하지 않다고 하였다.

ㄷ. 2문단에서 기관 간 약정에 서명을 할 때 양국 정상이 임석 하는 것은 양국 간의 조약으로 오해될 소지가 있다고 하였다.

02

정답 ③

[제시문 해설] 시간의 비용에 관한 견해

①문단	베커: 시간의 비용은 시간을 소비하는 방식에 따라 변화함
②문단	린더: 경제 성장에 따라 시간을 쓰는 방식이 달라짐
③문단	변수로 인한 시간의 가치의 변화 가능성

선택지의 정오 판단을 위해 베커와 린더가 생각했던 시간의 개념을 비교 · 대조하며 글을 구조적으로 파악하는 것이 중요하다.

정답 해설

③ 린더에 따르면 일하는 데 쓸 수 있는 시간을 다른 데 소비하면 그만큼의 임금을 포기하는 것이다. 따라서 임금이 삭감된 경우라면 노동 외에 다른 활동인 수면에 들어가는 시간의 비용도 이전보다 줄어들게 된다.

오답 해설

① 베커에 따르면 수면이 영화 관람에 비해 단위 시간당 시간의 비용이 작기는 하지만 그 비율이 어느 정도인지는 알 수 없다.

② 베커는 주말에는 활용할 수 있는 시간의 길이가 길어지고 이에 따라 특정 행동의 시간의 비용이 줄어든다고 하였지만 수면과 영화 관람의 감소폭은 알 수 없다.

④ 베커와 린더가 시간의 비용과 주관적 시간의 길이 사이의 관계를 어떻게 생각하였는지는 제시문만으로는 알 수 없다.

⑤ 2문단에서 시간의 비용이 가변적이라 생각한 이는 베커만이 아니었다고 한 점에서 베커와 린더 모두 시간의 비용이 가변적이라고 생각했다는 점을 추론할 수 있다. 또한 1문단에서 시간의 비용이 가변적이라는 개념은 기대수명이 늘어나서 사람들에게 더 많은 시간이 주어지는 것이 시간의 비용에 영향을 미칠 수 있다는 점에서 의미가 있다고 하였기 때문에 베커와 린더 모두 기대수명이 시간의 비용에 영향을 미칠 것이라고 보았을 것으로 판단할 수 있다.

03

정답 ④

[구조 파악]

제시문은 3개의 문단으로 구성되어 있는데, 이 중 1 문단은 서론의 역할을 하고, 2, 3문단에는 조건들이 서술되어 있다. 따라서 다음과 같은 과정에 따라 문제를 해결할 수 있다.

(1) 2, 3문단의 내용을 단순화하여 정리한다.

(2) 정리된 내용을 토대로 선택지의 참 · 거짓 여부를 판단한다.

이 때 각 조건 명제의 대우도 활용할 수 있어야 한다.

위의 과정에 따라 제시문의 조건들을 정리하면 다음과 같다.

- 조건 1: 미국 양적완화 → 달러화 가치 하락 and 우리나라 달러 환율 하락
- 조건 2: 우리나라 달러 환율 하락 → 우리나라 수출 감소
- 조건 3: 우리나라 경제 지표 개선 → 우리나라 수출 감소 X
- 조건 4: 미국 양적완화 중단 → 미국 금리 상승
- 조건 5: 미국 금리 상승 → 우리나라 금리 상승
- 조건 6: 우리나라 금리 상승 → 우리나라에 외국인 투자 증가
- 조건 7: 우리나라 금리 상승 → 우리나라 가계부채 문제 심화
- 조건 8: 가계부채 문제 심화 → 국내소비 감소
- 조건 9: 국내소비 감소 → 경제 전망 어두워짐

정답 해설

④ 조건 3과 조건 2의 대우에 의해 우리나라 경제의 주요지표가 개선되면 우리나라의 수출이 감소하지 않은 것이고, 우리나라의 수출이 감소하지 않으면 우리나라의 달러 환율이 하락하지 않았을 것이라는 점을 확인할 수 있다.

오답 해설

① 분명하게 알 수 없는 내용이다. 다만, 제시문에 비춰 볼 때 달러화 가치는 상승했을 것으로 예상된다.
② 조건 4, 5, 7에 의해 미국이 양적완화를 중단하면 우리나라 가계부채 문제가 심화되는 것은 확인할 수 있지만 그 역이 성립하는지는 알 수 없다.
③ 외국인 투자 감소와 우리나라 경제 전망과의 관계는 알 수 없다.
⑤ 조건 8의 대우, 조건 7의 대우에 의해 국내소비가 감소하지 않았다면 우리나라의 금리가 상승하지 않았을 것이라는 점을 유추할 수 있지만, 우리나라의 금리가 상승하지 않았다고 해서 우리나라에 대한 외국인 투자가 감소하지 않았는지는 알 수 없다.

04

정답 ④

[구조 파악]

조건이 대화문의 형태로 제시되어 있으나, 풀이 방법은 일반적인 논리 퀴즈 유형과 크게 다르지 않다. 다음의 순서에 따라 문제를 해결해 보자.
(1) 대화문의 내용을 기호화한다.
(2) 2~3가지 경우의 수로 나눌 수 있는 조건을 찾아낸다.
(3) 해당 경우의 수에 따라 위촉할 수 있는 구성을 판단해 본다.
이에 따라 제시된 조건들을 기호화하면 다음과 같다.

- A or B
- C
- E → F
- A → C
- D or E or F
- ~(B and D)

첫 번째 조건에 따라 세 가지 경우의 수를 생각해 볼 수 있다.
1) A는 위촉하고 B는 위촉하지 않는 경우
(A, C, D, E, F), (A, C, D, F), (A, C, E, F), (A, C, D), (A, C, F)
2) B는 위촉하고 A는 위촉하지 않는 경우 (B, C, E, F), (B, C, F)
3) A와 B 모두 위촉하는 경우 (A, B, C, E, F), (A, B, C, F)

정답 해설

④ (A, C, F), (B, C, F), (A, B, C, F)에는 D와 E 모두 위촉 되지 않는다.

오답 해설

① 총 3명만 위촉하는 방법은 (A, C, D), (A, C, F), (B, C, F)로 3가지이다.
② (B, C, E, F), (B, C, F)에서는 A가 위촉되지 않는다.
③ B가 위촉되는 모든 경우에는 F도 위촉된다.
⑤ D를 포함한 최소인원을 위촉하는 경우는 (A, C, D) 3명을 위촉하는 경우이다.

05

정답 ⑤

정답 해설

각 문단의 중심 내용에 따라 배열하면 다음과 같다.

독일 제2군단이 데미얀스크에서 포위당했지만 공군으로부터 물자와 병력을 공급받을 수 있다는 대답을 듣고 즉각 농성전을 실행에 옮김

↓

(다)	명확한 전략을 세우고 즉시 실행에 옮긴 독일군과 달리 소련군은 포위망에 갇힌 독일군에 대해 돌파를 시도해 보았지만 빈틈이 없었음

↓

(나)	반면, 독일군은 물자가 공급되고 병력이 충원되면서 제2군단이 최상의 전투력을 유지하게 되었고 누가 누구를 제압하고 있는지 모를 상황에까지 이름

↓

(라)	이러한 상황이 계속되자 소련군 최고사령부도 우려를 표하고, 소련군은 무차별적인 공격을 멈추고 취약지로 전력을 집중시켰으나 독일의 방어선을 넘지는 못함

↓

(가)	그러나 독일군에게도 농성전이 궁극적인 해결책은 아니었고 제2군단장이 제16군 사령관에게 포위망을 뚫겠다고 보고함

↓

(마)	본진인 제16군이 안에 있는 제2군단 방향으로 진격하는 것이 맞지만 제16군의 전력 확충이 제대로 이루어지지 않아 결국 제2군단이 격렬한 전투 끝에 포위망을 뚫음

따라서 (다) - (나) - (라) - (가) - (마)로 나열하는 것이 논리적 순서에 맞다.

06

정답 ③

[구조 파악]

<조건>에 맞게 <대상국가>의 순서를 열거하는 문제로, 다음과 같은 방식에 따라 해결할 수 있다.
(1) <조건>에 제시된 4개의 내용을 기호화한다.
(2) 서로 이어질 수 있는 조건을 찾아 연결한다.
(3) 선택지 중 이 조건에 위배되는 순서를 소거해 나간다.

정답 해설

제시된 조건들을 정리하면 다음과 같다.

- 조건 1: 일본 or 중국 > 미국
- 조건 2: 영국 > 러시아 and 캐나다
- 조건 3: 미국 > 말레이시아 > 중국
- 조건 4: 러시아 > 중국

조건 1과 조건 3을 합치면, '일본 > 미국 > 말레이시아 > 중국'이 되고, 조건 2와 조건 4를 합치면 '영국 > 러시아 > 중국'이 된다. 선택지에서 이 순서에 위배되지 않는 것을 찾으면 '영국 - 일본 - 미국 - 호주 - 말레이시아 - 러시아 - 중국 - 캐나다'뿐이다.

[TIP]

기업은행에서 7명의 성적(점수)에 대한 명제 정보를 제시하고, 이 중 성적이 세 번째로 높은 사람을 맞추는 순서 정하기 문제가 출제되었다. 대소 관계 파악, 업무 순서 정하기 등으로 다양하게 출제될 수 있으니 최대한 여러 번 풀어 보며 감을 익히는 것이 좋다.

07

정답 ④

[구조 파악]

본 문항에는 A, B사의 주가와 주가지수를 나타내는 <표>, 그리고 '주가지수'와 '해당 월의 주가 수익률'을 구하는 공식이 제시되어 있다. 이때 주가지수를 산출하는 공식의 분모는 '1월 A사의 주가+1월 B사의 주가'로, 계산하려는 월에 상관없이 항상 고정되어 있다는 것을 알 수 있다. 이 점에 주목하면 <보기>의 정오를 좀 더 빠르게 파악할 수 있다.

정답 해설

ㄴ. 1월과 6월의 주가지수가 100으로 동일하다는 것은 '1월 A사의 주가+1월 B사의 주가'와 '6월 A사의 주가+6월 B사의 주가'가 같다는 뜻이다. 따라서 6월 A사의 주가는 5,600원이 되므로 옳은 내용이다.

ㄹ. 4월은 $\frac{-1,200}{5,700}\times100=$약 -21.05%, 5월은 $\frac{-600}{4,500}\times100$ $=$약 -13.33%, 6월은 $\frac{1,700}{3,900}\times100=$약 43.59%이다. 4월의 주가 수익률이 가장 낮다. 또한 4월 B사의 주가는 3월에 대비하여 하락하였으므로 옳은 설명이다.

오답 해설

ㄱ. 주가지수 공식에서 분자의 크기를 통해 주가지수의 크기를 비교할 수 있다. 4월의 분자는 4,500+5,900=10,400이고, 5월의 분자는 3,900+6,200=10,100으로 3~6월 중 주가 지수가 가장 낮은 달은 5월임을 알 수 있다. 그런데 B사는 4월 대비 5월에 주가가 상승하였으므로 옳지 않은 내용이다.

ㄷ. 1월과 2월의 주가지수를 구하는 공식에서 분자만 비교하면 되는데, 2월 A사의 주가는 4,000, B사의 주가는 6,000으로 그 합은 10,000이 된다. 이것은 1월 11,000에 비해 약 9.09% 줄어든 수치이다.

[TIP]

주가지수

주식시장에서 거래되는 각 개별종목의 가격변동을 종합하여 주식 가격의 전반적인 움직임을 파악하기 위하여 작성되는 지수로, 투자자의 합리적 의사결정에 필요한 기본자료 및 정책당국의 정책결정 참고자료로 활용된다.

- 유가증권시장
  - KOSPI: 1980.1.4.=100
  - KOSPI200: 1990.1.3.=100
- 코스닥시장
  - KOSDAQ: 2004.1.26.=1,000
  - KOSDAQ150: 2010.1.4.=1,000
- 통합지수
  - KRX300: 2010.1.4.=1,000

08

정답 ②

[구조 파악]

<표 1>은 '갑' 기업, <표 2>는 '을' 기업의 부가가치세 결의서로, 서로 동일한 구조를 취하고 있다. 또한 2개의 <표>에 각각 빈칸들이 제시되어 있는데, '전년대비 증가액' 항목의 수치를 참고하여 이 빈칸을 채우는 것이 문제 해결의 핵심이다.

정답 해설

② <표 1>의 빈칸을 구하면, 갑 기업의 2015년 매출세액은 17,000천 원, 매입세액은 7,000천 원, 납부예정세액은 10,000천 원, 경감 · 공제세액은 0원, 기납부세액은 3,500천 원이다. 따라서 확정세액은 6,500천 원이고 이것은 2014년과 동일한 금액이다.

오답 해설

① '매출세액=과세표준×매출세율'이므로 '매출세율$=\frac{\text{매출세액}}{\text{과세표준}}$'이고 <표>를 통해 10%임을 알 수 있다.

③ 을 기업의 2015년 확정세액은 2014년보다 4,000천 원 감소한 −3,000천 원으로, 300만 원을 환급받게 된다.

④ 갑 기업의 2015년 납부예정세액은 10,000천 원으로 2014년 8,000천 원에 비해 25% 증가하였다.

⑤ 확정세액=c−d−e=a−b−d−e이다. a~e 중에서 매출세율의 변화에 따라 변하는 값은 a뿐이므로 확정세액 역시 a의 증감분만큼 변화한다. 매출세율이 15%가 되면 갑 기업의 매출세액(a)은 25,500천 원이 되어 8,500천 원이 증가하고, 을 기업의 매출세액(b)은 19,500천 원이 되어 6,500천 원이 증가한다. 따라서 갑 기업의 확정세액은 15,000천 원이 되고, 을 기업의 확정세액은 3,500천 원이 되므로, 갑 기업이 을 기업의 4배 이상이다.

[TIP]
정부는 부가가치세법과 조세특례제한법 개정을 통해 시의적절한 영세업자 세부담 완화 정책을 시행하고 있다. 가장 최근 이루어진 대책은 코로나19로 인해 피해를 입은 소규모 영세 자영업자들을 구제하는 2020년 '소규모 개인사업자에 대한 부가가치세 감면안'이 있다. 아래 내용을 통해 부가가치세 계산 과정을 익혀 두면 도움이 될 것이다.

- 부가가치세 감면
  - 대상: 연매출(공급가액)이 8천만 원 이하이고 감면배제 사업에 해당하지 않는 개인 일반과세자
    ※ 감면배제 사업: 부동산임대 · 매매업, 과세유흥장소 등
  - 감면세액: 일반과세자가 납부할 세액(A)과 간이과세방식(업종별 부가율)을 적용하여 산출한 세액(B)과의 차이금액 (A－B)
    A: (매출세액－매입세액)－각종 공제세액
    B: 공급대가합계(영세율 공급분 제외) × 업종별 부가가치율 × 10%
- 부가가치세 납부면제
  - 대상: 납부의무를 면제받으려는 과세시간(1년)의 공급대가의 합계액이 3천만 원 이상 4천800만 원 미만이고 감면배제 사업에 해당하지 않는 간이과세자

09 정답 ③

[구조 파악]
2개의 <표>가 자료로 제시되어 있는데, <표>에 나타난 수치만 잘 읽을 수 있다면 특별한 계산 없이도 쉽게 해결할 수 있는 문제이다. 다만, <표 1>에서 연도별 수출 주력 품목의 수출액 '비중'을 나타내고 있기 때문에 절대적인 품목별 '수출액'은 알 수 없지만, 비중을 통해 동일 연도 품목별 수출액의 대소는 판단할 수 있다는 점을 파악해야 한다.

정답 해설

ㄱ. <표 1>은 전체 수출액 대비 13대 품목의 수출액 비중을 나타내고 있으므로 수출액 비중이 클수록 수출액 역시 큼을 알 수 있다. 따라서 제시된 순서는 옳은 설명이다.

ㄴ. 2013년에 비해 2015년에 전체 수출액 대비 수출액 비중이 상승한 품목은 가전, 무선통신기기, 반도체, 일반기계, 자동차, 자동차부품, 컴퓨터 이렇게 7개가 맞다.

오답 해설

ㄷ. 13대 수출 주력 품목 중 세계수출시장 점유율 상위 5개 품목 순위는 2013년의 경우 선박류, 평판디스플레이, 석유화학, 반도체, 무선통신기기의 순이고, 2014년의 경우에는 선박류, 평판디스플레이, 반도체, 석유화학, 자동차부품의 순이다. 따라서 동일하지 않음을 알 수 있다.

[TIP]
만약 ㄱ에서 "2014년 반도체의 수출액은 2013년에 비해 증가했다."라고 진술하고 있다면 이것은 옳은 것이라고 볼 수 있을까. 정답은 X이다. 왜냐하면 2013년의 총 수출액과 2014년의 총 수출액을 알 수 없기 때문이다. 하지만 실제 문제의 ㄱ에서는 같은 연도 내에서의 품목별 수출액 순위에 대해 진술하고 있기 때문에 2014년의 수출액을 알 수 없더라도 그 비중만으로도 동일 연도의 품목간 수출액의 대소를 비교할 수 있다.

10 정답 ①

[구조 파악]
어느 카드이든 계산의 기준이 되는 지출내역은 동일하므로, '할인액'이 가장 큰 카드의 순서를 구하는 것이 편리하다. 이때 (1) 최대 총 할인한도액, (2) 연회비 조건에 유의하여야 한다.

정답 해설

각 카드별 할인액을 계산해 보면 다음과 같다

구분	A	B	C
교통비	버스, 지하철, KTX 요금 20%는 36,000원이므로 한도액인 20,000원 할인	버스, 지하철, KTX 요금 10%는 18,000원이므로 한도액인 10,000원 할인	버스, 지하철, 택시 요금의 10%인 10,000원 할인
식비	외식비 주말 결제액의 5%인 2,500원 할인	－	카페 지출액의 10%인 5,000원 할인, 재래시장 식료품 구입비의 10%인 5,000원 할인
의류구입비	－	온라인 의류구입비의 10%인 15,000원 할인	영화관람 2회에 대해 총 4,000원 할인
여가 및 자기계발비	학원 수강료의 15%인 30,000원 할인	12,000원 이상인 도서 3권에 대해 총 9,000원 할인	－
총 할인액	52,500원	30,000원 (한도액)	24,000원

여기서 A신용카드는 연회비 15,000원이 있으므로 이것을 제하면 37,500원을 할인받는 셈이 된다. 따라서 예상청구액이 가장 적은 카드부터 순서대로 나열하면 A－B－C이다.

[TIP]
농협은행에서 2개의 신용카드와 2개의 체크카드의 포인트 적립 요건 및 포인트의 캐시백 전환 비율을 제시하고, 사례 적용 문제와 캐시백 전환 금액을 계산하는 세트형 문제가 출제되었다.

11

정답 ①

[구조 파악]
<보기>의 정오를 판단하기 위해서는 다음의 사항에 유의하여야 한다.
(1) <그림>이 보여 주고 있는 것은 항목별 '금액'이 아닌 '비중'이다.
(2) 2011년의 자산총액은 3,400억 원, 2012년의 자산총액은 2,850억 원으로 서로 다르다.

정답 해설

ㄱ. 2011년 항목별 금액의 순위가 2012년과 동일한 항목은 1위인 '유형자산', 3위인 '단기금융상품', 5위인 '기타비유동자산', 8위인 '재고자산' 이렇게 4개이다.

ㄴ. 2011년 자산총액 중 유동자산이 차지하는 비중은 7.0+15.0+7.2+5.1=34.3%이다. 이 중에서 '단기금융상품'의 구성비는 $\frac{15.0}{34.3}\times 100=$약 44%이다.

오답 해설

ㄷ. 2011년 '현금및현금성자산'의 금액은 3, 400억 원×7.0% =238억 원이고, 2012년 '현금및현금성자산'의 금액은 2,850억 원×8.0%=228억 원이다.

ㄹ. 2011년 대비 2012년에 '무형자산'이 자산총액에서 차지하는 비중이 4.3%p 감소한 것이지 무형자산 금액이 4.3% 감소한 것은 아니다. 2011년의 무형자산 금액은 3,400억 원×17.0%=578억 원이고, 2012년의 무형자산 금액은 2,850억 원×12.7%=361.95억 원으로 약 37% 감소하였다.

[TIP]
국민은행에서 유동성 비율, 레버리지 비율 등 재무비율을 구하는 공식과, 2개 연도에 대한 재무제표 주요 항목 수치 자료를 제시하고 <보기>를 검증하는 문제로 유사 출제되었다.

12

정답 ⑤

[구조 파악]
제시된 <표>는 잉여현금흐름 증가율 상위 10개 기업 현황에 대한 것으로, <표> 항목에 빈칸들이 있다는 점에 주목해야 한다. 이 중 '잉여현금흐름 증가율' 항목의 빈칸은 주석 2)의 공식을 통해, '2016년 누적 현금흐름'과 '2015년 누적 현금흐름' 항목의 빈칸은 주석 1)의 공식을 통해 채울 수 있다.

정답 해설

ㄱ. '2015년 누적 현금흐름=2016년 누적 현금흐름−증가액'이므로 2015년 F의 누적현금흐름은 193,063이고 G의 누적 현금흐름은 1,747,655이다. 따라서 2015년 누적 현금흐름이 가장 큰 기업은 G이다.

ㄷ. 잉여현금흐름 증가율이 가장 큰 기업은 A로 $\frac{115,764}{25,751}\times 100$ ≒449.6%이고, 가장 작은 기업은 J로 $\frac{238,759}{180,128}\times 100$≒132.5%이다. 따라서 300%p 이상 차이가 난다.

ㅁ. 잉여현금흐름 증가율이 300% 이상인 기업은 A, B, C, D로 모두 4개이다.

오답 해설

ㄴ. $\frac{272,225}{152,573}\times 100$≒178%이므로 옳지 않다.

ㄹ. B의 2016년 누적 현금흐름은 55,256+15,030=70,286이고, C의 2016년 누적 현금흐름은 65,785+19,699=85,484이다. 따라서 2016년 누적 현금흐름이 가장 작은 기업은 B이다.

[TIP]
ㅁ을 판단할 때에는 일일이 계산하기보다는 어림셈을 이용하는 것이 낫다. 잉여현금흐름 증가율이 300% 이상이라는 것은 증가액이 2015년 누적 현금흐름의 300% 이상, 즉 3배 이상이라는 뜻이다. 따라서 2015년 누적 현금흐름의 값에 3을 곱해 보고 증가액 이상인지 아닌지 대략 계산해 보면 된다.

13

정답 ⑤

[구조 파악]
<표 1>과 <표 2>의 자료를 토대로 <수당 기준>에 따라 갑~무의 2016년 12월 급여액을 계산해서 선택지의 정오를 판단하는 문제이다. 이때 다음의 사항에 유의하도록 한다.
(1) 초과근무는 57시간까지만 인정된다.
(2) 자녀수당은 자녀가 만 20세 미만인 경우에만 받을 수 있다.
갑~무의 월 급여액을 계산해 보면 다음과 같다.

구분	봉급	초과근무 수당	겸무 수당	가족 수당	월 급여액
갑	243만 원	62.7만 원	7만 원	4만 원	316.7만 원
을	274만 원	51.7만 원	−	−	325.7만 원
병	234만 원	62.7만 원	14만 원	−	310.7만 원
정	253만 원	56.1만 원	7만 원	6만 원	322.1만 원
무	284만 원	39.6만 원	−	6만 원	329.6만 원

정답 해설

⑤ 정의 자녀가 모두 미성년이었다면 정의 가족수당이 2만 원 증가하고 월 급여액은 324.1만 원으로 여전히 을보다는 적은 금액이므로 옳지 않다.

오답 해설

① 월 급여액이 많은 순으로 나열하면 '무-을-정-갑-병'이다.
② 을이 초과근무를 4시간 이상 더 한다면 초과근무 수당이 4.4만

원 증가하고, 월 급여액 역시 4.4만 원이 늘어나 330.1만 원이 된다. 따라서 다섯 명 중 월 급여액이 가장 많아진다.

③ 모두 특위 겸무를 하지 않고 미혼이며 자녀가 없다면 현재 월 급여액에서 겸무 수당과 가족수당을 제한 금액이 월 급여액이 된다. 계산해 보면 갑 305.7만 원, 을 325.7만 원, 병 296.7 만 원, 정 309.1만 원, 무 323.6만 원이다. 따라서 적은 순으로 나열하면 '병 - 갑 - 정 - 무 - 을'이다.

④ 갑과 을의 월 급여액 차이는 9만 원이고, 병과 정의 월 급여액 차이는 11.4만 원이다. 따라서 병과 정의 월 급여액 차이가 더 크다.

14

정답 ③

[구조 파악]

두 <표>의 2015년 항목에는 '구성비'가 나타나 있는데, 선택지 중 2015년에 대해 진술하고 있는 ①, ②를 해결할 때에는 적발금액, 적발인원보다 자릿수가 적은 구성비를 활용하면 계산이 용이하다.

정답 해설

③ 자동차보험은 적발인원이 감소(61,218 → 56,487)한 반면 적발금액은 증가(3,008 → 3,075)했으므로, 적발인원 대비 적발금액이 증가했다. 장기손해보험도 마찬가지다. 반면 생명보험은 약 15%($\frac{877}{5,832}$)에서 약 14%($\frac{891}{6,307}$)로 적발인원 대비 적발금액이 감소하였다.

오답 해설

① 2014년 대비 2015년의 적발금액 총계는 9.2% 증가하였는데, 생명 · 장기손해보험은 24.3% 증가하였다. 따라서 2015년에 생명 · 장기손해보험 적발금액이 총액에서 차지하는 비중은 2014년에 비해 증가하였으므로 옳은 설명이다.

② 2015년 생명보험, 자동차보험, 장기손해보험 적발인원 대비 적발금액을 계산하여 비교할 수도 있으나, 2015년 총계에 대한 비율인 구성비를 활용하여 상대적인 크기를 비교할 수 있다. 2015년 적발인원 구성비 대비 적발금액 구성비를 살펴보면, 자동차보험은 $\frac{47.0}{67.7}$, 장기손해보험은 $\frac{37.1}{23.7}$, 생명보험은 $\frac{13.6}{7.6}$으로 생명보험의 값이 가장 크므로 옳은 설명이다.

④ 2014년 보험사기 적발금액 총계는 877＋5,120＝5,997 억 원으로 매년 증가하였다.

⑤ 생명보험의 2014년 대비 2015년의 적발인원 증가율은 40% 이상이지만 장기손해보험은 약 4%, 자동차보험은 약 8% 증가하였으므로 옳은 설명이다.

15

정답 ②

[구조 파악]

제시된 <그림>은 '갑' 도시의 구별 미성년인구 및 노인인구 비율 분포를 보여주는 자료인데, 두 <그림>의 색깔별 비율 범위가 다르다는 점에 주의해야 한다. 또한 이 문제에서는 <보기>의 정오를 판단할 때 최솟값과 최댓값의 개념을 잘 적용해야 한다. 예를 들어, "A가 B보다 크다."라는 진술이 확실히 옳은지를 판단하기 위해서는 A의 최솟값과 B의 최댓값을 비교해야 한다.

정답 해설

ㄱ. D구의 미성년인구 비율은 12%~13.5% 사이 값이고, 노인인구 비율은 8.8%~10.9% 사이 값이므로 미성년인구 비율이 더 높다.

ㄴ. 미성년인구, 노인인구의 정확한 값은 알 수 없지만 <그림>의 범례를 참고할 때 미성년인구가 노인인구보다 확실히 더 많은 구는 A, B, D, E, G로 다섯 곳이다. 여기서는 다섯 곳 '이상'이라고 했으므로 옳은 설명이다.

ㄹ. A구 전체 인구가 900명이라면 노인인구 수는 최소 900×8.1%＝72.9명이고, D구 전체 인구가 600명이라면 노인인구 수는 최대 600×10.9%＝65.4명이다. 따라서 A구의 노인인구 수가 많다.

오답 해설

ㄷ. A구의 미성년인구 비율은 최소 15.2%이고 노인인구 비율은 최대 8.7%이다. 따라서 A구의 미성년인구는 노인인구에 비해 1.5배 이상 많다. 하지만 G구의 미성년인구 비율은 최소 15.2%이고 노인인구 비율은 최대 13.7%이므로 미성년인구가 노인인구에 비해 1.5배 이상 많다고 할 수 없다.

ㅁ. A구의 노인인구 수는 최소 300×8.1%＝24.3명이고 B구의 노인인구 수는 최소 400×8.1%＝32.4명이다. G구의 미성년인구수는 최대 500×15.7%＝78.5명으로 A구와 B구의 노인인구 수의 합이 G구의 미성년인구 수보다 많다고 할 수 없다.

16

정답 ⑤

정답 해설

출장여비는 '출장수당＋교통비'이며, <상황>에 주어진 내용을 토대로 출장비를 계산해 보면 다음과 같다.

- 출장 1: 출장수당 1만 원＋(교통비 2만 원－관용차량 사용 1만 원)＝2만 원
- 출장 2: (출장수당 2만 원－13시 이후 출장 시작 1만 원)＋교통비 3만 원＝4만 원
- 출장 3: (출장수당 2만 원－업무추진비 사용 1만 원)＋교통비 3만 원＝4만 원

따라서 A사무관이 3월 출장여비로 받을 수 있는 총액은 2만 원＋4만 원＋4만 원＝10만 원이다.

[TIP]
출장비 차감 조건을 고려하지 않은 상태로 출장여비를 구한 뒤, 차감 조건이 충족되는 경우를 따져 계산된 출장여비에서 빼는 방식으로 문제를 해결할 수 있다. 이 방법으로 A사무관의 3월 출장여비를 계산해 보자.
세종시의 출장여비는 3만 원, 세종시 이외의 출장여비는 5만 원인데, 세종시로는 1회, 세종시 이외로는 2회 출장을 갔으므로, 계산하면 3만 원+10만 원=13만 원이 된다. 이때 관용차량 사용, 13시 이후 출장 시작, 업무추진비 사용으로 각 1만 원씩 총 3만 원이 차감된다. 따라서 A사무관이 받을 수 있는 출장여비는 13만 원−3만 원=10만 원이 된다.

17

정답 ①

정답 해설

대화를 통해 알 수 있는 여행 조건을 근거로, 세훈이가 선택할 수 없는 여행지를 소거해 나가면 다음과 같다.

(1) 세훈이의 연가는 하루 남았으며 공휴일은 월, 수, 금이므로 연가는 화요일이나 목요일 하루밖에 쓸 수 없다. 화요일에 연가를 사용해도 최대 5일(토~수), 목요일에 연가를 사용해도 최대 5일(수~일) 동안 휴가를 다녀올 수 있다. 따라서 6박 8일이 소요되는 모스크바는 제외된다.

(2) 편도 총 여행시간이 8시간 이내이면서 직항노선이 있는 곳이어야 하므로, 총비행시간이 14시간인 뉴욕과 1회 환승을 해야 하는 방콕은 제외된다.

(3) 세훈이는 주어진 기간 내에서 최대한 길게 다녀오려고 하고 있으므로 여행기간이 3박 4일인 홍콩은 제외된다.

따라서 최종적으로 여행기간이 4박 5일인 두바이를 선택하게 된다.

18

정답 ①

정답 해설

ㄱ. 연구진은 용역완료(납품) 후에라도 발주기관이 연구결과와 관련된 자료를 요청할 경우 관련 자료를 성실히 제출하여야 한다고 했으므로, 발주기관은 연구용역이 완료된 후에도 연구결과와 관련된 자료를 요청할 수 있다는 점을 추론할 수 있다.

ㄴ. 보고는 착수보고, 중간보고(2회), 최종보고, 수시보고가 있으며, 전체회의는 착수보고 전, 각 중간보고 전, 최종보고 전에 이루어진다. 과업수행을 위한 전체회의 및 보고 횟수의 최소값을 구해야 하므로, 수시보고는 없다고 가정할 때 '전체회의 → 착수보고 → 전체회의 → 중간보고 1 → 전체회의 → 중간보고 2 → 전체회의 → 최종보고'의 순서로 전체회의 및 보고가 진행된다고 볼 수 있다. 따라서 전체회의 및 보고 횟수는 최소 8회이다.

오답 해설

ㄷ. 연구진은 책임연구원, 공동연구원, 연구보조원으로 구성되고, 연구 수행기간 중 연구진은 구성원을 임의로 교체할 수 없으나 부득이한 경우 변동사유와 교체될 구성원의 경력 등에 관한 서류를 발주기관에 제출하여 승인을 받은 후 교체할 수 있다고 했다. 따라서 책임연구원과 공동연구원을 변경할 수 없다는 내용과 연구보조원을 임의로 교체할 수 있다는 내용은 옳지 않다.

ㄹ. 연구진은 연구과제의 시작부터 종료(최종보고서 제출)까지 과업과 관련된 제반 비용의 지출행위에 대해 책임을 지고 과업을 진행해야 한다고 했으므로 중간보고서의 출력과 제본 비용의 지출행위에 대해서는 연구진이 책임을 진다고 볼 수 있다.

19

정답 ③

[구조 파악]
제시문에는 A~G 그리고 왕자의 부하에 대한 진술과 조건이, <표>에는 A~G의 나이, 성별, 국적이 주어져 있다. 이를 토대로 다음과 같이 정리하면 왕자의 부하를 쉽게 찾을 수 있다(제시문의 항목을 순서에 따라 조건1~5로 표현하였다).

(1) 조건 2, 4를 통해 D, E, F의 나이와 A, B, E, F의 성별을 알아 낼 수 있다.

(2) 조건 3, 5를 통해 조건에 맞지 않는 친구를 소거한다.

- 조건 2에서 B~F는 모두 20대라고 하였으므로, D, E, F의 나이는 20대임을 알 수 있다.
- 조건 3에서 가장 나이가 많은 사람은 왕자의 부하가 아니라고 하였으므로, 38살인 G는 제외된다.
- 조건 4에서 여자보다 남자가 많다고 하였으므로 A, B, E, F는 남자이다.
- 조건 5에서 두 부하의 국적은 동일하다고 하였으므로 혼자 일본 국적인 D는 제외된다.

정리된 내용을 통해 각 선택지를 해석하면 정답을 찾을 수 있다.

정답 해설

③ C는 여자, E는 남자이고, 둘 다 국적이 중국이므로 조건에 맞는다.

오답 해설

① A와 B의 성별이 모두 남자이므로 조건에 맞지 않는다.
② B와 F의 성별이 모두 남자이므로 조건에 맞지 않는다.

[TIP]
조건에 따라 G와 D를 부하 후보에서 탈락시켰으므로 ④와 ⑤는 정답에서 제외된다. 이렇게 선택지를 ①~③으로 좁힌 후 각 선택지별로 조건에 맞는 조합인지 따져보는 식으로 정답을 찾는다.

20

정답 ④

정답 해설

총지원금은 '기본지원금+추가지원금+협업 장려금'이다. 이때 <지원계획>의 첫 번째 항목에 따라 '6명 이상 9명 미만'의 조건을 충족하지 않는 A와 E를 지원 대상에서 제외한 후, 남은 B, C, D의 총지원금을 계산해 보면 된다.

구분	기본지원금	추가지원금	협업장려금	총지원금
B	1,500	100×6 =600	–	2,100
C	1,500	120×8 =960	2,460×0.3 =738	3,198
D	2,000	100×7 =700	–	2,700

따라서 두 번째로 많은 총지원금을 받는 모임은 2,700천 원을 받는 D이다.

[TIP]

문제에서는 주로 '가장' 많거나 큰, 혹은 '가장' 적거나 작은 것이 무엇인지 묻는 경우가 많다. 하지만 이 문제는 '두 번째로' 많은 총지원금을 받는 모임을 찾는 문제였다. 이처럼 예외적으로 두 번째, 세 번째 순위의 대상을 찾는 경우가 있을 수 있으니 질문지를 꼼꼼하게 확인하도록 하자.

21

정답 ⑤

정답 해설

이동수단별 점수는 다음과 같다(단, <표>에서 빠진 경제성은 이동수단별 최소비용을 구하여 작은 것부터 상, 중, 하로 평가한다).

구분	경제성	용이성	안전성	최종 점수
렌터카	($50+$10)×3일= $180 → 중(2점)	상(3점)	하(2점)	7점
택시	$1(100+50+50)= $200 → 하(1점)	중(2점)	중(4점)	7점
대중 교통	$40×4명= $160 → 상(3점)	하(1점)	중(4점)	8점

따라서 A팀이 최종적으로 선택하게 될 이동수단은 대중교통이고 비용은 $160이다.

22

정답 ⑤

[구조 파악]

부동산 경매를 통한 부동산 매수 과정에 대해 설명하고 있는 글로, 이를 읽고 <상황>에 적용해 보는 문제이다. 제시문에서 (1) 최저가매각가격, (2) 보증금, (3) 최고가매수신고인, (4) 차순위매수신고에 대한 규정 내용을 파악한 뒤, <상황>에서 정답을 구하면 된다.

정답 해설

<상황>에서 최저가매각가격은 2억 원, 보증금은 2천만 원, 최고가매수신고액은 2억 5천만 원이므로, 차순위매수신고를 위해서는 매수신고액이 최소한 '2억 5천만 원−2천만 원=2억 3천 만 원'을 넘어야 한다.

[TIP]

금융권 NCS를 위해 추가적으로 알아두면 도움이 될 만한 내용으로는 국고채시장 입찰 방법이 있다.

- 국고채는 공모입찰을 통해 발행되는데, 공모입찰 방식은 경쟁입찰 방식과 비경쟁입찰 방식으로 분류
  - 경쟁입찰: 입찰참여자가 입찰금액과 입찰 수익률을 함께 제출해서 발행자가 가장 유리한 조건의 입찰자를 선정하는 방법
  - 비경쟁입찰: 일반인이 국고채전문딜러를 통해 국고채 입찰에 참여하는 방식. 발행시장의 저변확대 차원에서 도입되었으며 발행예정액의 20% 범위 내에서 배정 가능함
- 국고채 낙찰금리는 차등가격 낙찰방식에 의해 결정되고 있음
  - 차등가격 낙찰방식: 최고낙찰금리 이하 응찰금리를 3bp 또는 4bp 일정간격으로 그룹화하여, 각 그룹별로 최고 낙찰금리를 적용하는 방법. 단일가격 낙찰방식과 복수가격 낙찰방식의 장점을 혼합한 방법으로 2009년 9월부터 도입

23

정답 ④

[구조 파악]

<상황>의 내용을 근거로 甲의 단계별 이동시간을 파악 할 때에는 헷갈리지 않도록 A, B, C도시 기준 시각을 모두 적어 놓는 것이 좋다.

정답 해설

甲의 이동경로를 각 도시별 시간에 따라 정리하면 다음과 같다.

구분	A도시 기준 시각	B도시 기준 시각	C도시 기준 시각
○○레일웨이 탑승	08:00	07:20	08:10
B도시 도착	11:00	10:20	11:10
△△캐리어 탑승	11:05	10:25	11:15
C도시 도착	15:35	14:55	15:45

따라서 甲이 C도시에 도착할 수 있는 가장 빠른 시각은 A도시 기준으로 15시 35분이다.

[TIP]

농협은행에서 해외 지사 간 시차 조건 4개를 적용하여 화상회의 스케줄을 선택하는 문제로 유사 출제되었다.

C도시에 도착하는 시간이 C도시 기준으로 15시 45분이기 때문에 만약 선택지에 '15시 45분'이 있었다면 이것을 답으로 고르는 수험생들이 많았을 것이다. 질문지에 나타난 'A도시 시간 기준으로'라는 조건을 지나쳤기 때문이다. 항상 문제가 말하는 조건과 단서를 놓치지 않도록 주의하자.

24

정답 ②

[구조 파악]

제시된 내용에 따라 A사가 선택할 설립방식과 설립위치는 다음의 방식에 따라 구할 수 있다.

(1) 설립방식: (고객만족도 효과의 현재가치)－(비용의 현재가치) → 값이 가장 큰 방식

(2) 설립위치: $\frac{(\text{유동인구})\times(20\sim30\text{대 비율})}{\text{교통혼잡성}}$ → 값이 가장 큰 곳

여기서 (2)를 구할 때 20~30대 비율이 50% 이하인 지역은 선정 대상에서 제외한다는 예외 조건에 주의해야 한다.

정답 해설

설립방식과 설립위치를 각각 판단해 보면 다음과 같다.

1) 설립방식

• (가): 5억 원－3억 원＝2억 원

• (나): 4.5억 원－(2억 원＋1억 원＋0.5억 원)＝1억 원

따라서 (가) 방식을 선택하게 된다.

2) 설립위치

20~30대 비율이 50%인 乙을 제외한 후 나머지 甲과 丙만 계산하면 된다.

• 甲: $80\times\frac{75}{3}=2{,}000$ • 丙: $75\times\frac{60}{2}=2{,}250$

따라서 丙을 선택하게 된다.

[TIP]

은행 점포 폐쇄 관련 공동 절차

은행연합회 주관으로 마련한 것으로, 비대면거래 증가로 수익성이 악화된 은행 점포 폐쇄가 빈번한 상황에서 고령층 등 금융취약계층의 금융접근성 보호를 위한 노력이라 볼 수 있다. 시행안에 따르면 폐쇄 결정 시 아래와 같은 절차를 거치도록 하고 있다.

(1) 대상 점포에 대한 내부분석 및 영향평가 수행

(2) 해당지역 및 고객 특성에 적합한 대체수단 결정 및 운영

(3) 점포 폐쇄일 최소 1개월 이전부터 고객 대상 사전통지

25

정답 ③

[구조 파악]

주택보수 지원에 대한 규정을 읽고, 이를 <상황>에 적용하여 미란이가 지원받을 수 있는 주택보수비용의 최대 액수를 구하는 문제이다. 문제 해결을 위해서는 다음과 같은 과정을 따르면 된다.

(1) <상황>을 읽고 A주택 보수항목과 미란이의 소득인정액을 찾는다.

(2) <주택보수비용 지원 내용>에 따라 보수항목 지원한도액과 소득인정액 지원율을 구한 뒤 서로 곱해 준다.

정답 해설

A주택은 지붕의 수선이 필요한 지원 대상에 선정되었으므로 보수비용 지원한도액은 950만 원이다. 여기서 A주택의 소유자인 미란이의 소득인정액은 중위소득 40%에 해당하므로 지원율은 80%가 된다. 따라서 미란이가 지원받을 수 있는 주택보수비용의 최대 액수는 950만 원×80%＝760만 원이다.

26

정답 ②

[구조 파악]

<상황>의 진술들을 정리한 후, 이를 근거로 <보기>의 정오를 추론하는 문제이다. 문제의 해결을 위해 매칭해야 하는 항목들은 다음과 같다.

(1) 신분(승무원인지, 승객인지)

(2) 직업(승무원의 경우에만)

(3) 이름

(4) 거주지

이에 맞게 <상황>의 내용을 정리해보면 된다.

• 승무원 남수와 승객 남수는 수원에 살고 있다.

• 선장은 수원과 천안의 중간 지점에 살고 있다. → 선장은 수원에 살지도 않고 천안에 살지도 않는다.

• 승무원 강철과 승객 강철의 연봉은 2천만 원이다.

• 승무원 동근은 항해사와 당구 시합을 한 적이 있다. → 승무원 동근은 항해사가 아니다.

• 승객 중 한 사람이 선장의 옆집에 살고 있다. → 이 승객은 수원에 살지도 않고 천안에 살지도 않는다. → 이 승객의 이름은 남수가 아니다.

• 위 승객의 연봉은 정확히 선장의 세 배이다. → 이 승객의 이름은 강철이 아니다(∵ 승객 강철의 연봉은 2천만 원인데, 2천만 원의 정확히 1/3이 되는 금액은 없음). → 이 승객의 이름은 동근이다.

• 천안에 살고 있는 승객의 이름은 선장과 같다. → 천안에 살고 있는 승객의 이름은 강철이다. → 선장의 이름은 강철이다. → 항해사의 이름은 남수, 기관장의 이름은 동근이다.

위 내용들을 정리해 보면 다음과 같다.

신분	승무원			승객		
직업	선장	항해사	기관장	—		
이름	강철	남수	동근	강철	남수	동근
거주지	수원 X 천안 X	수원	—	—	수원	수원 X 천안 X

정답 해설

ㄱ, ㅂ. 선장의 옆집에 사는 사람의 이름은 동근이다.
ㄷ. 항해사의 이름은 남수가 맞다.

오답 해설

ㄴ. 선장의 이름은 강철이다.
ㄹ. 항해사의 이름은 남수가 맞다.
ㅁ. 승객 동근은 수원과 천안의 중간 지점에 산다.
ㅅ. 기관장의 이름은 동근이다.

27

정답 ⑤

[구조 파악]

<상황>의 5가지 내용을 근거로 A~E의 5개 공장을 위치에 맞게 배열해보는 문제이다. 이때 질문지에서 '왼쪽에서 4번째에 위치하는 공장'을 묻고 있으므로, 문제를 풀면서 E공장이 A, C, B공장보다는 오른쪽, D공장보다는 왼쪽에 있다는 점만 파악되면 바로 정답을 찾을 수 있다. 각 공장 간 거리를 굳이 다 구할 필요는 없다는 뜻이다.

정답 해설

두 번째 조건에 따라 A공장이 맨 왼쪽에 위치하고 있고, 다섯 번째 조건에 따라 A - C - B의 순서가 된다. A공장과 B공장 사이의 거리가 5km이고, C공장과 D공장 사이의 거리가 9km라는 점에서 D공장은 C공장과 B공장보다 오른쪽에 있다는 점을 알 수 있다. 같은 원리로 C공장과 6km 떨어져 있는 E공장도 C공장과 B공장보다 오른쪽에 있다는 점을 추론할 수 있다. 여기서 E공장이 D공장보다 C공장과의 거리가 가까우므로 D공장보다는 왼쪽, 즉 왼쪽에서 4번째에 위치하게 된다. 정리하면 다음과 같다.

[A] - 3km - [C] - 2km - [B] - 4km - [E] - 3km - [D]

28

정답 ③

[구조 파악]

<표>와 <조건>을 근거로 6개 웹툰의 순위를 구하는 문제로, 다음의 과정을 통해 순위를 도출할 수 있다.

(1) '무'의 의견에 따라 지각연재가 3회 이상인 B에 마지막 등수를 부여한다.
(2) 나머지 5개 웹툰의 별점, 조회수, 지각연재 · 휴재 항목의 점수를 구하고, 이것을 더해 총점을 산출한다.
(3) 총점이 동점인 경우 '갑'의 의견에 따라 우선순위를 정한다.

정답 해설

<조건>에 나타난 직원들의 의견을 반영하여 마지막 등수인 B를 제외하고 점수를 매겨 보면 다음과 같다.

구분	별점	조회수	지각연재 · 휴재	총점
A	45	110	−50	105
C	35	90	−30	95
D	25	70	0	95
E	45	120	−60	105
F	40	70	0	110

총점을 보면 F가 110점으로 1위이고, A와 E는 105점으로 동점인데 E의 조회수가 높으므로 E가 2위, A가 3위가 된다. 다음으로 C와 D도 95점으로 동점인데 C의 조회수가 높으므로 C가 4위, D가 5위가 된다. 순위대로 나열하면 F, E, A, C, D, B가 된다.

29

정답 ③

[구조 파악]

제시된 <그림>에서 선을 따라 그릴 수 있는 사각형의 개수를 구하는 방법은 다음과 같다.

(1) <그림>에 제시된 도형에서 크기 및 모양별로 그릴 수 있는 사각형을 나누어 본다.
(2) 위의 결과에 따라 구분된 각 사각형의 개수를 세어 본다.
(3) 각 사각형의 개수를 모두 더한다.

정답 해설

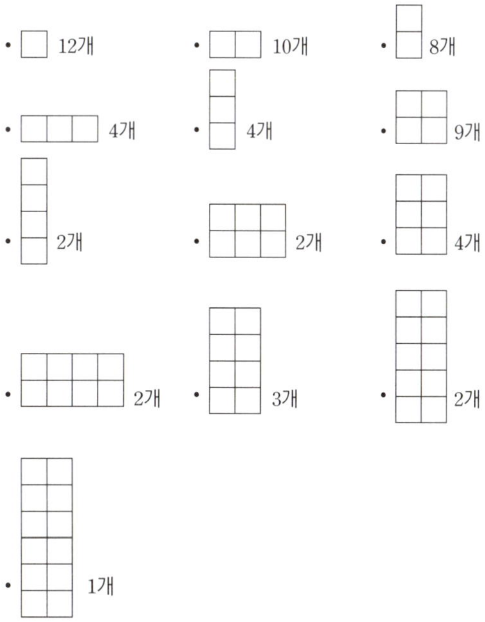

각 사각형의 개수를 모두 더하면 63개가 된다.

30

정답 ③

[구조 파악]

제시된 <상황>에서 파악해야하는 내용은 다음과 같다.

(1) 현재 남아 있는 포스트잇은 '빨 11개, 노 7개, 파 0개'이다.

(2) 포스트잇 한 세트는 '빨 3개, 노 2개, 파 1개'이다.

이후 <포스트잇 붙임 기준>에 따라 <목차>의 보고서 각 페이지에 붙여야 하는 포스트잇을 따져본다. 다소 번거로워도 표를 그려서 페이지별 포스트잇 색을 기입하는 것이 실수를 방지할 수 있는 가장 좋은 방법이다.

<포스트잇 붙임 기준>에 따라 연구보고서 페이지마다 붙여야 하는 포스트잇을 따져 보자.

- ①에 따라 1장인 1~5페이지, 3장인 21~35페이지에 빨간색을 붙이되, 제목에 '검토'가 들어간 1장 2절의 5페이지, '제언'이 들어간 3장 2절의 28~29페이지에는 노란색을 붙인다.
- ②에 따라 2장인 6~20페이지에 파란색을 붙이되, 제목에 '쟁점'이 들어간 2장 2절의 10~19페이지에는 노란색을 붙인다.
- ③에 따라 제목에 '현황'이 들어간 2장 1절의 6~9페이지, 3장 1절의 25~27페이지를 빨간색으로 바꾼다(원래 빨간색이었으면 그대로 둠).
- 마지막으로 ⑤에 따라 2장 고유의 내용이 있는 6페이지를 파란색으로 다시 바꾼다.

정리하면 다음과 같다.

1	2	3	4	5	6	7
빨	빨	빨	빨	노	파 빨 파	빨
8	9	10	11	12	13	14
파 빨	파 빨	노	노	노	노	노
15	16	17	18	19	20	21
노	노	노	노	노	파	빨
22	23	24	25	26	27	28
빨	빨	빨	빨	빨	빨	노
29	30	31	32	33	34	35
노	빨	빨	빨	빨	빨	빨

정답 해설

연구보고서에 최종적으로 붙어 있는 포스트잇은 빨간색 20개, 노란색 13개, 파란색 2개이다. 현재 빨간색 11개, 노란색 7개가 남아 있으므로 빨간색 9개, 노란색 6개, 파란색 2개가 필요하다. 따라서 추가로 주문해야하는 최소 포스트잇은 3세트이다.

제08회 정답 및 해설

빠른 정답표

01	02	03	04	05	06	07	08	09	10
⑤	②	④	①	②	①	③	②	①	①
11	12	13	14	15	16	17	18	19	20
④	②	③	④	③	②	④	①	①	⑤
21	22	23	24	25	26	27	28	29	30
③	④	④	④	②	①	③	①	④	①

01

정답 ⑤

[제시문 해설] 구글의 지식 통합 작업과 그 영향

1문단	구글의 디지털도서관 프로젝트 소개
2문단	구글과 출판업계의 합의안 → 연방법원의 합의안 거부
3문단	지식 통합 작업의 폐해

정답 해설

⑤ 마지막 문단에서 지식 통합 작업은 지식을 수집하여 독자들에게 제공하는 것에서 더 나아가 지식을 선별하고 배치하는 편집 권한까지 포함하게 된다고 하였으므로 옳은 내용이다.

오답 해설

선택지 ①과 ④가 함정 빠지기 쉬운 내용이기 때문에 꼼꼼한 독해가 요구된다.

① 2문단을 보면 연방법원이 저작권자도 소송에 참여하라고 주문하였다는 내용은 있지만 구글과 저작권자의 갈등이 소송을 통해 해결되었는지는 알 수 없다.

② 마지막 문단에서 지식 통합 작업을 통한 지식의 독점으로 사회 계약의 토대 자체가 무너질 수 있다고 하였으므로 옳지 않은 내용이다.

③ 마지막 문단에서 지식 통합 작업으로 사람들이 알아도 될 것과 그렇지 않은 것을 결정하는 막강한 권력을 구글이 갖게 되는 상황이 초래될 수 있다고 하였으므로 옳지 않은 내용이다.

④ 1문단에서 이미 1,500만 권의 도서를 스캔하였고 저작권 보호 기간이 지난 책들이 무료로 서비스되고 있다고 하고 있지만 저작권 보호 기간이 지나지 않은 책들도 무료로 서비스되고 있는지는 알 수 없다.

[TIP]

금융 NCS를 위해 추가적으로 알아 두면 도움이 될 만한 내용으로는 'IP 금융'이 있다.

- IP(Interllectual Property) 금융
  - 인간의 창조적 활동 등을 통해 창출된 무형의 자산인 IP와 IP가치평가에 기초하여 이루어지는 각종 금융 활동을 의미

- 기존에는 기술금융이 주류를 이루었으나, 최근 들어 IP 담보대출과 IP 유동화증권 등의 자산화 단계의 금융 수단을 발전시키기 위한 노력이 주류를 이루고 있음

• IP 담보대출
- 무형자산인 IP에 대한 가치평가에 기초하여 질권을 설정하여 자금을 조달하는 것. 국내에서는 특허청에서 시중은행과의 업무협약을 통해 IP 담보대출상품 출시를 지원하고 있음
- 사례: 기업은행과 국민은행이 신탁관리단체인 한국음악저작권협회와의 업무협약을 바탕으로 저작권 사용료분배청구권 담보대출이 이루어지고 있음

• IP 유동화증권(IP Backed securites)
- IP 자산을 특수목적기구에 양도 혹은 신탁하고, IP를 통해 발생하는 현금 흐름 및 자산 가치를 바탕으로 유동화증권을 발행하여 투자자로부터 자금을 조달하는 방식
- 사례: 산업은행이 2014년 와바(WABAR) 브랜드의 상표권을 보유한 (주)인토외식산업의 로열티 채권 및 신용카드 매출채권을 기초 자산으로 3년 만기 유동화증권 55억 원을 발행

02

정답 ②

[제시문 해설] 3가지 자본주의 시스템과 그 특징

①문단	주주 자본주의: 주주의 이윤 극대화
②문단	이해관계자 자본주의: 기업과 연계된 이해관계자 고려
③문단	양자가 혼합된 형태: 주주의 이익 최우선, but 노조 인정, 사회 활동 위해 노력

정답 해설

② 1문단에서 주주 자본주의가 노동자의 지위를 바꿔 놓았다고 하면서 과거에는 노동자가 생산수단을 소유할 수 없었지만 이제는 그 일부를 구입할 수 있다고 설명하고 있다.

오답 해설

① 1문단에서 주주 자본주의는 주주의 이윤을 극대화하는 것을 회사 경영의 목표로 하는 시스템이라고 하였으므로 주주의 이익과 사회적 공헌이 상충할 때 주주의 이익을 우선적으로 선택할 것이라고 추론할 수 있다.

③ 2문단에서 기업과 연계되어 있는 이해관계자로 지역사회를 언급하고 있지만 지역사회의 일반 주민까지도 기업 경영의 전반적 영역에서 주도적 역할을 하는지는 알 수 없다.

④ 주주 자본주의와 이해관계자 자본주의가 혼합되면 기업의 사회적 공헌활동은 주주 자본주의에서보다 상대적으로 강화될 것이다.

⑤ 마지막 문단에서 주주 자본주의와 이해관계자 자본주의가 혼합된 오늘날의 기업들이 주주의 이익을 최우선적으로 고려하지만 노조 활동을 인정하고 지역과 환경에 투자하는 등 사회적 활동을 위해 노력하기도 한다고 하였으므로 적절하지 않은 내용이다.

[TIP]

주주 자본주의와 이해관계자 자본주의는 '기업이 존재하는 목적이 무엇인가?'라는 물음에 대한 답변이라고 할 수 있다.

• 주주 자본주의
- 자본활동의 모든 것이 주주의 이익을 옹호하는 방향으로 이루어지는 움직임을 의미. 원래 주식시장은 산업활동의 활성화를 위해 만들어졌지만 현재는 주식시장의 이익을 위해 산업활동이 부차적인 지위를 차지하고 있는 최근의 상황을 표현한 것
- 주주 가치 극대화를 경영의 중심으로 둠. 한국, 일본, 영국, 미국 등이 주주 자본주의를 원칙으로 한다고 보는 견해가 많음
- 자유시장경제 원칙은 주주 자본주의와 유사

• 이해관계자 자본주의
- 주주, 종업원, 노동조합, 고객과 지역 주민 등 기업과 연계된 이해관계자 전체의 이익과 공존을 목적으로 함
- 2020년 다보스포럼, "기업의 목적은 모든 이해관계자가 공유하는 지속적인 가치 창출에 그들을 참여시키는 것"이라고 밝힘. 독일 등 유럽이 해당
- 독일: 은행들이 기업 주주로 참여하면서 경영진과 이사회를 견제하고, 기업의 단기 성과보다는 장기목표를 위해 노력하며, 노동자들의 경영참여도 활발

03

정답 ④

[제시문 해설] 토지사유제 옹호론에 대한 비판

①문단	문제 제기: 토지사유제 없이 자본주의 경제가 성립할 수 없는가?
②문단	사례: 토지 공공성+자본주의 국가가 존재함
③문단	개념 설명: 토지 소유권=사용권+처분권+수익권
④문단	결론: 토지에 대해 민간은 배타적 사용권만 가지면 충분

제시문의 내용 중 특히 다음 사항을 파악하는 것이 문제 해결의 포인트이다.

• 토지 소유권은 세 가지 권리로 구성된다.
• 이 권리가 누구에게 있느냐에 따라 토지 제도 또한 여러 유형으로 나뉜다.

정답 해설

④ 1문단에서 토지사유제를 주장하는 입장에서는 토지가 일반 재화나 자본에 비해 지닌 근본적인 차이를 무시하고 있다고 말하고 있다. 따라서 토지사유제에서 토지 자원의 성격과 일반 재화의 성격이 서로 다른 것으로 인정된다는 설명은 옳지 않다.

오답 해설

① 2문단에서 싱가포르, 홍콩, 대만, 핀란드는 토지공유제를 시행하였거나 토지의 공공성을 인정했음에도 불구하고 자본주의의 경제를 모범적으로 발전시켜 온 사례들이라고 하였으므로 토지사유제가 자본주의의 성립을 위한 필수 조건이 아님을 추론할 수 있다.

② 마지막 문단에서 토지사유제 옹호론에서는 토지사유제만이 토지 사용의 안정성을 보장할 수 있다고 하지만, 이에 대해 토지 위 시설물에 대한 소유권을 민간이 갖고 토지에 대해서 민간은 배타적 사용권만 가지면 충분하다고 반박하고 있다.

③ 3문단에서 토지사유제는 사용권, 처분권, 수익권을 모두 민간이 갖고, 토지가치세제는 사용권과 처분권은 민간이 갖고 수익권은 공공이 갖는 제도라고 설명하고 있다.

⑤ 3문단에서 토지 소유권을 구성하는 세 가지 권리를 민간과 공공이 적당히 나누어 갖는 경우가 많으므로 실제의 토지 제도는 이 분류보다 훨씬 더 다양하다고 하였다.

[TIP]

토지공개념(土地公槪念)

토지공유제와 관련하여 생각해 볼 수 있는 정책 이슈이다. 토지의 공적재화로서의 성질을 인정하여, 토지에 대한 사유재산권으로 인한 이득취득을 적절히 제한하여야 한다는 생각이나 주장을 의미한다. 대표적인 예로 절대농지, 그린벨트, 공공택지, 공공임대주택 모두 토지공개념에 속한 제도라고 볼 수 있다. 현행 헌법상 근거로 언급되는 조항은 다음과 같다.

[제23조]

② 재산권의 행사는 공공복리에 적합하도록 하여야 한다.

③ 공공필요에 의한 재산권의 수용 · 사용 또는 제한 및 그에 대한 보상은 법률로써 하되, 정당한 보상을 지급하여야 한다.

[제121조]

① 국가는 농지에 관하여 경자유전의 원칙이 달성될 수 있도록 노력하여야 하며, 농지의 소작제도는 금지된다.

② 농업생산성의 제고와 농지의 합리적인 이용을 위하거나 불가피한 사정으로 발생하는 농지의 임대차와 위탁경영은 법률이 정하는 바에 의하여 인정된다.

[제122조]

국가는 국민 모두의 생산 및 생활의 기반이 되는 국토의 효율적이고 균형 있는 이용 · 개발과 보전을 위하여 법률이 정하는 바에 의하여 그에 관한 필요한 제한과 의무를 부과할 수 있다.

[제128조]

① 국가는 국민 모두의 생산과 생활의 바탕이 되는 국토의 효율적이고 균형 있는 이용 · 개발과 보전을 위하여 법률로 정하는 바에 따라 필요한 제한을 하거나 의무를 부과할 수 있다.

② 국가는 토지의 공공성과 합리적 사용을 위하여 필요한 경우에만 법률로써 특별한 제한을 하거나 의무를 부과할 수 있다.

04

정답 ①

[구조 파악]

갑~정의 예측과 이에 대한 조건을 근거로 반드시 참이 되는 진술을 고르는 문제이다. 다음과 같은 순서에 따라 답을 구할 수 있다.

(1) 갑, 을, 병, 정의 예측이 모두 참이라고 했을 때 서로 부딪히는 내용이 있는지, 즉 모순되는 관계가 있는지 살펴본다.

(2) 위의 과정을 통해 '갑과 을이 참이고 병과 정이 거짓'인 경우, '갑과 을이 거짓이고 병과 정이 참'인 경우로 경우의 수를 줄인다.

(3) 2가지 경우가 각각 주어진 조건에 부합하는지를 판단해 본다.

갑~정의 예측을 정리하면 다음과 같다.

구분	가영	나준	다석
갑	미국	프랑스	중국
을	나준 프랑스 X → 가영 미국 X (가영 미국 → 나준 프랑스)		
병	–	프랑스 X	중국 X
정	미국 X	–	중국 X

갑과 병의 예측이 서로 모순 관계에 있고, 갑과 정의 예측 또한 서로 모순 관계에 있다. 따라서 갑 · 을이 옳고 병 · 정이 그르거나, 갑 · 을이 그르고 병 · 정이 옳다는 것을 알 수 있다. 만약 후자라면 나준이는 프랑스에 가지 않고(∵ 병이 옳음), 가영이는 미국에 가야 한다(∵ 을이 그름). 하지만 이것은 가영이가 미국에 가지 않을 것이라는 정의 예측과 모순된다. 따라서 갑, 을이 옳고 병, 정이 그르다는 것을 확인할 수 있다.

정답 해설

ㄱ. 갑의 예측에 따라 가영이는 미국에 간다.

오답 해설

ㄴ. 갑과 을의 예측에 따라 나준이는 프랑스에 간다.

ㄷ. 갑의 예측에 따라 다석이는 중국에 간다.

05

정답 ②

[구조 파악]

제시문은 '로마와 신라의 발달된 미용문화'를 주제로 하고 있는 글이다. '그 이유, 또 다른, 이와 같은, 이처럼, 예를 들어' 등의 표현에 주목하여 내용 전개에 맞게 문단을 배열해 본다.

정답 해설

(가)	로마와 신라 두 나라 모두 미용문화가 크게 발전하였는데 그 이유 중 하나는 여권 신장이다.

↓

(나)	로마와 신라의 미용발전에 영향을 미친 또 다른 이유는 영육일치사상이다.

↓

(마)	이와 같은 남다른 미의식으로 두 나라 모두 일찍이 화장품이 제조되었고, 여성 못지않게 남성들도 외모에 관심이 많았다.

↓

(라)	두 나라 미용문화의 또 다른 공통점은 백납을 이용한 분을 발랐다는 것과 가체를 흔히 사용했다는 것이다.

↓

(다)	이처럼 고대 로마인과 신라인 모두 외모에 관심이 많았지만 로마는 개인의 행복과 쾌락을 위한 행위로 미용이 발전했고, 신라의 미용은 불교를 통해 전해 내려온 주술적 성향이 있었다.

↓

(바)	예를 들어 불교의 영향으로 향료가 애용되고 불교에서 목욕을 신성한 의식 수단으로 인식하여 불교사원마다 목욕시설이 비치되어 있었다.

따라서 내용 전개상 (가)-(나)-(마)-(라)-(다)-(바)로 전개하는 것이 가장 적절하다.

06

정답 ①

[제시문 해설] 비트코인

①문단	비트코인을 통화로 간주하는 것의 타당성
②문단	비트코인이 통화로서 갖는 특징
③문단	비트코인의 통화가치 상승 현상
④문단	비트코인과 다단계 판매의 유사성
⑤문단	비트코인에 대한 부정적 의견

본 문항은 '추론' 유형에 해당하는 문제이기 때문에 제시문과 <보기>의 진술을 단순히 대조하는 것을 넘어서, 사고를 한 단계 더 확장해 보는 것이 필요하다.

정답 해설

ㄱ. 마지막 문단에서 비트코인의 성공은 가격 불안정성에 기인하는데 가격 불안정성은 가치척도로서의 통화 역할을 수행 할 수 없게 만든다고 하였다. 따라서 높은 가치 변동성으로 인해 가치가 보장되지 않아 가치의 척도가 될 수 없다고 보는 사람은 비트코인을 화폐로 인정하지 않을 것이다.

ㄷ. 3문단에서 디플레이션은 비트코인의 통화가치가 상승하는 현상이라고 말하고 있다. 따라서 디플레이션 특성으로 인해 기존 법정 통화로 환산한 비트코인의 가치가 커지는 문제가 발생할 수 있다.

오답 해설

ㄴ. 1문단에서 최근의 다수의 화폐 이론 연구들은 특정 교환 매개물의 성공적인 통화로서의 통용 여부는 전적으로 경제주체들의 재량과 믿음에 달려 있는 문제라고 주장한다고 하였으므로 적절하지 않은 추론이다.

ㄹ. 3문단에서 비트코인과 관련된 경제 규모가 커짐에 따라, 즉 비트코인의 사용이 확산됨에 따라 비트코인의 통화가치가 상승하는 현상이 발생한다고 하였으므로 적절하지 않은 추론이다.

ㅁ. 2문단에서 2009년 도입 초기에 10분당 50개의 속도로 비트코인이 생성되도록 설계되었다고 말하고 있다. 따라서 이 시기에 비트코인은 일주일당 50,400개의 속도로 생성되었을 것이다.

[TIP]

금융 NCS를 위해 추가적으로 알아 둘 개념으로 「특정금융거래 정보의 보고 및 이용 등에 관한 법률」(이하 '특금법')이 있다. 개정안에서는 회색지대에 머물던 암호화폐가 처음으로 법률의 범위에 들어갔다는 의의를 지닌다. 주요 내용은 다음과 같다.

- 특금법 목적
  - 국제자금세탁방지기구(FATF)의 국제기준에 따라 도박, 마약 등에 연루된 불법자금의 세탁과 테러자금 조달을 막기 위함
  - 개정안은 기존 법의 '금융거래'를 '금융거래 등'으로 수정해 암호화폐를 추가
- 가상자산 사업자 정의
  - 가상자산에 매도, 매수, 교환, 보관, 관리, 이전, 중개, 알선까지 포괄. 빗썸, 업비트 등 암호화폐 거래소 역시 포함
- 가상자산 정의
  - 암호화폐의 법률 용어를 FATF 정의에 따라 가상자산으로 표시
  - 게임 아이템, 카카오페이머니 등 선불전자지급수단, 주식, 어음, 선하증권(LC)은 가상자산에 해당하지 않음
- 가상자산 사업자의 의무
  - 가상자산 사업자는 금융위 금융정보분석원(FIU)에 대표자 성명, 소재지 등을 신고해야 함. 지금까지는 은행을 통한 간접규제였지만, 앞으로는 정부가 직접 가상자산 사업자를 규제함
  - 가상자산 사업자는 FIU에 불법의심거래 보고를 해야 함. 금융 기관에 준하는 자금세탁방지 의무를 직접 지게 된다는 의미
  - 의심거래 보고를 위해 고객별 거래내역을 분리관리해야 함
- 은행의 의무
  - 은행은 가상자산 사업자의 신고 여부, 고객의 예치금과 자기재산을 분리 관리 여부, ISMS 인증 획득 여부를 확인해야 함
  - 은행은 가상자산 사업자가 신고를 하지 않거나, 고객확인(KYC), 자금세탁방지(AML), 테러자금조달방지(CFT) 의무를 다하지 않았다고 판단하면, 계좌 개설 계약을 거부하거나 종료할 수 있음

07

정답 ③

[구조 파악]

주어진 <그림>에는 '갑'국의 2004~2017년 엥겔계수와 엔젤계수가 꺾은선 그래프로 나타나 있고, 주석에는 이 두 계수를 구하는 공식이 제시되어 있다. 이 두 공식에서 분모는 '가계지출액'으로 동일하다는 점이 문제 해결의 포인트이다.

정답 해설

③ 두 계수 간의 대소 비교는 식료품비와 18세 미만 자녀에 대한 보육 · 교육비의 대소 비교와 같다. 2006년 이후 매년 엔젤계수가 엥겔계수를 초과하므로 18세 미만 자녀에 대한 보육 · 교육비 역시 식료품비를 매년 초과한다.

오답 해설

① 2011년과 2013년은 연간 상승폭이 전년에 비해 감소하였다.

② 엥겔계수 하락폭은 16.6－12.2＝4.4이고, 엔젤계수 상승 폭은 20.1－14.4＝5.7이다. 따라서 엥겔계수 하락폭은 엔젤계수 상승폭보다 작다.

④ 18세 미만 자녀에 대한 보육 · 교육비 대비 식료품비의 비율은 엔젤계수 대비 엥겔계수와 동일한 의미이다. 그런데 2008~2012년 동안 엔젤계수는 상승하는 추세에 있고 엥겔계수는 하락하는 추세에 있으므로 엔젤계수 대비 엥겔계수는 감소한다는 점을 알 수 있다.

⑤ 엔젤계수가 가장 높은 해는 2013년(20.5)이고 가장 낮은 해는 2004년(14.4)이다. 이 두 해의 차이는 20.5－14.4＝6.1%p이다.

[TIP]

선택지 ①을 풀 때 '엔젤계수가 매년 증가'하는 것과 '엔젤계수의 연간 상승폭이 매년 증가'하는 것을 구분해야 한다. 연간 상승폭은 말 그대로 연간 상승한 정도를 의미하는 것으로 당해의 엔젤계수에서 전년도의 엔젤계수를 빼면 된다. 이에 따라 계산하면 2008년 0.1, 2009년 0.9, 2010년 1.6, 2011년 0.6, 2012년 1.8, 2013년 0.4가 된다. 따라서 2008~2013년 동안 엔젤계수는 매년 증가하지만, 2011년과 2013년에는 그 상승폭이 전년에 비해 감소한 것이 된다. 이는 굳이 계산하지 않아도 그래프의 기울기가 줄어든 해를 찾으면 알 수 있는 부분이기도 하다.

08

정답 ②

정답 해설

ㄱ. 갑의 필요 기능인 기능 3, 5, 7, 8을 모두 제공하는 소프트웨어는 A와 E인데 이 중에서 가격이 낮은 것은 E이다.

ㄴ. B와 C의 차이를 구하면 (기능 1)＋(기능 5)＋(기능 8)－(기능 10)＝62,000－58,000＝4,000원이다. 따라서 기능 1, 5, 8의 가격 합과 기능 10의 가격 차이는 3,000원 이상이다.

오답 해설

ㄷ. 을의 보유 소프트웨어와 병의 보유 소프트웨어로 기능 1~10을 모두 제공하려면, 병이 보유할 소프트웨어가 기능 1, 5, 7, 8을 보유하고 있어야 한다. 이 기능을 모두 보유하고 있는 소프트웨어는 A와 E이므로 E뿐이라는 진술은 옳지 않다.

09

정답 ①

[구조 파악]

본 문항은 주어진 <그림>과 <보고서>의 내용에 부합하는 그래프를 찾는 문제로, 다음과 같은 방식에 따라 답을 구할 수 있다

(1) <보고서> 각 항목의 내용에 <그림>의 수치를 적용해 본다.

(2) 위의 과정에서 도출된 값에 어긋나는 그래프를 선택지에서 하나씩 소거해 나간다.

정답 해설

1) 두 번째 항목에 따르면 '증원 없음'의 경우 '가'사업장의 매출액은 207~253백만 원, '나'사업장의 매출액은 144~176백만 원이 된다. 따라서 이 범위를 벗어나는 선택지 ④, ⑤는 제외된다.

2) 세 번째 항목에 의하면 '증원 없음'과 '3명'의 매출액 차이는 '나' 사업장이 '가'사업장보다 커야 하는데 선택지 ②의 경우 '가'사업장 158백만 원, '나'사업장 154백만 원이므로 정답에서 제외된다.

3) 네 번째 항목을 보면 '2명'일 때 '나'사업장의 매출액이 252백만 원보다 커야 한다. 따라서 244백만 원인 선택지 ③이 제외되고 ①이 정답이 된다.

10

정답 ①

정답 해설

ㄱ. 청년통장 사업에 참여한 전체 근로자는 6,500명이고, 이 중 정규직 근로자는 4,591명으로 정규직 근로자의 비중은 약 70.63%이다.

ㄴ. 정규직 근로자이면서 근무연수가 2년 이상인 근로자의 최솟값은 4,591＋2,044－6,500＝135명이다. 정규직 근로자 4,591명 중 135명은 약 2.94%의 비중이다.

오답 해설

ㄷ. 제조업과 서비스업의 근로자가 모두 정규직 근로자라고 하더라도 최소한 4,591－(1,280＋2,847)＝464명은 제조업과 서비스업을 제외한 직종의 근로자이다.

ㄹ. 참여인원 대비 유지인원 비율은 청년통장 I 이 95.2%, 청년통장 II 가 98.4%, 청년통장 III 이 99.68%로 청년통장 III 이 가장 높고, 다음으로 청년통장 II , 청년통장 I 순이다.

11

정답 ④

[구조 파악]

주어진 <표>에는 A병원의 2013~2016년 자산총계, 부채총계,

자본총계가 나타나 있고, 주석에는 이와 관련된 5개의 공식이 제시되어 있다. 5개의 공식을 토대로 다음의 식을 도출할 수 있으며 이를 선택지의 정오 판단에 사용하면 된다.

$$수정자기자본비율-자기자본비율=\frac{고유목적사업준비금}{자산총계}\times 100$$

정답 해설

④ 2013년의 수정부채비율은 약 46.47%로 50% 미만이다.

오답 해설

① $\frac{3,000}{3,000}$, $\frac{3,500}{3,000}$, $\frac{5,000}{4,000}$, $\frac{5,500}{4,000}$을 계산해보면 매년 높아졌다는 것을 확인할 수 있다.

② 수정자기자본비율에서 자기자본비율을 차감한 값을 대략 구해보면, 2013년 13.6%, 2014년 13.3%, 2015년 19.2%, 2016년 18.5%이다. 부채비율에서 수정부채비율을 차감한 값 역시 대략 구해 보면, 2013년 36%, 2014년 40%, 2015년 73%, 2016년 76%이다. 따라서 수정자기자본비율에서 자기 자본비율을 차감한 값이 매년 작다.

③ 선택지 ②를 보면 2015년이 19.2%로 가장 크다.

⑤ 2016년의 부채비율이 약 145%로 가장 높다.

[TIP]

②는 다른 선택지에 비하여 많은 계산을 요하므로 가급적 다른 선택지를 먼저 검증하여 정답을 찾아야 시간을 단축할 수 있다.

12

정답 ②

[구조 파악]

(1) <보기>에서 출장자의 직위를 확인한다.

(2) <표 2>에서 출장 지역의 등급을 확인한다.

(3) 위의 (1), (2)에서 확인한 정보를 토대로 <표 1>에서 해당 출장자의 일비, 숙박비, 식비를 파악한다.

(4) 위에서 파악된 일비, 숙박비, 식비에 각각 일수를 곱해 더한다. 이때 일비와 식비는 출장 일수, 숙박비는 숙박 일수를 기준으로 계산한다는 단서에 유의한다.

정답 해설

각 국외출장자별 국외여비를 구해 보면 다음과 같다.

(단위: 달러)

구분	일비	숙박비	식비	국외여비
A	26×6=156	129×4=516	67×6=402	1,074
B	30×6=180	95×5=475	59×6=354	1,009
C	35×6=210	92×5=460	58×6=348	1,018
D	35×4=140	166×3=498	107×4=428	1,066

따라서 국외여비가 많은 순서대로 나열하면 A-D-C-B이다.

[TIP]

일비와 식비는 둘 다 출장일수를 기준으로 계산하기 때문에 굳이 나누지 않아도 된다. 예를 들어, A의 일비와 식비를 구할 때 (26+67)×6=558로 한 번에 계산해도 되는 것이다.

13

정답 ③

정답 해설

③ 모든 카드사의 5% 미만 대출 잔액 합계는 115,058백만 원이고, 20% 이상 금리의 대출 잔액이 두 번째로 적은 카드사는 E로 112,718백만 원이다. 따라서 모든 카드사의 5% 미만금리 대출 잔액의 합계가 더 많다.

오답 해설

① <표>를 통해 모든 카드사가 20% 이상 금리의 대출 잔액보다 5% 이상 10% 미만 금리의 대출 잔액이 더 많다는 것을 쉽게 확인할 수 있다.

② 15% 이상 20% 미만 금리구간에 가장 많은 대출 잔액을 보유하고 있는 카드사는 C, D, E, G로 절반 이상이다.

④ 5% 이상 10% 미만 금리구간에서 A 카드사의 대출 잔액은 713,753백만 원이고, 같은 구간 G 카드사의 대출 잔액은 302,800백만 원이다. 따라서 A 카드사 대출 잔액이 더 많다.

⑤ 대출 잔액이 가장 적은 카드사는 G로, 이 카드사의 15% 이상 금리구간 대출 잔액은 1,041,291백만 원이다. 두 번째로 적은 카드사는 F로, 이 카드사의 같은 구간 대출 잔액은 899,187백만 원이다.

14

정답 ④

[구조 파악]

<표>와 빅맥지수 산출 공식을 토대로 <보기>의 정오를 판단하는 문제이다. <보기>에서는 '달러로 표시한 현지 빅맥 가격'에 대해 진술 하고 있는데, 다음과 같은 공식에 따라 달러로 표시한 현지 빅맥 가격(달러 환산 가격)을 구하면 아래와 같다.

$$달러로\ 표시한\ 현지\ 빅맥\ 가격=\frac{현지\ 빅맥\ 가격}{해당\ 국가\ 환율}$$

국가	달러 환산 가격	국가	달러 환산 가격
베네수엘라	9달러	영국	4.3달러
스위스	7달러	일본	3.3달러
브라질	5.75달러	한국	3.4달러
노르웨이	8달러	중국	2.5달러
미국	4.5달러	인도	1.8달러

정답 해설

ㄴ. 베네수엘라의 빅맥 가격을 달러로 표시하면 9달러로 가장 비싸다.

ㄷ. 인도의 빅맥 가격을 달러로 표시하면 1.8달러로 가장 싸다.

ㄹ. 한국의 빅맥 가격을 달러로 표시하면 3.4달러로 가장 차이가 작은 나라는 3.3달러인 일본이다.

오답 해설

ㅁ. 베네수엘라의 빅맥지수는 $\frac{9}{4.5}=2$이다. 노르웨이의 환율 변동 전 빅맥지수는 $\frac{8}{4.5}=$약 1.78이고, 환율이 4.50크로네/달러로 떨어졌을 때의 빅맥지수는 $\frac{8.9}{4.5}=$약 1.98이 된다. 여전히 베네수엘라의 빅맥지수가 더 높다.

[TIP]

각 국가의 빅맥지수를 구할 때 분모는 미국의 현지 빅맥 가격, 4.5 달러로 동일하다. 따라서 ㅁ을 계산할 때 베네수엘라와 노르웨이의 빅맥 달러 환산 가격만 알면 빅맥지수의 대소를 비교할 수 있다.

빅맥지수(Big Mac Index)

- 각국 통화의 구매력 정도 또는 환율 수준을 측정하기 위해 일물일가의 법칙을 햄버거 가격에 적용한 것. 영국 이코노미스트지(The Economist)에서 1986년 이래 매년 전세계적으로 판매 되고 있는 맥도날드의 빅맥 가격을 비교 · 분석해서 발표하고 있음
- 맥도날드의 빅맥은 전 세계 120개국에서 동일한 재화로 판매되고 있으므로, 이 빅맥지수를 이용하여 일물일가의 법칙 또는 절대적 구매력평가를 간단하게 검증할 수 있음
- 만약 일물일가의 법칙이 완전하게 성립한다면 세계 모든 나라에서 빅맥의 미달러화 가격이 동일하여야 하므로 실제 환율과는 다른 구매력평가환율을 산정해 볼 수 있음

15

정답 ③

[구조 파악]

甲~戊의 실업급여 지급액을 구하기 위해서는 다음의 사항을 파악해야 한다.

(1) 기준액: 퇴직 전 평균일급과 퇴사일을 이용해 구할 수 있는데, 퇴사일에 따라 상 · 하한액이 있다.

(2) 소정급여일수: 생년월일과 가입기간을 이용해 구할 수 있다.

정답 해설

甲~戊의 실업급여 지급액을 구할 때, 甲의 경우 평균일급 180,000원의 50%를 적용해서 기준액을 구하면 90,000원이다. 하지만 이는 2018년 1월 이후를 기준으로 상한액을 넘어서므로 상한액 60,000원을 적용한다. 같은 원리로 丁의 기준액 40,000원은 하한액에 못 미치므로 하한액을 적용한다.

구분	기준액	소정급여일수	실업급여 지급액
甲	60,000원(상한액)	240일	60,000×240= 14,400,000원
乙	50,000원	210일	50,000×210= 10,500,000원
丙	50,000원(상한액)	180일	50,000×180= 9,000,000원
丁	43,000원(하한액)	180일	43,000×180= 7,740,000원
戊	50,000원(상한액)	150일	50,000×150= 7,500,000원

따라서 실업급여 지급액이 많은 순서대로 나열하면 甲, 乙, 丙, 丁, 戊이고, 세 번째로 많은 사람은 丙이다.

16

정답 ②

정답 해설

② '다'에 따르면 폐기심의위원회 회의는 연 2회 개최하는데, 폐기 대상 판정 시 위원들 사이에 이견이 있는 자료는 당해 연도의 폐기 대상에서 제외하고 다음 연도의 회의에서 재결정한다. 따라서 해당 연도의 첫 번째 회의에서 위원들 사이에 이견이 있는 자료는 바로 다음 회의인 해당 연도의 두 번째 회의에서 폐기 여부가 논의되지 않는다.

오답 해설

① '다'에 따르면 폐기심의위원회는 폐기 여부만을 판정하며 폐기 방법의 결정은 사서에게 위임한다고 되어 있다.

③ '다'에 따르면 회의는 폐기심의 대상 목록과 자료의 실물을 비치한 회의실에서 진행되고 위원들은 실물과 목록을 대조하여 확인해야 한다고 되어 있다.

④ '마'에 따르면 연도별로 폐기한 자료의 목록과 경위에 관한 기록은 보존한다고 되어 있다.

⑤ '가'에 따라 사서가 아닌 도서관 직원도 이용하기 곤란하다고 생각되는 자료를 발견하면 즉시 회수하여 사무실로 옮겨야 하지만, '나'에 따르면 그 자료를 갱신하거나 폐기심의 대상 목록으로 작성하는 것은 사서이다.

[TIP]

기업은행에서 도서관 보유도서에 대한 폐기 행동요령을 제시하고, <보기>에서 폐기해야 할 도서는 몇 권인지 적용하는 문제와 폐기 행동으로 옳지 않는 것을 선택하는 문제가 세트형으로 유사 출제되었다.

17

정답 ④

[구조 파악]

주어진 <선정 방식>에는 甲, 乙, 丙 3개 신문사를 대상으로 광고

비를 지급할 수 있는 3가지 방식이 제시되어 있다. <보기>의 정오를 판단하기 위해서는 각 방식에 대한 설명을 읽고 3개 신문사의 광고비를 산출해 보면 되는데, 너무나 당연한 이야기이지만 신문사는 광고비를 받는 입장이기 때문에 '액수가 클수록 유리'하다는 점을 파악하고 있어야 한다.
방식에 따라 각 신문사에 지급해야 할 광고비를 구해 보면 다음과 같다.

1) 방식 1

구분	甲	乙	丙
발행부수	50	50	50
유료부수	20	25	25
발행기간	0	10	15
총점	70	85	90
광고비	지급하지 않음	300만 원	500만 원

2) 방식 2

구분	甲	乙	丙
발행부수	A	A	A
유료부수	B	A	A
발행기간	B	A	A
최종 등급	B	A	A
광고비	200만 원	400만 원	400만 원

3) 방식 3

구분	甲	乙	丙
비율	$\frac{30,000}{80,000}$	$\frac{30,000}{80,000}$	$\frac{20,000}{80,000}$
광고비	375만 원	375만 원	250만 원

정답 해설

ㄴ. 丙은 500만 원의 광고비를 지급받는 방식 1이 가장 유리하다.
ㄹ. 방식 2로 선정할 경우 丙은 400만 원, 甲은 200만 원으로 丙이 甲보다 두 배의 광고비를 지급받는다.

오답 해설

ㄱ. 乙은 400만 원의 광고비를 지급받는 방식 2가 가장 유리하다.
ㄷ. 방식 1로 선정할 경우 甲은 광고비를 지급받지 못한다.

[TIP]
농협은행에서 생애주기별 위험, 연령대별 퇴직 준비 방법, 설문조사표를 제시하고 TDF(Target Date Fund, 투자자의 은퇴 시점을 목표 시점으로 해 생애주기에 따라 펀드가 포트폴리오를 알아서 조정하는 자산배분 펀드)를 누구에게 추천하면 좋은지 선택하는 문제로 출제되었다.

18

정답 ①

[구조 파악]
<보기>의 정오를 판단하기 위한 방법은 다음과 같다.
(1) 사망자가 공무원과 어떤 관계인지 파악한다.
(2) <사망조위금 지급기준>에 따라 최우선 순위 수급권자가 누구인지 따져 본다.

정답 해설

ㄱ. 공무원의 부모가 사망했을 때 해당 공무원이 2인 이상인 경우 최우선 순위 수급권자는 사망한 자의 배우자인 공무원이지만, A의 배우자 B는 공무원이 아니다. 따라서 2순위로, 사망한 자를 부양하던 직계비속인 공무원 D가 수급권자가 된다.

오답 해설

ㄴ. C는 공무원의 자녀이면서 배우자인데, C가 사망하였을 경우 어느 기준으로 하든 최우선 순위의 수급권자는 사망한 자의 배우자인 공무원 D가 된다.
ㄷ. 공무원 본인이 사망한 경우로 최우선 순위의 수급권자는 사망한 공무원의 배우자인 B이다.

19

정답 ①

정답 해설

각 차량의 실구매 비용을 구하기 위해서는 다음 사항을 파악하여야 한다.
(1) 차량의 가격
(2) 차량 구매보조금
(3) 급속 충전기 설치 여부 및 설치 비용
또한 실구매 비용이 동일한 차량의 순위를 정하기 위해서는 다음을 계산하여야 한다.
(4) 최고속도 점수
(5) 승차 정원 점수
더불어, 甲은 4명이 이용할 수 있는 자동차를 구매하고자 하므로, 승차 정원이 2명인 차량 C는 처음부터 제외된다는 점을 파악해야 한다.
C를 제외한 각 차량의 실구매 비용을 구해 보면 다음과 같다.

(단위: 만 원)

구분	가격	구매보조금	급속 충전기 설치 비용	실구매 비용
A	5,000	2,000	2,000	5,000
B	6,000	1,000	미설치	5,000
D	8,000	2,000	미설치	6,000
E	8,000	2,000	미설치	6,000

A와 B의 실구매 비용이 5,000만 원으로 동일하므로 A와 B의 점수를 계산해 보면 다음과 같다.

구분	최고속도 점수	승차 정원 점수	총점
A	0	2	2
B	−4	4	0

따라서 甲은 A를 구매하게 된다.

20

정답 ⑤

정답 해설

○○국의 항공기 식별코드는 다음과 같이 구성된다.

현재 상태 부호	특수 임무 부호	기본 임무 부호	항공기 종류부호	–	설계 번호	개량형 부호

이때 현재상태부호와 항공기종류부호는 상태와 종류에 따라 생략될 수 있으며, 특수임무부호와 기본임무부호 중 적어도 하나를 꼭 포함해야 한다.

ㄴ. GBCV는 영구보존처리되어(G) 특수임무로 폭격(B)을 수행하고 기본임무로 수송(C)을 수행하는 수직단거리이착륙기(V)이다.

ㄷ. CAH는 현재 정상적으로 사용되고 있으며(부호 생략), 특수임무 및 기본임무(C, A)를 수행하는 헬리콥터(H)이다.

ㄹ. R은 현재 정상적으로 사용되고 있으며(부호 생략), 특수 임무 혹은 기본임무로 정찰(R)을 수행하는 일반 비행기(부호 생략)이다.

오답 해설

ㄱ. 현재상태부호와 항공기종류부호에는 K가 없으므로 생략된 것으로 볼 수 있다. K는 기본임무부호 중 공중급유기를 나타내고, 특수임무부호에 사용되는 알파벳과 그 의미는 기본임무부호와 동일하므로 KK는 기본임무부호와 특수임무부호가 사용된 것으로 생각할 수도 있다. 그러나 특수임무부호는 항공기가 개량을 거쳐 기본임무와 다른 임무를 수행할 때 붙이는 부호라고 하였으므로, 기본임무부호와 특수임무부호가 같은 KK는 구성이 불가능한 코드이다.

21

정답 ③

정답 해설

현재 정상적으로 사용 중이라면 현재상태부호는 생략되고, 개량하지 않은 비행기일 경우 특수임무부호도 생략되며, 일반 비행기라면 항공기종류부호 역시 생략된다. 한편 특수임무부호와 기본임무부호 중 적어도 하나는 꼭 포함해야 하므로 기본임무부호는 붙여야 하며, 뒷부분 2개의 코드 설계번호와 개량형부호는 생략하는 경우가 언급되어 있지 않으므로 붙여 준다.

따라서 식별코드의 형식은 '(기본임무부호) – (설계번호)(개량형부호)'이다.

22

정답 ④

[구조 파악]

제시문은 공무원의 '일과 출산 · 육아 병행' 관련 제도에 대해 설명하고 있는 글로, 다음 4개 제도의 변경 전 · 후 내용을 파악해 가며 제시문을 구조화하도록 한다.

(1) 모성보호시간 (2) 육아시간

(3) 배우자 출산휴가 (4) 자녀돌봄휴가

정답 해설

④ 변경 전 제도에서는 자녀돌봄휴가를 어린이집, 유치원, 초 · 중 · 고등학교에서 공식적으로 주최하는 행사와 공식적인 상담에만 사용할 수 있었다.

오답 해설

① 변경 후에는 적용 대상이 '생후 1년 미만의 영아를 자녀로 둔 공무원'에서 '만 5세 이하의 자녀를 둔 공무원'으로 확대되었고, 시간도 '1주일에 2일에 한해 1일에 1시간씩'에서 '1주일에 2일에 한해 1일에 2시간 범위'로 확대되었다.

② 자녀가 3명 이상일 경우 최대 2일에서 1일을 가산할 수 있도록 변경되었으므로 초등학생 자녀 3명을 둔 공무원은 연간 3일의 자녀돌봄휴가를 사용할 수 있다.

③ 모성보호시간을 임신 기간 전체로 확대하였으므로 임신 5개월인 여성 공무원도 산부인과 진료를 위해 모성보호시간을 사용할 수 있다.

⑤ 만 5세 이하 자녀를 둔 공무원을 대상으로 1주일에 2일에 한해 1일에 2시간 범위 내에서 사용할 수 있다고 하였으므로 근무시간을 1주일에 총 4시간 단축할 수 있다.

[TIP]

선택지 ①과 ⑤는 '육아시간', 선택지 ②와 ④는 '자녀돌봄휴가'에 관한 내용이다. 따라서 제시문에서 '육아시간' 관련 부분을 읽고 ①과 ⑤를 한 번에 해결하고, '자녀돌봄휴가' 관련 부분을 읽고 ②와 ④를 한 번에 해결하는 방법을 이용하면 시간을 절약할 수 있다.

23

정답 ④

[구조 파악]

(1) 달걀의 개수를 x, 닭 가슴살의 개수를 y로 문자화한다.

(2) 단백질과 칼슘의 1일 최소 필요량에 대해 각각 부등식을 세운다.

(3) 선택지에서 두 부등식을 모두 만족하는 달걀, 닭 가슴살의 개수를 찾는다.

정답 해설

- $2x+4y \geq 42$
- $4x+3y \geq 44$

선택지 ①~⑤ 중에서 위의 두 식을 모두 만족하는 것은 ④이다.

24

정답 ④

[구조 파악]

사회적기업 인증 심사기준에 대한 <규정>을 근거로 하여 <보기>의 사례 중 인증을 받지 못하는 기업을 찾는 문제이다. 이때 사회적기업 인증을 받기 위해서는 크게 다음의 2가지 조건을 충족해야 한다.

(1) 유급근로자 고용: 공통 기준

(2) 사회적 목적 실현: 사회서비스제공형인지, 일자리제공형인지에 따라 기준 상이

문제를 해결할 때 <보기> 모든 사례의 인증 신청월은 2018년 2월이라는 점도 놓치지 말아야 한다.

정답 해설

ㄴ. 신청월 직전 6개월 동안 매월 5명(대표 배우자 제외)의 유급근로자를 고용하고 있으므로 유급근로자 고용 기준을 충족하고 있다. 일자리제공형의 사회적 목적 실현 기준 중 전체 근로자 수는 만족하고 있지만 취약계층 비율이 50% 미만이고 취약계층 근로자에게 월급 120만 원을 지급하고 있어 최저임금에 미치지 못한다. 따라서 일자리제공형의 사회적 목적 실현 기준 중 일부를 충족하지 못하고 있다.

ㄷ. 고용보험 가입자가 신청기업 대표자의 직계존비속인 경우에는 유급근로자 수 산정에서 제외되므로 유급근로자 고용 기준을 충족하지 못한다. 또한 도시지역의 취약계층에게 사회서비스를 단위당 2,100원의 가격으로 제공하고 있으므로 사회서비스제공형의 사회적 목적 실현 조건도 충족하지 못한다.

ㅁ. 유급근로자를 2017년 11월부터 고용하고 있어 2018년 2월을 기준으로 6개월이 되지 않는다.

오답 해설

ㄱ. 신청월 직전 6개월 동안 매월 2명의 유급근로자를 고용하고 있으므로 유급근로자 고용 기준을 충족하고 있다. 또한 사회서비스를 단위당 일반 시장가격인 2,000원보다 낮은 1,500원에 제공하고 있으므로 사회서비스제공형의 사회적 목적 실현 기준도 충족하고 있다.

ㄹ. 신청월 직전 6개월 동안 매월 5명(대표자 아들 제외)의 유급근로자를 고용하고 있으므로 유급근로자 고용 기준을 충족하고 있다. 전체 근로자 중 취약계층의 비율이 50% 이상이고 월급도 최저임금을 초과하는 130만 원이어서 일자리제공형의 사회적 목적 실현 조건도 만족한다.

[TIP]

농협은행에서 농작물보험가입 여부, 재배면적, 피해 규모 기준을 제시하고, 태풍으로 농작물 피해를 입은 농가(구체적 사례 정보 주어짐) 중 보상금 수령이 가능한 농가를 선택하는 문제로 유사 출제되었다.

25

정답 ②

[구조 파악]

본 문항은 주어진 <조건>에 맞게 대상을 배치하는 유형의 문제로, 다음과 같은 방식으로 해결할 수 있다.

(1) 선택순위에 따라 직원들이 기피하는 방을 순서대로 소거한다.

(2) 최종적으로 남은 방에 직원을 배치한다.

이때 남은 방이 없다면 기피하는 방이더라도 선택할 수밖에 없다는 점에 유의한다.

- A: 북향 기피하므로 9사무실 제외, 화장실 앞 기피하므로 4, 5사무실 제외, 계단 앞 기피하므로 3사무실 제외, 회의실 앞 기피하므로 6, 7사무실 제외, 사이드 방 기피하므로 1, 8사무실 제외 → 2사무실 선택
- B: 선택 완료된 2사무실 제외, 화장실 앞 기피하므로 4, 5사무실 제외, 북향 기피하므로 9사무실 제외, 계단 앞 기피하므로 3사무실 제외, 사이드 방 기피하므로 1, 8사무실 제외 → 6 혹은 7사무실 선택
- C: 선택 완료된 2, 6(혹은 7)사무실 제외, 화장실 앞 기피하므로 4, 5사무실 제외, 북향 기피하므로 9사무실 제외, 계단 앞 기피하므로 3사무실 제외, 회의실 앞 기피하므로 6, 7사무실 제외, 흡연자 옆 방 기피하므로 1, 3사무실 제외 → 8사무실 선택
- D: 선택 완료된 2, 6(혹은 7), 8사무실 제외, 흡연자이므로 C 옆 방인 7사무실 제외, 북향인 9사무실 제외, 화장실 앞인 4, 5사무실 제외, 사이드 방인 1, 8사무실 제외 → 3사무실 선택
- E: 선택 완료된 2, 3, 6(혹은 7), 8사무실 제외, 북향인 9사무실 제외, 화장실 앞인 4, 5사무실 제외, 사이드 방인 1, 8사무실 제외 → 6 혹은 7사무실 선택
- F: 선택 완료된 2, 3, 6, 7, 8사무실 제외, 북향인 9사무실 제외, 화장실 앞인 4, 5사무실 제외 → 1사무실 선택
- G: 선택 완료된 1, 2, 3, 6, 7, 8사무실 제외, 북향인 9사무실 제외 → 4 혹은 5사무실 선택
- H: 선택 완료된 1, 2, 3, 4(혹은 5), 6, 7, 8사무실 제외, 화장실 앞인 4, 5사무실 제외 → 9사무실 선택
- I: 선택 완료된 1, 2, 3, 4(혹은 5), 6, 7, 8, 9사무실 제외 → 4 혹은 5사무실 선택

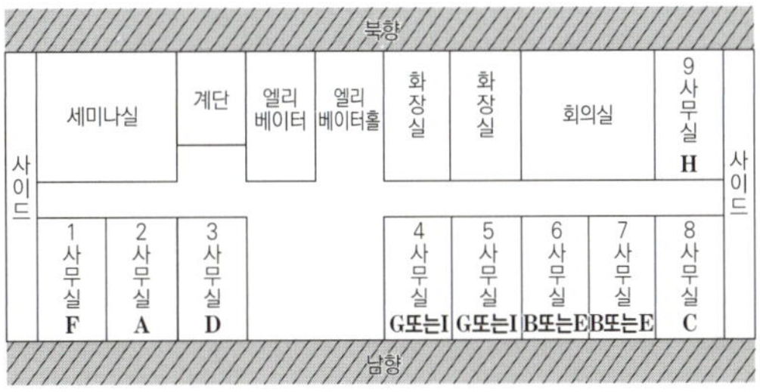

정답 해설

ㄱ. 흡연자인 A와 D의 방은 서로 붙어 있다.
ㄴ. 경리부서원인 G와 I의 방은 서로 붙어 있다.
ㄹ. 홍보부서원인 C와 H의 방은 서로 마주보고 있다.

오답 해설

ㄷ. 기획부서원인 A, D, F의 방은 서로 붙어 있다.
ㅁ. 법무부서원인 B, E의 방 중에 기획부서원인 A, D, F의 방과 붙어 있는 방은 없다.

26

정답 ①

[구조 파악]

<조건>에 제시된 효용 계산식에 <표>의 수치를 대입하여 병호가 선택할 교통수단의 우선순위를 구하는 문제이다. 이때 다음의 조건을 놓치지 않도록 유의하여야 한다.
(1) 비행기 5점 차감
(2) KTX일반, KTX특실, 비행기 2점 가산
(3) KTX특실, 택시 10% 가산

정답 해설

교통수단별 효용을 계산하면 다음과 같다.
- KTX일반: $50-0.3(2.5\times2)-0.7(6.5\times2)+2=41.4$
- KTX특실: $\{50-0.3(2.5\times2)-0.7(8\times2)+2\}\times1.1=43.23$
- 고속버스: $50-0.3(5\times2)-0.7(4.5\times2)=40.7$
- 택시: $\{50-0.3(4\times2)-0.7(11.5\times2)\}\times1.1=34.65$
- 비행기: $50-0.3(1\times2)-0.7(8.5\times2)-5+2=34.5$

따라서 병호가 선택할 교통수단의 순위는 KTX특실, KTX일반, 고속버스, 택시, 비행기 순이다.

27

정답 ③

[구조 파악]

제시문은 '옵션'을 소재로 한 설명문으로, 다음과 같은 구성으로 이루어져 있다.
(1) 옵션의 정의
(2) 콜옵션과 풋옵션의 매수 · 매도 방법
(3) 콜옵션과 풋옵션 매수 시의 손익구조

질문지에서 묻고 있는 '항상 이익을 얻을 수 있는 투자'를 찾기 위해서는 만기일의 기초자산 시장가격을 구간에 따라 나누어 본 후, 해당 구간 모두에서 이익을 얻을 수 있는지를 판단하여야 한다.

정답 해설

선택지별로 이익을 따져 보면 다음과 같다.

구분	만기일의 기초자산 시장가격		
	10만 원 이하	10만 원 초과 ~12만 원 이하	12만 원 초과
①	두 옵션 모두 행사하지 않아 1만 원 손해	행사가격 10만 원인 옵션을 행사해 (시장가격−11만 원) 이익	두 옵션 모두 행사해 (2×시장가격−23만 원) 이익
②	두 옵션 모두 행사해 (21만 원−2×시장가격) 이익	행사가격이 12만 원인 옵션을 행사해 (11만 원−시장가격) 이익	두 옵션 모두 행사하지 않아 1만 원 손해
③	풋옵션만 행사해 (11만 원−시장가격) 이익	두 옵션 모두 행사하여 1만 원 이익	콜옵션만 행사해 (시장가격−13만 원) 이익
④	풋옵션만 행사해 (9만 원−시장가격) 이익	두 옵션 모두 행사하지 않아 1만 원 손해	콜옵션만 행사해 (시장가격−11만 원)의 이익
⑤	콜옵션 모두 행사해 이익/손해 없음	콜옵션을 모두 행사하지 않아 이익/손해 없음	

따라서 항상 이익을 얻을 수 있는 투자는 ③이다.

[TIP]

KIKO(Knock-In Knock-Out)
- 환율이 특정 구간(barrier)에 도달하는 경우 옵션이 발표(KI: Knock-In)되거나 소멸(KO: Knock-Out)되는 조건이 부과된 비정형적인 통화옵션 거래의 일종
- 수출기업의 경우 옵션기간 중 환율이 KI 상한 이상으로 상승하면 콜옵션(매도)이 발효되고, KO 하한 이하로 하락하면 풋옵션(매입)이 소멸되는 구조를 가짐
- 시장 환율이 콜옵션의 KI수준에 도달하지 않는 한, 행사환율보다 높은 환율로 수출대금을 매도할 수 있으나, 시장 환율이 KI 상한을 상회하면서 콜옵션이 발효되고 환율상승세가 지속될 경우 기업은 옵션 만기 시 수출대금의 2배 이상을 시장 환율보다 낮은 행사환율로 매도해야 하기 때문에 거액의 손실이 발생할 수 있음. 시장 환율이 KO 하한을 하회하면 풋옵션이 소멸되어 환리스크에 노출됨

28

정답 ①

[구조 파악]

주어진 <조건>을 통해 다음의 내용을 추론할 수 있다.
(1) 1행 1열에는 항상 1이 들어간다.
(2) 3행 3열에는 항상 9가 들어간다.
(3) 2행 2열에 들어갈 수 있는 숫자는 4, 5, 6이다.
(4) 2는 1행 2열이나 2행 1열에만 들어갈 수 있다.

위 내용들을 조합하여 경우의 수를 나누어 본 후, 각각의 경우에서 가능한 가짓수를 따져 보고, 최종적으로 이것을 모두 더하면 답을 구할 수 있다.

정답 해설

· 2행 2열에 4가 들어가는 경우: 총 12가지
- 2가 1행 2열에 들어가는 경우: 6가지

1	2	5
3	4	6
7	8	9

1	2	5
3	4	8
6	7	9

1	2	5
3	4	7
6	8	9

1	2	7
3	4	8
5	6	9

1	2	6
3	4	8
5	7	9

1	2	6
3	4	7
5	8	9

- 2가 2행 1열에 들어가는 경우: 2가 1행 2열에 들어가는 경우와 대칭으로 6가지이다.

• 2행 2열에 5가 들어가는 경우: 총 18가지
- 2가 1행 2열에 들어가는 경우: 9가지

1	2	6
3	5	7
4	8	9

1	2	6
3	5	8
4	7	9

1	2	7
3	4	8
4	6	9

1	2	4
3	5	6
7	8	9

1	2	4
3	5	8
6	7	9

1	2	4
3	5	7
6	8	9

1	2	3
4	5	6
7	8	9

1	2	3
4	5	8
6	7	9

1	2	3
4	5	7
6	8	9

- 2가 2행 1열에 들어가는 경우: 2가 1행 2열에 들어가는 경우와 대칭으로 9가지이다.

• 2행 2열에 6이 들어가는 경우: 2행 2열에 4가 들어가는 경우와 대칭으로 총 12가지이다.

따라서 <조건>에 따라 상자의 빈칸을 모두 채우는 경우의 수는 12+18+12=42가지이다.

29

정답 ④

[구조 파악]

영화 상영에 관한 <조건>을 토대로 상영 가능한 영화들을 고르는 문제로, 다음과 같은 방식에 따라 답을 구할 수 있다.

(1) <조건>의 (가)~(라)를 구체화하여 반드시 상영되어야 하는 영화, 상영될 수 없는 영화를 파악한다.

(2) 위에서 파악된 내용에 위배되는 선택지를 소거해 나간다.

• (가): A, D, F 중에서 2편 이상의 영화는 상영될 수 없다.
• (나): B, E 중에서 1편, C, H 중에서 1편은 반드시 상영되어야 한다.
• (다): B, F 중에서 1편을 넘는 영화는 상영될 수 없다.
• (라): G는 반드시 상영되어야 한다.

정답 해설

④ <조건> (가)~(라)를 모두 충족한다.

오답 해설

① G가 빠져 있으므로 <조건> (라)에 맞지 않는다.
② B와 F가 모두 상영되므로 <조건> (다)에 맞지 않는다.
③, ⑤ A, D, F가 모두 상영되므로 <조건> (가)에 맞지 않는다.

30

정답 ①

[구조 파악]

본 문항은 <조건>을 근거로 <보기> 각 사례의 비용 편익비를 계산하는 문제로, 문제 해결을 위해 필요한 공식을 정리 하면 다음과 같다.

(1) 비용편익비$=\frac{\text{총편익}}{\text{총비용}}$

(2) 총편익=관람 종목 개수×50만 원

(3) 총비용=교통비용+숙박비용+식사비용+입장권비용

정답 해설

甲~丁의 비용편익비를 계산해 보면 다음과 같다.

(단위: 만 원)

구분	甲	乙	丙	丁
총편익	150	150	150	100
교통비용	6	14	5	14
숙박비용	12	22	32	22
식사비용	7	8	15	10
입장권비용	60	60	60	40
총비용	85	104	112	86
비용편익비	$\frac{150}{85}$ ≒1.76	$\frac{150}{104}$ ≒1.44	$\frac{150}{112}$ ≒1.34	$\frac{100}{86}$ ≒1.16

따라서 비용편익비가 높은 순서대로 나열하면 ㄱ, ㄴ, ㄷ, ㄹ이 된다.

제09회 정답 및 해설

빠른 정답표

01	02	03	04	05	06	07	08	09	10
①	③	①	①	⑤	③	①	①	⑤	④
11	12	13	14	15	16	17	18	19	20
⑤	⑤	③	②	③	①	①	⑤	③	⑤
21	22	23	24	25	26	27	28	29	30
⑤	②	④	②	④	④	①	①	②	①

01

정답 ①

[제시문 해설] 기업의 시장 진입 시기에 따른 이점

①문단	A효과와 B효과의 정의
②문단	최초진입기업과 후발진입기업의 성공 요건
③문단	최초진입기업이 A효과를 극대화할 수 있는 방법

핵심 키워드인 'A효과', 'B효과', '최초진입기업', '후발진입기업' 중심으로 제시문의 내용을 파악하도록 한다.

정답 해설

① 마지막 문단에서 "최초진입기업은 소비자들이 후발진입 기업의 브랜드로 전환하려고 할 때 발생하는 노력, 비용, 심리적 위험 등을 마케팅에 활용하여 후발진입기업이 시장에 진입하기 어렵게 할 수도 있다."라고 하였으나, 최초진입기업이 후발진입기업에 비해 매년 더 많은 마케팅 비용을 사용하는지는 알 수 없다.

오답 해설

② 2문단에서 "후발진입기업의 모방 비용은 최초진입기업의 신제품 개발에 투자한 비용 대비 65% 수준"이라고 하였으므로 옳은 내용이다.

③ 1문단에서 "A효과란 기업이 시장에 최초로 진입하여 무형 및 유형의 이익을 얻는 것을 의미한다."라고 하였으므로, 최초진입기업이 후발진입기업에 비해 인지도 측면에서 우위에 있다는 것은 A효과에 해당한다고 볼 수 있다.

④ 2문단에서 "후발진입기업의 경우, 절감된 비용을 마케팅 등에 효과적으로 투자하여 최초진입기업의 시장 점유율을 단기간에 빼앗아 오는 것이 성공의 핵심 조건이다."라고 하였으므로 옳은 내용이다.

⑤ 1문단에서 "B효과는 후발진입기업이 최초진입기업과 동등한 수준의 기술 및 제품을 보다 낮은 비용으로 개발할 수 있을 때만 가능하다."라고 하였으므로 옳은 내용이다.

[TIP]

금융업 진입규제 개편방안

• 배경
 - 그간 국내 금융산업이 거둔 성과에도 불구하고 금융산업에 대한 부정적 시각(공급자 위주의 산업구조, 혁신성 부족)이 상당히 존재하며, 4차 산업혁명 도래와 인구구조변화 등 환경변화로 혁신적 금융에 대한 수요가 높아지고 있다는 인식이 대두
 - 반면 금융업 진입규제가 '97년 외환위기 이후 20여 년 동안 큰 변화 없이 유지되면서 혁신을 촉진하기 어렵다는 평가에 따라 금융산업 내 경쟁과 혁신을 촉진하고, 진입정책의 신뢰성을 제고할 수 있도록 진입규제 전반에 대한 개편방안이 마련되었음
• 업종별 개선방안
 - 은행업
  * 단기적으로 인터넷전문은행 추가인가를 적극 검토하고, 중장기적으로는 새로운 형태의 은행 신설방안을 검토
  * 인터넷전문은행이 가져온 변화를 심화 · 확산시킬 수 있도록 경쟁도평가 등을 거쳐 추가인가를 적극 검토
  * 해외사례, 전문가 의견 등을 충분히 수렴하여 새로운 형태의 은행 신설방안에 대해 검토
 - 보험업
  * 리스크가 낮은 소액단기보험사에 대한 별도의 허가 기준을 마련하여 소액 · 단기보험 등 특화서비스 제공을 촉진
  * 온라인전문보험사 설립이 활성화될 수 있도록 관련 규제 정비 및 소비자의 새로운 수요를 충족시키고 산업 내 경쟁을 촉진할 수 있는 특화보험사 설립 활성화
 - 금융투자업
  * 중소 · 벤처기업 등의 다양한 모험자본 조달을 지원할 수 있도록 투자중개업에 대한 진입규제 완화
  * 진입규제를 간소화 · 완화하여 1인 투자자문회사 설립확대 등 자문 · 일임업 활성화를 촉진
  * 특화된 서비스를 제공하는 전문 신탁업자가 출현할 수 있도록 인가단위를 세분화 · 신설하고 자본금 요건도 완화
  * 부동산신탁회사 신규진입 허용을 통해 일자리 창출 및 시장 확대, 새롭고 다양한 맞춤형 서비스 제공 등 유도

02

정답 ③

[제시문 해설] 한계순생산가치

①문단	순생산가치의 정의와 한계순생산가치의 구분
②문단	사적 한계순생산가치와 사회적 한계순생산가치의 개념

한계순생산가치에 대한 설명문을 읽고 <보기>의 정오를 추론하는 문제로 2문단의 내용을 통해 사적 순생산가치와 사회적 한계순생산가치의 관계를 공식화할 수 있어야 한다.

정답 해설

ㄱ. "사적 한계순생산가치는 생산과정에서 투입물 1단위를 추가

할 때 그 기업에 직접 발생하는 순생산가치의 증가분"이라고 하였으므로 기업의 생산이 사회에 부가적인 편익을 발생시키는지의 여부와 무관하게 결정된다.

ㄴ. '사회적 한계순생산가치(ⓑ)=사적 한계순생산가치(ⓐ)−사회적 비용+사회적 편익'이다. 따라서 사회적 편익과 비용이 0인 경우 ⓐ와 ⓑ의 크기는 같다.

오답 해설

ㄷ. 사회적 편익을 알 수 없기 때문에 두 기업이 야기하는 사회적 한계순생산가치(ⓑ)는 같다고 볼 수 없다.

03

정답 ①

[제시문 해설] 2000년대 초 연준이 시행한 저금리 정책

①문단	분배에 미치는 영향을 고려하지 않는 연준 정책
②문단	부동산 거품과 금리 인상
③문단	부동산 거품과 금리 인하
④문단	소비와 금리 인하
⑤문단	연준 정책의 실패

정답 해설

① 4문단에서 "노년층에서 정부로, 정부에서 금융업으로 부의 대규모 이동이 이루어져 불평등이 심화되었다."라고 하고 있으므로 금융업으로부터 정부로 부가 이동하였다는 내용은 옳지 않다.

오답 해설

② 마지막 문단의 "2000년대 초 고용 증대를 기대하고 시행 한 연준의 저금리 정책은~실업률이 떨어지지 않는 구조가 만들어진 것이다."를 통해 확인할 수 있는 내용이다.

③ 1문단을 통해 2000년대 초에 기술 산업 거품의 붕괴로 경기침체가 일어났음을 확인할 수 있고, 3문단을 통해 2000년대 초 설비 가동률이 낮은 상황이었음을 알 수 있다.

④ 3문단의 "당시의 저금리 정책은 생산적인 투자 증가 대신에 주택 시장의 거품만 초래한 것이다."와 4문단의 "하지만 2000년대~이어지지 않았다"를 통해 확인할 수 있는 내용이다.

⑤ 2문단의 내용을 통해 옳은 설명이라는 점을 알 수 있다.

[TIP]

농협은행에서 KDI 경제동향 보고서 내용(경제정책과 금리, 인플레이션, GDP 추이 등)을 기반으로 보도문을 작성할 때 상사의 조언이 적절하게 반영되지 않은 것을 고르는 문제로 응용 출제되었다. 상사의 조언으로는 주장에 대한 근거 제시, 표현의 정확성, 추측 시에는 작성자의 추측임을 밝힐 것, 금융 문외한도 이해할 수 있도록 용어에 대한 부연설명을 추가할 것 등이 있었다.

04

정답 ①

[구조 파악]

질문지에서 묻고 있는 것은 '찬성' 의견이 아니라 '반대' 의견을 제시한 최소 인원수라는 점에 유의해야 한다. 즉, 조건에 위배되지 않는 한 최대한 많은 인원이 찬성한다고 가정해야 한다.

정답 해설

주어진 <조건>을 그 대우와 함께 기호화하면 다음과 같다.

- 조건 1: $\sim A \vee \sim B \rightarrow C \wedge D \wedge \sim E \equiv \sim C \vee \sim D \vee E \rightarrow A \wedge B$
- 조건 2: $B \vee C \rightarrow F \vee G \equiv \sim F \wedge \sim G \rightarrow \sim B \wedge \sim C$
- 조건 3: D와 H 중 한 명
- 조건 4: $\sim B \vee \sim D \rightarrow \sim E \vee H \equiv E \wedge \sim H \rightarrow B \wedge D$
- 조건 5: $\sim E \rightarrow H \equiv \sim H \rightarrow E$
- 조건 6: D

확정 조건에 해당하는 조건 6과 조건 3에 의해 D는 찬성하고 H는 반대한다. H가 반대하면 조건 5의 대우에 의해 E는 찬성하고, E가 찬성하면 조건 1의 대우에 의해 A와 B도 찬성한다. B가 찬성하면 조건 2에 의해 F 또는 G 중 적어도 한 명이 찬성한다. 이때 F와 G 둘 다 찬성한다고 해도 충돌하는 조건이 없으므로, F와 G 모두 찬성하는 것으로 가정한다. 이제 남은 것은 C인데 C가 찬성한다고 해도 충돌하는 조건이 없으므로 C 역시 찬성하는 것으로 가정한다.

따라서 반대 의견을 제시한 최소 인원수는 H 1명이다.

05

정답 ⑤

[제시문 해설] 우리나라 쌀밥의 역사

㉠	허윤회 교수가 기존의 자포니카 품종보다 30% 생산성이 높은 '통일벼'를 개발함
㉡	조선 시대 이전까지 쌀밥은 귀족과 왕의 전유물이었고, 대부분의 백성들은 쌀밥을 먹지 못함
㉢	조선 영조 때 시작한 모내기 덕분에 백성들도 쌀밥을 먹음
㉣	1970년부터 통일벼가 농가에 보급되어 쌀밥을 배불리 먹을 수 있게 됨
㉤	모내기가 정착되고 조선 사회가 크게 흔들림
㉥	숟가락을 통해 쌀밥의 역사를 알 수 있는데, 고려 후기에 고깃국 문화가 우리나라에 들어오면서 본격적으로 숟가락이 사용됨

정답 해설

⑤ ㉥은 숟가락을 통해 쌀밥의 역사를 알 수 있고, 고려 후기에 고깃국 문화가 우리나라에 들어오면서 본격적으로 숟가락이 사용되었다는 내용으로, 쌀밥의 역사에 대한 이 글의 시작 문단에 해당한다. ㉥의 뒤에는, '숟가락이 고려 후기에서야 널리 쓰였다면 그 전에는 숟가락 없이 뜨거운 밥을 어떻게 먹었을까?'

로 시작하는 ㉡이 이어져야 한다. ㉡은 조선 시대 이전까지 쌀밥은 귀족과 왕의 전유물이었고, 대부분의 백성들은 쌀밥을 먹지 못했다는 내용이므로, 뒤에는 조선 영조 때 시작한 모내기 덕분에 백성들도 쌀밥을 먹었다는 ㉢이 위치해야 하고, ㉢ 뒤에는 모내기가 정착되고 조선 사회가 크게 흔들렸다는 ㉤이 위치해야 자연스럽다. ㉤의 뒤에는 시간의 순서에 따라 1964년 허윤회 교수가 기존의 자포니카 품종보다 30% 생산성이 높은 '통일벼'를 개발했다는 내용의 ㉠과, 통일벼는 1970년부터 농가에 보급됐다는 내용의 ㉣이 차례로 와야 한다.

06

정답 ③

[구조 파악]

제시문은 '블록체인'을 소재로 한 글로, 다음과 같은 구조를 취하고 있다.

(1) 블록체인의 개념 (2) 블록체인의 작동 방식
(3) 블록체인의 장점 (4) 블록체인의 사례
(5) 블록체인의 유형 (6) 블록체인의 활용 현황
(7) 블록체인의 한계 및 전망

제시문의 분량이 꽤 길기 때문에 <보기>에서 진술하고 있는 내용이 어느 곳에 위치하고 있는지를 빠르게 파악하는 것이 문제 해결의 포인트이다.

정답 해설

ㄱ. 8문단에서 에스토니아는 2012년부터 국가 행정서비스 전반에 블록체인 기술을 적용하고 있다고 하였으나, 이것이 민주주의의 활성화를 도모하기 위함인지는 알 수 없다.

ㄷ. 허가형 블록체인과 비허가형 블록체인은 참여자의 참여허가 필요 여부로 나뉘는 것인데, 이 둘 사이의 무결성 정도는 제시문만으로 파악할 수 없다. 오히려 통제권을 필요로 하는 것을 기준으로 구분하는 게 적절하다.

오답 해설

ㄴ. 7문단에서 "에너지 분야의 경우 생산자가 중개자 없이 스마트 계약에 의해 자동으로 에너지를 판매할 수 있다."라고 하였으므로 옳은 내용임을 확인할 수 있다.

[TIP]

국내 은행들이 추진하고 있는 블록체인 사업 요약

1. KB국민은행
- 마곡페이: LG사이언스파크에 도입된 디지털화폐. 이용자가 마곡페이로 결제하면 국민은행이 결제금액을 현금으로 사후 정산하는 방식
- 아톰릭스랩: 암호기술인 '다자간 보안 컴퓨팅(Secure MPC: Multi-Party Computation)'을 활용해 암호화폐 등 디지털 자산을 안전하게 보관하는 수탁 서비스를 개발 중
- 최근에는 블록체인 기술 기반의 해외송금 서비스, 개인인증서, 문서 보안 서비스 등에서 핀테크 기업의 인프라를 활용한 제휴를 추진하고 있으며, 비트코인 거래소인 코인플러그에 15억 원을 투자함

2. IBK기업은행

2019년 5월 블록체인 기업과 업무협약. 블록체인 기술 공동연구를 통한 블록체인 기반 사업모델 개발과 실용화를 위해 상호 협력
- 최근에는 'IBK 클라우드 허브'라는 클라우드 기반 신기술 환경도 구축하여 블록체인과 인공지능(AI) 기술을 독자적으로 개발할 예정

3. NH농협은행
- P2P 금융 원리금수취권증서: P2P 투자 종료 시 투자자가 받을 원금과 이자가 적혀 있는 문서. 지금까지는 P2P 금융사가 이메일이나 팩스로 투자자에게 전달했으나, 이를 블록체인에 저장해 P2P 금융사, NH농협은행이 공유
- 계열사 간 협업: 농협중앙회 아래 8개의 금융지주, 21개의 경제지주 등 많은 계열사로 이루어진 농협 특성을 감안, 계약서를 블록체인에 올리면서 업무 프로세스를 디지털화하는 방안
- 최근에는 국내 최초 비트코인 거래소인 코빗과 제휴를 맺고 자사 업무에 블록체인 기술을 접목하는 방안을 연구 중

4. 신한은행
- 블록체인 자격 검증시스템: 증명 서류를 블록체인에 올려 은행과 공유하는 서비스(신한은행은 2019년 5월 의사 대상 대출상품인 '신한 닥터론'에 우선 적용). 기존에는 대출 신청한 의사가 대한병원의사협의회 정회원임을 확인 받는 과정이 2~3일 걸렸으나 시스템 도입에 따라 거의 실시간으로 가능해짐
- 장외파생상품 거래 플랫폼: 2018년 11월 이자율 스와프 거래에 블록체인 스마트 계약 기술을 도입. 이를 통해 은행과 금융기관이 계약을 체결할 때 필요한 체결 정보의 확인 과정을 자동화
- 골드인증서: 은행에서 골드바를 사면 종이 보증서를 함께 주는 것. 신한은행은 보증서 정보를 블록체인에도 저장해, 종이 보증서를 잃어버려도 골드바를 인증해줄 수 있는 서비스를 시작
- 최근에는 블록체인을 이용하여 외환송금시스템을 개발하는 스타트업인 스트리미와 협업하여 서비스를 제공할 계획

5. 우리은행
- 위비코인: 블록체인 기반 디지털 화폐 발행. 해당 기술 적용한 금융 서비스를 확장
- 블록체인 ID 인증 서비스: KEB하나은행 등과 함께 SK텔레콤이 추진하는 '블록체인 ID 인증 플랫폼'의 노드 운영을 맡음
- 최근에는 핀테크 사업부를 중심으로 블록체인 기술의 활용 가능성을 검토

6. KEB하나은행
- GLN(글로벌 로열티 네트워크): 국제 지급결제망. 전 세계에 가맹점을 보유한 비자, 마스터카드의 지급결제망과 유사
- 대학 학생증 발급: 대학 측이 학적부를 블록체인에 저장해 은행과 공유하면, 학생증 발급 기간을 2주에서 2~3일로 단축
- 최근에는 핀테크 기업 육성센터인 '원큐랩'에 블록체인 플랫폼을 구축하여 인증체계, 송금 등에 활용할 수 있는 방안을 검토

07

정답 ①

[구조 파악]

제시된 <표 1>은 A 프랜차이즈의 가맹점수, 결제건수, 결제금액을 지역별로 나타내고 있으며 <표 2>는 A 프랜차이즈의 결제건수, 결제금액을 가맹점 규모별로 보여 주고 있다. 각 지역의 가맹점 규모별 결제 수치는 정확히 알 수 없지만, 두 <표>를 조합하여 그 최솟값과 최댓값은 유추할 수 있다는 점을 이해해야 한다.

정답 해설

① 중규모, 대규모 가맹점의 결제건수가 모두 서울 지역의 결제건수라고 하더라도 142,248－3,476－1,282＝137,490건은 서울 지역 소규모 가맹점의 결제건수가 된다.

오답 해설

② 148,323－142,248＝6,075건으로 6대 광역시 가맹점의 결제건수 합은 6,000건 이상이다.
③ 결제건수 대비 결제금액을 비교해 보면, 소규모 약 1.74, 중규모 약 1.27, 대규모 약 1.94로 중규모가 가장 작다.
④ 가맹점수 대비 결제금액을 비교해 보면, 서울 약 190, 부산 약 225, 대구 약 304, 인천 약 127, 광주 약 99, 대전 약 139, 울산 약 58로 대구가 가장 크다.
⑤ 전체 가맹점수에서 서울 지역 가맹점 수 비중은 $\frac{1,269}{1,363} \times 100$ ＝약 93.1%로 90% 이상이다.

08

정답 ①

[구조 파악]

<표>의 수치와 <보기>의 설명을 근거로 '나', '라'에 해당하는 기업을 매칭하는 문제이다. <보기>에 4개의 설명이 제시되어 있는데, 꼭 주어진 순서대로 접근할 필요는 없다. 다시 말해, 첫 번째 설명보다는 한 번에 많은 선택지를 소거할 수 있는 세 번째 설명을 먼저 검토하면 시간 단축에 훨씬 유리하다는 것이다. 한편, 첫 번째 설명에서 언급된 '직원 수'는 '영업이익'에서 '직원 1인당 영업이익'을 나누어 구할 수 있다.

정답 해설

<보기>의 세 번째 설명부터 살펴보면 D는 '가'가 된다(선택지 ②, ⑤ 제외). 다음으로 <보기>의 첫 번째 설명 해결을 위해 직원 수를 구해 보면 '나' 997명, '다' 1,200명, '라' 3,514명, '마' 1,670명이다. 따라서 A기업은 '라'가 된다. → 선택지 ①이 정답
이미 정답은 구해졌지만 <보기>의 두 번째 설명, 즉 평균연봉 대비 직원 1인당 영업이익을 구해 보면, B인 '나' 1, C인 '다' 0.31, D인 '가' 0.51, E인 '마' 0.4가 된다(E와 B는 네 번째 설명을 통해 구분할 수 있음).

[TIP]

은행원 1인당 생산성과 RPA

- 은행원 1인당 생산성
  - 은행의 대내외 경쟁력을 보여 주는 지표로, 충당금 적립 전 이익을 전체 직원 수로 나눠 계산(충당금 적립 전 이익은 영업이익에서 판매 · 관리비용을 차감한 금액으로, 순수 영업을 통해 벌어들인 것을 의미)
  - 초저금리시대와 코로나19 여파로 은행권의 영업 환경이 계속 악화되고 있는 상황에서 은행마다 생산성을 높이는 데 주력하고 있으며, 그 일환으로 로봇프로세스자동화(RPA)를 도입
- RPA
  - 인간을 대신해 수행할 수 있도록 단순 반복적인 업무를 알고리즘화하고 소프트웨어 프로그램으로 자동화하는 기술
  - 비대면 계좌 승인 및 거부 처리 자동화 / 비대면 대출 및 개인정보 활용 동의 고객에 대한 대출 정보 갱신 / 신분증 위조 검증 자동화 / 외부 사이트 신용등급 조회 및 엑셀 보고서 작성 자동화 / 펀드 매매 기준 데이터 시스템 업로드 자동화 / 전자 공시 정보 조회 및 다트(DART) 편집 · 엑셀 보고서 작성 / 보험 증권 서류 작성 및 등록 자동화 / 고객 등기우편 발송 결과 취합 및 시스템 등록 자동화 / 법인 카드 · 출장비 · 매입세금계산서 처리 자동화 등에 활용할 수 있음

09

정답 ⑤

정답 해설

⑤ 연령별, 1일 시간대별 자원봉사 참여자수 현황은 <보고서>에서 찾을 수 없는 내용이다.

오답 해설

① <보고서>의 자원봉사단체 등록현황에서 관련된 내용을 찾을 수 있다.
② <보고서>의 자원봉사자 등록 현황에서 세종특별자치시 인구수 대비 자원봉사자 등록률이 나와 있으므로, 2017년 세종특별자치시 인구 현황이 사용되었음을 알 수 있다.
③ <보고서>의 자원봉사자 등록 현황과 연령대별 자원봉사자 등록 현황에서 관련된 내용을 찾을 수 있다.
④ <보고서>의 자원봉사자 활동 현황에서 관련된 내용을 찾을 수 있다.

10

정답 ④

[구조 파악]

제시된 자료는 2017, 2018년 '갑'국 국민 일부의 고용형태와 소득분위 변화를 나타내고 있다. 질문지에서 '2017년 고용형태에서 사업가와 피고용자가 각각 5,000명일 때'라고 하였으므로, <표 1>의 변화비율에 맞게 2017년 사업가, 피고용자 합계가 각

각 5,000명이 되도록 표를 만들어 보는 것이 문제 풀이의 시작이다. 이렇게 완성된 표를 토대로 <표 2>를 참고하여 <보기 >의 정오를 판단하면 된다.

2017년 고용형태에서 사업가와 피고용자가 각각 5,000명일 때 인원수를 계산해 보면 다음과 같다.

구분		2018년		합계
		사업가	피고용자	
2017년	사업가	4,000	1,000	5,000
	피고용자	1,500	3,500	5,000

정답 해설

ㄱ. 2017년 사업가에서 2018년 피고용자로 고용형태가 변화된 사람은 총 1,000명으로 <표 2>의 Ⅱ 유형에 해당한다. Ⅱ 유형의 2017년 개별 소득분위에 해당하는 인원은 각각 200명이다. 따라서 2018년에 소득 1분위에 속하는 사람은 $200 \times (0.70+0.25+0.05+0.05)=210$명이다.

ㄷ. 2017년 피고용자에서 2018년 사업가로 고용형태가 변화된 사람은 총 1,500명으로 <표 2>의 Ⅳ 유형에 해당한다. 이 중 2017년 소득 2분위에서 2018년 소득 3, 4, 5분위가 된 사람은 $300명 \times 30\%=90$명이다.

ㄹ. 2019년 피고용자의 수는 사업가 → 피고용자 1,100명, 피고용자 → 피고용자 3,150명으로 총 4,250명이 된다. 따라서 2018년 4,500명에 비해 감소한다.

오답 해설

ㄴ. 2018년 고용형태가 사업가인 사람은 $4,000+1,500=5,500$명이다.

[TIP]

제시문에 관련해서 알아 두면 도움이 될 만한 개념으로 소득5분위배율과 지니계수가 있다.

- 소득5분위배율
  - 전체 가구를 소득 수준의 순서에 따라 20%씩 5등분으로 나눈 다음, 소득 상위 20%(5분위) 계층의 평균소득을 소득 하위 20%(1분위) 계층의 평균소득으로 나눈 값
  - 소득 5분위배율 값이 커질수록 고소득층과 저소득층 간의 소득분배가 악화하였음을 의미
- 지니계수
  - 소득분배상태를 파악하기 위하여 로렌츠곡선의 단점을 보완, 로렌츠곡선이 나타내는 내용을 하나의 단순한 숫자로 표시한 것. 소득분배의 불균형 정도가 클수록 소득의 완전균등분배를 나타내는 대각선과 로렌츠곡선 사이의 면적이 넓어지는 데 착안, 대각선과 로렌츠 곡선 사이의 면적을 대각선에 의해 생성되는 직각삼각형의 면적으로 나눈 값을 계산하여 소득 불평등계수로 사용하였는데, 이를 지니계수라 함
  - 지니계수는 0에서부터 1까지의 값을 가지며 그 값이 클수록 소득분배가 불균등함을 의미. 소득분배가 완전히 균등할 경우 지니계수는 0, 소득분배가 완전히 불균등할 경우에는 1의 값을 가짐

11 정답 ⑤

[구조 파악]

본 문항에서는 '각 고용형태 변화 유형 내에서 2017년 소득분위별 인원은 동일'하다는 주석3)의 내용이 문제를 해결하는 열쇠가 된다. 즉, <표>의 % 수치로 대소 비교를 할 수 있다는 점을 이해하고 있어야 한다.

정답 해설

ㄱ. 2017년 소득 1분위이면서 2018년 소득분위가 높아진 사람의 비율은 '사업가(2017년) → 사업가(2018년)' 유형이 $60/5=12\%$이고, '사업가(2017년) → 피고용자(2018년)' 유형이 $30/5=6\%$이다.

ㄴ. 2017년 소득 3분위이면서 2018년 소득분위가 높아진 사람의 비율은 '피고용자(2017년) → 사업가(2018년)' 유형이 $25/5=5\%$이고, '피고용자(2017년) → 피고용자(2018년)' 유형이 $15/5=3\%$이다.

ㄹ. 2018년에 소득 5분위인 사람의 비율은 Ⅰ 유형 25%, Ⅱ 유형 19%, Ⅲ 유형 18%, Ⅳ 유형 18%로 Ⅰ 유형 '사업가 (2017년) → 사업가(2018년)'가 가장 높다.

오답 해설

ㄷ. 2017년과 2018년 사이에 소득분위가 변동되지 않은 사람의 비율은 Ⅰ 유형 53%, Ⅱ 유형 60%, Ⅲ 유형 70%, Ⅳ 유형 54%이다(<표 2>의 대각선 합을 더한 후 5로 나눠서 계산). Ⅲ 유형 '피고용자(2017년) → 피고용자(2018년)'가 가장 높다.

12 정답 ⑤

[구조 파악]

<보기>의 진술 중 ㄱ, ㄴ은 <정보>를 통해 ㄷ, ㄹ은 <표>를 통해 해결할 수 있다. 여기서 관리보수액과 관련된 ㄱ의 정오를 판단할 때 결성일에 따라 산출 공식이 다르다는 점에 유의해야 한다.

정답 해설

ㄱ. 결성일로부터 5년이 지났으므로 '투자잔액 × 결성규모 적용 요율'로 관리보수액을 구할 수 있다. 약정총액이 500억 원이므로 결성규모 적용 요율이 2.3% 이하라는 점을 알 수 있지만 투자잔액은 알 수 없으므로 관리보수액 역시 구할 수 없다.

ㄷ. 성과보수 수령 운용사에 대한 평균 성과보수액은 2015년 약 13.3억 원, 2016년 약 27.9억 원, 2017년 약 21.8억 원, 2018년 약 24.9억 원으로 2017년은 2016년에 비해 감소했다.

ㄹ. 펀드 운용사 1개사가 수령하는 평균 보수액은 2015년 약 4.6억 원, 2016년 약 4.9억 원, 2017년 약 5.1억 원, 2018년 약

4.8억 원으로 2018년은 2017년에 비해 감소했다.

오답 해설

ㄴ. 성과보수액은 기준수익률을 초과하는 수익의 20% 이내이므로, 지급할 수 있는 성과보수액의 최대 금액은 10억 원의 20%인 2억 원이다.

[TIP]

펀드는 판매사, 자산운용사, 수탁회사, 일반사무관리회사가 각각의 역할을 하면서 운용된다. 따라서 운용보수도 판매사, 자산운용사, 수탁회사, 일반사무관리회사에게 각각 지급되며, 판매에 대한 수수료가 별도로 부과된다. 펀드의 비용구조는 금융소비자에게 드러나는 비용과 드러나지 않는 비용(펀드 자산을 감소시키는 비용)으로 구분할 수 있다.

금융 소비자에게 드러나는 비용	수수료	판매 수수료	은행, 증권사 등 펀드판매사들이 펀드를 판매할 때 위험 설명 등을 해 주는 대가로 받아가는 비용. 아래 1), 2) 중 선택 1) 선취판매수수료: 가입 시 지불 2) 후취판매수수료: 환매 시 지불
		환매 수수료	펀드에 가입한 후 일정기간 이내에 환매할 때에 투자자에게 부과하는 수수료. 일반적으로 90일 이전에 환매할 때 부과
	보수	판매 보수	펀드를 지속적으로 마케팅하고 판매하는 판매사에 지급
		운용 보수	실질적으로 펀드의 자산을 운용하고 관리하는 자산운용사에 지급
		수탁 보수	펀드 자산을 관리하고 운용사를 견제하는 수탁회사에 지급
		사무 수탁 보수	펀드 운용에 있어 필요한 행정 및 관리 제반 업무를 담당하는 일반사무관리회사에 지급
금융 소비자에게 드러나지 않는 비용	거래소 수수료		펀드를 운용하기 위해 주식 등을 매매할 때 발생하는 비용
	슬리피지(Slippage)		매매주문 시 발생하는 체결오차 현상으로 원하는 가격에 현물, 선물을 매수할 수 없을 때 발생되는 비용

13

정답 ③

[구조 파악]

제시된 <표>는 2012~2018년 물가지수와 증감률을 나타내고 있는데, (a)~(k)의 빈칸이 함께 주어져 있다. <보기>를 대략 살펴보면, ㄱ~ㄹ의 진술에서 (a)~(k)가 모두 언급되고 있으므로, 우선 주석에 제시된 증감률 산출 공식에 따라 <표>의 빈칸을 모두 채운 후, <보기>의 정오를 판단하는 것이 좋다.

정답 해설

- (a) $(98.0-96.8)/96.8\times100=$약 1.2
- (b) $(107.9-109.3)/109.3\times100=$약 -1.3
- (c) $(99.4-98.7)/98.7\times100=$약 0.7
- (d) $(99.3-98.0)/98.0\times100=$약 1.3
- (e) $(97.9-107.9)/107.9\times100=$약 -9.3
- (f) $(100.0-100.2)/100.2\times100=$약 -0.2
- (g) $100.0\times0.01+100=101$
- (h) $100.0\times0.065+100=106.5$
- (i) $100.0\times0.007+100=100.7$
- (j) $102.9\times0.016+102.9=$약 104.5
- (k) $103.1\times0.016+103.1=$약 104.7

ㄱ. (b)는 약 −1.3, (c)는 약 0.7, (e)는 약 −9.3, (f)는 약 −0.2이다. 큰 순서대로 나열하면 (c), (f), (b), (e)이다.

ㄴ. (d)는 약 1.3, (a)는 약 1.2로, (d)가 (a)보다 크다.

ㄷ. (g)는 101, (h)는 106.5, (i)는 100.7로, 가장 큰 것은 (h)이고 가장 작은 것은 (i)이다.

오답해설

ㄹ. (j)는 약 104.5, (k)는 약 104.7로, (k)가 더 크다.

[TIP]

지수와 증감률 값이 같은 부분에 주목하면 정답을 찾기 수월하다. 예를 들어 ㄷ을 계산할 때, 기준인 2015년 100이 같다는 점에 착안해야 한다. 그러면 (h)가 가장 큼을 쉽게 알 수 있다. 같은 원리로 ㄹ을 계산할 때, (j)와 (k)의 경우 증감률이 1.6(%)로 동일하다. 따라서 굳이 계산하지 않아도 (k)가 더 큼을 알 수 있다.

14

정답 ②

[구조 파악]

제시된 <표 1>은 사업장 규모에 따른 사업장의 퇴직 연금 도입 현황을, <표 2>는 사업장 규모에 따른 근로자의 퇴직 연금 가입 현황을 보여 주고 있다. <보기>의 정오를 판단할 때는 주석으로 제시된 사업장 도입률, 근로자 가입률 산출 공식을 적절히 활용하면 된다.

<표>에 제시된 수치들의 자릿수가 다소 크기 때문에 계산이 복잡할 수도 있다. 따라서 실전에서는 적절한 자리에서 반올림하여 계산하는 것이 좋다.

정답 해설

ㄱ. <표 2>에서 2017년 5인 미만, 10~29인 규모의 가입근로자를 계산하지 않더라도 해당 항목의 가입대상 근로자와 근로자 가입률이 전년대비 증가하였으므로 가입근로자 역시 증가하였음을 알 수 있다. 따라서 모든 규모의 사업장에서 퇴직연금 가입대상 근로자 수와 가입근로자 수가 전년대비 증가하였다.

ㄴ. 2016년을 기준으로 규모가 100인 이상인 도입대상 사업장은 19,777개이고, 도입사업장은 16,881개이다. 따라서 도입률은

$\frac{16,881}{19,777} \times 100 =$ 약 85%이다.

ㅁ. 2016년 대비 2017년에 퇴직연금 도입률이 증가한 사업장은 5인 미만, 5~9인, 10~29인, 30~49인, 50~99인 규모이다. 해당 규모에서는 근로자 가입률도 증가하였다.

오답해설

ㄷ. 2016년 5~9인 규모 도입 사업장은 92,114개, 10~29인 규모 도입 사업장은 101,420개이다. 또, 2017년 5~9인 규모 도입 사업장은 100,813개, 10~29인 규모 도입 사업장은 106,134개이다. 따라서 사업장 규모가 클수록 도입대상 사업장 수와 도입사업장 수가 적어지는 것은 아니다.

ㄹ. 2017년을 기준으로 규모가 49인 이하인 사업장의 퇴직연금 가입 근로자 수는 1,724,738명이다. 이는 전체 가입 근로자 수의 $\frac{1,724,738}{5,437,938} \times 100 =$ 약 31.7%에 해당한다.

15

정답 ③

[구조 파악]

제시된 <정보>를 토대로 2019년 연봉을 구하는 공식을 정리해 보면 다음과 같다.

2019년 연봉
=(2019년 기본연봉)+(2019년 성과연봉)
=(2018년 기본연봉액+2018년 계급 기준 가산기준액×가산율)
+(계급별 성과연봉 지급기준액×평가등급별 지급률)

여기서 2019년 성과연봉을 계산할 때는 2018년 성과평가 순위에 따라 평가등급별 지급률을 구해야 한다는 점을 이해해야 한다. 예를 들어, 갑은 10명 중 6위이므로 B등급, 지급률 4%에 해당한다.

정답 해설

갑~정의 2019년 연봉을 구해 보면 다음과 같다.

구분	2019년 기본연봉		2019년 성과연봉	합계
	①	②		
갑	4,800만 원	217만 원 (7%)	344만 원 (B등급, 4%)	5,361만 원
을	5,100만 원	111만 원 (3%)	612만 원 (A등급, 6%)	5,823만 원
병	4,600만 원	155만 원 (5%)	688만 원 (S등급, 8%)	5,443만 원
정	5,200만 원	111만 원 (3%)	408만 원 (B등급, 4%)	5,719만 원

따라서 연봉이 높은 사람부터 나열하면 '을 – 정 – 병 – 갑'이다.

16

정답 ①

정답 해설

① 제00조(문서 작성의 일반원칙) 제5항에 따라 특별한 사유가 없으면 '2018년 7월 18일'은 연 · 월 · 일의 글자 대신 온점(.)을 찍어 '2018. 7. 18.'로 표기하며, '오후 11시 30분'은 24시각제에 따라 숫자로 표기하되, 시 · 분의 글자 대신 쌍점(:)을 찍어 '23:30'으로 표기한다.

오답 해설

② 제00조(문서의 성립 및 효력발생) 제3항에 따라 2018년 9월 7일 공고된 문서에 효력발생 시기가 구체적으로 명시되지 않은 경우 그 문서의 효력은 공고가 있은 2018년 9월 7일부터 5일이 경과한 2018년 9월 12일에 발생한다.

③ 제00조(문서의 성립 및 효력발생) 제2항에 따라 전자문서의 경우 해당 수신자가 지정한 전자적 시스템에 입력된 때부터 효력이 발생한다.

④ 제00조(문서 작성의 일반원칙) 제2항에 따라 문서 작성 시 이해를 쉽게 하기 위해 일반화되지 않은 약어와 전문용어 등의 사용을 피하여 작성하여야 한다.

⑤ 제00조(문서 작성의 일반원칙) 제3항에 따라 문서에는 연계된 바코드를 표기할 수 있다.

[TIP]

국민은행에서 손상화폐 교환 기준을 제시하고, 선택지 <사례> 중 교환 가능한 화폐를 선택하는 문제와 선택지 <사례> 중 교환 금액이 다른 화폐를 선택하는 세트형 문제가 출제되었다.

17

정답 ①

정답 해설

ㄱ. X학자금 대출의 신청 연령, 성적 기준, 가구소득기준 등을 모두 충족하므로 대출을 받을 수 있다.

ㄴ. X학자금 대출의 대출한도는 등록금 소요액 전액과 학기당 150만 원의 생활비이므로, 乙의 한 학기 등록금이 300만 원일 때 총 450만 원을 대출받을 수 있다.

오답 해설

ㄷ. Y학자금 대출은 신용 요건을 충족해야 대출을 받을 수 있다.

ㄹ. 졸업 후 소득이 발생하지 않는 경우 X학자금 대출은 상환이 유예되지만 Y학자금 대출은 졸업 직후 대출금을 매월 상환하여야 한다. 따라서 매월 상환금액이 다르다.

[TIP]

기업은행에서 IRP(개인형퇴직연금제도) 안내문(가입대상, 가입금액, 세액공제 등)을 제시하고, 직원이 고객을 응대할 때 옳지 않은 것을 고르는 문제와 가입문 내용과 일치하지 않는 내용을 고르는 문제가 세트형으로 유사 출제되었다.

18 정답 ⑤

정답 해설

ㄴ. 乙은 신청 대상 요건을 충족하고 있으므로 에너지 이용권을 신청할 수 있는데, 이때 담당공무원이 대리 신청하는 것도 가능하다. 乙은 4인 가구로 114,000원을 지급받을 수 있으며, 단독 주택에 거주하므로 실물카드(아파트 거주자는 신청할 수 없음) 형태로 지급받을 수 있다.

ㄷ. 丙은 신청 대상 요건을 충족하고 있으므로 에너지 이용권을 신청할 수 있다. 2인 가구이므로 102,000원의 에너지 이용권을 가상카드 형태로 지급받을 수 있고 이용권 사용기간 만료 시 잔액이 발생하면 전기요금이 차감된다.

오답 해설

ㄱ. 에너지 이용권의 신청 대상은 생계급여 또는 의료급여 수급자인데 甲은 이에 해당하지 않으므로 신청할 수 없다.

[TIP]

지원금, 이용권 등의 신청을 소재로 하고 있는 문제에서는 대부분 신청 대상 항목이 등장한다. 따라서 <보기>나 선택지의 인물이 이 신청 대상에 해당하는지를 먼저 따져 보아야 한다.

국민은행에서 **상속 · 증여 신고 시 구비해야 할 서류가 개정 전 · 후 어떻게 달라지는지 검증하는 문제와 함께 법인이 대리신고 시 구비해야할 서류를 검증하는 문제**가 유사 출제되었다.

19 정답 ③

[구조 파악]

제시문은 '임금피크제 지원금'에 대한 규정이다. <상황>의 甲~丙이 임금피크제 지원금을 받을 수 있는지 판단할 때, 제1항과 제2항의 요건을 모두 갖추고 있는지 따져 보아야 한다.

정답 해설

- 甲: 제1항 제1호에 해당하는 경우로, 18개월 이상 근무 요건을 충족(36개월 근무)한다. 또한 피크임금에 비해 올해 임금이 10% 이상 낮아야 하는데 이 요건 역시 충족(4,000만 원 → 3,500만 원)하고 있어 임금피크제 지원금을 받을 수 있다.
- 乙: 재고용 기간이 1년 미만이므로 제1항 제2호에 해당되지 않는다. 따라서 임금피크제 지원금을 받을 수 없다.
- 丙: 제1항 제3호에 해당하는 경우로, 18개월 이상 근무 요건을 충족(24개월 근무)한다. 또한 피크임금에 비해 올해 임금이 30% 이상 낮아야 하는데 이 요건 역시 충족(2,000만 원 → 1,200만 원)하고 있어 임금피크제 지원금을 받을 수 있다.

따라서 임금피크제 지원금을 받을 수 있는 사람은 甲, 丙이다.

[TIP]

최근 시중은행도 베이비부머 세대에 해당하는 직원들의 은퇴가 본격화되고 있다. 많게는 매년 수백 명이 임금피크제에 들어가는 상황에서 이 시니어 인력에게 단순 업무만 맡기던 관행에서 벗어나 활용도를 높이기 위한 제도를 마련하고 있다. 주요 시중은행의 시니어 인력 활용 제도는 다음과 같다.

1. KB국민은행
- 선임 직원에 부서 선택권 부여
- 영업특화 임금피크제 직원의 인센티브 상한선 2배로 부여

2. 신한은행

우수한 성과를 낸 시니어 직원에게 임금피크제를 1년씩 면제하는 '신한 아너스' 운영, 퇴직자 재채용

3. 우리은행

청담동지점 등 핵심 영업지역에 현역과 동일한 급여테이블을 적용하는 '임금피크제 유예 지점장' 배치

4. KEB하나은행
- 영업추진 센터장으로 임명해 중소기업 대출 영업 등 인센티브 지급
- 자금세탁방지 업무에 활용

20 정답 ⑤

[구조 파악]

제시문은 '주권의 양도'에 관한 규정으로, 다음과 같은 내용을 설명하고 있다.

(1) 증권거래세 과세대상
(2) 주권 양도 시 납세의무자
(3) 주권 양도 시 과세표준
(4) 주권의 양도에 대한 세율
(5) X 또는 Y증권시장에서 양도되는 주권에 대한 탄력세율

선택지의 정오를 판단할 때, X증권시장과 Y증권시장에서 양도되는 주권에 대하여는 예외적으로 탄력세율이 적용된다는 점을 파악하고 있어야 한다. 또한 '양수'와 '양도'를 구분하는 것 역시 문제 해결에 있어 중요하다.

정답 해설

⑤ 주권 양도 세율은 1천분의 5이며 Y증권시장에서의 탄력세율은 1천분의 3이므로 세율의 차이는 1천분의 2이다. 따라서 Y증권시장에 양도하는 경우 발생하는 증권거래세액의 차이는 $200 \times 50,000 \times 0.002 = 20,000$원이다.

오답 해설

① 금융투자업자를 통해 주권을 양도하는 경우 증권거래세는 금융투자업자인 乙이 납부하여야 한다.

② A회사 주권 양도 시 $3,000,000 \times 0.0015 = 4,500$원, B회사 주권 양도 시 $2,000,000 \times 0.003 = 6,000$원, C회사 주권 양도 시 $10,000,000 \times 0.005 = 50,000$원으로 총합은 60,500원이다.

③ C회사의 주권은 X 및 Y증권시장을 통하지 않고 양도하였으므로 탄력세율 적용 대상에 해당하지 않는다.

④ 증권거래세의 과세표준은 그 주권의 양도가액이므로,

甲의 A회사 주권 양도에 따른 증권거래세 과세표준은 $100 \times 30,000 = 3,000,000$원이다.

21

정답 ⑤

정답 해설

⑤ 금요일 17시에 회의를 개최할 경우 A, B, C, D, F가 참여하여 회의를 개최할 수 있다.

오답 해설

① 월요일 17시나 18시에 회의를 개최한다면 전문가 C, D, F가 참여할 수 있으므로, 참여자가 3명 이상이 되어 회의 개최가 가능하다.

② 금요일 16시에 회의를 개최할 경우 A, B, C, F가 참여할 수 있다. 이들의 선호도를 합산해 보면 '나'에 대한 선호도가 가장 높기 때문에 회의 장소는 '나'가 된다.

③ 금요일 18시에 회의를 개최할 경우 C, D, F가 참여할 수 있다. 이들의 선호도를 합산해 보면 '나'에 대한 선호도가 가장 높기 때문에 회의 장소는 '나'가 된다.

④ 목요일 16시에는 A와 E만 참여할 수 있으므로 회의를 개최할 수 없다.

22

정답 ②

[구조 파악]

제시문은 모든 사물에 지위와 본질을 표현하는 기호를 부여하여 보편언어를 만들고자 한 A학자의 언어체계에 대해 설명하고 있다. A학자에 따르면 모든 사물은 다음과 같은 위계로 세분된다.

속 > 차이 > 종

따라서 각 선택지의 표기를 '속', '차이', '종' 부분으로 구분하고, 그 의미를 판단하면서 문제를 해결하도록 한다.

정답 해설

② 'gw'는 10번째 속인 잎, 'p'는 4번째 차이, 'yi'는 8번째 종을 의미한다.

오답 해설

① 'di'는 8번째 속인 돌, 't'는 5번째 차이인 물에 녹는 지구의 응결물, 'u'는 6번째 종을 의미한다.

③ 'di'는 8번째 속인 돌, 'g'는 3번째 차이인 덜 투명한 가치 있는 돌, 'e'는 3번째 종을 의미한다.

④ 'de'는 7번째 속인 원소, 'd'는 2번째 차이, 'a'는 2번째 종을 의미한다.

⑤ 'do'는 9번째 속인 금속, 'n'은 9번째 차이, 'w'는 1번째 종을 의미한다.

23

정답 ④

[구조 파악]

부동산 또는 부동산을 취득할 수 있는 권리의 매매 계약 시 관련 법을 위반한 경우의 과태료 부과에 관해 규정하고 있는 글이다. 제시문의 내용에 따라 과태료를 부과하는 경우를 정리하면 다음과 같다.

(1) 신고의무를 게을리한 경우
- 해태기간이 1개월 이하인 경우
- 해태기간이 1개월 초과인 경우

(2) 거짓으로 신고한 경우
- 부동산의 실제 거래가격을 거짓으로 신고한 경우
- 부동산을 취득할 수 있는 권리의 실제 거래가격을 거짓으로 신고한 경우

따라서 <상황> 속 甲과 乙의 경우는 이 중 어디에 해당하는지를 정확하게 판단할 수 있어야 한다.

정답 해설

제시문과 <상황>에 근거하여 甲과 乙에게 부과된 과태료를 구하면 다음과 같다.

- 甲: 신고의무를 게을리한 경우, 거짓으로 신고한 경우 모두에 해당한다. 먼저 신고의무를 게을리한 것에 대한 과태료를 계산해 보면, 해태기간이 1개월 이하이며 실제 거래가격이 3억 원 이상이므로 100만 원의 과태료가 부과된다. 다음으로 거짓으로 신고한 것에 대한 과태료를 계산해 보면, 부동산의 실제 거래가격과 신고가격의 차액이 실제 거래가격의 20% 이상이며 실제 거래가격이 5억 원 이하이므로 취득세의 3배가 과태료로 부과된다. 취득세는 실제 거래가격의 100분의 1이므로 500만 원이고, 취득세의 3배는 1,500만 원이다. 따라서 甲에게 부과된 과태료는 100만 원 + 1,500만 원 = 1,600만 원이다.
- 乙: 부동산을 취득할 수 있는 권리의 실제 거래가격을 거짓으로 신고한 경우에 해당한다. 실제 거래가격과 신고가격의 차액이 실제 거래가격의 20% 이상이므로 실제 거래가격의 100분의 4인 800백만 원의 과태료가 부과된다.

따라서 甲과 乙에게 부과된 과태료의 합은 1,600만 원 + 800만 원 = 2,400만 원이다.

24

정답 ②

[구조 파악]

주어진 이동 수단과 비용의 조건하에서 4곳의 관광지를 관광할 수 있는 최소 비용을 구하는 문제이다. 문제 해결을 위해 경우의 수를 다음과 같이 3가지로 나눈 후, 각각의 '상품가격 + 입장료 + 지하철요금'을 합산하면 된다.

(1) 스마트 교통카드

(2) 시티투어 A

(3) 시티투어 B

정답 해설

구분	상품가격	입장료	지하철 요금	관광비용
스마트 교통카드	1,000원	12,000원	무료	13,000원
시티투어 A	3,000원	11,900원	무료	14,900원
시티투어 B	5,000원	5,000원	2,000원	12,000원

시티투어 B를 이용하는 것이 가장 저렴하므로, 甲이 지불할 관광비용은 12,000원이다.

25

정답 ④

[구조 파악]

각 선택지의 직원 조합에서 다음의 사항을 따져 봐야 한다.

(1) 1종 보통 면허 소지자와 차장 포함 여부
(2) 소요 시간: 비 내림 여부, 부상자 포함 여부
(3) 복귀 시간에 따른 사내 업무 가능 여부

정답 해설

④ 丁이 운전을 하고 차장인 乙이 포함되는 경우이다. 하루 종일 비가 오므로 1시간이 추가로 소요되어 17시에 복귀하게 되는데 乙과 丁의 사내 업무와 겹치지 않아 가능한 조합이다.

오답 해설

① 차장인 甲이 운전을 하는 경우로, 하루 종일 비가 오고 甲이 부상상태이기 때문에 9시간 30분이 소요되어 17시 30분에 복귀하게 된다. 하지만 17시 15분에 乙의 사내 업무가 있으므로 불가능한 조합이다.
② 차장인 甲이 운전을 하는 경우로, 하루 종일 비가 오고 甲이 부상상태이기 때문에 9시간 30분이 소요되어 17시 30분에 복귀하게 되는데, 丁이 17시 10분에 당직 근무를 해야 하므로 불가능한 조합이다.
③ 1종 보통 면허 소지자가 없으므로 불가능한 조합이다.
⑤ 차장이 포함되어 있지 않기 때문에 불가능한 조합이다.

26

정답 ④

[구조 파악]

본 문항은 주어진 정보를 토대로 자리를 배치하는 유형의 문제로, 정답을 구하기 위해 짝지어야 하는 항목은 다음과 같다.

(1) 주차구역
(2) 직위
(3) 이름
(4) 차량번호

위의 항목으로 이루어진 표를 그린 후, (가)~(아)의 정보를 해석하면서 해당 표를 채워 나가는 식으로 문제를 해결할 수 있다.

제시문의 정보를 해석해 보자.

(가): 기획실장 - 1XXX → 4구역 - 1XXX
(나): 장민국 - 4XXX
(다): 김대한 차량은 홍길동 차량 옆에 주차
(라): 홍길동 - 5구역 → (다)에 따라 4구역 — 김대한
(마): 나한국 차량은 최고봉과 장민국 차량 사이에 주차 → 4, 5 구역은 찼으므로 2구역 - 나한국
(바): 9XXX 차량은 7XXX와 4XXX 차량 사이에 주차 → 4 구역은 1XXX이므로 2구역 - 나한국 - 9XXX
(사): 5구역 - 5XXX
(아): 1구역 - 7XXX → (나)에 따라 1구역 - 최고봉 - 7XXX, 4구역 - 장민국 - 4XXX

정리하면 다음과 같다.

구분	1구역	2구역	3구역	4구역	5구역
직위	사장	상임이사	전무	기획실장	감사
이름	최고봉	나한국	장민국	김대한	홍길동
차량번호	7XXX	9XXX	4XXX	1XXX	5XXX

정답 해설

④ 상임이사의 이름은 나한국이다.

27

정답 ①

[구조 파악]

제시문에서는 원문자를 암호문으로 바꾸는 과정을 다음과 같이 설명하고 있다.

(1) 문자를 주어진 표에 따라 숫자로 변환하기
(2) 숫자로 변환된 값을 두 줄 표로 만들기
(3) 두 줄 표의 숫자를 주어진 방법으로 계산하기

질문지에서는 '암호문을 해석하여 원문자로 나타낸 것'을 묻고 있으므로, 위 순서에 역으로 접근하면 된다.

정답 해설

〈보기〉 전 단계(단계 2)의 두 줄 표 1열 1행의 숫자를 a, 1열 2행의 숫자를 b라고 하면 $a+2b=70$, $3a+4b=160$이 된다. 이 두 식을 연립 방정식으로 하여 계산하면 $a=20$, $b=25$가 된다. 같은 방식으로 2~5열의 숫자도 구해 보면 다음과 같다.

20	23	5	14	20
25	27	15	14	5

'20 23 5 14 20 25 27 15 14 5'를 알파벳으로 변환하면 'TWENTY_ONE'이다.

28

정답 ①

[구조 파악]

주어진 <조건>을 충족하는 제조업체를 고르는 문제이다. 정답을 구하기 위해서는 5월 2일까지 배송을 완료할 수 있는 제조업체를 따져 보아야 하는데, 그 방법은 다음과 같다.

(1) 2,500개 제작에 소요되는 일수 계산

(2) 휴무일을 고려한 제작 완료일 계산

(3) 배송 소요일과 배송업체 휴무일을 고려한 배송 완료일 계산

이렇게 해서 배송 가능 제조업체를 선별한 후, 이 업체 중 총비용이 가장 저렴한 곳을 찾으면 된다.

정답 해설

- A: 2,500개 제작에 10일이 소요되므로 4월 29일에 제작이 완료된다. 배송은 4월 30일에 출발하여 5월 1일에 도착한다.
  → 가능
- B: 2,500개 제작에 13일이 소요되므로 5월 2일에 제작이 완료된다. 배송은 5월 3일에 출발하여 5월 4일에 도착한다.
  → 불가능
- C: 2,500개 제작에 9일이 소요되므로 4월 30일에 제작이 완료된다. 배송은 5월 1일에 출발하여 5월 3일에 도착한다.
  → 불가능
- D: 2,500개 제작에 10일이 소요되므로 4월 29일에 제작이 완료된다. 배송은 4월 30일에 출발하여 5월 2일에 도착한다.
  → 가능
- E: 2,500개 제작에 11일이 소요되므로 4월 29일에 제작이 완료된다. 배송은 4월 30일에 출발하여 5월 1일에 도착한다.
  → 가능

5월 2일까지 배송이 가능한 A, D, E 중 총비용이 가장 저렴한 A가 제조업체로 선정된다.

[TIP]

A가 5월 2일까지 도착 가능하다면 A보다 단가가 비싼 C, D, E는 배송 가능 여부와 상관없이 제조업체로 선정될 수 없다. 따라서 A 가능, B 불가능만 파악되면 정답을 ①로 쉽게 찾을 수 있다.

29

정답 ②

[구조 파악]

주어진 <규정>은 소비자와 사업자 간의 분쟁해결기준에 대해 설명하고 있는 글로, 여러 개의 표와 내용이 제시되어 있어 다소 부담스럽게 느껴질 수 있다. 하지만 다음의 내용에 유의하면 어렵지 않게 문제를 해결할 수 있다.

(1) <보기>의 ㄱ~ㄹ이 [별표 1]에 제시된 4개 분쟁유형 중 어디에 해당하는지를 파악한다.

(2) 정액감가상각을 해야 하는 경우 사용연수, 내용연수를 정확히 도출해 낸다.

정답 해설

ㄱ. 소비자가 수리 의뢰한 제품을 사업자가 분실한 경우에 해당한다. 판매한 시점부터 23개월이 경과한 후로 품질보증기간인 2년 이내이다. 따라서 제품교환 또는 구입가 환급이 가능하다.

ㄹ. 부품보유기간 이내에 수리용 부품을 보유하고 있지 않아 발생한 피해로, 품질보증기간이 경과되었으므로 정액감가상각한 금액에 구입가의 10%를 가산하여 환급받을 수 있다. 내용연수는 84개월, 사용연수는 60개월이므로 감가상각비는 250,000원이며 정액감가상각한 금액은 100,000원이 된다. 여기에서 구입가의 10%인 35,000원을 가산한 135,000원을 환급받게 된다.

오답 해설

ㄴ. 소비자가 수리 의뢰한 제품을 사업자가 분실한 경우인데, 판매한 시점부터 43개월이 경과하였으므로 품질보증기간인 1년이 지났다. 이 경우 정액감가상각한 금액에 그 금액의 10%를 가산하여 환급받을 수 있다. 품질보증서에 기재된 부품보유기간은 4년이지만 [별표 3]의 부품보유기간인 5년(60개월)보다 적기 때문에 5년을 부품보유기간으로 하여 내용연수를 적용해야 한다. 따라서 내용연수는 60개월, 사용연수는 43개월이 된다. 그러므로 감가상각비는 215,000원이고 정액감가상각한 금액은 85,000원이 된다. 여기에서 10%를 가산한 금액이 환급되므로 93,500원을 환급받아야 한다.

ㄷ. 사업자가 제품설치 중 발생한 피해에 해당하므로 제품교환을 받아야 한다.

[TIP]

농협은행에서 여행자보험 보상 규정 및 예외사항을 제시하고, 주어진 <사례>와 같은 경우 보험금으로 수령할 수 있는 최대 금액을 구하는 문제로 유사 출제되었다.

그밖에 시중은행에서는 늘어난 해외여행 수요에 발맞추어 일정금액 이상을 환전하는 경우 여행자보험을 가입해 주는 서비스를 제공하고 있다. KB국민은행 300달러 이상, 신한은행 500달러 이상, 우리은행 300달러 이상, KEB하나은행 이상 환전 시 여행자보험을 가입할 수 있다. 이 중 우리은행의 여행자보험 가입내용을 살펴보면 다음과 같다.

여행자보험(우리은행)

- 대상: 환율우대 없이 미화 300불 상당액 이상 외환현찰 또는 여행자수표를 구매하는 환전 고객(환전신청 시 해외여행자보험 무료가입 희망을 영업점 직원에게 별도로 요청)
- 보험기간: 환전일 익일로부터 3개월 내의 해외여행기간[단, 인터넷 환전/스마트뱅킹 환전은 고객이 지정한 환전수령예정일(방문 예정일) 익일로부터 3개월 이내]
- 보험금액: 최저 3백만 원~최고 5천만 원(상해사망후유장해 기준)
- 보험금 청구: 사고 발생시 ㈜KB손해보험에 통보하고 다음의 서류를 구비하여 제출[보험금청구서, 사고증명서(진료비계산서, 입원치료확인서, 의사처방전 등)]

30

정답 ①

[구조 파악]

제시된 <조건>은 다음과 같은 내용으로 구성되어 있다.

(1) 진료코드의 구성: 대분류(2자리)＋분류번호(1자리)＋산정코드(3자리)

(2) 대분류의 표기 방법

(3) 분류번호의 표기 방법

(4) 산정코드의 표기 방법

<보기>의 정오를 판단하기 위해서는 <조건>을 읽고 '진료코드 → 진료 내용', '진료 내용 → 진료코드'의 양방향 순으로 유추해야 한다.

정답 해설

ㄱ. 대분류 코드는 진찰료에 해당하므로 AA, 분류번호는 초진이므로 1이다. 산정코드 3자리는 차례대로 7(만 1세 이상 만 3세 미만), 1(야간진료), 2(영유아건강검진을 받은 날 진료받은 경우)이다. 따라서 진료코드는 'AA1712'이다.

ㄷ. 진료코드가 'AB3024'인 경우 산정코드 3자리 중 의미 I 이 0이라는 것은 0~6시 입원과 18~24시 퇴원 중 어느 곳에도 해당하지 않음을 의미한다. 따라서 18시 이전에 퇴원하였을 것으로 추정할 수 있다. 또한 입원 181~360일, 입원 361일 이후, 입원 161~180 중 어느 곳에도 해당하지 않으므로 입원 일수는 160일 이하일 것을 추정할 수 있다.

오답 해설

ㄴ. 환자가 일요일에 진료행위를 받더라도 진료행위가 입원료나 격리실 입원료 등에 해당하면 산정코드에 5가 들어가지 않는다.

ㄹ. 마취료이므로 대분류 코드는 LX, 분류번호는 0이 된다. 산정코드 3자리는 차례대로 4(만 70세 이상 환자), 5(일요일 응급진료), 0(표기 해당사항 없음)이 된다. 따라서 아라비아 숫자로 표기되는 부분을 모두 곱하면 0이다.

ㅁ. 응급환자의 내시경 진료코드 중 산정코드는 900이므로 각 숫자를 합하면 9가 된다. 입원 당일 5시부터 18일간 입원한 집중간호 신생아의 격리실 입원료 진료코드 중 산정코드는 810이므로 각 숫자를 합하면 역시 9가 된다.

제10회 정답 및 해설

빠른 정답표

01	02	03	04	05	06	07	08	09	10
⑤	③	⑤	⑤	④	③	⑤	④	⑤	①
11	**12**	**13**	**14**	**15**	**16**	**17**	**18**	**19**	**20**
②	⑤	①	②	②	②	①	②	③	⑤
21	**22**	**23**	**24**	**25**	**26**	**27**	**28**	**29**	**30**
③	①	⑤	④	②	②	④	②	②	③

01

정답 ⑤

[제시문 해설] 유럽연합(EU)의 형성

유럽 연합의 기원	1951년 독일, 프랑스, 이탈리아, 베네룩스 3국이 창설한 유럽석탄철강공동체(ECSC)
유럽 연합의 형성 과정	유럽석탄철강공동체(ECSC)＋유럽원자력공동체(EURATOM)＋유럽경제공동체(EEC) → 유럽공동체(EC) → 유럽연합(EU)
유럽 연합의 지향점	유럽연합(EU)으로 인한 경제적 효과가 비경제적 부문으로 확산되어 정치적 공동체를 지향하게 됨. 유럽지역이 하나의 연방체제를 구성하는 정치 공동체가 될 것이라고 예측됨

정답 해설

⑤ 유럽의 지역통합 과정을 지역 경제 통합에서 정치 통합의 흐름으로 보고 있으므로 제시문을 잘 요약하고 있다.

오답 해설

① 유럽지역이 개별 국가의 이익보다 유럽 자체의 이익에 중점을 두었는지는 제시문을 통해 알 수 없는 내용이다.

② 유럽 통합이 지배계급의 시도이며, 유럽연합은 이들의 이익을 대변하는 장치라는 내용은 제시문에 나타나 있지 않다.

③ 국제관계가 정부들의 협상에 의해 결정되는지, 유럽통합과 관련해 각국 정부가 유럽체제 구조에 의해 결정된 국익을 기능적으로 대변하는지는 제시문을 통해 확인할 수 없다.

④ 유럽연합의 기원으로 볼 수 있는 유럽석탄철강공동체가 자유로운 교류의 필요성에 따라 만들어진 동맹이라는 내용을 통해 유럽의 정치공동체화가 충분히 예견될 수 있었다는 추론이 가능하기는 하다. 그러나 이것이 제시문의 내용 전체를 요약하고 있는 것이라고 보기는 어렵다.

02

정답 ③

[제시문 해설] 문화적 변수에 따른 지각구조의 차이

가	안구운동 측정 결과 미국 학생이 중국 학생에 비해 물체에 주목하는 정도가 더 높음
나	미시간대 연구진의 실험 결과 미국 학생의 시선은 물체, 중국 학생의 시선은 배경과 그림 전체를 보는 것으로 나타남
다	실험 결과의 차이는 중국은 조화, 서양은 개인주의라는 문화적 변수에 기인함
라	미국에서 태어나고 자란 아시아계 학생의 반응이 미국인에 가깝다는 것을 통해 지각구조의 차이는 문화적 배경에 기인함을 알 수 있음
마	고대 중국은 물을 나눠 쓰는 관개농사, 고대 그리스는 개별 농사를 지었던 삶의 방식이 지각구조에 영향을 미침

정답 해설

먼저 선택지의 구성을 보면 '가' 또는 '나', '마'로 시작하고 있으므로, 이 세 문단의 중심 내용을 파악하여 첫 문단을 확정한 후, 나머지 문단들 역시 중심 내용에 따라 적절하게 배열한다.

'가'와 '나'의 실험 중 글의 도입부로 적절한 것은 미국 국립과학아카데미에서의 실험 결과를 소개하는 '나'이다. '나'의 뒤에는 중국 학생과 미국 학생의 그림을 보는 차이점에 대해 설명하고 있는 '가'가 오는 것이 자연스럽다. 그 다음으로는 중국과 서양의 문화 차이에 대해 말하고 있는 '다'가 와야 하고, '다'에서 제시된 중국의 조화와 서양의 개인주의적 방식이 생긴 이유에 대해 구체적으로 설명하는 '마'가 뒤이어 배치되는 것이 적절하다. 끝으로 지각구조의 차이가 서로 다른 문화적 배경에 기인한다는 것을 입증하는 또 다른 예로 글을 마무리하고 있는 '라'가 오는 것이 자연스럽다.

따라서 가장 적절한 문단 배열의 순서는 '나-가-다-마-라'이다.

03

정답 ⑤

[구조 파악]

제시문은 '특별 보유세 부과 대상'에 대한 규정으로, 다음과 같은 방식에 따라 정답을 구할 수 있다.

(1) 하나의 문장을 적절히 끊어 여러 개의 조건으로 정리해 놓는다.

(2) 정리된 조건을 모두 충족하여 특별 보유세를 부과했다면 참인 경우로, 정리된 조건을 모두 충족하였는데 특별 보유세를 부과하지 않았다면 거짓인 경우로 판단한다.

정답 해설

제시된 규정에 따르면, 다음 조건을 모두 만족할 경우 특별 보유세 부과 대상이 된다.

- 조건 1: 단기 거주 목적의 부동산 소유 or 투기 지역에 위치한 부동산 소유
- 조건 2: 개인별 합산 부동산의 공시가격이 6억 원 초과
- 조건 3: 연간 총 근로소득이 부동산 보유 자산의 10% 미만
- 조건 4: 다주택 소유

⑤ 조건 1, 2, 3, 4를 모두 충족하는데 특별 보유세를 부과받지 않았다고 하였다. 따라서 반드시 거짓이다.

오답 해설

① 주택에 살고 있다고 하였으므로, 주택 소유 여부는 알 수 없으며, 따라서 참/거짓 여부도 판단할 수 없다.

② 조건 1, 2, 4는 충족하지만 조건 3의 충족 여부는 알 수 없다. 따라서 반드시 거짓이라고 할 수 없다.

③ 조건 1, 2, 3은 충족하지만 조건 4를 충족하지 못하므로 특별 보유세 부과 대상인지 알 수 없다. 따라서 반드시 거짓이라고 할 수 없다.

④ 조건 1, 2, 3, 4를 모두 충족하므로 특별 보유세를 부과한다. 따라서 참이다.

04

정답 ⑤

[구조 파악]

본 문항에서는 A, B, C 세 사람이 각각 2가지의 진술을 했는데, 그 진술 중 하나는 참이고, 나머지 하나는 거짓인 상황이다. 이때 다음과 같은 과정을 통해 문제를 해결 할 수 있다.

(1) 어느 한 진술을 기준으로 하여 모순되는 진술이 있는 경우를 찾는다.

(2) 이 기준 진술이 참인 경우와 거짓인 경우로 나누어 추론을 이어 나간다.

A~C의 각 진술을 살펴보면 A의 두 번째 진술과 B와 C 각각의 두 번째 진술이 서로 모순된다. 따라서 A의 두 번째 진술을 기준으로 하여 경우의 수를 따져 보면 다음과 같다.

1) A의 두 번째 진술이 참일 경우

A의 첫 번째 진술은 거짓이 되므로 A는 기권하거나 반대했다. 이때 B의 첫 번째 진술은 거짓이 되고 두 번째 진술은 참이 되므로 B는 기권했다. 또한, A의 두 번째 진술에 의해 B와 C 중 적어도 하나는 찬성해야 하므로, C는 찬성을 하게 되고 C의 두 번째 진술은 거짓이 된다. 하지만 이 경우 B가 찬성했다는 C의 첫 번째 진술과 B가 기권했다는 앞서 도출한 사실이 서로 모순된다. 따라서 A의 두 번째 진술이 참이라는 전제는 옳지 않다.

2) A의 두 번째 진술이 거짓일 경우

A의 첫 번째 진술은 참이 되므로 A는 찬성했다. 이때 C의 첫 번째 진술은 거짓이 되고 두 번째 진술은 참이 되므로 C는 기권했다. 또한 B의 첫 번째 진술이 거짓이 되므로 B도 기권했다.

정답 해설

⑤ B와 C는 모두 기권했다.

오답 해설

①, ② A는 찬성했고 B는 기권했다.

③ A는 찬성했고 C는 기권했다.

④ B와 C는 모두 기권했다.

05

정답 ④

[구조 파악]

제시된 보고서 <서론>의 마지막 문단에서는 '오늘날 공익을 두 가지 관점에서 접근해야 한다고 제안할 것'이라고 말하고 있다. 그 두 가지 관점은 다음과 같다.

(1) 생각의 시장에서 본 관점

(2) 물품의 시장에서 본 관점

여기서 (1)의 관점은 효율성보다는 공공성의 논리를 우선시한다고 설명하고 있으므로, 선택지에서 공공성을 우선시하는 관점으로 부적절한 것을 고르면 된다.

정답 해설

④ '시장의 효율성 극대화', '시장의 효율성 지지'라는 표현에서 공공성보다는 효율성을 중시한다는 것을 알 수 있다. 따라서 첫째 절에서 다루기에 부적절하다.

오답 해설

① 2문단을 통해 수탁이론이 공공성을 최상위 가치로 간주하는 입장임을 확인할 수 있으므로 적절한 내용이다.

② '공익의 준거 틀'이라는 표현에서 효율성보다 공공성을 우선시하는 내용임을 알 수 있으므로 적절한 내용이다.

③ '다양성과 지역성의 증대, 지식의 확산, 소외 계층의 보호' 등은 효율성보다는 공공성에 더 가까운 내용이므로 첫째 절에서 다루기에 적절하다.

⑤ 시장의 통상적 관점에서만 방송 서비스의 존재방식을 논의해서는 안 된다고 하였으므로 공공성의 관점에 부합한다.

[TIP]

본 문제에서는 본론의 두 절이 어떻게 구성되는지에 대한 정보를 찾는 것이 가장 중요하다. 이 내용은 제시문의 마지막 문단에 나와 있으므로, 앞부분을 시간을 들여 꼼꼼히 읽을 필요는 없다. 선택지에서도 ①을 제외하고는 제시문 없이 해결할 수 있다.

참고로 문단을 나누는 이유는 독자들에게 효과적으로 글의 메시지나 맥락을 전달하기 위해서이다. 새로운 주장을 제시한다거나 상황의 전환을 필요로 할 때 등 내용상의 '전환'이 일어나는 부분에서 문단을 나누는 것이 바람직하다.

06

정답 ③

[제시문 해설] 마케팅이란

①문단	전통적 마케팅의 개념 및 특징
②문단	소비자의 요구 변화와 체험 마케팅의 도래
③문단	체험 마케팅의 특징

선택지에서 '전통적 마케팅'과 관련된 진술은 1문단, '체험 마케팅'과 관련된 진술은 2~3문단을 통해 정오를 추론할 수 있다.

정답 해설

③ 2문단에서 "소비생활을 오랜 기간 지속해 온 고객들은 이제 제품의 편익과 품질을 반영한 기능적 특징에 더불어 '그 이외의 것'을 요구한다."라고 하였다. 따라서 소비자들이 상품의 기능적 효용보다는 감성적 측면을 더 중시하는 것이 아니라 기능적 측면과 더불어 감성적 측면을 요구하면서 체험 마케팅이 발달한 것이라고 볼 수 있다.

오답 해설

① 마지막 문단에서 "체험 마케팅의 수단은 수많은 소비 패턴에 대해 맞춤 형태로 이루어질 수밖에 없다."라고 하였으므로 적절한 추론이다.

② 마지막 문단에서 전통적 마케터들이 기능적 특징을 중심으로 마케팅 범주를 결정하는 반면 체험 마케터들은 좀 더 폭 넓은 마케팅 범주를 고려한다고 하였으므로 알맞은 추론이다.

④ 1문단에서 "전통적 마케터들은 이러한 소비자들에게 마케팅을 할 때, 분석적이며 계량적인 도구를 사용한다."라고 하였으므로 적절한 추론이다.

⑤ 1문단에서 "기능적 효용으로 설명되지 않는 소비자의 구매 행위에 대해서는 '이미지 효과'나 '브랜드 효과'로 설명하며, 이는 전체 소비 행위의 비중에서 미미할 것으로 간주한다."라고 하였으므로 알맞은 추론이다.

[TIP]

주요 마케팅 용어 정리

- 리마케팅
  - 수요가 하락하거나 침체되어 있는 상황에서, 감퇴적인 수요를 수요가 침체되거나 하락하기 전 상황으로 복귀시키려는 마케팅 또는 타켓 시장을 변경하여 마케팅 하는 것(리타겟팅)
  - 비아그라: 심장병 → 발기 부전
- 디마케팅
  - 구매를 의도적으로 감소시키는 행위
  - 금주 캠페인, 명품 한정판, VIP 고객 마케팅
- 카운터마케팅(역마케팅)
  - 타겟 상품이나 사람, 조직에 대한 수요를 완전히 제거하는 것
  - 금연, 마약
- 코즈마케팅
  - 기업의 매출 일부분을 공익을 위해 사용하면서 소비자의 착한 소비를 이끌어 내는 마케팅
  - TOMS(One For One), 코카콜라(북극곰 돕기 흰색 병 콜라 한정 판매 후 수익금 기부)
- 동시화마케팅
  - 불규칙적인 수요 상태에서 바람직한 수요의 시간 패턴에 실제 수요 시간 패턴을 맞추기 위한 마케팅
  - 주말 영화관 입장료 조조할인, 비수기 요금 성수기 대비 할인
- 넛지(Nudge)마케팅
  - 소비자 가까이에 다가가 관심을 유도해서 소비자들이 스스로 제

품을 선택할 수 있게 유도하는 마케팅
- 폭스바겐(피아노소리 계단), 나이키(농구 골대 모양의 쓰레기 통), 손 씻기 운동(비누 속 장난감), 암스테르담 스키폴 공항(파리 그림 소변기)

• 앰부시마케팅
- 월드컵, 올림픽 같은 대회에서 공식 후원사가 아닌 업체가 간접적으로 브랜드 이미지를 노출해 홍보 효과를 누리는 마케팅
- 2002년 월드컵 KT vs SK(Be The Reds), 2018년 평창 올림픽 SK의 김연아 응원 캠페인

• 언택트마케팅
- 사람과의 접촉을 최소화하는 등 비대면 형태로 정보를 제공하는 마케팅
- 백화점과 쇼핑몰의 조용한 소비와 침묵 마케팅, 스타벅스 사이렌 오더

• 바이럴마케팅
- 인터넷 매체(SNS나 블로그)를 통해 기업을 홍보하는 마케팅(입소문 마케팅)

07

정답 ⑤

[구조 파악]

제시된 <표 1>은 2002년부터 2006년까지 우리나라가 미국, 호주, 유럽에 투자한 금융자산의 규모를 나타내고 있고, <표 2>는 같은 기간 동안 외국 통화에 대한 환율을 보여 주고 있다. 이 2개 <표>의 수치를 조합하여 계산한 값과 선택지의 그래프에 나타난 값이 다른 것을 정답으로 고르면 된다.

정답 해설

⑤ €/AU$의 변화 추이는 (₩/AU$÷₩/€)의 계산을 통해 구할 수 있다. 계산해 보면, 2002년(900÷800)=약 1.13, 2003년(950÷850)=약 1.12, 2004년(1,000÷900)=약 1.11, 2005년(950÷1,100)=약 0.86, 2006년(1,000÷1,000)=1.00으로 그림과 불일치한다.

오답 해설

① AU$/US$의 변화 추이는 2002년(1,000÷900)=1.11, 2003년(950÷950)=1.00, 2004년 (900÷1,000)=0.90, 2005년(850÷950)=약 0.89, 2006년(900÷1,000)=0.90으로 그림과 일치한다.

② 원화로 환산한 대호주 금융자산 투자규모는 '호주 금융자산 투자규모×₩/AU$'의 계산을 통해 구할 수 있다. 2002년 63천억 원, 2003년 약 61.8천억 원, 2004년 60천억 원, 2005 년 76천억 원, 2006년 85천억 원으로, 그림과 일치한다.

③ 원화로 환산한 2006년 각 지역별 금융자산 투자규모는 '지역별 금융자산 투자규모×환율'을 통해 구할 수 있다. 계산해 보면, 미국 99천억 원, 호주 85천억 원, 유럽 100천억 원이므로, 전체 투자규모는 284천억 원이다. 투자비중을 구해 보면, 미국 $\frac{99}{284}\times100$=약 34.9%, 호주 $\frac{85}{284}\times100$=약 29.9%, 유럽 $\frac{100}{284}\times100$=약 35.2%으로, 그림과 일치한 다.

④ 원화로 환산한 대미 금융자산 투자규모 추이는 '미국 금융 자산 투자규모×₩/US$'의 계산을 통해 구할 수 있다. 그 변화 추이를 구해 보면, 2002년 80천억 원, 2003년 95천억 원, 2004년 94.5천억 원, 2005년 102천억 원, 2006년 99천억 원으로, 그림과 일치한다.

[TIP]

해외금융계좌 신고제도

거주자 또는 내국법인이 보유한 모든 해외금융계좌 잔액의 합이 5억 원을 초과하는 경우 그 해외금융계좌의 정보를 매년 6월(2020년 신고 기준)에 세무서에 신고하는 제도

• 신고의무자: 신고대상연도(2019) 종료일 현재 거주자 및 내국법인
- (재외국민) 신고대상연도 종료일 1년 전부터 국내에 거소를 둔 기간이 183일을 초과하는 자
- (외국인) 신고대상연도 종료일 10년 전부터 국내에 주소·거소를 둔 기간의 합계가 5년을 초과하는 자

※ 계좌의 명의자와 실질적 소유자가 다른 경우 둘 다 신고의무 있음, 공동명의계좌의 경우 공동명의자 각각 신고의무 있음

• 신고기준금액: 2019년의 매월 말일 중 어느 하루라도 보유계좌 전체잔액의 합계액이 5억 원을 초과한 경우
• 신고대상: 2019년의 매월 말일 중 보유계좌 잔액의 합계액이 가장 큰 날 현재 보유하고 있는 모든 해외금융계좌에 보유한 모든 자산(예금·적금, 증권, 보험, 펀드 등)
• 신고시기 및 방법: 2020년 6월(6.1~6.30.)에 2019년도 보유계좌 정보를 홈택스(www.hometax.go.kr)로 전자신고하거나, 신고서에 기재하여 납세지 관할 세무서에 제출

08

정답 ④

[구조 파악]

제시된 <그림>에는 A주식에 대한 1~5거래일의 시가, 고가, 저가, 종가가 나타나 있다. 주석을 통해 시가, 고가, 저가, 종가의 표기 방법과 각각의 의미를 파악하고, 제시된 수익률 산출 공식에 따라 수익률을 계산할 수 있다면 크게 어렵지 않은 문제이다.

정답 해설

ㄴ. 1거래일 저가인 11,800원으로 매입하여 2거래일 고가인 13,600원으로 매도하는 경우의 수익률은 $\frac{13,600-11,800}{11,800}\times100$=15.3%이므로 15% 이상의 수익률 을 올릴 수 있다.

ㄹ. 1~5거래일 동안 시가의 최댓값은 3거래일의 13,100원이고, 최솟값은 1거래일의 12,000원이므로 그 차이는 1,100원이다.

오답 해설

ㄱ. 1거래일 시가는 12,000원이고 5거래일 종가는 11,800원 이

므로 1거래일 시가로 매입한 주식을 5거래일 종가로 매도하는 경우의 수익률은 $\frac{11,800-12,000}{12,000} \times 100 = -1.67\%$이다. 따라서 1.67%의 손해를 보게 된다.

ㄷ. 3거래일 종가는 12, 800원이고 4거래일 종가는 12,900원이므로 3거래일 종가로 매입한 주식을 4거래일 종가로 매도하는 경우의 수익률은 $\frac{12,900-12,800}{12,800} \times 100 = 0.78\%$이다.

09

정답 ⑤

[구조 파악]

본 문항에는 A회사의 연도별 회계자료가 <표>와 <그림>으로 제시되어 있다. 이 중 <표>에는 6개의 빈칸이 주어져 있는데, <표> 아래에 적힌 2개의 주석을 통해 이 빈칸들을 채울 수 있다. 한편, <표>에서는 '순이익'을, <그림>에서는 '순이익증가율'을 보여 주고 있다는 점에 주의해야 한다.

정답 해설

ㄱ. <그림>에서 전년도 대비 순이익증가율이 음(−)의 값을 보이는 1996, 1998, 1999, 2001, 2004년은 ROE의 값도 전년도보다 감소했다.

ㄷ. 1998년도 기초자기자본은 223, 기말자기자본은 273으로 순이익은 50이 되고, 2003년도 기초자기자본은 451, 기말 자기자본은 551으로 순이익은 100이 된다. 따라서 2003년도 순이익이 1998년도 순이익의 2배이다.

ㄹ. 2005년도 기말자기자본은 783으로, 1994년도 기말자기 자본(1995년 기초자기자본)인 100의 7배 이상이다.

오답 해설

ㄴ. 순이익이 가장 큰 연도는 2005년도이고 ROE 값이 가장 큰 연도는 1997년도이다.

10

정답 ①

[구조 파악]

<표 1>은 화재손해가 발생할 경우 지급 보험금의 산정방법을 나타내고 있고, <표 2>는 피보험물건인 A~E의 유형, 보험금액, 보험가액을 보여 주고 있다. 지급 보험금을 계산하기 위해서는 <표 1>에 제시된 피보험물건의 유형, 조건별 지급 보험금 산출 공식을 적용하면 되는데, 이때 <표 2>에 피보험물건별로 보험가액의 80%를 적어 놓으면 조건 판단 시 헷갈리지 않을 수 있다.

정답 해설

A~E의 지급 보험금을 구하면 다음과 같다.

- A(주택): 보험금액(9천만 원) ≥ 보험가액의 80%(8천만 원)이므로 손해액 6천만 원 전액을 지급받는다.
- B(일반물건): 보험금액(6천만 원) < 보험가액의 80%(6,400만 원)이므로 6천만 원 × $\frac{6천만\ 원}{8천만\ 원 \times 80\%}$ = 5,625만 원을 지급받는다.
- C(창고물건): 보험금액(7천만 원) < 보험가액의 80%(8천만 원)이므로 6천만 원 × $\frac{7천만\ 원}{1억\ 원 \times 80\%}$ = 5,250만 원을 지급받는다.
- D(공장물건): 보험금액(9천만 원) < 보험가액(1억 원)이므로 6천만 원 × $\frac{9천만\ 원}{1억\ 원}$ = 5,400만 원을 지급받는다.
- E(동산): 보험금액(6천만 원) < 보험가액(7천만 원)이므로 6천 만 원 × $\frac{6천만\ 원}{7천만\ 원}$ = 약 5,143만 원을 지급받는다.

따라서 지급 보험금이 많은 것부터 순서대로 나열하면 A-B-D-C-E이다.

[TIP]

본 문제에서는 손해액이 모두 6천만 원이기 때문에 각각 손해액의 몇%가 지급되는지를 계산하면 좀 더 빠르게 정답을 찾을 수 있다. 즉, A는 손해액 전액, B는 손해액의 $\frac{60}{64}$, C는 손해액의 $\frac{7}{8}$, D는 손해액의 $\frac{9}{10}$, E는 손해액의 $\frac{6}{7}$으로 두고, 분수 부분의 대소만 비교하면 된다.

11

정답 ②

[구조 파악]

본 문항에는 A국의 세율 체계에 대한 설명과 2개의 <표>가 자료로 제시되어 있다. <보기>의 정오를 판단할 때에는 다음의 사항에 유의하도록 한다.

(1) 가구주만 소득이 있는 경우 <표 1>의 단일누진세율을 적용한다.

(2) 맞벌이 가구인 경우 <표 2>의 한계소득세율을 적용한다.

정답 해설

ㄱ. 가구주만 60,000달러를 버는 경우, 단일누진세율 15%가 적용되어 내야 할 세금은 9,000달러가 된다.

ㄴ. 가구주만 50,000달러를 버는 경우, 단일누진세율 15%가 적용되어 세금은 7,500달러가 되고, 납세 후 소득은 42,500달러가 남는다. 맞벌이 부부가 45,000달러를 버는 경우, 한계소득세율이 적용되어 0~15,000 구간의 납세액 1,500달러, 15,000~60,000 구간의 30,000달러에 대한 납세액 4,500달러를 더한 6,000달러가 총 납세액이 된다. 따라서 납세 후 남은 소득은 39,000달러로, 가구주만 50,000달러를 버는 경우보다 적다.

ㄹ. 부부합산소득이 160,000달러인 맞벌이 가구의 경우, 0~15,000 구간의 납세액 1,500달러, 15,000~60,000 구간의 납세액 6,750달러, 60,000초과 구간 100,000달러에 대한 납세액 25,000달러를 더한 33,250달러가 세금이 된다.

오답 해설

ㄷ. 부부합산소득이 15,000달러 이하인 경우 한계소득세율을 적용해 소득의 10%를 납부하게 되고, 단일누진세율을 적용하더라도 똑같이 소득의 10%를 납부하게 된다.

ㅁ. 부부합산소득이 100,000달러인 맞벌이 가구의 납세액은 18,250달러이고, 가구주 혼자 100,000달러를 버는 가구의 납세액은 25,000달러이다. 따라서 부부합산소득이 100,000달러인 맞벌이 가구가 세금을 6,750달러 더 적게 낸다.

[TIP]

세금의 종목마다 다소 차이가 있지만, 모든 세금에 공통적인 세금 계산 방법은 과세표준에 세율을 곱하여 세액을 계산한다.

• 과세표준
  - 세액계산의 기초가 되는 금액 또는 수량
  - 과세표준이 금액 표시라면 '종가세', 수량 표시라면 '종량세'
  - 종가세: 예를 들어 편의점에서 라면 1봉지(가격 1,000원)를 산다면 여기에 부가가치세가 붙어 과세표준 1,000원에 부가가치 세율(10%)을 곱한 100원을 더하여 1,100원을 지급하게 되며, 이렇게 가격에 곱하는 세금을 종가세라고 함
  - 종량세: 만일 편의점에서 담배 10갑을 산다면 과세표준 10갑에 담배소비세율(담배가격에 관계없이 1갑당 1,007원)을 곱한 10,070원의 담배소비세가 포함된 가격을 지급해야 하며, 이렇게 수량에 곱하는 세금을 종량세라고 함
  - 우리나라의 경우 소득세 · 법인세 · 부가가치세 등 대부분의 세금은 종가세이며, 담배소비세 및 석유류 · 담배에 대한 개별소비세 등 일부 세금만 종량세를 채택하고 있음
• 세율
  - 비례세율: 과세표준의 금액이나 수량의 크기에 관계없이 세율이 일정한 것. 예를 들어 부가가치세의 경우 1,000원짜리 라면 1봉지 도 10% 세율을 적용하고, 1억 원짜리 고급 외제차도 10% 세율을 적용. 비례세율은 단순하여 그 적용이 편리하다는 장점이 있으나, 가난한 사람이나 부자나 동일한 세율을 적용하므로 소득재분배 기능을 못한다는 단점이 있음
  - 누진세율: 과세표준을 몇 개의 구간으로 나누어 과세표준이 커질수록 세율이 높아지는 것. 소득이 많은 사람이 더 큰 세부담을 하도록 함으로써 조세형평성을 높이고 소득재분배를 촉진하기 위한 목적으로 사용. 누진세율은 단순누진세율과 초과누진세율의 두 가지가 있는데, 일반적으로 초과누진세율을 적용함

12

정답 ⑤

[구조 파악]

본 문항을 해결하기 위해서는 A가 상의와 하의 각각을 구입하는 시기를 다음과 같이 나누어 볼 수 있다.

(1) 오늘 상의, 하의 모두 구입

(2) 오늘 상의 구입, 추후에 하의 구입

(3) 오늘 하의 구입, 추후에 상의 구입

이렇게 나누어진 3가지 경우 각각의 할인 혜택, 옷 비용, 교통 비용을 따져 본 후, <보기>의 정오를 판단하면 된다.

구분	오늘 상의, 하의 모두 구입	오늘 상의 구입, 추후에 하의 구입		오늘 하의 구입, 추후에 상의 구입	
	상 · 하의 (25만 원)	상의 (10만 원)	하의 (15만 원)	하의 (15만 원)	상의 (10만 원)
할인 혜택	30% 할인 +5% 추가할인	30% 할인	40% 할인	30% 할인	40% 할인
옷 비용	250,000 ×0.7×0.95 =166,250원	100,000 ×0.7= 70,000원	150,000 ×0.6= 90,000원	150,000 ×0.7= 105,000원	100,000 ×0.6= 60,000원
교통 비용	5,000원	5,000원	5,000원	5,000원	5,000원
총 비용	171,250원	170,000원		175,000원	

정답 해설

ㄷ. 상 · 하의를 가장 싸게 구입하는 경우에는 170,000원이 소요되고, 가장 비싸게 구입하는 경우에는 175,000원이 소요 된다. 따라서 비용 차이는 5,000원으로 1회 왕복비 이상이다.

ㄹ. 오늘 하의를 구입하고 추후에 상의를 구입하면 175,000원이 든다.

오답 해설

ㄱ. 오늘 상의를 구입하고 추후에 하의를 구입하는 것이 가장 싸게 구입하는 방법이다.

ㄴ. 상 · 하의를 가장 싸게 구입하면 17만 원의 비용이 소요된다.

13

정답 ①

[구조 파악]

주어진 <그림>은 기업체, 대학, 공공연구기관의 분야별 연구개발비 비중을 나타내고 있다. 각 기관의 연구개발비가 주어지지 않은 상황에서 도출할 수 있는 것과 없는 것을 잘 구분 하는 것이 정오 판단의 핵심이다.

정답 해설

ㄱ. BT분야의 연구개발비 비중이 11.2%로 NT분야의 연구개발비 비중인 5.4%의 2배 이상이므로, 연구개발비 역시 BT분야가 NT분야의 2배 이상이 된다.

ㄴ. 기업체의 IT분야 연구개발비 비중인 41%와 NT분야의 비중인 13.4%의 합이 50%가 넘으므로, 두 분야의 연구개발비 합 역시 기업체 전체 연구개발비의 50% 이상이 된다.

오답 해설

ㄷ. 각 기관의 연구개발비를 알 수 없으므로 각 기관의 ET분야 연구개발비 역시 알 수 없다.

ㄹ. 각 기관의 연구개발비를 알 수 없으므로 각 기관의 ST분야 연구개발비 역시 알 수 없다.

ㅁ. 기타를 제외하고 연구개발비 비중이 가장 작은 분야는 기업체와 대학의 경우 ST(0.6, 2.0)이고, 공공연구기관의 경우에는 NT(5.4)이다.

14

정답 ②

[구조 파악]

본 문항은 다음과 같은 두 단계에 따라 정답을 구할 수 있다.

(1) <표 1>과 <조건>을 토대로 A, B, C, D가 각각 북부지점, 남부지점, 서부지점, 중부지점 중 어느 지점에 해당하는지 매칭해 본다.

(2) <표 2>의 A~D에 매칭된 지점을 대입한 후, 선택지의 정오를 판단한다.

- 조건 1: 관리분야의 사원수가 각 지점 전체에서 차지하는 비율을 지점별로 비교하면 A는 $\frac{2}{23}\times 100 ≒ 8.7\%$, B는 $\frac{4}{29}\times 100 ≒ 13.8\%$, C는 $\frac{2}{29}\times 100 ≒ 6.9\%$, D는 $\frac{1}{34}\times 100 ≒ 2.9\%$가 된다. 따라서 C가 남부지점이 된다.
- 조건 2: 지점 전체 사원 중 영업분야 사원이 차지하는 비율이 60% 이상인 지점은 C를 제외하고 A($\frac{15}{23}\times 100 ≒ 65.2\%$)뿐이다. 따라서 A는 중부지점이 된다.
- 조건 3: 남은 B, D는 영업분야 사원이 모두 15명 이상이므로 여기에서는 서부지점을 확정지을 수 없다.
- 조건 4: 정보, 텔레마케팅, 편집 분야의 사원수 합이 지점 전체에서 차지하는 비율을 구해 보면 B는 $\frac{8}{29}\times 100 ≒ 27.6\%$, D는 $\frac{12}{34}\times 100 ≒ 35.3\%$이다. 따라서 해당 비율이 30% 미만인 B가 북부지점이 되고, 남은 D가 서부지점이 된다.

정답 해설

② 영업사원의 평균 재직기간은 남부지점 9.78개월, 중부지점 6.2개월로 남부지점이 길다.

오답 해설

① 영업사원의 평균 이직횟수는 북부지점 3.06회, 서부지점 2.95회로 서부지점이 적다.

③ 평균 연결망 크기는 북부지점이 4.06명으로 가장 크고, 중부지점이 2.93명으로 가장 작다.

④ 평균 연결망 지속성은 남부지점 10.74개월, 북부지점 28.68개월로 북부지점이 길다.

⑤ 평균 영업실적은 서부지점 10,237천 원, 중부지점 16,247천 원으로 중부지점이 많다.

15

정답 ②

[구조 파악]

본 문항의 질문지에서는 '글을 비판하기 위한 통계 자료'를 묻고 있는데, 이것은 곧 글의 주장을 약화시킬 수 있는 자료를 의미한다. 제시문이 주장하고 있는 것은 "미국인들은 늘어난 노동시간으로 인해 공동체 참여에서 이탈하게 되었다."이므로, 다음과 같은 내용의 자료가 본 제시문을 비판할 수 있는 자료가 된다.

(1) 노동시간이 늘어났지만 공동체에 활발하게 참여하고 있다는 내용의 통계자료

(2) 노동시간이 줄어들었지만 공동체에 참여하지 못하고 있다는 내용의 통계자료

정답 해설

ㄴ. 제시문에서는 미국이 공동체 활동에 참여하지 못하는 이유가 '시간이 별로 없어서', '너무 바빠서'라고 하고 있다. 하지만 노동시간이 줄어든 집단에서도 시민 활동 시간이 감소했다면 이는 '노동시간이 늘어나 시민 활동 시간이 감소했다'라는 제시문의 주장을 비판하는 근거가 된다.

오답 해설

ㄱ. 시간외근무를 하는 사람들의 비율이 지속적으로 증가했다는 것은 제시문의 주장을 강화한다.

ㄷ. 맞벌이 가정의 비율이 지속적으로 증가했다는 내용의 자료는 제시문의 주장을 강화한다.

16

정답 ②

[구조 파악]

주어진 <조건>의 첫 번째 항목을 보면, 꽃의 종류는 5가지이지만 잎의 종류는 2가지로, 잎이 꽃에 비해 종류의 수가 적다는 것을 알 수 있다. 따라서 이점을 활용하여 경우의 수를 나누고, 각 경우의 수에서 만들 수 있는 꽃다발의 최대 가짓수를 따져 보면 된다.

정답 해설

잎은 반드시 1종류 이상 포함시켜야 한다는 조건 3에 따라 다음과 같이 크게 세 가지 경우의 수가 생긴다.

(1) 유칼립투스 포함, 루스쿠스 미포함: 4가지
- 장미, 카네이션, 리시안셔스, 수국, 유칼립투스
- 장미, 카네이션, 작약, 유칼립투스
- 장미, 리시안셔스, 작약, 유칼립투스
- 카네이션, 리시안셔스, 작약, 유칼립투스

(2) 유칼립투스 미포함, 루스쿠스 포함: 4가지
- 장미, 카네이션, 리시안셔스, 수국, 루스쿠스

- 장미, 카네이션, 작약, 루스쿠스
- 장미, 리시안셔스, 작약, 루스쿠스
- 카네이션, 리시안셔스, 작약, 루스쿠스

(3) 유칼립투스 루스쿠스 둘 다 포함: 8가지

- 장미, 카네이션, 리시안셔스, 수국, 유칼립투스, 루스쿠스
- 장미, 카네이션, 리시안셔스, 유칼립투스, 루스쿠스
- 장미, 카네이션, 수국, 유칼립투스, 루스쿠스
- 장미, 리시안셔스, 수국, 유칼립투스, 루스쿠스
- 카네이션, 리시안셔스, 수국, 유칼립투스, 루스쿠스
- 장미, 작약, 유칼립투스, 루스쿠스
- 리시안셔스, 작약, 유칼립투스, 루스쿠스
- 카네이션, 작약, 유칼립투스, 루스쿠스

따라서 <조건>에 따라 만들 수 있는 꽃다발의 최대 가짓수는 16가지이다.

17

정답 ①

[구조 파악]

본 문항은 달러의 거래에 관한 규정을 읽고 <사례>에 적용해 보는 문제로, 다음 사항에 특히 유의해야 한다.

(1) 즉시 사려는 경우 파는 측이 제시한 가격을 받아들여야 한다.

(2) 즉시 팔려는 경우 사는 측이 제시한 가격을 받아들여야 한다.

정답 해설

슬기가 달러를 사려고 할 때의 고시 가격은 1204.00/1204.10이다. 이때 슬기는 파는 측이 제시한 가격인 달러당 1204.10을 받아들여야 하고, 1204.10×100=120,410원을 지불해야 한다. 슬기가 달러를 팔려고 할 때 고시가격은 1205.10/1205.20이다. 이때 슬기는 사는 측이 제시한 가격인 1205.10을 받아들어야 하고, 1205.10×100=120,510원을 받을 수 있다. 따라서 슬기는 100원의 이익을 보게 된다.

[TIP]

은행 간 거래에 있어서 시장조성자(market maker)인 은행은 매입환율(bid rate)과 매도환율(offer rate)을 동시에 제시하는데, 이를 가리켜 two－way quotation이라 한다.

<예시> USD/CHF＝1.7925－30

위의 two－way quotation은 시장조성자가 기준통화인 미국달러(USD) 1단위를 1.7925CHF에 매입하거나, 또는 1.7930CHF에 매도하겠다는 확정가격의 제시(firm quitation)이다.

- 시장조성자(가격제시자)
  - 'Buy low, Sell high'의 원리에 따라 매매차익을 얻기 위해 계속 two-way quotation을 제시하고 대량의 외환 거래를 행함으로써 외환시장에 유동성(liquidity)을 제공하는 국제은행들로 'Quoting Bank'라 함
  - 한편, 시장조성자가 아닌 은행들은 시장조성자가 제시한 환율에 따라 외환거래를 하는 시장이용자(market user, market follower)들로 'Calling Bank'라 함
- 외환

두 통화를 교환하는 것이므로, 한 통화를 매입하면 다른 통화를 반드시 매각하여야 함. 이것을 시장조성자와 시장이용자, 그리고 기준통화와 표시통화로 구분하여 나타내면 다음의 표와 같음

구분	매입율(bid rate)이 적용되는 거래	매도율(offer rate)이 적용되는 거래
시장조성자(가격제시자)	－기준통화/＋표시통화	＋기준통화/－표시통화
시장이용자(가격추종자)	＋기준통화/－표시통화	－기준통화/＋표시통화

18

정답 ②

[제시문 해설]

제시문은 국민총생산(GNP)과 국내총생산(GDP)에 대한 설명문으로, 다음과 같은 구조를 취하고 있다.

(1) 한국의 연도별 GNP, GDP 현황

(2) GNP의 의미

(3) GDP의 의미

(4) GNP와 GDP의 경제지표로서의 유용성

<보기>의 정오를 판단할 때에는 GNP와 GDP의 계산에 포함되는 것과 포함되지 않는 것을 잘 구분할 수 있어야 한다.

정답 해설

ㄱ. 제시된 표를 보면 2005년부터 국내에서 생산된 재화와 용역의 순가치 총합인 국내총생산(GDP)이 국민에 의해 생산되는 최종생산물의 가치 총액인 국민총생산(GNP)보다 많아진다.

ㄷ. 국내총생산은 한 국가의 경기변동이나 경제성장을 고찰하는 데 유용하다고 하였으므로 옳은 내용이다.

오답 해설

ㄴ. 해외에 진출한 자국기업보다 국내에 들어와 있는 외국기업의 생산액이 더 많은 경우 GDP＞GNP가 된다.

ㄹ. GNP는 GDP에서 해외순소득(내국인의 해외소득－외국인의 국내소득)을 합산한 값과 같다. 공제가 아님에 주의하여야 한다.

[TIP]

국민총생산(GNP)과 국내총생산(GDP)는 매우 중요한 개념이니, 다시 한번 짚고 넘어가도록 하자.

- 국민총생산(GNP): 일정 기간(보통 1년) 동안 한 나라 국민이 생산한 모든 최종생산물과 서비스의 시장가치의 합
- 국내총생산(GDP): 일정 기간(보통 1년) 동안 한 나라 영토 내에서 생산된 모든 최종생산물과 서비스의 시장가치의 합

19

정답 ③

[구조 파악]

제품 정보와 민주, 호성, 유진의 선호기준을 토대로, 3명이 각각 선택할 최적의 대안을 찾는 문제이다. <표>를 보면 제품의 항목으로 (1) 가격, (2) 용량, (3) 발림성, (4) 보습력, (5) 향이 제시되어 있는데, <선호기준>에서 민주, 호성, 유진이 어떤 항목을 언급하고 있는지 파악한 후, 해당 항목이 우수한 제품을 선택하면 된다.

정답 해설

- 민주: 보습력과 발림성이 가장 우수한 제품인 '반짝이'와 '수분톡톡'을 선택하게 된다.
- 호성: 발림성, 보습력, 향 모두 가장 우수한 제품은 '반짝이'와 '수분톡톡'인데, 이 중에서 제품가격이 더 낮은 '수분톡톡'을 선택하게 된다.
- 유진: 향과 발림성이 가장 우수한 제품인 '반짝이', '수분톡톡', '솜구름' 중 용량이 가장 작은 '반짝이'를 선택하게 된다.

따라서 '민주 – 수분톡톡, 호성 – 수분톡톡, 유진 – 반짝이'로 짝지어진 ③이 정답이다.

[TIP]

민주는 '반짝이'와 '수분톡톡' 모두 동일하게 선호하므로 '민주 – 수분톡톡' 대신 '민주 – 반짝이'로 적혀 있더라도 정답이 될 수 있다. '수분톡톡'이 '반짝이'에 비해 용량 대비 가격이 저렴하다고 해서 민주가 '반짝이'보다 '수분톡톡'을 더 선호할 것이라고 예단해서는 안 된다. "나머지는 아무래도 상관없어."라고 말했기 때문이다.

20

정답 ⑤

[구조 파악]

제시문의 내용에 따라 각 선택지의 계통색명에서 기본색명을 파악한 후, 다음 사항이 올바른지를 판단하여야 한다.

(1) 명도 · 채도(무채색일 경우 명도)에 관한 수식어
(2) 색상에 관한 수식어
(3) 표기 순서

이때 (1)과 (2) 중에서 하나만 표기될 수 있다는 점을 이해하고 있어야 한다.

정답 해설

⑤ '녹색'은 유채색이므로 '아주 연한'이라는 수식어를 사용할 수 있고, '노랑 띤'라는 수식어 역시 녹색에 적용할 수 있다. 순서도 명도 · 채도에 관한 수식어, 색상에 관한 수식어, 기본 색명 순서이므로 올바른 계통색명이다.

오답 해설

① 회색은 무채색이고, '진한'은 유채색의 명도 · 채도에 관한 수식어이므로 올바른 계통색명이 아니다.
② '보라 띤'은 파랑, 빨강, 흰색, 회색, 검정에 적용한다고 되어 있으므로 '노랑'에는 '보랏빛'으로 수식할 수 없다.
③ '파랑 띤'은 녹색, 보라, 흰색, 회색, 검정에 적용한다고 되어 있으므로 '노랑'에는 '파랑 띤'으로 수식할 수 없다.
④ 색상에 관한 수식어가 명도 · 채도에 관한 수식어보다 앞에 있으므로 올바른 계통색명이 아니다.

21

정답 ③

정답 해설

○○사의 '여비규정', '국외여비정액표', 'A 이사의 여행일정'을 토대로 하여 6일 동안의 총일비, 총숙박비, 총식비를 아래 사항에 유의하여 계산하면 다음 표와 같다.

<유의 사항>

(1) 국내 출발일은 목적지를, 국내 도착일은 출발지를 여행하는 것으로 본다.
(2) 같은 날에 여비액을 달리하여야 할 경우에는 많은 액을 기준으로 지급한다.
(3) 숙박비는 숙박지를 기준으로 한다.
(4) 항공편 이동 중에는 따로 숙박비를 지급하지 않는다.
(5) 항공편 이동 중 당일의 식사 기준시간이 모두 포함되어 있는 경우는 식비를 제공하지 않는다.

구분	국가	등급	일비	숙박비	식비
1일	출국(갑국)	다	80달러	—	—
2일	갑국	다	80달러	233달러	102달러
3일	갑국 → 을국	다 → 라	80달러	164달러	102달러
4일	을국	라	70달러	164달러	85달러
5일	을국	라	70달러	—	85달러
6일	귀국(을국)	라	70달러	—	—
합계	—	—	450달러	561달러	374달러

22

정답 ①

[구조 파악]

보금자리주택 특별공급에 관한 규정을 읽고 선택지 중 최우선 순위의 당첨 대상자를 고르는 문제이다. 이때 다음 사항을 모두 충족하여야 신청자격이 주어진다는 점을 파악하여야 한다.

(1) 입주자 모집 공고일 현재 미성년 자녀를 3명 이상 둔 자
(2) 서울, 인천, 경기도 등 수도권 지역에 거주하는 무주택 가구주

또한 동점자가 있을 경우의 선정 방법에 대해 설명하고 있는 주석의 내용도 놓치지 말아야 한다.

정답 해설

대전광역시에 거주하고 있는 ②는 신청자격이 없으므로 비교 대상에서 제외한 후 나머지 가구주의 점수를 계산하면 다음과 같다.

구분	미성년 자녀수	가구주 연령 · 무주택 기간	당해 시 · 도 거주기간	가산점	총점
①	40점	20점	15점	—	75점
③	40점	15점	10점	10점	75점
④	35점	20점	15점	—	70점
⑤	35점	20점	20점	—	75점

①, ③, ⑤가 동점자인데, ①, ③의 미성년 자녀수가 4명으로 같다. 따라서 가구주의 연령이 많은 ①이 최우선 순위의 당첨 대상자가 된다.

23

정답 ⑤

[구조 파악]

<혐의거래보고 기본체계>는 다음의 사항에 대해 규정하고 있다.

(1) 혐의거래보고의 대상

(2) 혐의거래보고의 방법 및 절차

질문지에서 '의무적으로 해야 할 일이 아닌 것'을 묻고 있으므로, 제시문에서 '~하여야 한다'와 '~할 수 있다'라는 표현을 명확하게 구분하는 것이 중요하다.

정답 해설

ㄷ. 1)의 ①에 따를 때 불법재산이거나 금융거래 상대방이 자금세탁행위를 하고 있다고 의심할 만한 합당한 근거가 있는 경우가 아니므로 C은행이 의무적으로 혐의거래보고를 하여야 하는 것은 아니다.

ㄹ. 2)에 따르면 긴급한 경우에 우선 전화나 팩스로 보고하고 추후 보완할 수 있다 하였으므로 의무적인 것은 아니다.

ㅁ. 1)의 ①에 따를 때 원화 2천만 원 또는 외화 1만 달러 이상의 거래가 아니므로 E은행이 의무적으로 혐의거래보고를 하여야 하는 것은 아니다.

오답 해설

ㄱ. 1)의 ①에 따라 A은행은 의무적으로 금융정보분석원에 혐의거래보고를 하여야 한다.

ㄴ. 1)의 ②에 따라 B은행은 의무적으로 금융정보분석원에 혐의거래보고를 하여야 한다.

[TIP]

암호화폐는 돈세탁의 통로가 될 수 있고, 많은 사람이 일확천금을 노리며 몰려들 수 있기 때문에 투기 수단으로 전락할 수 있다. 따라서 정부는 이러한 암호화폐를 제도권으로 끌어들여 적절히 관리 · 감독하려고 한다. 「특정 금융거래정보의 보고 및 이용 등에 관한 법률」 암호화폐 거래소를 금융회사에 포함시킴으로써 자금세탁 방지 등 의무를 부과하고 있다.

자금세탁방지제도

- 개념
  - 국내 · 외적으로 이루어지는 불법자금의 세탁을 적발 · 예방하기 위한 법적 · 제도적 장치로서 사법제도, 금융제도, 국제협력을 연계하는 종합 관리시스템을 의미
  - 자금세탁(Money Laundering): 일반적으로 자금의 위법한 출처를 숨겨 적법한 것처럼 위장하는 과정을 의미하며, 우리나라의 경우 불법재산의 취득 · 처분사실을 가장하거나 그 재산을 은닉하는 행위 및 외국환거래 등을 이용한 탈세목적으로 재산의 취득 · 처분 사실을 가장하거나 그 재산을 은닉하는 행위로 규정
- 우리나라의 체계

  자금세탁 방지 관련 법은 특정금융거래보고법(「특정 금융거래정보의 보고 및 이용 등에 관한 법률」)과 범죄수익규제법(「범죄수익은닉의 규제 및 처벌 등에 관한 법률」) 등 2종류가 있음
  - 특정금융거래보고법: 특정범죄의 자금세탁과 관련된 혐의거래 또는 외환거래를 이용한 탈세목적의 혐의거래로서 원화 2천만 원, 외화 1만불 이상인 경우 금융기관 등이 금융정보분석원장에게 의무적으로 보고토록 하는 혐의거래보고제도(Suspicious Transaction Report)를 채택하고 있음. 금융정보분석원으로 하여금 상호주의의 원칙 아래 혐의거래 정보에 대한 해외교류도 허용하고 있음
  - 범죄수익규제법: 조직범죄, 거액경제범죄, 부패범죄 등 36종의 특정범죄로부터 얻은 범죄수익의 은닉 · 가장행위(자금세탁행위)를 5년 이하 징역 또는 3천만 원 이하 벌금으로 처벌할 수 있도록 하고, 범죄수익 또는 범죄수익에서 유래한 재산 등은 몰수 · 추징이 가능하도록 규정하고 있음

24

정답 ④

[구조 파악]

제시문은 '대통령령으로 정하는 서화 · 골동품'의 판매에 대한 과세에 관해 설명하고 있는 글로, 다음과 같은 내용으로 구성되어 있다.

(1) 과세 기준 및 제외 대상

(2) '대통령령으로 정하는 서화 · 골동품'의 범위

(3) 세액 계산 방법

제시문에 여러 수치가 나오고 있지만 <보기> 사례의 정오를 판단할 때에는 세금을 계산하는 것보다는 과세대상에 해당하는지 여부를 판단하는 것이 우선이다.

정답 해설

ㄱ. 2문단에 의하면 석판화의 원본이 과세 대상이 된다. 따라서 A는 기타소득세를 납부하지 않아도 된다.

ㄴ. 1문단에 의하면 보물의 거래 및 양도의 경우 과세대상에서 제

외된다. 따라서 B는 기타소득세를 납부하지 않아도 된다.

ㄹ. 1문단에 의하면 기타소득세는 점당 양도가액이 6,000만 원 이상인 것을 과세 대상으로 규정하고 있다. 따라서 D는 기타소득세를 납부하지 않아도 된다.

오답 해설

ㄷ. 1문단에 의하면 양도일 현재 생존하고 있는 국내 원작자의 작품은 과세 대상에서 제외된다. 따라서 C는 기타소득세를 납부하지 않아도 된다.

25

정답 ②

[구조 파악]

'고액현금거래 보고'에 대한 설명문으로, 다음 사항에 유의하여 보고 대상에 해당하는 사람을 판단하면 된다.

(1) 보고 주체는 금융기관이다.

(2) 보고 대상에서 제외되는 경우('다만', '하지만'으로 시작되는 문장)도 있다.

정답 해설

A. 甲은행이 거래상대방인 A에게 수표로 지급한 총액이 2,000만 원 이상이므로 甲은행은 이러한 고액현금 거래 사실을 관계기관에 보고하여야 한다.

D. 丁은행이 D 명의의 계좌에 현금으로 총액 2,000만 원을 지급하였으므로 보고대상에 해당된다.

오답 해설

B. 계좌이체, 인터넷뱅킹 등 회계상의 가치이전만 이루어지는 금융거래는 보고대상에 해당하지 않는다고 나와 있으므로 B가 乙은행을 통해 계좌이체로 소득세를 납부한 금융거래는 보고대상에 해당하지 않는다.

C. 두 사람의 명의로 금융거래가 이루어져 있고, 두 사람 각각 2,000만 원 미만의 거래를 하였으므로 보고대상에 해당되지 않는다.

E. 총액이 2,000만 원 미만이므로 해당되지 않는다.

[TIP]

고액현금거래보고제도

객관적 기준에 의해 일정금액 이상의 현금거래를 보고하도록 하여 불법자금의 유출입 또는 자금세탁혐의가 있는 비정상적 금융거래를 효율적으로 차단하려는 제도이다.

현금거래를 보고하도록 한 것은 1차적으로는 출처를 은닉 · 위장하려는 대부분의 자금세탁거래가 고액의 현금거래를 수반하기 때문이며, 또한 금융기관 직원의 주관적 판단에 의존하는 의심거래보고제도만으로는 금융기관의 보고가 없는 경우 불법자금을 적발하기가 사실상 불가능하다는 문제점을 해결하기 위한 것이다.

국제적으로는 모든 국가가 이 제도를 도입하고 있는 것은 아니며, 각국이 사정에 맞게 도입 · 운영하고 있다. 우리나라는 금융거래에서 현금거래 비중이 높은 점 때문에 자금세탁방지의 중요한 장치로서 도입 필요성이 강하게 제기되어 왔다. 이 제도가 자금세탁거래를 차단하는 데 효율적이라는 점이 인정됨에 따라 FATF(Financial Action Task Force on Money Laundering) 등 자금세탁방지 관련 국제기구는 각국이 이러한 제도를 도입할 것을 적극 권고하고 있다.

26

정답 ②

[구조 파악]

문제 해결을 위해서 5명의 직원에 대해 다음 사항을 확인해 보아야 한다.

(1) 이번 주에 남은 시간 외 근로 가능 시간

(2) A프로젝트 완수 소요시간

(3) 시간 외 근로 동의여부

(4) 야간근로 동의여부

단, 전지연은 출산 이후 1년이 지나지 않았기 때문에 1주 6시간을 초과하는 시간 외 근로를 시키지 못한다는 점에 유의하도록 한다.

정답 해설

- 김상형: 시간 외 근로에 동의하지 않았기 때문에 오늘 내로 A프로젝트를 완수할 수 없다.
- 전지연: 4개월 전에 출산하였으므로 이번 주에는 더 이상 시간 외 근로를 할 수 없다.
- 차효인: 이번 주에 5시간의 시간 외 근로가 더 가능하며, A프로젝트 완료에 소요되는 시간이 3시간이므로, 오늘 내로 A프로젝트를 완수할 수 있다.
- 조경은: 이번 주에 9시간의 시간 외 근로가 더 가능하며, A프로젝트 완료에 소요되는 시간이 5시간이므로, 11시까지 근무해야 A프로젝트를 완료할 수 있다. 하지만 야간근로에 동의하지 않았으므로 오늘 내로 A프로젝트를 완수할 수 없다.
- 심현석: 이번 주에 1시간의 시간 외 근로가 더 가능하며 A프로젝트 완료에 소요되는 시간이 1시간이므로, 오늘 내로 A프로젝트를 완수할 수 있다.

따라서 시간 외 근로를 요청하면 오늘 내로 A프로젝트를 완수할 수 있는 직원은 차효인, 심현석이다.

27

정답 ④

[구조 파악]

선택지의 내용을 통해 제시된 <조건>을 근거로 다음과 같은 작업 구성을 도출해야 한다는 점을 확인할 수 있다.

(1) 최소인력으로 완료할 수 있는 작업 구성

(2) 최단기간으로 완료할 수 있는 작업 구성

정답 및 해설

(3) 최소비용으로 완료할 수 있는 작업 구성

이때 각 작업의 소요 인원은 증원 또는 감원될 수 없으므로 인건비는 줄일 수 없지만 최단기간에 완료하게 되면 작업장 사용료를 줄일 수 있으므로, (2)와 (3)은 묶어서 생각하면 된다.

• 최소인력 완료

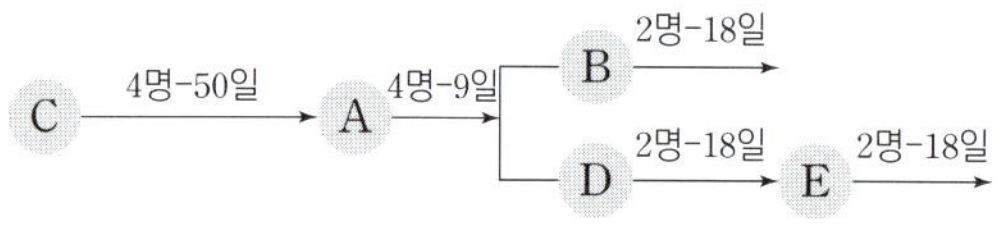

• 최단기간 완료, 최소비용 완료

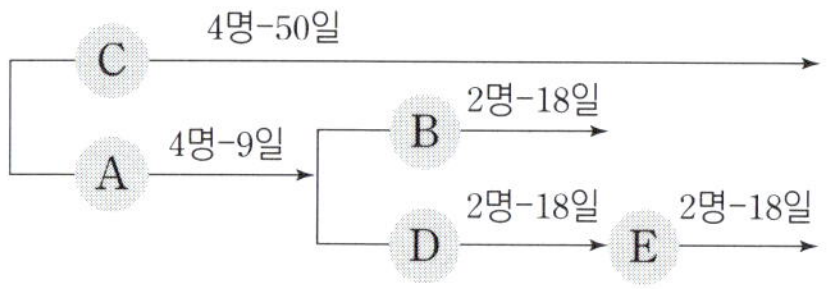

정답 해설

④ C와 A작업을 동시에 시작하면서 각각 4명의 인력을 투입하고, A작업을 완료한 후 2명은 B작업을 진행하고 나머지 2명은 D와 E작업을 차례로 진행하면 최단기간 완료에 소요되는 최소인력은 8명이다.

오답 해설

① 4명을 투입하여 C → A 또는 A → C 순으로 작업을 완료한 후, 각각 2명씩 나뉘어 한 팀은 B작업을 진행하고 다른 팀은 D → E 순으로 작업을 진행할 수 있다. 따라서 프로젝트 완료에 소요되는 최소인력은 4명이다.

② 각각 4명의 인원을 투입하여 C작업과 A작업을 동시에 시작하면 9일 후에 A작업이 완료된다. 이후 A작업에 투입되었던 4명을 각각 2명씩 짝지어 한 팀은 B작업을 18일 동안 완료하고 다른 팀은 D와 E작업을 36일 동안 완료한다. 이 경우 작업에 소요되는 기간은 50일이다.

③ 최단기간인 50일 동안 소요되는 비용을 구하면 된다. 계산해 보면 작업장 사용료는 $50 \times 50 = 2{,}500$만 원이고, 인건비는 $10[(4 \times 9) + \{(2+2+2) \times 18\} + (4 \times 50)] = 3{,}440$만 원이다. 따라서 총비용은 5,940만 원이다.

⑤ 프로젝트를 최소인력으로 완료하는 데 소요되는 최단 기간은 $50+9+18+18=95$일이다.

[TIP]

• PERT

작업의 선/후행관계를 고려하여 전체작업의 완료시간을 결정하는 네트워크 분석 기법으로써 복잡한 대형 프로젝트를 효율적으로 계획 및 통제하기 위해 개발되었다. 현재는 최소의 비용 추가 투입을 고려하여 전체 프로젝트의 시간단축을 목표로 개발된 CPM과 결합하여 PERT/CPM으로 사용되기도 한다. 가령 주택단지 개발을 위한 기반시설공사 작업이 다음과 같다고 할 때,

활동	선행활동	활동내역	작업기간(일)
A	—	측량	7
B	—	설계	4
C	A	절토 및 성토	5
D	B	상하수도 공사	6
E	C, D	도로포장공사	6

기반시설공사 작업을 네트워크로 나타내면 다음과 같다.

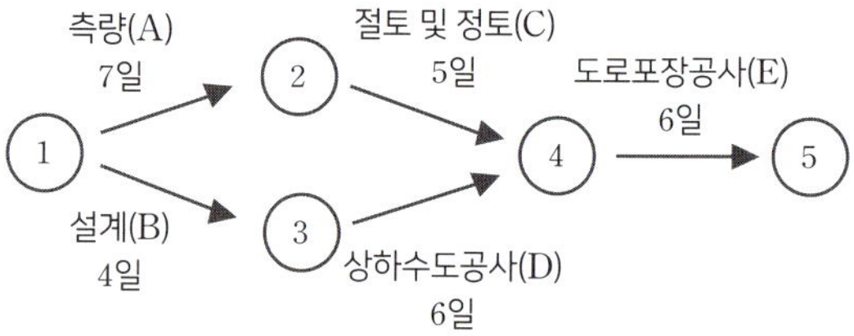

E(도로포장공사)는 선행활동인 C와 D가 끝나야 시작할 수 있다. 위의 PERT 표에서 E작업을 시작하기 위해서는 작업기간이 12일(=A 7일+B 5일)이 투입되어야 한다. 이 때 D가 10일(=B 4일+D 6일)의 작업기간이 투입되어 먼저 종료되었다 하더라도 E의 선행활동이 C, D 모두에 해당하므로 C가 종료되기까지 이틀은 대기하여야 한다.

• Gantt Chart

시간선(Time Line)이라고 쓰기도 하며 일정을 계획하거나 일정이 어떻게 진행되고 있는지 파악하는 용도로 사용된다. 간단한 모형이지만 부가적인 정보들을 덧붙여 문제 관리 및 예산, 지출관리를 하는 데까지 활용할 수도 있다. PERT와 달리 선행활동과 연계되는 활동의 관계를 정확히 파악할 수는 없으나 각 활동의 소요시간, 활동 간의 유휴시간 등 전체 소요시간을 보다 직관적으로 파악할 수 있다. 앞에서 다룬 '주택단지 개발을 위한 기반시설공사 작업'을 Gantt Chart로 표현하면 다음과 같다.

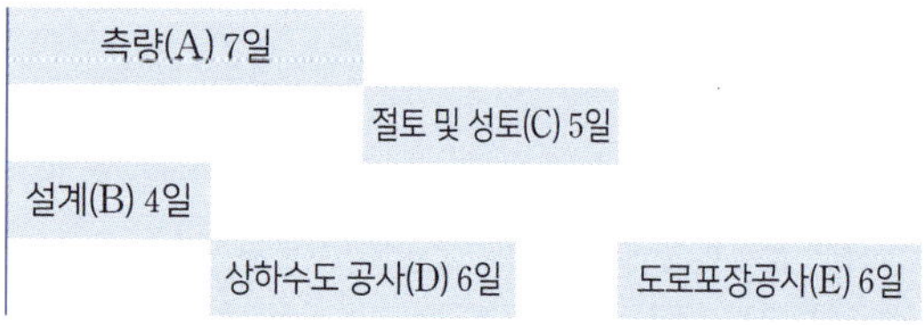

28

정답 ②

[구조 파악]

본 문항은 제시문의 규칙에 근거하여 주어진 <정간 암호문>을 해독하고, 그 해독결과에 따라 지도상에서의 경로를 추적해 보는 문제이다. 이때 다음의 규칙에 특히 주의하도록 한다.

(1) 기본율명에 氵이 붙으면 순방향으로 해독하고, 亻이 붙으면 역방향으로 해독한다.
(2) 林 · 無, 黃 · 太, 無 · 林, 太 · 黃은 연이어서 해독할 수 없다.

정답 해설

1) <정간암호문>의 해독
- 1번: 순방향 4정간 이내 3, 5번 중 5번은 연이어 해독 불가능하므로 3번 선택
- 3번: 순방향 4정간 이내의 5, 6, 7번 중 7번은 연이어 해독 불가능. 5번을 선택하면 6번 역방향에 남은 정간이 없게 되므로 6번 선택
- 6번: 역방향 4정간 이내의 남은 정간인 5번 선택
- 5번: 순방향 4정간 이내의 7, 8, 9번 중 8, 9번은 연이어 해독 불가능하므로 7번 선택
- 7번: 순방향 4정간 이내의 8, 9번 중 8번을 선택하면 그다음 9번에서 역방향이 되어 12번으로 갈 수 없으므로 9번 선택
- 9번: 역방향 4정간 이내의 남은 정간인 8번 선택
- 8번: 12번으로 가서 해독 종료

2) 지도상의 추적 결과

동쪽으로 2칸 이동(a), 북쪽으로 3칸 이동(b), 서쪽으로 1칸 이동(c), 서쪽으로 2칸 이동(d), 남쪽으로 2칸 이동(e), 동쪽으로 1칸 이동(f), 동쪽으로 4칸 이동(g), 종료

따라서 추적 · 이동이 종료되는 지점은 '나'이다.

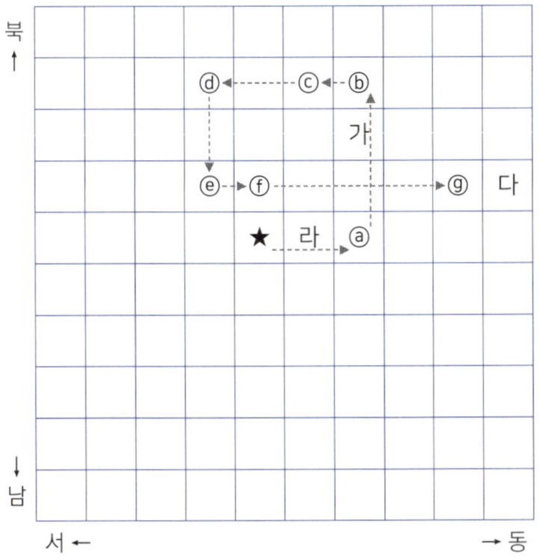

29 정답 ②

[구조 파악]

본 문항은 주어진 <표>를 토대로 가장 짧은 시간이 걸리는 경로와 그 시간을 추론해 보는 문제이다. 제시된 <표>에 따르면 A → E 직행 구간이 없으므로, <보기>의 ㄱ을 계산할 때 A에서 E로 갈 수 있는 가장 빠른 경로를 찾는 것이 문제 해결의 포인트이다. 이때 무작정 경유지 개수가 가장 적은 A → B → E를 선택해서는 안 된다.

정답 해설

ㄱ. A → E → C → B 경로의 가장 짧은 시간을 묻고 있는데, 가장 빠른 A → E 경로를 찾아보면 A → C → B → D → E가 된다. 따라서 A → C → B → D → E → C → B 경로의 시간을 구해 보면, 0.5+1.0+1.0+0.5+0.5+1.0=4.5가 된다.

ㄴ. A → C → B → D → E → C → A가 가장 이동 시간이 짧은 경로가 되고, 그 시간을 구해 보면 0.5+1.0+1.0+0.5+0.5+0.5=4.0이 된다.

따라서 ㄱ은 4.5, ㄴ은 4가 된다.

30 정답 ③

[구조 파악]

본 문항은 甲주식회사의 감사위원회에 대한 <법률 규정>을 읽고, '다음 각호에 해당하는 자'로 옳은 것을 고르는 문제이다. 각호와 <보기>의 ㄱ~ㅁ은 'A의 B'라는 형식을 취하고 있는데, 이때 B뿐만 아니라 A도 주의 깊게 살펴야 한다.

정답 해설

ㄱ. 甲 주식회사의 최대 주주 A는 자연인이므로 A의 배우자는 제2호에 해당하는 자이다.

ㄴ. 乙 주식회사는 甲 주식회사와 거래관계 등 중요한 이해관계에 있는 법인이므로 감사 B는 제6호에 해당하는 자이다.

ㄹ. 丙 주식회사는 甲 주식회사의 피용자인 자재부장 D가 이사로 있는 다른 회사이다.

오답 해설

ㄷ. 영업과장 C는 피용자에 해당하는데 피용자의 직계비속은 각호에 해당하는 자가 아니다. 따라서 총무과장 E는 제7호에 해당 하는 자이다.

ㅁ. 제5호에 의하면 회사의 모회사 또는 자회사의 이사, 감사 및 피용자가 해당될 뿐 최대 주주는 해당되지 않는다.

MEMO

MEMO

MEMO

PSAT 300

금 피 셋
최 신 개 정 판

금융 NCS를 위한
피셋 PSAT
300제

나만의 성장 엔진
www.honjob.co.kr

혼JOB

자소서 / 면접 / NCS·PSAT / 전공필기 / 금융논술 / 시사상식 / 자격증